中国人民大学科学研究基金重大规划项目：
实现小农户与现代农业发展有机衔接研究

合作社的再合作

联合社生成路径、运行机制与政策体系

RE-COOPERATION OF COOPERATIVES:
THE STUDY OF CHINESE FARMERS' COOPERATIVE ASSOCIATION

孔祥智 等◎著

经济管理出版社
ECONOMY & MANAGEMENT PUBLISHING HOUSE

图书在版编目（CIP）数据

合作社的再合作：联合社生成路径、运行机制与政策体系/孔祥智等著．—北京：经济管理出版社，2020.8

ISBN 978-7-5096-7405-5

Ⅰ.①合… Ⅱ.①孔… Ⅲ.①农业合作社—研究—中国 Ⅳ.①F321.42

中国版本图书馆 CIP 数据核字（2020）第 158087 号

组稿编辑：郭丽娟
责任编辑：梁植睿
责任印制：黄章平
责任校对：王淑卿

出版发行：经济管理出版社
（北京市海淀区北蜂窝 8 号中雅大厦 A 座 11 层 100038）
网　　址：www.E-mp.com.cn
电　　话：（010）51915602
印　　刷：北京玺诚印务有限公司
经　　销：新华书店
开　　本：720mm×1000mm/16
印　　张：32
字　　数：592 千字
版　　次：2020 年 10 月第 1 版　　2020 年 10 月第 1 次印刷
书　　号：ISBN 978-7-5096-7405-5
定　　价：128.00 元

关于农民合作社联合社成员资格的一点看法
（代序）*

当前，全国已经注册农民合作社联合社10000家以上，尤其是湖北、江苏、山东等地，联合社发展迅速，对于单个农户在合作社基础上的再联合、提高市场话语权起到了积极作用。因此，在《中华人民共和国农民专业合作社法》修改中对联合社进行界定十分必要，其中，联合社的成员资格是基础性问题。目前的观点主要有两种：一种是联合社的成员只能是合作社，其他主体（如农业企业）可以先加入合作社再进入联合社。另一种是联合社主体应该多元化，除了合作社，农业企业、家庭农场、专业大户等均可以加入，但也应该在法律上控制比例。我坚持第二种观点，理由有以下七点：

第一，目前，把联合社界定为合作社已经成为共识并纳入这次法律修改。根据2006年版《中华人民共和国农民专业合作社法》第十五条的规定："农民专业合作社的成员中，农民至少应当占成员总数的百分之八十。成员总数二十人以下的，可以有一个企业、事业单位或者社会团体成员；成员总数超过二十人的，企业、事业单位和社会团体成员不得超过成员总数的百分之五。"这一条在本次修改中并没有提出修改意见。那么，依据这一条，应该允许非合作社成员加入联合社。可能正是依据这一条，目前已经出台的省级联合社登记管理办法中，至少有七个省（湖南、山东、浙江、河南、吉林、山西、甘肃）规定：成员总数在20人以下的，可以有一个与联合社业务直接有关的企业、事业单位和社会团体；成员总数超过20人的，企业、事业单位和社会团体成员不得超过成员总数的5%（另有黑龙江、安徽、贵州三个省限定联合社成员"应为"合作社）。因此，目前已经注册的1万余家联合社中，可能有相当一部分已经拥有非合作社成员了，如果新修订的合作社法不允许非合作社主体加入，那么必然会造成混乱。

---

* 本代序是2015年应邀为全国人民代表大会农业与农村委员会写的修法建议稿，有调整，执笔人为孔祥智。

第二，在多元主体联合社的构成中，合作社、企业、事业单位均具有法人资格，而专业大户、家庭农场、奶站等主体大多数不具备法人资格（少数地区要求家庭农场到地方工商行政管理部门注册并给予法人资格的除外），但它们都是独立经营的经济主体，按照《中华人民共和国民法通则》中关于联营的规定，它们可以按照合同规定承担相应的民事责任。

第三，允许非合作社主体加入联合社，对于农业资源要素的合理流动和优化配置比单纯的合作社联合要好，以后很可能发展出家庭农场和大户搞经营、合作社搞服务、企业做市场的现代农业综合体，这也和当前农业现代化的大思路是一致的。而且，在多元化主体中，除了合作社和企业，还可能有农业社会化服务组织，这对于促进合作社的发展是十分有利的，能够弥补农业社会化服务不足的“短板”，符合2016年中央一号文件提出的推进农业供给侧结构性改革精神。

第四，党的十七届三中全会指出：“加快构建以公共服务机构为依托、合作经济组织为基础、龙头企业为骨干、其他社会力量为补充，公益性服务和经营性服务相结合、专项服务和综合服务相协调的新型农业社会化服务体系。”从实践中看，合作社和龙头企业在为农服务中都起到了互相不可替代的作用。因此，如果通过这次修法能够促进合作社、龙头企业和其他主体的融合发展，则对于新型农业社会化服务体系建设、弥补社会化服务不足的“短板”也是一个重大贡献。

第五，现实中，很多联合社是由包括合作社在内的多主体构成的，优点是能够充分发挥各类主体的优势，尤其是一些以销售业务为主的联合社更是如此。至于合作社在联合社中能否居于主导地位，那是由经济实力决定的，而且在新修的法律中可以对不同主体的决策权、盈余分配权予以原则界定，并要求体现在联合社的章程中。事实上，如果某个合作社认为在联合中吃亏，它完全可以退出联合社，或者另外组建联合社。

第六，一种观点认为，联合社由单纯的合作社构成，在构成主体上是同质的，可以构建符合合作社法要求、在决策和盈余分配中充分体现农民利益的联合社。当前农民专业合作社的“变异”情况令人心痛，现实中很难找到完全符合合作社要求的合作社，其重要原因就是现行法律中允许企业加入或领办合作社，使农民成员在合作社中失去了主导地位。如果允许企业等主体加入联合社，会产生目前合作社层面的“异化”演化为联合社层面的“异化”。实际上，现实中出现的合作社“异化”现象（姑且使用这一概念）并不是法律本身的问题，而且执行过程中出现的问题，是现实中对合作社原则没有贯彻的问题，原因十分复杂。企业等多元主体加入联合社，在制度设计上完全可以做到各个主体权益均等化（如“一人一票”演化为“一主体一票”等），在注册时严格审查并跟踪管理，加上人们的民主管理水平在不断提高，“异化”现象完全可以在实践中逐步消除。

第七，我们专门就联合社成员资格问题召开了专家座谈会，并在一定范围内就专家群体和合作社理事长群体进行了调查。有意思的是，在专家中，多数不赞同非合作社成员加入联合社，理由是担心合作社权益受到企业的侵蚀；而合作社（或联合社）理事长则基本同意非合作社主体加入，理由是联合社需要企业的带动。有的合作社理事长甚至明确地问：如果没有企业加入，我们还组成联合社干什么？一些理事长还考虑到了深层次的联合社治理结构问题，建议在新修改的法律中明确不同主体的地位，防止企业权力过大。可见，是否允许非合作社主体加入联合社，关键是经济实力较强的企业在联合社中的地位及其与合作社成员的关系问题。如果新法对联合社的股权结构、决策机制等给予明确规定，这些争论很可能就不存在了。

目录

第一章　研究框架、研究方法与发展思路*

农民合作社联合社是农民合作社发展到一定阶段的必然产物。当农民合作社之间存在深层次合作需求时，就会通过合作与联合的方式走向再合作，组建农民合作社联合社。国际合作社联盟（International Cooperative Alliance，ICA）于1995年发布了《关于合作社界定的声明》，其中，“原则”第六条即为“合作社通过地方性、全国性、区域性和国际性的结构一起工作，来最有效地为它们的社员服务，并加强合作社运动”（唐宗焜，2012）。说明合作社的再合作已经成为一种世界性趋势，当下发达国家具有一定市场竞争力的合作社都是区域性或全国性联合社。

联合社仍然遵循着合作社的本质属性，合作社间的再合作是其发挥作用的重要途径。然而，联合社不仅是合作社之间的简单规模加总，而是要素、产品、产业等方面多维度、深层次的再合作。显然，单个合作社的发展经验不足以指导联合社长期发展。为此，以农民合作社联合社发展为研究导向，既能为中国合作经济理论提供重要补充，也能为合作社事业的长远发展提供有益的现实指导。

为确保研究工作兼具广度与深度，中国人民大学课题组于2019年7~11月，先后赴吉林、黑龙江、山东、湖北4省14县（市、区）（见表1-1）开展专题调研，召开了20多次基层干部代表、联合社负责人、联合社成员参加的座谈会，实地走访了25家联合社，广泛听取并记录意见，探寻当前联合社发展的症结，寻求破解之道。报告初稿完成后，中国人民大学中国合作社研究院组织两次小型研讨会充分听取专家意见，经课题组成员讨论并数易其稿后，形成本调研报告，希冀能在一定程度上揭示联合社发展规律，并为主管部门完善联合社发展政策提供参考。

---

* 本章为2019年农业农村部合作经济指导司委托课题“农民专业合作社联合社发展研究”总报告，执笔人：孔祥智、黄斌、卢洋啸、张怡铭。

表 1-1　调研地区与访谈联合社分布

省份	吉林	黑龙江	山东	湖北
县名及联合社个数	农安县（1家） 德惠市（2家） 公主岭市（2家） 双阳区（1家）	松北区（1家）	罗庄区（2家） 沂南县（1家） 临朐县（3家） 诸城市（3家） 昌乐县（2家）	洪湖市（3家） 新洲区（1家） 黄陂区（1家） 孝昌县（2家）

第一节　研究框架

农民合作社联合社是实现小农户与现代农业发展有机衔接的重要组织载体。引导与鼓励农民合作社联合社发展，首先需要回答好以下六大问题：合作社为什么选择再合作组建联合社？联合社是怎么成长起来的？联合社具体运作机制是怎样的？有什么成功经验？面临哪些困境与风险？有哪些对策建议？研究好这些问题将有助于构建鼓励和引导农民合作社联合社发展的政策体系（见图 1-1）。

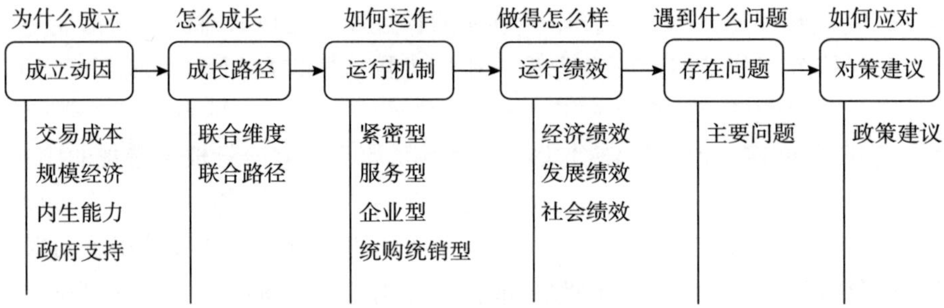

图 1-1　农民合作社联合社发展研究框架

一是要回答联合社的成立动因的问题，这有助于厘清联合社组建动机以及建立有效的激励机制，引导合作社理性走向联合。相比单个合作社，联合社规模更大、制度更为复杂，将各有所需的成员社联合起来可能会带来高成本、高风险和投资回报周期较长。从成本收益角度来看，如果合作社之间仅仅保持浅层的契约合作关系即可，为什么还会有合作社走向再合作，形成联合社这一新的合作经济组织形式呢？对于这一问题的回答，既有助于掌握联合社组建的真实动机，还能引导政策支持有潜在合作需求的合作社走向联合。

二是要回答联合社的成长路径的问题，这有助于化解合作困境并引导合作社之间形成稳定的再合作成长方式。从已有文献与调查情况看，合作社再合作路径分为强制性制度变迁与诱致性制度变迁。那么，为什么合作社会选择不同制度变迁路径？这与联合维度有什么关系？对这些问题的深入研究，有助于探索合作社从“单打独斗”到“联合对外”转变的路径导向与作用机理。

三是要回答联合社的运行机制的问题，这有助于明晰影响联合社经营效率的关键因素与作用机制，寻找提升经营效率的途径。合作社是对“人”的管理，而联合社是对管理人的“社”的管理。对待“社”与对待“人”之间理所当然存在差异。那么，联合社是如何调动成员社参与到其运作过程中的呢？联合社是通过哪些运行机制使其能够稳定持续运转的呢？对这些问题的深入研究，将有助于发现影响联合社经营效率提升的主要因素。

四是要总结联合社发展的运行绩效，这对引导其他联合社发展具有示范参考价值。具体而言，联合社具有怎样的运行绩效？是什么推动联合社经营走向成功，取得良好运行绩效？这些运行绩效的实现过程可以为其他联合社提供怎样的参考经验？深刻剖析这些问题，将有助于总结联合社的发展经验。

五是要深入研究联合社发展存在的问题，这有助于从问题导向出发促进联合社的发展。联合社发展过程中遇到的困境会阻碍其成长，剖析联合社发展面临的困难，能够为制定切合实际的政策措施提供参考。

六是要深入研究促进联合社发展的政策建议，为联合社面对发展困境与成长瓶颈提供应对之道。联合社健康有序发展受到多方面的约束，不利于联合社潜在作用的显现。为此，本部分将针对存在的主要问题，尝试提出鼓励与支持联合社发展的政策建议。

本报告将在本次调研的基础上，结合已有案例进行分析，回应上述待研究问题。具体而言，第二节为政策梳理；第三节为联合社的成立动因；第四节为联合社的成长路径；第五节为联合社的运行机制；第六节为联合社的绩效分析；第七节为联合社发展过程中存在的主要问题；第八节为联合社发展的政策建议。

第二节　政策梳理

实现小农户和现代农业发展有机衔接，需要强化小农户和其他主体之间的利益联结关系，进一步提高农民组织水平。联合社作为合作社事业发展过程中的新型组织形式，在辐射带动合作社与农户方面发挥着重要作用。截至 2019 年 4 月底，我国依法登记注册联合社数量达到一万多家。全国性、地方性政策文件的指引与鼓励为联合社发展营造了良好的政策环境，推动了联合社规模的扩张，加快了联合社成长的步伐。

近年来，中央政府出台了一系列引导与鼓励联合社发展的政策，一些地方政府也先后出台了有关引导与鼓励联合社发展的意见、条例和实施办法（见表 1–2）。在中央层面，2013 年中央一号文件《关于加快发展现代农业进一步增强农村发展活力的若干意见》首次提出引导合作社之间开展合作与联合，并探索合作社联社登记管理办法，为联合社的出现与发展奠定了良好的基础环境。2014 年中央一号文件《关于全面深化农村改革加快推进农业现代化的若干意见》正式使用“农民专业合作社联合社”这一全称，提出“引导发展农民专业合作社联合社”。2013 年国家工商总局、农业部联合发布的《关于进一步做好农民专业合作社登记与相关管理工作的意见》规定了联合社成员应为农民专业合作社的方向，并规定成员社至少在 3 个以上。2017 年中共中央办公厅、国务院办公厅联合发布《关于加快构建政策体系培育新型农业经营主体的实施意见》，突出了联合社在新型农业经营主体中的重要地位。2019 年中共中央办公厅、国务院办公厅联合发布《关于促进小农户和现代农业发展有机衔接的意见》，明确了联合社在促进小农户和现代农业发展有机衔接方面的重要地位，强调了合作社走向再合作能提升小农户合作层次与规模的重要作用。

在地方层面，2013 年以来，先后出台的《湖北省工商局、农业厅关于农民专业合作社联社登记管理工作的试行意见》《山东省农民专业合作联合社登记管理意见》《浙江省农民专业合作社联合社登记管理暂行办法》《黑龙江省农民合作社联社登记管理暂行办法》《甘肃省农民专业合作社联合社登记管理暂行办法》等地方性文件在联合社成员资格方面的规定存在差异，黑龙江省强调联合社成员需为农民专业合作社，而湖北省、山东省、浙江省则强调从事与联合社业务直接有关的企业、事业单位或者社会团体同样可以成为联合社成员。联合社作

表 1-2　全国、地方有关联合社的代表性政策梳理

	时间	出处	有关内容（原文）
中央政策文件	2012 年 12 月 31 日	《关于加快发展现代农业进一步增强农村发展活力的若干意见》	引导农民合作社以产品和产业为纽带开展合作与联合，积极探索合作社联社登记管理办法
中央政策文件	2013 年	工商总局、农业部《关于进一步做好农民专业合作社登记与相关管理工作的意见》	农民专业合作社联合社成员应为农民专业合作社，且成员数应在 3 个以上
中央政策文件	2014 年	《关于全面深化农村改革加快推进农业现代化的若干意见》	推进财政支持农民合作社创新试点，引导发展农民专业合作社联合社
中央政策文件	2017 年	中共中央办公厅、国务院办公厅《关于加快构建政策体系培育新型农业经营主体的实施意见》	鼓励农民以土地、林权、资金、劳动、技术、产品为纽带，开展多种形式的合作与联合，积极发展生产、供销、信用"三位一体"综合合作，依法组建农民合作社联合社
中央政策文件	2019 年	中共中央办公厅、国务院办公厅《关于促进小农户和现代农业发展有机衔接的意见》	支持合作社依法自愿组建联合社，提升小农户合作层次和规模
地方性政策文件	2013 年	湖北省工商局、农业厅《关于农民专业合作社联社登记管理工作的试行意见》	农民专业合作社联社成员以农民专业合作社为主体；企业、事业单位、社会团体成员不超过成员总数的 20%，且应与农民专业合作社成员产业相关联。自然人和具有管理公共事务职能的单位不纳入联社成员
地方性政策文件	2013 年	《山东省农民专业合作联合社登记管理意见》	合作联社应当有 2 个以上农民专业合作社作为成员，农民成员至少占成员总数的 80%。从事与合作联社生产经营活动直接有关的企业、事业单位或者社会团体，承认并履行合作联社章程，履行章程规定的入社手续的，可以成为合作联社成员
地方性政策文件	2013 年	《浙江省农民专业合作社联合社登记管理暂行办法》	成员为农民专业合作社以及从事与联合社业务直接有关的生产经营活动的企业、事业单位或者社会团体
地方性政策文件	2013 年	《黑龙江省农民合作社联社登记管理暂行办法》	有 2 个以上成员（含 2 个），各成员为从事同类生产经营或相互提供上下游服务的，并且登记注册 1 年以上的农民专业合作社
地方性政策文件	2016 年	《甘肃省农民专业合作社联合社登记管理暂行办法》	成员以从事同类或有互补业务的农民专业合作社为主体
地方性政策文件	2017 年	黑龙江省《关于加快构建政策体系培育新型农业经营主体的实施意见》	引导各类新型农业经营主体通过重组、并购等形式做大、做强，促进融合发展，培育和发展农民合作社联合社、农业产业化联合体，鼓励建立农业类产业协会

续表

	时间	出处	有关内容（原文）
地方性政策文件	2017年	江苏省《关于加强政策体系建设促进新型农业经营主体发展的实施意见》	落实各项税收优惠政策，对农民合作社（联合社）销售联合社成员生产的农产品、向成员销售农资的，按规定免征增值税
	2018年	甘肃省《关于加快构建政策体系培育新型农业经营主体的实施意见》	支持发展集生产、供销、信用“三位一体”的综合社，鼓励支持依法组建农民合作社联合社，加强合作社之间的联合与协作
	2019年	《吉林省农民专业合作社条例》	农民专业合作社联合社接受的财政直接补助和他人捐赠，应当平均量化到成员社，其产生的收益可以由成员社按照章程进行分配

为重点培育的新型农业经营主体，不少地方文件已有关于引导和鼓励联合社发展的意见规定。2017年黑龙江省出台的《关于加快构建政策体系培育新型农业经营主体的实施意见》，提出引导联合社规范发展，依法提取公积金。2017年江苏省出台的《关于加强政策体系建设促进新型农业经营主体发展的实施意见》规定了联合社与合作社在向成员销售农产品、农药方面实现税收优惠政策的一致性，拉近了联合社与合作社在政策优惠方面的距离，间接强调了联合社本质属性仍属于合作社范畴。2018年甘肃省出台的《关于加快构建政策体系培育新型农业经营主体的实施意见》强调了鼓励支持联合社在加强合作社之间联合与协作方面的基本作用。2019年吉林省出台的《吉林省农民专业合作社条例》明确了联合社接受的财政直接补助与他人捐赠的资金，应以平均量化到成员社的方式保障成员社的收益权不受联合社的侵犯。

中央政策肯定了联合社在推动合作社合作与联合方面的积极作用，鼓励与支持联合社组建与发展。随着新型农业经营体系的逐步完善，联合社已经成为新型农业经营主体的重要组成部分，在推动小农户和现代农业发展衔接方面发挥着不可替代的作用，提升了小农户合作与联合的层次。地方政策在联合社的构成主体、组织条件等方面有所放宽，联合社与合作社之间逐渐走向地位平等，强调了联合社与合作社在本质属性上的一致性。在部分省份，联合社不仅可以由农民专业合作社组成，只要不同主体间存在着合作需求，合作社同样可以与家庭农场、农业企业等农业经营主体联合起来。此外，联合社正逐步与合作社同等享受政府的政策优惠。

第三节　联合社的成立动因

在中央和地方政府政策的支持下，实力薄弱的合作社纷纷走上再合作的道路，联合社规模稳定增长。联合社是指以自愿联合为原则，由三个以上农民专业合作社为基本成员，以实现农业生产经营和服务的跨区域合作或产业链延伸为目的，实行民主管理，开展独立核算的有限责任型农民经济合作组织。联合社作为一种新型组织的出现，实质上是制度变迁的结果。根据新制度经济学理论，制度变迁的实现取决于制度净收益的大小。当制度收益大于制度成本时，即制度净收益大于零时，组织将倾向于实现制度变迁。组织制度创新的过程就是追求制度净收益的过程。在新组织制度的作用下，新型组织将会继续通过优化资源配置的方式，提高制度收益，降低制度成本，获取组织化潜在利润。也就是说，合作社走向再合作的最终目标就是获取组织化潜在利润，使再合作“有利可图”。具体来看，合作社再合作将受四方面因素的驱动：规模经济、交易成本、内生能力以及政府支持（见图 1–2）。

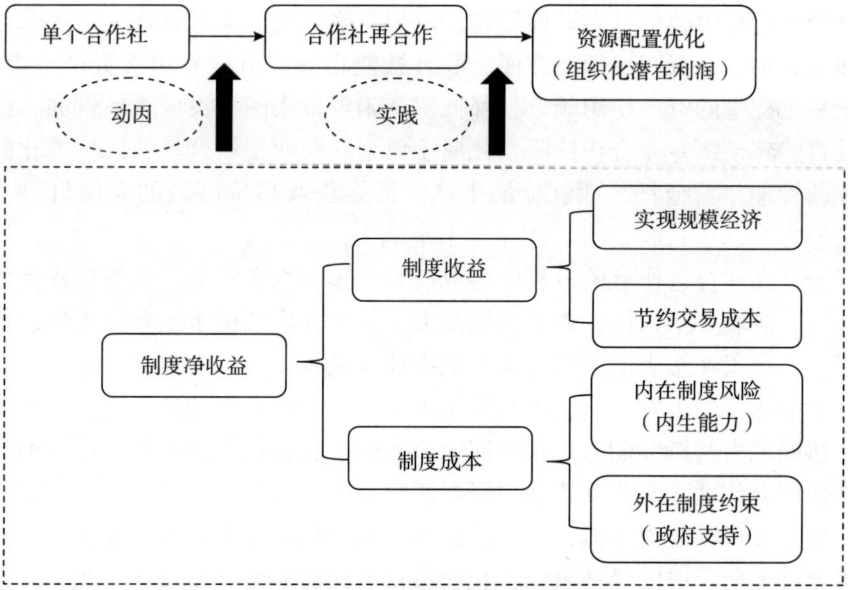

图 1–2　联合成立动因的分析框架

联合社能够将合作社的资源要素集聚起来，形成要素规模、产品规模、产业规模，推动规模经济效益的实现。规模经济一旦形成，联合社便能够推动资源要素在不同生产环节、不同产业环节之间配置，降低综合经营成本；联合社还能在产品规模形成基础上，推动生产流程的标准化、规范化，为产品质量提供充分保障，打造区域品牌效应，进一步推动规模效益的显现；联合社能够促进产业规模经济的形成，既能提升分工协作效率，推动产供销一体化运营，还能以产业聚集的方式提升产业技术创新的可能性，提升生产效率，降低综合经营成本。例如，湖北省武汉市首佳水产养殖联合专业合作社与同样经营水产养殖的其他五家合作社进行强强联合，以追求同类产品的规模效益，提升区域市场竞争力（详见本书案例十四）。

联合社将各家合作社联系起来，能够降低单个合作社各环节对外所产生的交易成本。交易过程中各环节的节本成效实质上就是制度收益显现的过程。通过组建联合社，合作社的交易环节可以在联合社内完成，从而实现外部交易内部化，降低不必要的交易成本。根据威廉姆森（Williamson，1985）的观点，交易成本主要包括三部分：交易频率、交易不确定性以及资产专用性。在交易频率方面，联合社通过提高“一次性”大批量交易的比例，调整交易频率，减少散而短的交易方式，强化议价能力所带来的收益；联合社还会对关联性产品进行内部组合，间接减少外部交易的频率。在交易不确定性方面，联合社的信息共享机制能够缓解交易过程中的信息不对称问题，以相对确定性的交易合作关系降低监督成本、搜寻成本。在资产专用性方面，联合社能将各成员社专用性资产集中起来，提升交易过程中的资产使用频率，降低资产闲置带来的沉没成本。例如，山东省昌乐县自然邦果蔬专业合作社联合社属于典型的同业型联合社，以标准化的方式统一经营管理“黄金籽”西红柿的生产，最终获取高价高量的大额订单，通过优化交易方式创造利润空间（详见本书案例七）。

联合社在联合合作社的过程中各取所长，提升综合实力，最终形成保障组织稳定成长、制度平稳运作的内生发展能力。单个合作社由于谈判实力弱、资源要素规模小，难以在恶劣的市场竞争环境中独立成长，难以形成平稳运作的规范性制度，未能达到内生发展所应具备的基本能力。按照已有理论，内生发展能力至少包括协同能力与持续能力。在协同能力方面，联合社作为再合作的新型组织形式，在协同合作社之间要素流动、资源匹配、产品组合、产业衔接等方面能发挥重要作用。在持续能力方面，联合社是在不同合作社基于自身利益需求寻找合作平衡点基础上所形成的经济组织，相比各家散户而成的合作社，利益一致性更为明确，能够集中力量办大事。此外，单个合作社的谈判实力难以应对大市场，市场不确定性大，组织制度难以从真正意义上构建起来，而联合社面对外部市场环境时由于谈判实力较强，交易关系稳定，可以建立起平稳运作的组织制度，推动组织稳定成长。例如，黑龙江省龙联农民专业合作社联社引入公司治理方式，创新出了从低效走向高效的商业化运作方式，正是因为通过创新经营方式，提升了联合社的协调能力与持续能力，最终形成联合社的内生发展能力。

联合社组建还可能受到政府推力的影响。加入联合社对于合作社来说是“互补性行为”，对于政府来说是“互利性行为”，有助于社会总福利的提升，这就决定了政府部门具有主动引导和协调某家合作社牵头成立联合社的积极性。合作社走向再合作，需要将周边合作社召集起来，准备好必要的前期投入，这会使联合社组建过程的搜寻成本与经营成本过高，一些合作社会因此打消组建联合社的念头。在这一情况下，政府能够在联合社从无到有的过程中发挥牵头和协调的重要作用。组建联合社后，政府的支持也能够降低联合社从低水平均衡向高水平均衡发展的转换成本，推动联合社从有到好的过程的实现。例如，吉林省长春市欣铭农民专业合作社联合社正是在对政府政策环境具有良好预期的情况下成立的，认为联合社的成立有利于获取相关项目支持（详见本书案例二十三）。

上述四个方面动因可归纳为如表 1–3 所示。

表 1–3　联合社成立动因与代表性实例

主要动因	代表性实例
实现规模经济	①吉林省长春市农安县乾溢农业发展专业合作社联合社充分利用当地几家水稻合作社经营能力而成立联合社，以服务规模效益应对日趋激烈的市场竞争环境。从 2017 年开始，由于服务规模化成效显著，联合社还承担起农安县马铃薯生产全程机械化、玉米籽粒直收深松整地、高效植保、秸秆捡拾打包、粮食烘干五个作业项目（详见本书案例十八） ②湖北省武汉市首佳水产养殖联合专业合作社将五家水产养殖合作社强强联合，发挥产品规模效应。其中，联合社开办的隶属于自身的饲料加工厂，能够以农业产业化的方式进一步凸显产品规模价值增值效应，以产品竞争综合优势打破当时水产品销售市场上相互压价、恶性竞争的局面（详见本书案例十四）
节约交易成本	①湖北省荆州市洪湖市世元水产专业合作社联合社通过整合内部资源，发挥各合作社特长优势，实施产品多元化战略，提高资源利用效率；同时采用统一生产管理标准，突出水产品牌效应，增强议价能力和市场竞争力，以品牌效应应对市场不确定性（详见本书案例十二） ②在“倒逼式”拉动和“适应式”推动下，山东省潍坊市昌乐县自然邦果蔬专业合作社联合社，依托多样化创业人才团队和潍坊自然邦生态农业科技有限公司，联合同业果蔬专业合作社，以“黄金籽”西红柿为切入点，通过“订单合同”构建利益共同体，降低交易频率（详见本书案例七）

续表

主要动因	代表性实例
培育内生能力	①吉林省长春市德惠市荣丰农业专业合作社联合社将周边优秀的合作社发展成为成员社理事单位，采用“利益共享、风险共担”的商业合伙人模式，搭建规避风险的养殖平台（详见本书案例二十） ②山东省临沂市罗庄区金源合作社联合社母社所打造的葡萄产业已经覆盖全镇，但葡萄产业在其他区县的影响力还比较弱。联合社组建后，规范组织架构，发挥制度优势，以基地管理部推广技术，建立可持续发展的区域核心竞争力（详见本书案例二）
政府外部支持	①吉林省长春市欣铭农民专业合作社联合社负责人表示，联合社发展到一定规模后，项目申请机会多，而常年在外经商经历使其具备更高的政策灵敏度，更容易获得政府的项目支持（详见本书案例二十三） ②湖北省孝感市孝昌县梦里花园花木专业合作社联合社经营规模较小，且内部竞争激烈，而园林绿化工程建设对于建设单位资质要求普遍较高，所以难以将当地的苗木产业资源对接工程建设。如果获得政府外部支持，联合社将获得与工程建设项目（政府的和大企业的）对接的机会（详见本书案例十七）

近年来，合作社选择再合作，以四类动因为主要推动力的联合社不断出现。总体来看，降低交易成本、实现规模经济、培育内生能力是合作社之间选择再合作的内在动力，是基于合作社之间实际合作需求与现实运营匹配程度的理性决策，以再合作的方式反推合作社之间内部要素的有效组合，实现组织化潜在利润。政府外部支持是合作社之间选择再合作的外在推力。外在推力改变了合作社之间对于生产经营效益的预期，将政府支持机会与政府要素投入视为生产经营的重要因素。从调研实践来看，联合社获取外部支持的机会仍不如单个合作社成熟，联合社之所以以外力支持为主要动因，主要是以追求区域性的竞争力提升为主要目的，对于改善区域性成员社、农户的总体福利具有重要作用。

第四节　联合社的成长路径

上一节我们讨论了农民合作社联合社形成的动因，那么，联合社是如何形成的？形成以后的发展方向或路径是什么？为此，本节首先分析联合社是如何从不同联合维度组建起来的，会组建成什么类型的联合社，接着从制度变迁视角阐述联合社的成长方向，并总结出不同类型联合社的成长机制。

一、联合社的联合维度

合作社再合作并非简单数量、规模层面的加总，而是多维度的再合作，最终形成能够为多维度联合创造稳定条件的新型合作经济组织——农民合作社联合社。目前来看，联合社主要是实现了三个维度的再合作：要素、产品以及产业（见图 1-3）。一是要素层面的联合。区别于企业，合作社要素联合主要在于土地、劳动等基础性生产要素，要素聚集规模较大是要素联合的一大重要方面，是实现规模经济、降低交易成本的重要手段。此外，要素类型互补是要素联合的另一重要方面。知识、技术、资本等专用性资产的互补能够促使不同合作社之间的比较优势充分结合，形成内生发展能力，推动联合社稳步成长。在调研案例中，并不存在以土地规模经营、劳动力要素聚集等单一要素联合为目的，而往往需要与产品层面的联合交织在一块。二是产品层面的联合。联合社一方面实现产品规模的聚集，以订单农业等方式降低交易成本；另一方面实现产品类型的优化组合，即充分发挥联合起来的多产品优势，实现价值增值。湖北省孝昌梦里花园花木专业合作社联合社利用每家合作社种植品种多样的优势，聚集各品种的种植规模，保障其产品在苗木市场上具备充足的销售供应能力（详见本书案例十七）。三是产业层面的联合。即联合社利用合作社之间业已存在的纵向协作关系，衔接产业上游、中游与下游各个环节，以紧密产业链的方式提高分工协作效率，降低综合经营成本。山东省临沂市罗庄区食用菌产业化联合体由山东效峰生物科技股份有限公司领办，联合罗庄区效峰香菇专业合作社、山东效峰食品有限公司、临沂效峰园林绿化有限公司和山东樱桃文化传媒有限公司五个单位自发联合成立。合作社主要业务范围为杏鲍菇、香菇等食用菌种植，而公司主要业务范围为中下游环节，包括加工、运输、销售等业务（详见本书案例一）。

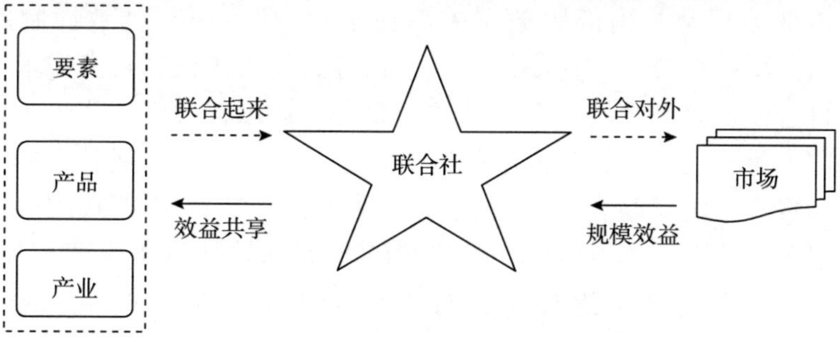

图 1-3 合作社再合作维度示意图

通过要素、产品、产业三个维度的再合作，合作社联合起来组建起联合社，并把从大市场中获得的规模效益共享到要素、产品、产业的贡献群体中。需要说明的是，再合作维度不同、侧重点不同，会形成不同类型的联合社。按照刘同山等（2014）类型的划分方式，以要素规模、产品规模为主的联合维度会形成生产型联合社，旨在通过合作社的联合来扩大生产规模，节约成本。以产品联合为主的联合维度会形成销售型联合社，着眼于农产品流通环节，通过联合不同种类的专业合作社来提高产品多样性、供给稳定性和销售盈利性的一种产加销同盟。以产业联合为主的联合维度会形成产业链型联合社，是以产业链协作为方式，以提高链条整体的市场响应能力和盈利水平为目的的纵向一体化联合。而综合型联合社是要素、产品、产业三个维度联合的体现，是以增强社区成员联系、提高区域经济活力为目标，通过资源整合而实现的一种区域性联合体。

二、联合社的联合路径

课题组在调研中发现合作社走向联合的路径并不唯一，不同合作社会根据合作需求的差异选择最为合适的再合作路径。从实地调研来看，合作社之间“抱团取暖”仅仅是再合作的一条路径，还包括企业、村集体、供销社等的领办与参与等多条路径。从本质来看，这些联合路径都属于制度变迁路径。根据林毅夫（Lin，1989）的观点，制度变迁可以分为强制性制度变迁与诱致性制度变迁两种形式。强制性制度变迁是自上而下的制度变迁方式，关键在于外力的有效干预。诱致性制度变迁指的是现行制度安排的变更或替代，是由个人或一群人在响应获利机会时自发倡导、组织和推行的变迁路径。

本节将成长路径划分为外部领办型、外部参与型、内部治理型和内部服务型四大类。外部领办型与外部参与型的关键在于“外”，属于强制性制度变迁路径，而内部治理型与内部服务型关键在于“内”，属于诱致性制度变迁路径。外部领办型是指公司、村集体、供销社等其他主体根据自身需求与能力主张合作社再合作，并主导着联合社的核心事务，运用自身已有优势为联合社发展注入外部力量，在服务自身需求的同时也推动了联合社的成长。例如，湖北省洪湖市华贵水生蔬菜联合社就是在公司领办下于2015年正式成立。湖北华贵食品有限公司成立于2006年，早在2012年就开始从事水生蔬菜加工业务。领办联合社后，公司处于绝对控股地位（占股50.8%），按照“公司+合作社+农户”模式，由公司负责农产品加工等产业化业务，合作社负责种植生产业务，将辖区内水生蔬菜合作社的资源要素与企业经营优势充分结合起来，形成与市场相抗衡的核心竞争力（详见本书案例十三）。外部参与型是指公司、村集体、供销社等其他主体参与到联合社的运营过程之中，但由于这些主体资产规模较大、管理经验较丰富，在影响联合社发展道路上常常起到关键作用。例如，湖北省洪湖市春露农作物种植专业合作社联合社为推进水稻产业化道路，联合了在产业链后端环节具有优势的企业，充分发挥了企业在推动联合社产业链延伸方面的作用（详见本书案例十一）。内部治理型是指以联合社为基本依托，通过创办企业等方式引入公司治理理念，将具体经营权交由自己创办的公司企业，将利益分配权、决策权留在联合社，是通过职能合理分离以提升管理效率的成长路径。内部服务型即我们通常所理解的合作社再合作路径，合作社通过合作与联合实现“抱团取暖”，搭建服务型平台，共同参与重大事务的决策，根本目的是共同维护并利用联合社平台为自身发展服务。例如，山东省诸城市中农粮食专业合作社联合社，是一家集粮食生产、种子培育、农产品加工销售以及提供社会化服务等为一体的联合社，专注于为社内成员服务，搭建起土地托管平台，托管土地面积达到 3 万亩，实现有效节约农业经营成本，同时解决了部分劳动力转移就业问题，拓宽农民增收渠道（详见本书案例十）。上述分析可概括于表 1-4。

表 1-4　联合社发展路径与代表性实例

制度变迁类型	成长路径类型	代表性实例
强制性制度变迁	外部领办型	①湖北华贵食品有限公司在洪湖辖区组建 28 家水生蔬菜专业合作社，成立华贵水生蔬菜联合社，按照“公司+合作社+农户”模式，公司负责农业产业化链条延伸，全力打造中国水生蔬菜第一“航母”（详见本书案例十三） ②山东省临沂市罗庄区食用菌产业化联合体由山东效峰生物科技股份有限公司领办（简称效峰科技），联合罗庄区效峰香菇专业合作社、山东效峰食品有限公司、临沂效峰园林绿化有限公司和山东樱桃文化传媒有限公司五家单位自发联合成立，充分发挥公司与合作社在不同环节农业经营过程中的优势（详见本书案例一）
	外部参与型	湖北省荆州市洪湖市春露农作物种植专业合作社联合社为做大做强洪湖再生稻产业，走产业化之路。联合社在联合周边水稻合作社的同时，还联合了洪湖市共兴资产经营管理有限公司和洪湖市惠春农业科技有限公司，充分发挥企业在推动产业化方面的作用（详见本书案例十一）

续表

制度变迁类型	成长路径类型	代表性实例
诱致性制度变迁	内部治理型	黑龙江省哈尔滨市松北区龙联农民专业合作社联社在组建联合社的基础上，以联合社为依托全资创办龙联农业开发投资有限公司，以公司治理理念来管理联合社，但仍维持联合社与成员社原有的利益联结关系
	内部服务型	① 山东省潍坊市诸城市中农粮食专业合作社联合社专注于为社内成员服务，托管土地面积达到3万亩，推动成员社内劳动力要素的高效配置，综合提升经济效益与社会效益（详见本书案例十） ②吉林省公主岭市华兴农民合作社联合社主要提供全程或半程社会化服务，为成员社提供服务内容全面，包括科学育苗、种植管理、产品加工、品牌营销等，覆盖产前、产中、产后全过程（详见本书案例十九）

外部领办型与外部参与型属于强制性制度变迁路径。从调研情况来看，当合作社之间进一步合作的目标无法通过简单的再合作实现时，外部主体（政府、企业或者其他主体）就有可能介入，在这个过程中产生的交易费用主要由外部主体承担。内部治理型与内部服务型属于诱致性制度变迁路径。当合作社具有再合作的意向，或者联合社成员中至少有一家带动能力较强时，联合社生成的路径多符合诱致性变迁过程，其中产生的交易费用由成员社共同分担或者由领办合作社承担。从调研中看，无论哪种制度变迁方式，承担交易费用的主体在日后联合社的运营中将会获取更大的制度净收益。

第五节　联合社的运行机制

根据调研所获得的案例情况，本节将联合社的运行机制概括地分为四种：紧密型、服务型、企业型和统购统销型。其中利益联结最强的是紧密型联合社运行机制，利益联结较强的是服务型和企业型联合社运行机制，利益联结相对松散的是统购统销型联合社运行机制。下面结合案例总结这几种联合社运行机制的特点。

一、紧密型联合社运行机制

紧密型联合社运行机制最大的特点可以总结为：多方合作，合理分配。一是通过多方合作实现盈利，产品从生产到销售需要成员社和联合社的共同参与，共同投入生产要素，仅靠其中一方完成的效果远不如共同完成的效果好，甚至无法完成；二是具有成熟的盈余返还制度，联合社的可分配盈余会按照入股资金和交易额等标准进行返还，若出现亏损时联合社成员也会以其出资额为限共同承担。一般情况下，紧密型联合社的运行方式为：首先，生产要素的共同投入，由成员社通过生产过程投入劳动力、土地等要素，配合联合社提供的服务（如管理、统筹、农资、技术、营销等服务），共同形成联合社的收益；其次，联合社将所得收益扣除成本费用，弥补亏损，提取公积金、公益金和风险金等（通常根据经营情况拟定提取的种类和比例）后，形成可分配盈余；最后，按照联合社章程中约定的盈余返还规则进行盈余返还，通常分为按股金（出资额）分配以及按交易量（额）分配两个部分，如图 1-4 所示。

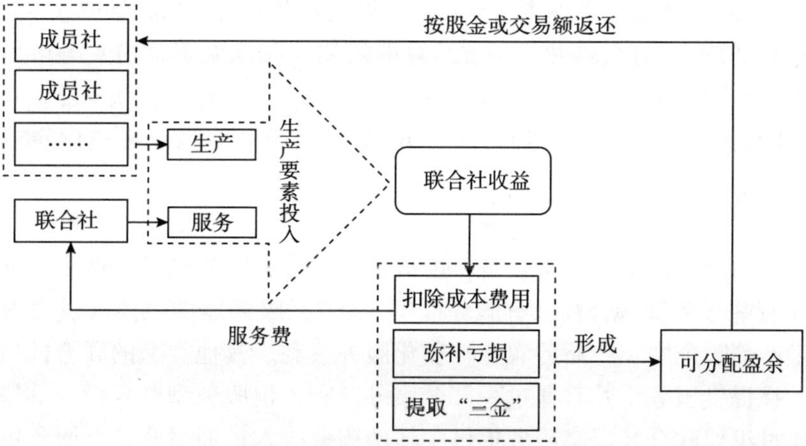

图 1-4　紧密型联合社运行机制

在调研案例中，符合紧密型联合社运行机制的有两家。下面以山东省临朐县志合奶牛专业合作社联合社为例，重点分析如图 1-4 所示的运行机制。联合社负责各成员社做不了、做不好的事情，具体包括：①拓宽销售渠道。2019 年，联合社为五个小型合作社（牧场）开辟了新的销售渠道，保障了小型合作社（牧场）的利益。②提高牛奶价格。组织成员代表与乳制品企业进行奶价谈判，收购价格比原来提高了 20%。③降低原料成本。联合社先后与临沂利豪饲草公司、青岛普兴饲料公司、北京优利农畜牧机械公司等多家企业建立业务关系，以优惠价格统一购进价值 3000 万元的饲料、饲草及相关实物，为成员节省投入 50

万元以上。联合社还与电力部门协调，将原先的工业用电改为农业用电，每度电节省0.3元，配备了鲜奶专用运输车，每天将成员社的鲜奶直接运输到乳品公司，节约了成员社的运输费用。④解决资金困难。联合社积极与临朐农村商业银行、中国银行等多家金融部门联系，先后争取利息优惠的贷款2800多万元，投放给成员社中的养殖户，解决了养殖户在购买奶牛、饲料等方面的资金困难。⑤提供技术服务。主动联系多位国内外奶牛专家举办技术讲座，推广应用新产品、新技术；与澳大利亚饲草公司达成了供应优质饲草的协议；得到利拉伐公司支持，为合作社奶厅提供专门清洗液；与蒙牛塞克星有限公司合作，为联合社奶牛品种改良提供技术支持。截至2019年，联合社开展技术培训六次，培训奶厅管理人员80人次，推广新技术、新产品4项，成员社生产效益比入社之前提高了30%以上。⑥争取政策扶持。联合社利用自身联系面广的特点，争取176万元扶持资金，配套200万元，扶持了成员社中的280个贫困户，每年帮扶贫困户增收101万元。联合社盈余返还制度明晰：获得本年度的收益以后，扣除各项成本费用如专职人员的工资支出、办公经费、奶农结算的奶款（扣除农资赊销）等以后形成可分配盈余，可分配盈余的20%作为联合社发展积金，80%作为盈余返还；在返还的盈余中，40%按股东的出资额进行分配，60%按照成员社的交易额进行分配。

二、服务型联合社运行机制

服务型联合社最主要的特点是，成员社通常分为服务提供主体和服务接受主体两类（有些服务型联合社只有服务提供主体），服务提供主体通过为服务接受主体提供产前、产中、产后的农业社会化服务获利。其他类型的联合社虽然也会为其成员社提供服务，并且通过一部分服务获利，但服务型联合社与其最大的区别是，通过组建联合社提高服务提供主体的服务收入。通过联合，服务供给主体可以获得稳定的服务对象；服务接受主体可以获得较低的服务价格和稳定的服务关系，两者均减少了搜寻成本、谈判成本等交易费用。服务型联合社的成员社之间往往在财务上没有交叉，也没有相应的盈余返还制度，一般由联合社统一调度、财务各自结算。服务型联合社提供的服务类型主要有：生产性服务、信息共享型服务、资金互助型服务等。从调研看，生产性服务的提供主体主要由农机合作社发展而来，为成员社的农业生产提供农机、农资等生产性服务，服务接受主体需要向服务提供主体缴纳相应的费用；信息共享型服务的提供主体往往具有联合会、产业协会等类型组织的性质，在行业中具有一定的话语权，具有制定农产品生产标准、打造区域品牌、进行规模化生产的能力，成员社可以通过联合社统一销售农产品，但必须符合质量要求并支付服务费；资金互助型服务的提供主体可以是部分成员社，也可以是联合社，服务接受主体为成员社中有资金借贷需求者，需要缴纳资金使用的利息作为服务费，如图 1-5 所示。

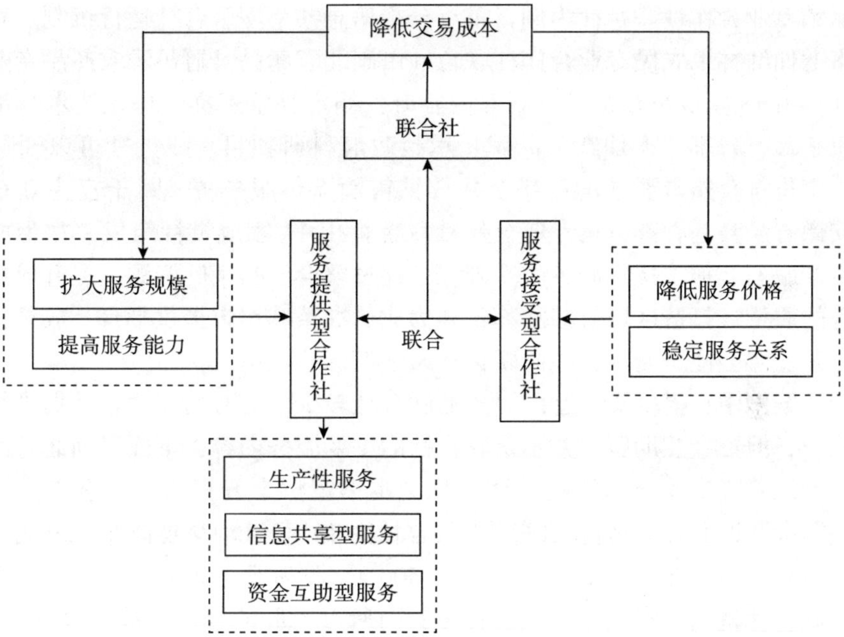

图 1-5 服务型联合社运行机制

调研案例中，以提供生产型服务为主的联合社主要有两家。下面以吉林省农安县乾溢农业发展专业合作社联合社为例（详见本书案例十八），重点分析如图 1-5 所示的运行机制。联合社的成员社主要包括服务型合作社和生产型合作社两大类，在 112 家成员社中，有 53 家服务型合作社和 59 家生产型合作社。服务型合作社主要包括农机专业合作社、农资专业合作社两种类型。生产型合作社主要包括种植专业合作社、养殖专业合作社、农作物专业合作社、农牧专业合作社四种类型。服务型合作社加入联合社的盈利点在于能够通过联合社扩展服务规模，薄利多销，提高收益。一些农机手在访谈中表示，合作社加入联合社后，农机手的分红增幅超过了 10%。生产型合作社加入联合社的盈利点在于一方面可以降低购买农机服务的价格，另一方面能够以较低的价格购买联合社（或服务型合作社）提供的种子、化肥、农药等农业生产资料，以降低生产成本，提高合作社的效益。部分生产型合作社的成员表示，加入联合社后合作社给成员的分红大约提高了 5%。各成员社的财务和日常经营是独立的，联合社并不干预。因此，联合社对成员社不进行盈余返还。

调研案例中，以提供信息共享型服务为主的联合社有两家。下面以湖北省孝感市七仙红林果农民专业合作社联合社（详见本书案例十六）和安徽省泾县兰香茶营销专业合作社联合社为例，重点分析信息共享型联合社运行机制。湖北省孝感市七仙红林果农民专业合作社联合社由湖北省孝昌县冠昌源农产品专业合作社领办，由18家成员社组成，服务内容有：制定种植标准、搭建技术与市场信息交流平台、共享“七仙红”品牌、承接政府科研项目。成员社可以通过联合社代为销售符合质量要求的鲜桃，并按销售额支付服务费，每千克为0.6～1.0元。安徽省泾县兰香茶营销专业合作社联合社由13家成员社组成，在为成员社提供生产服务、加工技术服务的基础上，通过整合泾县茶叶资源，提升成员社茶叶品牌的质量，打造区域公共品牌，并为成员社茶叶销售提供平台。成员社可使用泾县茶业协会注册商标，并向联合社缴纳商标管理费。

调研案例中，提供资金互助服务的联合社较少，只有两家联合社提供了资金互助服务，但资金互助服务并不是联合社的主要服务内容，下面以湖北省武汉市黄陂区荆地养蜂专业合作社联合社（详见本书案例十五）为例，重点分析联合社提供资金互助服务的运行机制。该联合社由18家养蜂专业合作社组成，成员社的成员可以以资金入股到联合社，以500元/股为股金起点，以3万元为股金上限。联合社将入股资金作为互助资金，向所有入股的成员开放资金互助服务，贷款额度最高不超过10万元。贷款手续较为简单，有贷款需求者在申请资金互助服务时，只需所在成员社为其做信贷担保，即可完成贷款。贷款者需要向联合社缴纳贷款利息作为服务费。为了防范风险，联合社采取差别利率的方式收取贷款利息，对于资金用途为发展蜂业的贷款，贷款年利率为10%，对于其他资金用途的贷款，贷款年利率则为12%。

三、企业型联合社运行机制

企业型联合社最主要的特点是企业通过领办或参加联合社，吸纳具有农产品生产能力的主体作为成员社，并通过为成员社统一供应农业生产资料、统一提供质检服务、统一收购农产品、统一加工和销售获取相应的利润。调研中发现，农业产业化龙头企业发展到一定规模后往往需要数量稳、质量高的原料来源，或于供应商处购买，或自己组建生产基地。相对于从供应商处购买，企业自己组建生产基地能够更加灵活有效地控制农产品品质，并降低交易成本，包括对供应商的搜寻成本以及与供应商的谈判成本。企业看到了以联合社作为生产基地的可能性（如企业直接向联合社注资或组建合作社后注资等方式）和优越性（如联结小农户、申请政府支持等方面的优越性)。相对于其他主体(如合作社、大户等),龙头企业也更具备组建联合社所需要的资金、社会资本和人力资本。成员社通过加入联合社可以提高农产品销售价格,降低市场风险,掌握种植或养殖技术,便利地利用种苗、农资、销售等服务。企业一般直接收购成员社的产品,有时也直接与农户进行交易。部分企业采用高于当年或往年平均市场价格的保底价格进行收购,如果当年市场价格高于保底价格,则按照市场价格收购。有些联合社在收购产品时会与成员社和农户签订书面协议,有些则不签订书面协议,在收购前或收购时告知略高于市场价格的收购价格。如山东省诸城市中农粮食专业合作社联合社历年均采取略高于市场的价格收购小麦,于小麦收购季开始时,充分了解当季小麦市场价格,收购价格一般在市场价基础上每公斤加价 0.2 元,并在收购时告知农户。在企业型联合社中,联合社所属各部门的工作人员往往是企业派来或者招聘的,其工资由企业支付,从而不构成联合社的经营成本。企业型联合社的经营目标多为提高农产品质量和稳定原料来源,因而往往免费提供技术和培训等服务,对于种苗和农资则按成本价格进行销售,收入较少,一般不进行盈余返还。调研中没有发现具有明确盈余返还制度的企业型联合社。目前一些学者对于企业领办联合社或合作社存在质疑(高海,2017;张晓山,2017),但我们在调研中发现,企业型联合社存在的合理性在于:尽管成员社和农户难以分享到农业产业链下游诸环节的利润,但能够稳定销售渠道和销售价格,促进区域产业的成长,如图 1-6 所示。

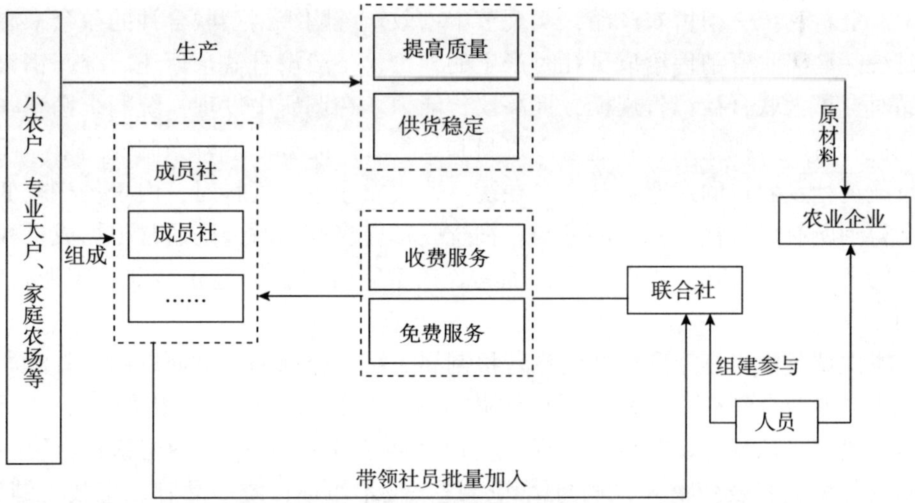

图 1-6 企业型联合社运行机制

在本次调研的 25 家联合社案例中，企业型联合社数量高达 10 家（占 40%），都没有将产业链下游的利润分享给成员社或参与农户。下面以山东省沂南县广汇畜禽养殖专业合作社联合社（详见本书案例三）为例，重点分析如图 1-6 所示的运行机制。李某于 2012 年了解到青岛康大集团的兔肉养殖产业具有较好的发展前景，决定与其合作，由李某在沂南县组织肉兔养殖，为企业提供品质高、供货稳的肉兔货源。同年李某领办了沂南县家园兔业养殖专业合作社并担任理事长，带领农户养殖肉兔并组建合作社，后又于 2016 年出资 80%成立了临沂康大家园食品有限公司。随着养殖合作社数量的增加，李某于 2018 年领办了由三家合作社组成的山东省沂南县广汇畜禽养殖专业合作社联合社并担任理事长。联合社响应精准扶贫的号召，扶持贫困户发展肉兔养殖，按照优惠价格提供种兔，并免费向贫困户传授人工授精、喂养、防疫等技术，提高了肉兔质量。当区域内养殖户达到一定数量后，李某从养殖户中选择学习能力强、有责任心者担任理事长，组建合作社。合作社理事长承担该片区的养殖户管理工作，包括向联合社订购饲料、对合作社成员进行技术指导、统一出栏时间、组织肉兔出栏和运输等。合作社每出栏 1 只肉兔，联合社便给理事长提成 1 元作为奖励。肉兔出栏后，联合社按照保底价进行收购。联合社与青岛康大集团签订收购合同，将收购的肉兔销售给康大集团。由于统一了肉兔出栏时间，保证了联合社的供货量。

四、统购统销型联合社运行机制

统购统销型联合社运行机制的主要特点是：同业合作社联合后，统一采购农业生产资料、统一销售农产品，实现节本增效。统购统销型联合社的盈余来源主要是统一购买农资销售给成员社时产生的差价，一般没有盈余返还。统一销售农产品时会扩大联合社销售规模，提高议价能力。在调研中发现，统购统销型联合社并没有对成员社在购买农业生产资料和销售农产品方面进行强制性约束，而是尊重成员社及农户的意愿。其中，在统一购买农业生产资料时，由于价格较低通常会得到所有成员社与农户的参与；在统一销售农产品时，则通常根据成员社或农户的意愿自愿选择。可以看出，统购统销型联合社在利益联结方面较为松散，如图 1-7 所示。

本次调研中有三家联合社的运行机制属于统购统销型。下面以湖北省洪湖市世元水产专业合作社联合社为例（详见本书案例十二），重点分析如图 1-7 所示的运行机制。该联合社在生产过程中实行“四个统一”：统一种苗繁育，统一投入品（鱼虾饵料及药物）采购与销售，统一技术培训，统一品牌、包装与销售。在统一购买农资时，饲料生产厂家由于直接与联合社对接，省去了大量的人力、

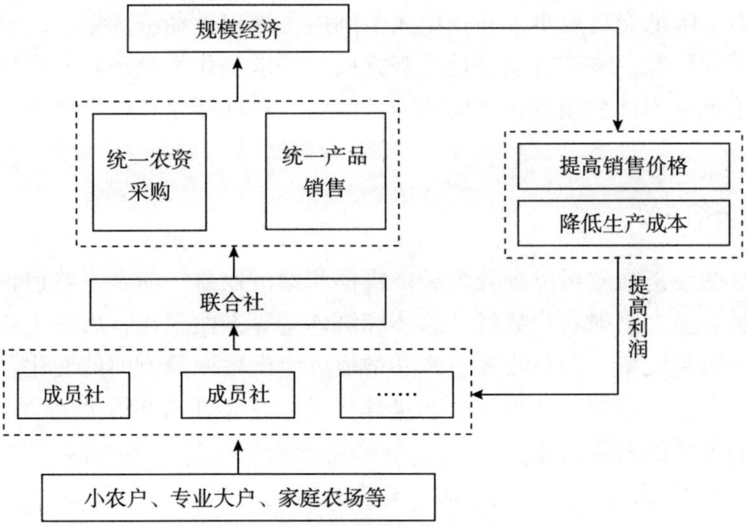

图 1-7 统购统销型联合社运行机制

宣传和中间商环节，降低了联合社购买农资的成本，使成员社采购饲料每吨节省210元。在水产品销售时，成员社可以选择交由联合社销售或自行销售。如果选择联合社统一销售，成员社则在销售之前需要先就数量和规格进行报备，再由联合社统一筹划，与市场对接，采取订单销售。

第六节 联合社的绩效分析

组织绩效是对组织功能实现度、组织运行有效性的综合衡量。联合社作为兼具企业属性与共同体属性的经济组织，目前尚处于发展的初期阶段，有关联合社的研究更多地聚焦于联合逻辑、内部组织制度安排、激励与监督机制设计、盈余返还等方面，对联合社绩效的研究则主要集中于其经济、社会等功能的实现与评价（刘同山等，2015；周振等，2015）。1995 年国际合作社联盟成立 100 周年大会时提出，“合作社是由自愿联合起来的人们通过其联合所有与民主控制的企业来满足他们共同的经济、社会和文化的需求与抱负的自治联合体”。可见，联合社的绩效至少包括经济和社会两大方面。增强盈利能力、强化经济功能是联合社成立的主要目的之一，合作社通过联合的方式能够进一步提升市场竞争力、降低交易成本，并在更大范围内实现规模经济。综合已有关于联合社绩效方面的研究，本节将联合社经济方面的需求细化为经济和发展绩效，社会和文化需求统一为社会绩效，下面从经济绩效、发展绩效和社会绩效三个维度进行分析。

一、经济绩效

联合社的经济绩效可以细分为经济规模和经济效益，前者主要包含联合社成立前后社员数量、辐射农户数量、总体经济体量等方面变化，后者主要侧重于联合社成立前后利润率、社员收入、产品增值、生产效率等方面的变化。联合社作为合作社再合作形成的经济组织，衡量其经营水平最重要的角度就是经济绩效，也是学者们关注的重点问题。

经济规模方面，同一业务类型合作社的横向联合，同一产业链条产前、产中、产后环节合作社的纵向联合，均实现了联合社经济规模的快速增长。例如，山东省沂南县广汇畜禽养殖专业合作社联合社（详见本书案例三）通过联合三家同类型养殖类合作社，将营业总收入从 300 万元提升到 3000 万元，辐射农户数量也从 100 余户增加到 500 余户。又如，湖北省洪湖市春露农作物种植专业合作社联合社（详见本书案例十一）将产前环节的农机、农资合作社，产中环节的多家水稻专业种植合作社，产后环节的农产品加工、销售合作社，共计 25 家合作社，进行统一整合。该联合社的营业总收入从 1100 万元增加到 2400 万元，辐射农户数量从 1253 户增加到 3450 户，辐射土地面积从 1. 36 万亩增加到 9. 75 万亩。

经济效益方面，联合社通过横向与纵向联合，促使其盈利能力及对农户增收带动能力的大幅度提升。例如，临朐县志合奶牛专业合作社联合社通过对 31 家种牛合作社、饲料合作社、奶牛养殖合作社、牛奶销售合作的资源整合，净利润从不足 100 万元增加到 720 万元，带动社员户均增收 1. 2 万元。又如，吉林省长春市欣铭农民专业合作社联合社（详见本书案例二十三）净利润从负增加到 80 万元，带动社员户均增收 1. 4 万元。课题组调研的 25 家联合社，均通过直接与间接带动的方式，推动了社员和邻近非社员收入的提升。

由于篇幅有限，表 1-5 中仅列示了实地调研中九家联合社经济绩效的具体数据。根据课题组的实地调研发现，不同类型的联合社尽管在经营范围、治理结构、发展模式等方面存在差异，但在运行过程中均实现了经济绩效的提升，只是幅度不同。

表 1-5　联合社经济绩效分析

类型	序号	名称	成员社数量（家）	经济规模+经济效益
紧密型	1	临朐县志合奶牛专业合作社联合社	31	辐射养殖户 600 户，2018 年实现年营业收入 4350 万元，净利润 720 万元，平均带动农户增收 5 万元
统购统销型	2	长春市欣铭农民专业合作社联合社	3	辐射种植户 350 户，辐射经营面积 7200 亩，2018 年实现年营业收入 1200 万元，净利润 80 万元，平均带动农户增收 1.4 万元
	3	盛世果蔬专业合作社联合社	11	辐射棚膜种植户 1700 户，辐射经营面积 1200 亩，2018 年实现年营业收入 3000 万元，净利润 300 万元，平均带动农户增收 0.7 万元
企业型	4	广汇畜禽养殖专业合作社联合社	3	辐射养殖户 500 户，2018 年实现年营业收入 3000 万元，净利润 800 万元，平均带动农户增收 1.2 万元
	5	鑫联蜂业农民专业合作社联合社	3	辐射养蜂户 339 户，2018 年实现年营业收入 1000 万元，净利润 200 万元，平均带动农户增收 6.5 万元
	6	自然邦果蔬专业合作社联合社	6	辐射棚膜种植户 120 户，辐射经营面积 4000 亩，2018 年实现年营业收入 1105 万元，净利润 304 万元，平均带动农户增收 2.6 万元
	7	春露农作物种植专业合作社联合社	25	辐射种植户 3450 户，辐射经营面积 97500 亩，2018 年实现年营业收入 2400 万元，净利润 852 万元
	8	武汉首佳水产养殖联合专业合作社	5	辐射养殖户 386 户，辐射经营面积 15300 亩，2018 年实现年营业收入 14609 万元，净利润 439 万元，平均带动农户增收 2.37 万元
	9	公主岭市华兴农民合作社联合社	5	辐射棚膜种植户 3000 户，辐射经营面积 15000 亩，2018 年实现年营业收入 1030 万元，净利润 120 万元，平均带动农户增收 1.5 万元。

资料来源：课题组成员根据调研资料整理所得。

二、发展绩效

联合社发展绩效主要反映其成长能力，可从组织稳定性、社会关系稳定性和市场竞争力方面来衡量（谭智心，2018）。合作社的再合作不仅有利于组织功能实现，也会强化组织可持续发展能力。联合社相对于传统合作社，拥有更强的资源整合能力。鉴于本次调研所得的资料有限，本部分将发展绩效细化为从上下游链条的稳定性、政府项目支持程度和品牌知名度三方面，以实地调研中的 14 家案例具体分析，如表 1-6 所示。

表 1-6 联合社发展绩效分析

序号	联合社名称	上下游链条稳定性				政府项目支持程度	品牌知名度
		农资采购与供应	农产品贮藏、加工	农产品营销	观光旅游	政府项目支持	注册品牌
1	罗庄区食用菌产业化联合体		√	√		√	√
2	临沂市罗庄区金源葡萄种植专业合作社联合社	√	√	√	√	√	√
3	沂南县广汇畜禽养殖专业合作社联合社	√	√	√		√	√
4	临朐县志合奶牛专业合作社联合社	√		√		√	
5	临朐县盛世果蔬专业合作社联合社	√	√	√		√	√
6	临朐鑫联蜂业农民专业合作社联合社	√		√		√	√
7	昌乐农立德农业科技专业合作联合社	√	√	√		√	
8	昌乐县自然邦果蔬专业合作社联合社	√	√	√	√	√	√
9	诸城市北端茗茶叶生产专业合作社联合社		√	√		√	√
10	诸城市绿华源苗木专业合作社联合社	√	√	√		√	√
11	诸城市中农粮食专业合作社联合社	√	√	√		√	√
12	洪湖市春露农作物种植专业合作社联合社	√	√	√		√	√

续表

序号	联合社名称	上下游链条稳定性				政府项目支持程度	品牌知名度
		农资采购与供应	农产品贮藏、加工	农产品营销	观光旅游	政府项目支持	注册品牌
13	洪湖市华贵水生蔬菜种植专业合作社联合社	√	√	√		√	√
14	武汉首佳水产养殖联合专业合作社	√	√	√		√	√

注："√"表示该联合社产业链条延伸到了该领域。

资料来源：课题组成员根据调研资料整理所得。

联合社发展绩效分析包含以下三个方面：第一，上下游链条的稳定性。农业产业链条的产品附加值遵循"微笑曲线"，产前和产后部门的产品附加值要远高于产中养殖与种植环节，因此联合社倾向于将产业链条向产前和产后部门延伸。如表1-6所示，14家联合社中有10家实现了农业全产业链发展，包括产前农资投入、产中养殖种植、产后农产品加工销售等不同环节。其中，有2家联合社进一步将产业链条延伸至休闲观光服务行业。第二，政府项目支持为联合社的可持续发展提供外部保障。表1-6中14家联合社均获得了国家项目资金的扶持，为提升联合社发展绩效提供了政策与资金支持。政府的资金项目扶持，成为联合社向高质量发展的重要推动力，增强其凝聚力、吸引力和辐射力，促进其规范化运行。第三，品牌知名度增强了联合社产品的市场竞争力。品牌作为一种无形资产是联合社实现产品增值的重要环节，能够提高联合社的知名度，强化在同类产品中的竞争力，促进合作社文化的形成与推广。品牌是通过产品质量、文化以及独特性的宣传来创造消费者心中的价值认可，最终形成经营主体的经营效益，是推动联合社发展和进步的重要因素。表1-6中14家联合社有12家注册了农产品品牌与商标，提升了联合社的发展绩效。

三、社会绩效

联合社的社会绩效集中体现在解决农民就业、专业技能培训、带动贫困户和残疾户增收、基础设施建设等方面。联合社实现了"社的合作"，具有独特的社会属性。联合社利用组织优势带动成员社外的农户发展生产，广泛吸纳贫困户就业，帮助贫困户掌握实用技能，从根本上实现脱贫。随着联合社功能的不断拓展与完善，文化内涵日渐丰富，在精准扶贫、美丽乡村建设、乡村振兴战略中扮演着越来越重要的角色，在提高人们合作意识方面也起到了重要的示范作用。早在1995年国际合作联盟修订的国家合作社七项原则中就增加了“关心社区原则”，合作社在承担社会责任方面率先示范，促进地区社会发展，当前我国联合社主动肩负起社会责任，有效发挥其社会功能，在全面决胜小康社会的关键时期，联合社的社会绩效显得越发重要。

下面以实地调研中的五家联合社为例，分析其社会绩效（见表1-7），主要表现为以下几点：第一，带动贫困户脱贫，帮助残疾户增收，通过提供初始生产资料，给予贫困户初始生产资金，带动贫困户脱离贫困陷阱，同时为贫困户、残疾户提供就业岗位以保障其获得稳定收入流，提高收入，摆脱贫困。例如，表1-7中五家联合社累计带动1205户贫困户成功脱贫，扶贫功能得到充分发挥。第二，通过专业技能培训提升农户人力资本水平。表1-7中的三家联合社组织了专业技能培训，提高了农户获取更高收入的能力。第三，提供公共服务、投资公益事业。例如，吉林省公主岭市华兴农民合作社联合社（详见本书案例十九）每年慰问南崴子福利院1~2次，并为福利院提供物资援助。另外，联合社通过劳动雇用的方式提供就业岗位，为周围的农户提供就近就业的机会，为农户

表1-7 联合社社会绩效分析

序号	联合社名称	技能培训人数	带动贫困户、残疾户	社会服务
1	临沂市罗庄区金源葡萄种植专业合作社联合社	培训会员葡萄种植技术累计160余人次	补助57户贫困户生产支出，15户残疾户联合社就业，30户脱贫	—
2	沂南县广汇畜禽养殖专业合作社联合社	累计专业技能培训500余人次	资助贫困户，低价购入种兔，累计帮扶243户贫困户脱贫	—
3	临朐县志合奶牛专业合作社联合社	为奶农提供技术指导与疫病防控培训	扶持280个贫困户，每年帮扶贫困户增收101万元	—
4	公主岭市华兴农民合作社联合社	—	扶贫社员8户，资助贫困大学生1名	每年慰问南崴子福利院1~2次
5	孝昌梦里花园花木专业合作社联合社	—	直接连接建档立卡贫困户105户并户均增收4800元，链接带动贫困户520户；以创业带动就业帮扶贫困户8户	—

注：在25个联合社案例中，选取五家联合社作为分析对象。

资料来源：课题组成员根据调研资料整理所得。

收入可持续增长提供保障。又如，吉林省德乐农业合作联合社（详见本书案例二十一）每年提供就业岗位200余个，带动周边300余户农户就近务工就业。再如，孝昌梦里花园花木专业合作社联合社（详见本书案例十七）2018年全年用工16.3万多人次，为联合社周边农户提供大量就业岗位。

第七节 联合社发展过程中存在的主要问题

总体来看，我国联合社发展时间较短，经验较少，一些地区刚刚起步，在发展中还存在诸多困难和问题，主要表现在以下几方面。

一、治理结构不规范

在实地调研中发现，许多联合社还尚未建立完善的民主管理机制，呈现出“中心社-外围社”的形态，运行管理时常出现由某一个合作社或中心社“说了算”的情况。联合社中出资额占比较高的成员社，往往掌握了绝对的话语权，其他成员社无法有效表达自身诉求。这也导致许多合作社理事长认为联合社就是其中某一家合作社的，自己仅仅是“俱乐部”的一名参与者，久而久之参与意愿逐渐降低，易产生矛盾和纠纷。例如，在调研访谈时，许多成员社理事长认为联合社“就是某某合作社办的”。虽然多数联合社都制定了章程，规定了内部治理的各项要求，但在实际中却很少落实章程约定的内容，演变成了“给外人看”的制式文本。

新修订的《中华人民共和国农民专业合作社法》第五十九条规定“农民专业合作社联合社不设成员代表大会，可以根据需要设立理事会、监事会或者执行监事。理事长、理事应当由成员社选派的人员担任”。但目前多数已成立监事会、理事会的联合社未充分发挥其职能，部分联合社治理机构的功能虚置。例如，某家联合社虽成立了监事会，但并未定期对财务进行审计，对于内部财务管理出现的疏漏未及时发现。调研中还发现某些联合社没有独立的财务核算账户、财务管理不规范、会计核算制度不严格。例如，某家联合社在政府部门的例行检查中，由于没有财务报表等基础数据，临时伪造数据而受到了严厉处罚，对联合社的品牌声誉造成了负面影响。

二、激励机制不健全

部分联合社激励机制不健全，主要表现为部分成员社存在“搭便车”现象。

联合社的集体产权特征是成员社“搭便车”的重要制度诱因，规模越大、成员异质性越高，内部“搭便车”的问题越严重。成员社以规避损失为前提选择“搭集体便车”的行为屡见不鲜，具体表现在某些成员社不积极参与联合社的日常经营，不出谋划策也不贡献力量，仅形式上参与成员大会，坐享其成“搭联合社便车”。又如以非货币方式出资，成员社以库房、农机具等资产作价入股的方式加入联合社。但这些资产是维持其自身经营的必需品，因此在后期使用上难免按照满足自身需求优先的原则，“搭联合社便车”。

由于缺乏有效监督、缺少兼具吸引力和约束力的激励机制，当成员社“搭便车”行为发生时，制度约束成本极低，既能实现良好的预期回报，又不易被其他成员社察觉，也从未受到惩罚，而不“搭集体便车”的成员社，也未受到任何与经济利益直接相关的奖励。在调研中发现，存在某些成员社以“搭便车”为动机加入联合社的现象，由于初始动机不纯，致使成员社完全不考虑联合社的长远利益，只关心自身利益是否得到有效满足，甚至出现某联合社由于无法有效开展合作，逐渐沦为空壳。成员社“搭便车”致使联合社利益受到损害，不利于成员社间持久稳定合作，更不利于联合社健康发展。

三、与新法不相符

部分联合社出现与现行新法不相符的问题。新修订的《中华人民共和国农民专业合作社法》（以下简称《合作社法》）自 2018 年 7 月 1 日起实施，第五十六条明确规定：“三个以上的农民专业合作社在自愿的基础上，可以出资设立农民专业合作社联合社。”但在新法实施前已注册的联合社，大部分由公司领办，并由公司作为主要股东。调研中发现某家联合社成立于 2013 年，股东成员中有两家公司，其中一家持股比例超过 35%。某家联合社股东成员只有三家，其中一家是经贸公司。

四、专业人才匮乏

随着规模的逐渐扩大，联合社日常经营更需要懂经营、懂管理、懂销售、懂市场的综合型人才，但人才匮乏是其面临的主要难题。部分联合社想通过电商渠道销售产品，但苦于没有懂技术的专业人才，导致错失电商销售的发展契机。例如，调研中的某联合社缺乏电商运营的专业人才，尝试过淘宝店铺的注册，但不懂维护和管理，电商销售业务无法开展。部分联合社负责日常工作的人员多是中心社或某一个合作社的工作人员，而且大多属于临时工，在日常运行中，由于缺乏管理人才，不利于业务推进和规范化管理。例如，在调研中某联合社由于缺乏管理人才，由理事长一人身兼数职，不利于提升联合社整体的经营管理能力和运行效率。

部分联合社的初期运营投入成本较高，支付高薪吸引人才加重负担，又很难留住人才，而且大部分联合社办公地点偏远，工作环境较为艰苦，吸引人才相对困难。例如，调研中某家联合社理事长表示，“缺人才是最令人头疼的问题，好不容易招到的人，多数会选择主动辞职，个别的又无法胜任工作”。既无高素质的管理人才，又缺专职的管理人员，是当前联合社发展中人力资源缺乏的真实写照。

五、金融服务缺乏

联合社的发展相对于合作社需要投入更多的资金，单凭成员社的注资远不能满足其生产经营需要。少数联合社内部通过信用合作开展资金互助，但也存在服务供给单一、资金监管不到位、资金总量有限的现实问题。总的来看，联合社融资难、融资贵的问题较为突出。

目前由于联合社名下缺乏有效抵质押资产，无法作为借款主体在金融机构获得贷款。通常只能以理事长个人名义融资，但以个人名义所能获得的贷款杯水车薪，完全无法满足扩大生产经营规模的需要，而且生产经营的潜在风险都转嫁给理事长一人，超过其能承受的负荷。若以成员社作为借款主体，由于金融机构的监管条例要求专款专用，联合社依然无法使用该资金。金融机构缺乏适合联合社的金融产品，金融服务严重匮乏。

联合社的成员社均为独立法人，对于金融机构是全新的借款主体。银行内部流程无联合社这类经营主体，信贷系统无法与之匹配。而且以目前的审核流程需全面考查与联合社关联主体的征信状况，涉及的人员多，违约风险大，尽调成本高，致使银行不受理此类贷款业务。我国农业信贷担保体系已初步建立，目前仍无法以联合社作为借款主体申请贷款，但以合作社作为借款主体，可以在部分省份的农业信贷担保公司获得融资贷款。即便以合作社为借款主体，受理该业务的银行也十分有限，且尽调时间长、手续烦琐、审批实效性较差。

六、政策支持缺乏

目前针对联合社的专项支持政策严重缺乏。在调研中发现，部分合作社可以申请的政府扶持项目，未将联合社纳入申请范围。针对联合社发展水平参差不齐的现实情况，地方政府缺乏分类别、有针对性的政策扶持。少数省份联合社可以申请的财政扶持项目，项目申请程序复杂、手续烦琐、申请难度较大。有人脉资源的联合社，更易获取政府项目申请信息。由于政策宣传不到位，多数联合社不知道政府部门有可申请的项目。

第八节　联合社发展的政策建议

联合社反映了广大农民在更高层次上合作的需求，是农民专业合作社发展的必然趋势。鼓励和引导农民合作社发展联合与合作、组建联合社，能够扩大合作社的规模，发挥规模效应，增强合作社在市场竞争中的主动权，最大限度地实现合作社成员的经济利益。为引导联合社健康发展，结合实地调研发现的问题，本节提出以下政策建议。

一、完善治理机制，严格规范财务管理制度

联合社内部运营的规范性尤为关键。一是要建立清晰透明的财务核算制度，并及时进行内部审计。充分保证成员社的参与权益，发挥成员社的自身优势，提升成员社的归属感、责任感和使命感。二是完善治理机制。可以借鉴现代企业管理制度，对内部机构设置、职能界定、违规处置办法等具体内容，加以规范和细化，出台内部管理制度，明确分工、落实责任人，充分发挥内设机构的部门权能，及时防范风险，促进联合社规范化运行。

在规范联合社发展过程中，可效仿合作社的办法，在全国范围内开展联合社“示范社”评比工作。地方政府可参照 2018 年 12 月 17 日农业农村部发布的《农民专业合作社联合社示范章程》，根据当地实际自行制定出台联合社评比的考核办法，着重将规范化管理纳入考核指标之列，并赋予较高的考核权重。通过政策的吸引、鼓励，逐步引导、推进联合社完善内部治理机制。

二、健全联合社激励机制

建立健全联合社内部监督激励制度，完善民主决策的议事流程。新修订的《合作社法》第五十九条中规定“农民专业合作社联合社应当设立由全体成员参加的成员大会，其职权包括修改农民专业合作社联合社章程，选举和罢免农民专业合作社联合社理事长、理事和监事，决定农民专业合作社联合社的经营方案及盈余分配，决定对外投资和担保方案等重大事项”。第六十一条规定“农民专业合作社联合社可分配盈余的分配办法，按照本法规定的原则由农民专业合作社联合社章程规定”。

在充分遵照法律规定的前提下，联合社可以制定适合自身发展特点的盈余分

配管理办法，重大事项和经营决策坚持民主商议，充分保证成员社权益，避免流于形式。联合社充分发挥“抱团取暖”的合作优势，对当年可分配盈余按时返还，通过与年底分红挂钩等激励形式，细化奖惩激励制度。健全联合社的激励机制，对成员社的贡献进行量化考核，促进其互相监督，调动其参与积极性，有效约束其“搭便车”行为。

三、有序引导不合规联合社优化成员结构

针对在新修订的《合作社法》实施前成立的联合社，存在企业入股的现实情况。一方面，在遵循法律规定的前提下，政府职能部门有序引导不合规联合社优化成员结构，将企业退出的影响降至最低，避免对其生产经营产生巨大波动。另一方面，各级工商部门主动核查存在此问题的联合社，积极引导宣传，督促存在该问题的联合社到市场监管部门进行成员社变更登记，并适当简便成员社变更手续，提供“一站式”便捷服务。

现实问题是，一旦领办的企业退出，相当部分的联合社则会处于名存实亡状态。建议采取三种方式：一是企业领办合作社，以合作社为成员加入联合社，企业以成员社成员的身份继续发挥作用。二是企业不再入股联合社，而是以“公司+联合社+合作社”的合作模式作为联合社上游或下游合作伙伴，开展更紧密的业务合作。三是对于有条件、有能力、有意愿的联合社，鼓励其入股企业，把领办企业演变为联合社社属公司，只要股份结构合理，领办企业并不吃亏，而且，公司还可以全面负责联合社业务，即可以代替联合社进行经营，联合社负责合作社之间的联合，公司负责延长产业链条，利润按照投资比例进行分配。课题组调研的黑龙江省龙联农民专业合作社联社是联合社成立公司的典型案例，该联合社投资 1400 万元（占比 70%），组建了黑龙江龙联农业投资有限公司。公司全面负责联社运营，可以将公司化的管理和运作模式应用于联社的日常管理。在公司专业化的运作下，联社的资本实力逐步增强，财务制度日益规范，投资决策更加科学，产业链条逐步延伸。公司根据市场需求为联社提供最优的设计方案，促进联社转型升级。实践证明，联合社与公司“两位一体”的运营方式更有利于推动联合社与市场接轨，促进农业产业融合发展。

四、建立联合社人才引进与培养机制

人才是联合社发展的重要支撑。联合社完善人才梯队、注重内部人才的选拔与培养、积极引进专业技术人才。针对联合社在引进人才方面面临的现实困难，一方面，政府部门配套人才引进支持政策，通过提供周转住房、协助子女入学、

安置配偶、进行适当的资金奖励或补贴等方式吸引优秀人才入职联合社。另一方面，在联合社内部逐步探索设立“职业经理”“市场营销经理”等岗位，政府部门将专属岗位的人才纳入“大学生村官”计划，吸引大学毕业生到联合社就业。大力支持联合社引进经营管理、市场营销人才，依托现代农业人才支撑计划及各级政府的人才培养方案，采取集中学习、考察观摩、专家指导等方式，重点培训联合社的实用型人才。

五、鼓励资金互助，多渠道解决融资难题

单个合作社的成员少，资金互助难以发挥规模效益。在联合社的运营框架下，促使合作社实现再合作，不仅促进了辐射人数的增加，还提高了资金互助的可能性。因此，借鉴浙江经验，鼓励农民以土地、林权、资金、劳动、技术、产品为纽带，开展多种形式的合作与联合，积极发展生产、供销、信用“三位一体”综合合作，发展“三位一体”的农民合作社联合社是必要的。应出台相应政策鼓励联合社开展内部资金互助业务，但要按照2014年中央一号文件的精神，坚持社员制、封闭性原则，不对外吸储放贷、不支付固定回报，重点发展社区性农村资金互助组织。要鼓励地方建立风险补偿基金，有效防范金融风险。中央层面和省级层面要根据需要适时制定农村合作金融发展促进和管理办法。

调研中发现，各地的金融机构普遍对联合社认识不足。政府部门有必要通过加强培训与宣传，加深金融机构对联合社的了解，以便于形成系统清晰的认知，有利于开发设计真正适合其发展需求的金融产品。各级农业信贷担保公司，应充分利用机构优势和专业力量为联合社提供金融指导，建立健全联合社与成员社的信用档案，在信用评定基础上为其授信开通绿色渠道，简化申请手续并根据实际情况予以贷款贴息，减轻联合社贷款负担。

六、完善政策体系，加大政府扶持力度

加强联合社相关政策的顶层设计，尽快出台针对联合社发展的财政支持政策与具体项目扶持政策。地方政府要按照中共中央办公厅、国务院办公厅《关于加快构建政策体系培育新型农业经营主体的意见》的要求，落实联合社设施农用地政策，合作社生产设施用地和附属设施用地按农用地管理。落实联合社税收优惠政策。鼓励有条件的联合社加大研发投入。地方政府也可以通过购买服务的方式支持联合社为更多的农民提供服务，扩大联合社的业务范围。各级财政支持的各类小型农田水利等农业项目，也可以优先安排给联合社作为建设管护主体。

加强联合社相关政策的解读和宣传，减少由于信息不对称而未及时申请项目

的情况。加强联合社相关政策的监督检查，引入社会第三方监督、评估机构，对具体支持项目进行有效的监督、评估和验收。加强联合社相关政策的反馈渠道，联合社对政策的意见、项目的建议可以通过多种渠道及时反馈给政府部门，提高交流效率，及时进行沟通，以便于政府部门及时调整、改进相关政策。同时建立政策信息反馈奖惩机制，避免反馈流于形式，更好地为联合社提供有针对性、时效性的政策扶持。

第二章　农民合作社联合社运行机制及模式*

第一节　引言

联合与合作是农民合作社发展到一定阶段的客观需求。近年来，随着农民专业合作社的快速发展，合作社组建联合社的要求日益迫切，现实中联合社的数量也日益增加。截止到 2015 年底，全国已经在工商部门注册的农民合作社联合社数量在 10000 家以上，尤其是湖北、江苏、山东等地的联合社发展迅速。但由于现实中政策、法律等方面存在的障碍，关于联合社，尚未形成一套比较完整的规范体系和运行机制。2013 年中央一号文件中就曾指出，引导农民合作社以产品和产业为纽带开展合作与联合，积极探索合作社联社登记管理办法。2014 年中央一号文件中同样指出，推进财政支持农民合作社创新试点，引导发展农民专业合作社联合社。

现今在学术界，对联合社的研究相对来说也比较少，且主要集中于对其本质和作用的研究。如吴岩（2010）指出，农民合作社联合社是指以农民专业合作社为成员，在自愿的基础上，为实现共同的利益而组建的具有合作社性质的联合组织。张娟（2012）认为，联合社是在农民专业合作社发展以后，应农民专业合作社发展需求而形成的，是一种自下而上的变迁过程。张恩广（2015）则认为，农户专业合作社联合组织是在特性环境下为减少交易成本而形成的具有优势地位的组织形式。苑鹏（2008）以北京市密云县奶牛合作联社为例，就曾指出

---

* 本章为 2016 年农业部经济体制与经营管理司委托课题“农民专业合作社联合社运行机制”的总报告，执笔人：孔祥智、周振等。

了联合社在降低合作社的交易成本、提高议价能力、改善社员服务方面能发挥积极的作用。农民合作社联合社的成立，不但拓宽了产品销售渠道和产品销售市场，而且在维护合作社权益、加强行业自律、开展信息交流和联合经营等方面发挥了重要作用（隋姝妍，2012）。此外，朱启臻（2012）以黑龙江省讷河市大豆合作联社为例，发现联合社的作用不仅局限于经济方面，在提高农民组织化程度、社会治理上都起到了作用。

而对合作社联合社运行机制进行调查研究有助于进一步理顺联合社的发展模式，规范其运作方式，切实保障农民利益，促进农民增收、农业增效。就学术界的研究来说，联合社的运行机制可以归纳为紧密的产销一体化和松散的代买-代卖两种关系（刘同山等，2014）。当然，也有学者从成员结构、机构设置、财产来源以及利益联结机制等方面全面分析了联合社的运行机制（杨夏丽等，2015）。为便于对合作社联合社的内部运行机制进行更加详细的了解，本章将从治理机制和运行模式两方面来全面介绍和分析联合社当前的发展情况，从而也为完善农民合作组织的规范体系，以及修改《中华人民共和国农民专业合作社法》提供借鉴和参考。

第二节 农民合作社联合社的运行机制

农民合作社联合社的治理问题既是一个新的研究话题，也是合作社治理问题的延伸。从狭义上讲，联合社的运行机制研究的是联合社内部的组织结构、权力之间的相互制衡以及联合社内部的激励机制；广义上的联合社运行机制则不限于对其内部组织结构的研究，而是对联合社内部剩余控制权和剩余索取权如何分配的一整套制度性安排的系统性研究。课题组在对不同类型的联合社调研后发现，尽管联合社还是属于农民合作社的研究范畴，但是与农民专业合作社相比，联合社在运行机制方面，具有自身独特的特点。下面将从成员资格认定、组织结构和治理结构三方面来对联合社的运行机制进行剖析。

一、联合社的成员资格认定

在《中华人民共和国农民专业合作社法》（以下简称《合作社法》）的修订过程中，对于联合社成员资格的认定问题，专家们存在较大的分歧。其争论的焦点在于联合社成员是否必须全部是合作社，或可以有其他主体加入。接下来就将对此问题进行探讨和分析。

（一）部门和地方规定

尽管《合作社法》对农民专业合作社联合社的注册登记没有做出明确的规定，但是一些部门和地方政府针对现实中农民专业合作社联合社的发展需要，出台了联合社登记的相关政策和办法（见表 2-1）。从部门规范性文件看，工商总局、农业部于 2013 年出台的《关于进一步做好农民专业合作社登记与相关管理工作的意见》中，明确要求“农民专业合作社联合社成员应为农民专业合作社，且成员数应在 3 个以上”；从地方政府出台的规定看，目前有 11 个省份从省级层面出台了专门针对农民专业合作社联合社的登记管理办法，其中，有 8 个省份在合作社登记管理办法或意见中对联合社的注册登记做出了相应规定；个别地市（如江西赣州、湖南浏阳）也出台了联合社登记管理办法。

表 2-1 农民专业合作社联合社成员登记管理的有关规定

类别	来源	年份	关于联合社成员资格的规定	内容出处（相关文件）
部委文件	工商总局 农业部	2013	农民专业合作社联合社成员应为农民专业合作社，且成员数应在 3 个以上	《关于进一步做好农民专业合作社登记与相关管理工作的意见》
省级层面专门针对联合社登记的文件	浙江	2013	成员为农民专业合作社以及从事与联合社业务直接有关的生产经营活动的企业、事业单位或者社会团体	《浙江省农民专业合作社联合社登记管理暂行办法》
	贵州	2016	成员应为农民专业合作社，且成员数应在 3 个以上	《贵州省农民专业合作社联合社登记管理暂行办法》
	安徽	2014	农民专业合作社联合社成员应为农民专业合作社，且成员数应在 3 个以上	《安徽省农民专业合作社联合社登记管理暂行办法》
	山东	2013	成员以农民专业合作社和农民为主体	《山东省农民专业合作联合社登记管理意见》
	山西	2013	成员以农民专业合作社为主体	《山西省农民专业合作社联合社登记管理暂行办法》
	吉林	2013	成员为从事同类或有互补业务的农民专业合作社	《吉林省农民专业合作社联合社登记管理暂行办法》
	甘肃	2016	成员以从事同类或有互补业务的农民专业合作社为主体	《甘肃省农民专业合作社联合社登记管理暂行办法》
	黑龙江	2013	有 2 个以上成员（含 2 个），各成员为从事同类生产经营或相互提供上下游服务的，并且登记注册一年以上的农民专业合作社	《黑龙江省农民合作社联社登记管理暂行办法》

续表

类别	来源	年份	关于联合社成员资格的规定	内容出处（相关文件）
省级层面专门针对联合社登记的文件	内蒙古	2014	农（牧）民专业合作社联合社成员以从事同类、关联或有互补业务的农（牧）民专业合作社为主体	《内蒙古自治区农（牧）民专业合作社联合社登记办法（暂行)》
	河南	2013	农民专业合作社联合社至少应有两个成立两年以上的农民专业合作社作为成员；从事与农民专业合作社联合社生产经营活动直接有关的企业、事业单位或者社会团体，承认并履行农民专业合作社联合社章程和章程规定的入社手续，可以成为农民专业合作社联合社成员，但数量不得超过联合社成员总数的 20%；自然人和具有管理公共事务职能的单位不得成为农民专业合作社联合社成员	《河南省工商行政管理局关于做好农民专业合作社联合社登记管理工作的意见》
	重庆	2014	成员应为农民专业合作社，且成员数在 3 个以上	《关于开展农民专业（股份）合作社联合社登记工作的意见（试行)》
省级文件中关于合作社登记管理办法的规定	湖南	2009	从事同类农产品生产经营的农民专业合作社自愿联合组成农民专业合作社联合社的，依法办理工商登记，按照法律法规和章程的规定开展生产经营活动	《湖南省实施〈中华人民共和国农民专业合作社法〉办法》
	北京	2009	农民专业合作社自愿联合组成新的互助性经济组织，可以向工商行政管理部门提出设立登记申请，依法取得农民专业合作社法人营业执照	《北京市实施〈中华人民共和国农民专业合作社法〉办法》
	辽宁	2009	鼓励农民专业合作社之间进行多领域、多方式的联合与合作，组建农民专业合作社联合社或者总社	《辽宁省实施〈中华人民共和国农民专业合作社法〉办法》
	江苏	2009	两个以上农民专业合作社可以设立农民专业合作社联合社。农民专业合作社联合社可以参照本条例的有关规定依法登记，领取农民专业合作社法人营业执照	《江苏省农民专业合作社条例》

续表

类别	来源	年份	关于联合社成员资格的规定	内容出处（相关文件）
省级文件中关于合作社登记管理办法的规定	江西	2014	农民专业合作社联合社的成员数应在3个以上，允许企业、事业单位和社会团体成为农民专业合作社联合社的成员，但自然人不应成为农民专业合作社联合社的成员。联合社成员总数二十个以下的，可以有一个企业、事业单位或者社会团体成员；联合社成员总数超过二十个的，企业、事业单位和社会团体成员不得超过成员总数的百分之五	江西省工商行政管理局、江西省农业厅关于转发《工商总局、农业部关于进一步做好农民专业合作社登记与相关管理工作的意见》的通知
	海南	2011	两个以上农民专业合作社可以自愿成立农民专业合作社联合社，经县级以上工商行政管理部门登记，领取农民专业合作社联合社营业执照	《海南经济特区农民专业合作社条例》
	四川	2010	鼓励和支持农民专业合作社自愿联合组建农民专业合作社联合社，并享受相关扶持和优惠政策	《中华人民共和国农民专业合作社法》实施办法
	新疆	2012	两个以上农民专业合作社可以根据自愿、平等的原则组成联合社	新疆维吾尔自治区实施《中华人民共和国农民专业合作社法》办法
地市文件	赣州	2014	成员以农民合作社为主体	《赣州市农民合作社联合社注册登记若干规定（试行）》
	浏阳	2010	联合社的成员必须是已经市工商行政管理局注册登记取得《农民专业合作社法人执照》的同类型农民专业合作社，成员数不少于5个	《关于设立农民专业合作社联合社注册登记的指导意见》

资料来源：笔者根据文件资料收集整理。

结合相关文件，大体可以将各地对联合社成员资格做出的规定归为三类：第一类是要求联合社成员必须为农民专业合作社。贵州、安徽、山西、吉林、甘肃、黑龙江、内蒙古、重庆8省份明确了这种要求，但实践中联合社也没有完全执行这个规定，如调研组在贵州调研时就发现大方县中药材合作联社的成员中有三家企业。第二类是明确允许企业、事业单位、社会团体可以加入联合社。浙江、河南两省采取了这种做法，但河南省明确规定非合作社成员所占比例不得超过联合社成员总数的20%。第三类则没有明确规定企业、事业单位是否可以加入联合社。山东和多数在合作社登记条例中提出联合社注册登记办法的省份属于此类，如山东省在农民专业合作社联合社登记条例中规定，加入农民专业合作社联合社的成员应以农民专业合作社和农民为主体，但对企业或其他单位是否可以加入联合社的问题没有明确。其他省份尽管在合作社登记条例中允许联合社注册登记，但对是否允许非合作社成员加入联合社的问题也没有做出明确规定。

（二）专家观点综述

联合社的成员资格认定在《合作社法》的修改中占有基础性的地位，但是这个问题目前较少有人研究，发表可供参考的文献资料几乎没有。2016年3月19日，由中国人民大学农业与农村发展学院孔祥智教授发起，在中国人民大学明德楼召开了“联合社成员资格问题研讨会”，来自中国人民大学、农业部农村经济研究中心、国家工商行政管理总局、中国农业大学、国家粮食局等单位的10余名专家、学者及相关政策制定人员，参与了此次研讨会。[①] 会议讨论的焦点是：究竟哪些主体可以加入联合社？除了合作社之外，企业、事业和社会团体单位能否作为成员加入联合社？

与会专家的观点主要分为以下两种：

一种观点认为，企业不宜作为独立主体加入农民合作社联合社。持这种观点的专家占到了绝大多数。任大鹏认为，联合社成员即参与联合社的农民专业合作社，联合社的规模不宜过大，公司加入联合社将导致四种风险：一是公司的逐利性可能使联合社成为逐利性组织，这种对资本报酬的追逐，将导致成员意志表达的衰减；二是在联合社的层面上也很难界定清楚非法集资和内部信用合作的边界；三是公司加入联合社，将使这些公司规避税收，从而造成与其他未加入联合社的公司存在竞争上的不平等；四是有些联合社成立的目的是为了互相担保贷款，从金融控制的角度，存在一定的风险。马九杰认为，不鼓励企业成为联合社的成员。《合作社法》允许企业领办合作社，没必要再允许企业加入联合社。加入联合社的企业规模一般较大，如果这类企业在联合社中发言权过大，将与合作社的宗旨产生矛盾。从立法角度看，如果联合社的成员含有大的企业，成员太复杂，质疑会较多，从法律的解释、注册、宣传到监管都会受到挑战。杨利军认为，联合社应当是合作社的合作社，不鼓励企业等主体参与。从组织稳定性的角度看，一个组织规模发展过大时，民主治理就会受到挑战，大公司再加入的话，

---

① 参会专家有孔祥智、马九杰、张照新、任大鹏、杨利军、仝志辉、朱乾宇、谭智心、钟真、毛飞以及高原等；专家观点根据会议纪要整理而成。

将进一步衰减。合作社如果运转得好，不可能规模太大，因为内部管理成本会变得很高。仝志辉认为，联合社不应该允许公司加入。从《合作社法》来看，对于合作社成员规定的认识还不足，立法不能只从法理的角度考虑，还要考虑人和文化，考虑政府的作用和不同利益主体的作用空间，不然法律执行起来就会走偏。谭智心认为，联合社应该由农民专业合作社组成。理由有三：一是在多元主体参与的联合社中，不同主体的清偿责任是不同的，如合作社和企业是承担有限责任，而种养大户、家庭农场（其实质是农民）则是承担无限责任，客观上造成联合社组成主体之间的不平等，容易引起纠纷；二是合作社单一主体参与的联合社，其成员均由具有相当或相近实力的主体组成，成员较为同质，现行合作社治理模式下的成员异质性问题能够得到缓解，再加上设定均等出资等有效制度设计，民主管理的基础就具备了，"一社一票"的民主决策自然而然成为合理选择；三是在法律条款上保持联合社成员的同一性，有利于为基层实践明确方向。张照新认为，很多联合社背后都是企业，但是企业不一定非要加入联合社。如一个奶站需要与中小奶农展开业务合作，如果仅为购买原料便宜，以联合会或公司形式就可以解决，不一定以联合社的形式。要考虑联合社到底能解决什么问题。

另一种观点认为，应该允许企业等经营主体加入联合社，同时对其数量或占比进行限制。孔祥智对此说明了七条理由：一是一些省份出台的联合社登记管理办法允许企业等经营主体加入联合社，如果修法不允许非合作社主体加入，必然会造成混乱；二是合作社、企业、事业单位、专业大户、家庭农场、奶站等主体都是独立经营的经济主体，可以按照合同规定承担相应的民事责任；三是对于农业资源要素的合理流动和优化配置比单纯的合作社联合要好；四是有利于促进合作社、企业和其他主体的融合发展；五是能够充分发挥各类主体的优势；六是企业加入合作社而导致的合作社"异化"现象，可以通过有效的制度设计，在联合社中加以解决；七是参会的合作社理事长们认为同意非合作社主体加入联合社，联合社需要企业的带动。

（三）不同成员资格认定方式的利弊分析

一是允许多元主体加入联合社的利弊。优势在于：①有利于优化农村资源要素配置。特别是在贫困地区，允许企业加入联合社，可以解决农民、合作社缺乏资金、技术和人才的难题，可以加快农业生产发展，提高农业集约化水平。②可以促进家庭农场、合作社与企业实现多主体融合发展，提升农业的组织化水平。当前不少联合社是由企业发起的，允许企业加入联合社，会得到地方和现有联合社的呼应。

但允许企业、事业单位加入联合社也存在很多弊端：①多元主体加入联合社后，对联合社的管理将形成较大挑战。联合社内部的成员性质不一，对于民主管理和保持合作社的为农性也将构成较大压力。②将加剧当前企业主导合作社或联合社的局面。目前大部分联合社都有企业参与，而且联合社出资也主要由企业承担，企业事实上主导了联合社的各项事务。如果立法认可这种格局，会进一步推动企业领办联合社的积极性，进一步强化企业主导合作社和联合社发展的格局。③财政支农惠农政策或资金将加速流向企业。随着国家财政涉农项目更多由合作社或者联合社承担，这类由企业主导的联合社必然更加积极主动地申请各类财政支持。由于联合社收益难以直接分配到农民成员账户，领办或参与企业将通过股份形式更为方便地获取财政支持的收益。

二是仅允许农民专业合作社加入联合社的利弊。优势在于：①为实现民主管理奠定基础。联合社成员成分单一，性质相同，在治理结构上比较简单，容易实现合作社民主管理的原则，在重大决策上“一社一票”的决策机制也较易实现。②纠正当前企业利用联合社套取财政支持的现象。通过立法，推动企业退出联合社，可以有效防止企业利用联合社的名义套取财政支持政策，使财政支农资金真正让农民获得。虽然企业可以加入合作社，但由于合作社明确一人一票，可以有效限制企业的发言权，同时利用财政支农资金量化到农民成员账户、交易额返还等条款，可以避免企业利用合作社套取财政支持资金的弊端。③虽然不允许企业加入联合社，企业仍然可以通过加入合作社参与农业生产，与农民进行合作，不会对要素优化配置带来制约。

当然，不允许企业、事业单位加入联合社在现实操作中也存在一定的阻力和弊端：①大多数合作社实力较弱，组建联合社往往缺乏资金，经营管理理念也较为缺乏，企业则具有资金、管理和技术等方面的优势。②实践中组建的联合社大多都是由企业参与甚至是企业领办，这将与法律规定产生冲突，带来操作上的阻力。

（四）关于联合社成员资格认定的法律建议

一是坚持法律的原则性。《合作社法》对合作社的规定是基于合作社基本原则方面的规定，尽管基层实践过程中出现了异化现象，但合作社的本质属性不会改变。法律中诸如自愿参与、民主管理、按照交易量（额）分配等基本原则的规定，为我国农民合作社的发展指明了方向，区分了合作社和企业等市场主体的本质。所以，在《合作社法》的修订中增加联合社相关内容时，立法初衷不能改变，有关联合社的法律规定也应体现出法律的原则性。

二是保持联合社的为农性。联合社是以农业产业为主营业务，以为农民服务、促进农民增收为主要目标的经济组织，所以在设定成员资格的门槛时，要严格把关，加入联合社的经营主体应是体现农民利益的组织。与多元化主体相比，严格规定专业合作社单一主体加入，在原则上更能保持联合社的为农性，并且，规定单一合作社主体作为联合社的成员，与引入企业等社会资本参与和带动联合社发展并不矛盾。目前基层很多农民专业合作社就是由企业领办或是自己领办企业，企业若想加入联合社，并不困难。而在法律规定中要求单一主体，更能给基层联合社的实践释放明确的信号，以更好地保持联合社的为农属性。

三是促进内部管理的协调性。联合社的成员身份越单一，多元化程度越低，越有利于组织内部的民主管理。如果将加入联合社的成员统一设定为农民专业合作社，则联合社成员之间的利益诉求较为一致，便于进行民主管理。而且在盈余分配时也容易体现出成员社的意愿，从而能够有效降低联合社管理的内部交易成本。

二、组织结构

农民合作社联合社的组织结构是指联合社的所有者为实现组织目标，在管理工作中进行分工协作，在职务范围、责任、权利等方面所形成的结构体系。联合社是由农民专业合作社组成，从逻辑推理上看，合作社联合社也应该是“人的联合”，其所体现出的社员（成员合作社）利益，也应该代表成员合作社的社员（农民）利益。但由于联合社层面上的社员不是自然人，而是加入联合社的农民专业合作社，所以联合社在进行组织结构设置和组织机构管理时，必然与管理自然人有所不同。以下将从联合社的设立原则、设立目标以及设立类型方面对此进行说明。

（一）设立原则

一是民主控制原则。从国际合作社联盟对合作社基本原则的规定看，民主原则一直是合作社的经典原则之一，在联盟最近修改的合作社基本原则中，对民主原则的表述是“民主控制”。我国《合作社法》第三条规定了农民专业合作社的成员地位平等，实行民主管理的原则。所以，不论是从合作社的国际发展，还是我国的立法实践看，民主原则都是合作社的基本组织原则之一。由于我国的联合社是农民专业合作社之间的联合与合作，组织规模较大，运营资产较多，故联合社内部的组织结构设置更加注重效率，而不是公平。所以，联合社在自身组织机构设置时一般是以组织效率为设计的第一考虑因素，但是联合社又要体现合作社最基本的民主组织原则，体现联合社是所有者和惠顾者有机统一的组织形式，故用“民主控制”的提法较为符合当前我国农民合作社联合社的实际情况。

二是权力制衡原则。首先，我国是大陆法系国家，《合作社法》第二十六条规定："理事长、理事、执行监事或者监事会成员，由成员大会从联合社成员中选举产生，依照本法和章程的规定行使职权，对成员大会负责。"可见，法律规定要求合作社的监事会独立于理事会，由最高权力机构选举产生。农民专业合作社联合社作为较高层次的合作社，也应该执行《合作社法》的相关规定。其次，从我国实践中的农民专业合作社组织机构设置上看，几乎所有的农民专业合作社都独立于理事会之外设置了监事会，形成了社员代表大会、理事会、监事会三权制衡的组织结构。在农民专业合作社的基础上成立联合社，也应该体现组织结构内部权力制衡的基本原则。最后，我国农民专业合作社联合社属于农民专业合作社在更高层次上的联合，联合社的组织规模、资产规模、经营规模都更为庞大，在此基础上进行组织管理，对联合社的监督一定要有专门和专业的部门来实行，从这一点看也需要在联合社内部设立监事会，与社员大会、理事会处于同一级别，共同管理联合社的组织机构运行。

三是成员经济参与原则。根据国际合作社联盟在 1995 年国际合作社联盟大会上通过的合作社"成员经济参与原则"的表述，经济参与原则是指每一个合作社社员都能够与合作社产生利益关系，而不是名义上的参与。而从我国农民专业合作社的运行实践看，经济参与原则只是存在于合作社的部分成员之间。这部分成员作为合作社的核心成员，对合作社进行管理和控制，而很多不出资的合作社成员都是名义上的社员，不对合作社履行相关权利与义务。产生这种情况的很大一部分原因是目前我国农民专业合作社还具有一定的帮扶性质，农民入社自愿、退社自由，只要加入合作社就可以享受合作社提供的服务，如技术指导。但是这部分社员和合作社的联系非常松散，与合作社核心社员一起形成了合作社的"中心-外围"结构。这种结构是农民专业合作社同时注重效率和公平的结果，而农民合作社联合社作为合作社之间联合与合作的高级形态，更加注重的是效率，所以经济参与原则就显得尤为重要，而且这对于发扬合作社之间的民主精神将起到很好的作用，甚至可以认为，该原则是联合社内部民主治理结构存在的物质基础。

（二）设立目标

农民合作社联合社的成员代表大会、理事会、监事会以及"三会"的制度设计，共同形成了联合社的决策机制、执行机制和监督机制。这种组织结构设计的目标就是为了实现合作社联合社的所有者对联合社的所有权、控制权和收益权的控制（见图 2-1）。

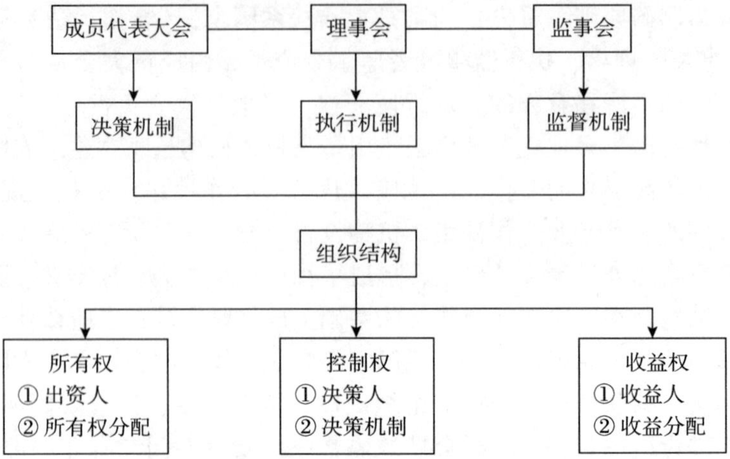

图 2-1　联合社组织结构运行机制示意图

首先是所有权。所有权意味着联合社归谁所有，在某种程度上，产权就是所有权。作为联合社内部重要的组织特征，联合社的产权结构特征可以决定联合社的剩余控制权和剩余收益权。在传统合作社中，所有者和惠顾者是统一的，即合作社的惠顾者就是合作社物质资源、人力资源和经营风险的承担者，成员对合作社出资就是为了获得未来分配合作社组织剩余的权利。然而，在实践中，合作社的资金来源渠道已经拓展，有些外部资金以入股的形式投资合作社，目的也是为了获取合作社的组织剩余，而这部分资金所有者并不与合作社发生任何交易。我国联合社发展实践中较多采用此种方式投资的主体就是供销社。

其次是控制权。控制权意味着联合社内部的组织决策由谁掌握。一般来说，联合社的社员代表大会是最高权力机构，应该掌握着联合社的控制权，而且社员具有“一人一票”的投票权利。集体行动的逻辑表明，成员越多的合作社，越难达成一致的决策。联合社的社员都是农民专业合作社，与农民专业合作社成员太多，不容易形成一致决策相比，联合社社员要少得多，形成决策应该容易得多。但是，联合社的社员不是自然人，而是一个法人组织，如果在联合社中形成控制权，也就意味着这家农民专业合作社获得了更多的联合社资源。在这种情况下，联合社内部决策将变得非常复杂，往往对联合社具有控制权的农民专业合作社掌握着联合社发展过程中的关键资源。

最后是收益权。收益权是联合社剩余分配的基础。按照传统合作社理论，联合社的收益权应该属于联合社的惠顾者。而联合社的惠顾者能否获得联合社的剩余，又取决于惠顾者对联合社的贡献大小。我国现实中的联合社收益分配，并不是完全的惠顾者分配剩余的形式了，只要是对联合社发展做出贡献的主体，都能享受到联合社组织剩余。由于联合社中存在着多种社员要素投入的种类，导致联合社的分配形式也较为多样。

（三）设立类型

调研发现，在我国农民合作社联合社的基层实践中，完全按照传统合作社的组织原则设置机构的联合社并不多见，已有的联合社多以传统合作社的组织原则为基础，按照业务需求设立了符合自身发展特点的组织结构，而且有些联合社组织结构的设置已经与现代企业非常相似。具体来说，按照联合社与现代企业的近似程度，可将目前我国农民合作社联合社的组织结构设置分为以下三种类型：

一是传统合作社型。传统合作社型联合社的组织结构设置以合作社经典原则为基础，按照我国农民专业合作社法的相关规定设立成员大会，作为联合社的最高权力机构，享有决策权。由成员大会选举产生理事会和监事会，这两会属于平行机构，分别负责联合社的管理权和监督权。理事会设理事长一名、监事会设监事长一名，理事长负责联合社的全面业务工作，监事长负责对联合社社内事务和财务等进行监督。这一组织结构类型属于典型的合作社组织结构类型，体现了合作社的民主原则和权力制衡原则。以山东省寿光市菜农之家蔬菜专业合作联合社为例，该联合社的组织结构就是按照《合作社法》的要求设置的传统合作社型的组织结构（见图2-2）。这种组织结构能够体现合作社的经典原则，而且按照联合社内部的业务性质，分为技术中心、平台运行中心、品牌中心、质检中心、综合部等不同的职能部门。该类型的组织结构能够实现专业化管理的优势，但不同职能部门之间的衔接和磨合需要花费较多的交易成本。

二是委托-代理型。委托-代理型农民合作社联合社的组织结构设置，即在联合社“三会”（成员大会、理事会、监事会）之下，设置职业经理人这样一个组织结构单元，职业经理人由理事会提名，并经全体社员大会表决通过，通过后的职业经理人行使联合社总经理的职能。这样的组织结构设计在现代企业中广泛存在，职业经理人具有专业的管理理念和管理经验，是市场经济环境下和在企业发展壮大的过程中，实现管理专业化的必然结果。合作社联合社内部出现职业经理人职位，说明联合社的业务范围和组织规模已经发展到了一定的阶段，需要实现所有权和经营权的分离，并在经营环节通过专业化的管理来提高整个联合社系统的组织经营管理效率。以四川彭州市蔬乡大地菜种植专业合作社联合社为例，该联合社的组织结构属于典型的委托-代理结构（见图2-3）。蔬乡大地菜种植专业合作社联合社的组织机构较为庞大，职业经理人管理办公室、

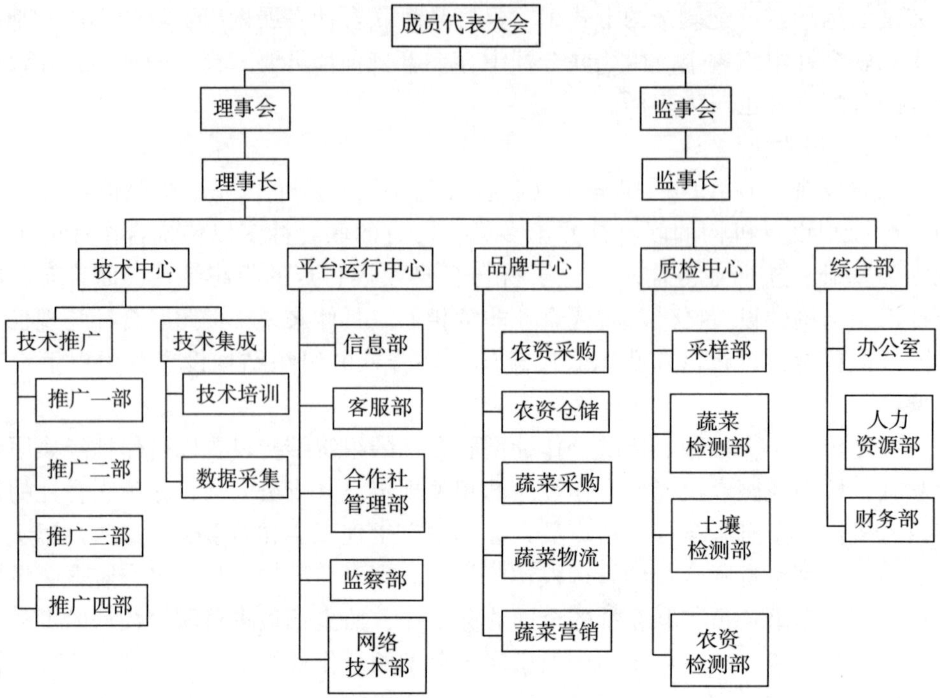

图 2-2　菜农之家蔬菜专业合作联合社的组织结构示意图

财务部、项目部、技术部、营销部、种苗服务部、植保农机服务部以及农资配送中心八个部门。职业经理人使联合社在管理上实现了专业化，提升了联合社的经营管理效率。但是，联合社所有权和经营权分离带来的委托-代理问题也开始出现。

三是股份合作型。股份合作型农民合作社联合社的组织结构设置，与现代股份制企业非常相似。联合社内部设立股东代表大会、理事会与监事会。联合社社员以入股的形式加入联合社，成为联合社的股东，所有股东召开股东大会，成为联合社的最高权力机关，股东大会的决策成为联合社的最高决策。理事会和理事长、监事会和监事长由股东大会选举产生。这种股份合作型组织结构以社员占有的股份作为联合社内部享有权利的衡量标准，联合社内部不再实行“一人一票”制，联合社的盈余也按照股份大小进行分配。湖北武汉荆地养蜂专业合作社联合社就是股份合作型的典型。如图 2-4 所示，该联合社的主要组织结构有股东代表大会、理事会与监事会：①股东代表大会。15 个养蜂专业合作社的社员以入股的方式加入联合社，此外，凡在黄陂区辖区内从事

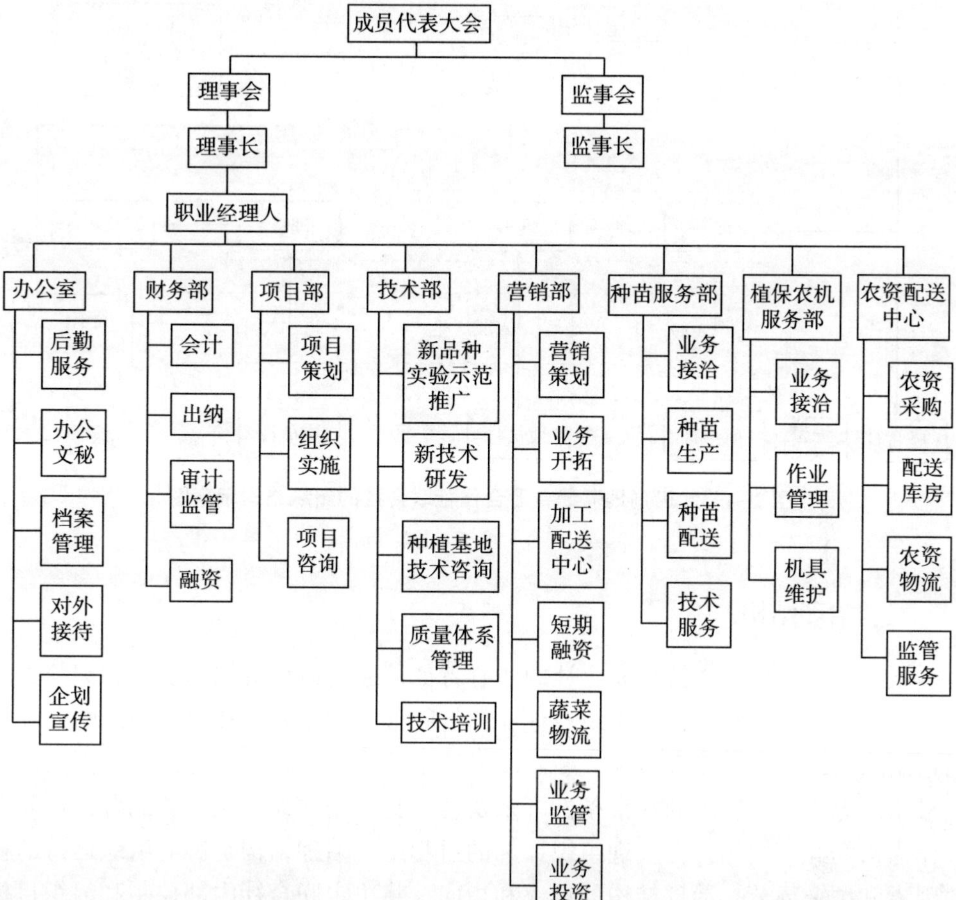

图 2-3　蔬乡大地菜种植专业合作社联合社的组织结构示意图

养蜂的蜂农都可以自愿入股成为联合社社员。加入联合社每股股金起点为 500 元，但是最高不得突破 3 万元。由入社的社员组成全体股东大会，全体股东大会是联合社的最高决策机构。②理事会。凡出资入股达 1 万元的蜂农，将成为联合社的理事；出资入股达 3 万元的蜂农，将成为联合社的常务理事，即 1 万元股产生 1 名理事，3 万元股产生 1 名常务理事。理事长和副理事长分别在常务理事中产生。③监事会。监事会的人员分别由各专业合作社的负责人和蜂业协会的领导人组成。

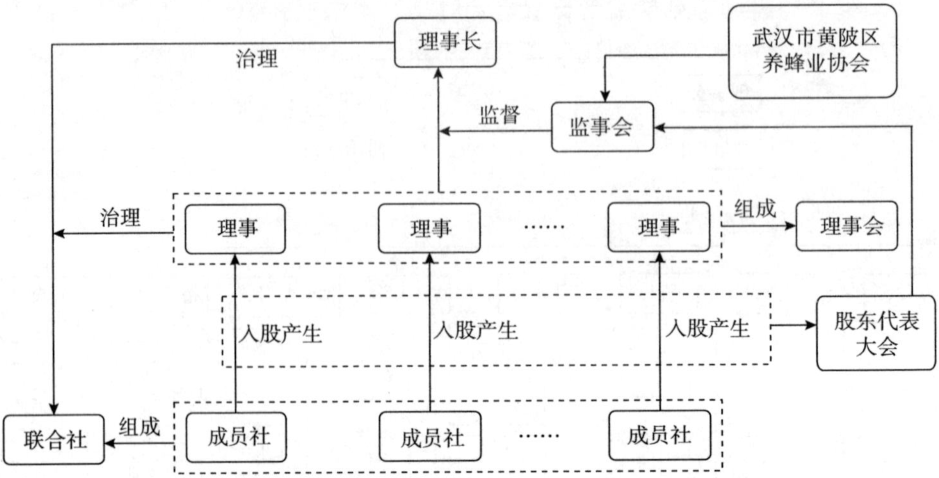

图 2-4　武汉荆地养蜂专业合作社联合社的组织结构示意图

三、治理结构

联合社的治理结构就是联合社的所有者如何通过组织机构的设置和契约关系的安排，有效达成联合社的组织目标，并将联合社的控制权和组织剩余的分配权通过组织治理的方式得以实现。新制度经济学认为，交易主体总是会选择交易成本最小的方式，在有限的约束条件下来实现自身效用的最大化。农民合作社联合社作为市场经济主体，在实现组织目标的过程中，治理结构是影响组织运行的核心因素和关键环节，治理结构的形成和指向，将决定联合社内部控制和组织目标的实现。鉴于此，本节提出了一个有关农民合作社联合社治理结构的理论框架（见图 2-5）：联合社的治理结构作为实现组织目标、组织控制权和剩余分配权的契约安排，受联合社交易特征、主体特性、制度环境的影响。下面以湖北省天惠种植养殖专业合作社联合社为例来对此进行论证和说明。

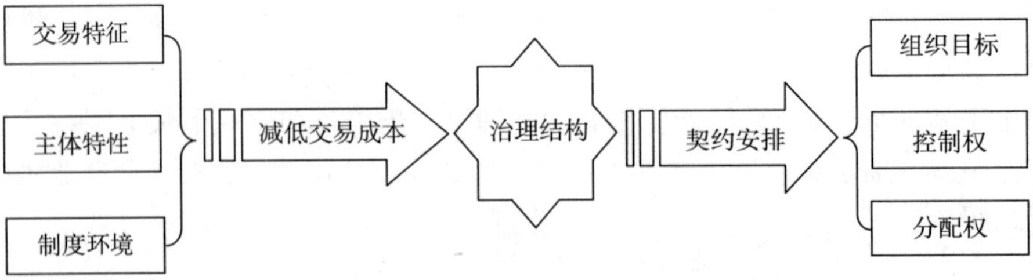

图 2-5　联合社治理结构的理论框架示意图

（一）天惠种植养殖专业合作社联合社的基本情况介绍

湖北省天惠种植养殖专业合作社联合社（以下简称天惠联社）由武汉天惠生物工程有限公司、阳新县太子镇东风农场种植专业合作社、天门市天惠服务专业合作社三家单位共同发起，成立于2011年6月，注册于2012年1月，注册资金1000万元。其中，天惠生物工程有限公司出资800万元，对联合社具有绝对的控制权，而其他两家成员法人共计出资则为200万元。联合社理事长韩总，即天惠生物工程有限公司董事长表示，由于注资风险过大，暂不接受成员社注资。目前联合社的日常运营资金基本由理事长个人负责。

天惠联社按照自愿原则，以农民专业合作社为联合社员和主要服务对象，通过入股形成利益共同体，对外参与竞争、对内做好服务，其核心职能是整合资源，提供服务，并将自身定位为“农业专业化的组织者、农业科学技术的服务者和绿色农产品的提供者”。目前，天惠联社在湖北省内拥有工商备案的种植养殖合作社成员102家，并拥有50余个有机、绿色认证标志产品，涵盖茶叶、蜂产品、大米、蔬菜、食用菌、水果、水产和各种禽畜产品等多种居民基本消费类农产品。下面将对天惠联社的成立背景、组织机构、交易特征、盈余分配机制、社会化服务以及制度环境等逐一进行介绍。

1. 天惠联社的成立背景与组织机构

《合作社法》颁布施行以来，湖北省农民专业合作社的发展虽然迅猛，但普遍存在缺资金、缺人才、缺管理、缺市场及抗风险能力弱等问题。作为天惠联社主要发起单位之一的武汉天惠生物工程有限公司是一家以科研生产、销售推广为主导的生物农药企业，尽管业内口碑不错，但是产品使用推广困难一直是限制其发展的最大因素。在此背景下，武汉天惠生物工程有限公司、省市政府相关部门和部分合作社在总结当前农业发展经验教训的基础上认为，只有通过抱团经营、资源整合，发展更高一级的合作经济组织，才能进一步提高组织竞争力，使农民社员享受到农业经营体制机制创新的红利。因此，在省市各级政府的帮助下，由武汉天惠生物工程有限公司、阳新县太子镇东风农场种植专业合作社、天门市天惠服务专业合作社三家单位发起成立了全国第一家省级综合性农民合作联社——天惠种植养殖专业合作社联合社。天惠联社的最高决策机构是成员代表大会，下设理事会与监事会，两者平级（见图2-6）：理事会设理事长1名，下面分设有行政人事部、财务部、技术服务部、农资配送部、网络部、农资产品销售部以及资金互助部。

2. 天惠联社的交易特征与盈余分配机制

天惠联社的产品定价决策是理事会以市场调研为依据而决定的。以茶叶为

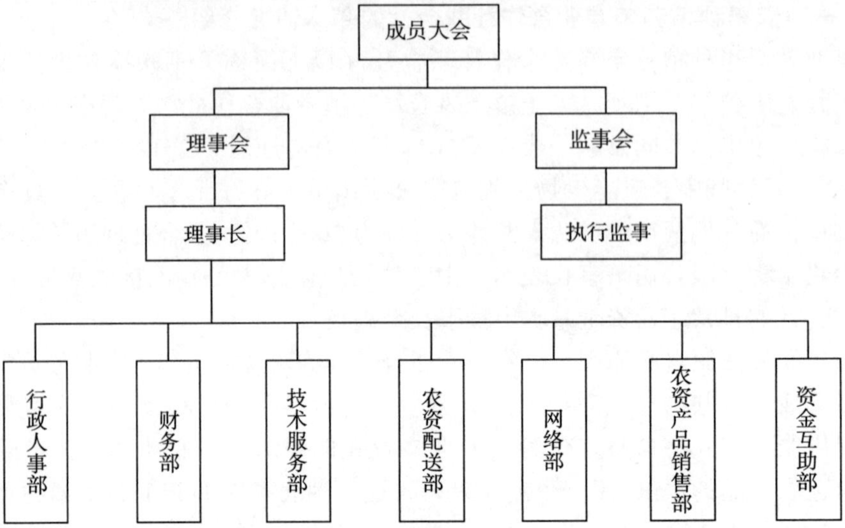

图 2-6　天惠联社的组织结构示意图

例，最新的《关于天惠联社茶叶销售办法》规定：天惠联社统一对外零售价为400元/提；为了调动外部兼职销售人员的积极性，采取“一单一结”的方式，以240元/提的价格进行结算；职工和天惠集团关联公司，以260元/提的价格进行结算。此外，天惠联社对成员茶叶的收购价为220元/提，高于市场收购价8%~10%（市场收购价为180~200元/提）。而关于天惠联社的盈余分配机制具体如图2-7所示：

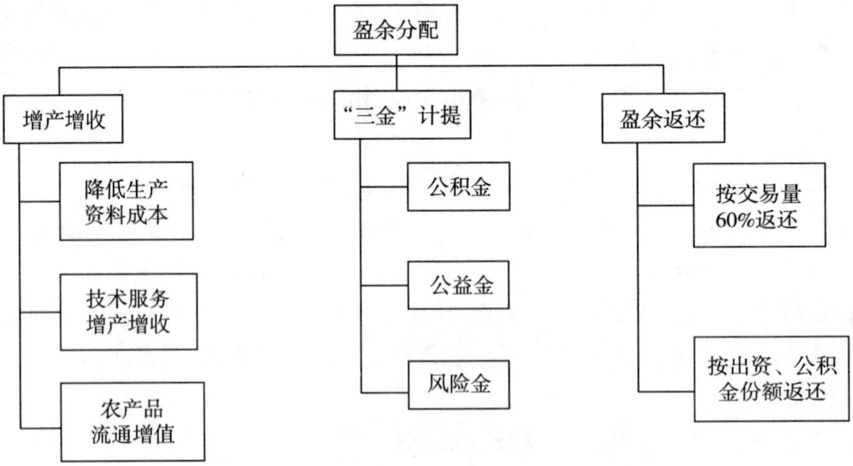

图 2-7　天惠联社的利益分配机制示意图

在扣除当年生产经营和管理服务成本，弥补亏损、提取20%公积金和5%公益金后的可分配盈余，经成员代表大会决议，按以下顺序分配：①按成员与联合社的业务交易额比例返还，返还总额不低于可分配盈余的60%；②剩余部分，以成员账户中记载的出资额和公积金份额，以及联合社接受国家财政直补和他人捐赠形式的财产平均量化到成员的份额，按比例分配给联合社成员，并记载在成员账户中；③公积金份额量化原则，即出资额与交易额各占50%计算，计入各成员账户。

3. 天惠联社的社会化服务

天惠联社已建立起产前、产中、产后多方面的立体社会化服务体系（见图2-8）。首先是产前农资购买服务。天惠联社以武汉天惠为核心，以北京燕化永乐及广西田园等八家国内农药制剂企业组建的“C8”农资采购集团为依托，与全国实力雄厚的农资产品联合建立采购平台和实体。由此，天惠联社通过公开招标的方式，以低于市场价约30%的价格进行农资购买，并为成员社农户提供农资运输与技术服务，最大程度上保证了农资的质量与使用效果。其次是产中农技服务和农业培训。天惠联社以天惠专家与华中农业大学教授为主，通过400热线、专业讲座培训班等多种形式为各成员社提供免费的技术服务。同时，天惠联社还根据不同成员社的技术诉求，帮助成员社联系相关专家，为该成员社提供专门的技术服务，但是专家的咨询费用由成员社负担。最后是产后销售服务。天惠

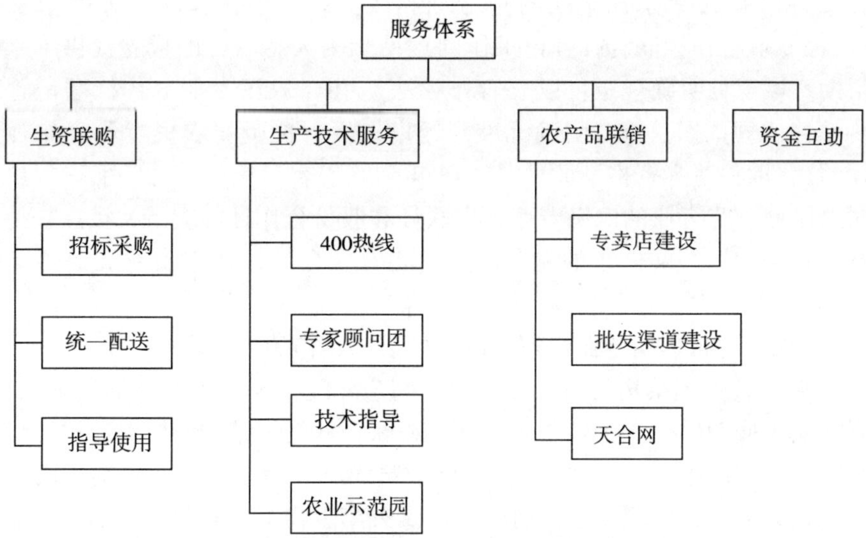

图2-8　天惠联社的社会化服务体系示意图

联社的产后销售服务主要有两大渠道：一是传统渠道，即专卖店、批发商等模式。二是网络渠道——天合网。天惠联社通过发展订单式产品，推进与机关、学校、企业食堂、餐饮饭店的产销对接。各成员社的农产品也可以通过缴纳一定费用在天合网进行宣传销售，拓宽了农产品的销售渠道。

此外，针对成员社大多存在的资金短缺情况，天惠联社成立了“湖北省天惠农村资金互助社”，在联社内部开展资金互助。为控制风险，其对成员社入股做出了如下规定：①单个农民专业合作社入股，其持股比例不得超过资金互助社总额的10%。②入股必须以货币形式出资，不得以实物、贷款或其他方式出资。③资金互助社成员不得以所持联合社股金为自己或其他人担保。股金和积累可以转让、继承和赠与，但理事、监事和经理持有的股金和积累在任期内不得转让。④不对联合社之外成员办理存、贷款业务。⑤贷款金额原则上不超过入股金额的4倍。⑥贷款期限原则上为1~6个月。

4. 天惠联社的制度环境

天惠联社在成立过程中遇到了诸多困难，其中最主要的困难便是无规无法可依。目前，我国还没有对合作社联合社进行立规立法，实际存在的联合社多是参考《合作社法》而组建。因此，当地工商局在接受天惠联社的注册申请时，由于无规无法可依，起初决定只能以企业的名义对天惠联社进行注册登记，但是若以企业的名义注册登记就无法享受惠农政策，这对天惠联社来说是无法接受的。最终，天惠联社通过自身强大的社会资源与省委、市委相关部门的大力支持以农民专业合作社的身份顺利成立。其中，武汉市工商局发布的《关于农民专业合作社联合社登记工作的意见》为天惠联社的成立提供了十分重要的帮助。该意见明确规定：以《合作社法》和《农民专业合作社登记管理条例》为法律法规依据，符合明确标准，经审核后，授予《农民专业合作社法人营业执照》，取得法人资格。此外，2013年湖北省委“一号文件”明确提出，将加大对跨区域、跨行业的农民专业合作联社和股份合作社的支持，重点扶持各级示范社。省委“一号文件”的发布，为湖北省联合社的成立与发展提供了强有力的帮助。

（二）天惠种植养殖专业合作社联合社治理结构的理论解析

（1）联合社治理结构与组织控制权、剩余分配权和组织目标的实现。首先，天惠联社属于典型的企业主导型联合社。在联合社组织结构设置上，按照典型的传统合作社组织原则设置了“三会”，即成员大会、理事会、监事会。由于联合社由企业发起成立，在联合社注册时，武汉天惠生物工程有限公司的出资额占到总注册资金的80%，这样的制度安排能够实现企业对联合社的绝对控制权。其次，在剩余分配方面。联合社依据章程规定提取公积金、公益金和风险准备金后，剩余盈余的60%按照成员社与联合社的交易量进行返还以体现成员社的利益，便于联合社通过有效的利益联结机制保持稳定运行；另外的40%则按出资和公积金的份额返还，这样能够体现其他要素的价值，也是联合社股东实现其股份价值和剩余控制权的重要途径。最后是组织目标。一是为了打造上游组织标准化农业生产的能力；二是为了打造下游品牌化农产品销售的能力。为此，天惠联社采取了职能型组织结构的设计方式，如上游组织标准化农业生产方面设农资销售部和农资配送部，下游品牌化农产品销售方面设网络部，中游设技术服务部等。这样的设计能够将联合社的组织目标落实到具体的职能部门中，便于实行专业化经营管理和目标考核。

（2）交易特征、主体特性和制度环境对联合社治理结构的影响。首先，从交易特征看，联合社经营的产品为农资和农产品。由于成员社所需农资品种往往较为相似，且需要农资的时间也较为一致，这为联合社统一农资经营提供了条件，因此，联合社专门针对农资业务设立了农资配送部和销售部。此外，各成员社生产的农产品也由联合社统一销售，于是联合社利用自身的销售渠道、网络和品牌，为成员社提供服务，并设立了网络部。其次，从主体特性看，只有占据绝对控制地位才能实现对联合社的控制。因此，在组织结构的设置中，联合社理事长就是占股最多的武汉天惠生物工程有限公司董事长。而且联合社仅由少数几个成员社出资，暂未对其他成员社放开注资，目的就是为了避免联合社股份被稀释，从而实现联合社由少数成员单位控制。最后，从制度环境看，没有政府的大力支持，天惠联社的成立和发展不会如此顺利。作为新生事物，联合社刚成立时就遇到工商部门不予登记的难题，最终在政府的协调和支持下，才实现了登记，成为合法市场主体。联合社在发展过程中，很多业务的开展也都需要政府的协调和支持，如资金互助业务，若没有政府的支持，很容易被定性为非法集资，导致该业务无法顺利开展。

第三节 农民合作社联合社的运行模式

在本节中，我们将联合社的运行模式归纳为运行内容和利益联结机制两个方面，下面将分别就这两个问题进行探讨。

一、联合社运行的内容

农民合作社联合社的业务开展是联合社运行的核心内容。据调研了解，目前我国发展较好的农民合作社联合社都是围绕农业产业来进行运作的，从业务内容所处产业的环节划分，可以将联合社的运行内容分为产前、产中和产后三个部分（见图 2-9）。

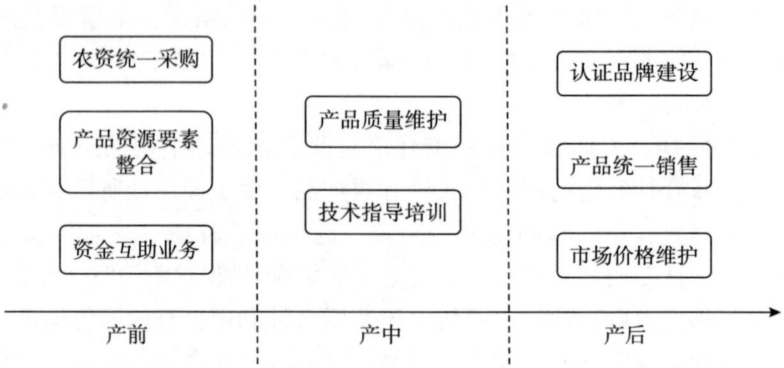

图 2-9　农民合作社联合社的业务内容示意图

（一）产前的运行内容

1. 农资统一采购

农资统一采购是大多数农民合作社联合社常见的业务内容。联合社比单个的农民专业合作社更具规模效应，这种农资统一采购的方式有利于农民节约生产成本。此外，这种农资采购方式还能够有效防止单个农户或小规模生产主体在市场上采购到假冒或劣质的农资产品，为农民正常顺利地开展生产提供了坚实保障。表 2-2 展示了部分联合社农资统一采购的情况。

表 2-2　联合社农资统一采购的部分案例

联合社名称	农资统一采购内容
湖北省松滋市汇龙生猪集团专业合作社联合社	联合社社员购买投入品时，凭“社员证”享受比市场价低 20%的社员价；据测算，社员全程使用联合社提供的投入品，每头生猪养殖可降低成本 80 元以上
湖南省汉寿围堤湖蔬菜专业联合社	集中开展育苗、农资采购，亩均生产成本降低了 123.3 元，反映到每公斤销售成本上则降低了 22.5 元

续表

联合社名称	农资统一采购内容
山东省临朐县志合奶牛合作社联合社	统一购买苜蓿草，比各合作社单独购买时每车节约 3500 元
浙江省湖州吴兴粮梦粮油专业合作社联合社	在联合购买农药、化肥等农资时，可以买到价格更便宜的产品，每亩生产成本节省了 47 元
江西省上高县汇农种植业专业合作联社	联合社为社员统一采购农资，使社员每亩节约用种成本 30 多元、每亩降低用药成本 13 元、每亩降低用肥成本 10 多元
山西省大同市马兵生态养殖专业合作联合社	由联合社带领专业合作社代表与种籽经销商签订当年的优质种籽采购合同，与农资部门合作，以低于当地农资市场价格销售给入社成员化肥、农药，对贫困户还由专业合作社担保，予以赊销
四川省江油市蜀岭种养殖农民专业合作社联合社	联合社统一采购供成员生产经营所需原材料，按采购成本加 10%～15% 的费用批发给成员和农户，联合社的供应价介于批发价与市场价之间，降低生产成本

资料来源：根据课题组调研资料整理。

2. 产品资源要素整合

农民合作社联合社具有整合各合作社优势产品资源及要素优势的能力。在基层实践中，很多联合社就是利用自身这一优势，实现了对成员社农产品和农业生产要素的整合。其中，对农产品的整合主要是利用统一平台扩大农产品销售规模，或是对同一产品整合基地提供统一生产服务和技术指导；对生产要素的整合，主要是实现生产要素的优势互补和集约化利用。总之，联合社通过自身的平台，整合各成员社具有比较优势的资源要素，节约了自身发展的时间和空间。表 2-3 展示了部分联合社整合优质产品资源及要素优势的具体情况。

表 2-3　联合社整合优质产品资源及要素优势的部分案例

联合社名称	整合产品资源及要素优势的内容
湖北省天惠种植养殖专业合作社联合社	联合社吸纳全省范围内拥有工商备案的种植养殖合作社成员 102 家，并拥有 50 余个有机、绿色认证标志产品，涵盖茶叶、蜂产品、大米、蔬菜、食用菌、水果、水产和各种禽畜产品等诸多居民基本消费类农产品
浙江省桐乡市大运河农机粮油专业合作社联合社	14 个农机合作社组建联合社，各个农机合作社都有自己独特的农机。组建联合社后，实现了农机资源的共享，增加了各个合作社的农机种类

续表

联合社名称	整合产品资源及要素优势的内容
北京兴农鼎力合作社联合社	联合后，各合作社优势互补，拥有苹果、梨、杏、无花果、草莓以及各种时令蔬菜等产品，市场开拓为蔬菜+水果立体式产品布局，改观了原有产品单一、优势项目“一枝独秀”、其他种类贫乏，不能吸引爱好其他产品的消费者的情况。市场竞争力经过联合后快速增加
山东省潍坊然中然农产品专业合作社联合社	整合多家合作社优质产品，产品有蔬菜、山楂、山核桃、小杂粮、冬雪蜜桃、弥河银瓜、潍县萝卜、放牧生态猪肉等几十种

资料来源：根据课题组调研资料整理。

3. 资金互助业务

资金要素是农业农村发展最为稀缺的生产要素。农民合作社联合社通过开展内部的资金互助业务，能够有效缓解社员融资难的问题。但是，由于融资业务涉及金融监管问题，法律层面对联合社开展内部资金互助业务也没有明确，导致目前开展此项业务的联合社较少。表 2-4 展示了部分开展内部资金互助的联合社的具体情况。

表 2-4　联合社开展资金互助的部分案例

联合社名称	资金互助的内容
北京清水腾达乡村旅游专业合作社联合社	共吸收 11 家基层社入资 100 万元建立了发展基金。这些资金重点用于宣传打造联合社品牌、建设公共服务设施、开展内部资金互助服务、开发特色产业园区等项目
北京市门头沟区清水镇农民专业合作社联合社	与北京门头沟珠江村镇银行合作，开发了“合作社联保贷”金融新产品。由若干个合作社成立联保贷小组，通过联合担保的方式获得银行资金贷款，具有不用合作社提供抵押质押，不用担保公司提供担保，合同期长、用款灵活、随借随还、资金使用成本低等特点，贷款利率按基准利率上浮 15%执行
浙江湖州吴兴粮梦粮油专业合作社联合社	以嘉兴银行为金融保障，合作社注册资本金作风险抵押，金融机构按资本金 1∶5 放大，提高了融资信贷规模，满足每个成员的基本需求，解决了单个合作社的融资难题
湖北省武汉市荆地养蜂专业合作社联合社	联合社的信贷资金来源于社员的入股金额，只有入股联合社的社员才有资格享有信贷服务。社员向联合社申请贷款时，只需所在合作社做信用担保，原则上贷款额度最高不超过 10 万元。社员贷款实行差别利率服务。倘若贷款用于发展蜂业，则贷款利息为年息 10%；若用于其他行业，则贷款年息为 12%

续表

联合社名称	资金互助的内容
湖北省天惠种植养殖专业合作社联合社	成立了“湖北省天惠农村资金互助社”。依照“农村资金互助社管理暂行规定”及“农村资金互助社章程”等文件的强制性要求，发起人单位大股东拟投入资金 500 万元，对成员社的要求是入股资金为自有资金且来源合法，达到规定的入股金额起点（每股 100 元人民币，300 股为单个成员单位入股起点）

资料来源：根据部分调研资料整理。

（二）产中的运行内容

1. 产品质量维护

在调研中，课题组发现联合社还起到了行业产品质量维护的作用，尤其是起到了对联合社范围内的合作社的示范监督作用。主要表现在：联合社成立后，科学制定生产标准，引导基层合作社按照标准生产，把不合格的农产品排除在市场之外，确保农产品质量安全不出问题；同时基层合作社为消费者提供的原始、生态、绿色、安全、健康的本土农产品，反过来又促进联合社配送销售，从而实现产销的良性互动、相互促进。表 2-5 展示了部分联合社维护产品质量的具体情况。

表 2-5　联合社产品质量维护的部分案例

联合社名称	产品质量维护的内容
江苏省宿迁市惠农奶牛专业合作联社	联合社成立后加快奶牛良种化进程，推广生态健康养殖模式，规范牛奶质量控制办法，打造宿迁市生态优质奶源品牌基地，逐步实现奶牛养殖规模化、标准化、优质化、产业化
江西省高安双惠蔬菜专业合作社联合社	通过合作社抱团发展，有效地帮助农户在品种选择，肥料、农药施用过程中，做到科学、规范、安全，并建立健全农产品安全优质的管理制度，严把质量检测关，使农产品的质量安全得到保障
山东省潍坊市丰谷农产品专业合作社联合社	潍坊市丰谷农产品专业合作社联合社以昌乐县乔官镇为中心，拥有高标准基地 4800 亩，蔬菜大棚 3132 个，联合社对出产的各种蔬菜严格把关，由质检部负责对各项指标化验，化验合格的出具各项指标化验条，菜农凭条销售，否则，不允许进入市场。同时，联合社主动与各地蔬菜批发市场搞好对接，确保农产品从生产到销售质量安全不留空白
山西省万荣县民乐果业科技专业合作联合社	联合社坚持严把农资质量关，统一农资采供。原则是不经试验的农资不推广，没有特殊效益的农资不推广，在保证效果的情况下力求降低生产成本，做到施肥全营养搭配，病虫防治安全有效

续表

联合社名称	产品质量维护的内容
陕西省黄陵县驭龙专业合作联社	合作联社按照有机苹果生产标准，结合黄陵实际，组织果业技术骨干编写生产操作规程，印发各功能合作社和果农，组织指导各功能合作社按照操作要求实施有机苹果生产，集成建立合作联社标准化生产技术体系
四川省江油市蜀岭种养殖农民专业合作社联合社	联合社与成员签订产品质量安全生产协议，做到从生产到销售，用药、原材料、种养殖全过程有记录，建立农产品质量可追溯制度，实现了生产有记录、信息可查询、流向可跟踪、责任可追究、产品售后服务有保障的产品质量安全体系
浙江省舟山市普陀兴岛生态禽果专业合作社联合社	联合社投入30万元建造沼气池，对病死鸡及屠宰场废弃物实施无害化集中处理，处理后的废液灌溉果园、茶园。这样既可以有效处理废弃物，改善农庄环境，又能将废弃物通过发酵处理提高养分含量，增加肥力，成为优质农家肥，灌溉果园；经过发酵处理生成的甲烷气体供屠宰场和农庄生活等使用。不仅保证了林地鸡产品质量安全，防止疾病的蔓延与传播，同时节省人力、水电等各项开支，更好地保护周边居民环境，带动更多的养殖户进行废弃物无害化处理

资料来源：根据课题组调研资料整理。

2. 技术指导培训

农民合作社联合社比单个的农民专业合作社更具技术上的组织规模优势。从基层实践看，组建联合社以后，从两个方面帮助合作社提升技术水平：一是各个合作社内部不乏某一方面的技术能手，但是很难有全面的技术人才。随着联合社的成立，先进的技术能够在联合社范围内得以扩散，有利于各个合作社取长补短、共同发展。二是组建联合社以后，农民具有了组织优势、资金优势，因而能够从外界引进先进技术。此外，联合社的规模优势，使联合社具备条件能够与政府或培训机构联系，对联合社管理人员或社员（农民）进行技术、管理等方面的培训。表2-6展示了部分联合社内部技术共享和外部技术引进的一些情况。

表2-6　联合社技术指导培训的部分案例

类别	联合社名称	技术指导培训的内容
内部技术共享	黄陵县驭龙专业合作联社	按照果业生产季节，针对果农生产经营的需要，合作联社制订培训计划，由以阿党镇合作社为主的生产技术部，建立合作联社果业技术培训网络，实施职业农民的培训和培养，组织开展多种形式培训，提高农民的综合素质。2011~2013年，累计举办各类专业培训班16期，培训农民2898人次，发放技术资料5500多份

续表

类别	联合社名称	技术指导培训的内容
内部技术共享	江苏常州舜溪果品专业合作联社	联社将各合作社中的技术骨干组成了 13 人的专业服务队伍，开展修剪、整枝等有偿技术服务，同时组织好统一套袋、防病治虫和农药农资供应服务。同时成立“梨农专业技术研究会”和“翟家梨树专业技术协会”，由技术骨干担任理事，按果品区生产规模指定技术联络员，负责接待果农技术咨询，指导果农进行生产
	山西万荣县民乐苹果科技专业合作联合社	联合社采取技术培训、田间指导、现场观摩，在合作社间推广普及了“苹果双套袋技术”“高光效树形改造技术”“郁闭果园间伐技术”“无公害综合防治病虫害技术”等
外部技术引进	山西阳城县太行小杂粮农民专业合作社联合社	联合社每年初自筹资金，聘请农业部门技术人员、土专家对农户进行培训，实地指导。同时引进了晋谷 21 号、长谷 4 号、东昌一号等新品种，推广了精播技术、田间管理技术、病虫害防治技术，提供全方位无偿服务，使联合社成员的小杂粮产量由上年的亩均 550 斤提高到今当的 650 斤，亩均增产 100 斤，增收 260 元，品质提高了一个档次
	湖北九宫绿园种养殖农民专业合作社联合社	联合社建成后，争取到了县农业局支持，依托“阳光工程”培训计划，对成员社进行了技术、管理方面的人员培训。截至 2013 年底，已有 120 多个农民成员获得了技术咨询服务
	江西上高县汇农种植业专业合作（联）社	聘请专职专业农技人员负责，推广无公害生产技术，通过采取无污染水源、机插技术、绿色防控、低毒农药及有机肥施用、节水灌溉、无混杂机械脱粒、谷垫翻晒等技术保障措施，建立绿色大米生产基地，为合作社创立自己的产品品牌奠定了基础

资料来源：笔者根据部分调研资料整理。

（三）产后的运行内容

1. 认证品牌建设

打造产品品牌往往是许多合作社组建联合社后的重要工作。据了解，很多联合社成立以后，通过基地建设、统一标准等方式，打造“三品一标”产品认证，并利用统一平台，注册品牌。有的联合社有机整合成员社的优势资源和优质品牌，在品牌的影响下组织社员开展标准化生产，为延伸产业链条，拓展发展空间起到了重要的助推作用。表 2-7 展示了部分联合社品牌建设的一些情况。

表 2-7　联合社品牌建设的部分案例

联合社名称	品牌建设的内容
北京市门头沟区清水镇农民专业合作社联合社	联合社注册“清水腾达”商标，11 家基层社的特色农产品将统一使用此商标打造市场品牌，利用镇域内旅游咨询站点，统一销售合作社农产品
湖南省郴州市家佳农民专业合作社联合社	郴州市家佳联合社成立后，通过加盟方式，已在全市开设 20 多家直销店，着重打造了“家佳”品牌，逐步形成了以“品牌+质量检测体系+标准化生产”的农产品供销产业链，走出了一条新的销售路子
山东省潍坊市然中然农民专业合作社联合社	联合社及各成员拥有“然中然”“绿鸽”“古州香韭”“曹家沟”“清风寨”“居录”“康诺”“万笛”等 18 个注册商标，获得“国家地理标志认证”产品一个（清风寨山楂），无公害质量认证 12 个，绿色质量认证 5 个，有机质量认证 22 个
陕西省黄陵县驭龙专业合作联社	2009 年合作联社注册认证了“驭龙”苹果品牌，各功能合作社和合作联社统一使用“驭龙”品牌，由杨岭合作社和下王村合作社组成果品营销部，分别在杭州和福建建立 2 个直销窗口，重点经销“驭龙”苹果
浙江省湖州吴兴粮梦粮油专业合作社联合社	联合社组建后，集中人力、物力、财力等资源，共同打造“粮梦”公用品牌，各家专业合作社采取既可以使用公用品牌，又保留使用原有品牌的“双商标”使用方式，使用更加专业的统一包装，使用统一发票，提高公用品牌知名度

资料来源：根据课题组调研资料整理。

2. 产品统一销售

联合社一头联系商家，另一头联系合作社，统一进行销售和财务业务往来，能够实现统一管理，降低成本，提高效率。据了解，绝大多数联合社都会统一销售产品，这是因为统一销售既能获得价格优势，也能因规模效应节约交易成本。联合社也能够组织社员开展会展招商、产品推介和市场营销等活动，帮助合作社农产品进超市和市场，协助会员创办农产品专营店和市场直销部。此外，联合社还引导在同一县域范围内同一类型产品合作社打造统一品牌，加强品牌的培育、认定、宣传、保护和推广，不断提高品牌的内涵和知名度以提升整个县域的农产品竞争力。表 2-8 展示了联合社统一销售产品的部分情况。

表 2-8　联合社产品统一销售的部分案例

联合社名称	产品统一销售的内容
湖南省浏阳市新期绿种植专业合作社联合社	联合社统一组织农产品的储运、产销，两年来，联合社与长沙马王堆红星市场、家乐福、步步高等多家大型市场、超市实现了“农超对接”
江苏省沛县云翔禽业专业合作社联合社	联合社通过与徐州十二集团军及徐州医学院等五大院校签订供货协议，月销售鸡蛋 300 吨，每斤高出市价 0.1 元
四川省江油市蜀岭种养殖农民专业合作社联合社	联合社与成员签订产、供、销协议，组织成员的产品统一包装，统一制单销售，统一账务结算
山东省临朐县志合奶牛合作社联合社	各合作社通过联合社，集中向乳品企业供应产品，不仅提高了销售价格，而且也稳定了销售渠道

资料来源：根据课题组调研资料整理。

3. 市场价格维护

调研发现，维护市场价格，一是许多联合社组建的动力，因为这避免了同业成员间的恶性竞争，由原来的合作社之间相互竞争，变为一致对外，市场地位得到明显提高；二是很多联合社在组建后，由于规模的扩张，市场谈判力的增长，维护市场价格内生性地成为了联合社的主要职能。表 2-9 展示了部分联合社在维护市场价格方面的做法。

表 2-9　联合社市场价格维护的部分案例

联合社名称	市场价格维护的内容
北京市密云县栗联兴业板栗联合社	联合社组织客商与基层合作社直接对接，建立板栗价格信息发布机制，避免合作社和农户竞争压价，使栗农比出售给小商小贩的板栗价格高出 0.5 元/斤
湖北省松滋市汇龙生猪集团专业合作社联合社	联合社从种猪、仔猪到肥育猪各阶段产品开展联销工作，实行统一定价招标，以规模大、质量优、组织性强吸引客商，实现互利互惠。经测算，通过集中组织销售，帮助社员增价 20 元/头以上
江苏省宿迁市惠农奶牛专业合作联社	“奶牛联社”通过与蒙牛集团进行价格谈判，1 斤原奶与其他非奶牛联社原奶高出 1 元，仅此一项年增收 200 万元，这就是提质增效
山东省临朐县寺头富盛红香椿专业合作社联合社	联合社成立后，将五家红香椿专业合作社组织起来，一致对外，将散乱的红香椿交易市场进行统一，社员和红香椿种植户的利益得到了切实保障，同比效益提高 20%以上

资料来源：根据课题组调研资料整理。

二、联合社的利益联结机制

利益联结机制是联合社内部社员之间，以及社员与联合社之间达成的契约联结形式，这种契约联结形式触及联合社内部各利益相关主体的核心利益，并以此为纽带，实现联合社“利益共享、风险共担”的组织宗旨。从某种意义上说，联合社的利益联结机制是联合社能否成功发展和持续发展的关键，理顺联合社的利益联结机制，既是联合社实现组织发展的客观需求，也是联合社提高组织效率的重要保障。据调研了解，目前我国农民合作社联合社内部的利益联结机制主要体现在产品联结和要素联结两个方面，按照联结的紧密程度，可将其划分为紧密型利益联结机制和松散型利益联结机制。

（一）紧密型利益联结机制

联合社内部形成紧密型利益联结机制的重要表现就是联合社在实现产品联结的同时，实现了要素联结。这里的要素包括资金、劳动力、技术、土地等方面。之所以要素联结能够形成紧密型利益联结机制，主要是因为要素投入是在产前环节，一旦投入某种要素资源以后，就会使要素投入方（社员）与联合社之间形成类似债权债务或者股份关系，这种关系要等到联合社的一个产品生命周期完结后，才能最终实现初始投入的回报。所以，在形成这种利益联结机制到实现利益回报的过程中，联合社社员都会对联合社的组织、生产、运行、治理给予高度关注，并利用自身在联合社中的地位施加影响，以保证初始投入时的期望回报能够顺利实现。同时，这种回报的实现也是进行下一轮新的投入的基础，如果前一轮回报低于社员的预期值，将影响到社员对联合社进行下一轮的投入，从而联合社发展的持续性也会受到影响。图 2-10 展示了联合社紧密型利益联结机制的逻辑关系。

紧密型利益联结机制一般具有两个特点：一是在紧密的产供销一体化同盟中，专业合作社一般采取入股的方式加入联合社，股份来源可以多样化（如资金、技术、土地等），通过入股来构建共有的产权基础，建立利益联结机制；二是联合社的剩余一般会按照合作社入股份额进行返还，以此体现出合作社在联合社成立之初的贡献与承担的风险补偿。在这种联合社中，合作社将生产产品转交联合社，由联合社进行集中销售，联合社再将盈余按照合作社的交易量或股金进行返还；或者合作社共同出资投资某个项目，项目剩余按照股份进行返还。表 2-10 展示了部分采取紧密型利益联结机制的联合社实例。

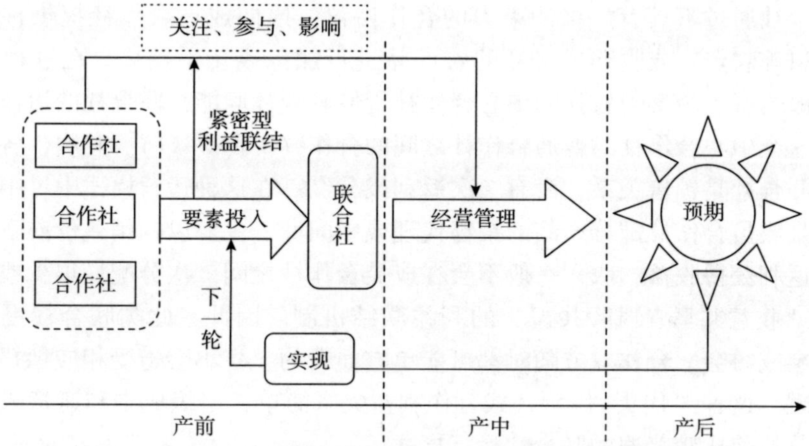

图 2-10　联合社紧密型利益联结机制示意图

表 2-10　采取紧密型利益联结机制的部分联合社实例

联合社名称	入股情况	盈余分配方式
湖北省武汉首佳水产养殖联合专业合作社	初期，5 家合作社与 96 户农户共出资 1000 万元	联合社剩余按股返还
江西省彭泽县安泰农机合作社联合社	8 家农机合作社和 2 家农机经销商出资 1133 万元	联合社剩余按股返还
北京市门头沟区清水镇农民专业联合社	11 家主发起合作社共同出资 100 万元	联合社按照与基层社交易量或交易额为主实行盈余返还，其比例不低于联合社年终可分配盈余的 60%；其他的可分配盈余按照成员社入股股金分配
湖北九宫绿园种养殖农民专业合作社联合社	由 10 家合作社共同出资 200 万元	联合社可分配盈余的 60%，按交易量对各成员社返利；其余 40%按照入股股份进行分配
四川省资阳市宰山嘴蔬菜专业合作社联合社	合作社出资达 300 万元	可分配盈余的 70%按照成员与联合社的交易额返还；可分配盈余的剩余 30%按成员出资额返还
四川省成都蜀上锦生态蔬菜联合社	12 家合作社和 2 家农产品流通企业共同出资	可分配盈余的 60%按照成员与联合社的交易额返还；可分配盈余的剩余 40%按成员出资额返还

资料来源：根据课题组调研资料整理。

（二）松散型利益联结机制

联合社的松散型利益联结机制具有两个特点：首先，各成员合作社不需要以资金入股的方式组建联合社。各成员合作社与联合社一般按照以下方式进行联结：联合社通过不具有严格约束力的合作协议，或向成员合作社提供种苗、农药、肥料等农资，或收购成员社的农产品进行加工或转手销售。在这种联合社中，一般会有一个实力较强的中心合作社行使联合社职能，联合社的运作实际上表现为这个中心合作社与普通合作社之间的合作（见图2-11）。其次，各成员合作社与联合社是销售关系，没有二次返利或分红。在这种运营模式中，中心社或联合社是成员合作社部分产品的销售代理或中间商，主要以购销差价或下游收购企业的返利获得收益，收入一般不会在成员合作社之间二次分配，很少或完全没有建立“收益共享、风险共担”的利益联结机制。因此，此类联合社更像是一个联合会或协会，合作双方随时都可能单方面毁约，且不会遭受相应惩罚。但是调研发现，这种“代买-代卖”式合作利益关系简单，组织成本和运营成本都比较低，是目前比较普遍的联合社运行模式。

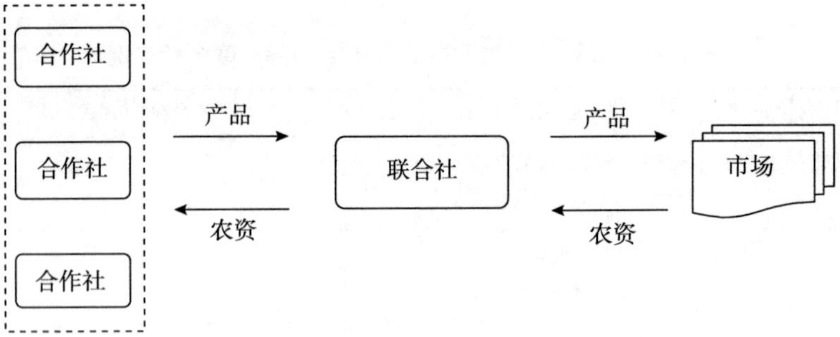

图 2-11　联合社松散型利益联结机制的示意图

在松散型利益联结机制中，中心合作社与普通合作社之间也形成了双赢的格局：首先，中心社收购普通合作社的农产品，本质上是对其生产能力的一个补充，有利于中心社扩大农产品销售的种类或数量，获得多样化经营效益；其次，对于普通合作社而言，中心社的收购能够解决产品滞销问题，保障了合作社的销售渠道。表 2-11 展示了部分实行松散型利益联结机制的联合社实例。

表 2-11　松散型利益联结机制的部分联合社实例

联合社名称	联结方式	盈余分配方式
江苏省沛县云翔禽业专业合作社联合社	由沛县龙祥禽业专业合作社牵头成立，即为中心社；在中心社的带领下，各个合作社实行统一供鸡苗、统一物资供应、统一技术服务与统一产品销售	各合作社单独核算，联合社不核算

续表

联合社名称	联结方式	盈余分配方式
江苏常州舜溪果品专业合作社联社	5家合作社牵头，即为中心社；在中心社的带动下统一生产资料采购，统一技术辅导和培训，统一商标和品牌，统一生产技术规程和产品质量标准，统一产品和基地的认证认定，统一包装和销售	各合作社单独核算，联合社不核算
山东省潍坊然中然农产品专业合作社联合社	由青州市绿龙蔬菜生产专业合作社牵头成立，即为中心社；在中心社的带领下，各合作社产品通过中心社进行销售	各合作社单独核算，联合社不核算
河北省邢台市聚农肉鸡产业联合社	由邢台市聚农养殖专业合作社牵头领办，即为中心社；在中心社的组织下，各个合作社实行信息共享以及农资统一购买；合作社产品亦可通过中心社进行销售	各合作社单独核算，联合社不核算
海南省保亭县永鸿什玲鸡养殖专业合作联合社	由海南永基畜牧股份有限公司牵头组建成立，即为中心社；在中心社的组织下，各合作社实行资源共享，农资统一购买，合作社将产品销售给联合社	各合作社单独核算，联合社不核算
陕西省黄陵县驭龙专业合作联社	由黄陵县果业协会发起成立，即为中心社；在中心社的组织下，各合作社实行资源、信息与技术共享	各合作社单独核算，联合社不核算

资料来源：根据课题组调研资料整理。

综上所述，农民合作社联合社的运行机制所包含的内容比较丰富，但在其运营中占据重要地位的是联合社的治理机制和运行模式。农民合作社联合社的治理机制不同于农民专业合作社，尤其是在成员资格认定、组织结构类型以及治理结构等方面。结合调研的情况与基层实践，本节将联合社的组织结构分成了传统合作社型、委托-代理型与股份合作型。而联合社的治理结构作为实现组织目标、组织控制权和剩余分配权的契约安排，受联合社交易特征、主体特性、制度环境的影响。此外，联合社的运行模式则包括运行内容和利益联结机制两个方面。其中，运行内容与单个的农民专业合作社比较类似，涵盖农业生产的产前、产中和产后各个环节；利益联结机制则依据联合社内部各个合作社之间的产品联结和要素联结的紧密程度分为紧密型利益联结机制和松散型利益联结机制。

第三章　农民合作社联合社发展背景及现状*

第一节　引言

本章只关注以产品和产业为纽带从事农业或农产品生产经营的农民合作社联合社，暂不考虑农村信用合作联社、供销合作联社、股份合作联社等组织形态。

农民合作社作为一种联结农户和市场的新型农业经营主体，有效提高了农民的组织化程度，增强了农户进入市场和参与竞争的能力。然而，从目前的发展现状看，我国农民合作社作为弱势群体的联合，自身规模较小、实力较弱、合作方式较为单一，整体竞争力不强，在市场参与中往往处于不利地位，严重影响了其功能作用的发挥。这就要求不断推进合作社组织制度创新，组建多种形式的联合社，扩大合作社的规模，发挥规模效应，增强合作社在市场竞争中的主动权，最大限度地实现农民成员的经济利益。

农民合作社联合社是农民合作社之间的联合，是按照自愿、平等、互利的原则组建的经济性组织。走向联合不仅反映了广大农民在更高层次上合作的要求，也是农民专业合作社发展的必然趋势。党的十八届三中全会明确提出加快构建新型农业经营体系，鼓励农村发展合作经济，支持农民专业合作社联合社的发展也是题中之意。2013 年和 2014 年的中央一号文件中也分别明确提出“引导农民合作社以产品和产业为纽带开展合作与联合”，“引导发展农民专业合作社联合社”。可见，鼓励和引导农民合作社发展联合与合作、组建农民合作社联合社，

---

* 本章为 2015 年农业标准化实施示范（农民合作组织）资金资助项目最终成果。执笔人：孔祥智、谭智心、钟真、毛飞、王雨濛、周振、穆娜娜。

已经在国家层面确立了行动指南。

一、研究背景

当前，我国农民合作社正处于由注重数量发展向提升质量发展的阶段，发展联合社既是农民合作社做大做强的现实途径，也是现代农业发展背景下，农村组织制度创新的必然趋势。

第一，发展联合社是做大做强农民合作社、应对市场竞争的内在要求。随着改革开放的深入，越来越多的工商资本和跨国企业进入农业领域，合作社面临的竞争日益激烈，单个合作社难以与之相抗衡。面对这种形势，合作社只有走联合之路，才能有效应对激烈的市场竞争。合作社以产品和产业为纽带开展“再合作”，有助于集成整合资源要素，形成规模经济优势，能更好地实现规模效应。合作社联合起来，能够增强经济实力，更有条件向包装、储藏、加工、营销等领域延伸，拓宽发展空间，增强抗风险能力。合作社抱团发展，可以提高产品和服务的市场占有率，摆脱单兵突进、各自为政、受制于人的困境，提高谈判地位，维护自身权益，实现持续发展。

第二，发展联合社是提高农业组织化程度、构建新型农业经营体系的现实选择。农业组织化程度低是制约现代农业建设的重要因素。近年来，农民合作社快速发展，加强了农民之间的联合，推动了规模经营。但是，多数农民合作社规模还比较小，合作社之间的协同协作机制还不完善，农业组织化程度低的问题还没有得到有效解决。发展联合社，加强合作社之间的分工协作，提供农业生产、市场信息、产品销售等方面的服务，有助于在农业生产经营中实现更广范围、更大程度、更高层次上的联合与合作，形成运行规范、功能配套、优势互补的合作形态，有效提高农业组织化程度，增强农业社会化服务功能，对于加快构建集约化、专业化、组织化、社会化相结合的新型农业经营体系具有重要的推动作用。

第三，发展联合社是培育壮大主导产业、建设现代农业的具体举措。发展规模经营，壮大主导产业是建设现代农业的基础。合作社的重要特征是“生产在家、服务在社”，能够坚持家庭经营在农业中的基础性地位，实现了分散农户联合生产、共同经营、统一服务，推动了规模经营。联合社依托当地资源禀赋和产业优势，将关联度密切的合作社联合起来，扩大了优势产业的区域规模，推动了主导产业的培育和发展。同时，联合社为了积极应对市场竞争，在扩大经营规模的基础上，主动引进推广新品种、新技术，推行标准化生产，开展产品质量认证，促进了高产、优质、高效、生态、安全农业的发展。

第四，发展联合社是增强行业自律、维护市场秩序的重要手段。公平的竞争环境、有序的市场秩序是社会主义市场经济健康发展的必要条件。目前合作社发展很快，数量快速增长，在同一区域、同一产业形成了多个合作社并存的状况。由于缺乏相应的行业规范，一些地方农民合作社存在竞相压价、无序竞争的现象，影响到产业的健康发展和合作社的发展壮大。联合社的成立，能够使原来的合作社之间的相互竞争关系，转变为团结协作、优势互补、合作共赢的利益联合体，共同维护市场秩序、促进公平竞争、保护行业利益、实现行业健康发展。

第五，发展联合社是推进城乡要素良性互动、实现资源均衡配置的有效途径。长期以来，我国资源要素配置整体上向城市和工业倾斜，农村土地、劳动力、资金等要素大量流向工业和城镇，影响了农业农村发展，导致了工农发展失调、城乡发展失衡。联合社在一定程度上突破了乡村的行政区划，打破了行业界限，成为联结合作社与市场、农村与城市的桥梁和纽带，在扩大经营规模、实现范围经济的基础上，增强了经济实力，提高了农业经营效益，有助于吸引城市资金、技术、人才、信息等先进要素进入农业农村，促进城乡之间资源的良性互动。

二、研究意义

我国农民专业合作社研究遵循典型的实践驱动型研究范式，即实践探索→理论阐释→反哺实践（徐旭初，2013）。当前，我国农民合作社联合社在基层的实践探索已初见成效，据农业部经管总站专业合作处统计数据显示，截止到2015年第三季度，全国已成立农民合作社联合社上万家，江苏、北京、湖南等多个省份出台的《农民专业合作社法》配套法规中，都对农民专业合作社成立联合社进行了明确规定。然而，到目前为止，我国关于合作社联合社的理论体系尚未建立，未来针对合作社联合社的指导政策尚未出台，迫切需要进行合作社联合社的理论及实践研究。

第一，从理论价值来看，联合社是更高形式的农民组织形态，它的利益联结机制、运行机制与合作社有着共通性，同时又有着差异性。对联合社的研究有助于我们清晰地认识这一组织形态，揭示出联合社的运行规律，提炼出联合社的发展理论。

第二，从实践价值来看，我国农民合作社的发展已经从“数量增加”进入到“质量提升”的新阶段。自2007年《中华人民共和国农民专业合作社法》实施以来，农民合作社大量涌现。据全国工商总局统计，截至2014年第三季度末，全国注册登记的农民合作社已过百万家。虽然实现了数量上的快速突破，但农民合作社在发展中仍然面临经营规模较小、发展资金短缺、市场竞争力不足等问题，难以与市场对接，无法获得规模经营优势。越来越多的合作社选择以合作与联合的方式，降低交易成本、提高议价能力，实现规模经济、范围经济。总之，农民合作社正在从传统合作向新型合作演化，从横向联合向纵向联合转变，从单一功能向多种功能拓展，从农户间互助向合作社间协作迈进。本章将厘清各种类型合作社联合社发展过程中存在的制约因素，并提出相应的扶持政策，这将有助于认清当前我国各类合作社联合社的发展现状，从而更好地指导我国农民合作社联合社的基层实践。

第三，从政策价值来看，近年来，中央政府出台了一系列支持联合社发展的政策文件，一些地方政府还先后出台了支持联合社发展的意见条例和实施办法。例如，天津市为支持联合社发展，出台了《关于促进农民专业合作社联合社发展的试行意见》；湖北省从登记管理工作着手，出台了《关于农民专业合作社联合社登记管理工作的试行意见》，对联合社的设立依据、原则等进行规范；山东省从有效监管和规范化建设出发，制定了《农民专业合作联合社登记管理意见》。此外，其他一些省（市、区）也做了相关规定。这些政策法规，推动了我国联合社的发展。但是，至今我国都未出台全国性的针对联合社的政策文件。我国农民合作社联合社的发展亟须从国家层面出台推进和指导政策。那么，政府应该从哪些方面对农民合作社联合社进行指导？采取何种方式进行指导？政府介入的“度”如何？本章将为未来我国合作社联合社的发展政策制定提供研究基础。

第二节　文献综述

目前，学术界对农民合作社的研究内容较多，对联合社的研究还比较少。本节将系统地梳理有关农民合作社、农民合作社联合社这两个主体的相关研究，并做出研究述评。

一、农民合作社研究述评

目前，国内外学者对农民合作社进行了大量的研究，主要研究内容包括以下七个方面：

一是合作社研究的视角变迁。合作社联合社属于合作社发展过程中的高级形态。国内外关于农民合作社的理论研究多采用新古典经济学和新制度经济学的分析框架。新古典经济学早期关于合作社的理论研究主要集中在纵向协调（Emelianoff，1942；Robotka，1957）、独立企业（IOFs）（Enke，1945；Helmberger & Hoos，1962）和横向联合（Kaarlehto，1955；Ohm，1956）三个视角，上述框架可以分析合作社的产生、本质特征以及市场战略的采用，但是不利于解释合作社的内部结构及其运作机制等问题。新制度经济学兴起于20世纪60年代，由于该理论可以对合作社的组织特征、结构与制度安排、经济效率等内容进行较好的解释，所以人们开始从早期注重新古典经济学边际与均衡分析的研究模式，转向关注如何采用交易成本理论（Vitaliano，1983；林坚、马彦丽，2006；黄祖辉等，2007）、委托代理理论（Staatz，1989；孔祥智，2011）、博弈理论（Hendrikse，1998；黄胜忠，2008）、不完全契约理论（Hendrikse & Veerman，2001a；谭智心等，2012）等新制度经济学的分析方法来探讨合作社内部的制度安排及其效率问题。

二是发展合作社的必要性。人们普遍认为，市场经济的发展和家庭经营制度的缺陷是农民专业合作经济组织产生和发展的基本原因（山东省社会科学院课题组，2000）。也有较多的学者是从推进农业产业化经营、提高农民组织化程度、中国即将加入世界贸易组织以及农民面临严峻挑战的农村经济形势等视角来强调发展农民专业合作社的必要性、重要性和迫切性的（李炳坤，2000；张晓山，2000，2003；农业部农业产业化办公室，2002）。黄祖辉（2000）则从理论上说明了农民合作的必然性和普遍性在于农业生产的自然性、分散性和分散经营的家庭特性，描述了农民合作的新的变革态势，进而提出在农业家庭经营基础上，引导和推动农民的合作，尽快建立农业家庭经营制度与农民合作制度相融合的农业制度与组织体系，已是我国农业与农村发展的一个关键。苑鹏（2003）提出，农业企业化是21世纪初农业基本经营制度创新的新亮点，而农民专业合作经济组织则是农业企业化的有效组织载体。陈阿兴和岳中刚（2003）通过分析农产品流通困境及其原因，认为在农产品流通环节建立高效率的流通合作组织是解决农产品流通困境的有效途径。

三是合作社的质性规定。Sexton 和 Iskow（1993）将合作社定义为一个由使用者共同拥有和共同控制，并以其社员利益最大化为目标的组织。从控制权和分配角度来看，合作社是由使用者所有和使用者管理的商业组织，并按照交易额或使用量将收益分配给所有社员（Barton，1989）。黄祖辉（2008）则指出，合作社与社员的关系既不是完全外包的市场交易关系，又不是完全内化的科层治理关系，而是介于两者之间，是一种科层与市场相结合的产业组织。徐旭初（2003，2005）认为合作社与其他经济组织的根本区别在于社员身份的同一性，即既是合作社的所有者（投资者），又是合作社的惠顾者（使用者）。

四是合作社的制度安排与运行机制。制度安排和运行机制的研究是合作社研究的重中之重，也是研究最为集中的热点、焦点和难点所在。在这方面，张晓山（2004，2009，2010）、黄祖辉（2006，2008，2010）、温铁军（2009，2011）、"建设社会主义新农村目标、重点与政策研究"课题组和温铁军（2009）等给出了各自的实践观察和理论阐释。徐旭初、马彦丽、黄胜忠等则提出了各自的建构性理论阐释。徐旭初（2005）以新制度经济学为主要分析工具，对中国农民专业合作组织的制度安排进行了系统的理论探讨和实证分析，给出了一个比较系统的、富有阐释力的制度理论解说。马彦丽（2008）主要基于委托代理理论等进一步探讨了制度特性、产权安排、治理结构等现实问题。黄胜忠（2009）则提出异质性成员间的合作是转型时期农民专业合作组织的最本质特征，进而对成员异质性，及其对农民专业合作社组织结构、治理机制、组织认定和成员承诺的影响和作用机制进行了深入研究。还有学者集中对合作社的产权（林坚等，2007；周春芳等，2010；周应恒等，2011）、治理（张晓山，2004；应瑞瑶，2004；黄胜忠，2008；马彦丽等，2008）、分配（米新丽，2008；夏冬泓等，2010；曾明星等，2011）等方面的制度安排进行了研究。

五是合作社的制度环境与制约因素。苑鹏（2001，2009）集中讨论了中国农村市场化进程中农民合作组织与国家（政府）的关系，以及部分西方发达国家政府与合作社的关系的历史演变及其对中国的启示。郭红东（2002）认为，政府扶持一定要恰如其分，即政府扶持的最终目标是使合作组织走上自助、自主、自强的持续经营之路。夏英（2008）则指出政府与合作社建立一种理想的伙伴关系为国际合作社联盟所倡导，同时政府和第三方的支持也是合作社发展的重要条件。赵国杰等（2009）研究了合作社生命周期与政府角色转换的关系，提出在合作社发展的不同阶段，政府的角色不同的观点。徐旭初（2007）则注意到供应链管理趋势对合作社发展带来的困境和挑战，提出合作社必须对其自身组织结构及经营机制进行及时而深刻的变革。万宝瑞（2010）指出了合作社发展过程中的一些制约因素与现实困难，他指出当前合作社存在内部制度不健全、运行不规范、缺人才、缺资金、缺用地、培训工作滞后等问题。陈晓华（2010）认为，目前我国合作社总体上还处于发展的初期阶段，存在着发展不平衡、经营规模小、服务层次低、规范化程度不高、带动能力不强等问题。

六是农民合作社的绩效评价。农民合作社的绩效历来是一个至关重要但又众说纷纭的问题，因为绩效既是合作社治理和运营的结果，也是合作社进一步发展的基础。近年来，合作社绩效评价逐渐步入统计或计量评价阶段。首先是绩效评价指标体系的建立。孙艳华等（2007）、王立平等（2008）、浙江省农业厅课题组（2008）、徐旭初（2009）、刘滨等（2009）、赵佳荣（2010）都尝试建立各自的农民合作社绩效评价指标体系。其中，由徐旭初（2009）提出的基于行为性绩效和产出性绩效的农民合作社绩效评价体系，界定了组织建设、运营活动、社员收益、组织发展和社会影响五方面指标，认同度相对较高。至于通过计量方法进行合作社绩效研究，且比较有代表性的有徐旭初和吴彬（2010）关于治理机制对农民合作社绩效影响的实证研究，以及黄祖辉等（2011）对农民合作社效率及其影响因素的实证分析。

七是农民合作社面临的现实问题。如果说近年来农民合作社绩效评价试图从理论上评估合作社的功能实现；那么，直面农民合作社的现实问题虽然看似理论性不足，实际上更具实践指导意义。万宝瑞（2010）指出，要深刻认识到农民合作社在建设现代农业、农民共同致富、涉农项目投入、农村社会管理中的载体作用。根据当前农民合作社内部制度不健全、运行不规范、缺人才、缺资金、缺用地、培训工作滞后以及存在的税务问题，应处理好发展与规范、扶强与扶弱，扶持合作社与扶持龙头企业，合作社与其他合作组织的关系。陈晓华（2010）指出，目前我国农民合作社总体上还处于发展的初期阶段，虽然近年来得到了快速发展，仍存在发展不平衡、经营规模小、服务层次低、规范化程度不高、带动能力不强等问题。陈晓华（2010）进一步指出要重点把握好以下几个问题：合作社数量增长与规范化水平提升问题、政府扶持与合作社自我发展问题、以土地承包经营权入股农民合作社发展适度规模经营问题、农民合作社社员内部开展信用合作问题、合作社之间的联合与合作问题；等等。

二、农民合作社联合社研究述评

我国关于农民合作社联合社的研究始于20世纪80年代，主要研究领域为供销合作联社（潘军，1983）和信用合作联社（李廷贵，1993），而关于农民合作社联合社的研究则兴起于2007年《农民专业合作社法》颁布实施以后。目前关于农民合作社联合社的研究文献还十分匮乏，已有的文献主要集中于以下四个方面：

一是对联合社本质的研究。蒋晓妍（2010）认为联合社作为一种制度安排，其产生与发展是我国农村经营制度在农业产业化经营实践中具有时代性的制度变迁与创新。张娟（2012）指出联合社是在农民专业合作社发展以后，应农民专业合作社发展需求而形成的一种自下而上的变迁过程。与单个合作社相比，联合社制度安排使整个社会福利得到帕累托改进。制度经济学的理论可说明联合社制度变迁路径。苑鹏（2008）的研究认为合作社联合社是合作社发展到一定阶段的产物。广大弱势小农为了降低交易成本、实现规模经济、改善市场地位、提高市场竞争力组成了合作社。与小农分散独自进入市场相比，合作社有着明显的优越性；但是，与其他市场主体如大公司相比，合作社的竞争力量仍然有限。随着外部市场竞争的不断加剧和合作社业务的不断扩大，合作社之间存在着联合起来、进一步提升市场竞争力、降低经营成本的内在动力。储成兵（2011）认为农民合作社联合社作为一种制度安排，其产生与发展是我国农村经营制度在实践中的制度创新，兼具盈利和公益两种属性的特殊法人，无论是哪一类型的法人，都无法将农民合作社联合社涵盖进去。储成兵（2011）指出有必要将其单列出来，作为合作经济组织的农民合作社联合社，正是这样的中间状态的法人。

二是对联合社的生成路径研究。张娟（2012）分析了联合社的制度生成路径，研究指出在制度变迁的初始阶段，农民专业合作社是第一行动集团，潜在的利益推动制度变迁；地方政府是诱致性制度变迁的突破口，其发现潜在收益并转换角色，制度变迁表现为中间扩散；中央政府成为主导，继续推动制度变迁。蒋晓妍（2010）比较了“自上而下”和“自下而上”两种联合社生成路径，研究认为与“自下而上”相比，“自上而下”的发动方式比较迅速，但以此组建的联合社容易变质，上下级之间领导与被领导的关系明显，若依“自上而下”的形式组建合作社联合社，可能得到事倍功半的结果，不仅不能促进联合社健康、有效地运转，而且可能导致行政干预色彩过浓，违背了合作社联合社自由、民主的基本原则。而“自下而上”地组建合作社联合社，更符合我国农民人口多、农产品地域差异明显的现实国情。针对不同地区、不同产品，由基层社组建符合地方特色产业的联合社，发挥资源优势，协调和整合基层社之间的矛盾和冲突，在更大范围内实现规模经济，促进农民增产增收。周振、孔祥智（2014）则围绕同业与异业两种联合社形态，以“组织化潜在利润—合作社产品异质性—谈判成本—合作社制度创新”作为研究主线，对这两类联合社的不同制度变迁生成路径进行了理论解释，得出了如下结论：当存在联合的潜在利润时，产品同质性的合作社群体联合谈判成本相对较低，更容易发生诱致性制度变迁从而生成同业联合社；产品异质性的合作社群体，由于产品的差异容易导致合作社之间利益需求的不集中，自发联合的谈判成本过高，从而很难自发形成联合社，一般要在政府或公共部门的干预下，通过强制性制度变迁的方式能生成异业联合社。周振、孔祥智（2014）的研究进一步指出，合作社在自我组建联合社时难免会遇到“谈判成本”的阻挠，尤其是在产品异质性的合作社群体之间，因而公共部门应针对有需求的合作社群体，扶助他们组建联合社。这些研究为我们分析联合社的生成路径提供了较好的借鉴。

三是对联合社作用的研究。苑鹏（2008）认为成立联合社，不仅可以通过横向一体化实现规模经济、范围经济，并最大限度地降低合作社的交易成本、提高议价能力，改善为社员的服务，解决合作社依靠自身力量无法解决的问题，而且可以促进纵向一体化经营，向农产品深加工领域延伸，扩大合作社的业务范围，巩固和增强合作社的市场地位。苑鹏（2008）进一步以北京市密云县奶牛合作联社为例，指出联合社在降低合作社的交易成本、提高议价能力、改善社员服务方面能发挥积极的作用。进一步地，还指出走向联合是农民专业合作社发展的必然趋势。鲁旭（2010）的研究指出了联合社在实践中的四大优势：实现规模化发展、壮大与集约使用资金、抱团进军市场与整合各类人才资源。朱启臻（2012）以黑龙江省讷河市大豆合作社联合社为例，发现联合社的作用不仅局限于经济方面，在提高农民组织化程度、社会治理上都起到了作用。曹杰（2009）、李威（2010）、原军（2010）通过国内联合社的实践，充分论证了成立联合社的优越性。

四是联合社发展中存在的问题。我国农民专业合作经济组织发展历史较短，仍处于发展的初级阶段，而在这种基础上组建的农民专业合作社联社更是处于起步阶段，可以说是一个新生事物。虽然近年来我国的农民专业合作社联社有了一定的发展，但从整体上来看，还不成熟、不完善。李敬锁（2011）的研究指出，我国联合社首先突出的问题是运行机制缺乏规范，当前，我国大部分合作社联合社是由包括基层政府、农业部门、供销社、科协和涉农企业等牵头组建的，而由农民专业合作社自己联合创建的只占少部分，甚至是很少一部分，这就导致了农民的主体地位受到削弱。虽然，在合作社联合社章程中明确规定以基层合作社为基础，但实际有发言权的并不是普通农民和基层合作社，而是牵头办合作社联社的政府部门、龙头企业或者核心合作社。在此情况下，合作社联社的管理机制难以规范运行，章程的约束和制定的监督措施也难以发挥有效的作用。苑鹏（2011）以山西晋中犇牛奶农专业合作社联合社为例，深刻剖析了当前国内联合社面临的现实困境：第一，联合社的合法性问题没有解决；第二，联合社创办加工企业面临着“门槛”问题，发展潜力严重受限。杨莉（2011）也指出了当前联合社面临的困境：①组织部门条块分割严重，合作社联合社是设置于一定的行政区域内的合作组织联合体，几乎没有成形的民办合作社联合社，都由各级政府组织开办，虽然并没有法律条文对此有明确规定，各个地方的合作社联合社也不尽相同，但大都受到各级政府条条框框的要求和约束。②合作社间依存感欠缺。由于是政府牵头开办的合作社联合社，各个合作社之间缺乏相互信赖，经营不联合、服务不合作的问题已经成为制约联合社发展的最大障碍。

综上所述，当前关于我国农民合作社联合社的研究积累还较为薄弱，已有研究成果中，谈及对联合社发展中制约因素的文献较少，涉及如何通过政策扶持联合社的文章少之又少。而我国农民合作社联合社又正处于基层探索的初级阶段和亟待正名的特殊时期，迫切需要与之相关的研究作为理论参考和政策执行依据。

第三节　我国农民合作社联合社的类型及特征

当前，全国各地联合社呈现自下而上、由点到面蓬勃发展的态势。由于资源条件、成立动因不同，联合社的发展类型也存在差异，既有单一品种联合的，也有多品种联合的；既有沿产业链上下游联合的，也有跨领域跨区域联合的；既有纯合作社自发联合的，也有农业企业牵头成立合作社联合的。按照经营特点，联合社主要有以下四种类型（见表 3-1）。

表 3-1　联合社的主要类型及特征

类型	特征	实例
生产型联合社	①主要生产本地区的某一种名、特、优农产品； ②吸纳相同产品的合作社加入，形成生产规模； ③注重生产的标准化、机械化，并尝试开展初加工、直供直销等业务，向产业链上下游延伸； ④一般由经营实力突出、声誉较好的专业合作社牵头领办	上高县汇农种植业专业合作联社；诸城市北端茗茶叶生产联合社等
销售型联合社	①主要从事农产品生产、粗加工和销售，靠近终端消费市场； ②由核心成员社带头，与其他合作社开展深度、广度不同的业务协调； ③一般有稳固的销售渠道； ④注重培育联合品牌，将成员合作社的农产品细分并进行差异化营销	通山县九宫绿园种养殖联合社；北京北菜园农产品联合社等
产业链型联合社	①生产技术、管理方法、销售渠道等依托农业企业，企业牵头成立的专业合作社是组织核心； ②企业一般是农资生产商或农产品加工销售商，需要用产业链上下游延伸来稳定农资销售或原料收购； ③产业链整体协作紧密，企业一般会派出专人协助生产运营，并提供原料、技术、销售等服务	武汉天惠种养殖联合社；邢台市聚农肉鸡产业联合社等

续表

类型	特征	实例
综合型联合社	①植根于传统农村社区，成员分布的地域性很强，多以县、乡（镇）为边界； ②成员以本地区的各类合作社为主，并广泛吸纳农户、农业企业等加入； ③服务内容和形式灵活多样，经营范围会根据自身需要、社区需求和市场情况不断拓展； ④成员主要从联合社获得各类服务	灵寿县青同镇农民联合社等

资料来源：根据调研资料整理。

一、生产型联合社

生产型联合社是立足于某一种农产品生产、通过联合更多的专业合作社迅速扩大规模来减少生产成本、提高经营效益的一种生产者联盟。生产型联合社一般具有以下特点：

（1）主要生产本地区的某一种名、特、优农产品。

（2）积极吸纳相同产品的专业合作社加入，以尽快达到一定的生产规模，获得规模经济。

（3）着重提高生产的标准化、机械化、现代化水平，并尝试开展初加工、直供直销等业务，向产业链上下游延伸。

（4）需要经营实力突出、声誉较好的专业合作社牵头和政府有关部门的支持。

由于能在很短时间改善经营规模，生产型联合社主要有两个优点：一是获得产品销售的谈判能力，提高成员合作社的产品销售价格；二是获得大批量农资采购和现代化生产管理技术采用优势，降低成员合作社的生产运营成本。

生产型联合社的缺点，主要是向产业链下游拓展的能力比较有限。如江西省上高县汇农种植业专业合作联社，以“标准化生产、规模化经营、工厂化育秧、机械化操作、现代化管理”为手段，种植优质高产水稻近 3 万亩，不仅大大降低了农资价格，还显著提高了销售价格。诸城市北端茗茶叶生产联合社成立以来，积极推行标准化生产，对品种的引进驯化、育苗、施肥、采摘、剪枝及越冬管理进行了统一技术指导，对茶叶的烘炒、包装、销售进行了统一标准要求，每亩茶园的产值由原来的 2000 元增长到 8000 元。

专栏 3-1　生产型联合社实例

江西省上高县汇农种植业专业合作（联）社

上高县汇农种植业专业合作（联）社组建于 2010 年 5 月，主要经营范围为优质水稻种植、生产和销售，合作社以“标准化生产、规模化经营、工厂化育秧、机械化操作、现代化管理”为手段，以“确保农民增收、农业增效，发展现代农业”为目的，在江西省农业厅、农业开发办等上级有关部门的大力扶持下，建立了农资服务部、农技服务部、育秧机插队、统防统治队、联合收割队的社会化服务体系，通过“企业+合作社+农户”的运作模式，实行“统一生产标准、统一农资供应、统一技术服务、统一品牌经营、统一产品认证”的运作模式，合作社得到快速发展壮大。联合社现已涵盖上高县泗溪镇、锦江镇、新界埠乡、芦洲乡和镇渡乡 5 个乡镇，下属 28 个分社，共有成员代表 31 名，入社社员 2719 户，直接入社面积 9500 多亩，入社总股金 140 万元；辐射带动农户 4500 多户，辐射带动面积 30000 多亩。2011 年联合社被省委、省政府授予全省优秀农民专业合作社称号，被选为江西农民专业合作社协会副会长单位，先后被评为省、市、县级示范社。目前，联合社主要开展以下五个方面的建设。

（一）开展高标准农田建设，提高农田综合生产能力

积极争取农业综合开发建设、高标准农田建设项目，投入资金 4000 万元，联社下属 28 个分社的 3 万亩农田都已全部进行了高标准农田改造，建成了集中连片、设施配套、高产稳产、生态良好、抗灾能力强、与现代农业生产和经营方式相适应的基本农田，为联社开展社会化服务体系工作打下了扎实的基础，实现了水稻种植全程机械化操作，为联社发展现代农业提供了有力的支撑。方便了社员规模种植，降低了耕作成本，提高了生产收益，合作社全年 6 万亩双季稻每亩平均增产 75 公斤，共为社员创收 1170 万元。

（二）强化农业生产服务，降低社员生产成本

2012 年，合作社在对接企业金农米业集团的担保下获得上高农村信用联社贷款 800 万元，为社员提供生产资料统一采购服务。一是为社员采购早晚优质高产新稻种 6 万公斤，投入资金 240 万元，同时把每公斤 7 元多的批零差价全部让利给社员，社员早晚两季每亩节约用种成本 30 多元，共计 42 万多元。二是为社员统一采购农药，投入资金 210 万多元，社员早晚两季每亩降低用药成本 13 元，共计 19.5 万多元。三是为社员统一采购化肥 1500 吨，投入资金 408 万元。社员早晚两季每亩降低用肥成本 10 多元，共计 16 多万元。农资采购共投入资金 858 万多元，种子、农药、化肥三项共为联社社员减少生产成本 77.5 万多元。联社还聘请了上高县农业局4名农技专家为合作社常年客座专家，在水稻浸种消毒、移栽送嫁和破口抽穗三个关键时期，深入分社进行技术培训和田间指导，培训社员1500人次。联合收割机开展了早稻机收优惠有偿服务活动，按市场收割价为每亩70元，联社的收割机为社员收割优惠20元，早稻共为社员收割面积达2100亩，在为社员减少收割成本近5万元的同时，也为联社创收4.3万元。通过与金农米业集团签订粮食加价收购订单，由合作社统一收购，不仅企业原粮得到了保障，信贷资金也得到了保障。2011年实现订单销售500万公斤，2012年实现1000万公斤，社员为此每亩可多增收230多元，总共增收400多万元。

（三）开展早稻集中育秧，实现水稻高产稳产

为更好地促进合作社社员粮食生产稳定发展，提升合作社水稻育秧技术及集约化、标准化育秧水平，提高水稻秧苗素质和防灾能力，扩大水稻机械插秧面积。2012年合作社选取下属农兴、农丰、利民、恒丰等分社，实行统一品种、统一浸种播种、统一育秧、统一机插、统一统防统治、统一机械收割的“六统一”运作模式，按照“行政推动、主体带动、补助促动”的运行机制，遵循“方便农民，规避风险”的原则，开展“水稻集中育秧”，实行统一浸种消毒、统一盖膜保温、统一科学管护，大大提高了秧苗抗灾能力，降低了烂种烂秧概率，有效减轻低温对秧苗的影响，省工、省田、省肥、省钱，解决了农户育秧难的问题，方便了农户。同时有利于水稻新品种、新技术的推广，特别是在2012年早稻前期雨水多、后期持续高温不稳定的天气下，合作社实施的30个集中育秧示范点水稻（秧田面积425亩，其中工厂化育秧面积30亩，抛秧和机插大田12875亩）都取得了丰收，与上年早稻相比，亩增产50多公斤，集中育秧点共增产64万多公斤，仅此一项为社员增收167万多元。

（四）推行承包土地入股，开辟农民增收新路

2012年，合作联社在探索深化新型农业社会化服务组织改革，壮大合作社经济发展，增加农民生产收入的同时，结合联合社实际情况，以“土地入股，粮食分红”的创新方式，发挥规模经济优势，在政府及其相关部门直接指导和监督下，农民与合作社协商一致，在不改变承包经营权的前提下，农民自愿以土地入股的方式加入合作社，合作社与农民签订土地入股协议，定产单季每亩400公斤。入股土地纳入合作社的建设范畴，由合作社统一农资采购供应、统一产品布局、统一生产管理、统一技术指导、统一产品销售。通过规模化、一体化、机械化运营，实行种植区机耕、机插、机防、机收全程机械化操作管理。在为社员增产增收的基础上，培育合作社自身的造血功能，建立水稻生产现代化良性循环发展的示范样板和产业化合作经营的长效机制。2012年合作社土地入股面积已达800多亩，在不增加农业成本的前提下，合作社2012年早稻平均亩产已达到490公斤，晚稻平均亩产更是达到580公斤，与上年相比，早稻亩增产25公斤以上，晚稻亩增产50公斤。为此，土地入股社员不仅得到了每亩第一次分红的150公斤稻谷，还可以得到每亩第二次282元的分红。

（五）推广无公害生产技术，打造优质水稻生产基地

2012年，合作社在下属兴泰分社、汇锦分社选择了500亩土壤肥沃、排灌方便、水源洁净、周边区域无工业“三废”污染源的水田作为合作社优质水稻种植示范基地。聘请专职专业农技人员负责，推广无公害生产技术，通过采取无污染水源、机插技术、绿色防控、低毒农药及有机肥施用、节水灌溉、无混杂机械脱粒、谷垫翻晒等技术保障措施，建立绿色大米生产基地，为合作社创立自己的产品品牌奠定了良好的基础，并以此为契机，推动该县绿色优质水稻种植和发展。

（资料来源：调研所得。）

二、销售型联合社

销售型联合社是着眼于农产品产后流通、通过联合不同种类的专业合作社来提高产品多样性、供给稳定性和销售盈利性的一种产加销同盟。这类联合社是种植蔬菜、水果专业合作社组建联合社的主要方式，也是当前联合社发展的主要类型。销售型联合社的特点主要是：

（1）主要从事蔬菜、水果和其他农产品生产、粗加工和销售，靠近终端消费市场。

（2）大力发挥核心成员社的带动作用，与其他合作社开展深度、广度不同的业务协调。

（3）积极通过“农社对接”等方式稳固销售渠道，努力把成员合作社的产品以更少环节、更优价格销售出去。

（4）注重培育联合品牌，将成员合作社的农产品细分并进行差异化营销。

该类联合社的优点主要体现在两个方面：一是减少了中间环节，为农产品直供直销奠定了基础，可以改善专业合作社的“卖难”问题；二是改变了每个合作社都要跑市场、搞销售的弊端，可以摊薄运营成本、创立联合品牌、提高经营效益。如湖北省通山县九宫绿园种养殖联合社，在联合社成立之前，10家成员合作社的农产品覆盖全县13个乡镇，涉及猪、兔、茶叶、蔬菜、药材等10多个品种，但每个合作社都面临产品销售难题。2012年底，合作社抱团成立了九宫绿园联合社，并在武汉市区开设了2家社区直销店，直供直销各个专业合作社的产品，大大提高了经营效益。开展"农社对接"的北京绿菜园蔬菜合作社，为了增加产品种类，提高市场应变能力，2011年4月，积极协调周边16家果品、中药材、畜禽等专业合作社，并广泛吸纳其他省份的专业合作社，成立了北菜园农产品联合社。联合社开办了北菜园网上商城，除北京地区的优质农产品外，还提供黑龙江的有机土豆、广西的荔浦芋头、甘肃的金丝枣等名特优农产品。

专栏3-2 销售型联合社实例

湖北省通山县九宫绿园联合社

湖北省通山县九宫绿园联合社于2011年12月29日在湖北省工商局注册成立，是湖北省首家联合社，也是全国第五家联合社。在成立不到一年的时间里，联合社取得了一定的发展成效。

（一）联合社产生过程及原因

——产生过程。2011年11月湖北省农业厅举办了"湖北省首期农民专业合作社理事长培训班"，县经管局选派了全县"十佳农民专业合作社"理事长参加。在培训过程中，通山县10名理事长认真分析农业合作社所面临的困境和出路，一致认为必须走联合发展之路，于是10名理事长每人先分期集资7000元，立即启动筹备工作。由于湖北省尚未出台联合社注册办法，市县工商局均难办理，不过在省工商局大力支持下，率先尝试为联合社特批申办了全省首家联合社。

——产生原因。组建联合社是应市场需求而生，是产业发展的必然趋势。通山县目前组建了175家合作社，社员达8000余户，涉及农业六大行业。组建联合社主要原因：一是有特色无竞争力。特色源于区位优势和农业资源。通山县农业有许多特色，但许多产品无市场竞争优势，原因是粗放经营、品质退化、加工滞后、品牌不强。二是有基地无规模。通山县种养基地星罗棋布，但多数规模小、经营分散。原因是地域分散、投入不足、后续管理滞后。三是有品牌无市场占有量。原因是规模开发低、投入扩张难、后续滚动慢、争取扶持少。四是有亮点无辐射带动能力。通山县农业亮点多，但真正带动广大农民增收很艰难，原因是分散经营难组织、产品标准难统一、资源整合难规划、农民素质难提高。

（二）联合社运作模式及效果

——运作模式。联合社在发展中积累经验、大胆探索，在整合资源中释放活力。一是强强联合、抱团发展。联合社由通山县最有规模、最有品牌、最有效益的10家合作社组成。其中，九宫茶叶是有机茶名片，茂源兔业是养兔龙头，九宫绿源是优质蔬菜亮点，九宫农庄葡萄是葡萄业示范，幕阜山黑山猪是野畜先例，样样果业是砂梨领头，大畈枇杷是传统水果珍品，惠民渔业是水产楷模。二是示范引导、辐射推广。联合社已吸收了通山县130多家合作社加盟，覆盖全县12个乡镇，3000多农户。三是种养结合、营销统一。实行“联合社+企业+合作社+农户”运作模式，通过“设施共建、资源共享、风险共担、营销共赢”来降低产业成本和市场风险，通过“统一供应种苗、统一生产标准、统一生产资料供应、统一技术指导、统一加工回收、统一品牌创建、统一集中销售”等方式组合产品、塑造品牌、增强市场占有率和竞争力。四是搭建平台、抢占市场。建立了“湖北九宫绿源农产品营销网站”，筹资300万元在武汉设立两个直销店，在县城设立办公与研发中心、销售与培训中心，购置两台专用物流车。五是股份合作、多层返利。联合社由各合作社合股筹资，合作社由农户合股筹资，该社下达指标和标准，按高于平常水平的价格由联合社统一购销，所营销利润按60%返还合作社和农户。

——产生效果。经过不到一年时间的营销和发展产生了巨大轰动效应和良好市场前景。一是人才得以聚集。在管理层中，有经验丰富的党员干部，有技术过硬的大学生，有实践多年的乡土专家，有出谋划策的领军人物。二是队伍逐渐壮大。由刚组建时的10家合作社扩大到130多家，且有意向加入的合作社纷纷报名。三是行业跨越扩张。目前联合社营销的农产品有20多个品种系列，年产量近3万吨。四是品种申报增多。目前联合社优质品牌有：中国驰名商标有机食品九宫牌茶叶、隐水牌绿色食品枇杷、九宫牌绿色食品葡萄、绿源牌绿色食品苦瓜、通富牌绿色食品胖头鳙鱼、慈口牌绿色食品柑橘、富水牌绿色食品清虾、上河洲牌绿色食品白鲢干鱼、大幕山牌绿色食品黑山猪。尚在申报的品牌有：阎王砂梨、茂源肉兔、瑞丰土鸡蛋、绿源蔬菜等。五是销售网络拓展。除建立网站和直销窗口以外，还与中百仓储超市、武昌量贩、粗茶淡饭，以及湖南、北京、广州、南昌等大型市场建立合作关系，并成功接待和举办了全国畜牧业协会兔业分会会长工作扩大会议。六是经营效益显现。把过去靠单兵作战难以联合销售的农产品进行整合打包，带动了合作社社员生产的发展和利润的大幅度提高。例如，黑山猪价格每市斤提高了12元，枇杷价格提高了3元，砂梨价格提高了0.8元，土鸡蛋价格提高了0.4元。解决了合作社因产量小而难以进入市场的困扰和担忧。总之，通过组建联合社带来了“十统十降”：统一资源共享降低了开发成本、统一加工设施降低了生产成本、统一信息平台降低了服务成本、统一销售渠道降低了营销成本、统一品牌标准降低了竞争成本、统一律师服务降低了维权成本、统一培训阵地降低了教育成本、统一行政管理降低了管理成本、统一抱团打包降低了项目申报成本、统一股份合作降低了融资成本。

——发展规划。一是产品加工园。计划投资3000万元，征地200亩，建设农产品加工园，将通山县农产品集中筛选分类，同质同类统一进行加工、包装、品牌、销售，降低成本，提高附加值。二是仓储物流园。计划投资3340万元，征地100亩，建立储藏、冷链、保鲜、仓储车间，购置5部专用物流车辆，加快流通速度，降低流通费用，扩大流通范围，提高产品档次，满足市场需求。三是产品直销窗口。计划在周边大中城市建立10多处直销窗口，推行网络直购、市民先购、客商订购，营销洽谈，拓展产品销售市场。四是基金互助组织。通过联合社开展内部融资、担保贷款、资金互助等形式，每年重点扶持一批有潜力的弱势合作社和社员。五是技术培训中心。利用联合社技术优势，每年培训有能力、有特长、有信心的农民，发展农业项目和安置就业。六是壮大种养基地。根据联合社10家合作社发展规模，力争3~5年内生产规模翻两倍以上，全年实现营销额3亿元以上。

（资料来源：调研所得。）

三、产业链型联合社

产业链型联合社也叫一体化联合社，是以农业企业牵头的专业合作社为核心，以产业链协作为手段，以提高链条整体的市场响应能力和盈利水平为目的的纵向一体化联合。产业链型联合社具有以下特点：

（1）生产技术、管理方法、销售渠道等依托农业企业，企业牵头成立的专业合作社是组织核心。

（2）企业一般是农资生产商或农产品加工销售商，需要用产业链上下游延伸来稳定农资销售或原料收购。

（3）产业链整体协作紧密，企业一般会派出专人协助生产运营，并提供原料、技术、销售等服务。

作为“公司+农户”模式的创新，产业链型联合社的优点是，上下游合作社联系十分紧密，有助于减少成本、保障货源、稳固销售渠道，能够很快发展为有规模、有效益的利益共同体。例如，依托华森生物科技公司下设的养殖合作社而成立的邢台市聚农肉鸡产业联合社，不仅以优惠价格统一提供鸡苗、饲料、兽药等，还按照协议价格回收成员合作社的肉鸡。技术有依托，销路有保障，联合社很快获得了养殖专业合作社的认可。成立不到2年，联合社已辐射邢台市8个县（市、区），拥有专业合作社成员10家、大户成员375人，养殖规模居河北省前列。武汉天惠种养殖联合社是农资生产商——天惠生物工程公司在 2012 年 1 月牵头成立的。通过产前农资、产中农技和产后销售等服务，联合社的“上游标准化生产能力，下游品牌化销售能力”都不断提高，吸引了大批专业合作社加入。目前，该联合社已拥有种养殖合作社成员 102 家，统一销售大米、蔬菜、食用菌、水果、水产、茶叶、蜂产品等上百个品种。

该类联合社的缺点是：产业链条上同一环节的合作社交流有限，可能会造成成员合作社的“企业依赖症”，不利于组织的民主化建设。

专栏 3-3　产业链型联合社实例

邢台市肉鸡产业农民专业合作社联合社

河北省邢台市肉鸡产业农民专业合作社联合社在当地农业局的推动下，由邢台市聚农养殖专业合作社牵头领办。聚农养殖专业合作社经过几年的摸索实践取得了成功，也成功得到了同行的尊敬与羡慕。据此，许多合作社希望能够与它建立合作关系。当地农业局也希望通过聚农养殖专业合作社带动区域的产业发展。于是，2012 年 5 月 4 日以聚农养殖专业合作社为中心的邢台市肉鸡产业农民专业合作社联合社筹办成立，聚农养殖专业合作社理事长刘忠涛任联合社理事长，除聚农养殖专业合作社外，还有巨鹿通源农民养殖专业合作社、邢台市方益养殖专业合作社以及深州胜利养殖专业合作社等七个合作社。聚农养殖专业合作社开启了带领其他合作社共同发展的新时代。

联合社辐射邢台市 8 个县（市、区）。在联合社的带动下，当地肉鸡养殖业快速发展。姑且称这种发展为联合社的“中心-外围”模式，如图 3-1 所示。

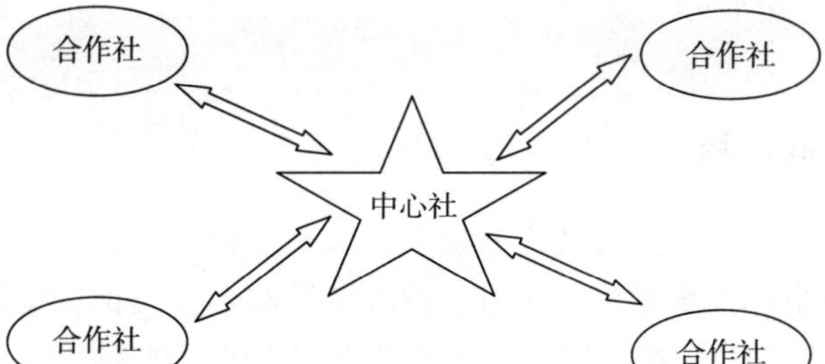

图 3-1　联合社的“中心-外围”模式示意图

注：⟺代表信息流、资金流、物质流、技术流等。

“中心-外围”理论最初是用于解释国家间的联动发展，一般描述发展中国家以某一个国家为中心，相互输入与输出产品，谋求相互发展的方式。在这里，用于解释联合社中，依托某个中心社合作社共同发展的模式。在邢台市肉鸡产业农民专业合作社联合社中，聚农养殖专业合作社就是这样的一个中心社，与其他成员社进行着信息、资金、物资、技术等的流通。从实践来看，这种方式取得了不错的成效。

第一，信息技术共享。2013 年禽流感疫情肆虐，养殖户往往在众多饲料和兽药品牌面前茫然失措，不知怎么选择，耽误了病情，影响了收益。为此，各合作社向中心社（聚农养殖专业合作社）求助。为此，中心社从东北、山东等地聘请了农大专家教授，会同中心社的高级兽医师和技术人员吃住在各分社养殖点，每日巡查各成员社养殖户的肉鸡生长情况，为诊断疫情、健康养殖打下了坚实的基础。

第二，抱团节约成本，提升价格竞争力。邢台市养殖市场尚在规范之中，价格波动激烈，很多散养户不是养不成，就是养成了毛鸡价格不好，效益也很低，极大地挫伤了成员社中养殖户的信心。自从组建联合社后，采取“中心社+合作社+社员”的养殖模式，集放雏、维护、保回收于一体，避免了单个合作社直接面对市场风险。成员社加入联合社后，由中心社统一购买生产物资，并送往各成员社，极大地节约了生产成本。统一选购鸡苗可以使成员社每只雏鸡节约成本 0.08~0.15 元；在兽药上每单位可以省下 0.12~0.20 元；统一采购饲料又可以每单位节约 0.20~0.25 元。另外，联合起来也提升了产品的市场价格。销售肉鸡时，各成员社都将产品交由中心社代为销售。中心社的规模较之前也迅速上升，进一步提升了中心社的市场谈判地位。加入联合社后，成员社出售肉鸡时每斤也要比之前多挣 0.65~0.98 元，一个鸡棚就能多挣 3250~4900 元。

（资料来源：调研所得。）

四、综合型联合社

综合型联合社是以社会化服务为纽带，以增强社区成员联系、提高区域经济活力为目标，通过资源整合而实现的一种区域性联合。与前面三种类型联合社主要是品种间或产业内的合作不同，综合型联合社具有一些联合会的特征。这类联合社的特点如下：

（1）植根于传统农村社区，成员分布的地域性很强，多以县、乡（镇）为边界。

（2）成员以本地区的各类合作社为主，并广泛吸纳农户、农业企业等加入。

（3）服务内容和形式灵活多样，经营范围会根据自身需要、社区需求和市场情况不断拓展。

（4）成员主要从联合社获得各类服务，而很少与联合社发生交易。

综合型联合社的优点，主要是能够充分整合社区内的各种资源，有助于实现各专业合作社和其他成员的协调发展。如灵寿县青同镇农民联合社，截至2013年底有专业合作社25个，龙头企业6个，村干部5人，农户社员446名。该联合社不仅指导成员合作社开展土地入股和连片流转试点，协助流入土地的成员合作社统一规划，搞农业观光示范园，还推动5家养殖合作社和一个养殖企业联合实现“养殖废料再利用”，在解决了农村沼气发电时的粪便原料不足问题的同时，改善了社区的生态环境。与青同镇农民联合社相比，山西省永济市的“蒲韩社区”成立更早，支持专业合作社发展和村庄治理的作用也更明显。它吸纳了蒲州、韩阳两镇60%的农民和大部分的农民合作社，不仅重新打造了农资店、红娘手工艺合作社、有机农业联合社等生产经营组织，还置办了妇女读书中心、老年康乐中心、农民培训学校等服务机构，日益发展成为类似日本“综合农协”的地方性农民联合组织。此种类型联合社的缺点主要是，组织的开放性较差，吸纳成员受到地域限制。

专栏3-4　综合型联合社实例

山西省永济市蒲韩乡村社区

山西永济蒲韩乡村社区是以永济市蒲州镇农民协会为组织载体、跨越永济市蒲州镇和韩阳镇两大镇级行政区的，融科技服务、文化娱乐、学习讨论、企业运营、公益事业为一体的“综合性乡村社区”治理模式。蒲韩农民协会是综合社区性合作组织，而不是专业经济合作组织。与一般的农业专业合作组织不同，蒲韩乡村社区的发展模式是一种综合型的发展模式。蒲韩乡村社区由2001年成立的妇女协会和永济市蒲州镇农民协会演变发展而来。

永济蒲韩乡村社区由五个板块组成，这五个板块各自有独特的运作方式，但是它们与社区又有着千丝万缕的联系。

（一）农资店百货连锁超市

农资店有4个连锁店、1个加盟店。连锁店是寨子科技中心（覆盖7~8个村）、黄河滩科技中心（覆盖十几个村）、陈村科技中心（覆盖6~7个村）、张留庄科技中心（覆盖4~5个村）。连锁店的主要功能是销售农资、提供技术咨询、吸收股民股金、发放股民股息。协会的农资店是永济市唯一一家不仅销售农资，而且同时提供相关技术指导的农资店。例如，每年到了施肥的季节，农资店会开展讲座，给农民讲解如何进行科学施肥。由于有技术指导作为吸引顾客的手段，在协会农资店购买农资的农户非常多。以寨子村科技中心为例，在他处购买农资的农户可以占到寨子村的60%。

农资店的服务对象并不限于蒲韩乡村社区的会员，任何农户都可以到农资店购买农资。农民个人可以按照50元/亩的标准入股，入股后的农民成为股东，可以享受购买农资1%的折扣（大概购买每袋化肥可以优惠1~2元）。农民也可以结成一定的团体批量在农资店购买农资，这样也可以享受一定的优惠价格。

农资店鼓励农民现金购买农资，但是由于农民有闲钱的时间与需要购买农资的时间不匹配，农资店通过提前吸收股金的方式来尽量避免赊账的情况发生。提前缴纳一定股金的农户，可以在其股金范围内赊账购买化肥，同时可以享受每月0.6%~0.7%的分红。

农资店会不定时地开展科技培训活动，优先通知入股农资店的股民，同时也接纳其他的农民。除此之外，农资店的工作人员还会对购买其农资的农户提供技术跟踪服务，保障农资科学地使用。

农资店与蒲韩乡村社区之间的关系：农资店是一个独立核算的单位，每个农资店只需将所有利润的30%左右上缴给蒲韩乡村社区，其余的利润可用于农资店自己的开支，包括人员工资、税金、分红、公益金等。

（二）青年有机农场

青年有机农场成立于2007年。青年农场的技术是通过工作人员接受各种技术培训，结合蒲韩乡村社区的实际情况和一些本地的“土方法”之后，在实践中逐渐摸索出来的。在实验有机种植一年后，承包地扩展到47亩。2010年，经过青年有机农场的小范围实验，棉花的有机种植技术开始成熟，并向其他农户扩展。在实验有机种植的过程中，青年农场也开始充当教育年轻工作人员的实践场所。为了使蒲韩乡村社区的年轻工作人员能够积累一定的田间生产经验，熟悉农民的工作，社区要求40个青年，每人实地耕种1亩地，并要求做详细的田间记录。这种通过组织乡村青年共同参与有机生产的方式，激发了一些年轻人农业生产的潜能，挖掘了一些真正热爱田间劳动的人。这些年轻的工作人员不仅要负责一亩地，还有负责一个合作社和一个村的环境治理，这种锻炼对培养农业的创业型人才有很大帮助（“创业”指成立合作社等农村创业）。

青年有机农场与蒲韩乡村社区的关系：青年有机农场承包的土地，一部分由年轻的工作人员一人一亩地承包，这部分土地的收益全部归青年人所有；还有一部分土地是由青年农场固定的工作人员耕种，这部分土地的收益全部上缴到蒲韩乡村社区，不再进行利润返还。

（三）有机农业联合社

有机农业联合社是以社区实际种植作物为基础，由40个专业合作社自愿联合而成。有机农业联合社种植的农作物种类有：棉花、芦笋、豆类、苹果、柿子、杏、桃、核桃、梨、山楂、香椿、枣、玉米、花椒、红薯、芝麻、鸡、猪、牛、羊、兔、鱼、蔬菜、西瓜、纺线、织布、绣花共27种。每个专业合作社社员有20~150户，土地有100~1500亩，联合社要求每个专业合作社完成“五个统一”：统一土壤检测用肥、统一预防用药、统一选种子、统一技术培训、统一达标销售。在“五个统一”下，社员进行独立的土地生产管理。

有机联合社在提供技术指导的同时也会提供一些福利给农户：一是农机的使用。联合社目前有3台农机，这些农机的市场使用费是30元/亩，但是联合社在第一年只收10元/亩，第二年开始不收任何费用。二是种子的提供。联合社的有机农产品的种子都是自己培育的，仍然按照10元/亩的标准收费，市场价是40元/亩。三是联合社会免费提供给农户一些工具，包括有机专用包及热水壶等。这些福利都作为农产品卖出去之后的利润提前分配给农户了。

有机农业联合社与蒲韩乡村社区的关系：有机农业联合社同青年农场一样，将所得的利润全部上缴到蒲韩乡村社区，由社区整体调配资金，再对利润进行返还。

（四）城乡互动中心

城乡互动中心成立于2010年。起初，城乡互动中心将农产品拉到城市中去，并不是为了获得利润，而是为了感谢一些无偿提供技术培训给社区的技术老师。但是，随着小范围熟人信息的传播，在一些城市社区中，有客户会提出购买的要求。随着这样的要求增多，订单频繁出现，城乡互动中心开始运行起来。

城乡互动中心与青年农场、有机联合社关系紧密，三个机构中产生的成本会一起通过城乡互动中心销售收入弥补。城乡互动中心可以销售合作社生产的有机农产品，也可以销售非有机农产品。

城乡互动中心与蒲韩乡村社区的关系：城乡互动中心也不是一个独立核算的单位，所有通过城乡互动中心销售的农产品（包括有机和非有机的农产品）的收入全部上缴到社区的财务部，由其整体调配资金。

（五）红娘手工艺合作社

2004年之前，妇女文化活动一直只局限于跳舞等文化娱乐活动。社区希望将妇女活动扩展到经济方面，同时，社区可以依托蒲州镇周围的旅游资源优势，开发民间手工艺品市场。目前，手工艺合作社一共200多人，每人以1000元/股的方式入社，但是每人的股份最多只能为5股。

红娘手工艺合作社与蒲韩乡村社区的关系：红娘手工艺合作社也有社区的财务室单独建账核算，将收入全部上缴给蒲韩乡村社区，再由社区统一调配资金之后进行利润返还。然后，合作社再将社区返还的利润按照成员生产的手工艺品的质量和数量对成员进行利润返还。

以上五个板块的联系比较紧密，从农产品的农资提供、农业技术推广到产品的最终销售，社区对有机农产品提供了一整套的服务。但是大量的农产品生产出来都用于内部销售（城乡互助中心的销售被列为内部销售），外部销售的主要是有机棉花。

（资料来源：调研所得。）

第四章　农民合作社联合社治理机制及扶持政策研究

第一节　农民合作社联合社治理机制

一、联合社利益联结机制

利益联结机制是联合社内部社员之间，以及社员与联合社之间达成的契约联结形式，这种契约联结形式触及联合社内部各利益相关主体的核心利益，并以此为纽带，实现联合社“利益共享、风险共担”的组织宗旨。从某种意义上说，联合社的利益联结机制是联合社能否成功发展和持续发展的关键，理顺联合社的利益联结机制，既是联合社实现组织发展的客观需求，也是联合社提高组织效率的重要保障。据调研了解，目前我国农民合作社联合社内部的利益联结机制主要体现在产品联结和要素联结两个方面，按照联结的紧密程度，可将其划分为紧密型利益联结机制和松散型利益联结机制。

（一）紧密型利益联结机制

紧密型利益联结机制一般具有两大特点：

第一，在紧密的产销一体化同盟中，专业合作社一般采取入股的方式加入联合社，构建共有的产权基础，建立利益联结机制。例如，武汉首佳水产养殖联合专业合作社就是由 5 家合作社与 96 户农户共同出资组成，其中 5 个专业合作社分别出资 170 万元、160 万元、160 万元、160 万元和 160 万元，农户成员的资金数量为 1 万元或者 2 万元，合计出资 1000 万元。2012 年联合社的入股股金再次扩大，每个合作社再追加入股 50 万元，另外，又吸收了 105 户农户成员。灵寿县青同镇农民专业合作社联合社由“村两委”干部、龙头企业、供销社及专业合作社共同出资形成了联合社的混合产权制度。联合社资产总计400万元，其中20%来自村“双委干部”等社会能人，50%来自青同镇本地的6个龙头企业，10%来自县供销社，20%来自各个合作社。这种入股的方式构建了联合社的产权制度，这种产权制度也形成了合作社之间的风险共担机制（见表4-1）。

表4-1　紧密型利益联结机制的联合社实例

联合社名称	入股情况	盈余分配方式
湖北省武汉首佳水产养殖联合专业合作社	成立初期，5家合作社与96户农户共同出资1000万元	联合社剩余按股返还
河北省灵寿县青同镇农民专业合作社联合社	成立初期，联合社资产总计400万元，其中20%来自村“双委干部”等社会能人，50%来自青同镇本地的6个龙头企业，10%来自县供销社，20%来自各个合作社	联合社剩余按股返还
江西省乐平市洎水源农副产品产销专业合作社	26家合作社共同出资220万元	联合社剩余按股返还
江西省彭泽县安泰农机合作社联合社	8家农机合作社和2家农机经销商出资1133万元	联合社剩余按股返还
北京市门头沟区清水镇农民专业联合社	11家主发起合作社共同出资100万元	①联合社按照与基层社交易量或交易额为主实行盈余返还，其比例不低于联合社年终可分配盈余的60%； ②其他的可分配盈余按照成员社入股股金分配
湖北九宫绿园种养殖农民专业合作社联合社	由10家合作社共同出资200万元	①联合社可分配盈余的60%，按交易量对各成员社返利； ②其余40%按照入股股份进行分配
四川省资阳市宰山嘴蔬菜专业合作社联合社	合作社出资达300万元	①可分配盈余的70%按照成员与联合社的交易额返还； ②可分配盈余的剩余30%按成员出资额返还
四川省成都蜀上锦生态蔬菜联合社	12家蔬菜生产专业合作社和2家农产品流通企业共同出资	①可分配盈余的60%按照成员与联合社的交易额返还； ②可分配盈余的剩余40%按成员出资额返还

第二，联合社的盈余一般会按照合作社入股金额和交易额相结合的方式进行返还，这体现出了合作社之间利益共享的联结程度。在这种联合社中，合作社将生产产品转交联合社，由联合社进行集中销售。联合社再将盈余按照合作社的交易量或入股份额进行返还；或者合作社共同出资投资某个项目，项目盈余按照入股份额进行返还。

联合社内部形成紧密型利益联结机制的重要表现就是联合社在实现产品联结的同时，实现了要素联结。这里的要素包括资金、劳动力、技术、土地等多个方面。之所以要素联结能够形成紧密型利益联结机制，主要是因为要素投入是在产前环节，一旦投入某种要素资源以后，就会使要素投入方（社员）与联合社之间形成类似债权债务或者股份关系，这种关系要等到联合社的一个产品生命周期完结后，才能最终实现初始投入的回报。所以，在形成这种利益联结机制到实现利益回报的过程中，联合社社员都会对联合社的组织、生产、运行、治理给予高度关注，并利用自身在联合社中的地位施加影响，以保证初始投入时的期望回报能够顺利实现。同时，这种回报的实现也是进行下一轮新的投入的基础，如果前一轮回报低于社员的预期值，将影响到社员对联合社进行下一轮的投入，从而联合社发展的持续性也会受到影响。图 4-1 展示了联合社紧密型利益联结机制的逻辑关系。

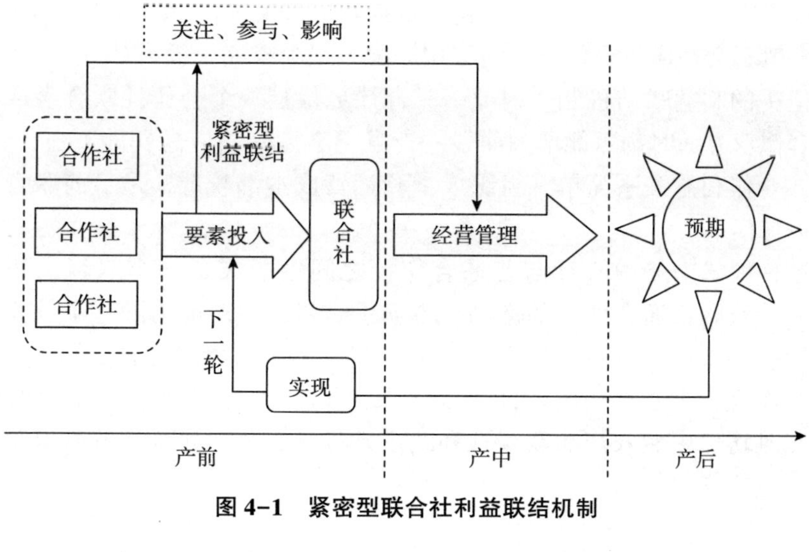

图 4-1 紧密型联合社利益联结机制

（二）松散型利益联结机制

松散型利益联结机制的首要特点是各合作社无须以资金入股的方式组建联合社。各合作社与联合社一般以如下方式进行联结：联合社通过不具有严格约束力的合作协议，或向成员合作社提供种苗、农药、肥料等农资，或收购成员社的农产品进行加工或转手销售。在这种联合社中，一般会有一个实力较强的合作社行使联合社职能，我们姑且称其为“中心社”。联合社的运作实际上表现为中心社与普通合作社之间的合作（见图4-2）。

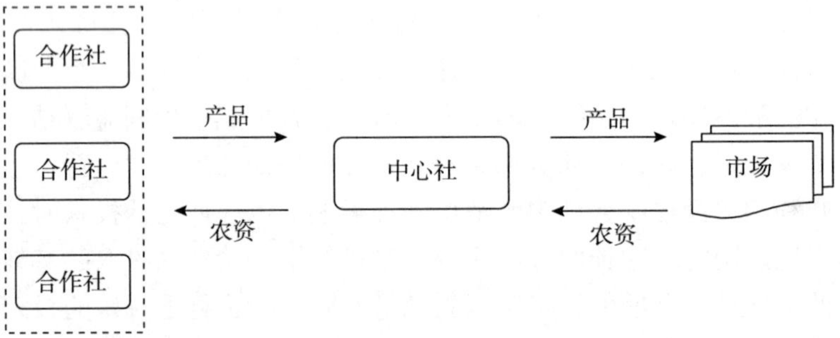

图4-2　松散型联合社利益联结机制

另外，在这种运营模式中，中心社或联合社是成员合作社部分产品的销售服务代理或者中间经销商，主要以购销差价或者下游销售企业的返利获得收益，经营收入一般不会在成员合作社之间二次分配，很少或完全没有建立“收益共享、风险共担”的利益联结机制。因此，联合社更像是一个合作社联合会或合作社协会，合作双方随时都可能单方面毁约，且不会遭受相应惩罚。不过，“代买-代卖”式合作利益关系简单，组织成本和运营成本都较低，是目前联合社比较普遍的运行模式。

在这种模式中，中心社与普通合作社之间也形成了一个双赢的格局：首先，中心社收购普通合作社的产品，本质上是对其生产能力的一个补充，有利于中心社扩大农产品销售的种类或数量，获得多样化经营效益。其次，对于普通合作社而言，中心社的收购能解决产品滞销问题，保障了合作社的销售渠道。山东潍坊然中然农产品联合社和北京延庆县北菜园联合社就采取了这种运作模式（见表4-2）。

表 4-2　松散型利益联结机制的联合社实例

联合社名称	联结方式	盈余分配方式
北京市房山区网上联合社	加入网上联合社的会员，在具备相应的条件后，“联合社”将为其提供自己个性化展示平台，合作社利用这个平台互动与交流信息	各合作社单独核算，联合社不核算
江苏省沛县云翔禽业专业合作社联合社	由沛县龙祥禽业专业合作社牵头成立，即为中心社；在中心社的带领下，各个合作社实行统一供鸡苗、统一物资供应、统一技术服务与统一产品销售	各合作社单独核算，联合社不核算
江苏常州舜溪果品专业合作社联社	5 家合作社牵头成立，即为中心社；在中心社的带动下实行“六个统一”：统一农业生产资料等投入品的采购和供应、统一技术辅导和培训、统一注册（使用）商标和品牌、统一生产技术规程和产品质量标准、统一产品和基地的认证认定、统一包装和销售	各合作社单独核算，联合社不核算
山东省潍坊然中然农产品专业合作社联合社	由青州市绿龙蔬菜生产专业合作社牵头成立，即为中心社；在中心社的带领下，各合作社产品通过中心社进行销售	各合作社单独核算，联合社不核算
山东省临朐县志合奶牛合作社联合社	由临朐县佳福奶牛养殖专业合作社牵头成立，即为中心社；在中心社的带领下，联合社实行“两个统一”：一是中心社统一购买农资或技术服务，并以原价提供给成员合作社；二是合作社产品统一由中心社组织销售（负责联络销售渠道，有别于合作社将产品销售给联合社），由中心社和企业谈判后统一确定产品价格	各合作社单独核算，联合社不核算
河北省邢台市聚农肉鸡产业联合社	由邢台市聚农养殖专业合作社牵头领办，即为中心社；在中心社的组织下，各个合作社实行信息共享以及农资统一购买；合作社产品亦可通过中心社进行销售	各合作社单独核算，联合社不核算
海南省保亭县永鸿什玲鸡养殖专业合作联合社	由海南永基畜牧股份有限公司牵头组建成立，即为中心社；在中心社的组织下，各合作社实行资源共享，农资统一购买，合作社将产品销售给联合社	各合作社单独核算，联合社不核算
陕西省黄陵县驭龙专业合作联社	由黄陵县果业协会发起成立，即为中心社；在中心社的组织下，各合作社实行资源、信息与技术共享	各合作社单独核算，联合社不核算

资料来源：根据调研资料整理。

二、联合社的运作内容

从课题组调研的情况来看，联合社日常运作中的主要做法有：农资统一采购、集合优质产品资源优势、技术培训、资金互助、产品质量维护、品牌建设、产品统一销售以及市场价格维护。按照产前、产中、产后的次序，我们可以将联合社的运作内容用图 4-3 表示。

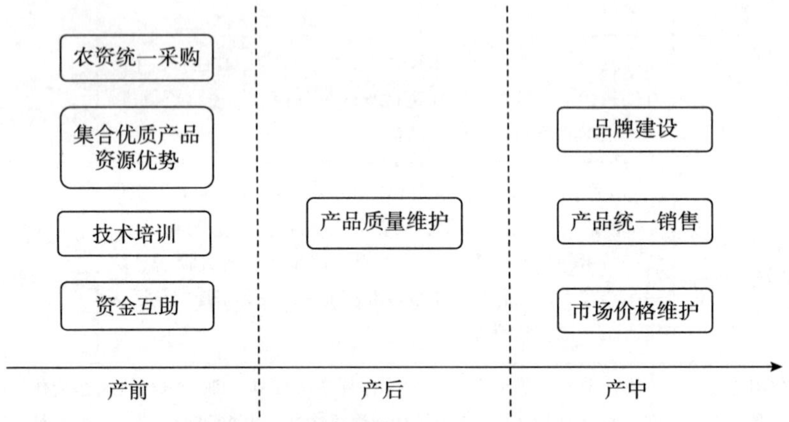

图 4-3　联合社的运作内容示意图

（一）农资统一采购

农资统一采购是大多数联合社的常见做法。联合社比合作社更具有规模效应，这种农资统一采购的方式有利于合作社节约生产成本。此外，这种农资采购方式还能够有效防止单个农户或小规模生产主体在市场上采购到假冒或劣质的农资产品，为农民正常顺利地开展生产提供了坚实保障。例如，湖南省汉寿围堤湖蔬菜专业联合社集中开展育苗、新品种引进，使亩均生产成本降低了 123. 3 元，每公斤销售成本降低了 22. 5 元；山东省临朐县志和奶牛合作社联合社统一购买苜蓿草，比各个合作社单独购买时每车节约 3500 元；浙江湖州吴兴粮梦粮油专业合作社联合社在联合购买农药、化肥等农资时，可以买到价格更便宜的产品，每亩生产成本节省了 47 元（其他实例如表 4-3 所示）。

表 4-3　联合社农资统一采购实例

联合社名称	农资统一采购内容
湖北省松滋市汇龙生猪集团专业合作社联合社	联合社社员购买投入品时，凭“社员证”享受比市场价低 20% 的社员价；据测算，社员全程使用联合社提供的投入品，每头生猪养殖可降低成本 80 元以上

续表

联合社名称	农资统一采购内容
湖北九宫绿园种养殖农民专业合作社联合社	联合社在向合作社供应成员社产品时，保留一定差价，一般为产品供应价的8%左右；联合社的供应价介于批发价与市场价之间
江苏省沛县云翔禽业专业合作社联合社	联合社以优质产品、优惠价格从正大集团徐州分公司直购饲料供应成员，减少中间环节，减少人力、物力、财力，降低生产成本。截至2013年末，合作社共计统一购进良种鸡苗100万羽，各种肥料1000多吨，兽药10万元
江西省上高县汇农种植业专业合作（联）社	联合社为社员提供生产资料统一采购服务。一是2012年为社员采购早晚优质高产新稻种6万公斤，投入资金240万元，同时把每公斤7元多的批零差价全部让利给社员，社员早晚两季每亩节约用种成本30多元，共计42万多元。二是为社员统一采购农药，投入资金210万多元，社员早晚两季每亩降低用药成本13元，共计19.5万多元。三是为社员统一采购化肥1500吨，投入资金408万元。社员早晚两季每亩降低用肥成本10多元，共计16多万元。2012年农资采购共投入资金858万多元，种子、农药、化肥三项共为联合社社员减少生产成本近77.5万元
陕西省三秦果农联合社	各理事单位遵循总部发展合作社服务成员的宗旨，针对农资市场无序竞争，产品伪劣质量无保证，打造统一采供平台，三秦果农网整合销售网络优势，每年召开采购招标会，严把采购优品关，减少中间环节，降低成本，统一市场管理，保证了价格的稳定，发展支持特色产业合作社，建立连锁店，实行六统一，发展理事单位18家，建立连锁店620家，实现销售3.2亿元。集团采购，降低成本10%，节省投入3000多万元
浙江省苍南县国泰种植专业合作社联合社	联合社统一组织采购，供应社员需要的种子、种苗，生产原料和农用物资等农业投入品，开展成员需要的运输、储藏、保鲜等业务

资料来源：根据调研资料整理。

（二）集合优质产品资源优势

农民合作社联合社具有整合各合作社优势产品资源及要素优势的能力。在基层实践中，很多联合社就是利用自身这一优势，实现了对成员社农产品和农业生产要素的整合。其中，对农产品的整合主要是利用统一平台扩大农产品销售规模，或是对同一产品整合基地提供统一生产服务和技术指导；对生产要素的整合，主要是实现生产要素的优势互补和集约化利用。总之，联合社通过自身的平台，整合各成员社具有比较优势的资源要素，节约了自身发展的时间和空间。例如，北京京东农合农产品产销联合社集聚了一批张家湾镇优质产品，如“张家湾”葡萄、“秋红”牌纯手工棉被、“碧海圆”鲜切红掌、“瑞正园”西凤西瓜和牛奶草莓、“大运河”樱桃等产品，通过不断宣传，改进包装，整合优质产品资源，不断扩大市场影响力。通过划分系列，突出产品特色，如推出“果其然”“果不其然”等系列产品，扩大市场影响力，同时也鼓励合作社不断提升产品品质，优质优价的公平交易也提升了联合社的市场形象。山东省潍坊然中然农产品专业合作社联合社整合多家合作社优质产品，产品有蔬菜、山楂、山核桃、小杂粮、冬雪蜜桃、弥河银瓜、潍县萝卜、放牧生态猪肉等几十种。联合社拥有蔬菜、山楂、樱桃、山核桃、蓝莓、山区杂粮、青州蜜桃、弥河银瓜、潍县萝卜、黑山羊、放牧生态猪肉、蜂产品等生产基地 15 处，基地总面积达 5200 亩，年产值可达 2.6 亿元（其他实例如表 4-4 所示）。

表 4-4　联合社集合优质产品资源优势实例

联合社名称	集合优质产品资源优势内容
湖北省天惠种植养殖专业合作社联合社	联合社吸纳全省范围内拥有工商备案的种植养殖合作社成员 102 家，并拥有 50 余个有机、绿色认证标志产品，涵盖茶叶、蜂产品、大米、蔬菜、食用菌、水果、水产和各种禽畜产品等诸多居民基本消费类农产品
湖北九宫绿园种养殖农民专业合作社联合社	联合社吸收了多种合作社，产品涉及种植业、畜牧、水产等 21 个专业，丰富了产品，满足了市场多元化的需求
浙江省桐乡市大运河农机粮油专业合作社联合社	14 个农机合作社组建联合社，各个农机合作社都有自己独特的农机。组建联合社后，实现了农机资源的共享，增加了各个合作社的农机种类
浙江省玉环县禾裕农民专业合作社联合社	联合社主要以组织收购、销售成员社种植、养殖及加工的农产品，目前吸纳的合作社涉及水果、蔬菜、粮食、海产品、畜牧养殖、中药材六大产业，形成了一个具有指导、管理、协调、服务四大功能并存的互助性经济组织
北京延庆县北菜园联合社	联合社吸纳合作社的优质果蔬产品，丰富了联合社的产品种类
北京兴农鼎力合作社联合社	联合后，各合作社进行优势互补，拥有苹果、梨、杏、无花果、草莓、各种时令蔬菜等产品规模化种植，市场开拓又变为蔬菜+水果立体式产品布局，改观了原有产品单一、优势项目一枝独秀、其他种类贫乏、不能吸引爱好其他产品消费者的情况，市场竞争力经过联合后快速增加

资料来源：根据调研资料整理。

（三）技术培训

联合社比合作社更具有组织规模优势，因此组建联合社后，从两个方面有助于合作社提升技术水平：一是各个合作社内部不乏某一方面的技术能手，但是很难有全面的技术人才，随着联合社的成立，先进的技术能够在联合社范围内得以扩散，有利于各个合作社取长补短、共同发展。例如，湖北省松滋市汇龙生猪集团专业合作社联合社 2011～2012 年在联合社内部开展技术交流活动 32 场，培训社员达 3296 人次，发放技术资料 1 万多份；通过飞信和 TD 短信平台发布信息 171 则 363 条 10 万多人次，技术服务团队入户指导 800 多个工作日。二是组建联合社后，农民更具有了组织优势、资金优势，因而能够从外界引进先进技术。例如，四川省江油市蜀岭种养殖农民专业合作社联合社成立后，多次聘请农业、畜牧中高级职称人员为联合社常年技术顾问，指导成员建设标准化生产示范基地，组织成员进行标准化生产，开展疫、病、虫防治、生产技术指导，新品种、新技术引进及推广，提高农产品科技含量（其他实例如表 4-5 所示）。

表 4-5 联合社内部技术培训实例

类别	联合社名称	技术培训内容
内部技术分享	黄陵县驭龙专业合作联社	按照果业生产季节，针对果农生产经营的需要，联合社制订培训计划，由以阿党镇合作社为主的生产技术部，建立合作联社果业技术培训网络，实施职业农民的培训和培养，组织开展多种形式培训，提高农民的综合素质。2011～2013 年，累计举办各类专业培训班 16 期，培训农民 2898 人次，发放技术资料 5500 多份
	江苏常州舜溪果品专业合作联社	①成立技术服务队。联合社将各合作社中的技术骨干组成了 13 人的专业服务队伍，开展修剪、整枝等有偿技术服务，同时组织好统一套袋、防病治虫和农药农资供应服务； ②成立“梨农专业技术研究会”和“翟家梨树专业技术协会”，由技术骨干担任理事，按果品区生产规模指定技术联络员，负责接待果农技术咨询，指导果农进行生产。通过技术服务联动，加快果品生产标准化、良种化，提高果品种植防病保健水平，规避了果品生产技术风险
	山西万荣县民乐苹果科技专业合作联合社	联合社采取技术培训、田间指导、现场观摩，在合作社间推广普及了“苹果双套袋技术”“高光效树形改造技术”“郁闭果园间伐技术”“无公害综合防治病虫害技术”等
	浙江建德市蚕桑专业合作社联合社	①种养技术培训，给广大社员和蚕农传递科学种桑养蚕的信息，指导农民种桑养蚕的新方法和新技术，逐步强化蚕农市场意识、质量意识、科技意识，提高综合素质，为提高蚕桑质量打下良好的基础； ②针对突发性病虫害和异常气候所带来的灾害开展防治技术培训； ③专业合作社及联合社管理人员管理知识的培训，提高其开展经营管理工作和服务的水平。积极开展协调和宣传，争取政府及有关部门对专业合作社的支持和扶持，保护好各成员社和社员的合法权益。全年开展各种培训 500 余人次

续表

类别	联合社名称	技术培训内容
向外技术引进	山西阳城县太行小杂粮农民专业合作社联合社	联合社每年初自筹资金，聘请农业部门技术人员、土壤专家对农户进行培训，实地指导。从而使农户认识到小杂粮种植有相当大的潜力和广阔的销售市场，改变了“种什么吃什么，有什么种什么”的传统观念，同时引进了晋谷 21 号、长谷 4 号、东昌一号等新品种，推广了精播技术、田间管理技术、病虫害防治技术，提供全方位无偿服务，使联合社成员的小杂粮产量由上年的亩均 550 斤提高到当年的 650 斤，亩均增产 100 斤，增收 260 元，品质提高了一个档次
	湖北九宫绿园种养殖农民专业合作社联合社	联合社建成后，争取到了县农业局支持，依托“阳光工程”培训计划，对成员社进行了技术、管理方面的人员培训。截至 2013 年底，已有 120 多个农民成员获得了技术咨询服务
	江西上高县汇农种植业专业合作（联）社	聘请专职专业农技人员负责，推广无公害生产技术，通过采取无污染水源、机插技术、绿色防控、低毒农药及有机肥施用、节水灌溉、无混杂机械脱粒、谷垫翻晒等技术保障措施，建立绿色大米生产基地，为合作社创立自己的产品品牌奠定了基础
	山东省临朐县志合奶牛合作社联合社	联合社与山东广播电视学校共同创办了奶牛学校。奶牛学校任教的老师是来自科研院校的专家、教授。每一批学员都要经过两年的系统学习，经过考试合格后，还会获得由山东广播电视学校颁发的正规专业证书

资料来源：根据调研资料整理。

（四）资金互助

资金要素是农业农村发展最为稀缺的生产要素。农民合作社联合社通过开展内部的资金互助业务，能够有效缓解社员融资困难的问题。但是，由于融资业务涉及金融监管问题，法律层面对联合社开展内部资金互助业务也没有明确，导致目前开展此项业务的联合社较少。依托联合社开展的资金互助有两种形式：

一是联合社内部开展资金互助。例如，北京市门头沟区清水镇农民合作社联合社共吸收 11 家基层社入资 100 万元建立了发展基金。这些资金将重点用于宣传打造联合社品牌、建设公共服务设施、开展内部资金互助服务、开发特色产业园区等项目。湖北省武汉市荆地养蜂专业合作社联合社也在联合社内部开展资金互助，联合社的信贷资金来源于社员的入股金额。内容如下：①联合社规定，只有入股联合社的社员才有资格享有信贷服务。②社员向联合社申请贷款时，只需所在合作社做信用担保，原则上贷款额度最高不超过 10 万元。成员社向联合社贷款，最高额度不能超过联合社社员在联合社的总股金之和。③社员贷款实行差别利率服务。倘若贷款用于发展蜂业，则贷款利息为年息的10%；若用于其他行业，则贷款年息为12%。④2012年联合社全年放贷5笔，累计贷款90万元，年终贷款全部收回，产生利息9万元。其中，一笔贷给成员社发展蜂业，资金金额为70万元；另外四笔贷给社员从事蜂业生产，一笔10万元，一笔5万元，一笔3万元，一笔2万元。

二是联合社内部担保，建立外部融资机制。例如，北京市门头沟区清水镇农民专业合作社联合社与北京门头沟珠江村镇银行合作，开发了“合作社联保贷”金融新产品。由若干个合作社成立联保贷小组，通过联合担保的方式获得银行资金贷款，具有不用合作社提供抵押质押，不用担保公司提供担保，合同期长、用款灵活、随借随还、资金使用成本低等特点，贷款利率按基准利率上浮15%执行，是一种非常适合合作社使用的金融产品。2013年底，联合社已经获得珠江村镇银行授信贷款3000万元。首批选择了四家合作社组成联保小组，完成了业务资料收集和审查审批手续，为四家合作社各发放了100万元联保贷款，为合作社发展提供了急需的资金支持。例如，浙江湖州吴兴粮梦粮油专业合作社联合社以嘉兴银行为金融保障，合作社注册资本金作风险抵押，金融机构按资本金1∶5放大，扩大了融资信贷规模，满足每个成员的基本需求，解决单个合作社融资难题。此外，联合社内实行相互调配的资金互助方式。

（五）产品质量维护

在实地调研中，我们发现联合社还起着行业产品质量维护的作用，尤其是起到了对联合社范围内合作社的示范、监督作用。例如，湖南省郴州市家佳种植农民专业合作社联合社就发挥着基层合作社的“质量检测部”的作用。联合社成立后，科学制定生产标准，引导农民和基层合作社按标准化生产。实行基层合作社、联合社两级检测。把不合格的农产品排除在市场之外，确保农产品质量安全不出问题。帮助它们规范生产流程，逐步提出标准化、品牌化生产的要求，引导基层合作社组织农户扩大生产规模，提高标准化、品牌化意识，提升产品质量，逐步提升基层合作社的带动能力，合作社成员的生产水平逐步提高，逐步实现农民增收、农业产业发展的目标。基层合作社为消费者提供的原始、生态、绿色、安全、健康的本土农产品，反过来又促进联合社配送销售，从而实现产销的良性互动、相互促进。江苏省仓润农产品专业合作联社自成立后，为了确保农产品质量，让客户安心、放心，严格按照绿色食品生产要求制定生产技术规程，对基地、农户的蔬果种植生产流程实现标准化统一管理，严控化肥、农药的施用，实现了食品安全“从田头到餐桌”的全程控制。农产品除了自有检测设备自检外，还和太仓市农产品检测中心建立委托协作关系，承担蔬果产品的质量安全检测。

供货给客户前，合作社还要逐批进行验收，若不符合品质要求，必须退回（其他实例如表 4-6 所示）。

表 4-6　联合社产品质量维护实例

联合社名称	产品质量维护内容
江苏省宿迁市惠农奶牛专业合作联社	联合社成立后加快奶牛良种化进程，推广生态健康养殖模式，规范牛奶质量控制办法，打造宿迁市生态优质奶源品牌基地，逐步实现奶牛养殖规模化、标准化、优质化、产业化
江西省高安双惠蔬菜专业合作社联合社	通过合作社抱团发展，有效地帮助农户在品种选择，肥料、农药施用过程中，做到科学、规范、安全，并建立健全农产品安全优质的管理制度，严把质量检测关，使农产品的质量安全得到了保障
山东省潍坊市丰谷农产品专业合作社联合社	潍坊市丰谷农产品专业合作社联合社以昌乐县乔官镇为中心，拥有高标准基地 4800 亩，蔬菜大棚 3132 个，联合社对出产的各种蔬菜严格把关，由质检部负责对各项指标化验，化验合格的出具各项指标化验条，菜农凭条销售，否则，不允许进入市场。同时，联合社主动与各地蔬菜批发市场搞好对接，确保农产品从生产到销售质量安全不留空白
山西省万荣县民乐果业科技专业合作联合社	联合社坚持严把农资质量关，统一农资采供。原则是不经试验的农资不推广，没有特殊效益的农资不推广，在保证效果的情况下力求降低生产成本，做到施肥全营养搭配，病虫防治安全有效
陕西省黄陵县驭龙专业合作联社	联合社按照有机苹果生产标准，结合黄陵实际，组织果业技术骨干编写生产操作规程，印发各功能合作社和果农，组织指导各功能合作社按照操作要求实施有机苹果生产，集成建立联合社标准化生产技术体系
四川省江油市蜀岭种养殖农民专业合作社联合社	联合社与成员签订产品质量安全生产协议，做到从生产到销售，用药、原材料、种养殖全过程有记录，建立农产品质量可追溯制度，实现了生产有记录、信息可查询、流向可跟踪、责任可追究、产品售后服务有保障的产品质量安全体系
浙江省舟山市普陀兴岛生态禽果专业合作社联合社	联合社投入 30 万元建造沼气池，对病死鸡及屠宰场废弃物实施无害化集中处理，处理后的废液灌溉果园、茶园。这样既可以有效处理废弃物，改善农庄环境，又能将废弃物通过发酵处理提高养分含量，增加肥力，成为优质农家肥，灌溉果园；经过发酵处理生成的甲烷气体供屠宰场和农庄生活等使用，不仅保证了林地鸡产品质量安全，防止疾病的蔓延与传播，同时节省人力、水电等各项开支，更好地保护周边居民环境，带动更多的养殖户进行废弃物无害化处理
湖北省松滋市汇龙生猪集团专业合作社联合社	联合社实施统一供料、供药，杜绝了违禁添加，确保了产品安全

资料来源：根据调研资料整理。

（六）品牌建设

打造产品品牌往往是许多合作社组建联合社后的重要工作。例如，湖北省松滋市汇龙生猪集团专业合作社联合社组建后，先后有10家合作社已通过“无公害农产品产地”及“无公害农产品”认证，注册了四个商标标识。联合社有机整合这些优势资源，在品牌的影响下组织社员开展标准化生产，为延伸产业链条、拓展发展空间起到了重要的助推作用。如今，联合社的主品牌“金烁巴寨”猪肉已成为荆州、宜昌、武汉等地市民的抢手货。江苏省常州舜溪果品专业合作联合社成立后，积极带动品牌创建，目前已有无公害梨、葡萄面积3180亩，无公害梨、葡萄产品8个，有机梨、葡萄面积1140亩，有机产品梨、葡萄产品3个，常州市名优农产品4个，常州市品牌农产品1个，常溪牌商标被江苏省评为著名商标。2009年8月联合社选送的“常溪”牌“醉金香”葡萄在江苏省第三届中山杯优质葡萄评比中荣获金奖；2011年8月联合社选送“常溪”牌“黑峰美人指”在第四届中国南方中山杯评比中荣获银奖，“常溪”牌夏黑葡萄、“舜南”牌“夏黑”葡萄在江苏省第四届中山杯评比中荣获银奖；2012年8月联合社选送的“常溪”牌“巨峰”、“常溪”牌“夏黑”在第五届中国南方中山杯优质葡萄评比中荣获金奖（其他实例如表4-7所示）。

表4-7 联合社品牌建设实例

联合社名称	品牌建设内容
北京市门头沟区清水镇农民专业合作社联合社	联合社注册了“清水腾达”商标，11家基层社的特色农产品将统一使用此商标打造市场品牌，利用镇域内旅游咨询站点，统一销售合作社农产品
湖南省郴州市家佳农民专业合作社联合社	郴州市家佳联合社成立后，通过加盟方式，已在全市开设20多家直销店，着重打造了“家佳”品牌，逐步形成了以“品牌+质量检测体系+标准化生产”的农产品供销产业链，走出了一条新的销售路子
江西省乐平市洎水源农副产品产销专业合作社（合作联社）	联合社成立后，注册了“洎水源”商标，强化合作社农产品的内在品质
山东省潍坊市然中然农民专业合作社联合社	联合社及各成员拥有“然中然”“绿鸽”“古州香韭”“曹家沟”“清风寨”“居录”“康诺”“万笛”等18个注册商标，获得“国家地理标志认证”产品一个（清风寨山楂），无公害质量认证12个，绿色质量认证5个，有机质量认证22个

续表

联合社名称	品牌建设内容
山西省临汾市翼城县唐尧现代农业联合社	临汾市翼城县唐尧现代农业联合社秉承“唐霸地域文化与绿色现代农业共融，特色农业产品与品牌品质品位共生”的发展理念，以开发“尊贵高档、绿色有机”产品为发展方向，打造“唐霸”品牌，挖掘“唐霸”文化，提升“唐霸”价值，逐步壮大拓展“唐霸”特色产品市场，将唐霸打造成为翼城特色农产品金字招牌。联合社吸收“隆化小米”“北撖苹果”“弃里核桃”三个已有品牌的农产品，2012年新增“唐霸”小杂粮商标，2013年新增“舜都”水果商标
陕西省黄陵县驭龙专业合作联社	2009年联合社注册认证了“驭龙”苹果品牌，各功能合作社和联合社统一使用“驭龙”品牌，由杨岭合作社和下王村合作社组成果品营销部，分别在杭州和福建建立两个直销窗口，重点经销“驭龙”苹果
四川省成都蜀上锦生态蔬菜联合社	联合社已形成“蜀园”为名称、广告语为“蜀园，成都人的健康菜园”的公共品牌，目前该商标已在工商部门进行商标登记注册工作。联合社前期制作了“蜀园”宣传画册、贴牌，并与成都电视台签订蔬菜公共品牌打造协议，拍摄了郫县农产品从育苗、种植、采收及最后的销售上市等全过程，通过宣传片的拍摄，利用电视、广播、网络等媒体宣传郫县优质农副产品及生产基地，极大地提高了郫县有机生态蔬菜的知名度和吸引力
浙江省湖州吴兴粮梦粮油专业合作社联合社	联合社组建后，集中人力、物力、财力等资源，共同打造“粮梦”公用品牌，各家专业合作社采取既可以使用公用品牌，又保留使用原有品牌的“双商标”使用方式，使用更加专业的统一包装，使用统一发票，提高公用品牌知名度

资料来源：根据调研资料整理。

（七）产品统一销售

联合社一头联系商家，另一头联系合作社，统一进行销售和财务业务往来，实现销售和财务的统一管理，降低运营成本，提高工作效率。绝大多数联合社都会统一销售产品，这是因为统一销售既能获得价格优势，也能因规模效应节约交易成本。例如，山东省乳山市天欣农产专业合作联合社搭建产品统一销售服务平台。联合社组织社员统一销售社员的产品，考虑建立和申请注册统一的商标和条形码，建立农产品质量安全控制系统。发展超市农业、展会农业和农产品物流业。“乳山特产展销中心”已建好，社员可免费利用中心展示展销功能，集合会员优质农产品，开展委托代销，发挥集中优势，开拓市场销售渠道。组织社员会展招商、产品推介和市场营销等活动，帮助合作社农产品进超市、进市场，协助会员创办农产品专营店和市场直销部。引导合作社实施品牌战略，引导在同一县域范围内同一类型产品合作社打造统一品牌，加强品牌的培育、认定、宣传、保护和推广，不断提高品牌的内涵和知名度，打造一大批竞争力强的名牌产品。浙江省玉环县禾裕农民专业合作社联合社实行了联合营销的办法，在销售过程中，由联合社销售部直接与超市、酒店等商家沟通，签订购销合同，再把超市采购信息传达给合作社，合作社将生产好的产品经联合社检验合格后进行统一包装，通过物流专线配送至各大超市。在财务管理方面，由联合社财务部设立专门的账户及财务管理制度，统一进行财务结算（其他实例如表 4-8 所示）。

表 4-8　联合社产品统一销售实例

联合社名称	产品统一销售内容
北京市门头沟区清水镇农民专业合作社联合社	联合社注册了“清水腾达”商标，统一销售合作社农产品，同时，通过农游对接、农社对接、农超对接等方式开拓产品销路，从而全面提升清水镇农产品的竞争力和市场占有率，提高合作社的经营效益，让更多的农民通过合作社实现增收
湖南省浏阳市新期绿种植专业合作社联合社	联合社统一组织农产品的储运、产销，两年来，联合社与长沙马王堆红星市场、家乐福、步步高等多家大型市场、超市实现了“农超对接”，更好地拓宽了销售市场，提升了经济效益，为浏阳市当地的蔬菜产业化发展和农民脱贫致富起到了积极的推动作用
江苏省沛县云翔禽业专业合作社联合社	联合社对成员的产品统一使用无公害标识、用“苏合”“家祥”“赛克银宝”商标对外销售。通过与徐州十二集团军及徐州医学院等五大院校签订供货协议，月销售鸡蛋 300 吨，每斤高出市价 0.1 元
四川省江油市蜀岭种养殖农民专业合作社联合社	联合社与成员签订产、供、销协议，组织成员的产品统一包装，统一制单销售，统一账务结算
浙江省常山县柚乡胡柚专业联合社	①凡加入联合社的企业、专业合作社，以后对外销售胡柚产品，都必须以联合社的名称进行销售，企业名只能作为生产厂家地址。 ②统一指导价销售。对以联合社进行销售的胡柚，按照销售区域、质量等级，在一定时期内确定相对统一的市场指导价进行销售。 ③统一市场销售组织。对联合社社员在销售区域，进行分配，并采取联合办法，有序组织运输、储藏与销售
浙江省湖州吴兴粮梦粮油专业合作社联合社	联合社组建后，集中人力、物力、财力等资源，共同打造“粮梦”公用品牌，各家专业合作社采取既可以使用公用品牌，又保留使用原有品牌的“双商标”使用方式，使用更加专业的统一包装，使用统一发票，提高公用品牌知名度。统一品牌销售，一改过去各自为政、分散销售、知名度不高的局面，能够促进农业增效、农民增收

续表

联合社名称	产品统一销售内容
重庆市菇娇香菇种植专业合作社联合社	推广以“联合社+合作社+基地+农户”的种植模式，严格实行“采购、制袋、接种、生产、销售”五统一，扩大香菇产业发展受益面，让更多农户投入到香菇生产中来。积极鼓励农户在房前屋后进行立体式香菇种植，向他们提供技术支持，确保菌孢生产、管理养护和成品加工等环节的成功率，保证产品的回收或销售
山东省临朐县志合奶牛合作社联合社	各合作社通过联合社，集中向乳品企业供应产品，不仅提高了销售价格，而且也稳定了销售渠道

资料来源：根据调研资料整理。

（八）市场价格维护

实地调研发现，维护市场价格是许多联合社组建的动力，即维护市场价格推动了联合社的组建，同时，很多联合社在组建后，由于其规模的扩张，市场谈判力的增长，维护市场价格内生性地成为了联合社的主要职能。例如，山东省临朐县志合奶牛合作社联合社就是在为维护市场价格的过程中自发成立的。这一点已在前文中进行了论述，这里不再赘述。

调研组发现，联合社的成立，避免了同业成员间的恶性竞争，由原来的合作社之间相互竞争，变为一致对外，市场地位得到明显提高。例如，山西省忻州市代县晨旭联合社成立后，就着手联合对外共同应对市场。联合社是四个秸秆加工合作社的联合体，其分社基本均匀分布在该县 11 个乡镇。联合社建成后，生产资料实行划片收购，取缔了以往一到秋收季节就忙着抢购秸秆的恶性收购；加工、销售产品均有了统一价格，遏制了以往合作社之间相互压价吸引客商的恶性竞争。山西子林农牧联合社帮助加盟合作社建起了八大种养基地，并积极与蔬菜加工企业合作，实现了蔬菜种植加工销售一条龙。联合社市场价格维护的其他实例如表 4–9 所示。

表 4–9　联合社市场价格维护实例

联合社名称	市场价格维护内容
北京市密云县栗联兴业板栗联合社	联合社组织客商与基层合作社直接对接，建立板栗价格信息发布机制，避免了合作社和农户相互竞争压价，使栗农比出售给小商小贩的板栗价格高出 0.5 元/斤

续表

联合社名称	市场价格维护内容
湖北省松滋市汇龙生猪集团专业合作社联合社	联合社从种猪、仔猪到肥育猪各阶段产品开展联销工作，实行统一定价招标，以规模大、质量优、组织性强吸引客商，实现互利互惠。据不完全统计，2011~2012 年共为社员协助销售生猪 16.8 万头。经测算，通过集中组织销售，帮助社员增价 20 元/头以上
江苏省常州舜溪果品专业合作联社	常州果品合作社大多数规模小，社员数少，带动能力不强，有时在销售农产品时合作社之间还会出现相互压价，恶性竞争，导致利润少，带动农户效益不明显。为改变这种状况，江苏省常州舜溪果品专业合作联社得以成立，联合社成立后改变了各自为政、分散经营的状况，稳定了市场价格
山东省临朐县寺头富盛红香椿专业合作社联合社	临朐县寺头镇红香椿市场散乱，早期的几家合作社各自为政，大打价格战，一度由卖方市场变为买方市场，临朐县寺头富盛红香椿专业合作社联合社成立后，将五家红香椿专业合作社组合起来，一致对外，新建保温式红香椿钢结构交易大棚两处，将散乱的红香椿交易市场进行统一，社员和红香椿种植户的利益切实得到了保障，同比效益提高 20%以上

资料来源：根据调研资料整理。

第二节　农民合作社联合社运行成效与问题

一、联合社发展成效显著

联合社的发展，增强了专业合作社的发展能力，推动了农业的规模化经营，促进了现代农业产业体系的构建，加快了现代农业建设步伐。

（一）规模经济效益显著增强

从各地情况看，联合社的成员合作社少则五六家，多则上百家，有的还吸纳了专业大户，扩大了农业经营规模，在农资采购、农机作业、统防统治、产品销售等生产经营环节取得了明显的规模效益。湖南省隆平高科种粮合作社联合社由 42 个成员社组成，覆盖 7 市 18 县，种粮面积 21 万多亩。通过使用优良品种和新技术，开展统一耕种、统防统治，亩均增产近 100 公斤，降低生产成本 50 多元。江西省彭泽县安泰农机联合社拥有几十台农机具，服务覆盖全县 80%的地域，通过大面积机耕、育秧、机播、机防、机收等，提高了当地农业经营的规模化、集约化水平（其他实例如表 4-10 所示）。

表 4-10　联合社发展成效之规模经济效益显著增强

联合社名称	规模经济效益显著增强内容
北京市顺义区兴农鼎力种植专业合作联合社	联合社集农机、种植、加工为一体，在示范区承担 6000 亩土地种植，建立高端性、科学性、观赏性、示范性的高标准粮田
湖北省随州市农鑫粮食农民专业合作社联社	联合社由 6 个合作社发起成立，注册资本为 1000 万元，联社种植生产的稻谷统一直接销售到大型粮食企业，秋播中直接统一采购肥料、麦种，实现了规模经营效益
山西省长治市武乡县白云养殖专业合作社联合社	联合社组建以来，积极探索本县养羊产业标准化生产，规模化销售。走对接生产加工商的路子，减少中间商的利润分割。2013 年先后帮助成员集中销售羊羔 9000 只，与 2012 年同期相比，每只均增收 50~60 元。月宫养殖专业联合社通过联合架起了农户与市场、农户与龙头企业连接的桥梁，八个成员社分布在八个村，形成了养兔专业村，向"一村一品、一乡一业"的专业化生产格局拓展
新疆沙湾县农民合作社联盟	在联合社统一领导和协调下，各成员单位相互配合，通力协作，落实"六统一"，在实现各自利益的同时，达到利益最大化的目标。初步估算通过"六统一"模式可节约成本：统一品种方面每亩节约成本 45 元（其中精量播种节约 20 元种子成本费，25 元人工间苗费）；统一整地方面每亩可节约成本 10 元；统一播种方面每亩可节约成本 5 元；统一田管方面每亩可节约成本 5~10 元（农机机力费）；统一收获方面每亩节约成本 405 元（其中种植合作社成员机械采收较市场价每亩节约 5 元，机采每亩较手工采摘节约 400 元）
浙江省湖州吴兴粮梦粮油专业合作社联合社	购买农药、化肥、优良品种等农资时，联合社数量优势可以买到价格更加便宜的产品，每亩节省了成本 47 元。此外，联合社粮油生产过程中用到了统一的技术服务，实现了粮油生产标准化流程，提高了产量水平，每亩增加了 66 元的产值效益
江西省彭泽县安泰农机合作社联合社	联合社成立后，整合了各合作社的农业机械，2013 年安泰联合社首次与彭泽县浪溪镇新建村、浪溪村的种粮大户签订土地流转合同，流入土地 700 亩；与江西省南昌县一种粮大户合作，成功签订一年期从育秧到机耕、机插、机收等全程机械化服务合同，每亩服务价 225 元，产量超百万斤，收益 15.8 万元

续表

联合社名称	规模经济效益显著增强内容
山东省潍坊然中然农产品专业合作社联合社	联合社整合16家农民专业合作社资源组建，登记注册社员达2412户，带动农户近万户，拥有蔬菜、水果、杂粮、养殖等生产基地15处，建设占地千亩的有机农业示范园和大型农产品专业批发市场，产品销往北京、济南、青岛三家农产品加工企业和全国十几个城市的大中型超市，并通过联合社自办有机农产品连锁专卖店的方式，将联合社产品直接同消费者对接，取得了良好的经济效益，2012年联合社年产值达2.6亿元。寿光市鑫盟果蔬专业合作社联合社入社合作社成员31家，带动农户6116户，建有葡萄、苹果、蔬菜园区28个，面积1.3万亩，年实现销售收入3.1亿元
江苏省仓润农产品专业合作联社	联合社成员单位已发展到61家，遍布江苏、上海和山东三省市，总种植面积达10多万亩，产品涵盖蔬菜、水果、大米、禽蛋、猪肉、水产等。目前，合作社已建成2000平方米农产品加工配送中心和800平方米冷库，基本形成了以太仓为中心，覆盖苏州、上海等地的农产品销售配送体系。联合的好处，一方面在于能够帮助客户实现"一站式"采购，而且所供农产品全部都经过初加工，送货上门，方便快捷。另一方面有利于成员合作社实现订单化生产，提高专业化生产水平。而且收购价格按照"保护价+行情浮动"来定，不用担心亏本，最终受益的是广大农民

资料来源：根据调研资料整理。

（二）农业产业链条有效延伸

调研发现，一些联合社通过把不同环节的合作社联合起来，促进了产业链上下游的协同整合；很多联合社还积极发展农产品加工、储藏、运输、销售等业务，扩宽了农业生产经营的增值空间。例如，拥有近百家成员社的北京市密云县板栗联社，建设了冷库，购置了分拣设备，为客户提供冷藏和筛选等初加工服务，使当地板栗的销售价格比周边产区每公斤高出0.5元左右。湖南省汉寿县金琮甲鱼专业联合社成立之后，积极向育种和营销领域延伸，开展优良品种选育，并在全国设立了116个直销点，逐渐形成了集繁育、生产、销售为一体的发展模式（其他实例如表4-11所示）。

表4-11　联合社发展成效之农业产业链条有效延伸

联合社名称	农业产业链条有效延伸内容
湖北省武汉市荆地养蜂专业合作社联合社	联合社向合作社提供产品收购与加工服务：联合社收购蜂农产品，进行产品加工，提升了蜂产品的附加值

续表

联合社名称	农业产业链条有效延伸内容
山东省临朐县志合奶牛专业合作社联合社	2012年，联合社在临朐县开办了直销鲜奶吧。直销鲜奶吧不仅拓宽了联合社的产品销售渠道，而且为奶农增收开辟了新的路径
陕西省三秦果农专业合作社联合社	联合生产，延伸产业链，增加产品附加值。种植业合作社与加工业合作社、企业之间相互联合、相互合作，就可以延伸产业链，增加附加值。陕西三秦果农专业合作社联合社拥有陕、甘、晋、豫等地区社员5万多名。联合社拥有三秦果业网、《三秦果农报》等服务媒体，有片区理事单位13家，基层专业合作社、果业协会、村镇服务网点667个，一线技术人员400多人。各合作社开展生产、销售等环节技术信息的共享和相互服务，使分社、农民与市场主体的合作对接关系更直接、更平等、更紧密，让社员真正从合作社的带动与服务中得到实惠
浙江省湖州吴兴粮梦粮油专业合作社联合社	联合社的成立创新了经营模式，做到了产销一体，实现了真正的订单农业。联合社所在地有众多酿造企业，每年所需大米10万吨，需要30多万亩水稻种植基地，而九家合作社目前承包水田共计2.15万亩，产粮1.79万吨。联合社成立后九家合作社的稻米可以直接卖给本地酿造企业，既解决了九家合作社卖粮难问题，又为本地酿造企业找到了酿造的原材料，一举两得。联合社的成立延长了产业链，使合作社由原来的水稻种植、稻米生产产业链延伸至酿造等高端加工产品，实现了粮油的深加工，提高了产品的附加值
浙江省舟山市普陀兴岛生态禽果专业合作社联合社	① 产业链向上延伸，联合社开展饲料厂建设，确保投入品质量安全。联合社与浙江海洋学院联手开发蝇蛆孵化项目，通过鸡粪及养殖垃圾，孵化蝇蛆，为30万羽商品鸡提供初级蛋白饲料，下一步计划投入资金318万元，建造800平方米、年生产能力3000吨的精制饲料加工厂。目前已投入80多万元完成厂址的挖掘与平整，计划在2013年12月正式加工生产新型高质量鸡饲料。饲料厂建成投产后，预计产值可达到1050万元。 ② 产业链向下延伸，联合社开展销售门店建设，提高产销一体化水平。为多渠道销售合作社产品扩大销售门路，联合社积极争取普陀区农办的支持，在闹市区开设合作社名特优产品销售服务中心，为成员社和周边合作社所生产的名、特、优产品提供销售服务。2012年，门市部营销额达到69万元，利润7.5万元，服务中心的开设，使合作社产品销售更加畅通，也为市区居民提供了优质农产品保障

资料来源：根据调研资料整理。

（三）社会化服务明显改善

联合社在注重发挥各个成员社比较优势的同时，通过资源统筹整合，既为成员社提供更价廉、更有效和“适销对路”的生产服务，还能在更大区域和范围内开展单个合作社难以提供的组织协调、风险预警、信用担保、市场开拓等服务。四川省郫县蜀上锦蔬菜合作社联合社由 12 家成员社和 2 家流通企业组成，跟踪分析市场行情变化，指导成员社及时调整种植品种与面积，有效规避了价格波动带来的市场风险。浙江省吴兴区粮梦粮油合作社联合社开展贷款担保服务，由成员社各出资 15 万元存入嘉兴银行，按照 1∶5 放大后贷款规模可达到 1500 万元，满足了各合作社生产所需资金（其他实例如表 4-12 所示）。

表 4-12　联合社发展成效之社会化服务明显改善

联合社名称	社会化服务明显改善
北京市平谷区农民专业合作社联合社	平谷区联合社依托中国电子商会二维码工作组开发的 I-OID 农产品物联网公共服务平台，利用当前成本最低、最易普及、最实用的二维码技术，为成员合作社提供智能、方便、快捷的信息技术支持，完善、升级合作社品牌宣传、质量管理、产品防伪、物流配送、信息服务等工作
江西省彭泽县安泰农机合作社联合社	联合社为社员提供“五个统一”的服务：统一生产技术操作规程、统一生产设备和资料购买、统一农机服务调度和维修、统一财务核算及分配、统一签订服务合同及项目开发
山东省乳山市天欣农产专业合作联合社	联合社强化服务功能，搭建了四个服务平台：科技信息服务平台、购销服务平台、投融资服务平台、经营管理服务平台，开辟公共服务渠道、科技服务渠道
山西省运城市中农乐联合社	联合社在合作社服务成员的基础上，拓展服务方式和范围。如梅杏产业作为一个原产地品牌，在山西省长治市武乡县产业基地面积大，涉及全县 2/3 的乡镇，近年先后办起梅杏种植合作社六个，规模小，销售渠道各异，品质标准价格不一，在一定程度上影响了产业的发展壮大。2012 年组建了武乡县红梅杏种植专业合作联合社，抱团闯市场，增强了市场竞争力。运城市中农乐联合社包含了 10 个合作社，2012 年的在册登记会员数已经超过了 10 万户，在全国范围服务覆盖的果农户也超过 15 万户
山西省马兵生态养殖专业合作联合社	以联合社为依托，不断强化服务功能，从签订种植、收购合同到产品销售，联合社组织、协调、指导专业合作社，为农民提供了全程系列化服务。①春播前，与农民一起制订落实种植计划，联合社从购买种子、技术培训、田间管理等为种植户提供无偿服务，并由联合社带领专业合作社代表与种籽经销商签订当年的优质种籽采购合同，与农资部门合作，以低于当地农资市场价格销售给入社成员化肥、农药，对贫困户还由专业合作社担保，予以赊销。②进入田间管理期，由专业合作社派出技术人员进行技术指导，防治病虫害。③收获期，由专业合作社统一调配机械收割、统一组织调配车辆运输，秋收结束统一结算

续表

联合社名称	社会化服务明显改善
四川省江油市蜀岭种养殖农民专业合作社联合社	联合社与成员签订产、供、销服务和利益分享协议，大力推行“八个统一”服务：统一投入品购销、统一生产技术标准、统一产品质量管理、统一创建品牌、统一入市销售、统一建立风险保障机制、统一建立信息网络平台、统一建立盈余分配机制
浙江省苍南县国泰种植专业合作社联合社	以联合社为平台，实施五大服务功能： ①信息服务。联合社建立全国网络交易服务平台，专人到位，每时每刻收发全国信息来源和产出信息。 ②培训服务。请高级农艺师和技术专职人员进行坐镇指导，增加科技投入含量，全年计划培训5~6期的专题培训项目。 ③销售服务。实现农资自销自供，减少中间销售环节，降低生产成本投入，以提高专业合作社农民的增收。 ④资金服务。建立健全资金互助平台，为联合社成员提供资金支持和担保服务，以解决农户、合作社无财产担保、货款难的实际情况，鼓励农户扩大经营规模，满足产品效益好的项目资金准入需求。 ⑤政策服务。争取国家省、市、县大项目立项，享受党和政府改革的成果以及农业政策优惠补助
海南省保亭县永鸿什玲鸡养殖专业合作联合社	联合社拥有工作经验丰富的专业技术人员。加入合作社后的农民，在养殖什玲鸡的过程中，有公司的专职技术人员从什玲鸡种苗的选育、饲养过程的免疫程序制定、常规预防用药的种类选择、饲料的投放和销售都进行全程跟踪指导，做到“五个统一”：统一种苗、统一免疫、统一药品、统一饲料、统一销售

资料来源：根据调研资料整理。

（四）先进技术得到推广应用

一些联合社根据自身发展需要，直接与农业科技部门合作推广新品种、新技术，督促成员社大力推行标准化生产，建立农产品质量安全追溯体系。例如，广东省惠州市广博大种植合作联社与省农科院建立合作关系，积极采用新品种、新技术，并请专家学者对疫病防控、田间管理等技术进行指导，提升了产品的科技含量。山东省潍坊市丰谷农产品联合社指导成员社建立了从田头到餐桌的质量追溯制度，不允许质检不合格的产品上市销售（其他实例如表4-13所示）。

表 4–13　联合社发展成效之先进技术得到推广应用

联合社名称	先进技术得到推广应用内容
北京市房山区网上联合社	房山区尹士玉是葡萄种植的土专家，房山农科所、窦店某红酒厂及一些种植葡萄的合作社通过“网上联合社”找到他，邀请他进行葡萄管理与种植技术的培训，年培训 500 余人次，传播与推广了葡萄种植技术
江苏省沛县云翔禽业专业合作社联合社	为确保成员掌握科学养殖、管理技术，及时了解市场动态，联合社以定期或不定期地召开培训学习班、发放明白纸、进行经验交流等形式，彻底改变了传统落后的养殖管理方法，由原来的粗放养殖改为比较先进的标准化养殖，达到了高产稳产、生态无害的目的
山西省晋中市胜利农业综合开发联合社	通过联合社直接与农业、林业、畜牧、科技等部门联系合作，举办科学技术培训和科技示范活动，引进新品种，向成员传授先进技术，提供科技服务。如晋中市胜利农业综合开发联合社建成能容纳 200 余人的会议室，经常聘请专家讲解实用技术，多数社员掌握了核桃种植、蔬菜种植、市场营销等多门实用技术。通过联合社组织的实习和实践，一批懂技术、会管理、善经营的实用技术人才应运而生，社员技能化大大提高
浙江建德市蚕桑专业合作社联合社	联合社从提高建德蚕桑的质量出发，推行蚕桑的标准化生产，加强对蚕农的技术辅导和培训，推广蚕桑新品种、新技术
广东省惠州广博大种植专业合作联社	联合社与广东省农科院建立合作关系，加大一些新品种、新技术的引进力度，同时邀请一些专家学者，对疫病防控、田间管理等技术进行传授，提升了生产能力，为促进农业现代化和成员持续增收注入新的动力
海南省保亭县永鸿什玲鸡养殖专业合作联合社	农民通过联合社的培训，什玲鸡饲养技术提高了，市场意识增强了。原来农民饲养什玲鸡死亡率高、出栏合格率低的现象大大减少，过去那种什玲鸡生产出来后再到处寻找客商的现象没有了
重庆市菇娇香菇种植专业合作社联合社	联合社通过开展培训，组织外出考察学习，改进锅炉和菌袋等生产设施设备，解决了一些困扰菇农的技术难题。与西南大学、湖北随州长久菌业有限公司等科研部门和企业交流合作，聘请相关专家作为产业发展顾问，破解技术难题，开展了椴木菇种植技术、花菇立体种植技术以及其他食用菌生产技术试种探索。先后组织菇农到湖北、北川等地考察学习 4 批次 45 人次，开展各类创业培训 32 学时 528 人次，聘请随州专职技术员两名到现场进行指导，菇农接种成活率高达 95%以上，部分技术掌握较好的农户接种成活率已达到 99%，椴木香菇成活率高达 98%
山东省临朐县志合奶牛合作社联合社	2011 年起，在联合社的带动下，临朐县积极升级奶业生产方式，从粗放型养殖向集约化养殖转变，建立奶牛养殖基地，实施规模化、集约化、现代化的养殖方式。目前，联合社已经建立起多个标准化奶牛养殖基地，奶牛存栏量能力可达到 2 万多头

资料来源：根据调研资料整理。

（五）农民收入快速增加

与单个合作社相比，联合社拥有更大的市场话语权和主动权，不仅提高了产品销售价格，降低交易成本，还通过延长产业链条增加就业岗位，拓宽了农民增收渠道。例如，山东省潍坊市然中然农产品合作社联合社对成员社生产的山核桃进行统一分级、包装和销售，每斤可以卖到26~28元，比单个合作社售价高出30%~40%。地处弥河镇的青州市盘龙山山核桃专业合作社是潍坊然中然联合社的成员之一，加入联合社前，核桃一斤只能卖18~20元，加入联合社后，通过统一包装、分级销售等措施，一斤卖到26~28元，最好的卖到了一斤35元。北京兴农鼎力种植合作社联合社为50多位农民提供了农机操作、田间管理等工作岗位，人均月工资2700元，还缴纳五项社会保险（其他实例如表4-14所示）。

表4-14 联合社发展成效之农民收入快速增加

联合社名称	农民收入快速增加内容
江西省上高县汇农种植业专业合作（联）社	联合社一方面通过节本增收，为社员减少生产成本近77.5万多元，另一方面提高收购价，为全体社员增收400多万元。目前，该联社年均销售收入达1300万元，年平均净利润为46万元，并每年底拿出当年净利润的60%用于社员分红
山西省长治市汇农现代农业联合社	联合社通过统一供应农业投入品，降低生产成本，通过统一组织销售提高了产品的商品率，从而有效地实现了农民增收。如长治市汇农现代农业联合社统一包装，统一销售，以西红柿为例，联合前价格仅为每公斤2元，现在联合社价格可达每公斤2.6~3元，农民年可增加收入30%以上
山西省万荣县民乐苹果科技专业合作联合社	几年来，联合社涌现出亩产值上万元的185户，8000元以上科技示范户274户。成员苹果优质商品率由以前的30%~50%左右提高到80%左右，亩纯收入由以前的2000~3000元提高到5000~8000元，人均纯收入达6983元，比同类农户亩效益增收38%
山东省诸城市北端茗茶叶生产专业合作社联合社	联合社成立以来，积极推行标准化生产，对品种的引进驯化、育苗、施肥、采摘、剪枝及越冬管理进行了统一技术指导，对茶叶的烘炒、包装、销售进行了统一标准要求，每亩茶园的产值由原来的2000元增长到8000元，农民增收迅速
四川省资阳市宰山嘴蔬菜专业合作社联合社	联合社2012年带动16000余户农户种植蔬菜28000余亩，蔬菜产量30000余吨，实现销售收入5000余万元，农户户均增收2200元以上，带动农户户均增收1600余元。2013年将带动18000余户农户种植蔬菜30000余亩，农户户均增收2800余元，带动农户户均增收2000元。此外，联合社建立的蔬菜产业示范园区，流转农民土地1043亩，涉及900余农户。园区内的农户每年除了稳定获得50万元土地流转租金收入外，还可以在园区获得100多万元的劳务报酬。同时，节约出来的剩余农村劳动力，还可以外出务工获得相应的非农收入

续表

联合社名称	农民收入快速增加内容
广东省茂名信宜市都合农民专业合作联社	2012 年联合社总收益为 3500 万元，社员年均收入 3.5 万元，比非联合社成员农民年均纯收入高出 55%
海南省保亭县永鸿什玲鸡养殖专业合作联合社	截至 2013 年 6 月，联合社成员累计销售商品什玲鸡 580 万只，实现产值 3.8 亿元，实现利润 4000 万元。根据保亭黎族苗族自治县统计局不完全统计，2012 年全县农民人均增收 800 多元，其中约 40%来自养殖什玲鸡的收入
重庆市重庆菇娇香菇种植专业合作社联合社	联合社按照无公害、绿色农产品生产要求抓好“采购、制袋、接种、生产、销售”五统一，新推广种植 15 万袋袋料花菇和 1.1 万段椴木香菇，发展种植大户 78 户，种植规模 800 万袋、年出产香菇 500 万公斤，年产值 5000 万元，解决了当地 700 余人的就业问题，实现户均增收 10 万元

资料来源：根据调研资料整理。

二、联合社面临的突出问题

目前，联合社刚刚起步，组建标准也不统一，发展中还存在一些困难和问题。

第一，对联合社的认识不一致。很多专业合作社对什么是联合社、如何组建联合社还不清楚，一些地方的指导部门对发展联合社的重要性缺乏应有认识，也不知道如何指导和规范联合社的建设与发展。有的地方认为联合社就是简单地把专业合作社组织起来开个会、挂个牌，甚至有的地方认为联合社不过是专业合作社的扩大版。个别地方也存在定任务、下指标的问题，极个别地方也存在违背合作社意愿强制联合的现象。这些致使一些地方对发展联合社思路不清、方向不明、措施不具体，影响了联合社的健康发展。

第二，缺乏法律政策支持。由于《农民专业合作社法》主要是促进合作社建设与发展，对联合社没有涉及。尽管一些省市的地方性法规对联合社做了相应规定，但规定得过于笼统，对联合社的登记、管理、扶持缺乏明确、具体的措施。致使一些地方存在联合社登记难、监管不到位、发展不规范等问题。同时，支持联合社发展的政策措施还比较缺乏，现有合作社的优惠政策也没有把联合社纳入支持范围，尤其是缺乏财政、税收、金融、用地等方面相应的政策支持。

第三，运行机制不健全。一些联合社没有建立管理制度，已经建立的多数也流于形式。有些联合社没有设立相应的决策监督机构，不少联合社出现管理不民主、决策一言堂的问题，甚至被某一合作社完全控制而随意侵害其他成员社的合法权益。一些联合社没有建立紧密的利益联结机制，没有按交易量或贡献大小返还盈余，有的甚至没有独立的成员账户和交易记录。

第四，缺乏实用人才。专业合作社普遍面临人才匮乏的问题，联合社更是如此。相对而言，联合社更需要懂经营、善管理、能销售的专业人才。尤其是当前信息技术日新月异、市场行情瞬息万变，发展机会稍纵即逝，对联合社的经营管理人员素质提出了更高的要求。目前，绝大多数联合社的管理人员都由成员社的工作人员兼任，这些管理人员本身文化水平偏低，也没有经过专业培训，难以适应联合社发展需要。同时，联合社经济实力不强，工作生活条件相对艰苦，难以吸引和留住大学生等高素质人才。

第三节　国外联合社发展经验借鉴

合作社起源于欧洲，欧美国家联合社的发展相对成熟，形式多样、经验丰富，对我国发展农民合作社联合社有重要启示。

一、国外联合社类型

19 世纪中后期以来，合作社在欧美国家得到快速发展，数量急剧增加。但是，随着技术快速变革，资本不断向各领域渗透，市场竞争日趋激烈，单个合作社生存的压力越来越大，必须寻找新的发展出路。在英、法、德等国家，合作社开始发展纵向合作、横向联合，建立了多种形式的合作社联合社。这些联合社通过联合、合作等方式不断扩大规模，基层联合社开始组建地区联合社，并由地区联合社发展成全国总联盟。联合社（体）的服务内容已涉及生产、储运、加工、销售、消费、金融、住房、医疗、教育等领域，并向环保、IT 等现代产业延伸。一些国家的合作社通过兼并、合并等方式进行重组，组建大型合作社，增强合作社的发展能力。需要指出的是，这些国家的联合社组织模式各具特色，有的是以大型合作社形式出现（如美国、荷兰、德国），有的是以合作社集团的方式出现（如英国、法国），有的是以综合农协的态势出现（如日本、韩国）。按照经营范围不同，这些联合社或联合体大致可以分为以下四种类型。

（一）消费型联合社

这是最早发展起来的联合社类型，发源于英国。自 1844 年罗虚代尔公平先锋社成立以来，英国的消费合作社不断涌现。1850 年英国出现了首个消费合作社联合社——合作社中央代理点。为解决货源问题，1863 年英国 300 个消费合作社成立了北英格兰批发联合社。1873年，北英格兰批发联合社联合其他消费联合社，成立了英国消费合作社联盟，形成了基层合作社—地区联合社—中央联合社的三级组织体系。在罗虚代尔公平先锋社基础上发展演变而来的英国合作社集团，由各地80个独立的合作社联合而成，拥有720万个成员，设有48个地方委员会和7个地区理事会。2011年，其年营业额达到133亿英镑，雇员超过10.2万人，开设各类平价商店5000多家。英国消费联合社业务不断扩大，由最初的联合批发扩展到目前的食品、百货、保险、银行、农业、殡葬、房地产、汽车销售、旅游、医药等与人们生产生活密切相关的领域，满足了社员的多样化需求，促进了经济社会的发展。随后，消费联合社在法、德等国家也相继发展起来。到1912年，法国消费合作社中央联社的成员组织已多达900个，1914年猛增到3261个，社员达87.6万人，约占当时总人口的2%。

（二）营销型联合社

这种联合社在荷兰、美国等较为典型。荷兰的奶业合作社早在19世纪中后期便建立了市场销售联盟，共同销售奶制品，并在采购、加工和信贷相关环节为合作社提供服务。目前，赛贝科是荷兰最大的合作社集团，由30多个地区级合作社组成，下设100多个公司，生产销售的食糖、牛奶、饲料数量均超过该国产量的60%。美国最大的合作社联合体之一的Southern States，在20世纪60年代整合了10个区域性农民合作社后，建立了一个至今仍是全球最大的合作社育种研究机构（FFR）。1998年，Southern States兼并了大型饲料企业Gold Kist公司的农资供应系统，合作社联盟的经营版图从美国南部扩张到东南部。2000年，联盟又收购了Agway公司的饲料批发业务部门，获得了10多个州的销售网络和1个客户服务中心，经营实力和服务能力进一步提升。

（三）信用型联合社

这在德国表现比较突出。1872年，莱茵地区出现了第一个农村信用合作联合社——莱茵农业合作银行。1876年，各地的信用合作联合社又联合起来组成了信用合作社的中央机构，成为德国赖夫艾森合作社总联盟。经过100多年的发展和整合，形成了沿用至今的德国赖夫艾森合作银行。目前，已形成了德意志合作银行为龙头、区域性中心合作银行为骨干、赖夫艾森合作银行和其他信用合作社为基础的现代合作金融体系。西班牙蒙德拉贡合作社也是以合作银行为核心的合作社综合体，通过建立合作银行吸收成员社的存款及居民储蓄，向成员社提供贷款服务，解决成员社发展资金不足问题。

（四）综合型联合社

日韩农协是综合型联合社的典型代表。1947年，日本参照美国《农业合作社法》的基本理念，在改组农业会的基础上成立了日本农协。与行政体制相对应，日本农协建立了“全国—都道府县—市町村”三级系统。农协以农户家庭生产经营为前提，开展生产指导、生产资料购买、农产品销售、生活资料供应、信贷、储蓄、保险以及社员福利等综合型合作与全方位服务。近年来，为应对国内外环境的变化，日本农协通过整合合并、改组、经营与决策分离等有效措施，加快了改革的步伐。截至 2013 年 4 月，日本农协有 703 家，比 1998 年减少了 1130 家。在业务开展方面，为适应市场竞争，日本农协开始引入“六次产业”理念，着手构筑一二三产业之间的新型合作关系，利用多产业融合来促进地域振兴，推动农业可持续发展。参照日本做法，韩国于 1961 年 7 月 29 日颁布了《农业协同组合法》，构建了覆盖产前、产中、产后的综合性服务体系。此外，农协还代行政府的部分委托事业、补助事业、对外贸易等以及开展金融信贷业务。

在日本，农协是作为政府行政力量的“补充”而发展起来的。因此，长期以来，农协在日本政府的农业指导与政策执行中扮演着重要角色，被称为农村的“第二个行政单位”。从战时农业物资的生产和分配政策、战后长期实施的粮食管制政策到近年来日本政府主导的国内农业结构调整及相关作物减产政策，农协都是这些农业政策的重要执行者。

在政策影响方面，农协通过政治活动，凭借农民选票转化而来的政治能量，促使执政党在制定、实施农业政策时比较注意保护农民利益，使农户收入与非农户收入之比有了大幅度的提高。然而，由于农协、农林水产省与“农林族”国会议员之间形成了特殊的“三角关系”，使农协得以通过各种政治活动来达到阻止降低农产品关税率、维持高米价、增加农业预算等目的，在保护农民利益的同时也一定程度上损害了消费者利益，成为日本缔结自由贸易协定的障碍。2008 年，民主党要求在《农业协同组合法》修正案中明确写入“政治中立性”并规定公开补助金的使用情况。同时，随着减产政策的推进和农业生产规模不断缩小，农协不得不加快体制改革的步伐，其承担的政府行政力量“补充”的作用将越来越弱。

二、经验启示

欧、美、日、韩等地联合社的快速发展，得益于国家在法律、政策、资金、人才等方面的支持和保障，为我国发展联合社提供了重要的经验及启示。

第一，健全的法律法规是联合社健康持续发展的制度保障。通过多层次的立法，一些国家规范了合作社的联合与发展，明确了联合社的合法权利与责任。1922 年美国通过的《卡帕—沃尔斯坦德法》规定，农业经营者可以以合作社、公司或其他形式组织起来，确定了农业合作社的合法联合地位，并从反垄断法中被豁免出来。1926 年，美国颁布的《合作社销售法》规定农业生产者和他们的联合会可以合法地生产、销售其产品，进一步为合作社联合经营提供了反托拉斯豁免的条款。1937 年的《农业营销协议法》批准了农业合作社以联合会的形式组织起来，增强行业自律，它使合作社能够通过建立销售秩序，运用法律的力量来颁布规则，以更加有秩序的方式进入市场。除了大农场农业国家积极支持农业合作社的联合与合作之外，东亚传统小农国家也积极以法律的形式支持合作经济发展。日本在 1947 年制定了《农业协同组合法》，赋予农协合法地位并对其行为进行规范，该法对农协的设立、管理、合并与解散等各方面做了详细的规定，还明确规定不受政府的行政干扰。随着经济环境的变化，日本政府也会对原有的法律进行必要的修正或根据需要制定出新的法律，让农协的经营活动有法可依。

第二，政府支持能够改善联合社发展的外部环境。国外的实践表明，联合社作为弱者的“再联合”，其发展壮大离不开政府的鼓励与支持。除了美国以法律规定给予合作社和合作社联合社有限豁免待遇、税收优惠、提供信贷支持、为合作社合并与联盟提供发展空间外，英国、日本等国家均有促进联合社发展的支持政策。英国早在 1870 年就成立了合作社中央委员会（后改名为合作社联盟），专门负责合作社及其联合体的行业管理，并协助其处理好与各级政府的关系。1971 年英国颁布的《农业与园艺合作法案》规定，政府为农产品和园艺品的合作生产提供补助。此后，“英国农业与园艺合作社联合会”成立，具体负责有关合作社或合作社联合体的补助申请和管理事项，提高了补贴资金的分配和使用效率。日本政府每年拨款大约 10 亿日元对农业进行补贴，主要用于大型水利设施的建造、农产品的价格补贴等。这些资金主要通过综合农协体系发放到农民手中。同时，政府还给农协优惠于一般私人企业的税收政策，如垄断法不适用于农协经营的农产品和农资，农协的各种税率均比其他法人纳税税率低 10%等。

第三，发展合作金融有助于联合社做大做强。在一些国家，发展合作金融成为发挥联合社作用的重要手段。在日本，合作金融尤其发达，几乎涵盖了整个农村地区的全部金融业务。日本农村合作金融体系是农协的一个子系统，同时也是一个由中央到地方独立的具有融资功能的信用合作体系。日本的农村合作金融组织归农协会员所有，农户入股参加基层农协成为农协会员，基层农协入股参加信农联，信农联又入股组成农林中央金库。从经营规模来看，近年来，基层农协的各项存款余额呈逐年递增的趋势。日本基层农协吸收的储蓄由 1990 年的 561629 亿日元增加到 2010 年约 875401 亿日元，70%以上的涉农贷款都来自于农协的合作金融机构。西班牙的蒙德拉贡联合社不仅建立了全国范围的合作银行，吸收居民存款并为成员提供贷款，还允许成员入股及获得股息收入。国外的经验表明，允许专业合作社开展资金互助业务，适当承认资金、企业家才能等要素在联合社中的贡献，可以促进联合社的发展壮大。

第四，农业院校应加强联合社专业人才培养。很多国家在联合社发展中，都非常注重对人才的教育和培训。英国的合作社联盟，专门成立了合作社学院，为成员社提供必要的教育和培训。日本农协发展中一条比较重要的经验就是重视对人才的培养，特别是农协带头人或核心成员的培养。日本农协建有完整的教育体系，国家设有农协中央学院，各地设有 40 多所农协大学及各种研修中心。美国的地方农业院校（增地大学）一般都设有农业技术和市场管理人员的相关课程，为联合社提供人才培训和智力支持。以色列人向来重视教育，在联合社发展中也得到了体现。以基布兹联合体为例，每个基布兹无论大小都设有专门的教育委员会，有自己的小学，甚至还有一些基布兹开办了职业中学甚至高等学校。基布兹联合体开办的这些学校不只是传授知识，更主要是培养接班人和社会主义、集体主义意识，提高学生劳动实践和音乐、图画等创作能力。对于我国而言，可以在地方农业院校设立相关专业课程，为联合社培养经营管理及技术人才。

第四节　农民合作社联合社扶持政策体系构建

发展农民合作社联合社对建设现代农业、繁荣农村经济、增加农民收入有重要意义，既符合中央精神，也顺应农民期盼和合作社发展趋势，有广阔的发展空间。为引导联合社健康发展，立足联合社发展实践，借鉴国内外经验，课题组提出以下促进联合社发展的政策扶持体系。

一、指导思想与基本原则

构建农民合作社联合社发展的政策扶持体系，需要我们高举中国特色社会主义伟大旗帜，以邓小平理论、“三个代表”重要思想、科学发展观为指导，以促进农业增效、农民增收为落脚点，进一步解放思想，推动农业现代化建设。

合作社联合社扶持政策体系的构建应该坚持以下基本原则：

第一，效率优先，兼顾公平。农民合作社联合社属于农民合作社的高级形态，从基本属性上看，联合社也是市场经济主体，与其他市场经济主体之间是平等的竞争关系。所以，从政府扶持的角度来看，要尽量为联合社的培育与发展创造一个良好、公平的市场环境，培育联合社发展能力方面的政策要优先考虑提升联合社的市场竞争力，做到效率优先、兼顾公平。

第二，包容发展，扶持有“度”。我国农民合作社联合社发展还处于起步阶段，从目前的联合社发展现状来看，扶持政策应该以鼓励农民合作社之间的联合为政策的出发点和落脚点，只要有利于提升农民合作社的市场竞争力，有利于提高合作社社员的收入水平，都应该营造环境，鼓励其发展，尊重基层农民合作社的首创精神，鼓励其自由联合、自主经营，而不应局限于某些条条框框。此外，出台的政策措施应该以引导和指导为主，而不应该政府大包大揽，干扰联合社正常运行。

第三，因地制宜，突出特点。我国农民合作社联合社发展类型多样，既有生产型，也有销售型，还有一体化型和综合型等多种类型，政府出台政策时，除给予联合社充分的自主空间外，还要从当地已有的或潜在的资源优势出发，合理引导、因地制宜，从发展当地优势产业的角度，整合各种有利因素，实现以联合促发展。

二、联合社扶持政策框架

课题组认为，推进联合社的发展，需要构建一系列相关政策措施，以形成扶持合作社联合社发展的政策体系。总体而言，包括工商政策、产业政策、财政政策、税收政策、金融政策、人才政策、科技政策、土地政策、用水用电等方面（见图 4-4）。

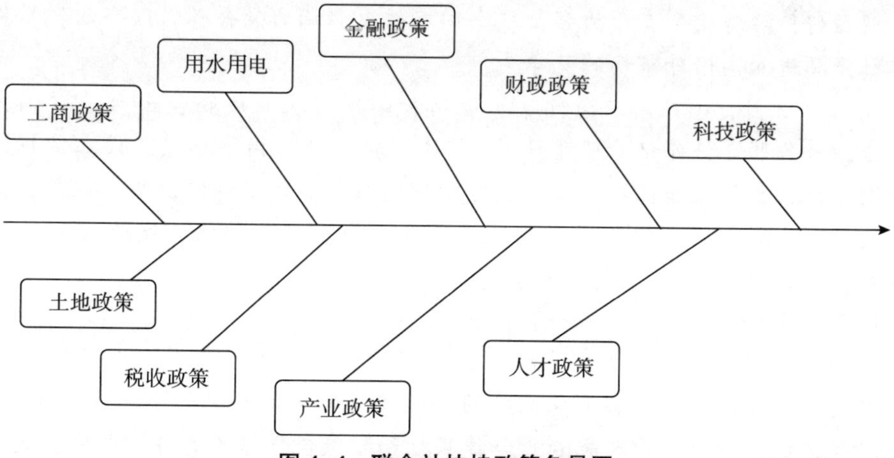

图 4-4 联合社扶持政策鱼骨图

（一）工商政策

目前，有关联合社的登记注册，仅有部分省份出台了相关政策。但是，中央层面有关联合社的登记管理办法至今仍未制定；同时，有关联合社的法律仍处于空白。因此，农民合作社联合社依旧面临着无法可依、无章可循的尴尬境地。

专栏 4-1

部分省市的有关联合社的登记管理办法

（一）天津市

2011 年 8 月，天津市工商局会同市农委出台《关于促进农民专业合作社联合社发展的试行意见》，并积极扶持天津市首家农民合作社联合社“天津铃钰生猪养殖专业合作社联合社”在武清区注册成立。

2013 年 2 月，天津市人民政府办公厅出台《关于促进我市农民专业合作社加快发展的意见》，再次指出：合作社自愿联合成立联合社，工商部门要根据设立登记申请，依法发放营业执照。

（二）山东省

2011 年 9 月，山东省人民政府出台《关于促进农民专业合作社健康发展的意见》中提及：引导合作社开展联合与合作。鼓励和引导同类农民专业合作社之间在劳动、技术、产品、资本等方面开展联合与合作。积极探索发展跨区域联合社和联合会，通过合作社联合，解决一些合作社共同需要、单个合作社无法办理的事情，进一步提高产业组织化水平。积极创造条件尽快发展形成一批规模大、效益好、品牌响、竞争力强、在全国有较大影响力的合作社联合组织，提升合作社产品进入国内外市场的竞争力。

2013 年 5 月，山东省工商行政管理局和山东省农业厅联合出台了《山东省农民专业合作联合社登记管理意见》，文件对联合社的指导思想、设立依据、设立原则、设立条件、登记规范以及监督管理、服务进行了详细说明。值得一提的是，文件指出联合社由住所所在地的工商登记机关依法登记，发给《农民专业合作社法人营业执照》，取得法人资格。

（三）湖北省

2013 年 2 月，湖北省委、省政府出台了《关于创新和完善农村体制机制增强城乡发展一体化活力的若干意见》的一号文件，文件在湖北省域内首次指出：加大对跨区域、跨行业的农民专业合作联社和股份合作社的支持，参照农民专业合作社进行登记。这是湖北省级层面出台的首个涉及联合社的文件。

2013年5月，湖北省工商局、农业厅出台了《关于农民专业合作社联合社登记管理工作的试行意见》，文件对联合社的设立原则、成立条件以及登记管理办法进行了系统性说明。

（四）浙江省

2013年7月，浙江省工商管理局出台了《浙江省农民专业合作社联合社登记管理暂行办法》，也对联合社的设立原则、成立条件以及登记管理办法进行详细性说明。

联合社的发展要有法可依、有章可循。建议将联合社纳入《农民专业合作社法》调整范围，明确赋予联合社法人地位，规范联合社设立标准、成员登记、治理结构及盈余分配方式，明确合作社为联合社成员，农业企业、专业大户、家庭农场等企业或自然人不能登记为联合社成员。确需参加的，可通过参与或领办合作社进入联合社。积极探索研究制定联合社登记管理办法，对联合社设立、变更、注销及备案登记等事项应做出详细规定。研究制定联合社示范章程，突出体现联合社特点，为联合社内部运行制度提供可借鉴的范本。

工商部门要设立绿色通道，简化登记程序，为办理合作社设立、变更等手续提供方便。放宽登记范围，对拥有农村土地承包经营权证或整村转非后仍从事农业生产的人员，凭本人居民身份证和农村土地承包经营权证或者村民委员会、居民委员会出具的从业证明，可申请办理登记手续；准许农村手工业、乡村旅游、农业社会化服务等行业登记成立联合社。允许农民、合作社以实物、技术、知识产权、土地承包经营权等向联合社出资。

（二）产业政策

实施产业政策对联合社进行支持：第一，国家支持发展农业和农村经济的建设项目，可以委托和安排有条件的联合社实施。联合社可以作为项目实施单位，独立申报、承担各级农业综合开发建设、农产品优势区域建设、优势产业带建设、扶贫开发（以带动广大贫困户增收的种植业、养殖业）建设等工程项目，以及农、林、牧、渔等农产品加工重点工程项目，同等条件下予以优先安排。对联合社带动基地所在区域的基础设施建设项目、固定资产投资项目优先安排。第二，以联合社作为各地谋划“一村一品、一品一社、一乡一业、一业一企”发展格局的抓手，把专业村镇建设成为联合社的专业化、规模化生产基地，促进村企对接、村社联动。

（三）财政政策

财政资金是支持联合社发展的重要手段，要发挥财政资金“一两拨千斤”

的作用，加快出台支持农民合作社联合社发展的财政政策。第一，各级政府要积极筹措资金，加大对联合社的扶持力度。采取直接补助、贷款贴息等方式，支持联合社开展信息服务、人员培训、农产品质量标准认证、农业生产基础设施建设、市场营销和技术推广等。第二，各级财政要逐步加大资金投入力度，有农业的区县人民政府要建立联合社专项扶持资金。对新开办且达到规模标准的联合社补助开办和当年运营费用。各级财政部门要积极发挥职能作用，管好、用好扶持联合社发展资金，会同涉农部门共同搞好对联合社扶持项目、补助和奖励的申报、审查和验收工作。第三，对中央和省支持的农业生产、农业基础设施建设、农业装备能力建设和农村社会事业发展的财政资金项目和预算内投资项目，要优先委托和安排符合项目实施条件的联合社承担。第四，提供涉农项目支持。有关区县人民政府要整合涉农资金优先投向联合社和与联合社相关联的项目。农业部门要将所负责的项目和补贴优先投向联合社。财政部门要将农业综合开发、农田基本建设等投资项目优先安排联合社承担。各级发展改革委要将联合社作为重点发展内容纳入国民经济和社会发展规划，对符合政府投资补助政策的联合社建设项目，优先安排投资。市商务、科技、经济和信息化、水务等部门要将联合社纳入项目申报范围，优先予以安排。

（四）税收政策

联合社是更高层次的合作社，因而在税收政策上，我们认为联合社应享有与合作社同样的优惠政策：第一，税务部门要不断完善对联合社的税收管理措施，在税务登记、纳税申报、发票领用等环节，为联合社提供优质、便捷的服务。第二，落实联合社享有合作社的税收优惠政策。对联合社从事农、林、牧、渔业项目的所得，免征或减征企业所得税。对联合社提供的农业机耕、排灌、病虫害防治、植物保护、农牧保险服务和相关培训业务以及家禽、牲畜、水生动物的配种和疾病防治服务免征营业税。农产品初加工项目所得免征企业所得税。第三，对联合社销售联合社成员生产的农产品，视同农业生产者自产品免征增值税。对联合社向联合社成员销售的农膜、种子、种苗、化肥、农药、农机等，免征增值税。

（五）金融政策

金融政策对于联合社的发展壮大至关重要，该政策也是目前联合社发展的瓶颈所在。第一，金融机构要根据农民合作社联合社的特点和需要，研究制定支持联合社的信贷政策。政策性金融机构要研究设立适合联合社发展需要的贷款项目。商业性金融机构要制定联合社专项贷款指南，为联合社提供多种形式的金融支持和服务。农村合作金融机构要把联合社纳入信用评定范围，将农户、合作社信用贷款和联保贷款机制引入联合社，满足联合社小额贷款的需求。对于经营规模大、带动作用强、信用评级高的合作社，特别是县级以上示范社牵头组建的联合社，实行贷款优先、利率优惠、额度放宽、手续简化。探索适应合作社联合社特点的担保抵押方式。第二，各地农业部门、金融办、银监局要研究具体政策，支持金融机构面向联合社开展订单农业、农用生产设施、农业机械、土地承包经营权、林权、水域滩涂使用权等抵（质）押贷款业务。第三，允许联合社内部开展资金信用合作。联合社内部的信用合作是内生性地解决其融资困难的重要方式。因而，允许联合社在坚持“不对外、不吸储、不分红”的原则下开展内部信用合作。此外，对开展资金互助业务的联合社给予开办费用和开办当年运营费用补助。第四，政策性担保机构要研究制定准入条件，将符合条件的联合社纳入贷款担保服务范围，并优先提供担保服务。支持商业性担保机构为联合社提供贷款担保。联合社用于贷款的担保费用建议由市、区县财政分级承担。保险机构要优先为联合社办理生产保险，并适当降低保险费率。

（六）人才政策

发展联合社，对人才提出了更高的要求。第一，在现有的合作社人才培养项目中加入联合社内容，宣传联合社的作用，介绍创建联合社的具体做法。第二，将联合社负责人和经营管理人员作为培训重点，加大培训力度，提升其组织管理、产品营销、风险控制、文化建设等方面能力。第三，采取“引进来、送出去”的办法，支持鼓励联合社采取多种形式培养领军人才，鼓励引进职业经理人，鼓励大学生、“大学生村官”及返乡青年参与联合社的建设。第四，优先扶持“大学生村官”领办和创办农民合作社联合社。到联合社工作的全日制普通高校毕业生，享受国家和本市规定的高校毕业生到基层就业的相关待遇。第五，将联合社助理岗位纳入支农、支教、支医、扶贫“三支一扶”计划，具体实施办法由各地人力资源和社会保障局及农业部门共同研究制定。人力资源和社会保障部门要为到联合社工作的大中专毕业生提供人事档案保管、户籍管理、党团组织关系挂靠等服务。

（七）科技政策

联合社的发展需要科技的支撑。第一，农业和科技部门对农民合作社联合社引进新品种、应用新技术的项目优先立项，并补助相关费用。鼓励农业科研人员、农技推广人员以技术入股联合社。加大联合社信息技术应用投入力度，提高联合社生产和经营管理信息化建设水平。第二，支持联合社开展科技兴社。农技推广机构要积极为联合社提供生产技术服务。农业科研机构通过资金和技术合作，与联合社联合建立技术服务中心、种子种畜生产服务中心、动植物疫病监测防治中心等科技服务机构。鼓励大专院校、科研推广机构在联合社建立试验示范基地，开展新品种、新技术、新成果、新项目方面的合作。支持有条件的联合社申报农业科研推广项目。鼓励联合社科技人员参加职称评定，加快联合社科技人才队伍建设。

（八）土地政策

农民合作社联合社的发展离不开基地建设。然而，现实情况却是大多数联合社都缺乏建设用地。因此，我们应在土地政策方面对联合社给予倾斜。第一，对农民合作社联合社因农业生产需要，建造的直接用于养殖的畜禽舍、工厂化作物栽培或水产养殖的生产设施用地及其相应的附属设施用地和农村宅基地以外的晾晒场等农业设施用地，符合国土资源部、农业部《关于完善设施农用地管理有关问题的通知》（国土资发〔2010〕155 号）要求和土地利用总体规划的，视为设施农用地，并按规划办理相关手续。联合社兴办加工企业等所需要的非农建设用地，在符合土地利用规划、城市规划和农业相关规划的前提下，各地国土资源部门应重点支持。第二，联合社的农产品生产基地、种植养殖场、农机示范推广用地和设施农业用地、农机停放场（库、棚）等凡未使用建筑材料硬化地面或虽使用建筑材料但未破坏土地并易于复垦的用地，以及农村道路、农田水利用地，可以按照农业用地管理，不纳入农用地转用范围，不占建设用地指标。第三，农村“四荒地”、废弃学校等土地的申报使用，有必要向联合社倾斜。涉及占用耕地的，联合社自行落实耕地占补平衡，经验收合格后，土地资源部门不再收取耕地开垦费。联合社从事种养业的，其种植、养殖生产用电执行农业生产电价标准。

（九）用水用电

农民合作社联合社经营过程中，涉及用水和用电的相关政策，应给予优惠：第一，自来水厂应为联合社开辟用水渠道，对联合社从事生产的用水，实行优惠价格。第二，供电企业应开辟联合社用电业务办理绿色通道，对联合社从事蔬菜、桑、茶、果树、花卉、苗木等种植业用电以及各种畜禽产品养殖、水产养殖用电，执行农业生产用电价格。

三、扶持政策的推进时序与着力点

课题组认为，联合社的扶持政策应循序推进，短期内应注重对联合社提供工商政策、土地政策、用水用电政策等方面的支持，长期应该注重对联合社提供产业政策、财政政策、金融政策、税收政策、人才政策与科技政策等方面的支持。

（一）短期政策推进与着力点

短期政策要着重解决目前农民合作社联合社的身份确认及运行过程中面临的

紧迫问题。

第一，最需要出台的是全国性的有关联合社的登记注册政策，即工商政策。一方面，全国工商总局与农业部应联合出台联合社的登记管理办法，制定联合社的示范章程，指导联合社参照示范章程，设立符合自身发展需求、具有自身特点的章程，完善各项内部管理制度。另一方面，在《农民专业合作社法》修订之际，将联合社纳入《农民专业合作社法》之中，明确赋予联合社的法人地位。

第二，各级国土部门应积极支持联合社用地。较为重要的是，村级组织也应积极配合联合社用地，将村内“四荒地”、废弃学校等优先联合社使用。

第三，水务部门和电厂要积极配合联合社用水用地，落实执行优惠价格。

（二）长期政策推进与着力点

长期政策的着力点在于怎么让联合社成为带动农民进入市场、带动市场的主体，成为与企业、家庭农场、专业大户等新兴农业经营主体齐头并进的农村力量，长远来看，需要金融政策、产业政策、财政政策、人才政策与科技政策的共同支撑。

第一，建立金融支持联合社发展的长效机制。这需要做好以下几方面工作：一是提高金融部门对联合社的认识，要求各级农业部门和农村信用社统一思想，树立扶持联合社、合作社就是扶持农民，发展联合社、合作社就是发展现代农业的观念，努力做好联合社的金融服务工作；二是落实建立政策性、商业性、合作性金融机构对联合社的支持政策，创立适合联合社的金融产品；三是在完成农村确权工作之际，金融机构应建立土地、农机等抵押担保贷款制度；四是在3~5年内建立对联合社的征信体系；五是为联合社提供保险服务，落实联合社的金融保险扶持政策，拓展融资渠道和担保方式，扩大农业保险覆盖面和创新农业保险品种；六是建立联合社的内部信用合作机制，建立内生性金融制度。

第二，产业政策的着力点在于通过扶持联合社的方式来促进产业的发展。将联合社、合作社纳入国家财政政策支持“三农”的主体与抓手，在财政项目资金安排上，优先向合作社联合社倾斜。

第三，人才政策与科技政策是促进联合社持续健康发展的重要手段，应建立长久工作机制。人才政策重点依托“阳光培训”的实施，持续为联合社培养懂经营、懂管理、懂市场的人才。同时，着重建立科研院校与联合社的连接通道，畅通科技入社通道。

四、配套措施

农民合作社联合社的扶持政策体系，还需要建立相应的配套措施：

第一，加强调查研究。调查研究是基础，要积极开展联合社综合试点和课题研究，及时了解掌握农民合作社联合社发展的新趋势、新特点，总结推广各地的好经验、好做法，解决联合社发展中面临的理论和实践问题。从联合社发展现状来看，各地联合社的做法五花八门，多元化特质明显，存在泛化苗头，要科学界定联合社的内涵和边界。课题组认为，联合社是合作社之间根据发展需要，自愿联合、民主管理的互助性经济组织，是农民及其他农业经营主体在合作社基础上的再联合、再合作。联合社发端于合作社，与合作社同属于合作经营范畴、都是互助性经济组织、都体现民主管理特征。同时，其成员身份一致、产品或服务多元、内部治理层级复杂等特点又与农民专业合作社有明显不同。联合社不是合作社的简单叠加，与合作社和农户应各有优势、各有分工。联合社规模大实力强，在发展加工、流通、销售，与其他市场主体交易等方面更有基础；合作社贴近农民成员，在为农民成员提供服务方面更有条件；农户决策效率高，在直接从事农业生产方面更有优势。发展联合社，对内应形成联合社、合作社、农户功能互补的体系，对外应形成与其他市场主体既有竞争又有合作的格局，实现在市场中的共赢、多赢。

第二，搞好指导服务。各级、各部门要认真贯彻执行国家有关联合社发展的法律法规和方针政策，把促进合作社健康发展作为推进农业转型升级的重要措施，摆上议事日程，切实加强指导。要加强联合社党组织建设，使联合社成为农村经济发展的新型经营组织、农民增收致富的新型合作组织和党员队伍建设的新型基层组织。各级发展改革、经济和信息化、科技、民政、财政、国土资源、交通运输、水利、农业、海洋与渔业、商务、环保、税务、工商、林业、旅游、金融、畜牧兽医、农机以及供销社、共青团、妇联等部门和单位，要依据各自职责做好相关的指导、扶持和服务工作，形成促进联合社发展的强大合力。

第三，做好宣传发动。从各地实践来看，联合社不仅增强了专业合作社的发展能力，更推动了农业的规模化经营，促进了现代农业产业体系构建，加快了现代农业建设步伐，因此各地要做好宣传发动工作。更为重要的是，发展联合社要坚持市场经济规律，合作社有内在需求才联合，在经济上能划得来、可持续才联合，要规模适度、讲求实效，防止迎风而动、一哄而起。坚持平等自愿，不管采取什么方式，在哪些环节、什么时候开展联合与合作，都应当由合作社平等协商、自主决定。坚持自下而上，不管联合社的层级有多高、范围有多大，都应当由有意愿的合作社提出动议，不得采取自上而下、行政命令的方法强行推动设立联合社。坚持经济性、服务性、民主性的定位，在功能定位上注重经济性，让合作社通过联合取得经济效益，让农民成员得到更多实惠，避免被别有用心的人利用，异化为政治压力集团；在价值取向上体现服务性，坚持服务成员的宗旨，提供低成本、便利化的服务，而不是“建庙供菩萨”，增加合作社的负担；在内部管理上坚持民主性，坚持成员平等、民主办社，体现合作社和广大农民成员的利益诉求，防止“一社独大”、少数人说了算。

第五章　农民专业合作社再合作的机理研究

第一节　合作社联合的本质
——一个交易成本解释框架及其应用*

一、引言

自2007年《中华人民共和国农民专业合作社法》（以下简称《合作社法》）颁布实施以来，我国合作社保持着迅猛的发展势头。截至2016年9月底，全国实际注册的合作社数量已达到173.1万家，比2007年底增长了63倍以上；实有入社成员10507万户，占承包经营总农户数的43.2%，增长50倍以上。尽管有些学者认为我国存在大量虚假“挂牌合作社”“精英俘获”的合作社，更有学者按照“惠顾者与所有者同一性”为标准衡量，认为中国没有真正的合作社（梁剑峰、李静，2015；邓衡山、王文烂，2014）。但是，许多实证研究和经验数据表明，合作社在提供社会化服务、促进农民增收，尤其是在提高农民市场地位和帮助农民进入市场的过程中发挥了重要作用，已经成为促进我国农业现代化的重要组织载体（孔祥智、蒋忱忱，2010）。

随着合作社的发展，我国各地开始出现合作社之间的合作与联合，这种几家合作社联合而成立的组织被称为联合社。截至2016年底，全国注册的联合社已超过1万家。对于联合社的组织属性和架构，《合作社法》中还没有明确的规定。但在2013年颁布的《工商总局　农业部关于进一步做好农民专业合作社登记与相关管理工作的意见》（以下简称《意见》）中，提到要“引导农民专业合作社以产品

---

* 执笔人：孔祥智、岳振飞、张琛。

和产业为纽带开展合作与联合”，提出联合社“应当由农民专业合作社根据发展需要自愿联合组建，以服务成员为宗旨，实行民主管理”。《意见》出台之后，各省份陆续出台了规范联合社注册登记管理的办法和意见，将联合社界定为互助经济组织，与合作社性质相同。国内外的理论界认为，合作社发展到一定程度，走向联合是大势所趋（苑鹏，2008；谭智心，2016）。国际合作社联盟在 1966 年将“合作社之间的合作”写入合作社原则之中。从日本、德国、美国等国家的实践来看，联合社也是合作社成熟之后必然迈入的高级形态（谭智心，2016）。但国内对联合社的研究目前仍处于初步探索阶段，研究的焦点集中于联合社动因和类型两个方面。实际上，对于任何一个新兴的组织，首先必须说明的是，联合社为什么存在？对于这一点，现有为数不多的文献主要从组织潜在利润、利益一致性、谈判权利也即制度变迁的视角解释联合社的成因（张娟，2012；周振等，2014）过于宏观。还有部分文献从具体案例出发分析联合社的成立原因，如苑鹏（2011，2012）认为奶品收购厂商的卖方垄断地位是催生奶农联合社的主要原因。杨万娣和杨群义（2012）、刘同山（2014）等认为获得规模经济、提高市场地位、进行组织再造、延长生产链条是联合社产生的原因。还有研究从契约联结机制的角度分析了不同类型联合社的成因，虽然全面，但不够深入。可见现有的研究在合作社为什么要联合这一关键问题的解释上，方法和理论基础比较单一，并没有很好地解释联合社产生的原因。而对此问题不能充分认识，则无法对联合社的性质进行界定，更遑论对联合社的成员和治理机制进行规范了。

笔者认为，联合社与企业、合作社相同，是用来代替市场交易的治理结构，这种治理结构的产生本质上是为了节约交易成本。自从威廉姆森将交易与交易成本的概念打通，交易成本理论就成为组织经济学的主流理论之一，具有很强的理论解释力。比较制度分析法也成为了研究组织成因的流行方法之一。但同时，交易费用又是一个含义广泛，且尚有争论的概念。因此，虽然作为新制度经济学的基础性理论，若要用交易成本理论进行组织研究，解释组织的成因，仍需要一个界定清晰且易于操作的理论范式。国内使用交易成本理论来解释联合社成因的文章的缺陷之处正在于缺乏规范的分析范式。基于此，本章将首先建立一个适用于联合社的交易成本分析范式，随后通过对来自吉林省星海联合社的经验事实进行分析，从交易成本的角度说明合作社为什么要建立联合社。

二、为什么合作社要建立联合社？——一个交易成本解释范式

（一）交易成本理论溯源

Coase（1937）最早在《企业的性质》中就提出了价格机制的成本问题，随

后在《社会成本问题》中，他提出围绕契约的签订和执行会产生一系列如寻找交易人、明确交易条件、讨价还价、签订契约和实施监督、保障契约实施的行为，这些行为都需要成本，是完成一项交易需要额外支付的成本。科斯虽然充分论述了交易成本的概念内涵，但他当时并未使用“交易成本”这个词。阿罗明确提出“交易成本”这一名词，并将其定义为市场的运行费用。张五常认为，交易成本是制度运行的成本，只要存在人与人之间的关系，就不可避免地产生交易成本。North（1990）从经济活动的视角出发，将所有的经济活动分为交易活动和转化活动，前者产生的费用即为交易成本。Williamson 和 Mueller（1986）是交易成本理论的集大成者，建立了完整的交易成本理论体系，他们把交易费用比喻为“经济世界中的摩擦力”，通过契约的视角，将交易成本分为契约签订前的成本和签订后的成本。他们在 Macnei（1980）的基础上提出了契约的三种类型：古典契约、新古典契约和关系契约，并且第一次提出了交易的三个维度：资产专用性、交易不确定性和交易频率，不同的交易维度对应着不同的契约类型和治理结构。通过对不同治理结构的比较分析来确定交易成本的大小，克服了交易成本不易量化的弊端，这种测量交易成本的方法被称为序数法。可以说，Williamson 和 Mueller（1986）不仅给予了交易成本一个明确且便于操作的定义，而且提出交易成本产生的原因是资产专用性、机会主义和有限理性，并通过契约的概念将交易特征与不同治理结构的选择问题联系起来，其基本逻辑为：不同特征的交易产生不同的交易成本，为实现这些交易所签订的契约类型也不同，而不同的契约类型又对应着从市场到企业的无数种治理结构，选择哪种治理结构的核心标准在于其是否能够实现交易成本最小化。

（二）联合社的本质：作为一组契约束而存在的治理结构

目前，国内理论界已经达成共识，将联合社界定为合作社，并已纳入《合作社法》修改中。根据 Hansman（2009）的观点，合作社不过是使用者或生产者所有型企业，与一般的投资者所有型企业无本质区别，但需要遵循一些原则，如开放与自愿，民主控制，成员经济参与，自治、自立，重视社区和社员教育等。从这个角度讲，合作社包括联合社，可以被视为一种特殊的企业。实际上，随着合作社的演化发展，其与投资者所有型企业的界限已经没有早期的合作社那么明显。为了提高市场竞争力，合作社也需要像企业一样吸引资本，保证货源，聘请专业经理人，也会面临股权结构和委托代理问题。

关于企业的本质，自 Coase 起，新制度学派的经济学家对此有过诸多论述，核心的观点是将企业视为契约的集合，体现为科层制的治理结构，企业拥有权威并通过权威计划和指导生产。Alchian 和 Demsetz（1972）认为，企业就是为了将不同投入品捏合在一起进行共同生产而建立的，而这种共同生产能够带来除了保留收入外的组织租金（杨瑞龙、杨其静，2001），为了减少契约数量和契约的执行、监督成本，企业实际上是一个拥有剩余控制权和索取权的中心签约人，将众多契约简化为一个契约束。Jensen 和 Meckling（1976）也认为企业由契约构成，但相较 Alchian 和 Demsetz 重视共同生产中存在的监督问题，他们认为任何契约都存在监督问题。Williamson（2002）提出，企业就是针对关系契约而建立的一种为了减少交易成本的治理结构，市场到企业之间还存在着许多种不同的治理结构，不同的治理结构对应着不同的契约和交易类型。基于新制度学派的观点，也鉴于现实中的联合社形态各异，它可能是应对市场竞争的松散联盟，可能是建立在契约基础上的合作社联合体，可能是惠顾者所有的合作经济组织，也可能是实行股份制和公司化管理的"准公司"，本章认为将联合社视为一种不同于市场和企业的治理结构比较合适，它是一种在合作社基础上的组织创新，应当具有为惠顾者服务的组织目标。根据交易成本理论，联合社作为一种治理结构，其被市场主体选择，在于与其他治理结构相比，其所节省的外部交易成本与产生的内部交易成本（治理成本）之差最大。

（三）联合社成因的交易成本解释框架

1. 合作社扩大经营规模的三种选择：与其他合作社合作、吸收社员与建立联合社

为了与其他合作社、企业、大户或普通农户合作，实现规模经济和范围经济，合作社有三种选择：一是通过市场与其他合作社、企业、大户或普通农户订立商品契约进行合作扩大规模，这种关系的治理依赖的是市场权威，大家按照价格机制办事；二是通过吸收新社员扩大合作社规模，合作社与新社员之间签订的不仅是商品契约，如果社员以资金或土地入股，则还有要素契约，社员能够从合作社获得超出保留收入的组织租金，如免费或低价获得合作社的服务，通过惠顾额获得价格改进和二次分红等，现实中，只要能够获得组织租金，没有入股的社员一般也会同意将拥有的生产要素的一部分控制权转让给合作社，这时合作社治理依赖的是组织权威；三是建立联合社，联合社与合作社组织性质相同，因此包含商品契约和要素契约，联合社的治理依赖的是组织权威，其他合作社只要能够从联合社中获得足够回报，就会加入联合社。

因此，合作社联合的本质，就是合作社在扩大规模时为什么要在上述三种治理结构中选择联合社的问题。根据 Williamson 和 Mueller 的观点，当一种治理结构所节约的外部交易成本和所产生的内部交易成本之差最大时，这种治理结构是最有效率的。交易成本既发生在契约签订之前，包括寻获交易对象，拟定交易条

款及讨价还价的成本，也发生在契约签订之后，包括监督和执行契约及解决纠纷的成本。一种治理结构是否能够最大限度地节约交易成本，就看它能否有效降低契约的签订成本和执行成本。合作社选择建立联合社，是因为与市场和增加社员规模相比，联合社能够以更少的交易成本进行规模扩张。

2. 市场还是组织

Williamson 和 Mueller 认为，交易的性质决定契约的性质和交易成本的大小，针对不同的交易特征，采用相应的治理结构能够降低交易成本。他们提出交易有三个维度：一是资产专用性；二是交易不确定性；三是交易频率。这三个维度决定着交易的性质、交易成本的大小，从而也决定适宜的治理结构。合作社要扩大经营规模，前提是具备扩大经营规模的潜力，这种潜力取决于合作社拥有的资本，包括加工厂、农用机械、品牌等物质资本，营销才能、种植技术等人力资本和营销渠道、农资购买渠道等社会资本，这些资本使合作社能够提供更大范围的服务，进行多元化经营和延伸产业链条，以扩大生产经营的规模。受限于农业生产的自然属性，这些资产一旦投入农业领域，往往具有一定程度的专用性，加工厂、品牌、营销才能和营销渠道需要保质保量的产品供给，农用机械和农资购买渠道需要规模经营带来的稳定需求，种养殖技术需要水土、气候、地形条件和愿意采用新技术的农户。因此，在市场治理结构下，这些专用性资产可能导致交易对象的机会主义行为，加上有限理性和契约的不完全性，商品契约的签订与执行将伴随大量的交易成本。由于担忧机会主义行为，要扩大经营规模的合作社还可能根本不敢进行大规模专用性资产投资。市场机制在面对专用性资产时是无效率的，合作社只有通过组织的方式扩大规模才能有效降低交易成本，促进专用性资产投资，另外，由于农业的自然属性、市场风险和我国农业家庭经营规模较小的特点，合作社与其他经营主体交易的不确定性比较高。Koopmans（1957）认为，不确定性分为随机的不确定性、消费者偏好的不确定性和信息不对称引起的不确定性。农业生产面临自然和市场双重风险。近年来，我国自然灾害逐年增加，部分地区出现极端气候变化现象。此外，受消费结构转型升级和国际市场的冲击，许多农副产品市场波动较大。加上我国农户经营规模较小，农村地区基础设施建设滞后，信息不对称情况比较严重，这些因素放大了农产品市场交易的不确定性。交易的不确定性越强，契约的不稳定和不可控因素越多，产生的交易成本越高，采用组织方式进行治理的优势越明显。

此外，如果合作社希望扩大经营规模，实现规模经济和范围经济，必然要与其他市场主体在产供销各个环节开展合作，交易也绝不会是一次性的，而是多层次、多维度固定交易对象的重复交易。合作社只有尽可能在生产资料供给，种养植技术、市场信息，产品销售等产前、产中、产后的各个环节与其他市场主体开展合作，才有可能获取更多的合作收益，此目标单纯依靠商品契约无法实现。这种高频率的重复性交易，使双方建立某种组织进行治理在经济上是划算的。

由于合作社通过市场机制与其他主体进行合作，从而扩大经营规模的交易成本过高，因此它应该采用组织的方式内部化交易来扩大经营规模。

3. 吸收新社员还是建立联合社

如果采用吸收新社员的方式扩大规模，合作社将面临很高的交易成本。首先，我国农户经营规模普遍较小，合作社需要吸收许多新社员才能获得比较大的规模扩张，而需要吸收的新社员人数越多，寻获合适的潜在社员并与之谈判的成本就越高。截至 2016 年 9 月底，我国已有 43.2%的承包经营农户加入了合作社，没有加入合作社的农户越来越少，剩下的这部分农户中不从事农业或不愿加入合作社的比例可能也比较高。此外，具备扩张规模潜力的合作社往往出现在合作社发展较好的地区，这些地区合作社数量也较多，没有加入合作社的农户就更少，社员如果加入新的合作社需要先退出所在社才行，这些因素加大了寻找符合条件的社员的成本，找到后说服他们加入合作社的成本也比较高。

其次，当前我国合作社有社员出资和不出资两种情况，后者更为普遍。其中出资包括以土地、林地或农机作价入股。如果普通社员入股，则核心成员与普通成员是要素契约混合商品契约关系，如果普通社员不入股，那么核心社员与普通社员仅是商品契约关系。要素契约较商品契约更加稳定，并赋予签约一方支配另一方生产要素的权力。基于前文对合作社内部交易维度的分析，单纯的商品契约面临的交易成本很高，会导致契约不稳定和抑制专用性资产投资。现实中很多合作社，特别是普通社员不占股份，从而股东与普通社员只具有商品契约关系的合作社，在治理中比较依赖非正式契约，以关系治理辅助和完善契约治理，防止机会主义行为，降低合作社治理成本（刘同山、孔祥智，2013）。这些合作社一般以村民小组等社区共同体为单位，社员处在一定的社会关系网络之中，彼此熟悉，相互信任，声誉机制能够发挥作用。如果大规模吸收来自其他社区的农户，合作社与新社员间，新社员与老社员间失去了以地缘、亲缘和血缘为基础的亲密关系，相互不熟悉，信任、互惠、声誉、情感交流这些关系治理的要素需要时间和成本重新构建，这些不仅增加拟定契约条款和讨价还价的成本，还增加契约执行和监督的成本，出现矛盾纠纷时，解决的成本也比较高。这意味着大规模吸收新社员的合作社治理成本将迅速提升（Coase，1960）。

采取建立联合社的方式，则既能迅速扩大规模，又能避免需要吸收大量新社员所带来的高昂交易成本。首先，通过与合作社的联合，谈判可以只在合作社代表之间展开，谈判对象的减少将降低谈判和缔约成本。其次，随着我国合作社数量不断增多，各行各业，各种类型的合作社数量越来越多，其中还有许多迫切希望获得外部支持的“小、弱、散”合作社，联合社寻找交易对象的成本比较小。最后，各合作社原有理事会和监事会等组织结构、理事长的管理能力、社员间的熟人关系将成为联合社治理能力的重要依托和补充，降低联合社的治理成本。

综上所述，根据交易成本理论，建立联合社是单个合作社为了扩大规模的理性选择，因为根据契约的性质和契约签订、实施的成本，联合社是最能节约交易成本的选择。

三、来自星海联合社的实证分析

（一）扩大经营规模，实现规模收益：“虚、小、弱”合作社再组织

吉林省星海农民专业合作社联合社（以下简称星海联合社）位于吉林省长春市下辖的九台市，地处松辽平原，土壤肥沃，多为黑土地带，是国家重点商品粮基地，人均耕地面积 6.8 亩，以种植水稻、玉米为主。九台市登记注册的合作社有 3000 多家，多为仅有十几户社员的种植业合作社，还有些是“挂牌”合作社，并未实际运转，规模较大且发挥较大作用的只有少数几家。大量合作社由于规模小、带头人缺乏资源和能力，未能发挥很大作用。但这类合作社往往由一个村民小组的成员组成，成员间关系比较稳固。

近年来，当地频繁发生的自然灾害、成本上升和政策调整，不断挤压着种粮农户的利润空间。特别是 2016 年玉米临时收储政策取消后，一斤玉米的收购价格从 1 元跌到了 0.8 元左右，在产量不变的条件下，一亩地只能有 370 元的净收入，比 2015 年少收入 280 元。2015 年，九台市还遭遇了大面积旱灾，许多受灾严重的耕地颗粒无收。如果将土地出租出去，每亩地要少收入 100 多元，这对当地农户来说是很可观的一笔收入。而且许多承包土地的大户、合作社和企业对于租来的土地经营状况不好，导致地力下降。这些因素使当地农户的土地转出意愿不强。但是种粮收益的下降又使规模较小的合作社和农户迫切希望找到能够降低成本、提高收益的方式。

乡村大世界合作社理事长张某意识到将这些“虚、小、弱”的合作社联合起来，通过统一供应农资、统一技术指导、统一规划生产、统一品牌销售，能够实现产供销联合的规模收益，此外，还可以共同投资建立小型磨米厂、酱油、大酱和粉条加工厂，既能保证成员的食品供应安全，又能延伸产业链条，获得深加工收益。张某的这一想法得到了其他合作社理事长的认可，他们寄希望于通过联合，以更低的成本购进生产资料，从联合社获得良种选育、种植技术、农机服

务、政策和市场信息等技术、设备和信息方面的支持，并且同意建立联合社后，共同出资设立磨米、酱油、大酱和粉条加工厂等，一部分用于联合社内部消费，另一部分用于市场销售。从交易成本角度看，张某和其他合作社理事长希望在产供销的各个环节广泛合作以获得规模收益，而建立加工厂又需要专用性资产投资，这些交易如果在市场机制下开展，将面临高昂的交易成本，并很有可能导致机会主义行为和专用性资产投资不足，要实现规模效益和投资收益，只有通过建立联合社，将这些交易内部化到组织中，以组织权威弥补市场机制的不足。

（二）合作社成员关系的稳定性决定了联合社是扩大经营规模的现实选择

星海联合社的成员社中，主要以十几户的小合作社为主，这些合作社的社员往往是邻居，有的还是亲戚关系，合作社虽然发挥作用不大，但成员关系比较稳固。其中除张某建立的乡村大世界合作社外，规模最大的两家成员社，就是以本村村民小组为单位，理事长由小组内辈分较高、较有威望的成员担任。这些成员社的理事长具有理事长和家族族长的双重身份，具有法理和传统双重权威，在治理时能够更多依赖于关系治理。这些成员社像是一个个小团体，各自紧密团结，不易拆散，但彼此之间却联系较少。但是，他们也迫切希望能够通过联合，获得外部扶持和规模收益，提高本合作社的发展能力和改善社员的境况。

这些合作社一方面组织稳定，另一方面渴望联合，这使张某在短时间内，以乡村大世界合作社为主体，联合了上百家合作社，以较低的成本建立了星海联合社，完成了规模的迅速扩张。2015 年，张某利用半年时间走访九台及周边县市多个合作社的理事长，了解他们的情况和需求，宣传动员他们加入联合社。2016 年 1 月 9 日，星海联合社成立大会在九台市召开，来自九台、农安、德惠和吉林市几个县的 47 家合作社理事长及社员代表，共计 490 余人参会。截至 2016 年 9 月，仅仅经过大半年时间，联合社的成员单位已发展到 100 多家。其中长春市 50 多家，吉林市 50 多家，还有几家家庭农场。成员社以水稻和玉米种植合作社为主，兼有蔬菜、苗木、养殖、菌类合作社和家庭农场，耕地规模约 3000 公顷，生猪存栏量约 1000 头，羊约 300 只。星海联合社能够迅速扩张的原因，一是大量存在的小合作社虽然不能很好地发挥作用，但社员关系稳固，理事长拥有基于血缘和亲缘的传统权威，能够决定合作社的主要事务，社员数较少和同质性较强又使一致意见比较容易达成，因此，张某只需要与合作社的理事长等主要人物进行谈判即可，这极大地降低了张某说服他们遵守章程，加入联合社的难度，从而也降低了联合社扩张规模产生的交易成本。二是这些成员社的社员仍希望自己经营土地，不希望将土地转包出去，但自己种地面临经营困境，迫切需要像张某这样有技术、有资源、有组织能力和奉献精神的人把大家组织起来，提供优质低价的农资、免费及时的技术指导、稳定高价的销售渠道。通过加入联合社，这些合作社的社员既不需要把土地转包出去，又能享受联合社提供的服务，获得规模收益。此外，星海联合社能够迅速扩张还和张某的扩张策略有关，他的目标主要是规模较小的种植合作社，且要求理事长和社员必须是亲自参与农业生产的农民，一不找规模过大的，二不找村干部牵头成立的，因为这两种合作社的理事长谈判能力较强，讨价还价的时间和成本较高，这就使联合社成员社之间的同质性较强，有利于联合社内部的协调一致，从而降低治理成本。

（三）依托成员社能够降低联合社的治理成本

如图 5-1 所示，星海联合社的最高权力机构是社员代表大会，由社员代表大会选举出 16 名理事和 3 名监事，均为各成员社理事长，成立联合社理事会和监事会。联合社下设四个服务站，每个服务站聘用 2 名工作人员，均为理事会成员，协调片区内各成员社理事长共同负责片区社员生产资料的购买和发放、政策和市场信息的传达、社员意见和需求的收集等日常管理工作等。联合社设立由返乡就业大学生等年轻人构成的创业技术团队，负责帮助社员销售产品，设立由种田能手等技术人员构成的玉米高产服务队，服务队负责对社员提供技术支持。这四个服务站以及各成员社的理事长构成了联合社的骨干管理力量，联合社不需要亲自管理和协调每一个社员的生产经营，而只需要管理协调各成员社理事长即可。联合社在统一采购生产资料时，由联合社负责运送，但具体需要的数量和品种由各成员社理事长汇总统计，并与联合社协调将生产资料最终送至社员手中。联合社推广引进新品种和承包流转土地也都是通过先统一成员社理事长的思想，再由各理事长给各社社员做工作的方式进行的。由于成员社同质性较强，对联合

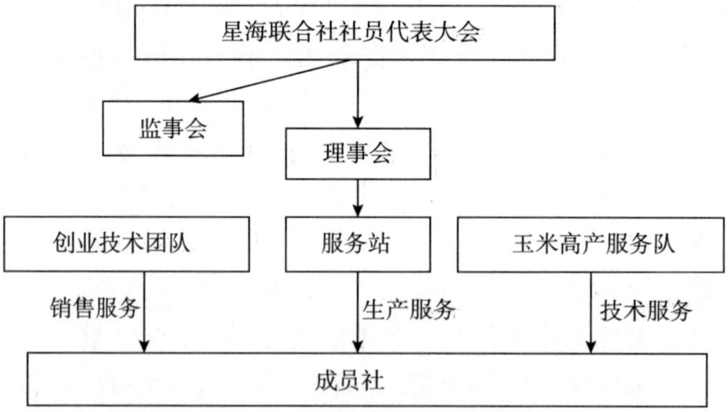

图 5-1　星海联合社组织架构

社的依赖性也较强，因此联合社内部比较容易达成一致。成员社的理事长也能够很好地将联合社布置的工作贯彻执行到各个社员，成员社的关系治理极大地补充和完善了联合社的正式治理结构，降低了联合社的治理成本。

四、结论

本节从交易成本的角度解释了联合社成立的原因。从本质上来讲，联合社是一种治理结构创新，它的存在是为了降低合作社扩大经营规模所产生的交易成本。随后，本节运用交易成本解释框架，对星海联合社的成立与治理结构进行了分析。一方面，合作社与其他市场主体开展交易的特殊性使其必须采取组织化的手段进行规模扩张；另一方面，由于社员间彼此的熟人关系，合作社结构具有稳定性，这使其可以进行再组织，却不易被完全替代。通过合作社的联合，不仅能够迅速实现合作社的规模扩张，还能减少扩张过程中的交易成本和扩张后的治理成本。

截至2016年底，在各级工商部门注册的农民专业合作社已经达到179.4万家，但平均只有60个成员左右，且同一地区合作社的同质性较强，大部分只能起到传播信息、指导生产等初级作用，对市场的影响较小。星海联合社案例启示我们，通过成立联合社，可以实现同质合作社的再联合，在此基础上实现联合社亦即各个成员社利益的最大化。案例的启示在于，在全国合作社数量已经高达180万家的前提下，促进合作社的再联合已经成为必然，也应该是今后国家促进农民合作社发展政策的核心。

第二节　组织化潜在利润、谈判成本与农民专业合作社的联合

——两种类型联合社的制度生成路径研究*

一、问题的提出

目前，我国农民专业合作社在推进农业产业化经营、提高农民组织化程度、增强农民市场谈判地位等方面正发挥着积极的作用（唐宗焜，2012；孔祥智，

* 执笔人：周振、孔祥智。

2012)。不过，我国农民专业合作社总体上还处于发展的初期阶段，存在着发展不平衡、经营规模小、服务层次低、规范化程度不高、带动能力不强、经营效益低等问题（苑鹏，2008；万宝瑞，2010；陈晓华，2010；孔祥智，2012；胡冉迪，2012)。黄祖辉（2011）认为，农民专业合作社市场竞争能力弱的原因在于其普遍存在的低效率问题，而规模小正是低效率产生的根源。为了解决上述问题，我国已经有不少地方的合作社选择了组建联合社，希望通过合作社之间的合作与联合来降低交易成本、提高市场议价能力。欧美合作社的发展路径也表明，为了获得发展动力和提高组织竞争力，实现多种形式的联合是合作社发展的必由之路（唐宗焜，2012)。

从实践层面来看，我国的农民合作社联合社主要表现为两种形态：一是同类产品合作社形成的同业联合社，如北京市密云县奶牛合作联社（苑鹏，2008)；二是不同产品或产业合作社组成的异业联合社，如江苏省金湖县苏合农副产品销售合作联社（张来平等，2012)。根据笔者实地调研，在数量上以第一种形态居多。目前，国内学者对联合社的研究还仅仅集中于联合社的本质属性（蒋晓妍，2000；张娟，2012)、优越性（苑鹏，2008；朱启臻，2012）等方面，较少有人对联合社表现出的这两种形态进行过深层次的理论探讨。

值得注意的是，这两类联合社的生成路径存在着较大的差异。我们在调研中发现，同业联合社大多是自发形成的，也有小部分是借助政府力量组建的；而异业联合社几乎都是在政府部门或其他公共组织的帮助和引导下形成的，较少看到有自发组建的异业联合社。从新制度经济学的角度来看，同业联合社主要通过诱致性制度变迁的方式生成，异业联合社主要通过强制性制度变迁的方式形成。那么，为何这两种联合社的生成机制会存在如此大的差异呢？围绕这个问题，本节将以临朐县志合奶牛专业合作社联合社和灵寿县青同镇农民专业合作社联合社作为研究对象，从“组织化潜在利润—合作社产品异质性—谈判成本—合作社制度创新”的研究主线入手，通过制度变迁的视角，对此现象进行理论探讨，揭示其中的理论价值与政策含义。

二、理论框架

（一）组织化潜在利润与制度变迁

North（1981，1990）制度变迁模型的基本假定是：制度变迁的诱致因素是变迁主体期望获取最大潜在利润。潜在利润是一种在已有的制度安排结构中变迁主体无法获取的利润，可以理解为制度不均衡时的获利机会，是诱使行为主体和决策主体自发进行成本收益比较并实施制度创新的根本动力。潜在利润的来源主要有四个方面：一是由规模经济带来的效益；二是由外部经济内在化带来的利润；三是克服对风险的厌恶；四是交易费用转移与降低带来的利润。在现有的制度结构下，由规模经济、外部性、风险和交易费用所引起的收入的潜在增加不能内在化时，一种新制度的创新可能使这种潜在利润内在化（科斯等，2004）。因此，要获取潜在利润，就必须进行制度的再安排或制度创新（North，1990）。

我国农民合作社联合社正是在潜在利润的驱动下得以产生和发展的（邓衡山等，2011）。随着经济全球化与我国市场化改革的日益深入，"小""散""虚"的农民专业合作社很难同农业企业等市场主体进行竞争，农民专业合作社的进一步联合与合作蕴含了巨大的组织化潜在利润。所谓组织化潜在利润，是指在一定的经营水平下组织化的获利空间，是同单个合作社与市场打交道相比，通过合作社的进一步组织所能增加的利润潜力或空间（邓衡山等，2011），即规模经济带来的效益。首先，合作社的进一步组织化有助于扩大其规模，提高市场谈判地位。单个合作社生产经营规模较小，市场谈判地位还很低，在产品交易中无法获取更多的利润，而通过"抱团"的方式组建联合社，可以迅速扩大生产经营规模，建立起与农业企业谈判的基础，从而能在生产资料、服务与产品等方面获取更多的利润。其次，合作社的再合作能节约交易成本。例如，通过纵向一体化的方式将产品上下游之间的各合作社组织起来，形成利益共同体，能够降低交易的不确定性。最后，合作社的联合能使其分享到产品升值的利润。目前，我国多数农民专业合作社的利润局限在生产环节，但是通过"再联合"的方式，能够集中力量办大事，延伸产业链条，从而获取更多利润。目前，我国已有不少地区出现了合作社联合社，它们都是合作社在追逐上述组织化潜在利润过程中的产物。

（二）产品异质性、谈判成本与制度变迁

制度变迁可以分为强制性制度变迁与诱致性制度变迁两种形式（Lin，1989）：强制性制度变迁是政府运用政治力量进行的制度变革；诱致性制度变迁指的是现行制度安排的变更或替代，或者是新制度安排的创造，由个人或一群人，在响应获利机会时自发倡导、组织和实行。制度变迁实质上是对产权的重新界定、调整与配置的过程，而产权的重新界定、调整与配置势必会对利益相关者的经济利益带来深刻影响；如此，制度变迁与创新过程中的利益团体得以形成（奥尔森，1995）。根据诱致性制度变迁理论，制度变迁与创新是一个由诸多利益团体共同组成的集体选择行动的过程，因此利益团体之间能否就制度变迁与创新达成利益的一致将直接影响到制度创新速度、成本，决定着更加有效的制度变迁与创新能否发生（青木昌彦，2001）。在诱致性制度变迁过程中，要使一套新

的行为规则（或规范）被所有利益团体或个人普遍接受和采用，需要参与者之间对利益进行谈判（Lin，1989），因而诱致性制度变迁能否发生在很大程度上依赖于利益团体或个人之间的这种谈判成本。Davis 和 North（1971）进一步指出，如果利益团体范围内分歧很大，很难达成一致的意见时，那么谈判会花费大量时间，这种过高的谈判成本往往会使一些诱致性制度变迁无法产生。

我国农民专业合作社类型较多，对于产品同质性或异质性较低的合作社而言，它们之间往往面对着共同的市场，具有较强的利益关联性，并且产品的相同或相似也增进了它们之间的交流与互动。在面对市场垄断力量盘剥时，它们有着相同的利益诉求。这些都为它们组建联合社提供了必要条件并规避了谈判成本，因而在受到外力冲击或组织化潜在利润出现时，它们更能达成一致的意见，从而相对容易发生诱致性制度变迁。苑鹏（2008）描绘的北京市密云县奶农合作联社就是典型的例子。

然而对于同一区域内产品异质性的合作社而言，它们面对着不同的市场环境，利益诉求较为分散，不同产品类型合作社之间的交流也不会太多。即使在某一时刻出现了组织化潜在利润，但是通过联合的方式也很难使所有的合作社获得较为一致的收益。倘若采取互相联合的方式，就必须要处理好不同利益诉求之间的关系，那么谈判就会花费时间，组织创新就得承受较高的成本（Davis and North，1971）。Lin（1989）也指出如果获利机会不是在成员之间平等分配，那么组织制度变迁的费用是极高的。这种过高的谈判成本往往会抑制合作社之间诱致性制度变迁的发生。因此，当谈判成本过高时，产品异质性合作社走向联合需要外部力量的参与，并对不同利益主体之间进行调和。从实践来看，这种外部力量的角色一般是由政府部门或公共组织扮演。由于它们具有利益的中立性与话语的权威性，在谈判中更能使各利益主体之间达成一致意见，这个过程即为强制性制度变迁。Hayami 等（1981）的研究也表明，政府的参与能降低组织创新中的谈判成本。

综上所述，本节对合作社的联合路径提出了如下理论假说：当存在着一定的组织化潜在利润时，联合社的制度生成路径取决于谈判成本的大小。一般而言，产品同质性的合作社群体之间具有集中的利益，相互联合的谈判成本较低，多以诱致性制度变迁的方式形成联合社；产品异质性的合作社群体，由于利益分散，联合谈判成本较高，很难以诱致性制度变迁的方式生成联合社，因此多是在外部力量（政府或公共部门）的干预下，通过强制性制度变迁的方式生成异业联合社（见图 5-2）。

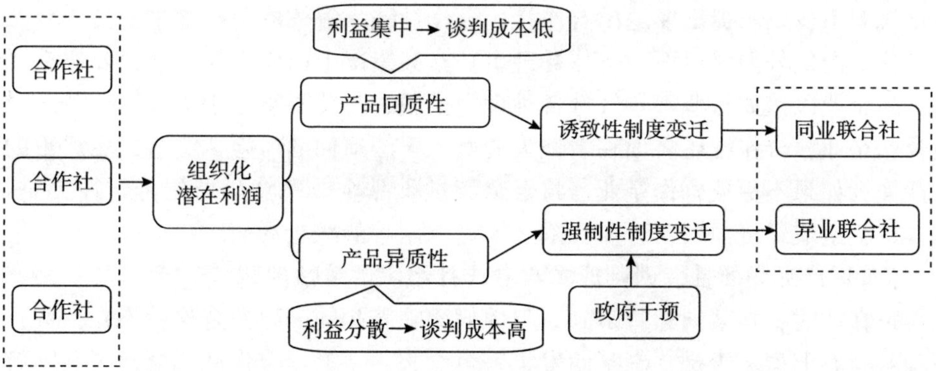

图 5-2　联合社制度变迁生成机制

三、案例分析一：同业联合社的诱致性制度变迁生成路径

志合奶牛专业合作社联合社位于山东省临朐县。该县是山东省最大的优质奶源生产基地之一，具有良好的奶牛养殖基础，2006 年被中国奶业协会评为全国牛奶生产 50 强县。2010 年成立的志合奶牛专业合作社联合社，是合作社为增强市场谈判力而进行的一次组织创新，它的成立是一个典型的诱致性制度变迁过程。

（一）组织化潜在利润

通过联合的方式扩大经营规模，提升与农业企业的市场谈判能力是许多合作社选择联合的主要原因（苑鹏，2008）。临朐县志合奶牛专业合作社联合社成立前的组织化潜在利润也是如此。下面我们以临朐县佳福奶牛养殖专业合作社的市场遭遇入手介绍联合社成立的背景和过程。

佳福奶牛养殖专业合作社是联合社的主要发起单位，成立于 2006 年 5 月。该合作社实行统一采购、统一管理、统一销售的“三统一”标准，获得了较好的经济效益，不到一年时间合作社社员就迅速发展到 100 多户。2009 年，佳福奶牛养殖专业合作社与某乳品企业达成销售协议，在销售环节实现了突破性进展。但是好景不长，2010 年起合作社在市场交易中遇到了两大难题。一是乳品企业凭借其市场垄断力量，压低合作社的鲜奶收购价，价格比市场价低 0.2 元/千克。就合作社的经营规模而言，每日鲜奶产量大约 3 吨，价格压低后平均每月利润损失达 18000 元。二是乳品企业恶意拖欠合作社奶款。在压低合作社奶价的同时，乳品企业每月拖欠合作社的奶款逾 20 万元，有时甚至连续拖欠两三个月的奶款，严重影响了奶农的生产经营活动，致使部分奶农对合作社丧失了信心。

当年就有不少奶农提出要退出合作社，合作社陷入解体的危机之中。

面对内忧外困的局面，合作社理事长秦某屡屡上门向乳品企业讨要奶款，但是乳品企业以诸如行业不景气等各种理由推脱，对此秦某束手无策。倘若此时更换合作企业，合作社还将面临着拖欠的奶款无法追回的风险，会造成更严重的经济损失；如果不更换合作企业，将会继续被乳品企业恶意压低奶价与拖欠奶款，同样也会造成经济损失，合作社陷入了进退两难的尴尬局面。

（二）产品同质性、谈判成本与合作社组织诱致性创新

正在此时，秦某偶然打听到，与他们面临着相同困境的合作社不在少数，仅临朐县就有七家。于是，秦某萌发了一个念头——七家合作社联合起来共同解决问题。同时，秦某通过网上搜索，发现不少地方已经有了合作社联合起来闯市场的先例，这使秦某更加坚定了成立联合社的信心。

根据上文的理论分析，在组织化潜在利润出现时，合作社能否成功地自发组建联合社的关键因素在于合作社之间的谈判成本，而影响谈判成本大小的重要因素就是合作社之间产品的差异性。产品同质性的合作社群体面临着共同的市场，具有集中的利益，更有可能形成利益共同体。临朐县的七家奶牛合作社生产的产品完全同质，而且都面临乳品企业对它们的利益挤压问题，这为它们组建联合社降低了谈判成本。

2010 年 7 月，佳福奶牛养殖专业合作社理事长秦某将其余六家合作社的理事长召集在一起，共同商讨目前合作社面临的困境。七家合作社一致认为，造成当前困境的原因就在于合作社的规模小、实力弱，没有形成规模经济。单个合作社的奶量不足以对乳品企业的奶源造成太大影响，乳品企业自然有恃无恐。在会上秦某提出了合作社联合起来，组建联合社共同对抗乳品企业的方案。这个方案提出后，得到了所有合作社代表的一致同意。为此，他们还算了一笔账：一个合作社一天的产奶量在 2~3 吨，七家合作社的产奶量加起来一天就是 17~18 吨。如果七家合作社联合起来，一同停止与该乳品企业的合作，势必会对该乳品企业的生产造成影响。因此，七家合作社签字决定以成立联合社的紧密形式联合起来抵制压价、讨要奶款。在会上，秦某当选为联合社的理事长。

2010 年 8 月，在七家奶牛合作社的自我组织下，临朐县志合奶牛专业合作社联合社正式在当地工商部门注册成立。志合奶牛专业合作社联合社的运行机制如图 5-3 所示。

这种运行机制可概括为“两个统一”：一是联合社统一购买农资或技术服务，并以原价提供给成员合作社。二是合作社产品统一由联合社组织销售（负责联络销售渠道，有别于合作社将产品销售给联合社），由联合社和企业谈判后

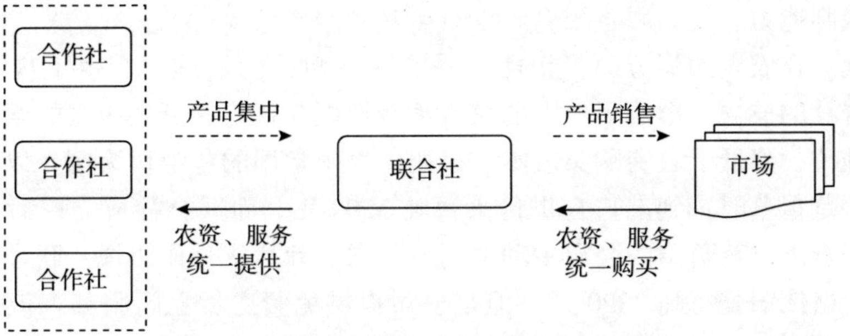

图 5-3　志合奶牛专业合作社联合社运行机制

统一确定产品价格。

（三）诱致性制度变迁的收益：潜在利润显现化

志合奶牛专业合作社联合社的成立，为临朐县奶牛合作社的发展壮大迎来了新的契机。合作社通过联合社的组织形式，“攥起拳头打市场”，获得了良好的经济效益，诸多组织化潜在利润逐渐显现（见图 5-4）。

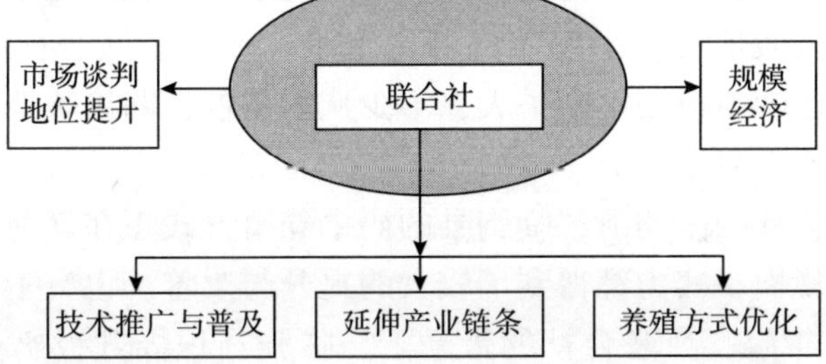

图 5-4　志合奶牛专业合作社联合社潜在利润显现

首先，组建联合社后，合作社的市场谈判力得到了提高。最典型的事件是，志合奶牛专业合作社联合社成立当天，就正式向乳品企业发出通知：“鉴于该乳品企业一直以来对联合社成员社压低奶价、拖欠奶款，联合社集体决定，从明日起，停止向该乳品企业提供鲜奶。”乳品企业接到通知后，大为紧张。当天晚上乳品企业的总经理就赶赴临朐，与联合社进行协商，最终达成了一致：一是将拖欠七家合作社共计 120 多万元的奶款，于第二天全部打到各合作社的账户上；二是签订奶款协议，保证以后绝不拖欠奶款；三是提高奶价，与市场收购价格持平。合作社采取联合销售的措施，有力地打击了乳品企业的买方垄断力量，成功扭转了合作社以前被动接受买方收购条件的市场格局，提升了合作社与乳品企业的市场谈判能力。

其次，在农资购买方面，联合社采取统一购买的措施，产生了规模经济效应。联合社的成立，形成了较大的农资消费规模，在与农资供应方的谈判中占据了主动地位，降低了农资购买成本。以奶牛养殖常用的苜蓿草为例，以前单个合作社采购苜蓿草时，到港口自提价为每吨 3200 元。而联合社成立以后，潍坊一家专门经营进口苜蓿草的公司主动上门，与联合社达成合作协议。联合社采购苜蓿草的价格依旧是每吨 3200 元，但是公司提供免费送货上门服务。该公司一车能承载 35 吨苜蓿草，平均每吨苜蓿草的运费在 100 元左右，仅一车苜蓿草就为合作社节省 3500 元。

再次，通过整合优势资源，联合社向合作社提供技术普及与推广服务。联合社内部不乏养殖“高手”，他们的养殖能力、信息收集能力等都强于一般奶农。联合社充分利用这一优势，在内部多次举办养殖技术座谈会，开展技术交流、学习培训、现场观察等活动，及时为奶农提供养殖信息与技术服务。此外，联合社还凭借自己的实力与影响力，与山东广播电视学校共同创办了奶牛学校。奶牛学校任教的老师是来自科研院校的专家、教授。每一批学员都要经过两年的系统学习，经过考试合格后，还会获得由山东广播电视学校颁发的正规专业证书。奶牛学校创办以来，极大地提高了奶农的养殖水平，保证了联合社的长远发展。同时，奶牛学校的影响力也在不断扩大，不少从内蒙古、四川等地慕名而来的奶农参加了奶牛学校的学习。

最后，在联合社的带动下，临朐县的奶牛养殖方式正在逐渐优化。组建联合社后，合作社的规模、实力都得到了较大的提升与改善，也有了实力优化传统的养殖方式。2011 年起，在联合社的带动下，临朐县积极升级奶业生产方式，从粗放型养殖向集约化养殖转变，建立奶牛养殖基地，实施规模化、集约化、现代化的养殖方式。目前，联合社已经建立起多个标准化奶牛养殖基地，奶牛存栏量能力可达到 2 万多头。联合社的每一个社员都能享受到标准化养殖的服务，奶农还可以将自家奶牛送到养殖基地托管，由联合社工作人员代为管理。这种方式不仅降低了奶农的养殖成本，还提升了牛奶产量与质量，形成了良好的经济效益，促进了奶业增效与奶农增收。

此外，联合社还积极延伸产业链条，拓展了销售渠道。2012 年，联合社在临朐县开办了直销鲜奶吧。直销鲜奶吧不仅拓宽了联合社的产品销售渠道，而且为奶农增收开辟了新的路径。值得注意的是，直销鲜奶吧的成功试点，还为联合社创建品牌奠定了基础，提升了社员信心。2013 年，联合社就已着手谋划品牌建设。

四、案例分析二：异业联合社的强制性制度变迁生成路径

青同镇农民专业合作社联合社位于河北省灵寿县，成立于2011年，由当地不同产品类型的合作社、企业等经济主体组成，是当地供销社推动组建的异业联合社。它的形成是一个典型的强制性制度变迁过程。

（一）组织化潜在利润

从灵寿县青同镇农民专业合作社联合社的组建过程来看，获取组织化潜在利润依然是联合社得以形成的重要动力因素。首先，联合社成立之前，青同镇多数农民合作经济组织缺乏竞争力。近年来，青同镇虽说成立了不少农民专业合作社，但部分合作社是由农资经销商、农产品经纪人组建的，农户加入合作社后在经营模式上与过去毫无差别。合作社在管理上很不规范，对农民的组织化程度也较低；同时还缺少自主品牌，缺乏稳定的销售渠道，资金实力也不足，无法适应现代农业的要求。其次，农民专业合作社质量参差不齐，急需规范和管理。有些合作社还在市场上兜售假冒伪劣产品，严重影响了合作社的信誉度，也间接影响到了其他合作社的正常运行。大部分合作社希望能有力量对市场进行规范管理。再次，合作社在与农业企业合作中时常出现"双向违约"的问题。青同镇的订单农业履约率一直较低。合作社在与农业企业合作中，当市场价格低于订单价时，农业企业经常以产品质量不过关为由拒收或少收约定的农产品；当市场价格高于订单价时，合作社成员则不愿意把产品卖给企业。因此，无论合作社还是农业企业，都希望产生一个能够协调龙头企业和合作社利益关系的有效机制。最后，随着青同镇禽畜养殖业的发展，养殖场产生的粪便污水成为当地的主要污染源。单个养殖合作社没有能力解决粪便污染问题，久而久之，污染问题也就酿成了"公地悲剧"。

（二）产品异质性、谈判成本与合作社组织强制性创新

无论是解决合作社市场竞争力、规范管理，还是解决订单农业违约和环境污染等问题，都涉及了每一个合作社的切身利益。因此，解决这些问题，需要各个合作经济主体之间进行相互协调与合作。从其他地方的实践来看，组建联合社在解决产品竞争力、规范市场等方面能够起到积极的作用（蒋晓妍，2000；苑鹏，2008；张娟，2012；朱启臻，2012）。但是，与志合奶牛专业合作社联合社不同的是，我们未能看到一个由自发力量组建的联合社。究其原因，这与联合的谈判成本息息相关；而影响谈判成本的关键因素是潜在外部利润覆盖的合作社类型较多。为了说明这一点，我们把青同镇与志合奶牛专业合作社联合社进行比较分析（见表5-1）。

表 5-1　两联合社制度变迁路径比较分析

内容	志合奶牛专业合作社联合社	青同镇农民专业合作社联合社
潜在利润覆盖群体	奶牛养殖合作社	几乎所有合作社
合作社产品异质性	异质性极低	异质性高
利益集中程度	利益高度集中	利益分散
自发联合谈判成本	低	高
制度变迁方式	诱致性制度变迁	强制性制度变迁

志合奶牛专业合作社联合社在成立前，组织化潜在利润覆盖的群体仅为当地奶牛养殖合作社。这些合作社在产品上具有高度一致性，也面临着同样的市场，因此在利益上也具有一致性，从而容易形成利益共同体。因而当涉及联合谈判时，在共同利益的驱使下，容易达成共识，从而发生诱致性制度变迁。对于青同镇农民专业合作社联合社而言，在成立之前，潜在利润几乎涉及所有的合作社，但这种潜在利润对不同合作社的表现是不一样的。例如，养殖合作社迫切希望能解决污染问题，但是单靠养殖合作社的力量还远远不够，可污染问题虽然对其他合作社（如药材合作社）及其成员的生活造成了影响，但并不是它们最迫切需要解决的问题。换言之，上述四类潜在利润虽对青同镇内的合作社都有影响，但是影响程度不一；对于不同合作社，还面临着潜在利润的主次之分。原因就是合作社的产品差异较大，导致了它们的利益交叉范围较小，很难形成集中的利益。倘若青同镇合作社采取诱致性变迁的方式组建联合社，那么必然要涉及对以上问题的谈判。这种谈判是高成本的，需要协调与满足各种不同的需求，不同于志合奶牛专业合作社联合社那种需求集中的情况。因此，我们未能在青同镇看到一个自发生成的联合社。

庆幸的是，当地供销社参与进来了，成为了直接推动联合社成立和发展的主体，实现了合作社的强制性制度变迁。供销社因其原本就是经济实体，且具有人力、组织、渠道、技术、品牌优势，并因隶属政府机构而具备“国家信用”，它的参与为联合社的成立提供了指导、协调等多重服务。更为重要的是，供销社“公立”的角色，在联合的谈判中，具有协调多方利益、克服谈判成本的天然优势，从而为合作社之间的联合解决了谈判成本过高的问题。

2011 年，在青同镇政府和县供销社的协助与指导下，灵寿县青同镇农民专业合作社联合社成立了。截止到 2013 年底，联合社成员有农民专业合作社 25 个、龙头企业 6 个、村“双委”干部 5 人，覆盖合作社社员 446 名。联合社涵盖种植、养殖、药材等多类型合作经济组织。

（三）联合社的运行机制

由于青同镇合作社的发展还不成熟，组织声誉尚未形成影响，合作社还缺乏对联合社进行独立管理的能力，因此亟须外部力量在管理上进行补充。正如上文所言，供销社作为公共组织代表着政府信用，同时具有较强的管理协调能力，因而能够补充联合社管理能力的不足。

在供销社的推动下，乡镇政府、“村两委”干部与龙头企业都纳入了联合社的管理体制之中，将联合社从单纯合作社之间的联合扩展到“五位一体”的联合与合作（见图 5-5）。其中，乡镇政府领导任联合社名誉主任，镇供销社主任为执行监事，合作社理事长、“村两委”成员和龙头企业总经理为理事，理事长在成员合作社理事长中选举产生。这种组织形态比一般的合作社之间的联合更具有优势：一方面，政府部门的参与，增强了联合社的公信力，提高了联合社市场谈判的能力；另一方面，龙头企业与合作社共同组建联合社，节约了农户与企业之间的交易费用，内部化了合作社与企业的合作风险。

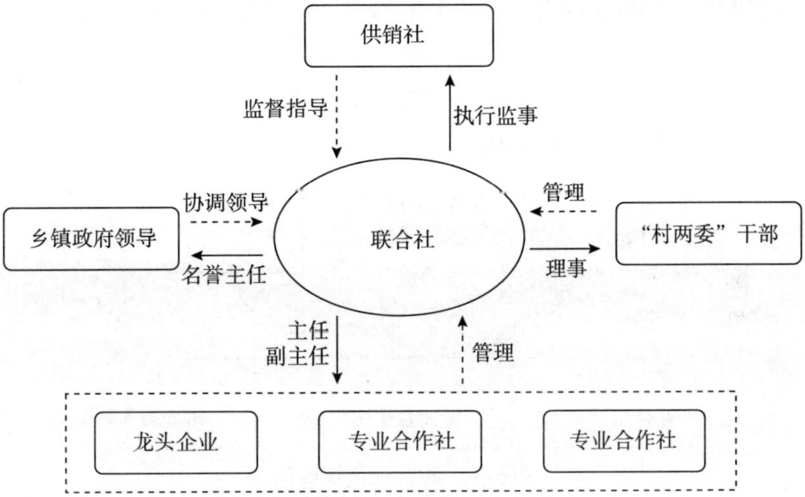

图 5-5　联合社“五位一体”管理体制

供销社参与组织管理协调工作，形成了以各专业合作社为主体的联合社管理机制。在联合社中，专业合作社推选出的联合社理事会成员负责联合社的主要日常工作。作为联合社的理事会单位，有的合作社负责人还担任联合社的主任（即理事长）或副主任职责；龙头企业作为联合社的副主任成员参与理事会工作，主要参与联合社的决策活动，但是不负责日常管理活动；“村两委”干部作为联合社理事，也参与日常决策活动，但不涉及日常管理；乡镇政府领导担任联合社的名誉主任，负责联合社的协调领导工作，协调、服务联合社参与市场经济活动，为联合社的发展提供便利、创造条件；而供销社则负责联合社的监督指导工作，并由供销社乡镇一级负责人担任联合社的执行监事一职。

从联合社的管理结构与管理职责来看，供销社的参与和推动强化了联合社的组织优势，完善了联合社的组织管理，这也折射出了供销社在参与组建联合社中的优势。

此外，由"村两委"干部、龙头企业、供销社及专业合作社共同出资形成了联合社的混合产权制度。联合社资产总计400万元，其中20%来自"村两委"干部等社会能人，50%来自青同镇本地的6个龙头企业，10%来自县供销社，20%来自各个合作社（见图5-6）。资金主要用于联合社的项目开发与投资，支持合作经济组织的发展。联合社在生产经营中获取的利润，按照各出资方的出资比例进行分配（县供销社的投资不参与分配）。这样的产权构成和组织结构形成了由供销社指导，"村两委"干部参与，依托联合社联系广大专业合作社及农户，企业提供资金和销售服务的综合型供销组织。

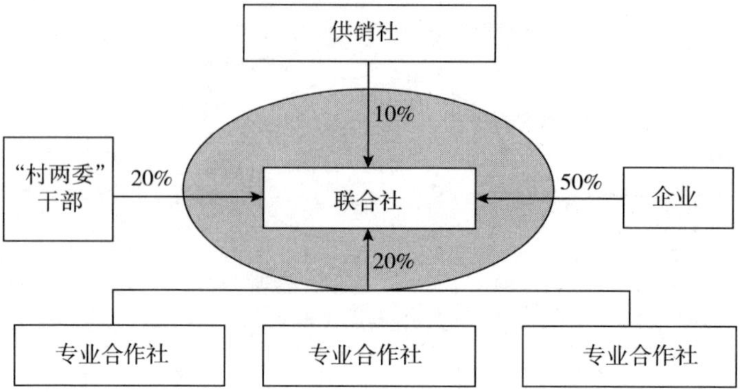

图5-6　联合社产权结构

产权结构决定分配制度。联合社制定了如下盈余分配规则：联合社在生产经营中获取的利润，按照各出资方出资比例进行分配。其中，10%分配给县级供销社，50%分配给出资的各龙头企业，20%分配给以个人形式出资的社会能人，其余20%不对专业合作社进行分红，以留存利润的形式作为联合社的项目投资资金，全部用于联合社及供销社指导下各类试点项目的再投资。

联合社在运行过程中，主要对各合作社起到指导、协调和服务作用。第一，联合社利用供销社所具有的国家信用给予各专业合作社足够的信心使其更愿意加入联合社，并发挥组织、协调优势妥善处理联合社各成员间的利益关系，尤其是在土地流转过程中发挥调节人的作用。第二，在供销社的指导下，联合社充分发挥计划力、执行力、组织力和公信力，以更广阔的全局意识和整体发展思路，实施大规模试点项目，采取区域整体规划与逐社分析相结合的方式，统筹当地优势资源，促进农牧经济发展。第三，联合社引导地区内同质合作社加强积极合作，并为各生产、销售合作社搭建销售信息平台，各成员社与联合社及联合社内龙头企业之间不存在强制收购协议，只为社员提供多元销售渠道信息，社员可自行选择销售途径（见图5-7）。除此之外，加入联合社的各合作社和企业产品，符合相应质量安全标准的，可使用供销社的品牌及销售渠道，增强了合作社产品的市场认同度。

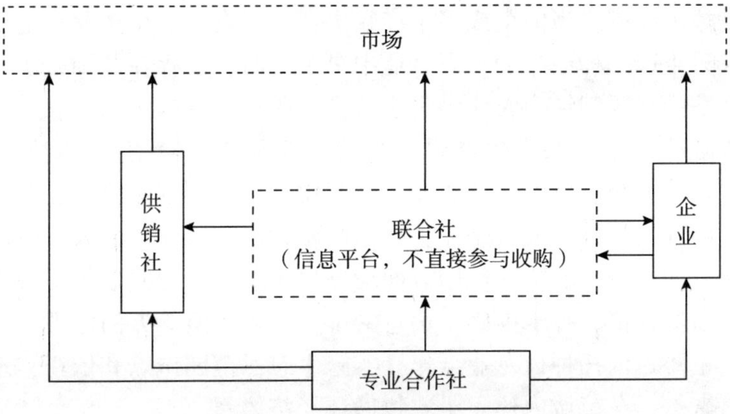

图5-7　联合社的销售网络

（四）强制性制度变迁的收益：潜在利润显现化

青同镇农民专业合作社联合社成立以来，按照“合作立社、项目兴社、品牌强社”的发展思路，紧紧围绕当地主导产业和特色产业，充分发挥合作优势，联合打造当地产业基地和产品品牌，带动了全镇农民专业合作社的发展，通过横向一体化与纵向一体化实现规模经济与范围经济，促进了农民增收致富。潜在利润主要体现在规模经济与范围经济上。

首先是规模经济。传统上，实现更高层次、更大规模的联合，有效应对市场竞争和风险，常被看作农民合作社联合社发展的重要贡献。通过成立联合社，不仅实现了区域内同业生产者的联合，更实现了不同地区同类合作社间的跨区域合作，实现了规模经济。

青同镇农民专业合作社联合社成立后，一方面，协调引导每个村的同类合作社加强合作，共同面对原料及产品市场。联合社通过供销社网络，组织农资、日用品等经营企业向成员合作社开展连锁配送，年配送额达300万元，节约了合作社及其成员的生产、生活成本。联合社还组织成员合作社开辟了农副产品进城市、进超市渠道，帮助销售农副产品800余吨。这种集中化的方式既解决了农产品卖难的问题，也提高了市场销售价格，增进了合作社及其成员的福利。另一方面，联合社整合了供销社、龙头企业和乡村能人的社会资源，为成员合作社提供了比较完善的产前、产中、产后全方位服务，引进了新技术13项，推广新品种32个；举办培训班16期，培训经营大户、技术骨干500余人次，有力地促进了当地农村经济的发展。另外，联合社还沟通了龙头企业、合作社之间的关系，形成了内部熟人关系借贷网络，为合作社提供了资金支持。

其次是范围经济。当两个或多个产品生产线联合在一个企业中生产比把它们独立分散在只生产一种产品的不同企业中更节约时，就存在范围经济。有学者将农业范围经济的来源归结为农业固定投入在空闲时的有效运用、农业可变成本的互补（即农业生产中可共享生产要素共同购置和统筹使用）、人力资产专用性低、信息共享节约交易成本以及农业品牌专用性。青同镇农民专业合作社联合社成立后，协调各成员社及成员企业，在生产要素的统筹使用、人力资产的合理分配、信息平台的建设和品牌的使用方面均做出了积极努力并取得了一定成效，在生产成本、市场营销、技术推广、信息共享、抵御风险等方面体现了农业范围经济的优势，主要是依托种植专业合作社实施生态示范园试点和依托养殖合作社开展生态养殖试点，在镇域内建立了农牧循环经济体系。

（1）建立农业生态示范园。2011年，联合社指导该镇海蛙村的种植专业合作社开展了连片示范园试点，流转了1000亩土地进行集约化规模经营。为了能够尽快将规划的1000亩土地流转到一起，联合社指导学科种植合作社开展了土地入股试点。土地流转的方式分为以下两种：①社员土地入股。这类流转方式约占总流转面积的60%。具体方式是：1000亩规划区域内的社员土地入股后，前三年支付每年每亩500元的保底收益，三年后根据土地入股的比例参与按股分红。开展试点后，社员不再以资金方式入股，合作社也不再开展原有的供销业务。②非社员租赁流转。在1000亩规划区域内的非社员土地，采取租赁方式实现流转，2011年以来的租赁费用分别为每年每亩800元、1000元、1200元。非社员以租赁形式转出土地后，只享受固定租金收益，不再享受合作社的额外分红。在联合社的协调下，合作社已成功流转了计划的全部土地。

土地集中后，联合社指导合作社开展高效农业示范基地建设，规模化种植莲藕、蛋白桑、金叶榆树、金枝槐、薄皮核桃、四季果桑、中华寿桃等多种作物，并开展林下柴鸡及鱼塘养殖，形成了农业良种繁育、绿色果蔬采摘、生态养殖、科技示范、休闲养生的农业观光示范园。合作社优先雇用将土地入股合作社的成员，实现了土地入股成员的再就业。

（2）联合社引领下的生态农牧循环经济。为了净化畜牧养殖场造成的粪便、污水污染，联合社建立了大型沼气池，并把沼渣投入生态示范园，形成了“养殖—能源—废料—种植—饲料—养殖”共计五个环节紧密结合的互补性生态循环经济（见图 5-8）。一是利用五个养殖合作社和一个企业产生的牲畜粪便，在当地建立沼气工厂。养殖排泄物通过加工设备分离为沼气和沼渣液。沼气收集后通过管道输出至五个合作社和养殖企业，解决其发电、取暖问题；沼渣液则通过技术进一步分离为沼液和沼渣，沼液用于生产有机农药，沼渣用于生产有机肥料。这些有机农药和有机肥将直接用于示范基地的种植生产中。二是利用农业示范园区推广种植蛋白桑，为养殖合作社与企业提供优质饲料（蛋白桑）。2013 年，农业示范园区示范种植蛋白桑 150 亩，分别在猪、牛、羊、鸡养殖场进行饲喂试验，在节约粮食、代替抗生素、疫病防治、改善肉蛋奶品质等方面取得了良好的效果。与此同时，联合社也在积极开发蛋白桑叶茶项目，进一步拓宽产品用途。

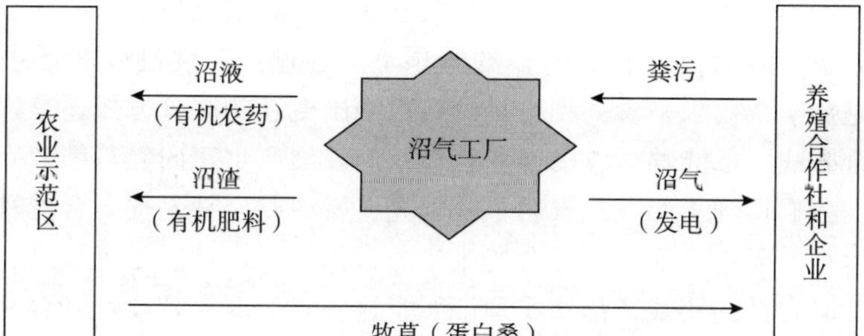

图 5-8　联合社的生态农牧循环经济

结合循环农业思路，联合社还开展了以下几方面的尝试：一是示范推广旱地莲藕种植，促进全镇特色农业的发展。引进了旱地节水沼液种植莲藕的新技术，示范种植莲藕 100 亩，亩产莲藕 3000 公斤，亩效益达万元，弥补了灵寿县生产水生蔬菜的空白，受益农户 570 户，生产商品莲藕 3800 吨，年产值 1200 万元，户均收入 2 万元以上。二是推广优质核桃种植，促进全镇林果产业的发展。联合社充分利用沼气工厂生产的沼液与沼渣，代替传统的农药、化肥，实施生态林果产业种植。2012 年在农业庄园试种薄皮核桃 130 亩，2013 年在全镇推广至 3500 亩，辐射带动农户 2300 余户。

青同镇农民专业合作社联合社将区域整体规划与逐社特征分析相结合，打造出循环经济的农业生产结构，实现了整体区域内的规模经济和范围经济。这是在当地的发展阶段和条件下，单纯依靠单一合作社、企业或政府力量无法实现的目标。在联合社目标得以实现的过程中，各农民专业合作社是联合与合作的根本基础，供销社为业务和试点的有效运行提供了重要的指导和服务，企业为规划和项目的实施提供了必要的资金、渠道和技术支持，政府为联合社的发展提供了良好的政策环境和制度保障。联合社有效运营和所取得的规模、范围成效源自于各成员间的优势互补，充分体现出了联合社的组织优势。

五、结论与启示

通过对临朐县志合奶牛专业合作社联合社和灵寿县青同镇农民专业合作社联合社的案例比较分析，证实了本节提出的理论假说，得出了如下结论：一是联合社是农民合作社追求组织化潜在利润的产物。二是当存在联合的潜在利润时，产品同质性的合作社群体联合谈判成本较低，更容易发生诱致性制度变迁而生成同业联合社。三是产品异质性的合作社群体，由于产品的差异性容易导致合作社之间利益需求的不集中，自发联合的谈判成本高，从而很难自发形成联合社，但可以在外部力量（政府或公共部门）的干预下，通过强制性制度变迁生成异业联合社。四是从实践效果来看，无论是诱致性制度变迁的联合方式还是强制性制度变迁的联合方式，都能够对农民专业合作社的发展产生正向经济绩效。

据此，我们得到了如下几点启示：首先，发展联合社是提升合作社市场竞争力的有效途径，无论是临朐县志合奶牛专业合作社联合社还是灵寿县青同镇农民专业合作社联合社的实践，都切实地证明了这一点。成立合作社联合社虽是地方合作组织发展到一定阶段的共同愿望，但其成立往往需要有能力的牵头人领导推动，在一些地区，当地有声望的龙头企业或运营较为成熟的合作社可以扮演牵头人的角色，但在区域内其他经营主体不具备这样的条件时，原有的供销体制可以充分利用组织、资源优势，发挥推动作用，目前，全国农民专业合作社的数量已经达到了 100 万家以上，促进合作社之间的联合与合作应成为国家政策的重要取向。其次，合作社在自我组建联合社时难免会遇到“谈判成本”的阻挠，尤其是在产品异质性的合作社群体之间，因而公共部门应针对有需求的合作社群体，扶助他们组建联合社。吸纳区域内的其他经营主体，如龙头企业、社区能人或种养大户，建立开放式联合社，可以有效解决传统农民专业合作社联合在资金、人才、渠道方面面临的制约，实现联合社更高层次的发展。当然，必须始终保持联合社服务于农民专业合作组织发展的最根本目的，才能避免成为少数企业和个人获利的工具。最后，联合社的职能应突破传统的“几统一”服务，不仅可以实现同区域或跨区域的横向联合，成立专业型联合社，也可以充分发挥组织优势，整合区域各方优势资源，发挥规划指导功能，促进区域内循环经济、产业链建设和发展，成为推动当地农业现代化、产业化发展的重要力量。

第三节　资源整合、价值增值与农民专业合作社的再联合*

一、引言

2017 年 12 月 27 日，新修订的《中华人民共和国农民专业合作社法》在第七章新增了八条涉及农民专业合作社联合社（以下简称联合社）的相关法律法规。把联合社写入新修订的农民专业合作社法，在制度层面既肯定了联合社这种合作社之间组织形式的存在，也约束并规范了联合社的行为。虽然合作社已被证实是农业供给侧结构性改革的生力军和精准扶贫的重要组织载体（孔祥智，2016；张琛、高强，2017），但单个合作社规模小、市场竞争力薄弱仍是掣肘合作社发展的重要因素。联合社作为合作社与合作社之间的联合，旨在为了抱团发展破解合作社的发展困境。从国际上看，“合作社之间的合作”在 1966 年被国际合作社联盟写入合作社原则之中，合作社走向战略联盟也是欧美发达国家合作社的发展趋势（Reynolds，2012；谭智心，2016）。

在实践层面上，联合社数量呈现出快速增多的发展趋势。根据工商部门的数据显示，截止到 2017 年 9 月，我国联合社的数量约 7200 家。在实践类型上，有学者按照产品类型将联合社实践分为同业联合社和异业联合社两种类型（周振、孔祥智，2014），也有研究按照经营特点将联合社分为生产型联合社、销售型联合社、产业链型联合社和综合型联合社四种类型（中国人民大学中国合作社研究院课题组，2017）。按照经营特点划分的销售型联合社主要是着眼于农产品流

* 执笔人：张琛、赵昶、孔祥智。

通环节，依托联合提高产品多样性，实现供给稳定性，最终实现盈利，是当前联合社实践形态重要类型（中国人民大学中国合作社研究院课题组，2017）。

联合社实践形态的多样性在反映当前我国联合社多元化发展态势的同时，随之而来催生出的一个问题是不同类型的联合社生成路径的差异性。针对联合社的生成路径，已有研究认为合作社之间谈判成本的高低决定着联合社生成路径，诱致性制度变迁和强制性制度变迁更容易分别生成同业联合社和异业联合社（周振、孔祥智，2014）。也有学者研究发现，联合社成立的重要原因是能够实现节约外部交易成本与内部治理成本的差值最大（孔祥智等，2018）。作为联合社主要类型之一的销售型联合社，现有研究中对其生成路径的分析还很薄弱，基本处于空白阶段。针对现有研究的不足，本节以一家销售型联合社为例，从“资源整合—价值增值—合作社再联合”研究主线入手，借助价值链分析方法探究销售型联合社生成路径，以期本节研究为联合社实践形态的生成路径提供一个新的视角和解释框架，揭示其中蕴含的理论价值与政策含义。

二、研究设计

（一）理论分析

组织拥有的资源具有价值性、稀缺性与不可替代性，是组织竞争优势的来源（Barney，1991），不同组织之间资源禀赋反映出组织竞争力的差异。正是因为不同组织竞争力的差异性，当一个区域内部的组织数量不断增加的时候，区域内部的竞争就会加剧，单个组织面临着两种制度变迁选择：一是选择制度变迁，走向联合；二是不选择制度变迁，强者生存，弱者灭亡。走向联合的表现形式是组织之间通过整合资源，形成利益共同体，增强市场地位，获得制度净收益，实现帕累托改进，走向合作（North，1990）。已有研究也证实了获得组织化潜在利润是合作社与合作社之间联合形成联合社的重要动因（周振、孔祥智，2014）。新制度经济学理论指出，制度净收益决定制度变迁的出现。制度净收益取决于制度收益和交易成本节约。两者的关系可以表述为：制度净收益等于制度变迁所获得的制度收益①与交易成本节约两者之和。当制度净收益大于零，组织更倾向于实现制度变迁。合作社之间的再联合正是获得制度净收益的表现形式，一方面充分发挥了规模经济的作用效果获得制度变迁总收益，另一方面有效地实现交易成本的降低，实现了交易成本的节约。“经济主义”挂帅是中国合作社的发展思路，最大限度地获得制度净收益则是其核心目标。那么，合作社走向联合如何最大限度

① 制度收益是指因制度变迁组织获得的制度收入与所产生的制度成本两者之间的差值。

地获得制度净收益？

通过产业链延伸获得价值增值，形成销售型联合社是一条可行路径。现有研究表明，产业链延伸获得价值增值对参与主体的福利改善具有显著效果。Creevey 等（2011）采用反事实的评估方法证实了价值链能够提升农户农业生产率水平，增强销售收入。Rutherford 等（2016）采用利比亚农户准实验的调研数据计量结果表明农户加入农业价值链显著地提升了农场产出，更易于使用先进技术，实现整个社会福利水平的增加。越来越多的合作社选择实现产业链延伸获得附加值增值收益，选择纵向协作模式有助于实现合作社收益水平的提升（钟真等，2017）。基于已有研究，本节认为合作社和合作社之间联合选择产业链延伸，获得价值增值主要出于以下两个方面的考虑：一是规模经济的驱动，获得制度收益。合作社选择纵向延伸能够实现合作社规模扩张，充分发挥规模经济的优势，获得制度变迁预期收益。这是因为，不同合作社资源禀赋的差异意味着单个合作社所面临的市场范围具有局限性。合作社与合作社选择联合形成利益共同体，从内部机制上看实际上是分工的一种表现形式①，分工程度的高低取决于市场范围的大小（亚当·斯密，1997）。单一合作社市场范围的局限性也决定了其市场收益大小。合作社与合作社之间联合选择产业链延伸，是扩大单个合作社市场范围的表现形式。二是节约交易成本的驱动，降低交易成本。合作社选择产业链纵向延伸，能够更好地实现市场对接，节约了合作社市场交易成本。一方面合作社与合作社之间的联合能够内部化原先合作社面临的市场交易成本，具体表现在交易频率的降低和不确定性的减弱（Carlton，1979）；另一方面根据交易成本经济学理论，纵向延伸有助于降低组织专用性资产投资不足、规避因“敲竹杠”所导致的低效率问题（Williamson，1985）。

因此，基于以上分析，本节构建一个“资源整合—价值增值—合作社再联合”的理论分析框架（见图 5-9）。本节的假说是：依托资源整合实现规模经济和降低交易成本，并采用产业链延伸的方式最大限度地获得制度净收益是销售型联合社的生成路径。

（二）变量测度

（1）资源整合。依据资源基础理论（Resource-Based Theory）并结合现有研究成果（Dollinger，1995；Brush et al.，2001），本节将资源整合分为人力资源、

① 单一合作社再联合成立联合社的目的是为了获得制度净收益，而制度净收益的获得是联合社各成员社相互协作的结果。联合社整合各成员社的资源可以理解为单一合作社为了实现既定目标的一种分工形式，即联合社内部每个成员社发挥自身的比较优势，形成联合社内部组织分工体系，最终依托“分工一般地取决于分工”实现报酬递增（Young，1928）。

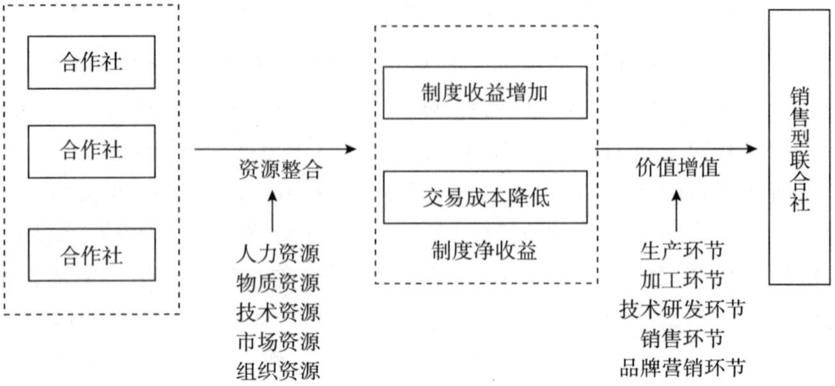

图 5-9　理论分析框架

物质资源、技术资源、市场资源和组织资源整合五个方面。其中，人力资源着重关注理事长才智，物质资源关注合作社的固定资产投入和资金规模，合作社掌握的农业技术来反映技术资源，市场资源考虑合作社的销售渠道，组织资源考虑合作社的规章制度和组织文化两个方面。这五个方面能够较为全面地涵盖当前合作社的资源禀赋特征。

（2）价值增值。依据 Porter（1985）的观点，价值链涉及的各个环节都是为了实现整个价值链的价值延伸，不同环节对价值链的价值增值程度存在差异。图 5-10 展现了价值链不同环节的价值增值程度。已有研究证实拥有品牌营销环节的价值链价值增值程度远高于没有品牌营销环节的价值链，生产和加工环节对价值链的价值增值程度较低，而销售环节的价值增值程度较高（桂寿平、张霞，2006）。因此，本节从生产、加工、技术研发、销售和品牌营销五个方面反映合作社再联合后的价值增值情况。

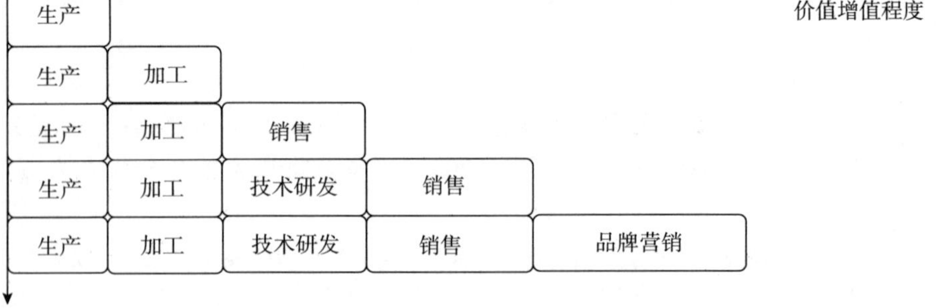

图 5-10　不同环节价值增值程度

三、资料来源与案例介绍

（一）资料来源

本节选取的案例为安徽泾县兰香茶营销专业合作社联合社（以下简称兰香联社）。之所以选择兰香联社作为案例分析对象，是因为作为销售型联合社的典型案例，兰香联社的实践探索十分具有代表性。为了获得丰富的一手研究资料，对兰香联社有着更为全面的了解，中国人民大学课题组对兰香联社开展了深入细致的实地研究。2017 年 12 月，课题组一行四人赴安徽省泾县兰香联社总部进行实地走访调研。首先，课题组成员在兰香联社会客厅与兰香联社理事长李某进行了长达 5 小时的面对面半结构性访谈。通过这次访谈，课题组初步了解兰香联社的发展历程，梳理出兰香联社成员构成、运行机制、股权结构、盈余分配方式和经营绩效等方面的内容。其次，课题组成员与兰香联社两家成员社安徽省中徽茶叶专业合作社和泾县绿源汀溪兰香茶专业合作社理事长分别进行了长达 2 小时的半结构化访谈，重点了解成员社基本情况、加入兰香联社的动因、加入兰香联社对合作社自身发展的影响以及对联合社发展的自我看法等方面的内容。通过对兰香联社理事长和成员社的访谈，课题组对兰香联社有了较为直观的了解，形成了接近两万字的访谈记录。

结合 Miles 和 Huberman（1994）的三角测量法，除访谈资料外，课题组还对兰香联社进行了实地考察，并收集了安徽省、宣城市和泾县三级农业部门对兰香联社做出的总结材料、相关媒体报道材料，为本节研究提供了较好的素材支撑。

（二）案例介绍

兰香联社位于泾县泾川镇交通路 58 号县农委大楼，是由泾县绿环兰香茶叶专业合作社牵头组织泾县全县范围内从事茶叶生产、加工、营销和服务的 10 家茶叶合作社，以“自愿、自主、平等、互利”为原则，经泾县农委批复于 2013 年 5 月在泾县市场监督管理局注册登记，注册资金 2000 万元。截止到 2017 年底，联合社拥有成员社 13 家，成员 2000 余人，带动农户 15000 户。通过打造全国绿色食品茶叶标准化生产基地，结合区域公共品牌“泾县兰香”，兰香联社成功走出一条生产高效、品质放心、节约资源的茶叶产业发展新模式，既带动了泾县茶农增收，也实现了生态环境的改善。

（1）成立背景。泾县是安徽省重点产茶大县，以种植兰香茶为主。但由于茶叶经营主体平均规模偏小，综合效益低下，缺乏市场竞争力。泾县茶叶产业化程度低，品牌杂乱导致兰香茶品牌宣传推广难度大，加上泾县地理位置靠近安徽省黄山市，中国十大名茶之一“黄山毛峰”等茶叶的市场冲击造成泾县茶叶产业抗风险能力差，在激烈的市场竞争中处于劣势地位。泾县县委、县政府大力扶持当地茶叶产业发展，出台政策性文件将茶叶产业列为泾县主导产业，并通过财政资金扶持茶叶产业发展。兰香联社的成立实现泾县茶叶合作社的抱团发展，有效解决了以往单个合作社想干干不成、干不好的难题和泾县茶叶产业的发展困境，推动了泾县茶叶产业升级。

（2）主营业务。兰香联社主要经营茶叶以及附加品，在为成员社提供生产服务、加工服务和技术服务的基础上，通过整合泾县茶叶资源，提升成员社茶叶品牌的质量，打造区域公共品牌①，为成员社茶叶销售提供平台，充分发挥营销类联合社的作用。兰香联社盈利来源于三部分：一是来源于成员社使用泾县茶业协会注册商标向联合社缴纳的商标管理费；二是来源于成员社茶叶销售统一向联合社缴纳的包装费；三是来源于成员社出资入股的资金通过资金互助产生的利息收入。

（3）运行机制。首先是股权结构方面。兰香联社成立初期 10 家成员单位共以实物或现金形式出资 2000 万元，其中泾县绿环兰香茶叶专业合作社以实物现金的方式出资 300 万元，其他九家成员社采用实物出资的形式分别出资 150 万元至 250 万元不等（见表 5-2）。

表 5-2　兰香联社股权结构

成员名称	出资方式	出资额（万元）	出资比例（%）	出资时间
泾县绿环兰香茶叶专业合作社	实物现金	300	15.00	2013 年 4 月 20 日
泾县绿源汀溪兰香茶专业合作社	实物	250	12.50	2013 年 4 月 20 日
泾县戴杨剑峰茶叶专业合作社	实物	150	7.50	2013 年 4 月 20 日
泾县古坝玉观音茶叶专业合作社	实物	150	7.50	2013 年 4 月 20 日
泾县百户坑野生茶叶专业合作社	实物	200	10.00	2013 年 4 月 20 日
泾县南容半山云茶叶专业合作社	实物	150	7.50	2013 年 4 月 20 日
泾县桃花潭镇龙潭茶叶专业合作社	实物	200	10.00	2013 年 4 月 20 日
泾县爱民红藤坑茶叶专业合作社	实物	200	10.00	2013 年 4 月 20 日
泾县青云茶叶专业合作社	实物	200	10.00	2013 年 4 月 20 日
泾县茂林提魁茶叶专业合作社	实物	200	10.00	2013 年 4 月 20 日

资料来源：实地调研。

① 兰香联社牵头成立泾县茶业协会，以茶业协会的名义注册茶叶区域公共品牌，再授权给联社内部的成员社使用，成员社依托区域公共品牌实现自我核算，自负盈亏。

其次是组织架构方面。兰香联社成立初期有 10 家联合社，2014 年吸收两家成员社，2017 年吸收一家成员社加入联合社。截止到 2017 年底，兰香联社由 13 家生产实力较强的茶叶合作社组成，来自泾县六个主要产茶乡镇。兰香联社设理事会 3 人，其中设理事长 1 人、理事 2 人。理事会下设四个部门，分别设综合事务管理、财务管理、茶叶产品质量检测和产业营销，各部门分工明确，责任到人。监事会 3 人，设监事长 1 人、监事 2 人。理事会和监事会人员都是成员社理事长，由成员大会选举产生。此外，兰香联社理事长李某牵头成立泾县茶业协会，以茶业协会的名义注册区域公共品牌为联合社各成员社服务。兰香联社的组织架构如图 5-11 所示。

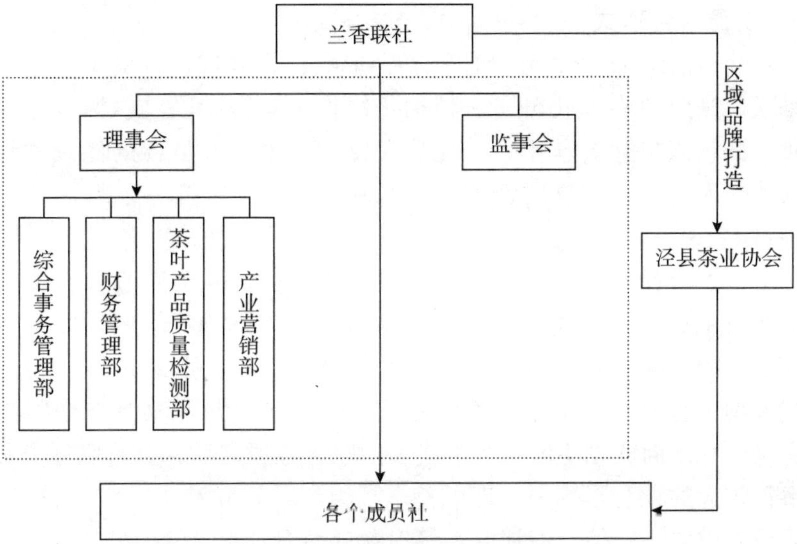

图 5-11　兰香联社组织架构

再次是决策机制方面。成员大会是兰香联社的最高权力机构，兰香联社内的所有重大决策，特别是与各成员社利益密切相关的重大事项，按照章程要求，必须经由成员大会表决通过。监事会负责全面监督联合社理事会的工作情况，并严格禁止理事会成员进入监事会任职。兰香联社先后建立完善了联合社民主议事制度，财务管理制度，确保了联合社的一切重大活动和日常工作有序开展，按章办事。茶叶合作社加入联合社需要提出书面申请，兰香联社入社制度严格，需要满足以下两个条件：一是入社的茶叶合作社生产的茶叶要有生产许可证。二是入社的茶叶合作社要有自身的茶叶生产基地、公司或加工厂。满足入社条件的茶叶合作社，再按照联社程序，由理事会审定同意入社。入社后的成员社享有决策权。

最后是盈余分配方面。兰香联社先将当年盈余中提取的10%作为公积金，用于扩大生产经营、弥补亏损或者转为成员出资；再扣除生产经营和管理服务成本，弥补亏损、提取公积金后的可分配盈余，经联社成员大会决议通过，按照出资额①和公积金份额分配给联社成员社，联合社如有亏损，经成员大会讨论通过，按比例分担。2016年兰香联社提取公积金后的可分配盈余为150万元，按照出资额返还盈余90万元，并将剩余盈余60万元按照公积金份额实现对12家成员社平均分配。

四、案例分析

（一）资源整合形式

兰香联社目前由13家茶叶合作社联合形成，不同成员社的资源禀赋存在差异。兰香联社按照“专业化分工、精细化协作、紧密型联结、标准化生产、品牌化经营”的模式搭建合作平台，充分发挥联合社各成员社的比较优势，有效地实现联社在人力资源、物质资源、技术资源、市场资源和组织资源的“五个整合”。具体来说：

一是整合人力资源。兰香联社理事长李某先后获得“安徽省农民创业带头人”和“安徽省优秀共产党员”等荣誉称号，并当选为泾县政协委员。兰香联社成员社之一的泾县绿源汀溪兰香茶专业合作社理事长张某获得“安徽茶产业突出贡献人物”称号，安徽中徽茶叶专业合作社理事长汪某具有中国高级品茶师职称，是泾县工商联副主席和人大代表。联合社成立后，兰香联社充分发挥成员社理事长较大的社会影响力，理事长李某组织兰香联社13个成员社理事长赴祁门、旌德、屯溪、广德、浙江安吉等地参观学习，重点学习外地茶叶加工和管理模式，并选派部分成员社人员赴安徽省茶科所进修学习，进一步加强联社与科研院校的茶叶专家合作。

二是整合物质资源。兰香联社要求入社的成员社必须有茶叶生产基地、加工厂或公司，这意味着较高的固定资产是合作社加入兰香联社的必备条件。此外，兰香联社要求各成员社按照一定比例缴纳资金入股作为盈余分配的依据，将成员社的入股资金通过内部资金互助的方式实现放大，再返还给各成员社。

三是整合技术资源。兰香联社的成员社在茶叶生产工艺方面的技术资源存在

① 兰香联社成员社的茶叶依托联合社提供的区域公共品牌实现自身销售，并不是联合社统一销售，因此不存在与兰香联社的交易量（额），不存在按交易量（额）分配。

差异。如泾县绿环兰香茶叶专业合作社掌握了有机茶生产加工技术、泾县绿源汀溪兰香茶专业合作社率先制定茶叶质量安全关键点控制程序（HACCP）、安徽中徽茶叶专业合作社较为成熟地掌握了乌龙茶的生产加工技术等。绿环兰香茶叶专业合作社和泾县绿源汀溪兰香茶专业合作社在茶园和茶叶加工厂采用了先进的物联网技术，实现对茶园降雨量、光照、土壤养分、病虫害情况的实时监控和茶叶生长、采摘加工、储存销售等各个环节的全程记录。联合社以成员社物联网技术为依托，将物联网技术逐步扩展到 13 个成员社。在所涉及的六个乡镇，根据当地自然环境，选派农业技术人员对成员社的茶叶生产基地提供技术指导，并统一根据不同区域茶叶生产要求，实施良种引进工程，进一步优化茶农的茶园结构。

四是整合市场资源。兰香联社的成员社市场销售渠道存在差异，如泾县绿环兰香茶叶专业合作社、泾县绿源汀溪兰香茶专业合作社的销售市场为安徽省内、江苏、上海等十几个城市，安徽中徽茶叶专业合作社除将茶叶在国内销售外，并于 2016 年 12 月获得“全品类茶叶全球出口认证资质”，成功实现将茶叶销售到海外市场。兰香联社充分发挥成员社不同类型的市场销售渠道，以为成员社茶叶销售为主要目的，通过打造区域公共品牌“泾县兰香”，为成员社统一包装、统一商标，多渠道宣传兰香联社及成员社的兰香茶。①联合社在 205 国道和 322 省道交界处竖立“泾县兰香”茶广告牌；②联合社在省市有关的特刊上对联合社品牌“泾县兰香”、成员社的茶叶品牌进行宣传；③联合社积极组织成员社赴上海、合肥、青岛、西安等地参加茶叶展销；④扶持和鼓励成员社发展电子商务，依托“互联网+”开拓兰香联社新市场。兰香联社依托泾县电子商务协会，成功入住天猫商城电子商务销售平台。充分利用网络电商多样化营销策略借助，实现茶叶线上线下销售，拓宽销售市场，实现“把好茶带出大山、把泾县推荐出去”的目标。

五是整合组织资源。兰香联社各成员社茶叶生产标准存在差异，因此市场竞争力也存在差异。根据泾县兰香茶叶的生产特点，兰香联社制定了《基地环境保护制度》《基地培训制度》《基地生产管理制度》《泾县兰香茶质量可追溯管理制度》《泾县兰香茶标准化生产操作规程》《生产投入品管理制度》《泾县兰香茶病虫害绿色防控技术规范》《泾县兰香茶安徽地方标准》。对联合社成员社的现有茶园统一实行补植加密、间作绿肥等措施，改良茶园小气候，并要求杜绝一切化学农药、不符合有机茶生产要求的化肥、植物激素等进入基地茶园，对进入茶园的有机肥、农家肥进行无害化处理，确保有机茶生产原料清洁不受污染。此外，兰香联社在整合成员社茶叶生产标准的基础上，参与并制定多项茶叶标准体系，并于 2015 年发布实施了《泾县兰香茶有机茶种植技术规程》《汀溪兰香茶生产技术规程》《乌龙茶加工技术规程》三部安徽省地方茶叶标准。

（二）资源整合的作用效果

兰香联社依托资源整合实现了市场竞争力的大幅提升。规模收益具体表现在以下三个方面：一是茶园覆盖面积方面。兰香联社成立后 13 家成员社覆盖泾县茶园生产六个乡镇 70 多个村，茶叶生产基地面积接近 37000 亩，占泾县茶叶面积 8 万亩的 1/2，其中标准化茶园 10000 亩。二是成员社经营能力方面。兰香联社 13 家成员社中有国家级示范合作社 2 家，安徽省级示范社 2 家，宣城市级示范社 5 家，县级示范社 3 家。三是品牌认可度方面。联社重点打造和宣传“泾县兰香”茶已成为“安徽十大品牌名茶”，荣获第十二届“中茶杯”全国名优茶一等奖和第十一届中国国际有机食品博览会产品金奖等荣誉称号。通过资源整合，兰香联社实现了茶园覆盖面积大、成员社经营能力强和品牌认可度高，有效地增强市场竞争力，获得规模收益。

交易成本由交易频率、不确定性和资产专用性三个方面构成（Williamson，1979）。其中，交易频率是指在一定时期内交易发生的次数和规模；不确定性反映在环境的不可预见性和行为的不确定性（Williamson，1985）；资产专用性分为人力资产专用性、实物资产专用性、场地专用性、品牌资产专用性、特定用途资产专用性以及暂时性专用资产六类（Williamson，1996）。根据联合社的特征，交易频率主要考虑的是联合社和成员社产品销售模式的转变。不确定性主要反映为联合社成员社面临着的外部市场风险和内部组织风险。当联合社及成员社的某种资产在特定用途时的价值最高，说明这种资产具有资产专用性。在周振和孔祥智（2017）研究的基础上，本节主要从人力资产专用性、实物资产专用性、技术资产专用性和品牌资产专用性四个方面考量联合社的资产专用性。兰香联社依托资源整合降低交易成本，具体表现在以下三个方面：一是兰香联社通过整合市场资源实现茶叶线上线下销售，依托“订单农业”模式实现交易方式由原先的散卖向批量销售，降低了交易频率。二是兰香联社通过资源整合降低了不确定性。一方面，兰香联社通过整合成员社销售渠道，扩大了联合社销售半径，延伸了销售渠道，与批发商形成了长期稳定的合作关系，依托区域公共品牌“绿环兰香”得到了广大消费者的认可，降低了外部市场风险。另一方面，兰香联社通过整合组织资源，制定成员社茶叶生产标准，严格把关茶叶质量，降低了组织内部的运行风险。三是兰香联社派农业技术人员对成员社的有机茶基地提供统一技术指导、统一灭虫、统一耕作、统一施肥、统一采摘标准的指导，充分发挥人力资源的溢出效应，降低了人力资产专用性。兰香联社及时面对市场结构变化，实现茶叶类型由单一的绿茶向绿茶、红茶、乌龙茶等多类茶叶发展，充分发挥成员社茶叶加工设备的优势，实现不同类茶叶的产品结构的合理搭配，降低了成员社的茶叶加工设备资产专用性。兰香联社通过整合技术资源，将成员社茶叶生产物联网技术在联合社内部成员社推广，扩大了物联网技术的适应范围，降低了成员社物联网技术的技术资产专用性。兰香联社通过打造区域公共品牌“泾县兰香”，降低了联合社成员社茶叶品牌的资产专用性，这是因为越是单一的品牌，对生产要求也越严格。区域公共品牌“泾县兰香”的打造涵盖了成员社“绿环兰香”“汀溪兰香”“大南坑兰香”“涌溪火青”等茶叶品牌。

上述分析证实研究假说，即兰香联社依托资源整合实现了规模经济，降低了交易成本。

（三）价值增值与合作社再联合

兰香联社涉及价值链的生产、加工、技术研发、销售和品牌营销五个环节，价值增值程度最高。兰香联社还积极鼓励成员社以汀溪乡、爱村民为核心发展茶叶生态旅游业，进一步延伸了茶叶产业的价值链。具体来说，兰香联社充分利用泾县水墨汀溪和月亮湾风景区的自然资源优势，打造茶叶绿色生产基地，开发汀溪自助游、爱民月亮湾等特色旅游项目，形成“观茶、摘茶、品茶”的旅游路线。此外，兰香联社在汀溪乡建成茶叶文化园，能够全面展示泾县茶文化、茶科技、茶品牌和茶叶发展概况，并收集整理图片、实物和影像资料，与汀溪茶叶旅游路线相结合，建设茶叶营销大厅、茶艺和茶道表演大厅、茶室和餐馆等配套服务设施，突出泾县茶文化内涵。兰香联社以联合社为载体打造茶叶田园综合体，实现了茶叶价值链的纵向深化，获得了较高的价值增值。具体表现在：兰香联社的茶叶价值链延伸为所覆盖的茶农开辟了新的增收致富之路，也壮大了成员社的发展。这一点从对兰香联社理事长李某的访谈中可以看出，“我们泾县这边茶叶平均每亩能产 400 斤左右的茶青，根据品质好坏茶青的平均市场价格为每公斤 10 元，收购鲜叶按照四斤鲜叶加工成一斤干毛茶的方式进行粗加工，并进一步精致茶叶。目前成员社的茶叶经过品牌包装后的市场销售价格能达到每斤 400～500 元，而普通的茶叶没有统一包装的市场价基本都低于每斤 100 元”。从兰香联社理事长的访谈中可以得出，联合社通过打造区域公共品牌，通过占据价值链价值增值程度最高的品牌营销环节，实现成员社市场销售收入的最大化。以上分析证实研究假说，即兰香联社依托产业链延伸的方式获得价值增值，最大限度地实现成员社获得制度净收益。访谈过程中，兰香联社理事长李某还表示“打造茶叶旅游业实现了成员社收入的增加，2016 年的市场销售收入达到了 11350 万元。在亭台楼阁下边喝茶、边欣赏着茶树，更方便成员社开拓销售市场，尤其是有利于与外商谈生意。目前中徽茶叶已把茶叶卖到了东南亚市场，我相信未来我们联社的成员社都能将泾县茶叶卖出国门”。

五、结论和启示

本节通过对兰香联社的案例分析，证实了上文提出的研究假说，得出了以下四个结论：一是合作社资源整合的目的是为了获得制度净收益。二是资源整合有助于合作社实现规模经济，并通过改变交易结构的方式降低交易频率。规避合作社内部和外部市场风险，降低人力资产专用性、实物资产专用性、技术资产专用性和品牌资产专用性，最终实现了交易成本的降低。三是采用产业链延伸的方式成立销售型联合社分享产业链价值增值，是合作社最大限度地获得制度净收益的重要途径。品牌营销的方式对合作社价值增值的作用效果最为明显。四是从实践效果上看，资源整合和产业链延伸的方式都能够对合作社的发展起到正面促进作用。

针对本节的研究结论得出以下几点启示：一是合作社与合作社之间的再联合能够实现单个合作社的发展壮大。案例分析表明，茶叶合作社抱团发展成立兰香联社实现资源有效整合，并通过打造公共区域品牌的方式实现了合作社价值增值的再提升。因此，地方政府应该大力支持联合社的发展，进一步明确联合社的合法地位，颁布出台联合社发展扶持的相关政策性文件。二是通过成立联合社的方式实现合作社的价值增值在理论和实践层面均是可行的。产业链延伸是合作社分享产业链价值增值的重要途径。倘若合作社选择自身进行产业链延伸，需要投入大量的专用性资产和匹配销售渠道，可能面临着较高的交易成本，而合作社与其他合作社的联合，能够充分发挥每个合作社的比较优势，降低不确定性和资产专用性。因此，依托成立联合社分享产业链价值增值收益理应是合作社未来的发展趋势之一。

第六章　农民专业合作社再合作的效果研究

第一节　联合社产业链整合作用机制
——基于三家联合社的案例分析*

一、引言

党的十九大报告中指出“培育新型农业经营主体，健全农业社会化服务体系，实现好小农户和现代农业发展有机衔接”。据工商总局资料显示，全国农民专业合作社（以下简称合作社）数量已达到193.3万家，入社农户超过1亿户。由于发展速度突飞猛进，目前合作社已经成为农业供给侧结构性改革的重要生力军（孔祥智，2016），并且在脱贫攻坚战上发挥着重要作用（张琛、高强，2017）。然而，我国合作社现实中存在不少问题，导致合作社优势难以真正实现，作用未得到充分的发挥。张晓山（2013）认为，合作社存在经营实力弱、抗风险能力低、运作不规范等突出问题，甚至有学者认为如今真正意义上的合作社只是凤毛麟角（邓衡山等，2016）。

国内学者就如何解决合作社存在的问题进行了积极有益的探讨。不少学者认为合作社走向再联合对合作社优势的发挥起到关键作用。苑鹏（2008）认为，合作社通过联合起来组建联合社，是合作社发展到一定阶段的产物，能够解决合作社自身不能解决的问题。孔祥智等（2017）通过案例分析，研究结论表明合作社进行联合是合作社在市场、吸纳新社员、建立联合社三种治理结构之间进行选择的产物。目前，全国注册的联合社数量已达到7200家，合作社走向再联合

* 执笔人：黄斌、张琛、孔祥智。

的趋势越发明显。

总体而言，国内学者对于联合社的探讨主要局限于联合社成立的必要性与成立路径，而缺乏对于成立联合社与产业链整合关系的探讨。从 2013 年颁布的《工商总局、农业部关于进一步做好农民专业合作社登记与相关管理工作的意见》中关于“引导农民专业合作社以产品和产业为纽带开展合作与联合”的说法，便可看出产业链与合作社再联合的密切程度。通过组建联合社，合作社之间能通过资源互补，凝聚各自在产业链不同环节中所具备的作用。通过整合产业链，合作社的潜在优势能得到发挥，且联合社的优势会自然地得到充分显现。

然而，尚没有文献对合作社再联合后产业链整合的具体作用效果进行探讨。本节根据对联合社案例的整理，认为通过再联合激发合作社潜在优势的关键过程是产业链整合导致的交易成本的变化。Staatz（1987）运用交易成本理论分析了农民走向联合组建合作社所带来的效益，因此合作社走向再联合所带来的效益同样可借鉴该理论。也有不少学者就交易成本理论与产业链管理展开讨论。Grover 和 Malhotra（2003）认为，交易成本理论有助于分析内部产业链管理的问题，而 Bijman 等（2011）从交易成本角度探讨了合作社对产业链进行整合所带来的增值效益。

基于此，本节拟采用以下方式解决现有研究的不足：第一，通过对三家联合社的案例分析，弥补现有研究中对于产业链与合作社再联合关系的空白。第二，根据 Lazzarini 等（2001）的分析框架，本节把产业链效益分为延伸效益与深化效益两个维度，以便于更完整地展示合作社再联合后产业链整合效益的变化。第三，引入交易成本理论，构建“合作社再联合—产业链整合—交易成本”的分析框架，并根据 Willamson（1985）对交易成本的分类，系统地剖析合作社再联合后产业链整合的作用机制。

二、理论分析

（一）合作社再联合产业链延伸效益

产业链延伸效益指合作社通过再联合使合作社涉及的产业链条更长所带来的效益。不同合作社之间有着自己的相对资源优势，通过“抱团取暖”，各自的优势会向产前、产中、产后的环节扩展，进而提高整体效益。具体来说，合作社再联合的产业链延伸效益是通过纵向协作程度、社会化服务能力、理事长才能三方面提高（见图 6-1）。

首先是纵向协作程度。纵向协作程度在降低产业链条的交易费用上发挥了重要作用（Williamson，1993），并且与合作社的总收益有着显著的正向关系

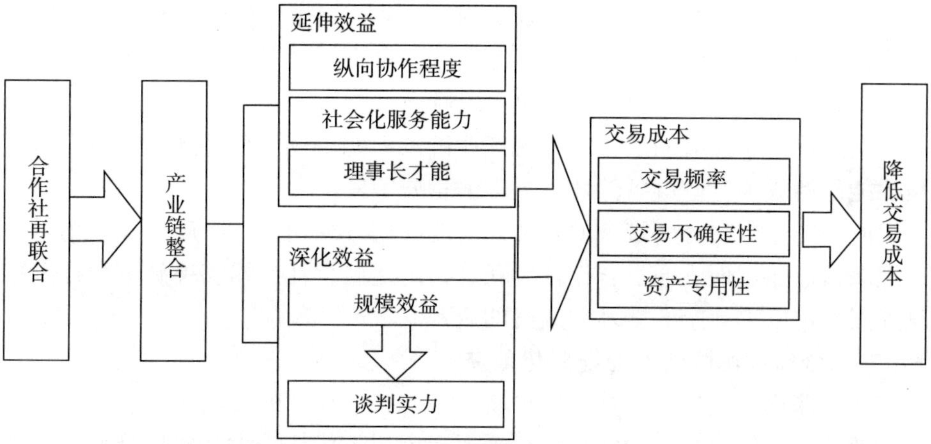

图 6-1　理论分析框架示意图

(Zhong et al., 2018)。由于单个合作社是出于对自身利益的考虑，且各个合作社零散的资源优势存在着较大差异，合作社在实现紧密纵向协作程度上存在着局限性。Zhong 等（2018）认为，纵向协作程度的加深，关系着产业链的长短，影响着产业链的附加值。因此，纵向协作程度的加深意味着资源得到更好的组合，协作关系紧密，交易成本降低，进而影响产业链向各环节延伸所带来的效益。

其次是社会化服务能力。孔祥智（2009）的研究表明农业社会化服务能力的提高是合作社增加收入的重要来源。而合作社社会化服务能力的提高在现实中又受到一些因素的制约。在实践层面上，钟真等（2014）基于对京郊农村新型农业经营主体的调查发现，农业社会化服务功能的发挥主要受到劳动力规模、政府支持等的影响。单一合作社规模小、盈利能力较低，受到政府的关注较少，势必会诱导合作社通过联合来克服这些阻碍社会化服务能力提高的因素。合作社通过走向联合，能够加强在产业链各个环节的服务能力，并构建完善的社会化服务体系，实现对社员提供完整统一的社会化服务，降低了服务分散、标准不统一等所带来的交易成本。因此，社会化服务能力是影响产业链延伸效益的重要因素。

最后是理事长才能。Zhou 等（2018）以带头人沟通能力与合作社内部信任对化肥使用的影响为例，说明了合作社社会资本的重要性，且理事长才能对社会资本发挥着关键作用。理事长才能对合作社的影响渗透在个人、组织、社会三个层面（楼栋等，2012）。本节认为，理事长才能包括理事长的才智与能力。单个合作社经营不善有很大部分是受到理事长才能的限制，而通过走向联合，理事长才智在产业链的各个环节得到聚集，既提高个人效益，也提高组织效益。同时，理事长才能如人际交往能力，通过社会网络资本的集聚，能够提高合作社在社会中的地位，提高社会效益。从微观层面上看，理事长能通过利益让渡和风险承担等制度创新的精英行为的实现，促进效益持续增长（刘同山、孔祥智，2014）。通过控制产业链各环节的风险、集聚产业链条上的市场信息等降低交易成本，理事长才能已然成为产业链延伸效益显现的重要因素。

因此，产业链整合所带来的延伸效益能够通过纵向协作程度、社会化服务能力、理事长才能实现。通过合作社再联合，组建联合社，能够突破单个合作社受自身局限而难以提高产业链延伸效益的瓶颈。

（二）合作社再联合产业链深化效益

产业链深化效益指合作社通过再联合实现某一环节的要素集聚、资源互补所带来的效益。合作社之间的联合往往需要考虑比较优势较大和集聚难度较低的环节，这样就会使合作社的联合能充分实现产业链整合的深化效益。合作社再联合的产业链深化效益是通过规模效益以及谈判实力来实现的。

一是规模效益。合作社之间的联合能通过某一环节或几个环节的横向一体化实现规模经济，提高议价能力，并最大限度地降低交易成本（苑鹏，2008）。合作社通过走向联合，最直接带来的就是集聚效应，包括产前、产后各环节的集聚，并且随着规模达到一定程度，就会打造出该环节的区域性平台，从而提高对外议价的能力，直接降低交易成本。然而，单个合作社往往势单力薄，面对高昂的成本，难以推进规模化进程，更无法打造规模化平台，这就推进了合作社走向再联合的进程。因此，规模效益的实现是产业链深化效益凸显的重要因素。

二是谈判实力。Svejnar（1986）认为，谈判实力的提高会影响个体通过谈判所带来的结果。增强谈判实力的结果就是合作社通过组织影响力的提高和规模化经营所带来的高议价能力而在利益分配的谈判过程中处于优势，而这会大大降低市场信息不对称所带来的交易成本。戈德温（1986）认为，合作社组建的目的，就是为了提高合作社的议价能力。而现实中，合作社本身的规模集聚程度普遍偏低，难以形成产业链某一环节上的话语权，议价能力被压制，谈判实力有待提高。唐宗焜（2007）认为，加强对合作社组织资源利用是增强谈判实力的必由之路，而联合起来形成合力才能在市场交易中打破谈判垄断。谈判实力的增强会直接影响利益分配的结果（周振、孔祥智，2017）。因而，当处于谈判不利地位时，合作社更倾向于走向联合，以此掌握在市场交易中的主动权，从而进一步激发产业链整合潜在的深化效益。

因此，产业链深化效益通过规模效益的实现以及谈判实力的提高得到充分激发。通过组建联合社，资源才能在集聚的基础上得以规模化，实现生产规模化、技术规模化、销售规模化等，从而增加规模效益，提高谈判实力，焕发产业链整合所带来的深化效益。

三、研究设计

（一）资料来源

本节选取的案例资料来源于中国人民大学课题组 2017 年对山东、吉林、安徽、江苏等地的实地调研。调查主体涵盖理事长、地方农委领导，以及联合社工作人员等。课题组在实地调研中对联合社采用半结构访谈方式，进行了详细访谈。最终，课题组对每个联合社的访谈笔记进行整理，形成翔实的案例。同时借助当地农业部门等辅助材料加深对所调研案例的了解。本节研究最终选择三家联合社作为案例分析对象，其基本情况如表 6-1 所示。

表 6-1　三家联合社的基本情况

名称	成立时间	主营产品	类型	所在地址
联益联合社	2010 年	大豆	生产型	吉林省敦化市
兰香联合社	2013 年	茶叶	销售型	安徽省宣城市
菜农之家联合社	2015 年	蔬菜	全产业链型	山东省寿光市

资料来源：笔者根据调查情况整理得到。

选择这三家联合社作为案例的原因主要有以下几点：第一，本节所选取的三家联合社都同时指向结论，这样会使多案例研究所得出的结论更为有效（Eisenhardt，1991）。第二，根据中国人民大学中国合作社研究院课题组（2017）对联合社的分类，本节所选取联合社正好归属于不同类型，在变量测定上显现出差异性，可以构成“实验组”和“对照组”。第三，所选取联合社都是同业型联合社，有利于增强结论的导向性。第四，三家联合社都属于种植类联合社，排除了联合社经营类型的干扰。

（二）变量测定

本节基于已有理论分析，从指标适用性的角度对联合社的纵向协作程度、社会化服务能力、理事长才能进行指标设定，以反映联合社的产业链延伸效益；同时也通过联合社规模效益、谈判实力的衡量指标来考察联合社的产业链深化效益。交易成本则通过交易频率、交易的不确定性以及资产专用性的具体设定来考察（见表 6-2）。

表 6-2　联合社的产业链整合效益与交易成本的指标设定

指标		具体含义或测量	参考依据
产业链延伸效益	纵向协作程度	与上游环节和下游环节的紧密联系程度	Willamson（1993）；Zhong 等（2018）
	社会化服务能力	对各类机构与个人（成员社、农民等）提供产前、产中、产后服务的能力	孔祥智等（2009）
	理事长才能	理事长才能在社会网络中得到集聚或扩散的程度	Zhou 等（2018）
产业链深化效益	规模效益	某一环节规模化（主要指生产环节）所带来的新增经济效益	李文明等（2015）
	谈判实力	影响双方利益分配的组织影响力与议价能力	李尚蒿等（2010）
交易成本	交易频率	“一次性交易”与“重复交易”结构的变化	Williamson（1985）；John 和 Weitz（1998）
	交易的不确定性	交易过程中不可预测变化的发生概率	Williamson（1985）；Noordewiet 等（1990）
	资产专用性	专用性资产使用频率	Williamson（1985）

根据表 6-2 所阐述联合社的产业链整合效益和交易成本的指标设定，本节将结合案例情景对产业链延伸效益以及产业链深化效益进行详细说明。

产业链延伸效益中的纵向协作程度具体指的是合作社通过再联合与上游环节（农资供应）与下游企业（销售）的紧密联系程度的变化，包括成员社间所处不同主营环节以及联合社对上、下游环节企业进行合作所带来的协作程度的加深。纵向协作程度的提高，意味着与产业链的嵌入程度越紧密，各环节之间的合作会使交易事项更为集中，且多合作环节会使合作关系更稳定，交易频率和不确定性得以降低，使交易成本更低。这也是合作社通过走向再联合，形成产前、产中、产后一体化程度更高的联合社的重要原因。社会化服务能力是指合作社的再联合会使更多服务环节、服务资源集中于一体，从而更能实现资源互补，直接为自身以及成员社提供所需要的服务。从实践中来看，还有不少联合社通过以较低的价格、较好的信誉给非成员社提供服务进行收费。社会化服务资源互补的实现除了可以集中提供服务，降低服务关系不稳定所带来的风险之外，还能优化专用性资产诸如农机、大型加工设备的用途，减少沉没成本，进而降低交易成本。理事长才能指不同成员社理事长为同一联合体努力所带来的凝聚效应，具体表现在各有擅长的成员社理事长才智的聚集以及核心理事成员给缺乏能力的成员社理事长扩散才智两种途径，从而提高决策的科学性，降低了内部交易与外部交易的不确定性，进而降低交易成本。另外，成员社理事长凭借人际关系能力下的社会网络资本能带来充分的市场信息，直接降低了信息不对称所带来的交易风险，从而降低了交易成本。

产业链深化效益中的规模是指在某一环节（主要指生产环节）实现规模化经营所带来的新增效益。具体指的是生产规模化后的高产量以及收购与销售带来的价差，而这正是目前联合社初期最主要的利润来源。而规模化所带来的高产量往往会优化交易方式，由小批量散卖转为大批量交易，同时大批量交易在实践中往往会促成长期稳定的合作关系，专用性资产的用途得以拓宽，进而直接降低交易成本。另外，规模化所带来的价差还会通过提高议价能力影响谈判实力，从而间接降低交易成本。谈判实力指的就是联合社的平台吸引力以及议价能力。具体而言，合作社通过“抱团取暖”组建联合社，能够实现资源互补，打造区域生产平台、销售平台，使知名度提高，从而吸引周边农户、商铺、企业等主动前来协作。不同的协作方式使交易方式得到调整，“一次性交易”方式的比例提高，且平台获取信息能力较强，使应对风险的能力得到提高，进而降低了交易成本。合作社通过再联合能强化资源优势，扩大知名度，提高议价能力，并且为了强化议价能力所带来的收益，联合社往往会提高“一次性”大批量交易的比例，调整交易频率，减少散而短的交易方式，避免了合作关系不稳定所带来的不确定性，进而降低交易成本。

（三）案例介绍

（1）联益联合社。联益农副产品供销专业合作联社（以下简称联益联合社）位于吉林省敦化市，成立于2012年8月，由三家合作社以及一家家庭农场组成。联益联合社与多家农资商铺进行合作，并没有固定的合作商，因此与上游关系较为松散。而联合社在种植、植保、农机、销售等各环节都设立了工作组长，并且在融资问题得以解决的基础上，购买一批大型设备，实现产业链从内部向机械作业、加工、仓储等下游环节延伸，与下游的协作关系较为紧密。联益联合社能够给社员以及周边农户提供种植环节的服务，并且凭借着规模化以及就近原则的优势提供比市场价优惠的服务价格，但由于联益联合社服务环节较少，服务程度一般。有“省乡土专家”称号的联合社理事长与有着30年务农经验的职业经理人（同时也是成员社负责人）凭借各自在种植、植保和销售方面的专长，共同制订生产计划，使才智得到互补与集聚。同时，联合社在入社门槛上重点考虑成员社理事长的人品以及管理能力，这也体现了对理事长才智的发挥和实现程度的重视，从而有助于理事长才智的迅速扩散。但由于核心理事人员少且都长期扎根于农村，社会网络资本的聚集程度并没有得到很好的体现。联益联合社还通过规模化经营，让农户的大豆亩产量增加50%，由4000斤/亩增加到6000斤/亩，收购价则由单个合作社时的每斤1.9元涨到现在每斤2.05元，而较高的价格让近几年成员社的产品都全数卖给联合社。这种全数收购成员产品的方式使联合社发挥出较高的规模效益。联合社生产大豆的专业性也吸引了更多农户、合作社主动地加入生产平台之中，平台吸引力高。另外，由于信誉保证，与联合社合作的商铺数量只增不减，并且成员也看中了联合社议价能力高所带来的广泛销路，把产品全数卖给联合社。

（2）兰香联社。兰香营销专业合作社联合社（以下简称兰香联社）位于安徽省宣城市，成立于2013年5月，由10家茶叶合作社联合而成。联合社以销售环节为核心，组织成员社之间有技术经验的茶农，对茶叶基地提供产前农资提供、产中种植植保以及采摘实行统一的标准化管理，并在对茶叶进行品牌化包装后进行统一销售。因此，联合社与茶产业链的上游与下游都有一定的协作关系。联合社还按照“联合社+合作社+基地+农户”的经营模式，为成员社提供产前所需生产资料采购的服务以及茶叶收购、初加工、贮藏、销售的服务，还对茶叶基地提供统一施肥、统一灭虫、统一采摘等的技术指导，但由于技术人员较少，服务的技术水平较低，服务程度一般。同时，通过在成员社内部开展新品种推广、技术培训与交流以及信息服务等方式，核心理事成员的才智得以扩展到各个成员社，使产业链延伸后理事长才能的扩散效应得以显现。另外，理事长成员通过聚集人脉资源，整合了销售渠道，降低了销售地点的分散性，发挥了理事长对于社会网络资本集聚的作用。基于提高产品品牌知名度的目的，联合社打造了标准化茶园10000亩，通过专业技术团队的标准化管理，销售统一高质量的茶叶产品，不仅获得较高的规模效益，也极大地提高了品牌知名度，成功打造了知名的销售平台。由于品牌效应带来的销售量增速较快，联合社还拓宽了销售平台，开拓网上销售渠道，且在2016年的网上销售额便已达到2000多万元。兰香联社凭借产品认证体系的完整性以及品牌效应打造的销售平台，吸引了各地商铺前来合作，并建立了长期协作的关系，平台吸引力高。但是，联合社为了使更多茶叶得以销售出去，满足顾客的需求，不具备较高的议价能力。

（3）菜农之家联合社。菜农之家蔬菜专业合作社联合社（以下简称菜农之家）位于山东省寿光市，成立于2015年5月，由15家合作社“抱团取暖”而成。菜农之家旨在打造蔬菜的全产业链一体化经营，对农资供应、测土施肥、种植与植保、包装销售、质量检测等环节进行全面封闭式管理，生产出让老百姓吃得放心的蔬菜。因此，菜农之家与上游、下游的协作关系由于封闭式的管理而变得尤为紧密，一体化协作程度高。而在提供服务方面，菜农之家打造了由高校教授、研究院研究人员以及有经验的农户组成的技术服务团队，免费给社员提供封闭式的全程植保服务。同时，农产品溯源系统会促使菜农之家给社员提供的社会化服务深入田间地头，确保生产出让消费者看得到的放心产品。因此，菜农之家提供社会化服务环节多，能力强，具备很高的服务水平。作为菜农之家理事长的朱某，同时也是《北方蔬菜报》的社长，他对于信息的敏感度促使他重视农产品质量安全问题。他希望通过打造农产品溯源系统让老百姓吃得放心，让老百姓与产品建立充满信任的稳定的交易关系。为此，他通过整合自身以及成员社的社会资源建成与溯源系统具有高度匹配性的产业链型联合社，并获得了当地政府的大力支持，使理事长才能得到全面发挥，扩散效应高，社会网络资本得以高水平聚集。菜农之家的规模效益获得则体现在整条产业链上，以封闭式实现了农资规模化供应、技术规模化指导、产品规模化销售。因此，菜农之家通过规模经济带来的新增效益体现在各个环节，规模效益高。而封闭的规模化模式有利于农产品溯源系统的打造，通过对菜农建立一户一档的社员数据库信息管理，消费者可通过扫描二维码追溯所购买蔬菜的所负责社员信息、大棚位置、用药用肥情况以及质检报告等，使高质量形象深入人心。在此基础上，菜农之家形成了集生产、销售、服务于一体的综合平台，平台吸引力高，并由此获得了"农校对接""农超对接""农会对接"等的大批量蔬菜直供项目，给联合社带来了稳定的高收益。对方往往由于蔬菜可视化的高质量，更愿意接受菜农之家所提出的高价格。因此，菜农之家对外具备高议价能力。

四、案例分析

由前文三家联合社的案例情况可以看出（见表6-3），合作社再联合的程度越紧密，产业链整合效益越高，而产业链整合效益又体现在交易成本的变化过程中。基于此，本节对联合社产业链整合对交易成本的影响机制进行深入分析。

表6-3　联合社产业链整合效益基本情况

<table>
<tr><th colspan="3">产业链整合效益</th><th>联益联合社</th><th>兰香联合社</th><th>菜农之家联合社</th></tr>
<tr><td rowspan="4">产业链延伸效益</td><td rowspan="3">纵向协作程度</td><td>与上游关系</td><td>松散</td><td>一般</td><td>紧密</td></tr>
<tr><td>与下游关系</td><td>一般</td><td>一般</td><td>紧密</td></tr>
<tr><td>协作程度</td><td>中</td><td>中</td><td>高</td></tr>
<tr><td>社会化服务能力</td><td>服务程度</td><td>中</td><td>中</td><td>高</td></tr>
</table>

续表

产业链整合效益			联益联合社	兰香联合社	菜农之家联合社
产业链延伸效益	理事长才能	才智集聚或扩散效应	中	中	高
		社会网络资本集聚程度	低	中	高
延伸效益			中	中	高
产业链深化效益	规模效益	规模经济带来的新增效益	较高	较高	高
	谈判实力	平台吸引力	高	高	高
		议价能力	高	中	高
深化效益			较高	较高	高

（一）产业链延伸效益对合作社再联合的作用机制

纵向协作程度所反映的延伸效益，通过占据上游、下游各个环节所带来的增值程度表现出来。占据环节越多，标准化管理更容易实现，产品受认可度越高，从而交易主体出现多元化，交易方式得到拓宽，既有大批量订购，也有小批量精品销售的方式，使合作需求能得到不同程度的满足，合作关系更为稳定，交易风险得以降低。联益联合社为了提高大豆生产质量，促使生产环节以统一管理的方式向植保、农机、加工、仓储等环节延伸，确保了大豆生产的高产量与高品质，并转而以大批量的方式代替过往散卖的方式向全国各地商铺销售大豆，交易频率大大降低。与联益合作的商铺都是长期合作关系，降低了过往散卖、短期合作所带来交易不稳定的高风险。兰香联合社以销售环节为核心，向统一施肥、统一植保、统一采摘、统一包装进行拓展，使销售方式由散卖转为订单、实体店散卖、线上销售相结合的销售模式，使交易结构得到改善，交易频率降低，交易风险也随着销售方式的多样化而有所降低。菜农之家则在全产业链模式下，基于可追溯体系生产放心产品，与学校、超市、企事业单位等签订了长期的大批量订单合同。大批量销售为主的销售方式使菜农之家的交易频率大大降低，并且长期稳定的销售合同也降低了交易不确定性。因此，联益联合社和菜农之家都以大批量交易为主，交易频率低于兰香联合社。菜农之家由于交易方式与增收渠道多元化，且又签下稳定的合同，交易不确定性的降低程度最高。

社会化服务能力所反映的延伸效益表现在对社员提供的服务环节上。服务环节越多、程度越高，联合社提供社会化服务的成本就越低，成员社与农户对服务的需求就越大，专用性资产使用频率就越高，资产专用性程度得以降低。同时，高服务水平带来的是高质量的产品，这能直接避免品质低且不均衡而带来的交易不稳定的现象。联益联合社通过统一提供社会化服务，多元化了农机等专用性资产的用途，且统一提供技术服务使大豆品质高且稳定，使社会化服务成为联益联合社增收的重要来源。兰香联合社统一提供技术服务，并为此打造 10000 亩标准化茶园进行统一管理，用高品质提高了品牌知名度，获得了商铺与消费者的认可，提高了交易的稳定性。另外，技术指导的统一提供也使茶叶加工设备等专用性资产使用率得到提高。菜农之家则给社员提供封闭式的全程植保服务，对专用性资产进行一体化管理，极大地优化了专用性资产使用情况，这也确保了菜农之家生产出可追溯统一的高质量产品，从而获得稳定的订单合同，使交易的不确定性大大降低。因此，菜农之家的高服务程度使其专用性资产利用率最高，且高服务水平下的标准化高质量产品也使交易最为稳定。

理事长才能所带来的延伸效益则体现在精通于产业链上不同环节业务的成员社理事长组成决策群体所带来的效益。当成员社理事长才能之间各有优势时，联合起来能够制订出全面、科学的工作计划。当成员社理事长之间有少数精英群体时，联合起来能够让精英效应得到扩散。联益联合社理事长赵某对于理事长才能互补有着深刻体会："孙某从事农业 30 余年，熟知村落农户情况，也积累了广泛的销路，这正是我需要的。"而赵某作为"省乡土专家"，对于植保服务深有研究，这又是孙某所需要的，两者取长补短，共同制订生产计划，并落实到具体的生产计划上，与稳定的订单合同进行对接，并且 15 名市场推广人员保证了联益联合社掌握充分的市场信息，从而降低了交易的不确定性。兰香联合社通过利用理事长的人脉资源提供学习机会，组织成员社理事长前往安徽茶科所等地学习，加强同科研院所的茶叶专家进行交流合作，提高整体的技术水平。同时，兰香联合社通过整合社会资源拓宽销售网络，在北京、上海、南京、济南等地开设茶叶专卖窗口 50 多家，降低了销售不稳定的风险。菜农之家则通过理事长朱某个人的信息敏感度，抓住了可追溯全产业链经营方式的机遇，并通过社会资源的优势使经营理念得到快速扩散，吸引众多成员社与农户加入其中。同时，可追溯这种门槛极高的经营方式也使产品质量最受认可，交易最为稳定。因此，菜农之家凭借理事长才能与全产业链模式的高度匹配，使交易不确定性降至最低。

（二）产业链深化效益对合作社再联合的作用机制

规模效益是产业链深化效益的首要表现形式。规模扩大带来的新增经济效益就是由交易成本降低所带来的。生产规模越大，标准化进程也随着规模化进程得以推进，从而大批量交易方式比例就会增加，交易随着产品标准化也趋于稳定，专用性资产也随着规模扩大的要求被更为频繁地投入使用。联益联合社通过规模化统一经营，使专用性资产得到充分运作，让大豆的亩产量增加50%，由4000斤/亩增加到6000斤/亩。由于较高的收购价让农户全数卖给联合社，使联合社具备大批量销售的优势，且凭借产品的高质量使交易关系长期稳定，合作客户数量只增不减。兰香联合社则主要是通过销售规模化来获取深化效益的。销售规模化使兰香联合社的销售产品形式丰富、销售渠道多元化、销售网络广泛。这使专用性资产的使用围绕销售环节得以优化，交易结构也得到改善，交易不确定性也随着多元化的交易方式而得以降低。菜农之家通过农资、技术、产品的封闭式规模化经营，使产品可追溯体系的运营具备可操作性。这种一体化的规模化经营，既包括生产规模化，也包括销售规模化，其规模化效益的显现程度是最高的。因此，菜农之家对交易方式、交易稳定程度、专用性资产使用的影响也是最大的。

产业链深化效益的另一重要表现形式是谈判实力。谈判实力既受规模效益影响，也受组织的平台影响力与议价能力的影响。深化的产业链环节决定了打造的平台类型，也是议价能力提升的来源。联合社谈判实力越高，客户越会被说服购买大批量的产品，且为了长期获得高质量的产品，客户往往处于被动地位而愿意接受加价。联益联合社通过打造规模化生产平台，获得了统一的高质量大豆，并在市场人员的推广下吸引了全国各地商铺主动订购大批量大豆，且客户愿意为高质量支付更高的价格，从大豆收购价由每斤1.9元到2.05元逐渐提价的变化过程便反映出谈判实力的提升。兰香联合社凭借品牌优势打造出销售平台，并随着一系列产品认证体系的通过，产品质量得到广泛信任，市场需求增加，在线上线下都能以较高的价格卖出，使交易方式与多元增收结合起来了。菜农之家则打造了全产业链型平台，凭借可追溯体系而具备了高议价能力，吸引了大型农资供应商、科研技术团队、大型实体超市以及企事业单位愿意以较高价格参与其中，交易主体来源广泛，这不仅使交易方式以大批量为主，而且交易风险也随着客户的主动需求而大大降低了。因此，菜农之家谈判实力雄厚，在交易过程中占据绝对的主动地位，对交易方式的影响最大。

综上所述，菜农之家通过产业链延伸效益与深化效益的显现，使交易频率、交易不确定性与资产专用性的优化程度最高，因此交易成本降低程度最高。而联益联合社与兰香联合社由于在产业链整合过程中对交易频率、交易不确定性、资产专用性的影响程度相对较低，交易成本降低程度一般（见表6-4）。

表 6-4　联合交易成本降低程度

联合交易成本降低程度			联益联合社	兰香联合社	菜农之家
交易成本	降低交易频率	“一次性交易”（即大批量交易）的比例	高	中	高
	降低交易不确定性	掌握市场信息的能力	中	中	高
		合作关系的稳定程度	中	中	高
	降低资产专用性	专用性资产利用率	中	中	高
交易成本降低程度			中	中	高

五、结论与讨论

上述三家联合社的案例分析结果表明，合作社通过走向再联合，组建联合社，产业链整合效益得以显现，并影响交易成本。具体而言，本节结论可归纳为以下五点：第一，走向合作社再联合是单个合作社在产业链整合能力有限的情况下的现实选择。第二，合作社通过走向再联合，产业链整合效益可通过延伸效益和深化效益两条路径提高，而整合效益的提高会使交易成本降低。第三，产业链延伸效益通过深化纵向协作程度、提高社会化服务能力、聚集理事长才能三条作用机制能对交易成本产生积极影响。第四，产业链深化效益通过实现规模效益、提高谈判实力两条作用机制能对交易成本产生正向影响。第五，不同产业链整合类型的联合社，对产业链整合效益的显现有着不同的影响。合作社再联合一体化程度越高，产业链整合效益越高。

本节的研究结论主要有以下几方面的政策含义：一是强化联合社的法律地位，规范联合社的形式，引导更多合作社通过产业链整合的路径走向再联合。二是提高联合社在产业链上游、下游资源互补性以及人员的协作紧密程度。资源互补能提高纵向协作程度以及社会化服务能力，而人员协作的紧密则会凝聚理事长才能，提供更科学有效的决策。三是推进联合社在优势环节上进行强强联合。联合社核心环节的构建，有助于实现规模效益，提高市场话语权。四是提升不同类型的联合社之间的协作程度。由于不同条件的约束，联合社并非一开始就都能打造全产业链型联合社，可以引导有资源互补、业务整合可能性的生产型联合社和销售型联合社进行深度协作，甚至走向再联合。

第二节　联合社组织模式与合作稳定性：基于行动理论视角*

一、引言

自 2007 年《中华人民共和国农民专业合作社法》实施以来，我国农民专业合作社（以下简称合作社）数量持续快速增加。截至 2019 年 10 月底，我国依法登记注册的合作社达 220.3 万家，辐射带动全国近一半的农户。目前，在农户日益分化的大背景下（张琛等，2019），合作社已经成为农业供给侧结构性改革的重要生力军（孔祥智，2016）。然而，我国合作社现实中仍存在经营实力弱、抗风险能力低、运作不规范等突出问题（张晓山，2013），甚至在各地均呈现出不同程度的"空壳社"问题（"促进农民专业合作社健康发展研究"课题组等，2019）。在市场经济背景下，为进一步巩固市场地位，追求更大范围、更高层次的合作共赢以获得组织化潜在利润，农民合作社联合社随之诞生（苑鹏，2008；王海龙、吴怀琴，2015；张琛等，2019）。

目前，全国注册的联合社数量已超过 1 万家。已有学者对联合社的作用给予充分肯定，如联合社能够充分发挥组织优势，实现规模经济与范围经济双重绩效，分享产业链价值增值收益（周振等，2014；张琛等，2019）。然而，合作社走向再联合后，组织优势若未能得到充分发挥，合作关系不稳定问题将影响联合社的长远发展。例如，笔者对吉林省某种植专业合作联合社调研发现，该联合社成立后成员社之间并未建立起稳定的合作关系，使联合社仅仅成为母社的"另一个称呼"，大大削弱了联合社的组织化力量。已有学者从不同理论视角对影响联合社合作稳定性的因素给予解释。张琛、孔祥智（2018）基于组织合法性视角，分析了其对联合社合作稳定性的影响。崔宝玉、孙迪（2018）以关系产权为视角，认为产权融合程度与社会关联强会影响联合社与外部环境之间的合作稳定性。谭智心（2017）则着眼于联合社与成员社之间关系，认为产权契约不完全性导致成员社间形成利益博弈关系，难以形成稳定的合作关系。现有研究极大地拓宽了学术界对于联合社合作稳定性的认识，但却无法从具体的作用机制层面

* 执笔人：黄斌、张琛、孔祥智。

对如下问题予以有力回答：为什么有些联合社“貌合心离”，甚至“不欢而散”，而有些联合社却“同舟共济”，并稳定成长？

现阶段，中国联合社的发展已形成了包括生产型、销售型、产业链型、综合型等在内的多种类型（刘同山等，2014），也形成了同业型、异业型两大发展类型（周振、孔祥智，2014）。已有研究针对联合社类型的划分，多是基于经营方式、农产品结构等维度进行划分，但缺乏基于运营机制所进行的类型划分。根据Hellriegel和Slocum（1973）的观点，组织模式是企业为发挥组织内部优势并实现长期稳定运营而形成的。不同组织模式能够全面体现出不同主体在运营机制方面的差异，而不同运营机制的形成与发展能显现出联合社如何从无到有、从有到好的转变过程，有利于明晰阻碍成员社之间实现有效稳定合作的关键因素。为此，以组织模式为研究视角，有助于探索出提升合作稳定性的有力抓手，使联合社走向“同舟共济”的关键条件逐步显现出来。

根据文献梳理，现有研究主要存在以下三方面不足：第一，现有研究主要着眼于解释联合社的成因以及联合社的作用，但缺乏对联合社发展过程中所形成的组织模式给予充分关注；第二，现有研究仅仅对联合社经营类型、产品类型等维度进行定义与划分，鲜有对联合社组织模式进行定义与划分；第三，现有研究缺乏对联合社组织模式与合作社稳定性之间进行深入的作用机制分析。针对已有研究可能存在的不足，本节拟通过以下方式予以解决：第一，本节通过对组织模式存在差异的联合社进行深入分析，填补关于联合社组织模式讨论的空白；第二，本节以行动理论作为分析框架，深入剖析联合社组织模式与合作稳定性两者之间的作用机制，以全面展示组织模式从不成熟到成熟过程中，联合社合作稳定性是如何变化的。通过解决上述研究不足，本节希冀为联合社长久稳定发展提供有益参考，并完善合作经济理论在联合社长远发展方面的指导意义。

二、概念界定与理论框架

（一）概念界定

（1）联合社组织模式。从调研中我们发现，联合社组织模式主要包括供销社领办型、村集体领办型、公司领办型、公司治理型和平台服务型等，前三种模式可称为外部领办型，后两种可称为合作社自组织型。根据林毅夫（Lin，1989）的观点，制度变迁可以分为强制性制度变迁和诱致性制度变迁两种形式。强制性制度变迁是自上而下的制度变迁方式，关键在于“外力”的有效干预。诱致性制度变迁是自下而上的制度变迁方式，由个人或一群人在响应获利机会时自发倡导、组织和实行，关键在于“内力”的自发显现。因此，外部领办型组织模式属于强制性制度变迁，合作社自组织型组织模式属于诱致性制度变迁。由于外部领办型组织模式同样见诸单个合作社与联合社，并且在这类组织模式内尤为关键的“外力”难以得到准确测度分析，本节将不对这类组织模式进行重点分析。合作社自组织型组织模式是指成员合作社之间有着共同的合作需求，自发走向再联合的组织模式。这类组织模式是现有联合社实践中最为常见的类型，本节仅以这类模式为研究对象进行分析。

具体而言，合作社自组织型组织模式包括公司治理型与平台服务型。公司治理型组织模式是通过职能合理分离以提升管理效率的组织模式，以联合社为基本依托，通过由联合社创办企业等方式引入公司治理理念，把具体经营权交由自身创办的公司企业，将利益分配权、决策权留在联合社（见图 6-2）。平台服务型组织模式是合作社通过合作与联合实现“抱团取暖”，搭建服务型平台的组织模式。联合社与成员社将共同利用并维护好联合社平台为自身服务的功能作用，对外通过平台与大企业、大市场对接，对内保持协作互助，为各家合作社提供信息、资金、人才等现代要素服务，推进合作社的共同成长（见图 6-3）。

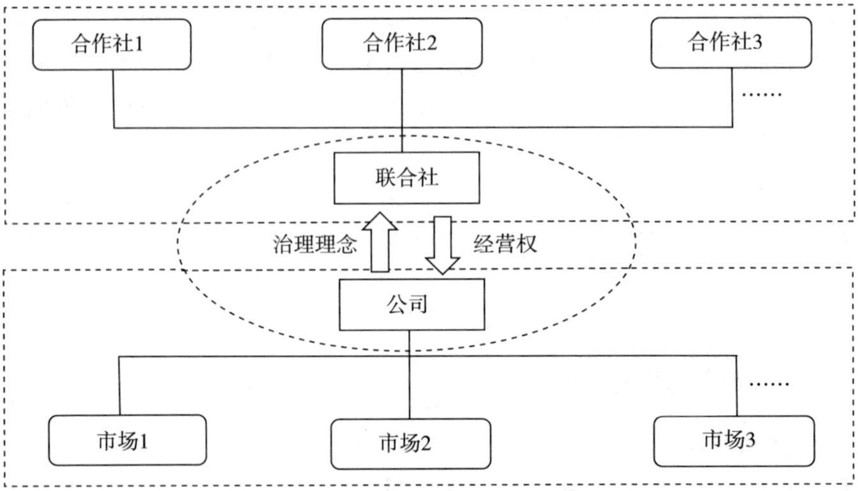

图 6-2　公司治理型组织模式示意图

（2）合作稳定性。合作社是以农户成员为基础建立起来的合作经济组织，农户成员合作关系是否稳定一定程度上反映出农民合作经济组织是否真正意义上组建起来。目前，已有不少学者关注合作稳定性问题。钟真等（2017）的研究发现，合作社在建立“利益分配、风险共担”利益联结机制后将具备更高的合

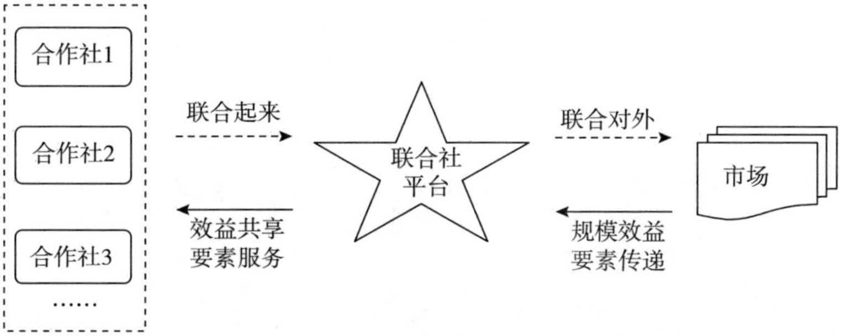

图 6-3　平台服务型组织模式示意图

作稳定性。然而，合作社再联合后，单个合作社与联合社合作稳定性的表现形式并非完全一致，需要充分考虑联合社的组织模式。例如，联合后的组织内部异质性将不利于合作稳定性的提升（陈菲琼、范良聪，2007），联合所形成的潜在利益也可能会激发组织内部风险的显现（杨振宁等，2017）。为此，准确判断联合社合作稳定性的变化，需要设定区别于单个合作社合作稳定性的测量方式，突出联合社“社”的联合的基本特性。张琛和孔祥智（2018）从组织合法性的视角，分析联合社是如何通过规避风险进而保障联合社合作稳定性的。本节在张琛、孔祥智（2018）对合作稳定性表现形式进行分类的基础上，认为联合社合作稳定性可以从“搭便车”行为、成员参与意愿、利益联结机制以及经营状况四大方面来综合考量。

（二）理论框架

组织模式按照组织框架将不同主体嵌入具体的运营机制中，有力推动合作关系的形成。例如，“公司+农户”模式、“公司+合作社+农户”等，都是为解决好“怎么合”而设计出来的模式。由于“怎么合”很大程度上会影响“合不合得来”的问题，联合社组织模式也势必会对合作稳定性造成影响。然而，由于联合社组织模式与合作稳定性之间具有系统性的关系，简单的单向作用机制分析并不足以展现出两者的复杂关系。基于此，本节选择“行动理论”（Activity Theory）来分析两者之间的系统性关系。“行动理论”最早起源于苏联时期（Luria，1979），且目前“行动理论”已被广泛应用于组织模式以及新兴产业等社会科学领域的系统性分析（Jarzabkowski，2003；Li et al.，2016）。“行动理论”将行为的发生看作一项行动系统，并可划分为动机、主体、客体、结果、工具、规范、群体和分工八大维度（Engeström，2015），其分析框架如图 6-4 所示。

根据已有学者对“行动理论”八大维度的定义（Karanasios and Allen，2013；Karanasios，2018），行动理论系统作用机制的含义概述为表 6-5。本节使

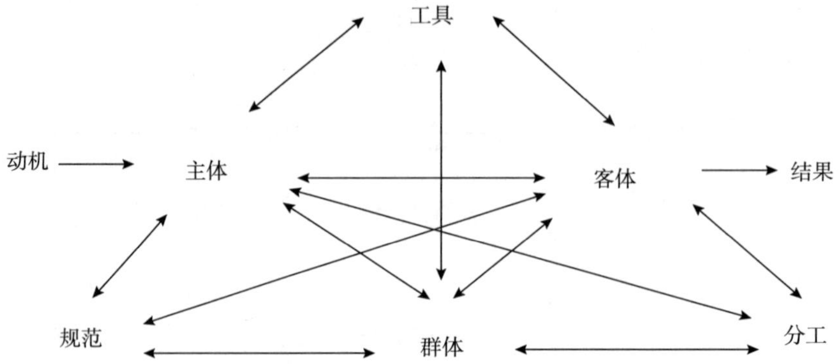

图 6-4　行动理论分析框架

用行动理论作为联合社组织模式与合作稳定性的理论分析框架，具有以下适用性优势：第一，行动理论能够突出动态演变过程。联合社组织模式创新并非一时的过程，且组织模式作用于合作稳定性也并非单一的作用路径，而行动系统擅长于将具体问题放到动态演变过程中分析，充分考虑这一过程中的环境因素，保留现象原有的复杂性质，避免将其简化为简单的线性关系（Hasan et al.，2017）。第二，行动理论适用于横向对比分析。联合社组织模式真正作用于合作稳定性需要经历不同阶段，而行动理论横向对比不同阶段在八大维度所表现出来的变化。第三，行动理论有助于提炼出行动生效的理论本质。联合社组织模式与合作稳定性的作用过程实质上是化解内在矛盾以推动行动系统演变的过程，行动理论有助于挖掘出内在矛盾的化解过程，提炼出深层次的理论作用机制，提供可行的问题解决方案。

表 6-5　行动理论“八大维度”概念界定

维度	概念界定
动机	该项行动发生之前的目的
主体	采取行动的人或组织
客体	行动旨在解决的问题、情况或焦点
结果	主体采取行动后的产物，可能偏离期望结果
工具	为便于行动落实而实施的一系列举措
规范	为确保行动中行为发生的合适性而实施的一系列举措
群体	具有共同总目标的人或组织
分工	行动中具体任务的划分及其形成的层次结构

基于此，本节将利用行动理论对研究内容进行如下深入研究：第一，本节将研究案例与行动理论八大维度相结合，将概念界定具体化到联合社组织模式作用于合作稳定性的现实情境当中。第二，本节将结合行动系统状态的差异，将联合社组织模式与合作稳定性的作用关系划分为初始状态、转换阶段、目标状态三大阶段，以全面展示不同阶段行动系统中八大维度内容的变化。第三，由于矛盾是行动系统演变的内在推力（Allen et al.，2011），本节将挖掘不同阶段行动系统转换过程中的内在矛盾化解过程，进一步归纳出深层次的理论作用机制。

三、研究设计

（一）资料来源

本节选取的案例资料为黑龙江龙联农民专业合作社联社（以下简称龙联联合社）和黑龙江联兴农业农机联合社（以下简称联兴联合社）。之所以选择这两家联合社作为案例分析对象，是因为两者的实践探索具有代表性和典型性。为了获得丰富的一手研究资料，课题组对龙联联合社和联兴联合社分别开展了深入细致的实地调查研究。

课题组对龙联联合社展开了两次较为详细的调查：第一次在 2017 年 8 月，课题组一行五人赴黑龙江省哈尔滨市龙联联合社总部进行实地走访调研，与龙联联合社总经理王某进行了长达 5 小时的面对面深度访谈，初步了解龙联联合社的发展历程，较为系统地记录了龙联联合社基本运行机制、股权结构、经营绩效以及产业链延伸的具体做法。在此次调研中，课题组成员还与龙联联合社牵头人李某进行了长达 4 小时的半结构化访谈，重点询问龙联联合社的盈余分配方式、治理机制、社会化服务以及成员社的成本收益情况。第二次在 2019 年 8 月，课题组一行五人再次赴龙联联合社进行实地走访调研，课题组成员深入了解龙联联合社的组织模式、组织架构、纵向协作关系、内部管理机制以及经营绩效，并以座谈会的形式与龙联联合社总经理、部门负责人以及部分成员社代表进行了半结构化访谈，了解成员社的基本情况、经营绩效以及联合社与成员社之间的合作关系等方面的内容。通过对龙联联合社总经理、理事长和成员社的访谈，课题组对龙联联合社有了深刻认识，形成了 3 万字访谈记录。

课题组对联兴联合社展开了两次细致的实地调查：第一次在 2019 年 6 月，课题组成员在联兴联合社会议室与联社总经理黄某进行了长达 4 小时的面对面深度访谈，对联兴联合社的成员结构、股权结构、经营模式和成本收益状况有了初步了解。第二次在 2019 年 8 月，课题组一行 6 人赴联兴联合社进行实地调查，与联社负责人、成员社代表、农机手一同进行了总计长达 6 小时的半结构化座谈会，进一步深入了解联兴联合社的组织模式与社会化服务机制之间的内在联系。此外，课题组成员还实地走访了部分成员社的生产基地，并在成员社办公室与成员社负责人、成员社社员展开了实地访谈，重点了解联合社与成员社、成员社与农户成员之间的关系演变过程。最终，课题组形成了近3万字关于联兴联合社的访谈记录。

此外，课题组还收集了地方农业部门关于龙联联合社和联兴联合社经验做法的总结材料、相关媒体报道等辅助材料。这些感性认识和辅助材料能为本研究提供较好的素材支撑。

（二）案例选取

之所以选择龙联联合社和联兴联合社作为本节案例分析对象，主要原因是：第一，本节所选联合社都属于自组织型组织模式，核心决策权集中在联合社而非外部主体，避免过多的“外力”干扰。[①] 第二，本节所选联合社属于同业型粮食类联合社，避免产品异质性对案例分析所造成的干扰。第三，本节所选联合社业务范围地点、成立时间相近，避免地理特征与发展时间长短对案例分析所造成的干扰。第四，本节所选取联合社组织模式存在差异，符合案例筛选的“逐项复制”原则和“差别复制”原则（Yin，2009）。

（1）龙联联合社。黑龙江省克山县仁发现代农业农机专业合作社联合省内178家成员合作社，于2015年3月在工商局正式注册成立，注册资本金200万元。截至2019年8月，联合社拥有成员社1560家、股东成员社64家、分社14家，土地面积1010万亩，仓储能力907万吨，日烘干能力9万吨，农业机械20万马力，涉农户20.8万户，涉农人口72.8万人，分布在黑龙江省13个地市58个县区，是目前中国最大的新型农业经营联合体。龙联联合社采取公司治理的运作方式，引入现代企业理念，经营业务交由其全资控股的龙联农业开发投资有限公司管理，追求利润最大化目标，并按照有利于农民分享增值收益的导向，完善农业产业链与农民利益联结机制。

（2）联兴联合社。联兴联合社于2014年成立，注册资金为1000万元，聚集了245家成员社。然而，联合社在最开始自身定位模糊，“抱团”之后却不知如何“取暖”。直到2018年4月，联合社对成员社进行筛选，最终确定36家成员社，才正式开始运营。截至2019年8月，联合社经营土地面积达到96.8万亩，其中自主经营面积42.8万亩，代耕服务作业面积54万亩。联合社拥有固定资产

① 尽管龙联联合社与联兴联合社的组建都受到过地方政府的指导与建议，但组建联合社及联合社发展的主要决策权仍然集中在联合社自身，并未受到过多外部干扰。

1.2亿元，农机装备总投资4.8亿元，拥有农业机械1632台。联兴联合社采用平台服务的运营方式，利用联合社平台代表成员社与大企业、大市场进行业务洽谈、有效对接，以最大程度服务成员社作为联合社今后长期的努力方向。

（三）变量度量

在行动理论的指导下，将针对本节分析的行动系统从“八大维度”对其变量加以度量。行动系统“八大维度”实际上是将因变量、自变量、控制变量间错综复杂的关系考虑在内，以形成可分析的系统。在本节所探讨的行动系统中，“主体”联合社具有组织模式创新的“动机”，期望能够作用于保障成员社合作稳定性这一“客体”，并实现提升合作稳定性的“结果”。在这一过程中，“主体”将利用好“工具”与“规范”两大手段，通过与“群体”共同实现有效的“分工”，加大对“客体”的影响程度。其中，“工具”是指提升“主体”与“群体”之间要素流动效率的有效举措，实现成员社的有效合作；“规范”是指理顺“主体”与“群体”间的利益联结关系，推动“主体”进入规范性成长轨道的举措，突出有效合作过程中的稳定性。因此，“工具”与“规范”是行为系统中的两大关键抓手。具体变量度量如表6-6所示。

表6-6　具体变量度量

维度	变量度量
动机	创新组织模式
主体	联合社
客体	保障成员社合作稳定性
结果	合作稳定性得到提升
工具	有利于联合社人、地、钱、信息等要素流动畅通的举措
规范	有利于联合社进入规范性成长轨道的举措
群体	政府、成员社、企业
分工	联合社——主导方；政府——支持方；管理团队——组织方；成员社——追随方；合作企业——商业伙伴方

四、案例分析

这部分将对行动系统的动态演变机制进行深入的案例剖析。其中，Ⅰ行动系统代表初始状态下的行动系统，Ⅱ行动系统代表转换状态下的行动系统，Ⅲ行动系统代表目标状态下的行动系统。Ⅰ行动系统向Ⅲ行动系统演进的过程，也是行动系统内部矛盾得以化解的过程。

（一）Ⅰ行动系统：联合社合作松散

联合社本身仅仅是“合作社+合作社+合作社”这一横向协作关系的“框架”。若未能往这一框架内注入新要素、新动能，组织模式将一成不变，而未能实现发展创新，联合社的组织化力量也将难以得到充分显现，甚至长久处于“貌合心离”的松散合作状态。

龙联联合社成立初期，在黑龙江省政府建议与鼓励下，联合社仅仅重视“数量”上的加总，尚未考虑匹配性问题。联合社成立第一年，成员社数量规模突飞猛进，凡是在黑龙江省内有相关业务、有一定名气的合作社，都加入联合社，而这些合作社的加入不受任何进入门槛约束。换句话说，龙联联合社组织模式的起步期几乎是不需要成本的，合作社在加入过程中也是无成本的，并期望能以低成本方式从联合社这一新型组织上获取外部性收益。然而，如果合作社仅重视自身经济利益最大化而忽视合作社之间的合作需求，组织模式是不可持续的，也不利于现实矛盾的解决。在这一阶段，成员社仅仅存在小额“代买-代卖”关系，并未由于加入联合社而提升与市场主体间的谈判地位，投入大带来的资金回笼问题依然长期困扰着成员社，农产品销售的规模效益也始终未能充分实现。正如某成员社理事长所说：“当时加入联合社是有所期待的，想着联合社能帮忙联系点大单子，给我的粮食寻找好的销路，但没想到这只是‘一厢情愿’。”龙联联合社行动系统动态演变过程如表6-7所示。

表6-7 龙联联合社行动系统动态演变过程

系统	Ⅰ系统	Ⅱ系统	Ⅲ系统
动机	合作社再联合	提升组织运行效率	合作社再联合
主体	联合社（各成员社）	联合社	联合社
客体	成员社合作	组织模式创新	成员社稳定合作
工具	政府召集联合 小额代买代卖	建立公司 聘用职业经理人 打造专业管理团队 推广统一品牌	“人”：充分发挥好职业经理人与专业管理团队高效利用资源要素的作用 “地”：根据市场调整土地种植结构 “钱”：以订单农业模式缓解贷款难题 “信息”：重视电子商务研发与建设
规范	无	借鉴公司制度，规范联合社制度，包括成员管理制度、财务管理制度、治理制度等	借鉴公司制度，健全联合社制度，包括成员管理制度、财务管理制度、治理制度、盈余分配制度等

续表

系统	Ⅰ系统	Ⅱ系统	Ⅲ系统
群体	政府、成员社	政府、成员社、管理团队	政府、成员社、管理团队、合作企业
分工	政府：倡导合作社实现再联合 成员社："盲目"加入联合社	政府：鼓励联合社以品牌推广提高知名度 成员社：根据制度筛选机制调整行为 管理团队：探索提升组织运行效率的管理方案	政府：鼓励联合社向成员社推广品牌 成员社：在遵循联合社已有制度基础上，进行标准化生产 管理团队：注重以成员社合作稳定推动组织运行效率提升 合作企业：与联合社建立起商业伙伴关系
结果	合作不稳定	建立起公司治理型组织模式 内部制度健全 外部联结强化	实现有效、可持续的稳定合作：缓解"搭便车"问题 成员社积极参与 利益联结关系稳定 经营状况走势良好

资料来源：由笔者整理得到。

联兴联合社将成立初期称为"荒废的三年"，这三年内联合社未展开实际运营。在克山县政府建议下，联合社先是把克山县有一定规模的合作社"召集"起来联合，至于未来发展方向该如何定位，联合社尚未形成成熟想法。在这三年内，联合社没有任何经营收入，甚至有损联合社的声誉。同时，单个合作社在市场谈判中的地位逐渐降低，面对农产品市场价格波动的能力也逐渐丧失，多家合作社开始抱希望于联合社，希望联合社的有效运转能够改变这一现状。在这三年内，成员社数量过大，联系极为松散，联合社仅仅起到简单的协调作用，如农机服务的协调，小额订单的"代买-代卖"，使联合社"似有似无"。有一家成员社理事长在访谈中说出了当时的疑虑："刚组建联合社时，大伙还找不到头脑，没有一点明确的发展方向，我觉得自己的业务一直开展得挺顺利的，说实话没有很强烈的合作意愿。"联兴联合社的职业经理人也补充道："当时咱们联合社只追求数量，混进了大量没有实质性经营业务的空壳合作社，不利于联合社业务的开展，因此联合社发展这事就暂时搁置一边了。"联兴联合社行动系统动态演变过程如表 6-8 所示。

表 6-8　联兴联合社行动系统动态演变过程

系统	Ⅰ系统	Ⅱ系统	Ⅲ系统
动机	合作社再联合	提升组织运行效率	合作社再联合

续表

系统	Ⅰ系统	Ⅱ系统	Ⅲ系统
主体	联合社（各成员社）	联合社	联合社
客体	成员社合作	组织模式优化	成员社稳定合作
工具	政府召集联合 农机服务协调 小额“代买-代卖”	聘用职业经理人	“人”：充分发挥好管理层、职业经理人与成员社之间的双向互动决策机制 “地”：根据市场调整土地种植结构 “钱”：以订单农业模式缓解贷款难题 “信息”：重视平台信息共享
规范	无	规范成员管理制度 强化民主治理机制	规范成员管理制度 强化民主治理机制 优化盈余分配制度
群体	政府、成员社	成员社、经理人	成员社、经理人、合作企业
分工	政府：倡导合作社实现再联合 成员社：“盲目”加入联合社	成员社：根据制度筛选机制调整行为 经理人：探索提升组织运行效率的管理方案	成员社：在遵循联合社已有制度基础上，进行标准化生产 经理人：注重以成员社合作稳定推动组织运行效率提升 合作企业：与联合社建立起商业伙伴关系
结果	合作不稳定	建立起平台服务型组织模式 内部制度健全 外部联结强化	实现有效、可持续的稳定合作： 缓解“搭便车”问题 成员社积极参与 利益联结关系稳定 经营状况走势良好

资料来源：由笔者整理得到。

联合社建立初期，组织模式单一、松散，“主体”与“客体”之间存在着难以跨越的关卡，合作社再联合的稳定性仍缺乏基本条件，未能实现成员社合作稳定的预期结果，未能化解好合作前预期能解决的矛盾：第一，合作社与大市场之间的矛盾。第二，联合社与成员社、其他市场主体之间的利益联结关系的矛盾。第三，合作社农产品生产与销售价格之间的矛盾。第四，合作社大规模投入时“出款”与“收款”之间的矛盾。这四大矛盾是联合社组建后本该加以化解的，但松散型的组织模式显然无法通过发挥出联合社的组织化力量来化解这些矛盾。

（二）Ⅱ行动系统：联合社组织模式创新

当联合社这一“主体”产生以组织模式创新提升组织运行效率的“动机”并付诸行动时，其“客体”为联合社组织运行效率，而合作稳定性属于与组织运行效率间接相关的内容。因此，在分析联合社组织模式创新与合作稳定性的关系之前，分析组织模式创新的行动系统，将是大有裨益的。

龙联联合社致力于改变经营颓势，在通过对组织模式运作的一番探索后，形成了成熟的公司治理型组织模式。在“工具”方面，龙联联合社聘用职业经理人，成立黑龙江龙联农业投资有限公司，打造专业的公司部门团队，向公司治理型内涵靠拢。这一做法使联合社的“规范”行动得到有效推进，公司部门团队参与制定了成员管理制度，为公司治理型组织模式的落地奠定基础。在成员进入制度方面，进入联合社的成员社需要符合产权明晰、章程规范、运行机制合理、管理比较规范的基本要求，并且需要在当地有良好口碑、受农民信任、示范带动作用强。在成员退出制度方面，成员社如果拒不执行联合社管理规章制度或执行不力，以及给联合社名誉或利益带来严重损害的，将会被联合社清除到成员社名单之外。在成员社激励制度方面，联合社通过制定标准评选出一批标杆成员合作社为“星级社员”，以期通过“星级社员”的评选进一步推动和规范成员社的自我管理提升，引导联社社员走健康可持续发展之路。其中，星级级别被划分为五个等级，一星最低，五星最高。结果有效期为一年，每年复审，以有效规范组织内部成员行为。

联兴联合社在成员社合作需求的推动下，逐步展开联合社的业务运营，形成了平台治理型组织模式。在“工具”方面，联兴联合社搭建好平台后，雇用职业经理人来负责管理平台，但并不注重通过设计组织架构来进行公司化、部门化运营，而是通过发挥职业经理人的中间作用，推动联合社平台与成员社在资本、人员、信息等方面的“互联互通”，强化统一对外的平台优势。在“规范”方面，联合社致力于以发挥好成员筛选制度的作用，提升组织化程度。联合社初期虽然聚集了 245 家成员社，但与联合社有实际业务往来的仅有 31 家。最终，联合社在原有 31 家成员社的基础上，进一步剔除老成员 13 家，吸纳新成员 18 家，筛选确定 36 家成员社。筛选标准包括以下三条：第一，要在县级、乡级、村级政府报案，并得到通过。第二，征信报告记录需要良好。第三，成员大会表决通过。此外，联兴联合社优化治理机制，无论重大决策、细小决策，都召集成员社共同探讨、民主决策，提升决策的科学性、合理性。对于不积极参与联合社组织活动的，如三次以上无故缺席，将面临成员资格的终止。

公司治理型与平台治理型都是组织模式的创新，都实现了联合社组织运行效率的提升，解决好联合社内部“貌合心离”的问题。两种组织模式在“工具”和“规范”的基本方向上是一致的，但在具体着力点上存在结构性差异。公司治理型模式的“工具”更为现代化，以公司治理理念、部门治理能力提升组织运作效率，而平台治理型模式的“规范”更具灵活性，通过成员代表会议来调整决策方向、制度内容的频率更高。在“工具”与“规范”的作用下，联合社与成员社、政府以及管理团队之间建立了利益联结关系，并反作用于“工具”与“规范”的实践，使合作社走向再联合的组织化力量逐步显现，远离“貌合心离”的低效运转状态。

（三）Ⅲ行动系统：联合社组织模式创新与合作稳定性

那么，联合社组织模式创新与合作稳定性之间又有着怎样的联系呢？Ⅱ行动系统推动了Ⅰ行动系统向Ⅲ行动系统的转变。在这一行动系统中，联合社试图提升组织稳定性，改变“貌合心离”现象的目的依旧不变，但是在组织模式创新行动系统的影响下，“主体”联合社能够通过新的行动系统综合作用于组织稳定性这一“客体”。Ⅲ行动系统中联合社拥有更为强大的“工具”，能够优化“人、地、钱、信息”四位一体的要素配置渠道。在“人”的要素方面，龙联联合社完善公司部门设置，外聘职业经理人与部门工作人员，以聘用制方式激励员工积极性，以现代化经营理念提升联合社运营效率；而联兴联合社则以职业经理人队伍为联合社与成员社搭建平台的方式，通过提升互联互通的频率发挥好平台服务效率。在“地”的要素方面，龙联联合社下设公司与联兴联合社都会根据市场波动情况以及订单需求状况调整农地种植结构，提升农地经营的市场效率。在“钱”的要素方面，龙联联合社下设公司与联兴联合社都有能力采取新型订单农业合作方式，创新金融贷款模式，普遍缓解了成员社“前期投资过大，后期资金回笼滞后”的资金链困境，确保下一作业年度土地连片规模经营的持续性，稳定了成员社的经营信心。在“信息”的要素方面，龙联联合社下设公司不仅打通利益相关者之间的信息畅通渠道，而且着力于建设电子商务业务，依托“龙联绿食源”的品牌效应，为大市场信息的进入提供了极大的便利，而联兴联合社更为注重平台内部的成员信息共享，如农机服务资源共享方面，联合社联系的玉米收割服务便比市场价每亩低2元。

行动系统中的“规范”也推动了联合社组织稳定性的提升，通过外部引导与内部制度构建规范联合社稳定成长。具体来看，在外部引导方面，黑龙江省农委相关领导提出组建省级联合社，并在后期多次为龙联联合社提供决策咨询服务，引导龙联联合社的庞大组织架构能够运作起来，但在具体决策上并不存在政策干预。在内部优化方面，龙联联合社和联兴联合社都采取了标准化的生产模式，以便于与大订单农业的商业模式相衔接。订单农业的合作企业也会“反过来”推动标准化生产过程的落实，如联兴联合社从地块确定到粮食仓储地点选择都受到合作企业工作人员的驻点监管，并需缴纳10元每亩的监管服务费。此外，在严格成员管理制度、理顺治理机制的基础上，龙联联合社和联兴联合社盈余分配制度也随之得到优化，实现产权层面的“规范”。龙联联合社统一销售“龙联绿食源”产品的销售利润部分由联合社与被许可成员单位按照5：5比例进行分成，而联兴联合社订单农业所产生销售利润的80%也被用于按股分配与按交易额分配相结合的分红方式。

行动系统中的群体关系在多元化的联系下也日趋紧密，使提升组织稳定性这一目标的实现并非只有“主体”联合社的单一努力，而是行动系统中群体的共同努力的结果；在群体的共同努力下，分工结构也随之发生变化，分工职责更为明确，有利于释放联合社对于成员社合作稳定性提升的潜在作用。为此，这里将重点介绍“主体”联合社在行动系统中的多重身份转换以及如何化解原有矛盾并取得提高合作稳定性理想成效的。

（1）新“分工”身份的作用。先前的行为系统中，联合社仅仅是推动合作社再联合稳定性提高的主导方，扮演着组织者的角色，但在新的行为系统“分工”中，联合社具有多重身份，包括商业伙伴、经营主体、投资主体、协调主体等。龙联联合社与吉林云天化等三家公司签订了长期合作关系，成为稳定的商业伙伴，并且联合社全资投资旗下子公司——黑龙江龙联农业投资有限公司成为公司最大股东，关注投资回报率，也实际上成为公司型经营主体。联兴联合社与吉林云天化等公司签订长期合作关系，成为稳定商业伙伴，并且为成员社的协调提供有效的平台作用，成为在成员社之间合理配置资源的协调主体。

（2）行动系统中的矛盾化解。在这一行动系统中，联合社通过“工具”的运用与“规范”的落实和群体间实行有效的社会分工，化解了在组织模式创新之前所面临的四大矛盾，最终实现联合社合作稳定性的提升：第一，单个合作社在加入联合社之后市场谈判能力得到提高。在政府的引导下，龙联联合社的成员社融入公司治理体系之中，联兴联合社的成员社充分利用平台治理体系，都具备了与“大市场”对接的机遇条件。第二，“群体”间的有效“分工”推动了利益联结关系的稳定，联合社、成员社与其他市场主体之间能够在追求统一利益目标的情况下各司其职，并形成合理长效的利益分配格局。第三，“规范”成员社农产品生产标准，提高联合社销售农产品的市场溢价能力，推动产品规模效益显现。龙联联合社与联兴联合社都制定了统一生产标准，为成员社产品质量提供了保障，通过联合社规模销售能够推动农产品实际市场价值的实现，甚至促进价值增值。第四，以订单农业融资的“工具”缓解成员社资金链问题。龙联联合社与联兴联合社都具备大规模销售的能力，与大型农业企业如云天化成功签订了大批量的订单农业合同。农业企业先垫资提供产前农资服务，成员社事后以农产品销售方式还款即可，避免资金无法回笼的经营困境。

（四）案例小结

在深入分析龙联联合社与联兴联合社两个代表性案例的基础上，本部分尝试归纳总结出联合社Ⅰ行动系统到Ⅲ行动系统的动态演变机制（见图6-5）。

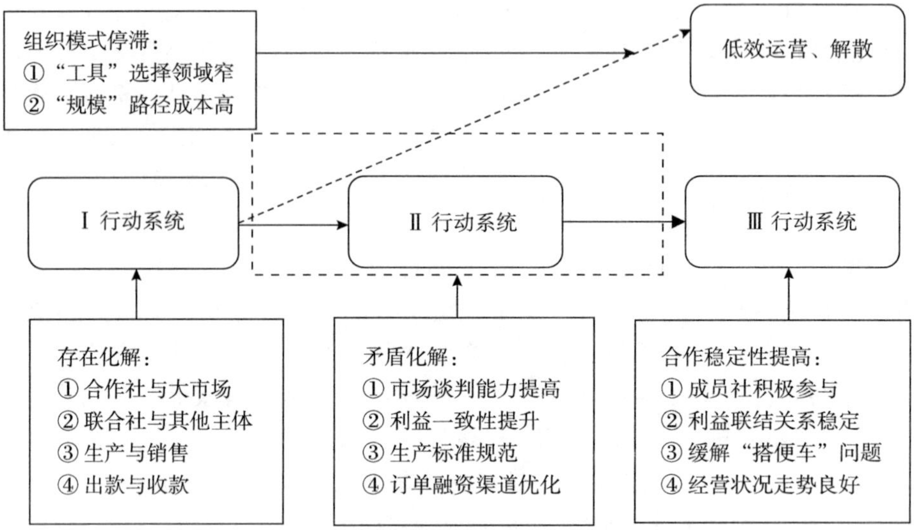

图6-5 联合社行动系统动态演变机制

联合社组织模式创新推升稳定性是循序渐进的过程。在组织模式创新过程中"工具"与"规范"的作用下，Ⅰ行动系统到Ⅱ行动系统的演变能带领联合社走出"貌合心离"的停滞状态，Ⅱ行动系统到Ⅲ行动系统的演变能引领联合社走向"同舟共济"的良好状态。当联合社组织模式止步不前，忽视组织模式的改善优化的必要性时，联合社会处于低效的组织运营状态，甚至走向解散。此时，联合社"工具"选择领域窄、"规范"路径成本高，行动系统中"工具"与"规范"的贡献力量微乎其微。

合作稳定性包括"搭便车"行为、成员参与意愿、利益联结机制以及经营状况四大方面。在动态演变过程中，行动系统初始状态所存在的四大矛盾得到有效化解，最终作用于Ⅲ行动系统的"客体"，推动了联合社合作稳定性的提升。具体而言，市场谈判地位的提高是合作社加入联合社后享受的制度收益，合作社更倾向于长期成为联合社的成员社；联合社、成员社与其他经济主体间共同利益关系的稳定推动了合理长效的利益联结机制形成；生产标准的规范（包括联合社内制定的惩罚性措施）使成员社不具备“搭便车”的行为，遵循生产标准实行标准化生产是更为经济理性的选择；订单农业融资模式的运用有助于成员社经营状况的改善，避免资金“回笼”问题而导致的经营不善现象发生，极大地增强了成员社共同走向良好经营状态的信心。因此，这一行动系统中矛盾化解的过程实质上也是合作稳定性提升的过程。

五、研究结论与启示

本节运用两家具有典型性的案例，运用行动理论的动态演变过程生动地展示了联合社如何“从松散到紧密”，有力地回应了为什么有些合作社再联合后仅仅是“貌合心离”的矛盾结合体。公司型组织模式与平台型组织模式都是通过对联合社组织模式的创新，为“合作社+合作社+合作社”的静态组织框架注入要素重组推力。尽管两种模式在系统中的行动内容有细微差异，但都是在行动系统演变过程中利用好“工具”与“规范”，在参与“群体”共同形成有效“分工”的情况下，推动“客体”符合预期的良好结果。通过行动理论的翔实分析，本节得出以下结论：联合社组织模式创新能够改变成员社“貌合心离”的松散状态，形成能够提升联合社运作效率的新型组织模式，强化外部联结，健全内部制度，最终畅通要素流动，发挥制度优势，推动合作稳定性提升。

上述研究结论表明，合作社再联合后“貌合心离”问题的解决，需要创新组织模式，科学合理地运用好“工具”与“规范”，以整合各类资源要素为重点“工具”手段，以完善规章制度为重点“规范”路径。本节研究结论蕴含着如下政策启示：一是完善支持联合社发展的规章制度，推动合作社的合作需求演变为合作动力，推动联合社组织化力量的显现。如果缺乏外部支持，合作社之间尽管存在合作需求，但囿于初始合作成本的不确定性，容易错过组建联合社的“黄金时机”。二是畅通城乡要素流动体制机制，探索高效组织模式。高效的组织模式能够通过整合资源要素，利用好现代先进要素规范联合社这一新型组织的运作，为新组织提供先进的生产要素支撑。三是重视新型经营主体培育与新型职业农民培训，打造联合社理事长交流平台。区别于单个新型农业经营主体，联合社是对多家主体的再联合，资源约束、成员结构、经营目标等方面都发生了极大转变，如何创新组织模式，使成员社之间能够稳定合作，需要联合社理事长之间加强交流。进一步地，从资源整合的角度考虑，联合社与联合社之间的组织模式创新仍具有广阔的探索空间。

附录一 调研报告

调研报告一
山东省临沂市农民专业合作社联合社调研报告*

《中华人民共和国农民专业合作社法》实施十年后，于2017年12月27日经十二届全国人大常委会第三十一次会议修订通过，为了适应农民专业合作社相互之间联合与合作的需求，新法专章增加了联合社制度，明确了农民合作社联合社的法律地位，以扩大农民专业合作社的生产经营和服务规模，发展产业化经营，提高市场竞争力为目标。为响应国家政策导向、促进新型农业经营主体的再合作，2018年4月4日，山东省委办公厅、省政府办公厅印发了《关于加快构建政策体系培育新型农业经营主体的实施意见》，对于联合社和联合体的组建做出了政策性鼓励，方案指出“鼓励农民依法组建农民合作社（联合社），发挥其在农资供应、农产品销售等服务环节的优势”“引导新型农业经营主体多元融合发展。培育发展一批示范农业产业化联合体”。在国家和省委、省政府的鼓励下，为了促进新型经营主体的联合与合作，促进农民合作社联合社、农业产业化联合体的建设，山东省临沂市积极推进联合社和联合体的组建与发展，为了总结山东省临沂市在联合社和联合体建设方面的经验，中国人民大学课题组于2019年8月对山东省临沂市的联合社与联合体的发展情况进行了调研，现报告如下。

一、联合社的发展情况

本次调研的三个案例发展情况各不相同，为了更好地对山东省临沂市联合社

* 执笔人：张怡铭。

发展情况进行分析，首先对各案例的基本情况进行简要介绍。三个案例的基本情况如表 1 所示。

表 1 联合社（联合体）发展情况

	山东省临沂市罗庄区金源葡萄种植专业合作社联合社	山东省临沂市沂南县广汇畜禽养殖专业合作社联合社	山东省临沂市罗庄区食用菌产业化联合体
组织性质	联合社	联合社	联合体
成立时间	2018 年 12 月	2012 年 5 月	2011 年
成员数	10	3	5
成员类型	合作社、家庭农场、农业企业	合作社	合作社、企业
联合特征	异质联合	异质联合	异质联合
联合目的	产业化、合作	联合社为成员提供服务	产业化、合作
有无盈利	×	√	×
提供的服务	统一采购生产资料 产中农技服务和农业培训 产后销售服务	种兔培育 免费技术培训 保底回收	菌种和菌包供应 技术服务
联合方式	横向联合	纵向联合	横向联合

资料来源：笔者根据调研资料整理。

（一）山东省临沂市罗庄区金源葡萄种植专业合作社联合社

山东省临沂市罗庄区金源葡萄专业合作社联合社成立于 2018 年 12 月，位于山东省临沂市罗庄区沂堂镇前台井村 231 号，于 2019 年 4 月 24 日通过临沂市罗庄区市场监督管理局注册登记，认缴出资金额 1000 万元。在市场监督管理局登记的经营范围包括：葡萄种植、销售；葡萄种植经验技术推广；为成员提供葡萄种植技术及市场信息服务；为成员提供葡萄种植规划服务；组织成员进行葡萄及农产品加工、销售；开展成员葡萄种植、储存所需的运输、储藏、包装服务；供应成员葡萄种植所需的化肥等农业生产资料。联合社共有 11 个成员主体，其中农民专业合作社 6 家、家庭农场 4 家和生态农业公司 1 家。主体所在地包括罗庄区的三个乡镇，分别是沂堂镇、褚墩镇和册山镇。

山东省临沂市罗庄区金源葡萄专业合作社联合社由罗庄区金源葡萄种植专业合作社发起成立，联合社内除金源合作社的几家合作社均由金源合作社带动成立。罗庄区金源种植专业合作社成立于 2011 年，注册资本 60 万元，现有社员 105 户，共 460 人，涉及 10 个村庄，入股种植面积近 1 万亩。合作社借鉴国内外先进种植模式，创新了葡萄高效种植技术，亩均葡萄利润达万元以上。合作社采取“农户+基地+市场+加工”的发展方式，以葡萄种植产业带动100多农户种植葡萄，种植面积2000多亩，带动农户增收2000多万元，农户每年增加收入1.5万元。为解决社员葡萄种植上市集中、不易储存的难题，合作社投资110万元新上酿酒设备两套，并注册商标“抬头醒”。

（二）山东省临沂市沂南县广汇畜禽养殖专业合作社联合社

山东省临沂市沂南县广汇畜禽养殖专业合作社联合社成立于2018年，于2018年11月2日通过沂南县市场监督管理局登记注册，位于山东省临沂市沂南县湖头镇房家沟村，属于畜牧业农民专业合作经济组织。在市场监督管理局注册的经营范围为组织采购供应成员所需的仔畜、雏禽与饲料；组织收购、组织销售成员生产的畜禽；开展成员所需的畜禽养殖技术信息服务。联合社成员包含三个兔业养殖专业合作社，同时有8名自然人作为出资人，各实际出资1万元。

山东省临沂市沂南县广汇畜禽养殖专业合作社联合社由山东省临沂市沂南县家园兔业养殖专业合作社牵头发起成立。山东省临沂市沂南家园兔业养殖专业合作社创建于2010年5月，是一家集伊拉种兔繁育、放养、回收、销售、服务于一体的省级先进合作社、示范社。肉兔养殖是一个投入灵活、见效较快的项目，非常适合于作为扶贫项目开展。一方面，按照平均建立一个标准化养殖基地需要成本30万元计算，只要按照工厂化生产模式正常养殖，5个月就可收回投资，年可实现利润50多万元；另一方面，养殖户也可以根据个人情况选择家庭式养殖，利用房屋庭院分散式小规模养殖。当养兔技术成熟时，可以由山东省临沂市沂南县家园兔业养殖专业合作社指导成立合作社，采取“合作社+农户”的方式，由合作社统一管理，家庭分散养殖。

（三）山东省临沂市罗庄区食用菌产业化联合体

山东省临沂市根据山东省农业农村厅等六部门《关于加快推进农业产业化联合体发展的实施意见》，结合山东省临沂市农业产业化发展实际，着力推进农业产业化联合体建设。2019年9月，山东省临沂市确定了22个农业产业化示范联合体，其中山东省临沂市罗庄区食用菌产业化联合体是临沂市罗庄区唯一一家市级示范联合体。联合体成立于2018年9月，成员主体共有5个，包括4家农业企业和1家文化企业，分别是山东效峰生物科技股份有限公司、山东省临沂市罗庄区效峰香菇专业合作社、山东效峰食品有限公司、临沂效峰园林绿化有限公司和山东樱桃文化传媒有限公司，业务范围包括杏鲍菇、香菇等食用菌种植、加工、运输、销售、电子商务等。联合体至今尚未注册，主要原因是管理者认为当前对联合体是否注册没有强制性约束，加上运行过程中由于业务尚未开展不具有注册的必要性，因此尚没有注册的想法。

联合体由山东效峰生物科技股份有限公司发起成立。企业成立于2006年8月，主营业务为以杏鲍菇、金针菇为主要品种的食用菌菌包销售、食用菌工厂化栽培。企业是当地食用菌种植行业的龙头企业，制定了当地食用菌种植的行业标准。为了带领更多当地农民发展食用菌种植行业，在企业、区农业局和街道办事处的指导下，成立了罗庄区效峰香菇专业合作社。山东省临沂市罗庄区效峰香菇专业合作社采取"合作社+基地+农户+市场"的经营模式，带动建立食用菌种植基地6个，带动周边农户1000余户，促进农民增收1000多万元。为了解决食用菌销售价格波动大、附加价值低的问题，山东效峰生物科技股份有限公司董事长组织成立了山东效峰食品有限公司进行农产品加工，先后研发生产了工厂化有机杏鲍菇、姬菇和林下黑木耳等优质高档食用菌产品，加工生产了食用菌特色面条、蘑菇酱菜和有机肥等新产品，年产各类优质产品达到8000多吨，年销售额达到6800多万元。为了解决各类加工产品的销售问题、发展电子商务，与山东樱桃文化传媒有限公司合作进行产品销售。

二、联合社的联合路径

随着合作社数量的增加，合作社需要进一步合作，组成联合社。合作社通过联合，可以进一步降低交易成本、获得更大范围的规模经济、提高市场话语权。联合社的组建有两条路径，"自下而上"的联合和"自上而下"的联合，两种联合的路径各具优势，本次调研的案例涵盖了这两种联合路径。对于哪种路径更具优势的问题，在当前我国联合社发展的初期阶段，联合社的发展路径并不存在唯一的标准，可以是"自上而下"的，也可以是"自下而上"的，关键在于是否存在联合的需求，联合社能否独立、自治、民主地开展活动。①

（一）"自下而上"的发展路径

"自下而上"的联合路径是指联合社的组建要在基层社数量达到一定程度时，形成了进一步联合的需求，由基层社自发组成联合社的联合路径。"自下而上"的联合有两个条件：一是有一定数量的基层社作为发起人，制定联合社的章程，联合社成员大会通过，政府有关部门批准后登记，取得法人资格；二是农民社员的素质和能力较强，农民平均受教育年限较长，而且要有较强的组织能力、沟通能力和经营能力。"自下而上"的联合路径由于是合作社以自身利益为目的进行的自发联合，因此能够较好地体现合作社自身的主体地位，在管理和运

① 苑鹏．农民专业合作社联合社发展的探析——以北京市密云县奶牛合作联社为例［J］．中国农村经济，2008（8）：44-51.

行的过程中较为自由，能够灵活地体现成员主体的意志。此次调研当中临沂市“自下而上”联合的案例包括两个，山东省临沂市罗庄区金源葡萄种植专业合作社联合社和山东省临沂市罗庄区食用菌产业化联合体。

山东省临沂市罗庄区金源葡萄种植专业合作社联合社（详见本书案例二）由“中心社”山东省临沂市罗庄区金源葡萄种植专业合作社发起成立。山东省临沂市罗庄区金源葡萄种植专业合作社成立于2011年，由于合作社规模较小，农资采购量较少，葡萄产量低，市场议价能力较差，为了实现规模化生产、降低生产成本、提高销售价格，2018年12月其一方面带动周边的葡萄种植户组建合作社，另一方面联合已有葡萄种植主体，共同组建联合社。成立之初，联合社由沂堂镇、黄山镇及褚墩镇的5家合作社、4家家庭农场和1家生态农业公司组成，截止到2018年12月底，山东省临沂市罗庄区金源葡萄种植专业合作社联合社共吸纳536户社员、15家家庭农场、1家农业公司，涵盖农户536户，覆盖沂堂镇及周边县市区3500余亩葡萄种植区域。

山东省临沂市罗庄区食用菌产业化联合体（详见本书案例一），成员主体包括五个，分别是山东效峰生物科技股份有限公司（简称效峰科技）、山东省临沂市罗庄区效峰香菇专业合作社、山东效峰食品有限公司、临沂效峰园林绿化有限公司和山东樱桃文化传媒有限公司。联合社是以产业化为目标组建的，在成立联合社之前各主体就进行合作，效峰科技作为“中心社”向香菇合作社提供菌种和菌包，生产出食用菌之后效峰科技将购买的食用菌交给效峰食品进行加工，加工后交给樱桃文化销售。为了方便合作，便组成了联合体。截至2019年8月，成员社并未发生变化，仍由这五个主体组成。

（二）“自上而下”的发展路径

“自上而下”的联合是指先建立联合社，再由联合社组建基层社的发展路径，尽管成员社仍是独立的，但是在方法和经验上得到了联合社的指导。这样的联合社一般由政府或行业协会发起，再由联合社指导合作社的组建。“自上而下”联合路径的优势在于具有一定的顶层设计，能够在组建过程中实现前瞻性、综合性的发展模式。此次调研当中，山东省临沂市“自下而上”联合的案例是山东省临沂市沂南县广汇畜禽养殖专业合作社联合社。

山东省临沂市沂南县广汇畜禽养殖专业合作社联合社（详见本书案例三）是由山东省临沂市沂南县家园兔业养殖专业合作社牵头发起的，从合作社的开展到联合社的组建经历了三个时期。2012~2014年是合作社初步探索时期，家园合作社首先探索了健康肉类产品，但以失败告终，随即理事长决定先实现肉兔养殖规模化，再推广健康肉类，于是开始生产伊拉兔。2015~2017年是“合作社+公司+贫困户”快速发展时期。2015 年合作社申请到专项资金，建设了标准化养殖场区，降低了成本。2016 年，随着精准扶贫的开展，由于肉兔养殖成本低、见效快，符合扶贫产业的要求，理事长认为此时便是扩大生产规模的最好时机，于是号召贫困户参与肉兔养殖，使沂南县越来越多的贫困户从小养殖户发展成为规模户。在这一过程中，家园合作社的养殖产业链逐步发展成熟，为了帮助其他想要加入的贫困户，也为了集约化管理，2018 年在县领导的建议及帮助下，选择了生产技术成熟、达到一定规模或是有管理能力的肉兔养殖户作为理事长组建合作社，再由家园兔业联合各合作社组建了山东省临沂市沂南县广汇畜禽养殖专业合作社联合社。可以说，联合社中所有的成员合作社均是由联合社从无到有培养起来的，从贫困户到生产户，从生产户到规模户，从规模户组建合作社，再由合作社组建联合社，走出了一条“自上而下”的发展道路。

三、联合社的成立动因

随着山东省临沂市新型农业经营主体不断增加，经营主体间进行进一步联合，主要表现为组建联合社和组建联合体两种形式。组建联合体的主要目标是实现产业化，围绕特色优势主导产业，实现产业链的向前和向后延伸，形成生产、加工、流通等较为完整的产业链条，实现农业生产的纵向一体化。组建联合社的主要目的是通过实现规模化降低生产成本、改善市场地位、提高市场竞争力，整合优势资源，实现农业生产的横向一体化。本次调研的三个案例中涵盖了联合社和联合体两种类型的联合。

（一）以产业化为目标组建联合体

山东省临沂市罗庄区食用菌产业化联合体（详见本书案例一）是龙头企业山东效峰生物科技股份有限公司发起组建，由农民专业合作社山东省临沂市罗庄区效峰香菇专业合作社和三家公司（山东效峰食品有限公司、临沂效峰园林绿化有限公司和山东樱桃文化传媒有限公司）组建而成的。成员主体是以规模经营为基础，以产业化为目标，以分工协作为前提，以利益联结为纽带形成的一体化农业经营组织联盟，具有独立经营、联合发展，龙头带动、合理分工等特点，促进了主体间的要素融通、合作稳定、产业增值和农民受益。

（二）以规模化为目标组建联合社

实现规模化发展是合作社“再合作”的内在动力。由于外部交易成本和内部交易成本的制约，联合社在实现规模化过程中需要改善治理结构以平衡两者关系。通过联合社促进农业经营主体的抱团发展，进而实现农业的规模化发展，可以降低生产成本、促进技术推广、增强销售能力，更好地化解小农户与大市场之间的矛盾。

1. 降低生产成本

山东省临沂市罗庄区金源葡萄种植专业合作社联合社（详见本书案例二）成立于2018年12月，由山东省临沂市罗庄区金源葡萄种植专业合作社（以下简称金源合作社）发起成立，联合社内除金源合作社以外的几家合作社均由金源合作社带动成立并得到发展。金源合作社虽然实现了统一供苗、统一供肥，但通过联合社可以促进生产的规模化，从而提高农资产品统一购买的议价能力，进一步降低生产成本。

山东省临沂市沂南县广汇畜禽养殖专业合作社联合社（详见本书案例三）成立于2018年，是由山东省临沂市沂南县家园兔业养殖专业合作社牵头发起的。合作社发展初期，仅有一所标准化养殖场区。随着合作社的进一步发展，合作社理事长李在伟提出了“先扩大养殖规模，再做下游品牌”的设想。为了实现规模化，山东省临沂市沂南县家园兔业养殖专业合作社联合其他两家肉兔养殖合作社组建了山东省临沂市沂南县广汇畜禽养殖专业合作社联合社。随着养殖户的增加，从养殖户中选择有能力、有责任心的养殖户作为理事长，鼓励越来越多的合作社加入联合社。联合社为合作社提供种兔、饲料、疫苗等，降低了一家一户单打独斗的生产成本。

2. 促进技术推广

山东省临沂市金源葡萄种植专业合作社通过前期的生产经营积累了大量生产经验，通过组建联合社，与更多葡萄种植主体建立了生产合作关系，促进了葡萄新品种的引进及先进农技和农艺的推广。经过合作社三年的推广，目前联合社社员中种植新品种的比例已经达到了50%以上。引进的葡萄新品种使用棚架，减少亩均种植棵数，采用科学的亩种植20棵左右的新技术种植模式，减少管理成本，加大水肥，多出精品果，使亩收益增加到2万元。

山东省临沂市沂南县广汇畜禽养殖专业合作社联合社作为各成员社的统筹和管理部门，为成员社提供种兔培育、技术培训服务，统一了种兔的选种和培育，将肉兔的养殖技术真正教给养殖户，在养殖户的养兔技术成熟之后，进一步扩大生产规模，帮助其他新的养殖户，在规模化过程中实现技术推广的良性循环。

3. 增强销售能力

山东省临沂市金源葡萄种植专业合作社在葡萄产品的销售过程中，通过联合社实现销售的规模化，提高了农产品销售的议价能力，同时，扩展了销售渠道，由于实现了规模化，因此可以形成订单农业、农超对接、饭店直供等销售模式。联合社改变了过去单个合作社分散养殖的模式，尽管联合社内部是以养殖户分散养殖的形式展开的，但是联合社发挥了总体统筹组织各个环节的作用，统一了各村的配种时间和出栏时间，以此来完成整批次的生产，使其构成足够的规模量，在市场上更能占有一部分话语权。

山东省临沂市沂南县广汇畜禽养殖专业合作社联合社为各成员合作社提供肉兔保底回收服务。联合社积极联系销售客商，与国内较大的客户签订上门收购合同，保底收购商品兔，降低了肉兔销售的市场价格风险，提高了肉兔养殖户的市场话语权，免去了养殖户各自销售的弊端。

四、联合社的运行机制

三个案例在运行机制上各具特点，在梳理其特点之前有必要厘清各联合社的运行机制，以下对案例内容进行了总结和提炼。

（一）山东省临沂市罗庄区金源葡萄种植专业合作社联合社运行机制

山东省临沂市罗庄区金源葡萄种植专业合作社联合社运行机制的主要特点是：联合葡萄种植主体，为其提供农资、销售和技术服务（见图1）。具体而言，联合社的服务对象为联合社成员。联合成员包括山东省临沂市罗庄区金源葡萄种植专业合作社、山东省临沂市罗庄区贵之宝专业合作社、山东省临沂市罗庄区益龙专业种植合作社、山东省临沂市罗庄区华硕种植专业合作社、山东省临沂市罗庄区奉亮种植专业合作社、山东省临沂市罗庄区健全种植专业合作社、山东省临沂市罗庄区洪周家庭农场、山东省临沂市罗庄区虎头泉家庭农场、山东省临沂市

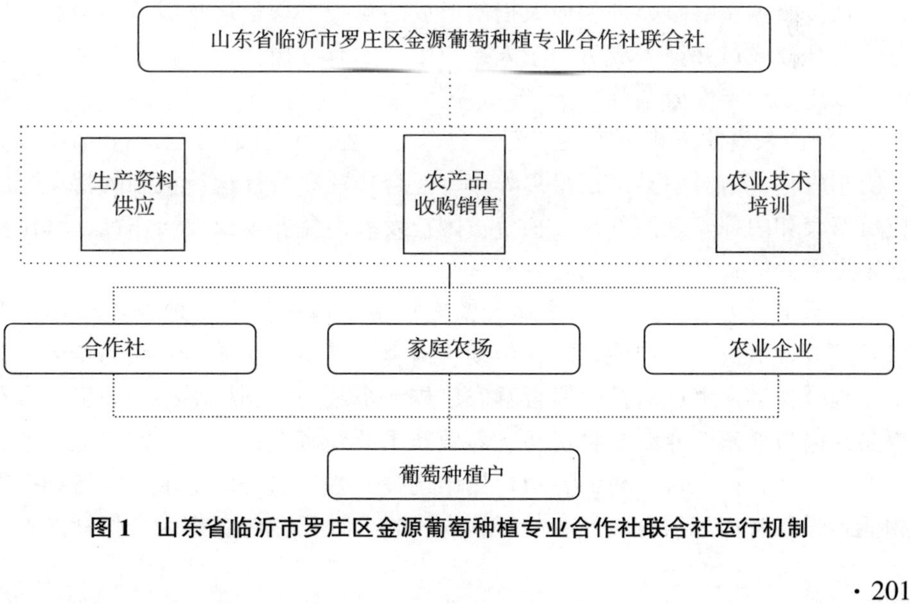

图1　山东省临沂市罗庄区金源葡萄种植专业合作社联合社运行机制

罗庄区绿优家庭农场、山东省临沂市罗庄区志鹏家庭农场、山东省临沂市润苗生态农业有限公司在内的 6 家合作社、4 家家庭农场和 1 家农业企业。

联合社的作用是为成员提供农业社会化服务，包括农资服务、销售服务和技术服务，主要服务内容为：第一，组织采购、供应成员所需的生产资料；第二，组织收购、销售成员生产的杂粮蔬菜，开展成员所需的杂粮蔬菜的运输、初加工、储藏、包装服务；第三，开展成员所需与生产经营有关的技术咨询、技术培训、技术交流和信息咨询等服务。

在实际运营当中，目前联合社的日常事务主要由张理事长及金源合作社的理事处理。联合社的经营成本由于所涉金额较小，现在这部分成本由金源合作社承担。联合社的收入主要来自于联合社为成员社和各个成员社的社员集中采购生产资料、集中销售葡萄的利差，为了联合社的初期发展，这部分利差目前直接全额返还给成员社和农户，即按成本价提供给社员，联合社为成员社及其社员提供的技术服务也是免费的。在盈余分配机制方面，张理事长表示“目前联合社刚成立不久，联合社下的产业体系并不是十分完善，目前也没有收入流，所以并没有建立联合社盈余分配机制”。

但联合社章程中的机制设计与实际运营有所不同，章程规定，联合社资金来源包括成员出资、每个会计年度从盈余中提取的公积金公益金、未分的收益、国家扶持补助金、他人捐赠款和其他资金。在盈余分配方面章程规定，当年扣除生产经营和管理服务成本、弥补亏损后的可分配盈余，40%作为公积金和公益金，其中 60%作为股利分配。股利按照成员账户中记载的出资额和公积金份额，以及联合社按照国家财政直补和他人捐赠形成的财产平均量化到成员的份额，按比例分给联合社成员并记入成员的个人账户中。如有亏损，用公积金弥补，不足部分也可以用以后年度盈余弥补。

（二）山东省临沂市沂南县广汇畜禽养殖专业合作社联合社运行机制

山东省临沂市沂南县广汇畜禽养殖专业合作社联合社运行机制的特点可以分为成员培育和内部管理两部分：扶持贫困户发展肉兔养殖组成合作社，合作社联合起来进行分散式经营和集约化管理（见图 2）。

在成员培育方面，2016 年伴随着精准扶贫大幕的拉开，理事长李在伟看到了以养殖方式促进肉兔产业发展，带动当地整个养殖产业转型升级的希望。合作社主动与驻村第一书记对接，联合县农广校、畜牧局，到村举办培训班，号召贫困户参与肉兔养殖，介绍品种优势、养殖技术及经济效益。在贫困户逐渐熟悉养兔技术后，联合社在每个村的养殖户当中选择一些喜欢钻研技术、学习和接纳新事物能力强且有担当、有责任心的年轻人，联合社任命他们作为合作社的理事长

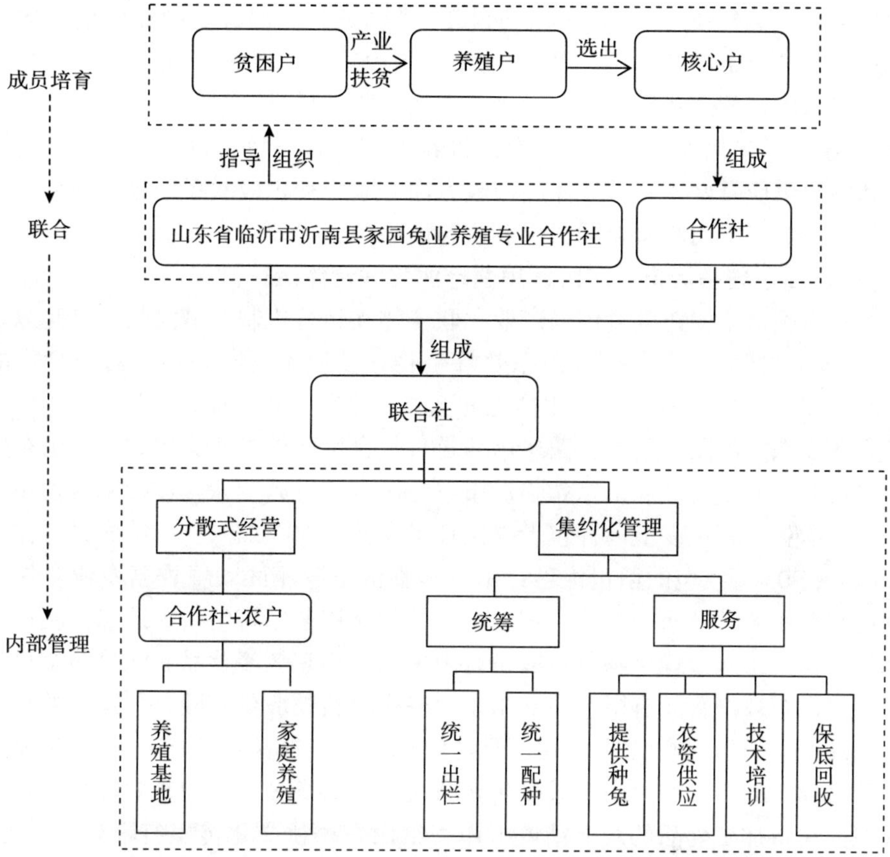

图 2　山东省临沂市沂南县广汇畜禽养殖专业合作社联合社运行机制

和带头人，帮助他们成立合作社，并将人工授精技术、喂养流程、防疫计划等教给他们，再由他们来统一管理本村内的所有养殖户。这样做的好处有四个方面：一是储备了新的人才资源；二是免去了联合社对接养殖户的管理环节；三是加快了新技术的推广、实现更精细化管理；四是在这些管理人员中可以形成良性竞争，通过一些奖励措施、表彰活动，有助于整体出栏量的增加。

在内部管理方面，内部管理分为统筹和服务两个部分。在统筹方面，统一配种时间和出栏时间。联合社改变了过去单个合作社分散养殖的模式，尽管联合社内部是以养殖户分散养殖的形式展开的，但是联合社发挥了总体统筹组织各个环节的作用，统一了各村的配种时间和出栏时间，以此来完成整批次的生产，使其构成足够的规模量，在市场上获得更多话语权。在服务方面，为联合社成员提供种兔、农资供应、技术培训和保底回收。成员社在加入联合社后，联合社为其提供种兔培育、免费技术培训、保底回收的“一条龙”服务。种兔供应方面，联合社对扶贫户给予让利扶持，种兔由原来的120元/只优惠下调至60元/只，从而减轻了贫困户的经济压力。技术培训方面，联合社成立两年内累计举办各种培训班20余次，参加人员500多人次，将养殖技术真正教给村民，为扩大规模及保证其原料供应打好了基础。保底回收方面，联合社积极联系销售客商，与国内较大的客户签订上门收购合同，保底收购商品兔，为养殖户解决了后顾之忧。

（三）山东省临沂市罗庄区食用菌产业化联合体运行机制

山东省临沂市罗庄区食用菌产业化联合体在运行机制上最大的特点是以龙头企业为中心，即以“中心社”山东效峰生物科技股份有限公司为对外合作的枢纽，除“中心社”之外的四个主体之间互相不进行合作，而是分别与“中心社”进行业务往来。如图3所示，菌包培养是现代食用菌培养的通用方法，山东效峰生物科技股份有限公司向山东省临沂市罗庄区效峰香菇专业合作社销售食用菌菌包，并为购买5万包以上菌种包者提供技术支持，农户加入合作社成为合作社社员可以获得0.1元/包的菌包优惠；山东省临沂市罗庄区效峰香菇专业合作社主要负责与食用菌种植农户对接，将农户种植的食用菌销售给山东效峰生物科技股份有限公司。山东效峰生物科技股份有限公司与山东效峰食品有限公司签订加工合同，由山东效峰食品有限公司对山东效峰生物科技股份有限公司购买的食用菌进行代加工，山东效峰食品有限公司将食用菌加工成菌菇酱等食用菌深加工产品，并将加工的食品交给山东效峰生物科技股份有限公司。山东效峰生物科技股份有限公司将加工食品的线上销售工作交给山东樱桃文化传媒有限公司。另外，

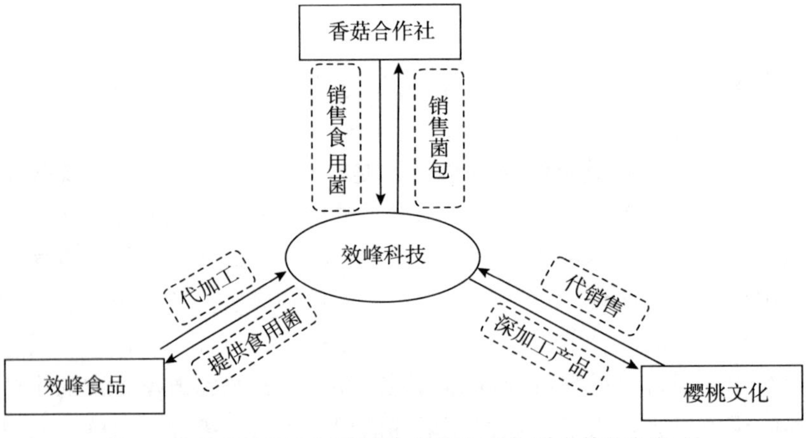

图3　山东省临沂市罗庄区食用菌产业化联合体运行机制

公司力求多位一体，综合发展，在效峰科技南部发展示范性食用菌种植园的同时，在效峰科技北部成立效峰花木市场，因此成立了临沂效峰园林绿化有限公司，该公司不参与食用菌生产、加工和销售过程。

五、联合的运行效果

（一）推动了生产的规模化

联合社的成立能够以较低的成本实现规模收益。金源葡萄种植联合社成立后，覆盖的农户数量扩大到原来的5倍，种植面积扩大到原来的2.5倍，从覆盖本乡镇到覆盖数个乡镇的普通种植户。通过联合社的组建获得规模化收益，农资购买量的上升使农资购买价格降低了30%，产量的增加使订单农业成为可能，拓宽了销售渠道，与此同时减少了流通环节，降低了流通成本。沂南县广汇畜禽联合社为社员提供从兔舍设计、供料、养殖、防疫、技术服务、保护价回收等“一条龙”服务，并定期专门对养殖户进行技术培训，统一人工授精、统一出栏、统一销售，形成了“分散式经营和集约化管理”的养殖模式，形成了对农户加入肉兔养殖产业的巨大吸引力，促进了规模的扩大和产量的增加，降低了一家一户进行技术学习、产品销售、农资购买的成本。

（二）促进了技术推广应用

沂南县广汇畜禽联合社在每个村的养殖户当中选择一些喜欢钻研技术、学习和接纳新事物能力强且有担当、有责任心的年轻人，作为理事长和带头人，帮助其成立合作社，将人工授精技术、喂养流程、防疫计划等教给他们，再由他们来具体管理本村，这样不仅储备了新的人才资源，还免去了联合社对接养殖户的管理环节，加快了新技术的推广、实现更精细化管理。罗庄区食用菌产业化联合体为购买5万包以上菌种包者提供技术支持，菌种和菌包的培育本身就是食用菌种植的核心技术所在，通过扩大种植规模，食用菌的技术和品种也得到了推广。金源葡萄种植联合社社员的葡萄高产品种全部由金源合作社所引入和推广，金源合作社通过工会开展“创建学习型合作社、争做知识型职业农民”“会员学屋”“征集合理化建议”“技能比赛”等活动，已免费培训工会会员及种植贫困户、残疾人160多人次，到大泽山、烟台、平邑等各地参观学习10余次，极大地促进了农技和农艺的推广。

（三）增强了市场竞争能力

金源合作社注册“抬头醒”葡萄及葡萄制品商标，目前，该商标在葡萄及葡萄制品领域较有影响力。金源合作社在通过技术优势提高葡萄品质的同时，通过品牌来提高葡萄产品的区分度，增强合作社的整体竞争力。联合社的成立使更多的葡萄种植户可以依托金源合作社的品牌进行销售，促进了农户葡萄市场竞争力的提高。沂南县广汇畜禽联合社改变了过去单个合作社分散养殖的模式，尽管联合社内部是以养殖户分散养殖的形式展开的，但是联合社发挥了总体统筹组织各个环节的作用，统一了各村的配种时间和出栏时间，以此来完成整批次的生产，使其构成足够的规模量，在市场上更能占有一部分话语权，由此形成了“分散式经营和集约化管理”模式。

六、联合社的运行特点

（一）利益联结机制相对松散

1. 不具有严格的约束合同

联合社（联合体）与成员主体之间的业务往来不具有严格的约束合同，即联合社与成员主体之间没有签订合同，或合同的内容太过单薄。金源葡萄种植专业合作社联合社、广汇畜禽养殖专业合作社联合社尚未与成员主体签订合同。山东省临沂市罗庄区食用菌产业化联合体与成员主体间的合同尚不完善：一方面内容不够全面，虽然与成员主体间签订了“联合体协议”，但是协议中仅仅约束了双方的行为准则，在收购方式、收购价格、服务价格等方面的具体细节全都没有约定，仍然按照约定俗成的规定履行；另一方面缺乏协议的规范性，合同中指出“甲方保证收购乙方所产的所有合格食用菌，并集中由甲方进行统一销售”，但在实际当中，合作社还没有达到全部收购的程度，社员将生产出的食用菌自行销售，如果有销售不畅的情况，再销售给公司。

2. “中心社”掌握联合社运营的话语权

联合社的成立主要由某一具有发展优势的成员主体发起，而联合社的运营和管理也主要依靠该合作社的班子时，该合作社便起到了“中心社”的作用。“中心社”掌握联合社运营和管理的话语权，因此利益也更多地倾斜于“中心社”。但在联合社运营机制设计的过程中，有些联合社的运营机制可以起到改善成员主体发展情况的作用，而有的却不能。

（1）改善了成员社发展环境的联合。金源葡萄种植专业合作社联合社由金源合作社发起成立，联合社内除金源合作社的几家合作社均由金源合作社带动成立并得到发展。从联合社社员的数量来看，金源合作社社员数量为 105 人，占联合社全体社员数量的 20%。从葡萄产业种植规模来看，金源合作社社员共种植葡萄 1500 余亩，占全部社员种植面积的 40% 以上。金源合作社起到“中心社”的作用，其主要目的是扩大“中心社”的种苗供应范围、降低农资采购价格，提高共同销售的议价能力。在此过程中，成员主体能够获得种苗的优惠价格、降低农资购买的价格，在销售服务范围扩大之后，销售价格也有所提高，成员主体与“中心社”在规模化过程中共同获益。

沂南县广汇畜禽养殖专业合作社联合社的“中心社”则是沂南县家园兔业养殖专业合作社，与金源葡萄合作社类似的是，家园兔业合作社向社员提供种兔培育、技术培训、保底回收服务。在成立联合社以后，扩大了服务范围、降低了服务成本、提高了销售能力，使更多的合作社能够享受到服务，服务质量也有所提高。

（2）不能改善成员社发展环境的联合。山东省临沂市罗庄区食用菌产业化联合体是龙头企业山东效峰生物科技股份有限公司发起组建的，效峰生物即可视为“中心社”。山东省临沂市罗庄区食用菌产业化联合体虽然是以产业化为主要目的，但却是以“中心社”的利益为主的产业化（见图3）。具体而言，联合体与食用菌生产者的利益往来仅基于合作社，主要是通过合作社向农户销售“中心社”生产的菌种和菌包，并按照购买量提供一定的价格优惠和技术咨询服务，联合体与农户间的业务往来并无显著增加。在产业化过程中，虽有生产、加工主体，但是生产合作社和加工主体效峰食品之间并无合作，主要是通过“中心社”购买合作社向市场销售的食用菌、按照市场价格进行食用菌收购，“中心社”收购食用菌后交给加工主体代加工，再将加工出的产品交给销售主体代销售。

3. 以激励为主要目标的联合社分红

在此次调研的三个案例中，仅有沂南县广汇畜禽养殖专业合作社联合社建立了“分红机制”，而分红的目的则是激励成员合作社的理事长，使其努力提高合作社成员的肉兔产量。联合社的主要收入及分红来源于饲料供给的差价，根据成员合作社饲料的购买量分红，其中肉兔按照出栏量计算享有1元/只的分红。这种激励机制很大程度上是源于联合社“自上而下”的发展路径，这不仅为激励机制的设立提供了可能，也是联合社发展的需求。

（二）联合主体的异质性突出

在联合社内部成员结构上来看，成员主体的异质性特点较为突出，主要表现在两个方面：资本和规模异质性、成员类型异质性。在资本和规模异质性方面，三个案例都是在“中心社”的基础上组建成立的，成立后的运营和管理也由“中心社”掌控，联合社的出资方式都是以“中心社”的固定资产作为认缴资金进行注册。金源葡萄种植专业合作社联合社成员社的财务和日常经营是独立经营的，联合社并不参与，但是在经营成本方面，目前联合社的日常事务主要由张理事长及金源合作社的理事处理，联合社的运营成本由金源合作社承担。山东省临沂市罗庄区食用菌产业化联合体所有的业务都以“中心社”为枢纽，以“中心社”的利益为主要目标，由于资本和规模的异质性，成员地位差异显著。山东省临沂市沂南县广汇畜禽养殖专业合作社联合社则是由“中心社”一手培养成员社并组建成立的。在成员类型异质性方面，山东省临沂市罗庄区金源葡萄种植专业合作社联合社 6 家合作社、4 家家庭农场和 1 家生态农业公司发起成立；山东省临沂市罗庄区食用菌产业化联合体则是基于产业化目标，主体分别负责生产、加工、销售等环节，分工不同；山东省临沂市沂南县广汇畜禽养殖专业合作社联合社主要是养殖模式的不同，成员合作社既可以选择建立标准化养殖基地实施规模化养殖，也可以采取“合作社+农户”共养的方式，由合作社按照统一管理，自己在家庭内部分散养殖，发展家庭式个体养殖，实现养殖增收。

（三）为社员提供的服务以农资供应、技术培训和产品销售为主

山东省临沂市金源葡萄种植专业合作社联合社为社员提供农资供应、技术培训和产品销售服务。在农资供应方面，联合社在农资统一采购上以集中采购为主，与拥有雄厚实力的农资公司联合建立采购平台。在技术培训方面，联合社在产中农技服务和农业培训上以联合社的技术员为主，为成员提供免费技术服务与培训，如建立示范基地和各项专业讲座培训班等；另外，还根据不同成员社社员的技术诉求，帮助成员社联系相关专家，为该成员社提供专门的葡萄种植技术服务。在产品销售上，联合社通过对接专卖店、批发商等经营主体销售葡萄，发展订单式产品，推进与机关、学校、企业食堂、餐饮饭店、超市的产销对接，拓宽了农产品的销售渠道。山东省临沂市沂南县广汇畜禽养殖专业合作社联合社为成员社提供农资、技术和产品销售服务。农资供应包括肉兔饲料、种兔、大棚搭建等，技术服务包括从种兔到出栏的一整套技术培训，销售服务则是所有肉兔的保底回收。山东省临沂市罗庄区食用菌产业化联合体所提供的服务以农资供应为主，即向合作社销售菌种和菌包。其中给予菌包销售达 5 万包农户技术支持，给予合作社社员购买菌包优惠，每包价格优惠 0.1 元。

（四）横向一体化与纵向一体化相结合

联合社的成立促进了农业生产的横向一体化与纵向一体化。通过横向一体化实现规模经济、范围经济，并最大限度地降低合作社的交易成本，提高议价能力，改善服务，解决合作社依靠自身力量无法解决的问题。通过纵向一体化经营，向农产品深加工领域延伸，扩大合作社的业务范围，巩固和增强合作社的市场地位。本次调研的三个案例都是向着横向一体化和纵向一体化相结合的方向发展的，由于成立时间短，可能尚未达到目标。但是，随着产业的发展，横向一体化和纵向一体化相结合的必要性已经完全得到体现。

金源合作社计划从横向一体化逐步加深纵向一体化。联合社在做好葡萄生产的基础上，为了改善葡萄盛产而价格偏低的情况，围绕葡萄加工，投资100万元建设葡萄酒厂，提高销售葡萄价格，为农民提供更好的服务，进一步增强葡萄产业的辐射带动能力，拓宽葡萄产业链条，助农增产增收；此外，以乡村旅游建设为重点，规划逐步建设采摘园、家事体验园，把后峰山村打造成以葡萄为产业的葡萄大观园，带动周边休闲和乡村旅游发展。山东省沂南县广汇畜禽养殖专业合作社联合社在横向一体化的基础上计划开展纵向一体化。公司与合作社、农户签订收购合同，回收的肉兔在公司进行深加工处理后，形成兔肉食品，公司规划建设兔肉熟食深加工生产线2条，年产兔肉食品2000吨，年屠宰肉兔300万只。销售市场面向铁路、航空、高端人士、康养中心等高端餐饮服务，从而形成完整的肉兔产业链，切实保障农民利益，让农民放心养。另外，计划发展生物科技公司，通过兔血清、兔精子库以及兔的其他可入药部位，进入生物科技领域，相比于传统行业，生物科技有着更丰厚的利润。山东省临沂市罗庄区食用菌产业化联合体已经实现了产业的纵向一体化，但是理事长认为下一步发展的重中之重还是扩大合作社的规模。

七、现存问题及政策建议

（一）运行机制的规范性问题

三个案例中的联合社都处于组建和发展的初级阶段，运行机制尚不完善，规范性问题是很多联合社发展过程中的共性问题。

一是缺乏民主决策的规范性。民主决策是保障各方利益的基础，但是目前联合社大多存在由某一"中心社"掌握话语权的问题，无法保证所有主体的利益，增加了收益分配不均的风险。随着联合社规模不断扩大，只有建立切实可行的民主决策制度，才能保障其可持续发展。对于山东省临沂市联合社来说，其还处于快速规模化的发展阶段，要在联合社的管理部门内部，通过民主决议的方法建立切实可行的民主决策制度，避免矛盾和纠纷的发生。

二是缺乏财务制度的规范性。集中体现在没有独立核算的账户。联合社组建依托某一"中心社"的领导班子，在各成员社之间的业务往来也依托"中心社"，一些联合社没有独立的账户和会计核算制度，甚至尚未出现独立的业务内容，更没有成员社之间的交易记录。独立的会计核算是联合社管理的重要制度要求，随着业务量的上升和运营的稳定，独立的会计核算对于联合社的日常管理必要且有效，既可以避免业务混乱导致的经营风险，也可以直观地反映联合社的发展状况。

三是缺乏入社标准的规范性。联合社的主要目的是以最低的成本实现规模的快速扩张，但是发展初期的联合社往往缺乏明确的入社标准。有的联合社允许不同类型的主体加入，如家庭农场、农业企业等，但有的联合社仅允许在合作社之间联合。一致的成员入社标准是扩大联合规模的规范性要求，也是规避风险的方法。但是入社标准的建立也要建立在民主决策的基础上，以保障其公平和有效。

（二）机制设计的可持续性问题

三个案例在机制设计上既有亮点，又有不足。机制设计的不足主要体现在以下三个方面：

一是缺乏公平的利益分配制度。联合社是成员社以自身利益最大化为目标组建的，因此成员社存在利益的竞争关系，当成员异质性较大时，话语权掌握在部分成员手中，就存在机会主义风险。一个公平的分配制度是保障成员利益的基础，但在联合社发展初期，常出现一味扩大规模而忽视了公平的情况。要建立合理的利益分配制度，但当前有关联合社的法律法规仍不完善，能够参考的依据也较少。当前的联合社发展目标也局限在快速规模化、提高影响力方面。利益分配制度要兼顾“公平”与“效率”，在保证要素所有者激励的同时，可以按照要素投入所占比例或是交易规模建立合理的利益分配制度。

二是缺乏有效的入股机制。对于大多数联合社不存在后期出资入股，但是大多数联合社又普遍存在缺乏发展资金、流动资金的问题。联合社实现纵向、横向一体化发展需要大量的资金投入，通过借债填补资金缺口往往不利于联合社的可持续发展，如何建立有效的资金入股制度是解决资金问题的关键，因此需要建立合理的入股机制。当前，山东省临沂市联合社普遍由“中心社”组建，由其出资和占股，为的是快速规模化和减少利益纠纷，但是随着联合社的进一步发展，纵向一体化和横向一体化的结合是发展趋势，而一体化的建设对于资金的需求也会越来越大。一些学者认为“风险共担，利益共享”的紧密型利益联结机制是合作经济组织理想化的内部治理结构，但是为了规避风险，入股机制的建立要因地制宜、循序渐进，防止利益纠纷的发生。

三是缺乏有效的“统”与“分”的结合体系。建立有效的统分结合制度，是降低内外部交易成本的关键，在这个问题上，山东省临沂市沂南县广汇畜禽养殖专业合作社联合社采取了“分散式经营和集约化管理”。联合社改变了过去单个合作社分散养殖的模式，尽管联合社内部是以养殖户分散养殖的形式展开的，但是联合社发挥了总体统筹各个环节的作用，统一了各村的配种时间和出栏时间，以此来完成整批次的生产。根据养殖户的实际情况及个人能力，其既可以选择成立合作社，建设标准化养殖基地实施规模化养殖，也可以采取“合作社+农户”共同养殖的方式。有效的统分结合是连接各方主体、减少交易成本、提高风险防控能力、促进产业发展的关键。不过，统分结合经营管理模式应根据产业性质，以及各个产业对于劳动力在各环节的需求特征来建立。

调研报告二
山东省潍坊市农民专业合作社联合社调研报告*

一、联合社的发展情况

从山东省来看，潍坊市的农民合作组织发展一直走在全省前列。2018 年，潍坊市供销社在为农服务能力、为农服务体系建设上取得显著成效，被评为全国供销合作社系统先进集体，在全省供销合作社系统综合业绩考核中排名第一，得到了学界和实践界的广泛认可。供销合作社的发展为农民合作社与农民合作社联合社的发展起到了较好的模范带头作用。近几年，山东省潍坊市市委、市政府，农业农村局按照“创新模式、注重规范、提质增效、加快发展”的工作思路，狠抓政策推动，促进规范运作，有效地促进了合作社与联合社的健康发展。

由于联合社在推进农业产业化、提高农民组织化程度中发挥着日益重要的作用，因此对于联合社的调查研究变得尤为重要。为了研究我国农民合作社联合社的发展状况，中国人民大学课题组一行七人于 2019 年 10 月 28～30 日对潍坊市农民专业合作社的发展情况进行了细致深入的调研，通过与潍坊市、临朐县、昌乐县以及诸城市的合作经济指导部门座谈，与临朐县、昌乐县以及诸城市的九家典型联合社的理事长进行一对一访谈，以及对与临朐县、昌乐县及诸城市的九家典型联合社进行实地调研参观等形式详细了解了潍坊市联合社的发展情况、市场运作、政策支持、内部治理、经营状况、盈余分配等内容，还根据访谈整理了各个联合社发展过程中遇到的问题，并对联合社所面临的问题提出了针对性建议，以供参考。

（一）潍坊市联合社发展情况

目前，潍坊市发展农民合作社 27785 家，其中农民专业合作社 20647 家，国家级和省级示范社 354 家，数量居全省地级第一。潍坊市发展联合社 312 家，涉

* 执笔人：魏广成。

及粮食、蔬菜果品、养殖、花卉苗木、农机、信息服务等多个农业产业。通过对潍坊市临朐县、昌乐县以及诸城市三市县的调研，课题组总结了潍坊市临朐县、昌乐县和诸城市三市县联合社的发展情况。

1. 临朐县联合社与合作社发展情况

临朐县立足优势，因地制宜，坚持把发展农民合作组织作为提高农民组织化程度、提升农业综合生产能力的重要工程来抓，走出了一条农民增收、农业增效、农村发展的新路子。截止到 2019 年 10 月，全县合作社发展到 1981 家，拥有县级示范社 78 家、市级示范社 62 家、省级示范社 28 家、国家级示范社 10 家。临朐县共注册合作社联合社 41 家。2018 年 9 月，临朐县被确定为全国农民专业合作社质量提升整县推进试点县，临朐县志合奶牛专业合作社联合社被评为 2018 年度全国农民专业合作社发展典型十大案例。目前临朐县县域范围内共注册合作社联合社 41 家。从农业产业分布情况来看，临朐县的联合社主要以粮食类和蔬菜果品类为主，两种类型占联合社总数的比例为 86%。其中，蔬菜果品类联合社数量最多，全县共有 22 家，占全县联合社总数的 54%；粮食类联合社数量居于其次，全县共有 13 家，占全县联合社总数的 32%，具体情况如图 1 所示。

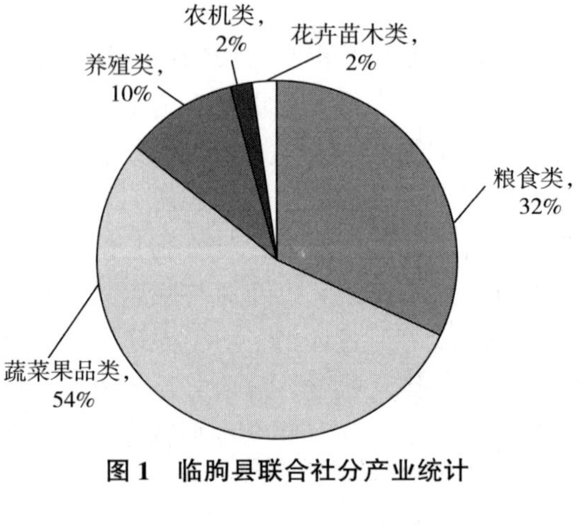

图 1　临朐县联合社分产业统计

2. 诸城市联合社与合作社发展情况

诸城市按照积极发展、逐步规范、强化扶持、提升质量的要求，坚持发展和规范并重，因地制宜，积极推进农民合作组织的建设，增强了合作组织的引领带动能力和市场竞争力，提高了农民的组织化程度，促进了农民增收致富。

诸城市对照《农民专业合作社法》的有关规定，不断提升农民合作组织的发展质量，建立健全利益联结、盈余分配、监督约束机制，引导农村新型合作经济组织打破地域界限，积极开展横向联合和纵向联合，做大做强做优。重点培育了一批运作规范、市场竞争优势强的专业合作社，鼓励支持合作社通过成立联合社开展专业化、集约化、规模化生产，依托地方特色产业优势，加快了现代农业园区的建设。截止到2019年10月，全市已发展农民合作社2746家，带动农户19.8万户，占全市农户总数的77%。从农业产业类型上来看，种植业有1682家，养殖业有469家，服务业有468家，土地合作社有78家。此外，诸城市共成立联合社49家。从农业产业类型上来看，粮食类21家，蔬菜果品类15家，农机类4家，烟草类4家，花卉苗木类3家，养殖类1家，茶叶类1家。其中，粮食类和蔬菜果品类占比最高，两者占到联合社总数的74%，具体情况如图2所示。

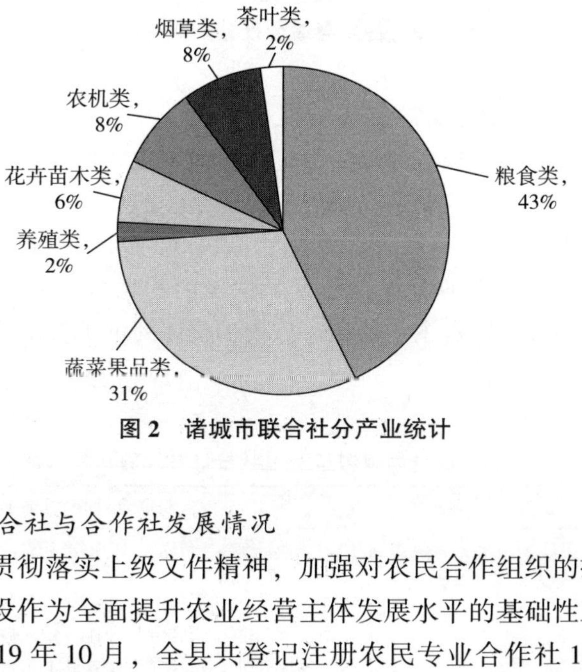

图2 诸城市联合社分产业统计

3. 昌乐县联合社与合作社发展情况

昌乐县认真贯彻落实上级文件精神，加强对农民合作组织的指导服务，始终坚持把规范化建设作为全面提升农业经营主体发展水平的基础性工作来抓，已初见成效。截至2019年10月，全县共登记注册农民专业合作社1600家，获得市级以上示范社称号的共3家，其中国家级示范社1家，市级示范社2家。其中不乏典型的联合社，昌乐农立德农业科技专业合作联合社通过自有的卧虎山农产品基地和托管20000余亩农田，形成了以农产品为依托、发展壮大农产品的电商平台。昌乐县全县共成立联合社41家。从产业类型上来看，粮食类12家，蔬菜果品类26家，花卉苗木类、农机类与药材类各1家。其中，蔬菜果品类数量最多，占联合社总数的比例为63%；粮食类居于其次，占联合社总数的29%，具体情况如图3所示。

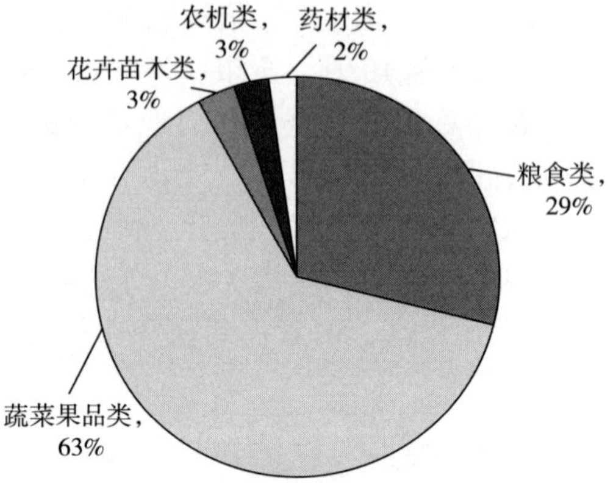

图3　昌乐县联合社分产业统计

（二）潍坊市出台的相关政策

山东省是允许联合社到工商部门登记注册的少数省份之一，联合社登记注册文件的出台有助于联合社的发展。值得一提的是，潍坊市是山东省内首次实现联合社注册的地级市。2010年12月，潍坊市人民政府办公室印发市工商局等四部门《关于积极推动农民专业合作社又好又快发展的意见》的通知，实现了法律上认可联合社这一市场经营主体的认可。表1具体列示了省市县三级有关部门出台的与联合社有关的文件。

表1　省市县三级出台的与联合社有关的政策文件

序号	时间	文件名称	与联合社相关的内容
1	2010年12月	潍坊市人民政府办公室印发市工商局等四部门《关于积极推动农民专业合作社又好又快发展的意见》的通知	探索发展农民合作社联合社。鼓励和支持农民专业合作社开展多领域、多方式联合与合作，做大做强相关产业。根据需要，农民专业合作社在自愿基础上可以成立联合社，其性质仍属于农民专业合作社范畴，其登记管理依据为《中华人民共和国农民专业合作社法》《农民专业合作社登记管理条例》《山东省农民专业合作社条例》

续表

序号	时间	文件名称	与联合社相关的内容
2	2011年9月	山东省人民政府出台《关于促进农民专业合作社健康发展的意见》	引导合作社开展联合与合作。鼓励和引导同类农民专业合作社之间在劳动、技术、产品、资本等方面开展联合与合作。积极探索发展跨区域联合社和联合会，通过合作社联合，解决一些合作社共同需要、单个合作社无法办理的事情，进一步提高产业组织化水平。积极创造条件尽快发展形成一批规模大、效益好、品牌响、竞争力强、在全国有较大影响力的合作社联合组织
3	2013年5月	山东省工商行政管理局和山东省农业厅联合出台了《山东省农民专业合作联合社登记管理意见》	文件对联合社的指导思想、设立依据、设立原则、设立条件、登记规范以及监督管理、服务进行了详细说明。值得一提的是，文件指出联合社由住所所在地的工商登记机关依法登记，发给《农民专业合作社法人营业执照》，取得法人资格
4	2016年11月	潍坊市人民政府办公室关于印发《潍坊市新型农业经营主体三年提升计划（2016-2018年）》的通知	引导合作社实施兼并、合并和联合重组，引导农民合作社在自愿平等互利基础上发展联合社，共同出资、共创品牌、共享利益，到2018年底全市农民合作社联合社达到300家以上
5	2018年11月	潍坊市人民政府办公室关于印发《潍坊市提升农民合作社水平专项行动方案》的通知	开展新型合作社创建行动，发展多种类型合作社。全力推进农民合作社联合社、土地股份合作社、农村股份经济合作社、农民合作社信用合作、农村劳务合作社、休闲旅游合作社等新型合作社建设。在联合社方面，围绕当地主导产业和特色产品，重点组建开展行业性、区域性纵横联合的联合社
6	2018年11月	中共临朐县委办公室临朐县人民政府办公室关于印发《临朐县农民专业合作社质量提升整县推进试点工作实施方案》的通知	支持发展农民合作社联合社。一是推进区域性联合。依托临朐县主导产业，以临朐县内农民专业合作社为主，组建临朐县农民专业合作社联合会，在各镇（街、园、区）设立分会，推进行业健康发展。二是推进行业性联合。结合临朐特色产业和支柱产业，以典型合作社为依托，组建奶牛、大樱桃、蜜桃、山楂、蜂蜜、瓜菜、干果、苗木、淡水鱼、旅游、农机和中药材等行业的合作社联合社，通过共同出资、共创品牌、共享利益，实现品牌响、影响大、竞争强的发展目标。三是推进多主体融合。促进农业龙头企业、农民合作社和家庭农场等新型农业经营主体融合发展，发展适度规模经营，加快现代农业发展进程

资料来源：根据政府文件整理。

二、潍坊市成立联合社的动因

2007 年《农民专业合作社法》出台后，合作社如雨后春笋般蓬勃发展起来，这体现出组建合作社是小农户在面临大市场与小农户之间的矛盾时所做出的必然选择。尽管我国农民合作社实现了农民“抱团”发展，但由于我国的农民合作社还处于发展的初级阶段，单个合作社生产经营规模较小，市场谈判地位还很低，难以实现与其他类型市场经济主体之间的平等、有效竞争，在产品交易中无法获取更多的利润。在市场的外部压力下，农民合作组织的组织化程度在政府政策支持下进一步提高，即由合作社联合成立联合社。

课题组通过总结发现，为了增加潜在利润，合作社通过成立联合社解决合作社所面临的市场议价能力弱、农业技术水平低下、缺乏品牌支撑、融资困难等问题。合作社成立联合社后，联合社通过发挥提高市场议价能力、提升农业技术水平、发挥品牌优势、解决融资难的问题等优势，为成员社提供集中销售、集中采购及技术、质量、培训、品牌和融资等服务，进而提高组织潜在利润，如图 4 所

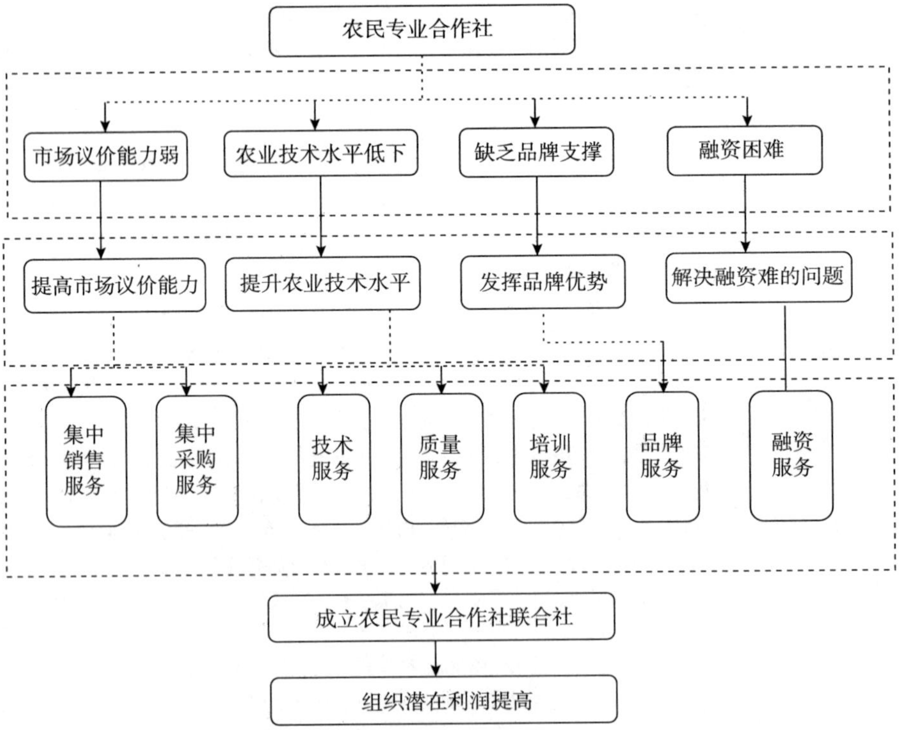

图 4　合作社联合成立联合社所获得潜在利润的理论分析框架

示。联合社的优势主要体现在四个方面：一是提高市场议价能力；二是提升农业技术水平；三是发挥品牌优势；四是有效解决融资难的问题。由于联合社相对合作社而言具有以上四方面的优势，因此，合作社有动机成立联合社，以达到提升组织潜在绩效的目的。

1. 提高市场议价能力

我国的农民合作社还处于发展的初级阶段。截至 2019 年 5 月底，全国依法登记的农民专业合作社达 221. 5 万家，单个合作社所拥有的成员数大约在 60 户，生产经营规模较小，市场谈判地位还很低，仍然无法解决小农户与大市场之间的矛盾，因此很难让成员分享合作带来的收益。笔者通过调研发现，虽然合作社在一定程度上解决了小农户与大市场之间的矛盾，但由于合作社的规模通常较小，所以在与供应链上下游的大型企业交易时仍然处于不利的市场地位。因此，不少合作社通过组建联合社，增强其在集中采购生产资料和集中销售农产品时的谈判实力。例如，山东省潍坊市临朐县志合奶牛专业合作社联合社（简称志合联合社）目前已经吸纳 31 家成员社，联合社的养殖规模占全县奶牛养殖规模的 90%以上，起到了把分散的合作社联合起来的作用。在集中采购生产资料方面，为了增强联合社奶产品的质量，志合联合社为成员社统一采购优质苜蓿草饲料。联合社成立前，由于合作社的采购规模较小，饲料公司并不重视合作社这类小客户。但成立联合社之后，联合社集中向饲料公司采购得到了饲料公司的高度重视，将销售给志合联合社的优质苜蓿草价格降低了约 10%。仅集中采购一项服务就使养牛农户每年户均增收 2 万余元。从集中销售服务来看，联合社集中统一销售提升了各家合作社的市场议价能力。临朐县的伊利奶业有限公司通常以低于市场价大约 20%的价格收购原奶，但过去的合作社由于势单力薄往往无法与大型奶业企业抗衡。联合社成立后，各家合作社的原奶由联合社统一销售。通过联合社与伊利公司多次协商谈判，最终伊利公司同意将收购原奶的价格提高 10%。仅从集中销售服务一项来看就为入社的养牛农户每年增收 1 万余元。另外，山东省潍坊市的临朐县盛世果蔬专业合作社联合社（简称盛世联合社）统一向农资公司采购生产资料。成员社使用经联合社采购的生产资料既保证了农资的质量，也降低了成员社社员的种植成本。盛世联合社的聂理事长在访谈中表示，过去合作社由于规模较小，采购量较低，根本无法批发农资。而各个乡镇上依然存在假冒伪劣农资的现象，不少合作社买到了假冒伪劣的农资，影响到了农产品的质量安全。由联合社大规模采购农资供应商的生产资料，保证了农资产品的质量。另外，由联合社集中采购农资，为社员降本增收大约 10%（详见本书案例四）。

联合社能够使合作社实力显著增强，迅速扩大生产经营规模，建立起与农业企业谈判的基础，从而能在生产资料采购、服务与产品销售等方面获取更多的利润，实现单个合作社无法达到的规模经济。

2. 提升农业技术水平

由于合作社规模较小，资金实力和人才配备等方面都不是很到位。因此，合作社想要通过提高农业技术水平来提升组织整体竞争力比较困难。分散的合作社联合起来，成立实力较强的联合社，可以极大地缓解单个合作社发展缺乏资金和人才的困境。一方面，合作社通过成立联合社实现“众人拾柴火焰高”，将合作社的资金聚集起来向成员社提供技术服务，如集中发展先进农机、推广与农机相配套的农艺、购置农产品质量检测设备等。而联合社提供的服务由各家成员社所共享，起到了联合增效的作用。另一方面，合作社通过成立联合社，能够有效发挥各家成员社比较优势的作用，成员社之间相互取长补短，发挥各自的优势，通力合作，提升整体的绩效。例如，山东省潍坊市临朐县的盛世联合社现已吸纳11家成员社加入联合社。目前，盛世联合社的成员社都是经过联合社理事会遴选的。通过联合社理事会的遴选，加入联合社的11家成员社发挥各自的比较优势，分别负责技术服务、销售服务、冷链物流服务、电商服务和培训服务，现已带动当地1700余户农户种植果蔬农副产品，户均增收1.6万余元。另外，山东省潍坊市的诸城市中农粮食专业合作社联合社近年来先后投资2000余万元在相州镇建设了为农服务中心，主要为成员社提供飞防植保、良种繁育、土地检测、农业技术推广等一系列技术性服务，现已带动2356户农户增收，户均增收8600余元（详见本书案例十）。

3. 发挥品牌优势

联合社相比合作社能够有效发挥品牌优势。合作社由于规模小、技术水平低下，难以保证能够生产高质量的农副产品，而想要做优农副产品品牌，产品质量是第一关。大多数合作社由于资金和人才等方面的原因并没有能力生产高质量的农副产品，这就使农副产品质量提升成为合作社发展品牌的瓶颈。通过成立联合社将分散的合作社联合起来，共同出资筹建由联合社公用的农副产品品牌，能够有效解决合作社发展品牌难的问题。例如，山东省潍坊市昌乐县的农立德农业科技专业合作联合社（简称农立德联合社）投入30万余元购置先进的农副产品检测设备，通过生产的高品质农产品实现了品牌溢价，极大地增加了社员的销售利润。农副产品的质量得到保证之后，农立德联合社还创建了农立德、益地康、农栖谷、白浪源等农副产品品牌，产生了较好的品牌效应，市场认可度较强。因此，农立德联合社通过严格把控农副产品的质量，促进高质量生产，进一步提升品牌溢价能力，使联合社整体效益得到提升，但这对分散的合作社来说却是无法实现的（详见本书案例六）。

4. 有效解决融资难的问题

课题组通过调研发现，农民合作组织到银行贷款往往得不到金融机构的认可，这就使合作社的发展受到了阻碍，融资难的问题对于那些资金密集型的农业产业来说尤为重要。为此，部分合作社会选择联合起来，由联合社向成员社和成员社的社员授信贷款。由联合社与金融机构达成一致的协议，以联合社作为担保，向成员社和社员发放贷款。做法比较典型的是山东省潍坊市的临朐县志合奶牛专业合作社联合社。奶牛养殖业是农业中典型的资金密集型产业，平均每头奶牛至少需要配备 5 万元资金才能使经营得以持续。志合联合社积极与临朐农村商业银行、中国银行等多家金融部门达成贷款协议，先后争取优惠利息的贷款 2800 多万元，投放到奶牛养殖户，有效解决了成员扩大生产规模但缺乏资金的难题（详见本书案例四）。

三、联合社的举措与成效

潍坊市联合社发展近十年来，潍坊市市委、市政府及各部门高度关注联合社的发展，通过不断地实践总结了一些发展联合社值得借鉴的经验，并取得了一定的成效。

（一）潍坊市发展联合社的措施

农民合作社联合社的发展为潍坊市农业标准化生产、规模化经营、品牌化运作奠定了强有力的基础，探索出了一条农民合作组织做大做强的新路子。为了更好地扶持联合社的发展，潍坊市委、市政府及有关部门本着政府主导、市场决定、社会协同、统筹谋划、配套改革、稳步推进的基本原则，具体通过以下几个方面的工作促进联合社发展。

1. 加强组织领导，营造良好的发展氛围

潍坊市市委、市政府始终高度重视农民合作社联合社的建设与发展，把大力培育和发展联合社，作为做大合作规模、提升合作水平、提高合作质量的重要途径。2009 年，潍坊市市委、市政府将开展组建农民合作社联合社试点作为全市综合配套改革内容之一，将联合社作为重点工作进行安排和调度。2010 年，针对联合社登记注册问题，潍坊市委领导亲自到市工商局进行调研，召开座谈会，解决联合社在注册登记中遇到的问题，最终实现了山东省联合社登记注册的首次突破，为全省联合社登记注册工作树立了典范。2010 年，潍坊市市委、市政府把联合社建设工作列入了各级各有关部门的工作目标考核。2019 年，潍坊市市委、市政府又将联合社指导工作列入镇域建设和现代农业建设考核的重要内容。潍坊市农业局、财政局、工商局等多个部门组成专门工作小组，对联合社组建工作进行具体指导。

2. 科学制定方案，稳步推进联合社试点

自2009年8月以来，农业、财政、工商等部门多次组成联合社指导工作调研组，就针对联合社组建、注册登记等问题开展了多次调研。通过实地调研、召开座谈会等形式，深入了解潍坊各县市的合作社组建联合社的意愿及联合社组建遇到的困难和问题，研究探讨了问题的解决办法，明确了财政、农业、工商等部门扶持指导的着力点。在此基础上，潍坊市财政局、农业局经管处共同制定了详细的全市农民合作社联合社试点方案，按照区域特色明显、产业规模较大、同类合作社数量较多、有内在联合动力等要求，确定了在高密市、寒亭区进行试点。2009年底，由15家马铃薯合作社组建的高密柏城胶河马铃薯专业合作社联合社、由9家萝卜合作社组建的寒亭众和潍县萝卜专业合作社联合社挂牌成立，各项业务正常开展。2010年，潍坊市市委、市政府在总结试点经验的基础上决定扩大试点范围，在全市有条件的县市区，围绕当地主导产业和特色产品，以同类农产品为纽带，积极引导生产经营服务内容相似或相近的农民专业合作社组建联合社，先后在七个县市区又组建了七家联合社。这标志着潍坊市联合社的发展已由试点阶段转入全面发展阶段。

3. 畅通发展渠道，加强政策扶持引导

为了推动农民合作社联合社发展，潍坊市充分利用深化经济体制综合配套改革试点市的有利条件，积极争取政策支持，确保了联合社合法规范发展。2010年，针对联合社等新型合作社无法获得工商登记的问题，潍坊市政府出台了《关于积极推动农民专业合作社又好又快发展的意见》，在山东全省率先实现了对农民合作社联合社给予工商注册登记，使联合社能够以合法身份参与市场经营。积极拓宽投融资渠道，推动银行与合作社对接，针对农民专业合作社资金少、贷款难的问题，潍坊市农业局与市农村信用社联社出台了《关于规范农民专业合作社发展做好示范社金融服务工作的意见》，对合作社联合社、示范社在信用评级、授信额度、贷款利息等方面给予优惠，合作社贷款利率最高可优惠15%，并简化手续，优先贷款，对于符合条件的合作社，还可发放信用贷款，探索了金融支持农民专业合作社发展的新路子。2011年潍坊市农业局与市财政局又出台了《关于支持和促进农民专业合作社提升发展的通知》，潍坊市财政设立市级农民专业合作社发展专项资金，对农民合作社联合社等新型合作组织提供资金扶持，潍坊市财政对每家新成立的联合社奖励10万元。这些政策的出台，为促进联合社发展提供了有力的政策支撑。

4. 强化指导服务，完善联合社管理机制

为确保联合社健康发展，潍坊市经管部门建立健全了农民合作社联合社联系制度，确保每个联合社都有一名县乡辅导员进行重点帮扶，促进联合社规范发展。农业、财政、工商等部门多次深入试点县市区，对联合社组建工作进行指导规范，指导联合社开展工商登记注册，完善产权联结、内部价格保护、内部积累、利益分配、风险调节、自我服务等制度，实行品牌策划、生产标准、产品价格、农资供应、技术指导、信息服务“六个统一”。帮助联合社不断健全完善民主管理机制、稳定的利益联结机制、高效的系统服务机制、明确的利益分配机制和独立的运作机制，努力在服务水平、经营水平、管理水平、经济效益和带动能力五个方面实现提高，促进联合社向更加紧密的利益联合体发展。

（二）潍坊市发展联合社的成效

潍坊市联合社经过数年的发展，已在有效组织农民、延伸农业产业链等方面发挥出不可替代的作用，取得了较好的效果。

1. 农民合作组织规模有效扩大

通过联合社这种组织形式将分散的合作社组织起来，实现了农民合作组织规模的迅速扩大。山东省潍坊然中然农产品专业合作社联合社（简称然中然联合社）是由青州绿龙蔬菜专业合作社牵头，联合 16 家农民专业合作社组建而成的，登记注册社员已达 2412 户，带动农户近万户，拥有蔬菜、水果、杂粮、养殖等生产基地 15 处，建设占地千亩的有机农业示范园和大型农产品专业批发市场，产品销往北京、济南、青岛等地三家农产品加工企业和全国十几个城市的大中型超市，并通过然中然联合社自办有机农产品连锁专卖店的方式，将然中然联合社产品直接同消费者对接，取得了良好的经济效益。山东省潍坊市寿光市鑫盟果蔬专业合作社联合社现已吸纳 31 家合作社入社，涵盖农户 6116 户，联合社建有葡萄、苹果、蔬菜园区 28 个，面积高达 1.3 万亩，年实现销售收入 3.1 亿元。

2. 市场竞争力明显提高

潍坊市联合社通过同业或异业联合，整合各类资源，抱团发展闯市场，解决了单纯依靠合作社自身积累发展较慢的问题，实现了农产品的规模化生产。山东省潍坊市临朐县佳福奶牛专业合作社联合临朐县和青州市共 10 家奶牛合作社组建潍坊市志合奶牛合作社联合社，采取跨区域、产供销一体化的经营模式，辐射带动周边奶农 1200 多户，养殖奶牛 5860 头。志合联合社的成立避免了合作社之间的恶性竞争，由原来的合作社之间相互竞争变为一致对外，市场地位得到明显提高，争取到了乳品企业的优惠政策，奶价提高约 10%（详见本书案例四）。近年来，山东省潍坊市的临朐县寺头镇红香椿市场规范程度较低，早期的几家合作社为了争夺市场地位而大打价格战，将红香椿市场由卖方市场变为买方市场，极大地损害了农户的切身利益。经过临朐县农经中心的协调，寺头镇的五家红香椿合作社联合起来，成立了临朐县寺头富盛红香椿专业合作社联合社。由于联合社的成立将合作社的资金聚集起来形成了较强的资金优势，富盛联合社新建了两处保温式红香椿钢结构交易大棚，对不规范的红香椿交易市场进行统一管理，使社员和红香椿种植户的利益得到了根本保障，红香椿种植户的效益同比增长 20%以上。

3. 生产标准化水平得到提升

有关部门要求联合社按照《农产品质量安全法》和无公害农产品标准化种植的要求，严格实行标准化生产，使农产品的档次得到提升，推动了农产品质量安全建设。山东省潍坊市丰谷农产品专业合作社联合社（简称丰谷联合社）拥有高标准基地 4800 亩，蔬菜大棚 3132 处。联合社用购置的农产品检测设备对社员生产的各类蔬菜进行把关，由质检部负责对各项指标严格化验，化验合格的出具各项指标化验凭证；否则，不允许进入农产品交易市场。同时，联合社主动与各地蔬菜批发市场做好对接工作，确保农产品从生产到销售各个环节的质量安全得到保障。

4. 品牌优势得以有效发挥

分散的合作社通过组建联合社整合了品牌资源，形成了统一的品牌战略，提高了市场议价能力。高密市和兴盛果蔬专业合作社联合社组建后，各成员社统一使用联合社注册的“柏城”牌农产品商标、“胶河土豆”地理标志保护产品认证以及“无公害农产品”质量认证。联合社凭借品牌优势，与家家悦超市、高密金孚隆超市及高密东风商场有效对接，并将销售范围由原先的青岛、上海、深圳等大中城市扩展到泰国、韩国、日本、新加坡、马来西亚等国际市场。

5. 农民收入得到进一步增加

山东省潍坊市诸城市北端茗茶叶生产专业合作社联合社成立以来，积极推行标准化生产，对品种的引进驯化、育苗、施肥、采摘、剪枝及越冬管理进行了统一技术指导，对茶叶的烘炒、包装及销售进行了统一标准要求，每亩茶园的产值由原来的 2000 余元增加到 8000 余元（详见本书案例八）。高密市柏城农副产品专业合作社联合社共涵盖 1500 户入社农户，2015 年仅土豆一项的总收入就突破了 8000 万元，实现纯收入 4900 万元，户均收入 3 万余元，比当地非社员农户增加收入 7000 余元，高出全镇户均收入近 30%。山东省潍坊市青州市盘龙山山核桃专业合作社（简称盘龙山合作社）是潍坊然中然联合社的成员之一。联合社成立前，盘龙山合作社所生产的核桃每斤售价仅为18~20元，联合社成立后，通过采取统一包装、分级销售等措施，盘龙山合作社生产的核桃售价提高到每斤26~28元，高质量的核桃每斤售价甚至高达35元。

四、联合社发展中存在的主要问题

一是利益联结机制不够紧密。多数联合社缺乏紧密的利益联结机制。这种松散的利益联结机制主要表现为：一方面，多数联合社并没有依照《农民专业合作社法》的规定实行盈余返还，联合社的各家成员社之间也并没有形成真正的利益共享、风险共担的紧密同盟。另一方面，多数联合社只是与各家成员社建立了松散的供销关系，最多的形式就是产品收购、农资供应和技术指导，不能将各家成员社紧密地联系在一起形成利益共同体。课题组在调研中发现，多数联合社还处在为成员集中采购、供应生产资料，提供一般的技术指导和信息服务上，对农产品深加工环节，开展得比较少，产品附加值不高，市场竞争力较弱，利益联结机制也不紧密。

二是内部管理有待规范。联合社的组建成立是在摸索中进行的，目前还没有形成较为科学规范的运行机制。部分联合社存在开展经营活动较少、辐射带动能力不强、内部管理机制不健全、民主管理不够规范、统一服务和销售能力较弱以及品牌意识较差等问题。虽然潍坊市是全国率先成立联合社的地市之一，经过较长时间的探索，获得了较为典型的发展经验，但课题组在调研中发现，潍坊市的联合社仍然存在经营规模相对较小，没有形成健全、规范的运行管理机制。课题组还发现，部分联合社财务制度落实不到位，在票据使用、物资收发、产品销售、成员账户等方面也还存在薄弱环节，存在部分联合社虽有章程及制度，并设立理事会、监事会、社员大会等机构，但实际运行情况并不理想。

三是资金短缺直接制约发展。虽然联合社将分散合作社的资金聚集起来，形成一定的资本优势，但是，由于联合社自有资金仍然较少，使其难以在延伸产业链、提高农民组织化程度等方面较好地发挥作用。加之银行对农民合作组织并不是十分认可，使联合社贷款难度增大。俨然，缺乏资金的问题已经成为了制约联合社发展的瓶颈。联合社要提升自己的服务能力和水平，提供技术、培训、物流仓储、质量、集中采购等服务都需要大量的资金，因此，资金对于联合社的发展来说至关重要。此外，课题组在调研中还发现，有些联合社存在无法获得地方财政支持和银行贷款等问题，因此，联合社的资金来源往往是通常由社员自行贷款以供联合社使用。

四是优惠政策有待于进一步落实。农产品质量认证费用较高，联合社很难承受，这方面的优惠政策还需具体细化；办理组织机构代码的费用目前仍不能减免；个别地方仍存在发票领用难的问题；“农超对接”推进缓慢，尽管联合社的农产品种类全、质量好、价格低，但由于超市有其原有的进货渠道，加之超市条件苛刻，联合社的优质农副产品难以到超市中销售。

五、联合社的政策建议

根据当前潍坊市联合社存在的问题，对下一步联合社的发展，课题组提出以下四点针对性的建议：

一是完善利益联结机制。有关部门应探索建立紧密的利益联结机制。各市县围绕自身特色农业产业，让合作社与入社农户分享更多来自延伸产业链所带来的收益。完善利益联结机制的具体措施：首先，发展订单农业，鼓励联合社与农户、合作社和农业龙头企业，通过“公司+农户”“公司+农民合作社+农户”等方式，签订农产品购销合同，让联合社与小农户、成员社、农业龙头企业形成稳定利益共同体。其次，发展股份合作，引导成员社以土地、技术等要素入股，采取“保底收益+按股分红”等形式，让成员社分享加工、销售环节收益，增加财产性收入。最后，探索联合社带动成员社和入社农户增收的考核评估体系，并将其作为地方政府财政支农资金拨付重要参考依据及相关项目审批、验收的综合衡量指标。

二是规范内部管理。在内部建设上突出规范管理。首先是规范组织设立。规范办社程序，做好登记前的调查核实工作，对不符合条件的，一律不予登记注册；对于创办目的不纯、提供虚假登记材料的，经查实后，依法收缴或吊销其营业执照。其次是规范制度建设。推行辅导员制度，选派辅导员联系合作社，帮助联合社健全内部各项制度，加强财务管理、会计核算，完善利益分配、民主决策机制，深入推进合作社规范化建设。最后是规范组织服务。健全联合社经营服务体系，做到“六个统一”，即统一生产经营服务场所和设施，统一农业投入品的采购与供应，统一生产质量安全标准和技术培训服务，统一加工、运输、储藏等服务，统一品牌、包装和销售，统一产品基地的认证认定，逐步规范联合社的服务内容，增强自我发展活力。

三是强化财政金融支持。首先，建议出台相关政策，加大对联合社的扶持力度，支持联合社开展规范化建设、市场营销、农超对接、农产品认证和商标注册等。积极引导和扶持合作社联合社兴办农产品加工企业，搞好农产品初加工和精深加工，适应国内大中城市和国外消费市场需求。支持合作社不断增强自身资金积累能力，采取动员社员出资、争取政府扶持、适当负债等形式独立兴办加工企业。其次，协调有关部门出台政策，完善符合联合社特点的信用评价体系，降低担保门槛，扩大对联合社信用贷款发放额度，采取财政贴息、以奖代补、建立担保基金等方式，加大对联合社发展的投入。

四是进一步落实各项优惠政策。在政策扶持上实现“三个到位”。首先，财政支持到位。建议上级加大扶持力度，明确专项资金额度，支持联合社改善生产设施条件和基础设施条件，应用先进技术发展智慧农业、循环农业，提升绿色化标准化生产能力，开展“三品一标”认证和品牌建设，组织开展培训等。同时，对联合社的生产、加工、流通、服务和其他涉农经济活动，按有关政策给予税费减免。其次，信贷支持到位。引导各商业银行为联合社提供优惠贷款，采取降低贷款门槛、贷款额度授信、产品和销售合同抵押等多种形式，为联合社提供多渠道资金支持。最后，人才培训到位。按照分类指导、分级负责、注重实效、方法灵活的要求，制定合作社人才培训规划，建立健全培训网络体系，组织开展多形式、多层次的精准业务培训，努力提升合作社从业人员各方面素质。

调研报告三
湖北省农民专业合作社联合社调研报告*

中国的农民合作经济组织遵循国际合作社联盟对合作社原则的规定，在结合中国社会制度、农业生产力发展水平、农业现代化发展要求及农民实际发展需求后，走出了一条富有中国特色的农民合作组织发展之路。根据国家市场监督管理总局公布的数据，截至2018年末，我国实有217.3万家农民专业合作社，庞大的数量为联合社的成立与发展奠定了成员基础，合作社自发寻求联合与合作已成为农民合作组织发展的新趋势。课题组于2019年10月对湖北省联合社的发展情况进行了深入实地调研。

一、联合社的发展情况

（一）湖北省合作社基本情况

在《农业农村部办公厅关于全国农民专业合作社质量提升整县推进试点单

* 执笔人：卢洋啸。

位的批复》（农办经〔2018〕24 号）公布的名单中，湖北省天门市、夷陵区、洪湖市、利川市四个县市被列为全国整县推进试点县，占全国试点县市总数的 13.3%，试点期限自 2018 年 9 月起至 2020 年底止，为期两年。2019 年 3 月，农业农村部公布 32 个省市区共 2186 家国家级农民合作社示范社，湖北省共有 107 家农民合作社，包括农业类合作社 76 家，林业类合作社 6 家，供销类合作社 16 家，农民用水合作组织 9 家。2019 年 6 月农业农村部公布的 24 家农民合作社典型案例中湖北省宜昌市晓曦红柑橘专业合作社成功入选。截至 2019 年 9 月 30 日，湖北省经工商部门注册登记的农民合作社已达 100187 家，出资总额 3087.66 亿元，农户入社率超过 50%，社员较非社员收入增加 20%以上。

2017 年底湖北省出台《关于加快构建政策体系培育新型农业经营主体的实施意见》指出，力争到 2020 年末，农民专业合作社示范社达到 10%。实施农民合作社“提升工程”，健全农民合作社示范社评选、监测、退出机制，鼓励建设以农民合作社为主要载体的田园综合体，引导农民以土地经营权入股建立土地股份合作社。湖北省财政筹措资金，重点用于新型农业经营主体粮食烘干仓储设施建设、果蔬冷链运输体系建设和品牌培育等。截至 2018 年 6 月，湖北省 507 个深度贫困村均已 100%成立农民合作社，共成立 1334 家。

截至 2019 年 9 月 26 日，湖北省 4821 个贫困村已成立农民合作社超 12200 家，平均每个贫困村成立约 2.53 家农民合作社，带动贫困户 21 万户以上，每家农民合作社平均带动农户超过 17 户。湖北省各级农民合作社示范社超过 5000 家，其中全国农民合作社示范社 410 家，湖北省农民合作社示范社 1145 家。2019 年 8 月湖北省农业农村厅、中国邮政集团公司湖北省分公司、中国邮政储蓄银行股份有限公司湖北省分行三方，联合出台《关于印发农民合作社质量提升合作方案的通知》（鄂农办发〔2019〕26 号），制定金融支持、惠农保险以及金融产品等一系列惠农政策，助推农民合作社高质量发展。

（二）湖北省联合社基本情况

截至 2018 年末，湖北省下辖 12 个地级市、1 个自治州、4 个省直辖县级行政单位，共有 2 个县级市、36 个县、2 个自治县和 1 个林区。根据天眼查的数据，截至 2019 年 10 月 20 日，湖北省共有 490 家联合社，其中经营状态为存续的有 464 家，注销的有 26 家。按照所属市区划分，各区域联合社分布情况如图 1 所示。

湖北省存续联合社按注册时间划分，数量变化情况如图 2 所示，其中 2019 年的联合社数量为截止到 10 月底的数据。2007 年仅有 6 家联合社注册成立，2008~2010 年未有联合社注册，自 2013 年起增长较为明显。在存续经营的 464

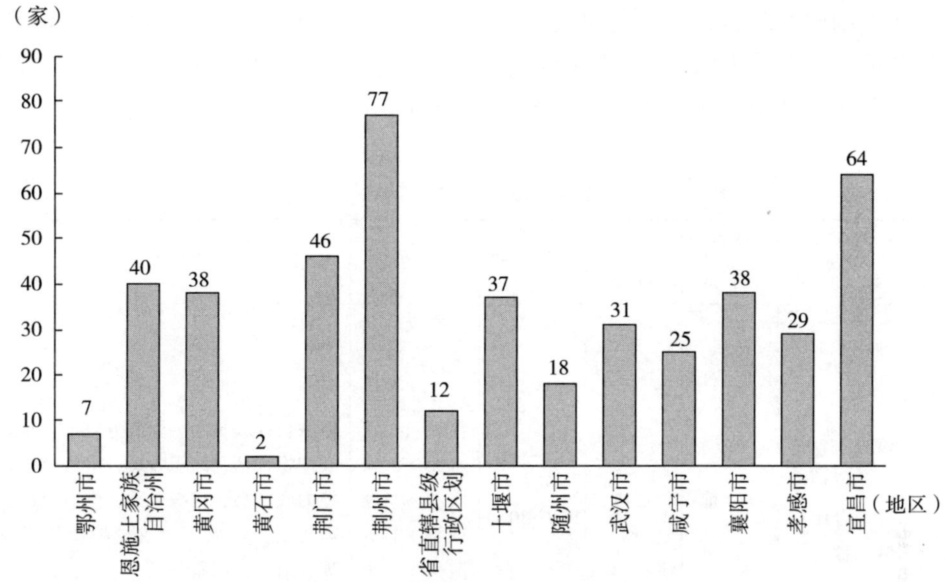

图 1　湖北省存续的联合社分布情况

家联合社中，有农民专业合作社分支机构 29 家，个体工商户 1 家，集体分支机构（非法人）1 家，有限合伙 1 家。联合社的注册资本金差异较大，主要因规模、成员社数量不同所致，部分成员社货币出资比例较高，部分则以实物资产作价出资。

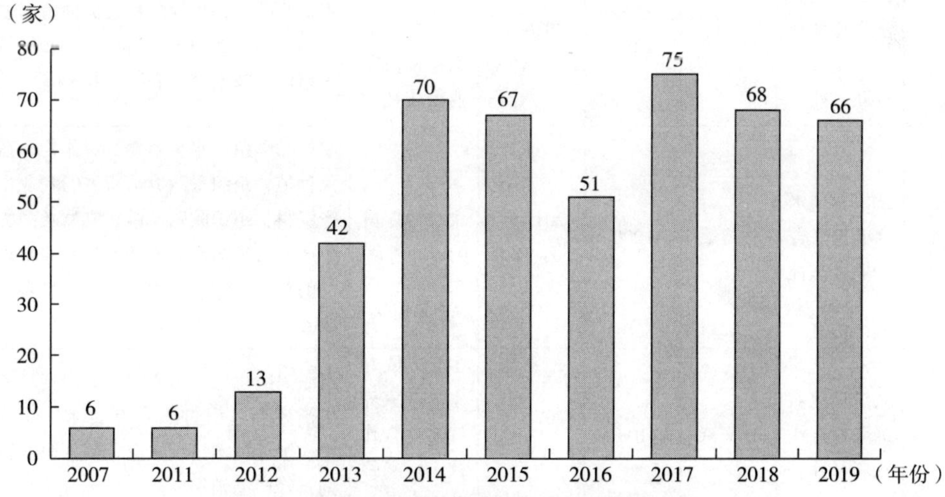

图 2　湖北省联合社年度注册数量

此次调研的联合社中，理事长均为男性，年龄差距较大，有资历丰富的原政府公务员，也有从事农业30余年的地道农民；有子承父业的新农人，也有大学生返乡创业的知识青年。表1列示了课题组调研的联合社基本情况。

表1　联合社基本情况

序号	名称	法定代表人	注册资本（万元）	成立日期	股东	经营范围
1	洪湖市春露农作物种植专业合作社联合社	张永前	1315	2013年10月30日	主要成员14家。2家公司+12家合作社（6家水稻+2家农机+1家粮油+1家蔬菜+1家沼气服务+1家农作物合作社）	以联合社成员为主要服务对象，从事农作物种植；组织收购、销售成员种植的农产品，组织采购、供应成员所需的生产资料；为成员提供技术交流、信息咨询服务
2	洪湖世元水产专业合作社联合社	宿斌	800	2019年4月9日	主要成员为12家水产类养殖合作社	采购、供应合作社成员所需的化肥、农药、饲料；组织收购、销售成员养殖的水产品；为成员提供养殖技术、信息服务
3	洪湖市华贵水生蔬菜种植专业合作社联合社	赵道华	1250	2015年12月15日	主要成员为30家水生蔬菜种植专业合作社	组织收购、销售联合社成员种植的农产品；引进新技术、新品种，开展技术培训、技术交流和咨询服务
4	武汉首佳水产养殖联合专业合作社	程焕斌	1000	2011年5月31日	主要成员93人	水产品养殖，水生植物、农作物、蔬菜种植，组织采购成员所需的农业生产资料，组织收购、销售成员及同类生产经营者的产品，开展与种养殖相关的技术培训、技术交流和信息咨询服务
5	武汉荆地养蜂专业合作社联合社	万文焱	108	2012年3月31日	主要成员14家，13家养蜂专业合作社+1家蜂业协会	组织采购供应成员所需的生产资料和生活资料；引进农业新技术、新品种、组织技术培训交流，信息服务咨询，蜂产品销售

续表

序号	名称	法定代表人	注册资本（万元）	成立日期	股东	经营范围
6	湖北七仙红林果农民专业合作社联合社	程琪	1200	2014 年 1 月 9 日	主要成员 5 家，4 家专业合作社 + 1 家果品产业协会	为成员提供市场经营、生产管理服务；组织购销社员生产的果品、绿化苗木等农副产品；引进新技术、新品种，开展技术培训、交流和咨询服务；开展成员所需的运输、贮藏、加工、包装等服务；开展成员资金互助；承担政府有关部门转移和委托的职能
7	孝昌梦里花园花木专业合作社联合社	沈腾	100	2017 年 8 月 17 日	主要成员 3 家，3 家苗木类种植专业合作社	苗木花卉种植销售；苗木花卉网络交易服务；园林景观设计服务；活动会展服务、咨询培训服务；项目开发运行服务、行业信息技能服务。组织采购、供应成员所需的生产资料；组织收购、销售成员生产的产品；开展成员所需的运输、贮藏、加工、包装服务；引进新技术、新品种，开展技术培训、技术交流和咨询服务

资料来源：执笔人根据调研资料整理。

二、联合社的政策梳理

课题组以时间为线索，详细梳理了湖北省支持引导合作社和联合社发展的政策脉络，为农民合作组织的规范发展奠定了基础。

2005 年，湖北在全国率先成立湖北省农民专业合作经济组织指导办公室，为农民合作组织的规范发展奠定了基础，该办公室主要负责起草农民专业合作组织的地方性法规和相关政策，并组织实施；指导、扶持农民专业合作组织的建设与发展；组织实施部、省农民专业合作组织建设示范项目；开展专业合作组织建设的有关培训，引导农民专业合作组织创建品牌，开拓国内和国际市场等。2007 年，湖北省委、省政府出台《关于支持和促进农民专业合作社发展的意见》。2008 年，湖北出台地方性法规——《湖北省实施〈中华人民共和国农民专业合作社法〉办法》。2009 年，湖北开展创建“有法人、有章程、有制度、有服务、有规模、有效果”的“六有”农民合作社。2010 年，湖北开展创建示范社，认定了 128 家第一批省级示范社。2011 年，湖北省出台《农村土地承包经营权作价出资农民专业合作社登记管理暂行办法》，在全国率先开启农村土地“三权”分置探索。2012 年，湖北开展国家、省、市、县四级示范社联创活动，127 家合作社被认定为国家级示范社。2013 年，湖北省出台《农民专业合作社联社登记管理工作的试行意见》，在全国第一个赋予农民合作社联合社法人地位，填补了《中华人民共和国农民专业合作社法》法律空白。2014 年，湖北省出台《关于引导和促进农民合作社规范发展的意见》，在全国率先实行省直 11 个部门联合引导、规范农民合作社的发展。湖北省农民合作社开展成效显著，归因于政府部门在机构设置和政策文件上给予及时的指引和支持。2015 年 6 月，湖北省农业农村厅出台了《关于促进湖北省农民合作社规范发展的意见》（鄂农规〔2015〕1 号）。

2019 年，湖北省农业农村厅制定了《湖北省农民合作社质量提升行动方案》，重点从培育发展农民合作社、建设规范化农民合作社、做大做强农民合作社、建设农民合作社品牌四个方面着手。通过各市、州、县（区）农业农村部门成立的相应机构，建立各级农业农村部门的沟通协调机制，确保相关工作落到实处。通过电视、报纸、网络等媒体的宣传推动作用，全方位、多角度宣传农民合作社质量提升行动，及时总结宣传好典型、好经验、好做法，营造推动农民合作社发展的良好氛围。湖北省创新提出“坚持在规范中发展，在发展中规范”的总体思路，全面启动了农民合作社“五大工程”：组织推进工程，培育壮大农民合作社；典型示范工程，引导农民合作社规范发展；人才培训工程，增强农民合作社发展后劲；产销对接等工程，促进货畅其流；品牌培育工程，提升产品竞争力，引导农民合作社健康有序发展。

三、联合社的成立动因

联合社的成立由内外部因素共同作用，主要源于农民合作社渴望以联合的形式应对市场，进一步降低交易成本，提升品牌凝聚力，增加利润。部分联合社理事长认为，以联合社作为申请主体便于获得政府部门、金融机构等外部力量的支持。政府部门的推动和有效监管有利于促进联合社实现规范化快速发展。湖北省政府部门主要围绕“增量、提质、做强”三方面内容，全面推进联合社试点工作。各地区积极创新工作方法，加强组织推动和科学引导，支持、鼓励合作社和联合社发展壮大。以湖北省宜昌市夷陵区和天门市为例，政府部门和金融机构加大对农民合作社的支持力度，为联合社的成立与发展奠定坚实基础。

2018 年宜昌市夷陵区制定的《示范社创建参考标准》，在全省率先推广运用“农民专业合作社财务管理平台”。2019 年创建“个十百千”和“3 个五”，“个十百千”即建立 1 个综合协调管理服务平台，扶持 10 个重点社，巩固提高 100

个示范社，清理整顿1000个合作社。“3个五”即创建5个国家级示范社、打造50个省市示范社、形成500个规范社。2019年组建成立农民专业合作社联合会，推动合作社交流互动、“抱团取暖”，加强合作社自律管理。区财政统筹100万元支持鼓励合作社参与创建，安排70万元作为创建工作经费，同时设置专项支持新型农业经营主体资金165万元，包含合作社贷款贴息57万元，奖补资金50万元，支持新型经营主体发展。

天门市对当年新认定的省级以上示范农民合作社给予奖励。国家级示范农民合作社每个给予20万元奖励，省级示范农民合作社每个给予10万元奖励。2019年开展全市农民合作社20强创建活动。在全市范围内评比产生前20强合作社，发挥典型示范作用，并通过招投标确定2家代理记账机构对农民专业合作社实行代理记账服务，以示范社为重点对合作社财务实行代理记账，引导全市农民专业合作社规范财务管理。

金融机构针对有合法健全的组织机构、规范严密的内控制度和财务管理制度的农民合作社，贷款额度上限从50万元到500万元不等，期限最长为三年。担保方式采取贷款担保基金、农业政策性担保公司担保，自然人保证，抵质押、法人保证、政府平台担保等方式，对全省农民合作社质量提升整县推进试点县（市、区）重点项目，邮政、中粮、中化等合作客户群，提供优先受理、优先评审、优先安排信贷规模等服务。利用湖北邮政、湖北邮储银行在发展现代农业方面的资金、人才、市场和管理优势开展惠农合作社系列服务，建立湖北省农民合作社行业信息通报机制，共同助力新型农业经营主体发展。充分利用邮政体系“线上+线下”销售渠道，为农民合作社特色农产品提供从种植生产、品牌包装、产品销售到寄递服务的全链条支持，打造特色农产品订单帮扶、产业扶贫新模式，打通寄递快速通道。

四、联合社的发展类型

自2018年7月1日新修订的《中华人民共和国农民专业合作社法》正式实施以来，联合社作为最引人注目的新增内容引起广泛关注。总结分析联合社的发展模式，有利于进一步探讨联合社的发展动态，全面科学地认识联合社。联合社吸纳的主要成员不同，形成的内部联结和分配方式也存在差异。

课题组在湖北省实地调研的七家联合社都与互联网电商紧密接轨，依托网络市场、直播平台，打通销路，扩大产品的影响力，提高品牌经济效益。互联网电商的成功接入，打通了本地农产品的销路，扩大了产品影响力，节省了销售费用。表2从组织形态、经营模式、技术要素、组织条件、增效机制、实现效益等方面，对在湖北省调研的联合社进行了比较分析。

表 2　调研联合社比较分析

指标	洪湖市春露农作物种植专业合作社联合社	洪湖世元水产专业合作社联合社	洪湖市华贵水生蔬菜种植专业合作社联合社	武汉首佳水产养殖联合专业合作社	武汉荆地养蜂专业合作社联合社	湖北七仙红林果农民专业合作社联合社	孝昌梦里花园花木专业合作社联合社
组织形态	①主体构成：有公司，有实力较强的合作社 ②主营范围：围绕再生稻产业，涵盖产前、产中、产后各环节	①主体构成：均为合作社。成员社均为洪湖市排名前 20 的合作社 ②主营范围：养殖销售鳖龟产品	①主体构成：均为合作社，但有公司作为依托 ②主营范围：莲子莲藕等水生蔬菜产业	①主体构成：农户。有入社社员为合作社理事长 ②主营范围：水产养殖销售	①主体构成：有协会组织和合作社 ②主营范围：蜂产品	①主体构成：有协会组织和合作社 ②主营范围：桃产品	①主体构成：均为合作社，但有公司作为依托 ②主营范围："农业第三方服务"的平台
经营模式	①"联合社+合作社+基地+农户+公司" ②"农业技术+金融服务+农产品销售"	合作社+农户	公司+联合社+合作社+农户	按照联合社模式运营，"联合社+合作社+农户"，但未注册	协会+联合社+合作社+农户	协会+联合社+合作社+农户	联合社+公司+平台
技术要素	科学种植，与高校和科研单位合作	提供专业技术服务	技术培训、技术支持、技术跟踪	统一生产质量安全标准，进行生产基地质量认证	2012 年，荆地联合社被农业部和国家蜂产业技术体系纳入蜜蜂授粉示范基地	农业科研、新品种与技术引进推广	打造田园综合体试验区

续表

指标	洪湖市春露农作物种植专业合作社联合社	洪湖世元水产专业合作社联合社	洪湖市华贵水生蔬菜种植专业合作社联合社	武汉首佳水产养殖联合专业合作社	武汉荆地养蜂专业合作社联合社	湖北七仙红林果农民专业合作社联合社	孝昌梦里花园花木专业合作社联合社
组织条件	坚持“六统一”的管理方法，严把质量关	统一物资采购和市场对接，共享市场资源	十统一：统一种养布局、良种更新、农资供应、生产标准、技术服务、贷款担保、保护价收购、加工储运、使用“洪湖农家”品牌、包装销售	统一销售、统一投保和品牌服务	将周边蜂农全部纳入合作组织	严格准入，依托品牌效应——打造“七仙红”桃品牌	以产业龙头企业引领、合作组织带动、个体大户跟进
增效机制	利益联结：联合社与各合作社联系紧密，掌握话语权，带动合作社发展。合作社理事长在联合社任职，负责不同业务板块	金融、农资采购、技术支持、统一品牌、统一销售以及世元美村小站等服务，增加效益	订单式回收，品牌共享	高于市场价收购农户水产品	拓展蜂产品的经营范围，帮助蜂农有效增收	制定种植标准，搭建技术交流与市场信息交流平台，共享“七仙红”品牌，提供销售渠道	通过苗木产业发展，打造内部环境，优化外部销售渠道，促进农民增收
实现效益	2018 年联合社生产经营收入 852.15 万元	联合社成立以后，通过降本提价，每年养殖一亩地小龙虾预计多赚 2000 元，一亩地螃蟹预计多赚 2000 元，一亩地鳖龟预计多赚 4000 元	2018 年成员社实现利润 50000 元左右，农民户平增收 1000 元以上，现为国家级示范社	收购价能够在随行就市的基础上每斤提高 0.1 元。河蟹品牌销售，提高收入	订单模式、互联网模式，助力蜂农增收	2016 年，联合社年产值达 3200 万元，利润 600 余万元	投入阶段，暂未盈利

综合以上对比分析发现，不同联合社的运营方式也不尽相同，由于经营的农业产业不同，因此投入的要素和成本都有较大差异。但我们可以清晰地发现，通过联合社的组织功能可以将原本合作社无法完成的工作进行有效整合并取得突出成效。一是提高了农民收入。刚投入运营的孝昌梦里花园花木专业合作社联合社，由于苗木的生长周期长，联合社自身还未实现盈利，但通过联合社的帮助，成员社及农户对接销路，大幅提高了农户的收入。二是有利于当地农业特色产业的发展，联合社中的成员社通过抱团发展逐步壮大，有利于当地形成特色产业，产业规模的扩大为当地发展带来了新的机遇。

课题组根据调研的实际情况，大体上将其分为生产营销型联合和产业链型联合两种主要发展类型。生产营销型联合社主要通过有效组织当地或邻近地区在专业领域发展实力相对雄厚的合作社，严格把控农产品生产环节的各项操作流程，从源头提升品质。生产的农产品以联合社注册的品牌，统一对外销售，既能在产量上保证农产品的供应，又能在品质上保障品牌声誉，更好地满足消费者对高品质农产品的需求。

产业链型联合社则主要是通过引入工商资本或吸引投资延伸联合社的产业链条，形成“公司+联合社+合作社+农户”的生产模式。联合社在其中起到了“承上启下”的作用，既有效对接企业保证农产品的销路，又能以订单农业等多种方式，吸纳更多的农户。这种联合方式，有利于发展壮大联合社、农民增加收入、提高企业产品附加值。通过产业链型联合，企业与农户间以联合社为纽带，形成利益相对紧密的共同体。

五、联合社的创新举措

总体上联合社较好地带动了当地农户及相关产业的发展，发挥了示范引领作用，部分联合社的创新举措进一步推动了其发展。

第一，模式创新促进多元化的跨区发展联合。一是创建了多要素合作模式。鼓励农民合作社采取带机入社、带地入社和带资入社，实现了农业多种生产要素合作，促进了农业生产要素的高效配置。二是创建了生产在家、服务在社合作模式。实行统一的订单生产服务模式，实现了农业生产的供给侧结构性改革。三是创建了土地三权分置合作模式。明晰农村土地“所有权、承包权、经营权”的“三权”分置属性，探索把经营权委托合作社经营，合作社入股联合社。四是创建精准扶贫模式。联合社的成员社发挥属地优势，带领贫困乡亲共致富，实现了精准扶贫、长效扶贫的目标。五是创建合作社联合社推广模式。重点推广发展较成熟联合社的经营模式，例如，湖北省洪湖市春露农作物种植专业合作社联合社（详见本书案例十一）联合了洪湖市几十家水稻种植专业合作社。湖北省孝昌县七仙红林果农民专业合作社联合社（详见本书案例十六）将孝感市所辖县市区水蜜桃合作社联合起来。联合社通过制定统一的生产标准，开展农产品产前、产中、产后服务，着力构建从生产到消费、从田间到餐桌的全程监管体系。

第二，打造“互联网+”销售平台。湖北省在全国“农社对接”试点活动中，探索建立了“楚合商城”线上、线下连锁销售模式。目前已经有447家合作社入驻“楚合商城”网店，粮、棉、油，果、茶、蔬等门类的产品达971个。线下已建有1898家“楚合商城”实体连锁店，累计销售额已超过10亿元。罗田县将县内700多家农民合作社与电商平台进行对接，以合作社为引领，引进培育1000家企业和个人从事农村电商销售合作社产品，直接参与人员达8000人。2015年全县合作社产品网络销售额达到2.1亿元。联合社中的成员社充分利用互联网时代的销售优势，以统一的品牌对外销售，成员社间合理分工布局，扩大农产品销售范围。

第三，积极创新金融合作模式。首先，联合社或成员社内部成立信用合作部，例如，宜昌市夷陵区晓曦红柑橘专业合作社成立内部成员信用合作部，为临时困难的成员提供生产资金及短期的流动资金，实行专款专账，大胆探索农村合作金融。其次，响应政府主导的金融创新。例如，枝江市以农民合作社为核心，组建区域性农民合作社联合会，政府出资设立担保基金，试点银行提供贷款。2016年湖北省农业信贷担保有限公司成立以来，已设立22家分支机构，联合社的成员社主动申请，解决融资难题。例如，襄阳市民生银行通过宜城市楚梦园农民粮油合作联社设立合作社担保基金，银行按比例放大提供贷款，每年向联合社及其成员提供2亿元贷款额度。

六、联合社发展中存在的主要问题

基于实地调研情况，综合前文分析，课题组对联合社发展过程中存在的主要问题归纳如下：

一是人才缺乏。联合社的组建是为了更有效地整合合作社现有资源，为合作社的成员带来更可观的效益。在联合社发展壮大的过程中，人才紧缺现象较为普遍。年轻人不能适应农村生活，由于农村的基础设施相对落后，缺乏文娱活动，即便联合社以高于城市的工资雇工，在人才引进上仍面临困难。

二是销售困难。联合社的成员社多为当地或是邻近乡镇综合实力较强的合作社，随着规模的扩大，产量增加，在粮食丰收或果蔬盛产期，需要在有限的时间内销售农产品。部分联合社销售渠道单一，难以在短时间内销售农产品。

三是融资不易。在联合社调研的过程中，融资难、融资贵仍然是困扰联合社发展的关键问题之一。以联合社为借款主体，不能直接在金融机构获得贷款。民间借贷成本高，无法获得与其经营需求相匹配的贷款金额。由于缺乏及时的资金支持不利于联合社扩大规模。

四是利益联结不紧密，盈余返还机制不健全。联合社的初衷是为了有效组织合作社发展壮大，但在发展的过程中，一些联合社的组织关系较为松散，主要成员社与联合社联系不紧密，未建立合理的利益分配机制。民主决策机制不健全，制约联合社向高质量发展。

五是政策支持体系不完善。多数联合社的发展未得到政府的补助支持。各地政府职能部门，多数缺乏针对联合社的奖补政策。联合社的发展仍然是合作社间的互帮互助，在信息共享及渠道建设上缺乏配套政策。

七、联合社的政策建议

针对联合社在发展过程中存在的主要问题，提出以下政策建议：

一是发挥能人的示范带动作用。联合社的高效运行离不开人才的支撑。能人乡贤的示范带动作用，能够提高联合社的组织管理水平，在日常管理和经营决策过程中更有威信力。农村的人情社会网络关系，促使农民更愿意相信乡贤从事某一产业所能为他们带来的价值，易于取得农民的信任和支持，这也是社会资本直接进入农村易遭受排斥的主要原因。

二是引入社会资本力量。在调研的联合社中，发展规模较大的联合社，都有企业等财力雄厚的资本注入。若有企业助力联合社发展能够促进联合社做大做强，更好地抵御市场风险。当农产品的种植、养殖面积逐渐扩大，销售环节是制约其发展的最大瓶颈。联合社若能与企业签订回收协议，或者依托企业的市场化运营模式和资源渠道进行销售，能够化解农产品滞销带来的经营风险。

三是加大对联合社的政策扶持力度。联合社在发展过程中，获得政府直接的奖补政策较为有限，在一定程度上制约了联合社的发展。通过政府职能部门的政策支持和引导，有利于健全联合社的管理制度。通过争取政府的项目类资助，提升联合社运营的规范性。以联合社为纽带，辐射带动更多的小农户从事地方特色农业生产，在提高收入的同时促进地方经济发展。

调研报告四
吉林省农民专业合作社联合社调研报告*

中国人民大学中国合作社研究院联合社课题组长期关注农民合作社联合社的发展，课题组于2019年8月对吉林省六家联合社进行了深入的实地调研。

一、联合社的发展情况

近年来，中国农民专业合作社的数量增长较快，农民通过自愿加入合作社，依托合作经济组织力量寻求发展。伴随合作社的发展壮大，为更好地应对市场变化和消费结构转型升级，联合社逐渐发展起来。截至2019年3月底，全国依法登记的联合社1万余家，广泛分布于种植、养殖、农机、植保、加工等领域。最新修订的《中华人民共和国农民专业合作社法》第五十六条明确规定"三个以上的农民专业合作社在自愿的基础上，可以出资设立农民专业合作社联合社"。新修订的合作社法中专门规定了"农民专业合作社联合社"的相应条款。对联合社进行深入、系统的研究，认真总结联合社发展的模式十分必要。农民专业合作社是成立联合社的基础和主体，课题组首先详细了解了调研省份的合作社发展情况。

（一）吉林省合作社发展情况

截至2012年末，吉林省农民专业合作社3.08万家，同比增长37%，带动农户190多万户，占省内农户总数的47%。2013年1月20日吉林省农民专业合作社联合会正式成立，2013年12月吉林省工商行政管理局出台了《吉林省农民专业合作社联合社登记管理暂行办法》。2017年吉林省注册登记农民合作社84692个，成员数111.3万个，其中农民成员占81.8%，出资总额1858亿元。从经营范围看，种植业、畜牧业、服务业分别占总数的52.8%、19.2%、15.2%。合作社统一组织销售农产品总值81.32亿元，统一购买农业生产投入品总值59.57亿元，其中1952家被县级以上农业主管部门认定为示范社。

2018年吉林省注册登记农民合作社89388个，比2017年增加4696个，同比增长5.5%，成员总数达119.7万个，其中农民成员占80.7%，带动非成员农户

* 执笔人：卢洋啸。

数 62.66 万户，成员出资总额 138.9 亿元。合作社中种植业合作社达 48117 个，占总数的 53.83%，按合作社经营服务内容划分，产加销一体化服务和生产服务依然占据比较大的比重，分别为 42835 个和 26350 个，分别占合作社总数的 47.92%和 29.48%。被农业主管部门认定为县级以上农民合作社示范社数量为 2800 个，比上年增加 36.6%。吉林省拥有注册商标的合作社有 1992 个，通过农产品质量认证 916 种。农民合作社经营收入 44.18 亿元，盈余 10.04 亿元。统一组织销售农产品总值 64.61 亿元，统一组织购买农业生产投入品总值 26.17 亿元。

（二）吉林省联合社发展情况

吉林省“十三五”期间发展目标中提出，“全省农民合作社数量保持在 70000 个以上”，要求合作社规范内部运行规范、拓展服务领域、完善组织功能、提升营销水平。2019 年，吉林省安排中央财政资金扶持县级以上农民合作社示范社、农民合作社联合社数量不少于 329 个。2019 年吉林省还安排省级专项资金扶持农民专业合作社（联合社）80 个，通过政策扶持促进能力提升。补助 2017 年 12 月 31 日以前制度健全、管理规范、带动力强、依法登记注册的合作社（联合社）。

根据天眼查导出的数据进行汇总分析，截至 2019 年 9 月底，吉林省持续经营的联合社共有 261 家，29 家已经注销。自 2008 年起吉林省联合社成立以来，2008~2012 年增长较为缓慢，2013~2017 年持续增长，2018~2019 有所下降。2008~2018 年共成立 248 家联合社（见图 1），由于总量有限，虽然变化浮动较

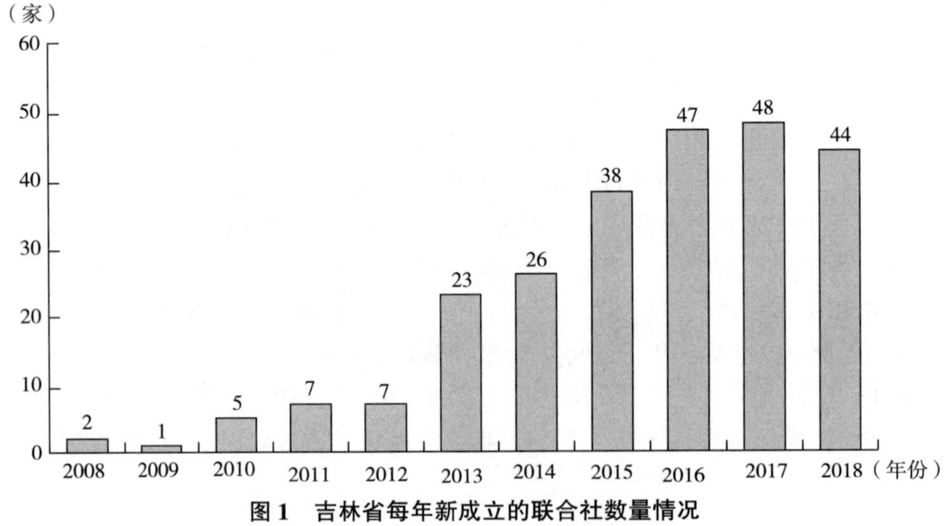

图 1　吉林省每年新成立的联合社数量情况

小，但仍能反映出政策导向的调整、相关法律的出台均促进了联合社的成立。吉林省联合社的分布基本覆盖各县（市、区），对于特色产品、养殖、种植发展较为突出的地区，联合社的数量也较多。截至2019年6月，吉林省辖8个地级市、1个自治州、60个县（市、区）和长白山保护开发区管理委员会，省会为长春市，按照行政区划，细化吉林省联合社的分布情况，各市州的联合社数量分布情况如图2所示。

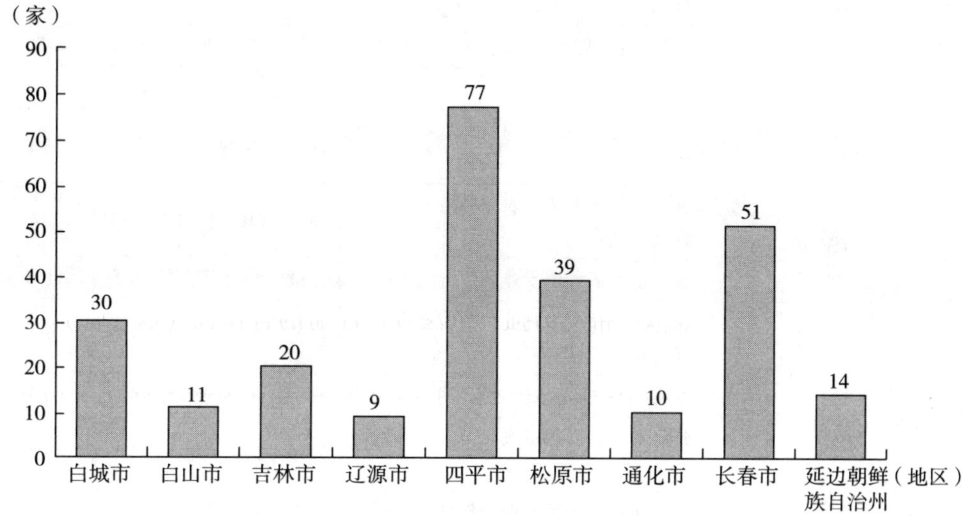

图2　吉林省各市州的联合社数量情况

以吉林市目前存续的20家联合社为例，如表1所示。吉林市联合社最多的永吉县入选了2018年全国农村一二三产业融合发展先导区创建名单，该县的名优特产较为丰富，早在2013年该县的国家级绿色水稻种植和生猪养殖标准化示范区都通过了验收。由于该县的合作社数量较多，发展较好，为联合社发展打下了坚实基础，共成立各类型联合社9家，充分发挥了示范引领作用，发挥地方特色农产品优势。

（三）政策梳理

近年来，吉林省出台了一系列引导与支持联合社发展的政策。在《吉林省农业委员会脱贫攻坚三年行动工作方案（2018—2020年）》中明确提出“引导农民合作社扩大经营规模，组建联合社；发展壮大新型村级集体经济”。表2具体列示了2019年吉林省出台的与联合社密切相关的政策内容。

表 1 吉林市农民专业合作社联合社

地级市	县（市、区）	数量	名称	经营状态	成立日期	注册资本（万元）
吉林市（截至 2019 年 9 月底，吉林市共有 20 家持续经营的联合社）	船营区	2	吉林市供销农民专业合作社联合社	存续	2017 年 9 月 19 日	1000
			吉林省同创云耕农业农民专业合作社联合社	存续	2019 年 5 月 21 日	500
	龙潭区	2	吉林市龙潭区为农农民专业合作社联合社	存续	2018 年 6 月 15 日	35
			吉林省吉利源农业专业合作社联合社	存续	2015 年 7 月 8 日	4700
	昌邑区	0	—	—	—	—
	丰满区	1	吉林省北方黑蜂养殖农民专业合作社联合社	存续	2019 年 5 月 8 日	580
	磐石市	2	磐石市大美取柴河农民种植养殖专业合作社联合社	存续	2017 年 12 月 26 日	173
			磐石市鑫兴种植专业合作社联合社	存续	2016 年 7 月 26 日	1100
	桦甸市	1	吉林参泉长白山林蛙产业专业合作社联合社	存续	2017 年 4 月 11 日	200
	蛟河市	2	蛟河市宇农玉米农民专业合作社联合社	存续	2016 年 6 月 14 日	150
			蛟河市泽润西甜瓜农民专业合作社联合社	存续	2015 年 1 月 26 日	500
	舒兰市	1	舒兰市供销农民专业合作社联合社	存续	2018 年 11 月 28 日	500
	永吉县	9	吉林省领航种植农民专业合作社联合社	存续	2016 年 8 月 25 日	2000
			永吉县玉汤泉种植农民专业合作社联合社	存续	2016 年 12 月 26 日	1000
			吉林市蜂农农牧农民专业合作社联合社	存续	2018 年 5 月 4 日	400
			永吉县宇丰种植农民专业合作社联合社	存续	2018 年 3 月 12 日	260
			永吉县一龙果树种植农民专业合作社联合社	存续	2018 年 3 月 12 日	200
			吉林省荣信达种植农民专业合作社联合社	存续	2018 年 11 月 21 日	100
			永吉县西阳农牧农民专业合作社联合社	存续	2014 年 8 月 11 日	310
			永吉县绿鑫园园艺作物种植农民专业合作社联合社	存续	2014 年 12 月 23 日	60
			吉林省理性农业专业合作社联合社	存续	2018 年 1 月 10 日	700

资料来源：天眼查。

表 2　2019 年吉林省出台的与联合社相关的政策文件

序号	文件名称	与联合社相关的内容
1	《吉林省农民专业合作社条例》（2019 年 3 月 28 日吉林省第十三届人民代表大会常务委员会第十次会议通过）	第三章　农民专业合作社联合社 第二十五条　设立或者加入农民专业合作社联合社，应当经农民专业合作社成员大会同意。 第二十六条　农民专业合作社联合社应当设立由全体成员参加的成员大会，不设成员代表大会，可以根据需要设立理事会、监事会或者执行监事。理事长、理事应当由成员社选派的人员担任。理事长、执行监事不可在同一成员社中产生。 第二十七条　农民专业合作社联合社应当建立财务管理制度，实行独立核算。联合社可分配盈余，按照联合社章程规定进行分配；其成员社从联合社获得的盈余，按照成员社章程进行分配。 第二十八条　农民专业合作社联合社接受的财政直接补助和他人捐赠，应当平均量化到成员社，其产生的收益可以由成员社按照章程进行分配
2	《关于下发 2019 年吉林省省级现代农业发展专项资金项目指南的通知》（吉农计财发〔2019〕3 号）	2019 年安排省级专项资金扶持农民专业合作社（联合社）80 个，通过政策扶持促进能力提升。补助 2017 年 12 月 31 日以前登记注册的合作社（联合社），制度健全、管理规范、带动力强、依法登记注册的合作社（联合社）
3	《关于下发 2019 年中央财政农业生产发展项目实施方案（指南）的通知》（吉农计财发〔2019〕8 号）	2019 年全省安排中央财资金扶持县级以上农民合作社示范社、农民合作社联合社数量不少于 329 个。扶持资金重点用于发展绿色生态农业，开展标准化生产、专业化服务，突出发展农产品初加工、产品包装、市场营销等关键环节。积极发展生产、供销、信用“三位一体”的综合性合作社，不断提升合作社自身管理能力、市场竞争能力和服务带动能力
4	《吉林省农业农村厅关于深入推进民营经济大发展的实施细则》（吉农加发〔2019〕1 号）	发展壮大农民合作组织。实施农民专业合作社发展项目，采取贷款贴息、担保费补贴、政府购买服务等方式，在发展绿色生态农业、开展标准化生产专业化服务等方面，给予补贴支持，对国家级农民合作社示范社、联合社和国家级贫困县（市）省级农民专业合作社示范社给予重点支持

资料来源：吉林省政府网站发布的相关文件。

二、联合社的成立动因

2019 年中央一号文件《中共中央　国务院关于坚持农业农村优先发展　做好“三农”工作的若干意见》明确提出“落实扶持小农户和现代农业发展有机衔接的政策，完善‘农户+合作社’‘农户+公司’利益联结机制”。中国农村小农户为主的现实情况将会长期存在，带动小农户发展是实现农业现代化等一系列目标的关键，而合作组织是农村社会最直接带动小农户发展的有效载体。

随着不断发展壮大，合作社逐渐遭遇发展瓶颈，大多数合作社寻求再组织、再合作的意愿强烈，希冀通过联合实现进一步发展，联合社应运而生。农民合作社联合社能够以直接或间接的方式增加小农户的收入。在与联合社理事长的沟通中发现，当初成立联合社的初衷各异，有的是通过学习了解到联合社，认为对合作社的经营有帮助便直接注册；有的认为联合社也能与合作社一样获得政府补贴，或者便于享受其他贴息惠农政策而成立的；有的则是在合作社运营中，以一己之力应对市场存在困难，希望通过联合的方式寻求发展。通过调研发现，联合社工商注册地多数位于种植、养殖、棚膜经营集中的村屯，且邻近区域内合作社数量相对较多，有利于加强与成员社和农户的密切联系，便于管理。目前联合社的运营效果差异较大，有的一直未实际运营；有的联合社名下有实物资产，如农机具等，便于组织成员社开展农业社会化服务，带动成员发展多样化种植；有的联合社只发挥了平台作用，并未实现盈余返还。

联合社能够更好地实现现代农业生产对规模化、集约化、组织化、专业化、商品化的要求，组织化的运营方式能够充分调动更多农户的参与度，有效克服合作社在经营发展过程中面临的内外部双重压力。因此，联合社的成立是内因推动和外因拉动共同作用的结果。内因推动主要来自于农民自发的发展诉求，以及合作社渴望以联合的方式降低生产成本，增加利润。外因拉动主要表现在市场机制的作用下，倒逼合作社转型发展，为有效适应市场、迎合消费者需求以及实现现代农业的发展目标，需要合作社有效联合起来。此外，政府职能部门对联合社发展的支持力度逐步加大，也是促进合作社进行再组织、再联合的因素之一（见图 3）。无论从市场需求角度、增加社会福利角度，还是从政府鼓励推广角度，联合社都是合作社向着联合与合作的高阶组织化形式迈进的重要标志。

三、联合社的运行特点

联合社主要指在一定行政区域内设置的合作组织联合体，三个以上的农民专业合作社可设立农民合作社联合社。我国合作社数量基数大，联合社的发展空间和潜力较大。目前以生产型和产业链型的联合社居多，但也有农村信用合作联合社、供销合作联合社、社区股份联合社、资金互助联合社、土地股份联合社等多种组织形态。联合社在实践过程中，不断总结经验教训，探索新的发展模式，带动当地农户共同致富，发挥了组织与合作的带动引领作用。

总的来说，联合社在促进农民增收，带动贫困户脱贫，推广农机、农艺、农

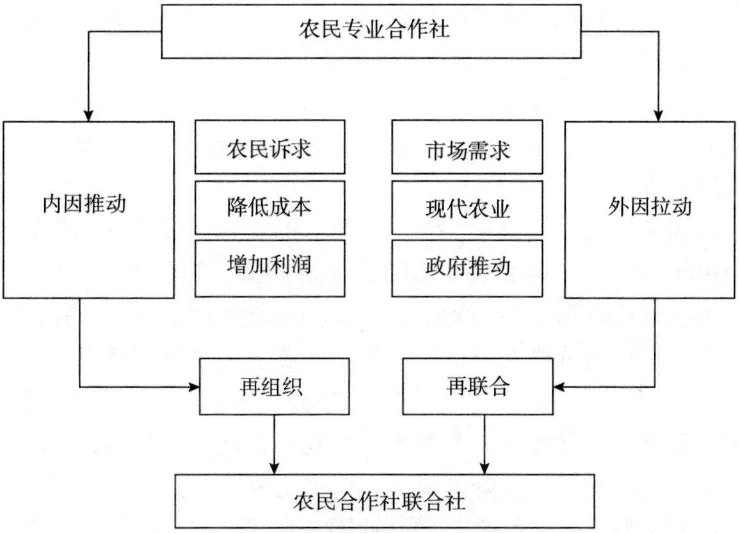

图 3　农民合作社联合社成立动因

技技术和政策方面发挥了重要的推动作用。通过分析实地调研的情况，可以初步将联合社简单概括为同业型、异业型、同域型、同项型。联合社的联合方式包括但不限于，生产联合、社会化服务联合、加工联合、销售联合、购置农机联合、“强弱”联合、“强强”联合、劳动联合等。其中，劳动联合主要指在育秧、植保、收获等大量需要劳动力的季节，合理调配劳动力，保证在短暂的农时内，保质保量地完成农户的耕作需求。

联合社的运行特点主要表现在以下几方面：第一，有利于实现规模经济。农业生产的不同环节、不同阶段，需要不同组织间紧密合作才能更好地完成社会化分工的要求。提高农产品经济效益，更好发挥农产品附加价值，已成为联合社发展的共识。但合作社以单独的个体形式运行，经营优势并不明显，尤其是以自身单薄的力量面对大市场时，易受到冲击，又缺乏相应的保障机制，无法有效应对市场的快速变化和残酷竞争，往往处于市场供给中的底端，议价能力较弱，而且易受到中间商的层层盘剥，赚取的收益较低。相比之下，联合社可以有效解决合作社经营规模小、实力弱、销售渠道不稳定等现实问题，以“抱团取暖”的方式，实现合作社的联合与合作，提升合作组织的综合实力。

第二，有利于应对经营风险。农业相较于其他行业，更易受自然灾害、疫情疾病等客观环境和市场因素的影响。例如，瓜果蔬菜等劳动密集型农产品，一般种植面积较大，产果期需要集中采摘收获，雇工需求量大。农民需要在短时间内消化处理农产品，而果蔬类农产品易腐烂，不易储存。冷链运输、仓储、电商销售都需要投入大量的资金和专业的人才队伍。这对于单一的合作社而言，任何一个环节的处置不当，都会遭受巨大损失。但通过寻求合作，若干个合作社组成联合社后，能够实现风险共担，合理配置资源，集中调配人力和农机，共同抵御市场和经营风险。

第三，有利于节约交易成本。农产品所需的农机、农药、化肥等与农业生产直接相关的机械和生产资料都是专用的，保值率低、使用周期受限。种植水稻、收获玉米、采摘马铃薯都是不同类型的机型，不能混用。联合社在投入了大量资金后，扣除农机具采购价格及折旧、维修、保养、人工等一系列支出后，才是当年的最终收益。合作社间的联合与合作，能够更有效地配置农机资源，节约成本，提高不同环节的经济效益。联合社的契约安排能够较为明显地降低成本，以纵向一体化的组织优势，有效降低成员社间的交易成本。

第四，有利于形成价格优势。联合社因其在辐射农户数量上占据优势，能够在农业生产资料采购和农产品销售中争取优惠价格。同时，可以避免同质化的恶性竞争，有效打击恶意降低销售价格等破坏市场价格稳定的行为。同时，由联合社打捆销售农产品，能够争取企业订单，满足客户的不同需求，满足成员社对服务的多样化需求，有利于建设农产品生产作业流水线，就近加工农产品，以品牌销售的方式增强市场竞争力。

四、联合社的绩效分析

联合社作为农民专业合作社自愿组建的全新合作形态已成为学术界讨论的热点话题之一。通过对已实际运营联合社的绩效进行分析，可以充分评价联合社发展状况，对存在的优势和劣势有清晰的认知。联合社的绩效分析首要的是对其经济绩效进行评价，因为农民专业合作社组建联合社是为了获得更丰厚的利润，以逐利属性为根本。其次是对其社会绩效进行评价，因为联合社在带动农户和解决就业等方面具有天然优势，甚至对其注册地所在村镇的基础设施建设、公益活动、扶贫等方面都发挥了不同的作用。最后对联合社的发展绩效进行评价分析，主要由除经济和社会外的其他能够分析联合社经营实力的指标构成。通过分析联合社的绩效，一是有针对性地帮助联合社认清自身优劣势，不断提高和完善其运营模式；二是为下一步政府部门扶持联合社提供参考依据；三是根据不同类型联合社的绩效分析其运行效率，有利于总结可复制、可推广的发展模式。

（一）经济绩效

联合社独立承担市场经营的风险，经济绩效是其首要考虑的重要因素。联合社为了实现经济利润，将会通过调整内部机制设计从而有利于降低成本，提升经济规模和效益。

例如，吉林省农安县乾溢农业发展专业合作社联合社（简称乾溢合作联社）（详见本书案例十八）发展至今，成员社已达到112家，覆盖农户共计3000余户，经济规模逐年扩大。2018年托管流转土地超过10000公顷，实现每公顷降低成本1000元以上，每公顷粮食增产2000斤以上。先后被评为国家级示范社、农业部信息化服务创新示范单位和新型农业经营主体项目单位。固定资产方面，截止到2018年底，联合社办公厂区占地面积1.6万平方米，生产车间及库房建筑面积1.1万平方米，固定资产投资达3000多万元。土地规模经营方面，乾溢合作联社坚持以土地集约规模经营为核心。通过不断探索发展，2019年托管流转入股集约土地面积达到75万亩，占全县流转土地面积的17%。农业技术推广方面，乾溢合作联社现有大学生农艺师10人，对县域内病虫草害发生情况、土地集约情况、农村人口流动情况、种植结构变化等及时进行排查建档，并通过实践总结出十六项增产办法。

又如，吉林省公主岭市华兴农民合作社联合社（详见本书案例十九）成立初期覆盖农户1400余户；截止到2019年7月，已覆盖农户3000余户。华兴合作社于2017年联合其他四家合作社成立华兴联合社，分别以各自较有优势的生产要素入股，如土地、资金、设备、固定资产等，为进一步抱团联合，加强合作，共同开拓市场，为做大做强特色优质水稻产业奠定了基础。联合社按照“统一机械作业，统一种子种苗供应、统一化肥农药配送、统一施肥用药、统一绿色防控、统一灌溉养护”的托管服务模式，进行收储土地整理布局、测土配方、作物播种、农资供应、绿色防控、技术指导等农业社会化服务工作。

（二）社会绩效

联合社的社会功能较普通合作社覆盖的范围更广、发挥的效果更好、惠及的农户更多。联合社的社会绩效涵盖很多方面，主要包括其社会带动规模以及社会效益两方面。联合社除了帮助成员社发展壮大，也在提供农资、农机、农艺、信息、物流服务等方面带动周边农户共同发展，解决农民的就近就业问题。随着自身实力的不断增强，联合社在扶贫、村镇内基础设施建设、公益帮扶等方面也逐步发挥了不可替代的作用。

例如，吉林省德乐农业合作联合社（详见本书案例二十一）以养殖业带动当地困难户脱贫。购买23头可繁牛，扶持城子上、大房身等6个行政村贫困户，三年共分红9.6万元。2017年特色鲜食玉米种植加工项目，购买10台套生产设备，当年项目收益分红6.8万元，覆盖全镇17个行政村，人均增收130元。

2018年项目受益分红8.5万元，人均增收193元。同时，有针对性地组织贫困户参加岗位培训，提供适合其自身能力的工作岗位。为贫困户提供用工150余人次。对于年龄偏大的贫困户，放宽条件安排到车间工作。

又如，吉林省德惠市德力蔬菜种植专业合作社联合社（详见本书案例二十二），常年居住在历家村的多数是50岁以上的老人，留在村里经济来源也主要是靠种地，年轻人基本都外出打工。因此，联合社充分发挥社会功能，一方面，通过将种植辣椒的成熟技术教给种植大棚的在村农民，并帮助解决购买农资和销售等问题，与以往种植普通的粮食作物和露地蔬菜相比，增加赋闲在家农民收入。另一方面，联合社每年聘请工人到大棚和货厂工作，解决了部分农民的就业问题，让原本赋闲在家的农民有事做，潜移默化地改变了村内风气。

（三）发展绩效

在对联合社进行绩效分析的过程中，除经济和社会绩效外，还有影响联合社发展成长的其他属性，如联合社的组织关系是否稳定、上下游销售采购渠道是否畅通、品牌溢价力和农产品市场占有率等一系列发展指标。因此，综合绩效涵盖的内容更广泛、更细微，也是联合社实现长期稳定发展的重要绩效。

以白山市江源区金源浆果农业科技农民专业合作社联合社为例，联合社立足特色产业，依托区域浆果特色产业，以搭建业务对接平台、信息共享平台、金融合作平台为目标，通过发挥千亩蓝莓生产基地和龙头企业作用，实现会员间的联合与合作，带动产业发展，农民致富。利用供销社现有的经营服务网点和农村电子商务平台优势，帮助会员单位组织销售特色产业产品，实现线上线下融合发展，充分发挥产业的品牌效应。该联合社是以江源区供销社为主体，联合涉农单位、农业龙头企业、专业合作社等共同组成，将发挥独特的组织、产业、企业和资源优势。

五、联合社发展中存在的主要问题

综合以上联合社的发展情况，联合社是促进农民更紧密联结的有效组织形式，联合社成立的初衷和愿景是美好的。以日本为例，日本农协是在亚洲办得最成功的农业合作社之一，它是按农村行政区域建立综合型农业合作社的典型代表。农协因拥有极强的组织能力、涵盖几乎所有的农户，成为战后日本政治保守化的重要基础，是日本农村保守化势力的守护者。政府的惠农政策逐步减少，对农协的扶持和支持政策也在减少。日本于2004年取消农机补贴，农民购买农机不再享受补贴，因此农协失去了为农民提供农业机械上的优势。农民可直接从厂家采购或从其他经销商那里采购；农协组织机构庞大，各级雇员人数多达30万人。目前农协除信用和保险服务外，其他业务均处于亏损状态中，而一些贸易流通和采购销售还层层加价，引起基层农民不满。

因此，联合社的发展应避免行政过度干预引发社会矛盾，激化农民的不满情绪。政府仅扮演扶持者的角色，可以有计划、有组织、分层级地对农民开展培训，可以通过减免、补贴培训经费，组织农民出国培训交流等方式，提升农民的职业发展能力，提升联合社运营软实力。针对联合社开展的实际情况，必须改变现有的松散、涣散、组织架构不清晰、利益分配不合理的联合社，清退“空壳”联合社，规范联合社的运营。

近年来，吉林省不断探索现代农业发展新路径，实现了传统农业向特色农业转变和农民收入的稳定增长，作为国家重要的产粮基地，在维护国家粮食安全方面做出了重要贡献。吉林省联合社的发展为助力农民增收、农产品增值、农机农技增效发挥了重要的作用，取得了突出的成效，但在发展过程中也存在突出问题，主要体现在以下三个方面：

一是组织结构上较为松散，成员社间联结不紧密。二是财务核算上较为混乱，成员社间多为独立核算。联合社分红比例较小，成员社大多数未实际出资，联合社间未形成紧密的利益共同体，缺少利益分配与调节机制，利益联结不紧密。三是品牌推广难度较大，产品宣传分散、零散、不系统，尚未形成品牌合力，往往由于成员社中“一社独大”，利益分配不均，经营决策不能群策群力。虽然名义上成立了联合社，但合作社成员还是以自身利益为首要出发点，加之有的合作社成员社并未实际出资，联合社无法进行盈余返还，这在一定程度上也造成了合作社联结的松散。因此需要从多方面加以改进。

六、联合社的政策建议

由于目前吉林省联合社的发展仍处于起步阶段，完善的政策支持指导体系尚未建立，针对上述联合社发展中存在的主要问题，课题组提出以下政策建议。

（一）规范管理，增强联合社经营实力

第一，建立健全准入和退出机制。农民专业合作社及联合社的准入退出机制建设工作尤为重要，应建立健全准入和退出机制，为联合社发展提供便利，简化行政审批手续，但同时也应严格考核联合社成员的真实性。

第二，打造优质品牌。开展农产品、地理标志商标注册保护工作。优质品牌对推介省内农产品发挥了重要作用。持续推动农产品商标和地理标志商标培育，指导联合社注册农产品商标，积极组织有地理标志商标的联合社，参加中国国际商标品牌节等省内外展会，促进学习和交流，展示各地区商标品牌形象。

第三，加大政策支持和倾斜力度。对村干部、返乡大学生、农村经纪人等群体领办创办的予以重点扶持，将联合社发展与农村“双创”工作有机结合，支持各类别新型农业经营主体的联合与合作，大力发展合作社联合社。

（二）创新模式，提升联合社运营水平

第一，打造多元化发展模式。探索并鼓励以资金、资产入股的股份合作模式，以承包经营权参股的土地入股模式，委托生产管理的土地托管模式及以农产品经销为纽带的订单经营模式等多种发展模式。同时，支持联合社发展股份合作制经营方式，推广“收益保底+按股分红”等利益分配模式，推动各级财政支持形成的资产要依法量化到所有成员，推动国家补助项目形成的资产可以移交经营主体管护，并完善资产管护制度。通过开展联合社示范社的创建活动，建立示范社动态名录，优化联合社发展的外部环境，提升联合社发展的竞争力。

第二，提高规范化运营水平，开发专属金融产品。打造民主管理及财务管理规范、经济实力强、服务成效显著、社会声誉良好的新型联合社。切实解决农村金融供给与需求不匹配的现实问题。目前，联合社作为经营主体贷款难度较大，手续较为复杂，涉及成员连带责任保证以及有效抵押物等具体农业资产的抵质押问题。建议金融机构为联合社提供专门的金融产品，简化手续和操作流程，专款专用，切实解决阻碍联合社发展的资金难题。

第三，加强对联合社会计等相关财务人员的培训指导。按照农民专业合作社财务会计制度的规定，财政部门对联合社及其成员社的会计工作进行管理和监督。加强对乡镇农村经营管理系统财务人员的培训，本着民主、自愿的原则，建议委托农村经营管理机构或专业的服务公司代理记账、核算。

（三）加强宣传，提升联合社组织能力

第一，加强对农民合作社联合社的推广和宣传。很多合作社对于发展联合社都处于观望状态，建议加强典型联合社的宣传报道，分享成功经验、创业事迹，树立了一批可看、可学、可比的样板联合社，发挥引导示范作用，提升联合社的社会影响力。

第二，充分发挥农村基层党组织带动作用。注重发挥党组织在联合社中的党建引领作用，鼓励党员带动农民发展生产。以吉林省为例，截至 2018 年底，吉林省农民合作社中共有 5896 个合作社由村干部领头创办，充分发挥党员的先锋模范作用，共有 378 个农民合作社成立了基层党组织，发挥党组织的先锋堡垒作用，成为引领乡村振兴的主力军。加强联合社党组织建设，不断提高成员社中党员的政治素养和业务素质，带领农民共同致富，促进当地农业农村经济的发展。

第三，搭建产销平台，创建示范联合社。建议通过举办农产品展示展销会、产品交易会、宣传推介会等多种形式的产销对接活动，拓宽农产品营销渠道，促进联合社与各类市场主体实现产供销的衔接。开展联合社的示范社创建，建立示范社动态名录，优化联合社发展环境。

附录二 案例报告

案例一 山东省临沂市罗庄区食用菌产业化联合体案例报告*

一、联合体的基本情况

山东省临沂市罗庄区食用菌产业化联合体于2018年9月1日召开设立大会成立，联合体位于山东效峰生物科技股份有限公司院内，由山东效峰生物科技股份有限公司（以下简称效峰科技）、山东省临沂市罗庄区效峰香菇专业合作社、山东效峰食品有限公司、山东省临沂效峰园林绿化有限公司和山东樱桃文化传媒有限公司五家单位自发联合成立。联合体的业务范围包括杏鲍菇、香菇等食用菌种植、加工、运输、销售、电子商务等。联合体至今尚未注册，主要原因是管理者认为当前对联合体是否注册没有强制性约束，加上运行过程中由于业务尚未开展不具有注册的必要性，因此尚未注册。临沂市根据山东省农业农村厅等六部门《关于加快推进农业产业化联合体发展的实施意见》，结合临沂市农业产业化发展实际，着力推进农业产业化联合体建设，于2019年9月确定了22个农业产业化联合体作为临沂市市级农业产业化示范联合体，山东省临沂市罗庄区食用菌产业化联合体是山东省临沂市罗庄区唯一一家市级示范联合体。

联合体各成员发展情况良好。核心成员山东效峰生物科技股份有限公司属于民营高新技术企业，企业的支撑项目为杏鲍菇等食用菌工厂化栽培及产品加工技术项目。山东省临沂市罗庄区效峰香菇专业合作社，在区农业局及高都街道办事

---

* 执笔人：张怡铭。

处等有关单位指导下，开展了技术服务及生产经营活动。山东效峰食品有限公司主要产品为工厂化有机杏鲍菇、姬菇和林下黑木耳等优质高档食用菌产品，以及食用菌特色面条、蘑菇酱菜和有机肥等加工食品，年产各类优质产品达到8000多吨，年销售额达到6800多万元。山东省临沂效峰园林绿化有限公司是一家苗木花卉培育、种植、销售企业，承接各类市政工程和绿化项目。山东樱桃文化传媒有限公司是一家电商服务公司，承接各类产品的广告和营销业务。

二、联合体的成立动因

联合体是以产业化为目标组建的，在成立联合体之前各主体就已经存在合作关系。效峰科技作为“中心社”向香菇合作社提供菌种和菌包，生产出食用菌之后效峰科技按照市场价购买，然后将购买的食用菌交给效峰食品进行加工，加工后交给樱桃文化负责销售。成员主体以规模经营为基础，以产业化为目标，以分工协作为前提，以利益联结为纽带形成了一体化农业经营组织联盟，具有独立经营、联合发展、龙头带动、合理分工等特点，促进了主体间的要素融通、合作稳定、产业增值和农民受益，属于自下而上的发展路径。截至2019年8月，联合体成员主体并未发生变化，仍由这五个主体组成。

三、联合体的机制分析

（一）联合体的分配机制

联合体没有单独的会计核算账目，也没有盈利，各联合体单独核算、自负盈亏。2018年，山东效峰生物科技股份有限公司的菌包销售额达4000万元，其中利润率约为15%，每年利润在出资人间进行分配。2018年，山东效峰食品有限公司通过销售加工食品销售额达3000万元左右，其中加工利润根据加工食品品种不同而有所差异，平均利润率为15%~20%，利润在出资人间进行分配。山东省临沂市罗庄区效峰香菇专业合作社在扣除土地流转费用和一系列成本费用之后形成年度利润，按照出资人的出资比例进行利润分配。

（二）联合体的治理机制

各联合主体共同参考所签订的“联合体协议书”约定的具体内容进行合作。要明确联合体的联合模式，有必要厘清“联合体协议书”的内容。山东效峰生物科技股份有限公司分别与山东省临沂市罗庄区效峰香菇专业合作社、山东效峰食品有限公司、山东樱桃文化传媒有限公司签订了“联合体协议书”，明确了合作内容和合作规则（见表1）。

表 1　联合的内容及联合规范

<table>
<tr><th>牵头人（甲方）</th><th>成员（乙方）</th><th>甲方义务</th><th>乙方义务</th><th>联合规范</th></tr>
<tr><td rowspan="4">山东效峰生物科技股份有限公司</td><td>山东省临沂市罗庄区效峰香菇专业合作社</td><td>①为乙方提供菌包等优质菌种资源，并为乙方提供专业技术指导，保证所产食用菌的成活率及质量
②保证收购乙方所产的所有合格食用菌，并集中由甲方进行统一销售</td><td>保证按照甲方的工艺要求进行食用菌种植，不使用农药，不私自在外购买菌包</td><td rowspan="3">①联合体由牵头方负责与其他联合体成员进行联系沟通，并保证联合体成员的利益不受损，代表联合体成员与商家进行各项协调、统筹工作
②联合体成员自觉遵守相关规定，与联合体主体一起进行项目贷款、融资及技术难题攻关问题
③联合体成员切实执行一切合同文件，共同承担合同规定的一切义务和责任，同时按照内部职责的划分，承担自身所负的责任和风险，在法律上承担连带责任</td></tr>
<tr><td>山东效峰食品有限公司</td><td>提供新鲜、合格、质量高的食用菌鲜品给乙方</td><td>①按照食品安全生产规范进行深加工
②优先对以甲方为主体的联合体成员种植的食用菌进行采购、加工</td></tr>
<tr><td>山东樱桃文化传媒有限公司</td><td>为乙方提供食用菌深加工产品，按照乙方要求进行及时供货</td><td>乙方优先在网络渠道销售以甲方为主体的联合体加工的食用菌深加工产品</td></tr>
<tr><td>山东省临沂效峰园林绿化有限公司</td><td>尚无合同</td><td>尚无合同</td><td>尚无合同</td></tr>
</table>

资料来源：由笔者整理所得。

山东省临沂市罗庄区效峰香菇专业合作社与山东效峰生物科技股份有限公司通过联合体签订了《食用菌项目之联合体协议书》，明确了联合的内容和联合的规范，明确了双方的义务和联合规范。按照合同规定，山东效峰生物科技股份有限公司（甲方）应为山东省临沂市罗庄区效峰香菇专业合作社（乙方）提供菌包等优质菌种资源，并为其提供专业技术指导，保证所产食用菌的成活率及质量；保证收购乙方所产的所有合格食用菌，并集中由甲方进行统一销售。山东省临沂市罗庄区效峰香菇专业合作社应保证按照甲方的工艺要求进行食用菌种植，不使用农药，不私自在外购买菌包。

山东效峰食品有限公司与山东效峰生物科技股份有限公司也签订了一份

《食用菌项目之联合体协议书》，同样明确了联合的内容和联合的规范，明确了双方的义务和联合规范。按照合同规定，山东效峰生物科技股份有限公司（甲方）要为山东效峰食品有限公司（乙方）提供新鲜、合格、质量高的食用菌鲜品；山东效峰食品有限公司应当按照食品安全生产规范进行深加工，并且优先对以山东效峰生物科技股份有限公司为主体的联合体成员种植的食用菌进行采购、加工。

山东樱桃文化传媒有限公司与山东效峰生物科技股份有限公司签订了《食用菌项目之联合体协议书》，同样明确了联合的内容和联合的规范，明确了双方的义务和联合规范。按照合同规定，山东效峰生物科技股份有限公司（甲方）要为山东樱桃文化传媒有限公司（乙方）提供食用菌深加工产品，按照乙方要求进行及时供货；山东樱桃文化传媒有限公司优先在网络渠道销售以山东效峰生物科技股份有限公司为主体的联合体加工的食用菌深加工产品。

（三）联合体的运行机制

山东省临沂市罗庄区食用菌产业化联合体基于方便各方合作的目的由成员自愿发起成立。山东效峰生物科技股份有限公司、山东省临沂市罗庄区效峰香菇专业合作社、山东效峰食品有限公司、山东省临沂效峰园林绿化有限公司和山东樱桃文化传媒有限公司五家单位各司其职，开展业务（见图1）。

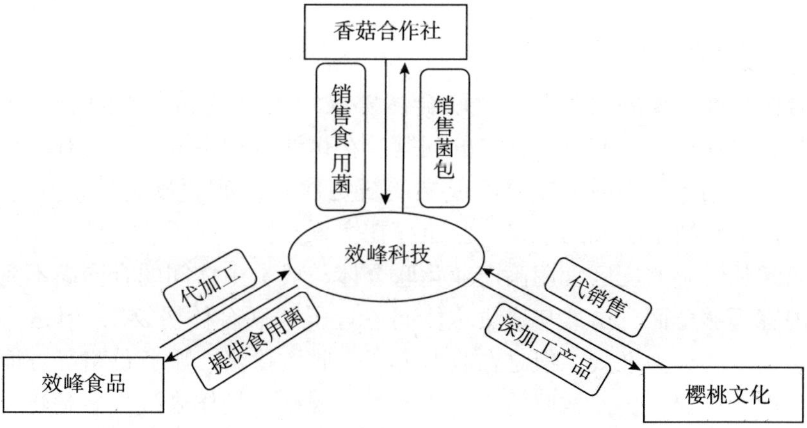

图1　罗庄区食用菌产业化联合体运行机制

山东省临沂市罗庄区效峰香菇专业合作社负责与有意愿种植食用菌的农户对接，将农户集中起来。山东效峰生物科技股份有限公司主要负责将食用菌菌种和菌销售给合作社社员，并且为购买5万包以上菌种包者提供技术支持，农户加入合作社成为合作社社员可以获得 0.1 元/包的菌包优惠。社员生产出的食用菌按照市场价自行销售，山东效峰生物科技股份有限公司会按照当年的需求量按照市场价进行购买，但不限于社员生产的食用菌，社员也不必须要销售给效峰科技。山东效峰生物科技股份有限公司委托山东效峰食品有限公司进行代加工，山东效峰食品有限公司将食用菌加工成菌菇酱等食用菌深加工产品。山东效峰生物科技股份有限公司再委托山东樱桃文化传媒有限公司进行线上代销售。公司力求多位一体，综合发展，在效峰科技南部发展示范性食用菌种植园的同时，在效峰科技北部成立效峰花木市场，因此成立了山东省临沂效峰园林绿化有限公司，该公司不参与食用菌生产、加工和销售过程。

四、联合体的运行内容

联合体的运行内容包括种苗供应、技术服务、培训服务。在种苗供应方面，为成员主体山东省临沂市罗庄区效峰香菇专业合作社供应标准化食用菌菌包和菌种，并提供 0.1 元/包的菌包优惠。在技术服务方面，山东省临沂市罗庄区食用菌产业化联合体为购买 5 万包以上菌种包者提供技术支持，菌种和菌包的培育本身就是食用菌种植的核心技术所在，通过扩大种植规模，食用菌的技术和品种也得到了推广。在培训服务方面，聘请食用菌方面的知名专家对菇农免费进行培训，先后举办食用菌技术培训班四期。

五、主要问题和对策建议

联合体目前主要的问题在于“联合体协议”的规范和完善问题，从侧面反映出了联合体在运行机制方面存在的问题。在访谈过程中发现，还有一部分内容没有体现在合同上，当前仍按照不成文的规定履行，而“联合体协议”的内容在很多方面仍然缺少明确的约定，甚至存在实操与协议的矛盾之处。

山东省临沂市罗庄区食用菌产业化联合体与成员主体间的合同尚不完善：一方面，内容不够全面，虽然与成员主体间签订了“联合体协议”，但是协议中仅仅约束了双方的行为准则，但是在收购方式、收购价格、服务价格等方面的具体细节全都没有约定，仍然按照约定俗成的规定履行。具体来说，一是建立联合体后，山东省临沂市罗庄区效峰香菇专业合作社的社员可以享受每个菌包 0.1 元的优惠，但在合同上并没有明确约定。二是山东效峰生物科技股份有限公司可以为购买 5 万包以上的合作社社员给予技术指导，在合同上也没有说明。另一方面，缺乏协议的规范性，存在实操与协议的矛盾之处。具体来说，一是合同中指出“甲方保证收购乙方所产的所有合格食用菌，并集中由甲方进行统一销售”，但在实际当中，合作还没有达到全部收购的程度；二是合作社社员将生产出的食用菌自行销售。这一方面说明目前合同中的联合体运行机制并不成熟，另一方面也说明目前联合体的运行还没有进入实操过程。

因此，在未来的发展当中，必须逐步规范联合体的运行机制。联合体的运营并非必须有合同的约束，但是从合同和实际业务的开展过程中的矛盾可以看出，实际上是由于没有统一的、规范的联合机制导致的，联合体应当在哪些方面联合、如何联合、联合会产生怎样的效果，都需要联合体在未来的经营当中逐步规范，在规范的过程中，应当秉持因地制宜、保障农民利益的基本原则。首先，必须设计出可严格执行的运行内容和运行机制，之后再使用合同进行严格的规范，并且对于运行过程中可能存在的违约行为在合同中应当设定相应的惩罚措施。如果无法执行，则不应当设定合同，更不应在没有设定惩罚措施的情况下贸然签订合同。其次，要建立监督机制，在监督之下确保各主体对于联合体运行内容的严格执行。最后，要建立公平的决策机制，以对联合体的运行机制予以监督，促进良性发展。

案例二
山东省临沂市罗庄区金源葡萄种植专业合作社联合社案例报告*

一、联合社的基本情况

临沂市罗庄区金源葡萄专业合作社联合社（以下简称金源联合社）位于山东省临沂市沂堂镇，成立于2018年12月，由沂堂镇、黄山镇及褚墩镇的6家合作社、4家家庭农场和1家农业企业组成，如表1所示。各成员社并没有实际出资。截止到2018年12月底，金源联合社共吸纳6家合作社、15家家庭农场、1家农业企业，涵盖农户536户，覆盖沂堂镇及周边县市区的3500余亩葡萄种植区域。

* 执笔人：魏广成。

表1 罗庄区金源葡萄种植专业合作社联合社成员表

成员名称	负责人	所在地
罗庄区金源葡萄种植专业合作社	张成金	沂堂镇
罗庄区贵之宝专业合作社	李增军	褚墩镇
罗庄区益龙专业种植合作社	李成光	册山镇
临沂市润苗生态农业有限公司	主国营	黄山镇
罗庄区华硕种植专业合作社	陈乃庆	褚墩镇
罗庄区奉亮种植专业合作社	刘奉亮	褚墩镇
罗庄区健全种植专业合作社	钟伟	沂堂镇
罗庄区洪周家庭农场	刘洪周	沂堂镇
罗庄区虎头泉家庭农场	马保瑞	沂堂镇
罗庄区绿优家庭农场	沈婷婷	褚墩镇
罗庄区志鹏家庭农场	魏延友	沂堂镇

金源联合社为成员社所提供的服务主要有生产资料统一采购、葡萄统一销售以及技术服务等。此外，联合社还承担了政府的扶贫项目。在上级扶贫政策的指导下，联合社每年拿出3万元用于全村57户贫困户的生产支出，并安排15户残疾人在合作社打工，连续三年为贫困户、残疾人家庭免费提供葡萄苗，并无偿进行技术指导，成功帮助30余户贫困户脱贫。

罗庄区金源葡萄种植专业合作社（以下简称金源合作社）是金源联合社的核心成员社。金源合作社成立于2011年，注册资本60万元，现有社员105户，共460人。金源合作社在联合社中发挥了较为重要的作用：一是带动作用。金源联合社由金源合作社发起成立，联合社内除金源合作社的几家合作社均由金源合作社带动成立并得到发展。从联合社社员的数量来看，金源合作社社员数量为105户，占联合社全体社员数量的20%。从葡萄产业种植规模来看，金源合作社社员共种植葡萄1500余亩，占全部社员种植面积的40%以上。二是技术支持。一方面组织社员进行培训，另一方面积极引进和推广优质品种，金源合作社在联合社农技和农艺推广的过程中发挥着重要的作用。三是品牌优势。金源合作社注册“抬头醒”葡萄及葡萄制品商标，该商标在葡萄及葡萄制品领域较有影响力，通过品牌来增强联合社的整体竞争力。

二、联合社的成立动因

联合社相比合作社而言具有得天独厚的优势。金源合作社通过成立联合社增强了成员社的实力，壮大了临沂市的优势产业，增强了农民合作组织参与市场竞争的能力，满足了合作社增强自身实力、壮大葡萄特色产业以及提高市场竞争力的需要。

（一）增强成员社实力的需要

金源合作社实现了统一供苗、统一供肥、统一销售的模式，目前该服务已经覆盖全镇。但就单个合作社来看，其实力依旧薄弱，尤其是集中采购生产资料和集中销售农产品时，由于其采购和销售的规模并不是很大，因此市场议价能力有限。在统一销售和统一采购农资等方面，联合社能够将成员社拧成一股绳，增强农民合作组织与农资经销商、农资公司以及农产品采购商的谈判实力，进而为成员社增收。

（二）壮大葡萄特色产业的需要

金源合作社实现了统一供苗、统一供肥、统一销售的模式，合作社收入不断增加，经济实力不断增强，不仅促进了合作社的发展，也带动了农民种植葡萄的积极性。目前，经过金源合作社指导的葡萄产业已经覆盖沂堂镇全镇，但金源合作社在发展订单农业与集中销售时往往因葡萄供给不足而告终。因此，金源合作社便萌发了通过组建联合社来扩大葡萄种植面积的想法。金源合作社便将沂堂镇周边几个适宜发展葡萄产业乡镇的葡萄种植合作社组织起来成立了金源联合社，将葡萄产业由沂堂镇扩展到罗庄区及周边区县，葡萄种植面积由 1500 余亩扩展到 3500 余亩，大大提高了葡萄供给能力。

（三）提高市场竞争力的需要

随着沂堂镇周边地区葡萄种植面积的增加，葡萄交易量也不断增加，辐射范围也逐步扩大。但葡萄上市集中，收购分散，导致价格一直不高。合作社计划建设葡萄储藏恒温库以解决葡萄盛产时价格偏低的问题，但合作社资金实力较为单薄，仅仅由金源合作社无法提供大规模的投资。因此，金源合作社便打算通过成立联合社，将多家合作社的资金聚集起来建设葡萄储藏恒温库，促进当地葡萄产业的进一步发展。

三、联合社的机制分析

联合社成立时，通过联合社成员多次讨论，最终形成了联合社的管理机制与经营机制，为联合社的正常运行起到了积极的作用。另外，联合社的张理事长表示，目前联合社并没有获得盈余，因此并没有进行盈余分配。

（一）管理机制

联合社成立以来，制定了联合社章程，明确了工作任务目标，制订了年度工作计划。合作社的最高权力机构是成员代表大会，由其选举产生合作社理事会、监事会。理事会主要负责联合社的日常工作，监事会负责监督章程和工作计划的实施情况，成员代表大会负责协商决定联合社的重大事务。

联合社下设办公室、财务部、基地管理部、市场部和质检部（见图 1）。现有管理人员 7 人，其中，按照岗位要求，聘用具有中级以上专业技术职称人员 5 人。联合社还建立健全了各项管理制度，现有社员大会制度、理事会工作制度、监事会工作制度、财务管理制度、生产销售管理制度等十多项制度。

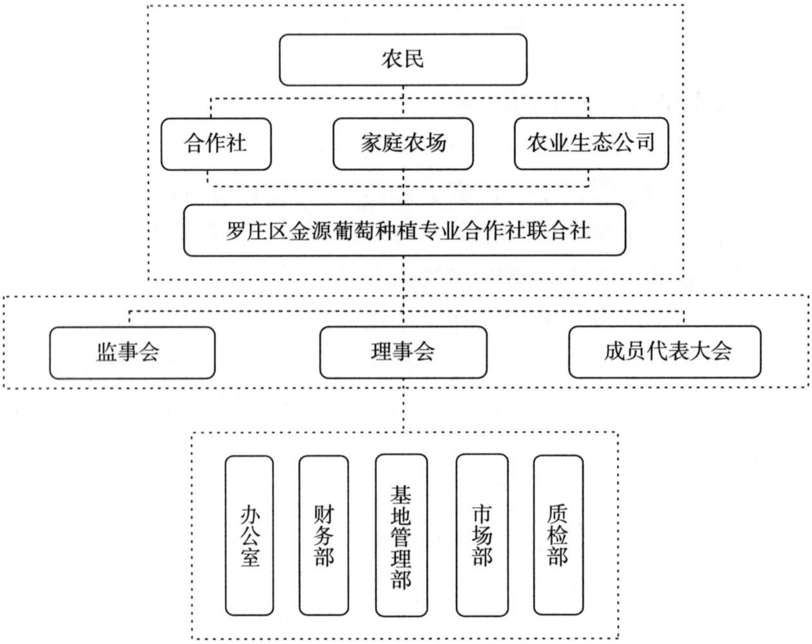

图 1　罗庄区金源葡萄种植专业合作社联合社组织架构

目前，联合社中成员社的日常经营活动仍独立进行，联合社仅仅起到集中采购生产资料、集中销售葡萄以及推广新品种和技术等作用。各个成员社的财务由成员社内部独立核算，联合社并不参与。

（二）经营机制

一是做实做强第一产业。罗庄区的数个乡镇的合作社积极依托金源联合社，采用“农户+基地+市场+加工”的发展方向和“务实、共赢”的立社理念，着力帮助社员解决生产经营中的技术、资金及销售等重点难点问题，计划建设后峰山一村一品葡萄标准化生产基地，实现统一供苗、统一供肥、统一销售的模式。

截止到 2018 年底，联合社入社规模已达到 3500 余亩，占整个罗庄区葡萄产业总面积的 65%。

二是做优做精第二产业。金源联合社围绕葡萄加工，投资 100 万元建设葡萄酒厂一座，为改善葡萄盛产而价格偏低的情况，为农民提高销售葡萄价格，提供更好的服务，进一步增强葡萄产业的辐射带动能力，拓宽葡萄产业链条，助农增产增收。

三是做大做活第三产业。金源联合社现有集采摘、加工以及农事体验为一体的休闲农家乐项目一处，目前已完成采摘大棚 10 座，餐饮 1 处，水电等配套已经完成。同时充分发挥后峰山村郊区地理位置优势，葡萄种植后，建设葡萄温室采摘大棚 20 个，占地 100 亩；规划逐步建设采摘园、家事体验园，把后峰山村打造成以葡萄为产业的葡萄大观园，带动周边休闲和乡村旅游发展。

（三）分配机制

联合社成员社的财务和日常经营是独立的，联合社并不参与。经营成本方面，目前联合社的日常事务主要由张理事长及金源合作社的理事处理，联合社不需要过多的运营成本，现在这部分成本由金源合作社承担。经营收入方面，联合社为各个成员社的社员集中采购生产资料、集中销售葡萄的利差全额直接返还给成员社和农户，联合社为成员社及其社员提供的技术服务也是免费的。因此，联合社并不存在收入来源。联合社的盈余分配机制也在进一步讨论之中。

另外，由于联合社承接了政府的扶贫专项资金，所以联合社中存在扶贫股，联合社通过对贫困户实行“帮扶葡萄种植产业+扶贫股”的帮扶机制，每年拿出 3 万元用于全村 57 户贫困户的生产支出，并安排 15 户残疾人在合作社打工，连续三年为贫困户、残疾家庭免费提供葡萄苗，并无偿进行技术指导，成功帮助 30 余户贫困户脱贫。

四、联合社的运行内容

由于联合社目前处于运营初期，主要为成员社提供统一采购、农业培训和统一销售等服务。联合社主要是用农业培训服务将成员社紧密地联系在一起，增强农民合作组织的竞争力。

（一）集中采购服务

金源联合社在统一农资供应上以集中采购为主，与拥有雄厚实力的农资公司联合建立采购平台和实体。成立联合社之前，由于各合作社规模较小，采购量较少、议价能力较低；联合社成立后，联合社通过统一购买生产资料，大大增加了对生产资料的需求，显著增强了市场议价能力。目前，联合社以低于市场 30%

的价格购买农资，并且为成员社农户提供农资运输与技术指导服务，在最大程度上降低社员生产成本的同时还保证了农资产品的质量与效果。

（二）技术培训服务

金源联合社在产中农技服务和农业培训上以金源联合社的技术员为主，通过示范基地和各项专业讲座培训班等形式为金源联合社的各家成员社做免费技术服务与培训。同时，还根据不同成员社社员的技术诉求，帮助成员社联系相关专家，为该成员社提供专门的葡萄种植技术服务。

（三）统一销售服务

金源联合社的销售主要通过传统线下渠道进行。首先，联合社通过对接专卖店、批发商等经营主体销售葡萄。由于葡萄具有容易腐烂的特性，无法实现长期储存。金源合作社通过发展订单式产品就解决了这个问题，通过联合社推进与机关、学校、企业食堂、餐饮饭店的产销对接，实现了农产品产销的无缝对接。其次，金源联合社通过直销超市销售葡萄，缩短农产品销售中间环节，减少了流通环节，降低了流通成本，大大提高了农民的收入。

五、联合社的主要成效

（一）集中销售服务为农户增收

金源联合社成立后，葡萄种植规模由金源合作社的1500亩增加到现在的3500亩。其中，葡萄高产品种种植面积由过去的300余亩增加到现在的800余亩。联合社通过与潍坊百货集团、利群集团签订统一的购销合同，普通葡萄销售价格提高大约10%，优质葡萄销售价格提高大约15%。仅销售服务一项，金源合作社为成员社的社员户均增收2.3万余元。

（二）集中采购服务为农户节本

金源联合社成立前，各家成员社往往到乡镇就近的农资经销商采购生产资料，由于合作社采购农资的批量较小，因此合作社集中采购生产资料得到的优惠也并不大。联合社成立后，金源联合社大批量统一采购生产资料，且直接向农资生产公司采购生产资料，与合作社集中采购相比下降了约20%。

（三）推广新品种取得较好效果

现在联合社推广的葡萄新品种具有棚内高架养殖占地少、好管理、效益高等优势。经过合作社三年的推广，目前联合社社员中种植新品种的比例已经达到了50%以上，并且，联合社引进了葡萄新品种使用棚架，减少亩均种植棵数，采用科学的亩种植20棵左右的新技术种植模式，减少管理成本，加大水肥，多出精品果，使亩收益增加到2万元，现已种植成功，并取得了较好的效果。

（四）通过技术培训服务扩大种植规模

联合社通过提供多种形式的科教产学研结合开展农技推广服务，围绕全区葡萄产业发展的需求，集成应用农业实用技术，解决农业生产中的难题，提升联合社的农技推广服务水平。以联合社带动基地建设，通过实验示范，从而使农业产业结构进入良性发展，辐射带动周边村庄，沂堂镇乃至全区的葡萄种植发展。目前，葡萄种植面积已经达到3500余亩，其中，优质葡萄面积达到1300余亩。优质葡萄园平均每亩为农户增收8000余元。

六、联合社的现存问题及发展建议

就金源联合社来说，虽然取得了一定的成效，但仍然存在一些问题。课题组基于金源联合社发展过程中所遇到的问题，提出相关建议，以供参考。

（一）联合社的现存问题

一是融资困难。资金匮乏的短板影响了金源合作社的长远发展。张理事长表示，由于联合社要发展壮大二三产业，资金需求量较大，但由于金融机构对联合社和合作社等经营主体不认可，贷款项目迟迟未能到位。

二是利益联结机制不够紧密。一方面，金源合作社联合社并没有与社员合作社真正形成利益共享、风险共担的共同体。另一方面，联合社仅仅与成员社建立了统购统销关系，不能将联合社和社员紧密地联系在一起，难以形成利益共同体。

（二）联合社的发展建议

一是加大对合作社融资支持力度。联合社目前在农资采购、冷库建设、配送体系车辆配置等方面存在资金困难，阻碍了其业务范围前向、后向不断延伸。因此，有关部门和金融机构应通过撬动“金融”杠杆的方式，尽快完善合作社融资的相关政策，通过项目融资、授信融资等方式切实提高联合社的融资能力。建议政府安排专项资金为联合社提供贷款贴息和担保费用补贴。有关部门尽快组织金融机构建立联合社授信体系，通过业务授信或项目授信等方式，提高联合社的融资能力。协调涉农金融机构积极研究开发针对联合社的金融产品，精简审贷流程，创新贷款模式。鼓励各级农业担保机构积极开展担保品种和模式创新，为联合社提供融资担保，并适度降低担保费用。通过多渠道金融支持促进合作社一体化发展。

二是完善多方利益联结机制。使社员、合作社、家庭农场、农业龙头企业、农产品销售公司等不同主体通过实际出资的方式加入联合社，使联合社形成优势互补、资源共享的稳定产业链条，深化纵向一体化合作。为规范联合社的运行，联合社管理部门可以建立“普通成员+主管部门”的双重利益监管机制，督促联合社实行“契约+服务+返还+分红”的利益联结机制，并完善“二次返利+股份分红+公积金账户”三次分配的利益分配机制。

案例三
山东省沂南县广汇畜禽养殖专业合作社联合社案例报告*

一、联合社的基本情况及发展历程

沂南县广汇畜禽养殖专业合作社联合社成立于2018年，在完成扩大养殖规模以及初步建设下游产业链生产之后，成为当地一家规模成型的养殖联合社。成员社分别为沂南县青山畜禽养殖专业合作社、沂南县绿地养兔专业合作社，为联合社后续开展加工业提供了原料保障。注册时由三家合作社出资，共计1600万元，成员社以实物出资为主。2013年被山东省农科院评为“肉兔繁育基地”，2014年被山东省人民政府评为“省级标准化肉兔养殖场”，2015年被山东省农业厅评为“省级先进合作社示范社”，2016年9月被评为“国家级畜禽标准化示范场”。2016年11月，沂南县家园兔业合作社与山东省特种经济动物产业创新团队签订了兔养殖技术研究示范推广基地及临沂科技扶贫服务中心合作协议。在这一年里，家园兔业合作社积极响应政府号召，主动参与脱贫攻坚，取得了显著成效，先后被省妇联授予“巾帼现代农业示范基地合作社”，被省残联授予“山东省残疾人就业扶贫优秀基地”。

联合社是由沂南县家园兔业养殖专业合作社牵头发起的，主要经历了三个发展阶段：合作社初步探索时期（2012~2014年），“合作社+公司+贫困户”快速发展时期（2015~2017年），联合社带动、不断完善产业链时期（2018年至今）。

（一）合作社初步探索时期（2012~2014年）

2012年正值我国食品安全出现问题的多发期，沂南家园兔业养殖专业合作社也正是在这一背景下成立的，初步的设想是希望完善健康产业链，做国民相信的健康产品。在借鉴学习西方国家保障食品安全的做法后，如欧盟生产质量体

---

* 执笔人：何妮。

系、日本食品质量体系，理事长李在伟积极促成与亚洲最大的种兔育种繁育中心——青岛康大集团合作。同时看到健康食品这一未来发展趋势，李在伟开始计划在家乡推广“低脂低油低盐”健康兔肉产品，但受制于当时消费观念和口味的影响，饮食健康观念还没有被大众重视，因此这一产品在市场并不受欢迎。

在初试失败后，合作社计划从源头做起，以 600 元/只的价格引入伊拉兔，达到一定养殖规模后再推广健康肉类产品。合作社注册资金 300 万元，核心成员 65 户，带动养殖户 500 余户，流转 55 亩土地，投入 160 多万元建成了一所标准化种兔繁育场，开始了专业化养殖，第一批 7000 只商品兔顺利出栏即获利 10 万余元。2013 年开始建立养殖场，下半年成功注册“康大家园”食品商标。

（二）“合作社+公司+贫困户”快速发展时期（2015～2017 年）

2015 年 4 月，合作社申请到山东省特色畜牧业专项资金 280 万元，将兔棚全部按照标准化养殖场区重新规划建设。标准化养殖车间投入运营后，大大降低了养殖成本，也减轻了工人的劳动强度，提高了工作效率。伴随着 2016 年精准扶贫大幕的拉开，理事长李在伟看到了以养殖方式促进肉兔产业发展，带动当地整个养殖产业转型升级的希望。他主动与驻村第一书记对接，联合县农广校、畜牧局，到村举办培训班，号召贫困户参与肉兔养殖，介绍品种优势、养殖技术及经济效益。贫困户逐渐熟练养兔技术，扩大养殖规模后，不仅摘了“贫困户”的帽子，而且走上了致富道路。贫困户逐渐发展成为养殖户，再成为合作核心户，与合作社的关系越来越紧密。

这一过程加快了合作社的发展步伐，实现了其“先扩大种植规模，再做下游品牌”的设想，在政府和政策的帮助下，合作社原本计划在五年内完成的任务，提前两年顺利完成。在取得了一定的社会效益后，合作社也不断受到沂南县委领导的考察与关注，临沂市畜牧局也将其定位为市级精准扶贫育种基地，省畜牧局也为其颁发种畜禽生产经营许可证。

（三）联合社带动、不断完善产业链时期（2018 年至今）

在养殖达到规模后，合作社没有忘记“做健康产业”的初衷，伴随着国内大众的饮食观念与健康理念发生变化，对健康肉品的需求也不断增强，合作社开始尝试做下游产业，注册并通过了几类食品类商标及认证，如“康大家园”食品类深加工商标、“无公害农产品”认证、“沂蒙康大”无抗生产养殖饲料商标，逐渐成为县域内规模最大，发展较为成熟的养兔合作社。在县领导的建议及帮助下，合作社与当时县里真正运营的其他养兔合作社联合起来，筹划成立了广汇畜禽养殖专业合作社联合社。

成员社的出现保障了稳定的原料供给，因此联合社计划新上肉兔饲料和屠宰加工项目。在饲料生产上，计划建设一条年产5万吨饲料生产线，生产优质无抗饲料，从源头解决兔肉产品的抗生素安全问题；在屠宰加工上，计划建设日加工量1万只的肉兔屠宰生产线，实现商品兔就地屠宰加工。至此，打造了从饲料生产，到养殖、技术、回收，再到深加工的整个产业链条。

二、联合社的成立动因

联合社的成立有两个重要动因：一是完善产业链的需要、保障后续原料上的供应。突破了单个合作社的经营水平，联合社掌握了优良的种兔源和成熟的种植技术，具备了基础条件。下一步亟须扩大规模，从单纯销售生肉业务转变为加工等多项业务，提升经济附加值。二是政府的推力作用，是其成功建立的重要因素。合作社的发展一直受到县政府和领导的关注，经常给予其建议和帮助。作为县域内发展较为成功的养兔合作社，联合社的成立可以帮助县内其他养殖合作社发展，发挥其模范带动作用，从而带动当地养殖产业的转型升级，促进当地养殖经济发展。

三、联合社的机制分析

本部分主要从联合社的内部管理、经营状况、盈余分配、提供的服务方面进行机制分析。

（一）联合社的内部管理

在管理方面，联合社充分发挥方便沟通和及时联系的优势，搭建信息传递的平台，可以迅速解决技术问题和其他特殊情况，避免了单个合作社或者养殖户闭门造车、单打独斗的情况。在选择管理人员方面，联合社在每个村的养殖户中选择一些喜欢钻研技术、爱学习、接纳新事物能力强且有责任心的年轻人，作为理事长和带头人，帮助其成立合作社，将人工授精技术、喂养流程、防疫计划等教给他们，再由他们来具体管理本村，这样不仅储备了新的人才资源，更为重要的是，节省了联合社对接养殖户的管理环节，加快了新技术的推广，实现更精细化管理。同时在这些管理人员中，又可以形成良性竞争，通过一些奖励措施、表彰活动，有助于联合社整体出栏量的增加。

联合社改变了过去单个合作社分散养殖的模式，尽管内部是以养殖户分散养殖的形式展开的，但联合社发挥了总体统筹、组织各个环节的作用，统一了各村的配种时间和出栏时间，以此来完成整批次的生产，使其构成足够的规模量，利于在市场上占有更多话语权，由此形成了“分散式经营和集约化管理”模式。根据实际情况及个人能力，养殖户既可以选择成立合作社，建设标准化养殖基地实施规模化养殖，也可以采取“合作社+农户”共养的方式，由合作社按照统一管理，自己在家庭内部分散养殖，发展家庭式个体养殖，实现养殖增收。

（二）联合社的经营状况

受非洲猪瘟的影响以及人们对健康食品的需求不断增加，兔肉的市场价格较高，在15元/斤左右，比当时合作社初步成立时的市场价（4.5元/斤）至少翻了两番。目前养出的成年兔，一部分和青岛康大公司合作，由它们加工出口，还有一部分销售运输到重庆、四川等地，平均售价为12元/斤。养殖成本在5元/斤左右，利润空间目前来看仍较好。2018年联合社形成共出栏兔7万只，商品兔16万只，实现销售收入1600万元。

（三）联合社的盈余分配

关于联合社的分红，主要是饲料的销售提成，给理事长提供一定的返利。2019年底计划改变这一方式，除了饲料总量之外，也考察其管理的出栏量，暂时定为1元/只。这种绩效方式是为了在联合社内部形成竞争，带动生产积极性。此外，联合社中每年计划预存5%的收入，用于帮助特殊情况下疫情严重受损的养殖户，给予其启动资金购买种兔。

（四）联合社提供的服务

成员社在加入联合社后，联合社为其提供种兔培育、免费技术培训、保底回收的“一条龙”服务。种兔供应方面，联合社对扶贫户给予让利扶持，种兔由原来的120元/只优惠下调至60元/只，从而减轻了贫困户的经济压力。技术培训方面，联合社成立两年内累计举办各种培训班20余次，参加人员500多人次，将养殖技术真正教给村民，为扩大规模及保证其原料供应打好了基础。保底回收方面，联合社积极联系销售客商，与国内较大的客户签订上门收购合同，保底收购商品兔，为养殖户解决了后顾之忧。

此外，联合社还先后在铜井镇灵山村、湖头镇辛家官庄等地，发展了分散型养殖集约化管理模式的养殖基地；在张庄镇四山子村和赵家洼村，帮助村民规划建设了小型的标准化养殖棚。

四、联合社的运行内容

主要从联合社“贫困户+公司+联合社”产业化发展模式、短期的发展项目介绍及其预期效益来展开。

（一）形成了“贫困户+公司+联合社”产业化发展模式

为认真做好扶贫这篇大文章，联合社最初确定了“要不计成本、不计得失、不讲条件、不打折扣地完成党和各级政府交给的扶贫攻坚任务，主动与政府对接领取扶贫攻坚任务”的工作目标。肉兔养殖作为一项投资少、见效快的项目，出栏时间为65天，可以较快改变贫困户的经济现状。在当时7.5元/斤的毛兔市场价下，一户贫困户以15元/只的种兔价格，购入20只母兔，一年可以产生11000~12000元的经济收入，极大地改善了当地贫困户的生活状况。

具体做法有：在当地畜牧局带领下联合社在附近乡镇开展贫困帮扶，先后帮助铜井镇灵山村成立了灵山村日兴兔业养殖合作社，为全村贫困户免费安装兔笼，免费提供种兔，仅用半年多的时间让28户贫困户顺利脱贫；联合社与县残联积极对接，让广大残疾人方便地行动起来，派出技术员手把手地教，一对一地帮；对那些不能动也不能干的残疾人，联合社还制定了以扶贫资金代养分红的方式，将政府的种兔由联合社的养殖场代养，年底贫困残疾人参与利润分配，保底分红，实现增收脱贫；联合社还与县妇联对接，针对农村家庭妇女开展养殖培训，推出了庭院养殖模式，技术员上门服务，给广大的农村妇女找到了居家创业的好门路，大大激发了居家妇女创业的激情和干劲。

在贫困户当中，形成一系列养殖户，实行“合作社+社员养殖户”的集约化发展模式，帮助肉兔养殖户发展标准化养殖小区。合作社为社员提供从兔舍设计、供料、养殖、防疫、技术服务、保护价回收等“一条龙”服务，并定期专门对养殖户进行技术培训，统一人工授精，统一出栏、销售，形成了“分散式经营和集约化管理”的养殖模式。

联合社成立后，在技术培训等服务方面不断改进，取得了显著的扶贫效果，产量不断增加。依托临沂康大家园食品有限公司与青岛康大集团合作投资年加工300万只肉兔食品深加工项目，对于发展现代农业产业化经营，带动当地及周边农户实现规模化肉兔养殖，实施精准扶贫增加农民收入，创建“绿色食安沂南”将发挥积极的推动作用。

在整个发展过程中，联合社依托企业，带动合作社和养殖户两大主体，实现了产业化道路（见图1）。具体而言，联合社在参与扶贫项目中，主动承接扶贫任务，积极开展技术培训，通过具体合作社理事长形成集约化管理，为其提供技术指导和统筹规划，培育一批养殖户。产量增加以后，保证了原料的供给稳定，公司不断完善产业链，从以提供饲料为主发展为加工业，通过制定生产计划和标准保证质量安全，不断开发后端品牌产品增加附加值，最后统一销售。同时这一阶段养殖户也成长为企业的核心户，也保证其收入的增加，以此形成一个紧密的合作，产业化程度不断提升，实现了各主体的互赢互惠。

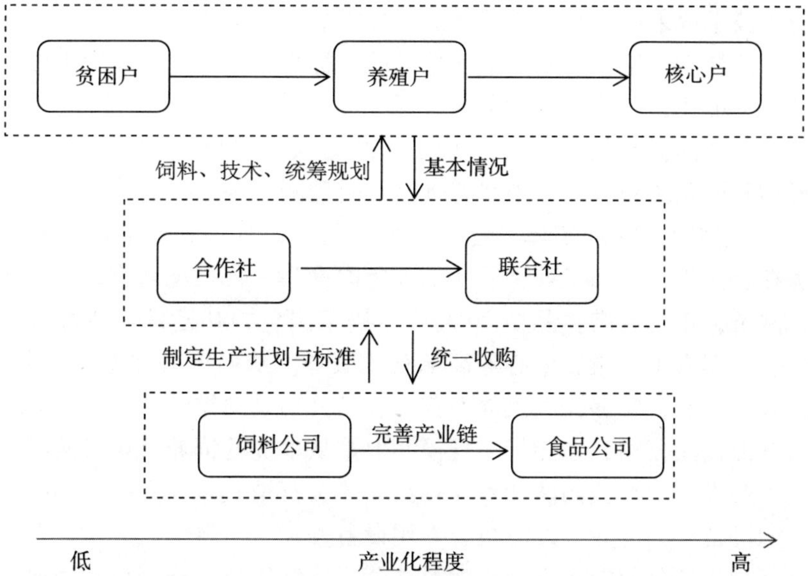

图1　产业化发展模式

目前，联合社先后扶持铜井镇的灵山村和湖头镇的辛家官庄村、赵家洼村等243户贫困群众。贫困养殖户按要求养殖，一年养殖纯收入可达1.4万元以上，两年内贫困养殖户完全脱贫摘帽。

（二）联合社的短期发展计划

兔产业是我国绿色畜牧、节粮型畜牧代表产业，兔肉也是老少咸宜的“保健肉”，我国年出栏肉兔5亿只以上，市场规模巨大且远未饱和。沂南县具备得天独厚的养殖环境和良好的养殖基础，加上受非洲猪瘟影响，以及人民对健康食品需求的不断增加，当前是快速推进肉兔产业发展，促进农民增收的大好时机。

1. 计划开展项目介绍

（1）建立优秀肉兔品种和配套系良种推广。与青岛康大、山东省特种经济动物创新团队等开展优秀兔种合作研究，开展肉兔性能评估指标研究，如繁育性能、料肉比、肉蛋白质含量、养殖效益评估等，基于上述研究成果，公司和合作社选育最适合在沂南地区养殖的高效肉兔，充分抓住“乡村振兴”“精准扶贫”等产业政策优势，争取资金，并优先在贫困村进行选育肉兔良种的推广。

（2）建立肉兔饲养标准和智慧化养殖模式。对公司前期积累的大量绿色高效的养殖方法和技术进行提取和成果转化，包括：①同期发情、同期配种、同期分娩、同期出栏的四同期繁育模式与繁育技术，如催情技术、人工授精技术。

②疫病防控技术成果，防止出现群体流行性疫病，如兔瘟、球虫病等高效无污染的消毒、杀菌技术。这些技术目前还缺乏统一标准和智慧化的监测手段，下一步将这些技术标准化，并建立智慧养殖体系，如智能通风、智能温控、自动除湿、怀孕监测等，全面提升规模化养殖水平，并为农户提供“傻瓜式”养殖技术，同时通过物联网系统对农户养殖状态进行实时监测。

（3）肉兔回收与深加工体系建立。公司与合作社、农户签订收购合同，回收的肉兔在公司进行深加工处理后，形成兔肉食品，公司规划建设兔肉熟食深加工生产线两条，年产兔肉食品 2000 吨，年屠宰肉兔 300 万只。销售市场面向铁路、航空、高端人士、康养中心等高端餐饮服务。从而形成完整的肉兔产业链，切实保障农民利益，能够让农民放心养。食品公司是支撑整个大产业体系的生命线，唯有掌控食品公司，才能扩大规模。但是从单纯的饲养公司过渡到食品公司的建立，需要强大的科技团队和专业食品人才、营销人才的支撑。同时食品公司需要大量的设备，如冷库、发电机、专用设备等。

一是生物科技公司的建立。生物科技公司承载体系的利润点，主要可以通过兔血清、兔精子库以及兔的其他可入药部位，进入生物科技领域，相比于传统行业，生物科技有着更显著的利润。但是要充分估计到生物科技公司的资金投入和人才储备。随着当前中国保健、制药行业的快速发展，必然在原料方法有着非常大的需求，所以对市场前景无须怀疑。目前需详细考察该行业的主要客户、产品形态，以及如何提供客户需要的产品。从市场、人才、资金三方面做好产业链的基础布局。

二是其他边缘产业的建立。兔的养殖规模增加后，必然导致兔粪增加，成为质量较高的有机肥，因此可以进行有机肥的生产、加工，可根据具体政策实施。食品公司部署后，便有了兔皮，兔皮在服装领域也有较高的市场价值，可建立兔皮生产加工厂。

2. 预期效益分析

一是经济效益。康大家园将建设标准化屠宰中心与兔肉深加工中心，融合“互联网+”，建立产品追溯体系，并全面推进肉兔高产改良选育成果及绿色高效养殖技术成果转化与推广。2019 年底种母兔扩容到 1 万只，达到年出栏商品兔 50 万只的饲养规模，带动农户贫困户 50 户以上，实现营业收入 1000 万元以上。在此基础上，2020 年扩大养殖规模，实现种母兔扩容到 3 万只规模，基地达到年出栏商品兔 100 万只规模，带动新增农户 50 户以上，实现种兔、商品兔、兔肉食品综合营业收入 2500 万元以上。2021 年 6 月前，实现 150 万只商品兔出栏与加工规模，使“康大家园”食品商标成为地区知名品牌，真正实现集研究、养殖、深加工、销售于一体的“食品公司+合作社+农户”模式，带动新增农户不少于50户。此外，在社会效益和生态效益方面亦大有裨益。

二是社会效益。①推广肉兔精准养殖与标准化生产关键技术，大大改善肉兔品质，提高肉兔产量，进而提高沂南肉兔在全国的竞争力，为广大沂南农民提供优良的肉兔品种以及更加科学、方便、节省劳动力的饲养方式，从而帮助他们增产增收、脱贫致富，形成稳定的养殖技术后，又可为脱贫后带来稳定的收入。项目的实施可极大地提高农户的经济效益，并带动周边老百姓共同致富。②实现沂南畜牧产业的转型升级。利用当地丰富的农作物秸秆资源，发展食草节粮型高效畜牧业，对加快畜牧产业结构调整，促进畜禽养殖污染治理，缓解养殖环境生态危机，促进畜牧业经济的绿色、可持续发展具有重要意义。③促进沂南县果蔬产业发展。沂南县是种植大县，相比于其他动物，兔粪具有更高的微量元素，是果蔬的最佳有机肥。项目推广后，可提高沂南县的果蔬质量和竞争力，从而带动果农、菜农的发展。

五、联合社的重要举措

（一）积极参与国家精准政策，搭乘政策快车

联合社的迅速发展离不开精准扶贫政策的推动，两者关系紧密、相辅相成。联合社主动开展扶贫工作，一方面加速了其“先扩大规模，再发展品牌”的计划，另一方面又加强了自身的社会影响力，获得更多政府和社会的关注。在管理中，联合社又以“分散式经营和集约化管理”的模式，统一其喂养流程、防疫计划等，保证了贫困户养殖肉兔的技术，使他们迅速成长为一批养殖户，最后成为其产业链发展中提供原材料的重要合作户。

（二）重视生态环保的循环模式养殖

在家园兔业养殖基地，粪便清理过程采用机械化自动清理方式，以生态环保的处理过程实现资源循环利用。通过自动化处理，农户不仅可以得到生态农家肥，还能获得液态肥。在农家肥获取方面，利用雨污分流技术能够提取出可供蔬菜种植户直接使用的干兔粪农家肥。在液态肥获取方面，剩余兔粪以及尿液在沉淀并经历沼气池发酵后，其产生的沼液经稀释后则可供农作物作液态肥使用。因此，合作社养殖过程中产生的大量兔粪，也能产生高综合效益，同步提升经济效益与生态效益。

（三）重视科技和人才的力量

2016年11月，沂南县家园兔业养殖专业合作社与山东省特种经济动物产业创新团队签订了“兔养殖技术研究示范推广基地”。已开展了大量肉兔良种的基

因优化提纯、新品系选育工作，面向省内外进行技术培训和指导，推广新技术，发展新品种，解决兔业养殖中存在的技术难题，并将科研成果就地转化与应用，提高养殖效益。2018 年，康大家园与临沂大学签订了产学研合作协议，组建了一支由教授为主，在校大学生参与的技术团队，全面覆盖肉兔育种、肉兔营养、饲料生产、疾病防控、兔产品加工五个方向，形成了有关育种、营养、饲料、疾病和加工技术等方向的大量研究成果。

在一系列增强科技水平的举措推动下，达到了如下效果：一是为养殖户解决养殖技术难题，推广新技术，做到养殖全程技术监控，确保生产出可溯源的无公害肉兔产品，增加养殖效益；二是吸纳人才加入服务团队，通过理论与实践的结合，迸发出更多新的思路与想法。同时，联合社也重视对贫困户及养殖户的培训，两年内累计举办各种培训班 20 余次，参加人员 500 多人次，将养殖技术真正教给村民，为扩大规模及保证其原料供应奠定了基础。

六、联合社的现存困难

（一）缺少实体支持

实体店面对于养殖和肉类加工企业来说是一个重要的销售路径。如何让消费者喜好并积累消费忠诚度，这也涉及品牌的树立以及广告宣传等。当前广汇联合社销售直接运往全国各地加工厂，虽然未来走向是不断完善产业链，而在本区域乃至全国，仍然是缺少相对接的超市、餐饮店等实体支持，尚未充分发挥本地消费市场的作用。兔肉价格受相较于其他肉制品相对价格较高以及消费文化不同等因素影响，当前消费潜力仍未得到充分发挥。如何迎合消费者的需求和偏好，打通实体销售，是接下来需要面对的重要问题。

（二）融资困难

资金是影响联合社运营的一大决定因素。除了在合作社成立早期即 2015 年，通过申请山东省特色畜牧业专项资金 280 万元完成标准化兔棚建设，在后续发展中基本是依靠个人筹资。尽管当前整体盈利状况较好，但在其后续发展计划中，不断完善产业链，建立兔肉加工厂、食品公司、科技公司等仍然面临巨大的资金缺口，目前联合社也在积极筹备中，寻求政府以及社会资本的帮助。

（三）联合社缺少造血功能

如何让联合社充分发挥作用并保持生命力，关键在于造血功能。目前联合社仍处于发展初期，如何让合作社、企业在联合社的框架内发挥好作用，以及如何吸引高端人才进入，提高创新能力，拓展发展空间等，是影响联合社造血功能的重要因素。许多联合社在发展中逐步成为“空壳社”，缺少造血功能将被市场淘汰，如何合理引入企业，协调与服务于成员社，使其真正走向产业化发展道路，是接下来需要不断探索的难点和问题。

七、政策建议

随着人们对健康饮食的关注，兔肉需求将不断扩大，未来，在家园兔业形成产业规模和批量生产能力后，将主要对接大型厂矿、铁路、航空以及大专院校等部门的餐饮服务机构，尽快把“康大家园”兔肉食品推向终端市场；同时，瞄准中高端消费市场，开发兔肉高档休闲食品，倡导健康饮食文化，打造“康大家园”绿色健康食品品牌，努力实现做大肉兔产业的总体目标。

（一）结合本地资源条件创新特色种养技术，激活自我发展潜力

目前，全球“人畜争粮”现象日益严重，而肉兔养殖作为食草型畜牧养殖项目日益受到国家的高度重视，发展草食动物养殖已被写入国家一号文件。目前，公司的伊拉肉兔，国内市场需求正呈快速上涨的趋势，尤其在南方市场如四川、重庆一带，供不应求，这一消费势头逐渐向北方蔓延。从国外市场来看，世界兔肉的消费依赖于中国。因此，养殖肉兔经济效益非常可观，而且是一个投资少、周期短、风险小、见效快的环保型养殖项目。伊拉兔种既符合本地资源条件，又有良好的市场销路，值得向广大农村群众推广。

（二）推进农业科技的集成化应用，加大农业产业链

目前，所在创新团队结合沂南县养殖业发展实际，提出了鸭棚改兔棚的技术方案，把沂南县在畜禽养殖加工污染整治中关停的鸭棚重新利用起来，通过发展健康、绿色的兔业养殖，既为养殖户找到了新的出路，也能解决肉鸭养殖带来的环境污染问题，推动沂南县养殖业的转型升级。家园兔业在多年的生产实践中，积极参与农业科技创新和集成，推广高产、高值、高效的动植物品种，建立了一整套养殖新模式，形成联动式兔舍建设和肉兔集约化养殖配套技术规程，值得示范普及。

（三）推广环保养殖技术，切实解决养殖业的技术难题

环保是养殖过程中的技术难点，也是目前很多养殖企业和养殖户发展的瓶颈问题。公司养殖基地的粪便清理是机械化自动清理，并配套建设了350立方米的沼气池，实施雨污分流。清理出的干兔粪直接装袋供应给蔬菜种植户，这是优质的农家肥。另外，兔尿和剩余兔粪经过沉淀后，进入沼气池发酵，产生的沼气用于养殖场员工烧火做饭。沼液是优质的液态肥，兑水稀释后可直接浇灌蔬菜、果树、粮食等农作物，能有效提高作物抗病能力，增加产量。合作社在养殖过程中统计，每投放1吨兔饲料，会产生1.3立方米左右的兔粪，产生综合效益150元

左右。这种循环利用的生产模式，不仅节约养殖成本，创造一定的经济价值，还彻底解决了养殖环境污染问题，值得大力推广。

（四）提升联合社服务水平，发挥组织作用

关于联合社今后的发展，重点将主要从服务展开，不管是技术上的服务，还是设备上的服务，这都是关乎今后联合社生命力和凝聚力的关键所在，一方面联合社不断提升自身实力，发挥其组织作用，另一方面不断完善联合社内部的管理机制，让成员社和养殖户真正享受联合社提供的服务。

案例四
山东省临朐县盛世果蔬专业合作社联合社案例报告*

一、联合社的基本情况

临朐县盛世果蔬专业合作社联合社（以下简称盛世联合社）位于山东省潍坊市临朐县五井镇嵩山社区嵩山村。联合社实际经营开始于 2010 年 12 月，由当地五家果蔬合作社发起成立。2011 年 9 月，联合社在潍坊市临朐县工商分局注册成立。成员社的社员以资金入股的方式加入联合社，截止到 2018 年底，联合社共吸纳农户 1700 余户。目前，联合社共有成员社 11 家，11 家成员社全部实际出资。联合社主要经营业务为组织采购、供应所需的生产资料；组织收购、销售成员种植的果蔬；开展成员所需的贮藏、包装服务以及与果蔬生产经营相关的技术和信息咨询服务等。联合社成立以来取得了较好的经营效果，多次被评为临朐县农民专业合作社联合会副会长单位。联合社为市场提供的农副产品也受到了消费者的欢迎，多次被临朐县消费者协会誉为“我最喜爱的临朐特色名品”“全国精品果蔬十大桃类品牌之一”等。

临朐县盛世果蔬专业合作社（以下简称盛世合作社）为盛世联合社的核心成员社。盛世合作社成立于 2007 年 11 月 19 日，位于临朐县五井镇暖水河，理事长为聂孝世。理事长在访谈中表示，他本人从 1993 年开始经营果蔬行业，已经经营了近 30 年，对果蔬行业有着深厚的经验。合作社的经营范围包括合作社成员内部信用互助业务；组织采购、供应成员所需的生产资料；组织收购、销售

---

* 执笔人：魏广成。

成员生产的果蔬产品；开展成员所需的贮藏、包装服务；引进新技术、新品种；开展与果蔬生产经营有关的技术培训、技术交流和咨询服务；果树苗木繁育与销售。合作社成立十余年来，总结出了以下一些值得借鉴的合作社发展经验：

一是推进合作社标准化经营。盛世果蔬合作社大力推行合作社内部管理规范化、农业生产标准化、产品销售品牌化的运行模式，促使合作社管理向正规化方向发展，在原有各项规章制度、农业标准化生产管理制度、农业标准化农产品销售管理制度基础上，修订了产品质量安全责任书和产品质量可追溯制度，完善了农产品销售管理、货款回收制度，全面指导、约束和规范合作社各项工作，全面贯穿于系统经济活动中。

二是积极探索新形势下的农业化进程。2010 年，合作社把新型土地流转制度作为促进合作社发展、带动社员增收的重要大事来抓，彰显了带动效益。经过充分磋商，合作社与淄川山桥村、五井镇淹子岭、音窝、南黄谷、小黄谷、北黄谷等 120 户农民达成共识，将 1200 余亩地交由合作社进行绿色食品基地试验示范和开发。

三是加大培训力度，走科技创新之路。2010 年底，利用空闲时间，合作社理事会、监事会、财务人员、销售人员、农民技术员一行 12 人，在中国农业大学参加了由中国农业技术推广协会主办，中国农业技术推广协会物化技术服务委员会、中国农业大学 MBA 教育中心承办的“第五届中国农业与现代营销高层论坛”的系统培训。同时，对合作社社员在生产过程中取得的好经验、好技术的总结形成书面材料广泛交流和推广。2010 年共举办 100 人以上的大型培训会议六次，全面受训人数达 3000 余人次，发放培训材料、明白纸、生产标准、技术规程 7000 余份，集中测土配方 100 余例，推广测土配肥会议八次，修改试验测土配肥方案 160 余例，掌握了重要的试验数据。

四是积极构建农产品质量安全体系。2010 年，通过市农业局确立了农产品质量安全示范园区建设主体，在通过农业标准化基地验收认证情况下，对辖区农产品生产体系做了重大改动和提升，对生产环节中农业生产资料投入品重新进行了试验。

同时，合作社销售业绩不断增长，销售收入从 2009 年的 1000 万元提高到 2018 年的 1800 万元，合作社社员盈余返利从 2009 年的不足 3 万元提高到 2018 年的 38 万元，实现了质的飞跃。2010 年合作社被评为 2010 年度临朐县农民专业合作社示范社和潍坊市农民专业合作社示范社。

二、联合社的成立动因

盛世合作社是盛世联合社的发起单位。盛世合作社对外销售猕猴桃、蜜桃、佛手瓜等农副产品时，发现仅以合作社的实力在生产、技术、规模、质量、销售、物流等领域都存在着劣势。因此，盛世果蔬专业合作社理事长聂孝世决定发起成立联合社，进一步壮大合作社的实力。在实践中由于以下因素的存在，促使各家果蔬专业合作社走上了联合发展之路：

一是抱团扩展业务。联合社理事长在访谈中表示，计划成立联合社时，11家成员社中规模较大的合作社仅临朐县盛世果蔬合作社和临朐县海波果蔬专业合作社两家，两家合作社的社员数量分别为300余户和200余户。其余九家成员社中规模较大的合作社仅包含社员农户80余户，规模较小的则仅包含40余户。由于合作社普遍较小，而且没有专业人员从事销售、技术、物流、财务等具体工作，使合作社出现了小而空的特征。自然使合作社在销售流通等领域存在着诸多困难。

二是各家合作社优势各异。理事长从比较优势的角度出发，吸引在技术、销售、生产、物流等方面有优势的合作社加入成员社，通过成员社的分工实现联合社的统一经营。2016~2018年，联合社出省发展业务，到包头、丹东、长春、呼和浩特等地建立销售网点销售联合社农副产品，极大地拓展了联合社的销路。

三是保证农资和农产品质量。聂理事长在访谈中表示，目前广大农村地区销售的农资产品存在着较多假冒伪劣产品，残次农资产品对农产品的质量产生了极大的危害。但是，身处广大农村地区的小农户往往只能到农村地区的小型经销网点购买农资。因此，小农户购买农资的风险较高，容易买到假冒伪劣的农资产品。但合作社进行统一采购时，由于采购量较小，其与农资公司进行交易时往往处于弱势的地位。因此，合作社组建成为联合社被提上了日程。

四是合作社缺乏技术支撑。目前，广大农村地区所生产的果蔬类农副产品一般不具有质量认证。就合作社来说，取得绿色食品和有机食品认证的合作社也非常少。出现这种现象的根本原因在于合作社的实力较小，没有强大的资金和技术实力来为农副产品质量提供技术支持。而合作社在提供技术支持、创建品牌等方面不具明显优势。因此，盛世果蔬合作社提出建立专业合作社联合社，将众多合作社形成一个联合社，走规模经营之路。

三、联合社的运行机制

（一）组织结构

联合社的主要组织结构有成员代表大会、理事会与监事会。

盛世联合社的最高权力机构为成员代表大会。理事会和监事会成员由成员大会选举产生。联合社设理事会5人，其中设理事长1人、理事4人。理事会下设五个部门，分别为生产部、销售部、物资部、财务部和运输部，各部门分工明确，责任到人。监事会 5 人，设监事长 1 人、监事 4 人。盛世联合社的组织架构如图 1 所示。

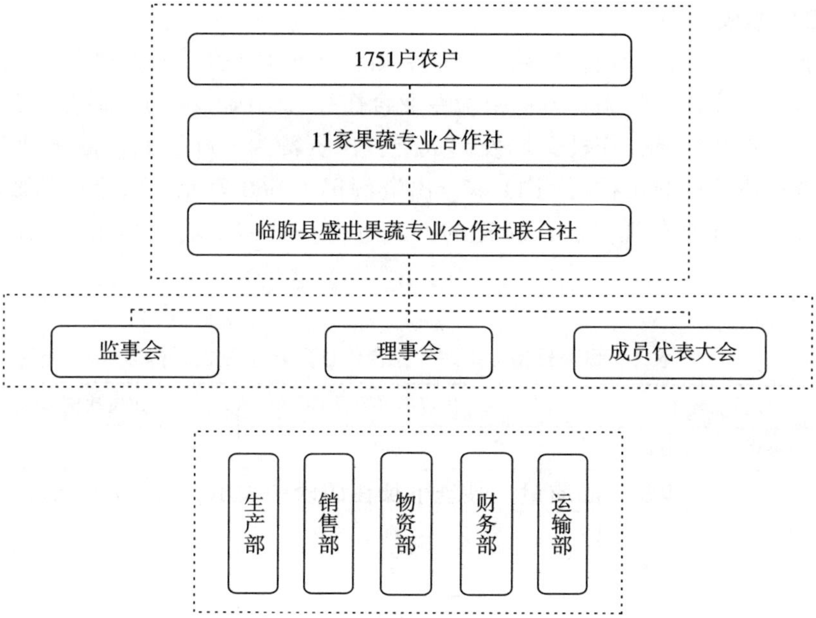

图 1　临朐县盛世果蔬专业合作社联合社组织架构

（二）治理结构

联合社采取典型的三会治理模式，成员代表大会、理事会和监事会各司其职，共同治理联合社。成员代表大会是联合社的最高权力机构。在临朐县内从事猕猴桃、蜜桃和佛手瓜种植业务的联合社都可以申请加入联合社，入社的社员组成全体成员代表大会。但联合社的理事长表示，由于 11 家成员社中部分加入联合社的成员社并未实际出资，为了照顾和考虑实际出资成员社的切身利益，联合社以股东代表大会为联合社最高决策机构。成员单位股东代表大会行使如下职权：①审议、修改联合社章程和各项规章制度；②选举和罢免理事长、常务理事、理事，监事长、监事会成员；③审议理事会工作报告和财务报告；④制定和修改经营方略和发展计划；⑤决定终止事宜；⑥决定其他重大事宜。

理事会是成员单位股东代表大会的执行机构，在成员大会闭会期间领导联合社开展日常工作，对成员单位股东代表大会负责，负责处理联合社的各项经济事务。理事会暂定三年换届。

监事会代表全体成员单位和股东监督检查理事会和工作人员的工作，监督理事会成员合理合规运行机制。监事会代表全体成员单位和股东监督检查理事会和工作人员的工作，任期三年，可连选连任。

（三）股权结构

临朐县盛世果蔬专业合作社联合社由临朐县盛世果蔬专业合作社、临朐县海波果蔬专业合作社、临朐县万星果蔬专业合作社、临朐县荣力果蔬专业合作社和临朐县富虹果蔬专业合作社共同发起成立，出资额为 660 万元。截止到 2018 年底，联合社成员社数量扩展到 11 家，出资额仍为 660 万元。联合社新成员的入股主要以联合社原有社员股权转让的方式进行。具体出资额与出资比例如表 1 所示。

表 1　临朐县盛世果蔬专业合作社联合社股权结构

成员社名称	出资额（万元）	出资比例（%）
临朐县盛世果蔬专业合作社	140	21.21
临朐县荣力果蔬专业合作社	60	9.09
临朐县心林果蔬专业合作社	60	9.09
临朐县富虹果蔬专业合作社	50	7.58
临朐县海波果蔬专业合作社	50	7.58
临朐县新豪果蔬专业合作社	50	7.58
临朐县嵩泉果蔬专业合作社	50	7.58
临朐县仁胜果蔬专业合作社	50	7.58
临朐县鹏达果蔬专业合作社	50	7.58
临朐县花谷果蔬专业合作社	50	7.58
临朐县光忠果蔬专业合作社	50	7.58

（四）业务范围

联合社经营以下业务：为成员单位提供农副产品集中销售服务；组织成员单位采购、供应农资生产资料；自主或依托合作社种植猕猴桃、蜜桃、佛手瓜等农副产品。同等条件下优先采购成员社的农副产品，对成员社秉承优质优价的原则；为成员社和广大农户提供农副产品初加工服务；为成员社和广大农户提供农副产品冷链运输；为成员社和广大农户提供农副产品冷藏；引进推广新技术、新品种，组织技术培训交流，提供信息咨询服务；建立行业自律机制，规范行业自我管理行为，促进平等竞争；维护行业整体利益。反映成员单位的愿望和要求，维护成员单位和股东的合法权益；制定标准。参与制定、修订行业种植标准，并组织宣传贯彻实施，开展行业检查、监督管理工作；组织质量监督和价格协调，维护行业平等竞争；按行业工作需要，收集、整理行业统计资料，建立基本情况档案，为联合社的生产、经营决策服务；申报相关农业项目，开拓投融资渠道，签订业务合同，制定发展规划；常务理事会批准的其他合法经营事项。

（五）经营状况

盛世联合社主要以提供农产品销售服务为主，联合社通过多种渠道销售农产品，主要有经销商采购、超市订单、电商销售等方式。从价格上来看，超市订单销售的价格平均高于经销商采购价格的20%左右，电商销售的价格平均高于经销商采购价格的30%左右。从质量上来看，超市订单销售和电商销售农副产品的质量要高于经销商采购农副产品的质量。从产品类别上来看，猕猴桃年平均市场批发价格为3.8元/斤，通过联合社统一销售的平均价格为4.1元/斤。蜜桃年平均市场批发价格为1.5元/斤，通过联合社销售的平均价格为1.8元/斤。佛手瓜年平均市场批发价格为1.2元/斤，通过联合社销售的平均价格为1.4元/斤。

联合社2018年全年销售农副产品销售额共计3000万余元，为全体社员增收120万余元，集中销售取得了较好的效果。

（六）盈余分配与盈利状况

联合社虽然成立于2016年，但实际运营是从2018年开始的。联合社的聂理事长在访谈中表示，联合社成立后，各家成员社对联合社的经营模式和盈余分配模式始终没有达成共识。因此，联合社在2016年和2017年并未开展实际的联合生产经营。2017年底，各家成员社通过协商同意开展联合经营，但每家合作社的财务是独立核算的。因此，联合社并没有实际性的收入，联合社2018年末也并没有进行分红。

聂理事长还表示，联合社的盈余分配机制也在筹备之中。目前，联合社的盈余分配方案还没有达到共识。据理事长介绍，联合社的盈余分配机制将主要分为三部分，分别是股份分红、销售交易额分红和采购交易额分红。

四、联合社的运行内容

在党工委和临朐县农村经济发展服务中心的指导下，临朐县盛世果蔬专业合作社组织全乡镇及周边乡镇组建了行业性联合社，抱团发展壮大嵩山蜜桃特色产业，取得富民强社、产业兴旺、乡村振兴、多方共赢、良性互动的良好成绩。联合社实际运营后主要提供以下几方面的服务：

一是技术服务。农产品质量如何，是否安全健康，除了品种、地理环境、耕作模式等因素外，其中很大的因素就是农业投入品的质量问题。只要抓住了农业投入品进货关、使用关、监督关，农产品的质量安全就会得到充分保障。为此，联合社把嵩山辖区 14 家农资经销商组织起来，成立了全县首家农业协会——临朐县嵩山农资协会，依法依规依据章程开展农资行业的规范。统一采购、统一招标、统一价格、统一服务在农业生产、农资经营、病虫害防治、农产品冷储、农产品销售等环节起到脱胎换骨的变化。

二是集中销售服务。首先，联合社与嵩山管委会领导请示协调，利用嵩山果品交易市场，为外地客商提供选桃、精装、劳务、安全组织货源、售前检测、冷库备存、代办托运等服务，对不合格产品采取不进场销售等措施，辅以利导，现场感知以后如何加强管理，如何提升果品质量，让他们在看得见、摸得着、对比中发现差距，给出提升的方法和措施。其次，联合社通过联结具有销售优势和物流配送优势的合作社加入联合社，使联合社销售能力大大增强。目前，联合社在包头、丹东、长春、呼和浩特等地建立了农产品定向销售点，极大地拓展了联合社的省外业务。最后，联合社利用团体优势，与红太阳集团、利群集团签订协议，拟融入“智慧农贸”经营圈，使产地农产品更便捷、快速地进入高端市场，尽可能以订单农业的方式促使订单农业发展。

三是冷链物流服务。联合社在 2018 年之前并没有开拓省外市场，2019 年联合社充分利用了冷链物流的优势，新开辟内蒙古、通辽、辽宁丹东、吉林长春、河北朔州、山西大同、江西赣州、福建福州等地的销售市场，极大地增加了蜜桃的销量。2018 年，桃价低迷现象的出现使联合社的作用凸显出来。在全国大部分地区桃价跳水的情况下，嵩山蜜桃的价格仅仅经历了 10 天左右的低迷现象后迅速回暖。

四是电商服务。联合社于 2017 年建立“齐鲁嵩山绿色农产品商城”电子平台，将联合社成员生产的各类优质农产品通过网络销售。另外，联合社还与电商公司签订购销合同，通过线上销售农副产品。

五是培训服务。联合社利用农资公司与农业部门的农技推广活动，加大对社员的培训力度，大力宣传实施农业标准化生产，如推介果园生草、活化腐殖酸技术、节水丰产技术等，使农技推广的效果更好地惠及广大农民。

五、联合社发展过程中存在的主要问题

盛世联合社成立以来，虽然取得了较大的成绩，但也存在一些问题。目前，联合社发展过程中遇到的问题如下：

一是整体凝聚力不强。整体凝聚力不强主要体现在联合社的各个成员社之间的协作不够紧密。联合社中部分成员社虽然对联合社实际出资，但其参与联合社统一购买农资、统一销售农副产品的程度较低。因此，联合社在一定程度上并不能将合作社以及社员紧密地联系在一起。

二是缺乏支持政策问题。目前，大部分支农政策都是以农业企业、合作社以及农户为主体进行支持，但鲜有政策支持联合社的发展。对于刚刚起步、刚刚开始发展的联合社来说，政府的支持是必不可少的。

三是融资难问题。联合社下一步打算继续发展冷链运输产业，但是联合社农资采购、冷库建设、配送体系车辆配置等方面仍然面临资金困难的问题，这无疑阻碍了联合社业务范围的拓展。

四是缺乏人才问题。一方面，笔者通过访谈了解到盛世联合社的理事会成员年龄都在 50 岁以上，并且合作社成员年龄在 30 岁以下的占比也极低；另一方面，聂理事长在访谈中表示，随着城镇化进程的不断推进，越来越多农村地区年轻劳动力进城务工后不愿再回到农村从事农业生产经营活动，使我国外出务工的农民工数量逐渐增多。因此，农村地区的人才匮乏问题就变得更加严重，这无疑制约了联合社的发展。

六、联合社发展的政策建议

针对联合社理事长在访谈中提到的几点问题，课题组成员提出了以下几点建议以供参考：

一是完善多方利益联结机制。使合作社、家庭农场、农业龙头企业、农产品销售公司等不同主体通过实际出资的方式加入联合社，使联合社形成优势互补、资源共享的稳定产业链条，深化纵向一体化合作。同时，联合社主管部门要为规范联合社的运行建立双重利益监管机制。

二是政策支持向联合社倾斜。针对目前政策较少支持联合社这类主体的问题，有关部门应制定落实支持联合社发展的相关政策，为联合社的发展提供动力，鼓励更多需要联合的合作社成立联合社。

三是支持联合社自主贷款。有关部门和金融机构应通过撬动“金融”杠杆的方式，尽快完善合作社融资的相关政策，通过项目融资、授信融资等方式切实提高联合社的融资能力。建议政府安排专项资金为联合社提供贷款贴息和担保费用补贴。有关部门尽快组织金融机构建立联合社授信体系，通过业务授信或项目授信等方式，提高联合社的融资能力。

四是加大合作社人才引进支持力度。首先，有关部门应广泛支持联合社与周边高校开展“校社”合作。将年轻的大学生人才引入联合社中，为联合社的发展注入源源不断的活力。引进电商、计算机和农林经济管理等专业的大学生人才也能够为联合社发展电商产业提供有力的支撑。其次，政府及相关协会应当整合现有资源，开展各种形式的电商培训，聘请高级技术人员对当地涉农企业、合作社、联合社、为农服务中心和家庭农场进行专业化的电商培训。

案例五
山东省临朐县鑫联蜂业农民专业合作社联合社案例报告*

临朐县有着悠久的养蜂历史，最早于1929年，陈家大门蜂农从意大利引进意蜂，坐飞机到上海，再转至青州用挑子带到临朐，一直传承至今，临朐也成为山东最早的养蜂大县，拥有较为成熟的养蜂技术。1985年临朐蜂产业协会成立，引导本县养蜂行业更加规范运转。鑫康蜂业专业合作社成立于2011年，作为本县内规模最大的一家国家级养蜂合作社，有着较强的实力，对于联合社的成立能够承担牵头作用。因此在临朐县领导的提议下，合作社借着4万亩樱桃种植大棚的契机，成立联合社，联合本地其他两家蜂业合作社，服务于蜂农，进一步加强对蜂农的技术指导、技术咨询和服务交流，解决养蜂的一系列难题，促进蜂业的稳步发展。

一、联合社的基本情况

（一）业务范围

临朐鑫联蜂业农民专业合作社联合社成立于2019年5月21日，由三家蜂业合作社、两家蜂农发起，注册资本1500万元。联合社主要经营范围为：组织成员进行蜂蜜养殖，组织收购、销售成员养殖的蜂产品；引进新品种、新技术，组织成员开展与养殖蜜蜂有关的技术培训、技术交流和信息咨询服务。随着蜂产品销量和蜂农收入的不断增加，联合社的凝聚力持续增强，吸引周边越来越多的蜂农加入，鉴于发展形势的需要亟须扩大养殖规模，联合社现已发展到339户，拥有27700群蜂群。

* 执笔人：何妮。

（二）成员与出资结构

联合社成员包括临朐鑫康蜂业专业合作社、临朐康宝蜂业专业合作社、临朐山夫园蜂业专业合作社三家，共出资1500万元，出资方式是以现金出资为主。目前联合社与成员社财务互相独立，联合社有自己的财务，各合作社也有自己的会计核算单位。除两户养殖规模较大、经验丰富的蜂农各出资10万元外，其余均由合作社出资，以下为具体成员和各自出资比例介绍。

1. 临朐鑫康蜂业专业合作社——出资480万元

临朐鑫康专业合作社是一家国家级示范合作社，成立于2011年，共由17户蜂农共同发起，目前蜂农115户，蜂群12000群。主要业务包括组织成员进行蜜蜂养殖；收购、销售成员养殖的蜂产品；引进新品种、新技术，组织成员进行与蜜蜂养殖有关的技术培训、技术交流和信息咨询服务。合作社注册资本1010万元，临朐鑫康蜂业有限公司占股14.37%，属于公司带动合作社发展模式。公司是2003年在原山东外贸临朐保健品联营厂基础上，改制而成的一家具有10余年蜂产品（蜂蜜、蜂胶、蜂花粉、蜂王浆）研发、生产、服务历史的现代化企业。注册资本365万元，目前已通过QS食品质量认证，以品牌化运营理念，本着"质量第一、信誉至上"的宗旨出口到日本、欧盟等国家和地区，内销市场主要在青岛、济南、烟台、东营以及20多家银座超市，山东医药公司大药房连锁店、海王药业等。

2. 临朐康宝蜂业专业合作社——出资500万元

临朐县康宝蜂业专业合作社是一家省级合作社，成立于2009年，目前有蜂农149户，蜂群15000群，注册资本1200万元，其中山东康宝蜂业有限公司占股74.68%，属于典型的公司带动合作社发展模式。公司前身是临朐县养蜂协会，康宝蜂产品始于1985年，2003年投资兴建的新厂占地面积约20000平方米，公司建有蜂蜜车间、GMP蜂产品深加工车间，配有理化、抗生素等精密化验仪器。公司现有员工150余人，科研人员数十人，是集养殖、产品研发、生产加工、内销出口、售后服务为一体的市级农业产业化龙头企业。拥有蜂胶软胶囊、硬胶囊、蜂王浆片、蜂王浆小包装等蜂产品深加工产品生产线，开发主要产品有蜂蜜、蜂王浆及冻干粉、蜂花粉、蜂胶、雄蜂蛹五大系列100多个品种。公司蜜蜂饲养量、综合生产深加工能力和各项经济指标在国内同行业名列前茅，在天猫等网络商城开设店铺已有近十年的历史，蜂胶和蜂王浆产品在销售数量上在业内处于领先地位。近三年，出厂产品自控检测2000多个批次，国抽、省抽、市抽检查100多个批次，产品全部合格，合格率达到了90%以上。

3. 临朐茂林养蜂专业合作社——出资500万元

临朐茂林养蜂专业合作社是一家省级合作社，注册资金768万元，成立于2011年，拥有蜂农73户，蜂群7000群，也是一家由公司带动的合作社，其公司为山夫园食品有限公司，成立于2008年，注册资本为600万元，是集养蜂、蜂产品加工、研发、销售为一体的专业性公司，公司专门设有养蜂专业合作社，有蜂场100多家，拥有专业的技术人员200多人，蜂蜜年生产加工能力1200吨，蜂王浆280吨，蜂花粉160多吨，蜂胶、蜂蛹100多吨。

二、联合社的成立动因

联合社成立的原因有：一是强强联合，改变蜂产品市场的混乱。之前整个蜂产品主要以买方市场为主，蜂蜜贱卖伤农现象普遍。为了走出这一困境，通过“强强联合”来打造高质量有机蜂蜜，变买方市场为卖方市场，提高蜂农的收益。二是规范合作，增加蜂农收入。近年来，临朐大力发展瓜果种植业，果农对于蜜蜂授粉的需求量也随之增加，调查表明，蜂蜜授粉不仅能提升每亩瓜果产量30%~40%，同时也能提升瓜果品相和质量。现阶段平均一亩地授粉需要三箱蜂，授粉时间在25天左右，一年对于蜜蜂的总需求量可以达到15万群。尽管果农和蜂农都认为蜜蜂授粉能实现双赢，但是由于利益约束机制不健全，双方合作尚不规范，果农出于自身利益考虑过量使用农药，蜜蜂因农药残留过高而大量死亡的情况下，蜂农利益无法保障。因此组成中间组织，以签订合同协议的方式规范和监督利益双方，就成为了保障“双赢”的必然选择。三是保证原料供应，“公司+联合社”获得更高收益。联合社成立后，实现了规模化与规范化，增加了蜂农的规模，加强了对蜂农的规范化管理，在保证原料供应质量可靠的基础上，有助于公司实现品牌效益。

三、联合社的机制分析

（一）联合社的入社条件

对于具有民事行为能力的公民，从事蜜蜂养殖生产经营，能够利用并接受联合社提供的服务，承认并遵守本章程，履行章程规定的入社手续的，可申请成为成员。联合社吸收从事与该社业务直接有关的生产经营活动的企业、事业单位或者社会团体为团体成员。具有管理公共事务职能的单位不得加入联合社。该社成员中，成员至少占成员总数的80%。凡符合以上规定，向理事会提交书面入社申请，经成员大会审核并讨论通过者，即成为社员。

社员需做到遵守联合社章程和各项规章制度，执行成员大会和理事会的决议；按照章程规定向联合社出资；积极参加联合社各项业务活动，接受该社提供的技术指导，按照社内规定的质量标准和生产技术规程从事生产，履行与联合社签订的业务合同，发扬互助协作精神，谋求共同发展；维护社内利益，爱护生产经营设施，保护社内成员共有财产；不从事损害社内成员共同利益的活动；不得以其对联合社或者其他成员所拥有的债权，抵销已认购或已认购但尚未缴清的出资额；不得以已缴纳的出资额，抵销其对联合社或者联合社其他成员的债务；承担联合社的亏损。

（二）联合社的组织结构

联合社有固定的办公场所，共有理事会人员6人，其中理事长3人，聘用管理人员3人，设有办公室、财务科、销售部、生产部和技术部等，人工管理费用由公司承担，还设有监事会监事3人。联合社定期召开社员代表大会，研究合作社的盈余返还等重要事项，并进一步完善《联合社章程》和财务等各项管理制度。

（三）联合社的决策管理

社员可以参加成员大会，享有表决权，选举权和被选举权由成员大会选举和表决，实行一人一票制，成员各享有一票基本表决权。出资额占联合社成员出资总额5%以上或者与联合社业务交易量（额）占联合社总交易量（额）5%以上的成员，在联合社重大财产处置、对外担保等事项决策方面，最多享有附加表决权总票数，依法不得超过联合社成员基本表决权总票数的20%的附加表决权。享有附加表决权的成员及其享有的附加表决权数，在每次成员大会召开时告知出席会议的成员。

（四）联合社的经营状况

蜂产品销售——由公司负责销售，专门的销售人员四人。已注册品牌“奉友”，产品现阶段以低端大众化产品和线下销售为主，销售渠道主要通过各地的实体超市。线上销售2019年刚开始经营，约占总量的40%，有专门的电商人员。联合社成立后，公司的产量大约增加10%～20%，2018年公司总销售额约为1000万元，年利润约200万元。预计2019年可增加收入50万元。

蜂箱销售——与双龙果蔬专业合作社（国家级种植专业合作社）合作，目前以业务规模为4500箱，以一箱300元价格售出，时间25天左右。果树平均一亩地授粉需要三箱蜂，一年需用15万群，目前仍满足不了需求量。

（五）联合社的盈余分配

联合社收入主要来自社员供应的蜂产品及通过产品深加工的产品增值获得提成。联合社刚刚成立，目前暂无收益分配。目前，合作社承接了两个重大的国家项目，分别是2015年度国家农业综合开发7500群蜜蜂养殖基地扩建项目和2018年度国家农业综合开发8000群蜜蜂养殖基地扩建项目。预计获得收益后，依据扣除生产经营和管理服务成本，弥补亏损、提取公积金和公益金后的可分配盈余，成员与联合社的所有业务交易将实名记载于各成员的个人账户中，作为按交易量（额）进行可分配盈余返还分配的依据。经成员大会决议，按照下列顺序分配：①按成员与联合社的业务交易量（额）比例返还，返还总额不低于可分配盈余的60%。②按前项规定返还后的剩余部分，以成员账户中记载的出资额和公积金份额，以及联合社接受国家财政直接补助和他人捐赠形成的财产平均量化到成员的份额，按比例分配给社内成员，并记载在成员个人账户中。如有亏损，经成员大会讨论通过，用公积金弥补，不足部分也可以用以后年度盈余弥补。联合社的债务用公积金或者盈余清偿，不足部分依照成员个人账户中记载的财产份额，按比例分担，但不超过成员账户中记载的出资额和公积金份额。

（六）联合社提供的服务

联合社会定期组织蜂农学习培训，请农业大学的教授来为蜂农讲解养殖知识和注意事项，做到了以下“三个保证”：

一是保证了产品的质量。对于蜂农管理，明确规定禁止使用的药物，设有专门的检测化验室。对于管理层，实行严格的负责人制度，具体分工是：郝刚（企业法人、联合社理事长）为质量总负责人，确保标准的建立以及质量管理体系的正常运营；王德莲为生产管理负责人，负责下达任务和考评；郑佃军为供销管理人员，负责出入库和在仓保管和协调工作；高世印为企业质量管理人员，负责工厂物资、设备等检查管理。

二是保证了产品的收购。根据蜂蜜的不同品种按照不同的价格收购，高价的4万元一吨，低价蜂蜜2万元一吨，确保了蜂农的收入稳定，1箱蜂留蜜50~60斤，养蜂家庭一年收入可以达十几万元。

三是保证了产品的销售。以公司为基础，有专门的销售人员四人。依托“奉友”品牌，联合社加工包装产生品牌溢价之后，可以增加2万~4万元的附加值。

四、联合社的运行内容

联合社形成了“蜂业+果业合作授粉”的发展模式，规范合作、实现双赢。

（一）预期效果

临朐作为林果业大县，已建成4万亩樱桃大棚，为联合社的发展提供新的发展契机。实验证明，使用蜜蜂进行授粉，相较于自然授粉，能提高14%的坐果率。同时，幼果的平均重量明显增加，最多可增加一倍多，整体产量也有了

36.26%的增幅，果实的果形和果色也都优于自然授粉和棚内授粉。此外，经蜜蜂授粉，大棚樱桃的产出量至少可以达到1吨/亩，最高可达1.5吨/亩，收入将近65000元左右，达到了自然授粉的十几倍。此外，使用蜜蜂授粉，还可以让樱桃提前一个月结果，这样上市时间也提前了一个月，给产量增加后的樱桃销售多提供了一个月的时间，提高了经济效益。

目前总需求量需要在15万群左右，而全县范围内蜂群供应量仅4.5万群，仍有较大的缺口。成立联合社之后可以做到：

（1）合理规划蜜蜂布局，由联合社统一规划分配蜂农，将蜂箱送至各个樱桃大棚，做到合理规划、有效利用。

（2）保证需求，蜂农省事。合作社与合作社之间相互联系，帮助个体蜂农解决信息不畅等问题，保证用蜂量稳定。

（3）安全保障。原先蜂农会担心农药导致蜜蜂中毒死亡问题，而通过联合社联系的果业大棚，较好地规避了这一风险。同时，联合社对种植合作社也保证，蜂箱至少在5筐以上。

（二）蜂群管理

在果树进行蜜蜂授粉过程中，影响授粉效果、蜂群群势和蜂蜜产出量的一个重要因素就是蜂群的管理。

授粉前的管理工作。在进行蜜蜂授粉工作前10天，需要开始放蜂王和饲喂。同时，放已经准备好的粉脾或花粉饼，刺激蜂王不断产卵、繁殖，以确保10天之后，峰群中有幼虫，有足够的蜜蜂进行授粉。在进行授粉10天以后，加强蜂蜜糖浆、花粉对蜂群的饲养，刺激蜜蜂开辟新蜜源。做到3天喂1次，一共需要喂3次。

授粉时的管理。授粉时，对蜂群的管理需要注意几点：一是蜂农需确保进入大棚内进行授粉的蜜蜂属于加强蜂群。二是虽然进入大棚内的蜜蜂在短时间内数目减少得较快，但是随着时间的推移，将近10天后，就可以达到储备2~3张封盖子及幼虫。三是等到蜂群可以离开大棚时，出房幼蜂在棚内试飞不会撞到棚壁上跌落，确保出棚的蜂群数目和进棚的蜂群达到近似平衡的状况。四是如果蜂群的群势偏弱，蜂群进入大棚25天后，将会损失殆尽，即便出棚，其繁殖力也差，失去价值。一般来说，蜂群进入大棚约三天，蜂王就开始产卵。这时，蜂农需检查蜂王的产卵情况，如果发现情况正常，等到蜂群进棚15天后扣王。此刻需要注意的是，确保已经有封盖子和2~3整脾幼虫，避免在扣王后产出的幼蜂出房时不在大棚内，出巢试飞就被冻死的情况。同时，为了不影响蜜蜂的正常授粉，不要随意挪动蜂群的位置。

（三）全年工作时间安排

签订合作协议后，联合社每年将在 2 月 5 日让蜜蜂进棚授粉，授粉期为 25 天；授粉结束后，蜂群进入休整繁殖时期，时间持续一个月；进入 5 月，山东大部分植物进入花期，由此进入产蜜高峰期，一直到 8 月底结束；花期结束后蜜蜂会飞往全国各地，随着各地花期变化而迁徙，11 月飞回进入冬眠期，至此一年的产蜜工作结束（见图 1）。

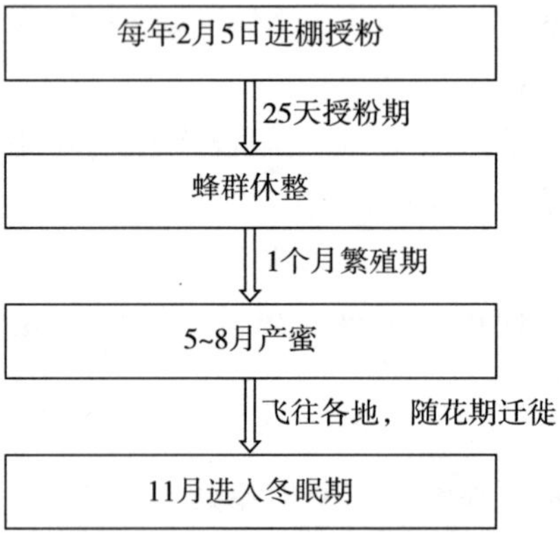

图 1　蜜蜂全年活动路线

蜂农给蜂群留足蜂蜜食物后，每箱采蜜量可以达到 50～60 斤，由联合社进行统一检测和采购，再由公司进行初加工，最后包装并挂上品牌商标销往全国各大超市。

（四）疾病防疫

蜜蜂易患爬蜂病，这是一种由螺原体病原菌引起的成年蜂病，常与蜂箱湿度大导致的螨虫有关，受害蜂群轻则死蜂成堆，重则可导致全场蜂群覆灭，给蜂农带来较大损失。联合社成立后，为保证蜂产品质量，严格进行用药规范管理，禁止蜂农使用氯霉素和沙星等违禁药物，设有专门的化验室进行质量检验，同时会统一发放治疗药物。

五、联合社的现存问题

联合社成立半年时间，目前处于起步探索阶段，存在的困难有如下几个方面：

（1）经营手续方面，联合社如若将樱桃种植合作社纳入联合社，将对双方今后的合作提供新的发展契机，然而目前本县政策法规规定不允许跨业联合，只允许同业联合，工商局手续难办理。

(2) 生产技术方面，联合社目前仍未实现新产品的改造改良。缺乏相应的人才和技术，产品仍呈现低端化，产品附加值上升空间很大。

(3) 疾病防疫方面，养蜂过程中用药需更加规范。要想提升品牌，首先质量要跟得上，因此对于食品安全意识要加强，丝毫不能松懈。面对疾病防疫要更具有预见性，加强对于蜂箱内部空间管理以及疾病防疫。此外，用药严格按照食品安全规定，加强各项的监测。

(4) 外界环境方面，蜜蜂产蜜容易受气候影响，其食物为蜂蜜、花粉和白糖，其中又以花粉为主。2019 年前期干旱导致洋槐花较少，洋槐蜜产量较低，导致以高价从陕西买回洋槐蜜。

六、联合社的政策建议

基于联合社的发展目标及现存问题，联合社对未来有如下规划和建议：

一是扩大规模。一方面是提升产量，目前对于蜂蜜需求是 15 万群，全县供应量仅 4.5 万群左右，联合社可以进一步扩大蜂群规模以满足市场需求。另一方面是提升加工能力，目前公司仅有一家加工厂，未来产量提升的情况下需要有计划地扩大厂房。二是学习交流。对于蜂农的技术培训要进一步加强，还需要进一步促进蜂农之间的信息和技术交流，在联合社内部形成“你追我赶”的良性竞争关系。三是品种研发。加强对新品种的研发，当前蜜蜂产量研发成果较少，抗疫病能力弱，死亡率高，需要进一步创新蜜蜂品种，保障其产量稳定。四是加强宣传。养蜂是一项需要投入大量人力的工作，现阶段农村养蜂者多以 50 岁以上的中老年人居多，未来如何让养蜂走持续发展道路，需要进一步宣传发动，让更多年轻人加入，运用新思维和新技术推动养蜂产业的创新。

案例六
山东省昌乐县农立德农业科技专业合作联合社案例报告*

一、联合社的基本情况

昌乐县位于山东省潍坊市，是国务院批准的沿海经济开放县，也是著名的

* 执笔人：赵昶。

“西瓜之乡”“蓝宝石之都”，是山东省乡村旅游、休闲农业示范县。2018 年昌乐县的农作物种植面积在 120 万亩以上，全县农业总产值 84. 85 亿元，其中粮食种植面积 56. 3 亩，总产量 19. 3 万吨，瓜菜种植面积 51. 4 万亩，总产量 169. 4 万吨。昌乐农立德农业科技专业合作社联合社立足于当地的农业发展基础，通过利用推广农业生产新技术、绿色生产肥料来生产出高质量的农产品，为加入联合社的成员社及下属成员农户提供产前、产中、产后的“一条龙”服务，打造自有品牌，提高成员社的收益水平，进而赢得广大农户的信任。

二、联合社的成立动因

理事长人力资本充足，引领带动合作社的再联合。昌乐农立德农业科技专业合作联合社是在昌乐县肥料协会基础上组建的。理事长高成德原来在当地供销社工作，在 2002 年供销社解体后，凭借之前在社会化服务行业摸爬滚打 20 多年的经验，他深刻认识到服务的规模化才能促进生产效率提高、获得经营收益。在理事长看来，当地农民合作社在农业化现代发展中已经遇到了瓶颈，单个合作社力量薄弱，发挥的作用十分有限，且主要联合一个村、一个小群体，而农业规模化发展需要在生产、销售层面进行更大范围的联合，尤其是需要与相关的农业企业相互扶持，共同发展，因此联合是实现进一步发展的必经之路。在意识到联合的必要性以后，高成德开始关注各类相关的培训，2013 年在北京参加合作社管理培训，通过为期四天的学习，他掌握了关于合作社发展的新理念，以及成立联合社的专业知识。回来后，他便组织成立合作社培育孵化基地，专门对合作社进行技术培训和创业孵化，试图通过合作社做大社会化服务。截至 2015 年，总计培育 180 家合作社。在此基础上，吸收优秀的合作社成员，组建了昌乐农立德农业科技专业合作联合社。

三、联合社的机制分析

（一）组织结构

联合社“承上启下”，通过吸纳成员社和投资公司，实现全产业链服务。昌乐农立德农业科技专业合作联合社成立于 2013 年 12 月 27 日，注册地位于山东省潍坊市昌乐县五图街道南寨社区，登记机关为昌乐县市场监督管理局，法人代表为高成德。成立初期有五家成员社，分别是昌乐县红河镇农民专业合作社联合社、昌乐县南郝农民专业合作社联合社、昌乐县鄌郚镇农民专业合作社联合社、昌乐兴科农产品产销专业合作社和昌乐康发农民专业合作社。其中，昌乐兴科农产品产销专业合作社同时为昌乐农民专业合作社联合会理事单位和昌乐农立德农业科技专业合作联合社成员单位，现已发展成员1500人，员工65人，包括中、高级专业技术人员15人；基本业务涵盖粮食、果蔬、农产品储存、加工、销售、生产资料等领域，业务已发展到临朐、安丘、青州等周边县市区；被评为“国家级示范社”；注册资本为630万元，分为实缴出资和认缴出资两种方式。2016年底，该合作社建立了火山为农服务中心，占地60亩，投资2000多万元，为联合社提供仓储物流、农产品交易等服务。联合社投资成立了金富力公司，负责相关业务的加工销售。

昌乐农立德农业科技专业合作联合社下共有17个员工，三个部门，分别是推广部、生产部和销售部。其中，生产部主要负责生产相关的业务，销售部负责联系下游销售单位，推广部负责推广联合社的各类服务，开展业务培训等。在农业人才相对匮乏的不利条件下，农立德联合社打造了由14名成员组成的农业技术推广团队，他们都掌握了一定的土肥、植保等技术，而且踏实肯干。14人被分为五个小组，分区负责，白天深入田间地头指导，每周三晚、周五晚到成员社开展农民技术培训，每周二晚、周四晚在联合社交流心得，定期根据服务社员的数量，评估推广小组的服务绩效，以月工资3000元为基础，服务规模越大，提成越高。截至2019年，农立德农业科技专业合作联合社已经带动服务农户3000多户。

（二）内部管理

为了进一步加强成员之间的联系，农立德农业科技专业合作联合社正在将频繁发生业务往来的农机合作社、万农农机合作社吸纳在内，以期为其他成员社提供更多的服务。联合社下设理事会、监事会和成员大会。理事会目前有三位成员，自成立以来，个别成员社发展不景气，理事会成员经历了一次变动。除了年底分红、年初规划时定期召开成员大会以外，每年不定期召开理事会，商讨国家项目和各类培训情况。联合社的决策方式以投票制的民主决策为主，但在重大事项的决策上，理事长掌握一定的决定权，这也和理事长的个人才能有关。由于积累了长期管理经验，在一些方向性的决策判断上具有一定的指导意义。

（三）经营情况

该联合社提供全产业链农业服务，实现成员节本增效。联合社成立以来，吸引相关种植类合作社入社，以传播测土配方施肥技术为重点任务，利用农业新技术带领农户种植安全放心农产品；为成员社、入社农户提供农资供应、统一销售等产前、产中、产后服务，赢得广大农户的信任，实现了规范运营和健康发展。于2014年先后与河北双星种业公司、东方正大种子有限公司等多家农业公司开展合作，作为它们的新品种种植基地。计划于2016年建立至少3处育苗基地和

1 处良种繁育基地。经营范围包括组织成员进行瓜菜及粮食种植，组织销售成员种植瓜菜及粮食，引进新技术、新品种，为成员提供相应生产资料的购买及相关技术信息服务以及农业机械化作业、维修等。2018 年，昌乐农立德农业科技专业合作联合社一年净收入 300 万元，利润的 40%作为联合社的基础资本，用于日常管理开支、加工费用、聘请专家等，不参与分红；剩下 60%的利润则按照销售量、入股量、对联合社会议的参与度等各方面依据年度积分展开综合考量。

四、联合社的运行内容

自昌乐农立德农业科技专业合作联合社创建以来，坚持“诚信为本，客户至上”的宗旨，本着“品质为本，精益求精”的经营销售理念，力求给客户提供全方位优质服务的同时，也使企业得到长足的发展。期待与各位业界新老客户携手共进，共创辉煌。联合社大力开展标准化生产，实行了生产资料统一购买、配送、使用，统一农业技术培训，为农民提供产前、产中、产后系列服务，提高了成员的科学种田技术，降低农业生产成本。

在生产服务方面，联合社提供化肥、农药、种子的统一购买服务。通过集中的化肥供应，使用钾肥较少的优质肥料，比单个农户约降低 30%的使用量。肥料是庄稼的“营养餐”，容易影响到粮食的产量，如何科学地使用肥料，保证农户使用放心肥料成为了联合社的主攻方向。联合社帮助成员社及农户统一购买肥料，一是保证农户用上真正的“放心肥”；二是集体购买提高了市场议价能力；三是可以为农户“定制”配方肥。相比于原来的粗放式施肥，测土配方施肥可以根据每个农民实际的土地情况，对症下药。联合社配有测土配方施肥专家咨询系统的智能机，系统中详细地记录了各个农户地块的具体位置、碱解氮、有效磷、速效钾等信息，根据这些信息和农户拟种植作物等情况，系统会给出相应地块的测土配方施肥建议卡，从到田间地头取土样、测土样到最后的建议卡，整个过程联合社都是免费提供给农户的，农户只要把建议卡交还联合社，联合社就根据建议卡联系化肥厂给农户“量身定制”有机肥，并直接送到农户家中。测土配方的程序复杂，需要专业的生产知识和技术，联合社每年提供两次测土检验服务，根据成员不同的种植作物以及土壤情况分别配方。通过联合社统一购买农药，也可以避免农户过度施药的情况。联合社统一采购杀虫剂，每瓶 8 元卖给社员，比市场价格低 2 元。除了化肥农药之外，成员社使用的种子也可以选择通过联合社统一订购，约比市场价格低 20%。联合社目前实现了耕种收一体化，耕种收三个环节下来平均每亩地能给农户节省 10 元，具体环节的价格如表 1 所示。

表 1　昌乐农立德农业科技专业合作联合社耕种收环节价格对比

耕作环节	耕地	播种	收割
市场价格（元/亩）	60	30	80
联合社价格（元/亩）	50	15	50

资料来源：笔者根据调研资料整理所得。

在技术服务方面，联合社定期组织讲座和培训。为加大农业生产的技术含量，联合社聘请了农业专家定期到社内开展技术培训，向成员传授先进的技术，并派出专家深入田间地头、农民的大棚里，为成员解决生产中碰到的疑难问题；通过组建农业技术服务团队，真正把技术服务分包到人，深入每一位成员。目前联合社已经与山东农业大学、青岛农业大学展开长期的合作，同时政府也会提供一些免费的技术咨询服务。通过几年的探索，联合社开始立足技术服务这一基础，着力拓展服务领域，向农业产业链条的上下游延伸，实现了多元化发展，既拓宽了联合社经营领域，又为成员社提供了更为完备的服务。

在销售服务方面，订单农业为主要服务方式。农立德农业科技专业合作联合社与潍坊的中央大厨房签订销售订单，配送新鲜蔬菜；该大型连锁超市有 1/3 的订单来自联合社。杭州的农业批发市场、北京的新发地等大型批发市场也与联合社有业务往来。除了普通农产品的销售外，农立德农业科技专业合作联合社还开发专属品牌的礼品店、精品店。如知名的火山小米，每斤火山小米的市场价格高达 20 元，但通过联合社生产的成本每斤仅仅在 6~8 元，通过精耕细作，小规模严格删选，打造的高品质农产品实现了品牌溢价，极大地增加了成员的销售利润。通过联合社销售的特定精品农产品要收取 2%~3%的服务费。从销售渠道来看，农立德农业科技专业合作联合社仍以实体线下销售为主；互联网线上销售仅占 10%，尚处于起步阶段。目前，联合社正在建立跨市区的销售服务平台，与临朐、青州等地展开合作。

在质量服务方面，"独立质量检测"和"权威质量抽检"并行。农立德农业科技专业合作联合社既配备独立的质量检测室，并且每天都把成员生产的农产品送到农产品检测中心进行统一的质量抽检，以增强质量检测的市场说服力。检测中心每天上午 10 点会报告联合社前一天的质量检测合格与否的结果。联合社优先销售质量过关的成员社的农产品；而对于不合格的农产品，若检测出超过三次质量不达标，则不再与其进行销售往来合作。

此外，联合社还提供运输、仓储和加工等服务，反季仓储销售服务收效显著。针对成员社多次遇到的农产品卖不完、售价低等现象，2012 年秋天，联合社将原有的粮仓改造成了一座2000吨的冷藏库，为成员社提供农产品的保鲜贮藏服务，收效甚好。为应对市场波动风险，联合社不断满足社内成员需求，对成员社的农产品进行了淡季储存、旺季销售的反季仓储销售服务，现已建成冷风库两座；通过仓储规模的不断扩大，计划于两年内实现储藏能力30000吨。“通过冷藏库保鲜冷藏的洋葱，一斤多卖了5角，大姜多卖了将近1元。成员社可以租用联合社的冷藏库，也可直接出售给联合社，由联合社统一销售，提高议价能力。这样，成员社降低了风险，联合社增加了收入，相得益彰，”理事长高成德说。通过反季仓储销售服务，合理根据市场需求和价格的波动调整农产品的供给量，提高了农产品的销售收益。如菜花秋天的价格为0.3元/斤，通过联合社的冷库储存到旺季销售，能卖到1.8元/斤，价格提高了五倍。联合社的冷库租金按吨收费，平均每吨农产品每年收费60元。联合社还建立粮食烘干储备库，为成员提供粮食烘干服务。因大田作物大面积托管，为避免天气恶劣、场地短缺等事件可能会导致粮食储存和晾晒需求难以满足的问题，合作社于2016年购置300吨烘干能力的大型烘干机2台，建立储备能力500吨粮库3座。目前联合社尚未有资金互助服务。

农立德农业科技专业合作联合社初步形成了“四统一”服务模式，即为成员社统一提供生产资料、统一技术培训服务、统一保鲜贮藏、统一加工销售，提高了成员社的科学种田水平和市场议价能力。

五、联合社的现存问题及发展建议

联合社以“测土配方施肥”“科学化田间管理”“订单农业”“反季仓储销售”服务为特色，通过成员社之间、联合社与其他市场合作主体之间的全产业链农业服务与被服务合作关系网络的搭建，形成利益共同体，实现联合社成员社的节本增效和市场“讨价还价”能力的提升。农立德农业科技专业合作联合社成立五年多来，实现了累计推广测土配方施肥面积30万亩，培养农业科技人员300多人，帮助社员解决农产品储运、营销等难题120多起，促进社员增收超5500万元。

但联合社也遇到了一些发展瓶颈：一方面，虽然经历了一定时间的发展，联合社仍然面临着成员凝聚力不足的问题，成员对于联合社不是十分信任。农立德农业科技专业合作联合社的发展靠的是独特创新的服务内容，如果联合社黏性不足，推广新业务的难度就很大。另一方面，联合社的服务能力、销售带动能力以及仓储功能还远远不够。加工仓储、物流等多个环节需要更多部门来协调管理，未来联合社希望通过纳入农机合作社、农资供应商等来促进联合社服务规模的再扩大，并进行专业化的分工管理。此外，理事长坦言，由于管理人员能力和思维的限制，联合社的产品销售是一大瓶颈，“若想把产品卖出去，需要更敏捷的市场应变能力和思维能力”。

农立德农业科技专业合作联合社未来计划将火山农业产业联盟纳入联合体系当中，严格把控农产品的质量，促进高质量生产，进一步提升品牌溢价能力。火山农业产业联盟目前有占地60平方公里的培育基地，主打“90后”新鲜血液管理运营，通过乡村赋能、强村富民工程、学生学习基地和农产品电商平台相结合的方式，真正把联合社的服务规模做大、做实。通过乡村赋能，实现村委和乡贤共同促进贫困户脱贫；通过强村富民工程，与15个村委签订合同销售全村小米，但要求签订合同的村必须要成立村级合作社或联合社，作为销售的对接平台，服务于民；通过建立学生研学实习基地，与高校、科研院所开展合作，一方面有利于学生的学习实践，另一方面有利于新技术、新思想的学习和引入；用好农产品电商平台，促进仓储、加工、物流与销售一体化服务的发展。未来电商平台的发展还需要加强培训。打造优质的品牌是提高成员销售利润的捷径，但是销量还是基础，目前联合社的农产品销售量仍不是很多。除了一体化的联合社服务体系构建以外，理事长还表示未来会更加重视绿色发展。联合社一直以来坚持推广使用有机肥、测土配方肥料，这是因为理事长通过观察发现，经常过量使用化肥会导致农产品品质下降、效益降低，高效的施肥方式才是生产优质农产品的必要条件之一。考虑到当地农膜使用量达240万吨，但回收量仅仅不超过140万吨，联合社还打算发展农膜回收服务，但该项服务需要办理回收证件才可提供。在现有的服务体系做大做强的基础上，发展农业废弃物综合利用的绿色生产体系，也是联合社的发展方向之一。

案例七

山东省昌乐县自然邦果蔬专业合作社联合社案例报告*

一、联合社的基本情况

昌乐县自然邦果蔬专业合作社联合社位于山东省潍坊市昌乐县红河镇大宅科

* 执笔人：杨睿。

村 1 号，于 2013 年 8 月 28 日注册成立；依托潍坊自然邦生态农业科技有限公司运营，现有成员社六家，种植基地面积 600 亩，办公室占地 210 平方千米，入驻潍坊市昌乐县五棵松田园综合体。

昌乐县自然邦果蔬专业合作社联合社的经营范围包括，组织成员进行果蔬（主要是西红柿）种植，组织收购、销售成员种植的果蔬，引进新技术、新品种，以该联合社成员社为服务对象，为成员社提供相应生产资料的购买和相关技术信息的服务。该联合社于 2015 年正式开始运营；2016 年，联合社实验种植老味道番茄；2017 年，注册商标“自然邦”“黄金籽”，李博士加盟团队，进行品种优化，高亮教授加盟团队，优化种植模式；2018 年，联合社成为中国商务部生态番茄全产业链标准承制单位，被评为潍坊市农业产业化重点龙头企业，入驻五棵松田园综合体，实现多方共赢；2019 年，联合社成为阿里巴巴未来农场示范园区，全国布局其生产基地，实现全年产品供应，启动“火山人家”直播基地项目。

二、联合社的成立动因

与其他联合社组建之初的“供给方推动”不同的是，该联合社的组建，最初是源于需求方的拉动，供给方随后紧跟步伐，推动组建该联合社，再综合创业团队多样化的人力资源禀赋，联合社目前初步形成单一产品——西红柿的产业链整合。

“倒逼式”拉动，有销路无产品。该联合社创始人之一——潍坊自然邦生态农业科技有限公司法人代表梁先生，从“互联网”业转行后，就一直从事农产品流通业，重点从事农产品电子商务流通，有着广阔的农产品销售渠道。然而，在实际运营中，梁先生意识到，“收购+转卖”的差价运营方式赚取的利润偏低且稳定性不强：对流通商来说，一方面，在“转卖”市场上处于劣势地位，通过这种方式收购的果蔬品种、质量难以保证，处于“买方市场”境地，市场“讨价还价”能力薄弱，销售单价偏低且稳定性不强；另一方面，在“收购”市场上面临较高的交易成本，这种收购方式的果蔬货源稳定性不强，流通商搜寻目标农户的搜寻成本较高，协商定价的交易成本较高，存在较强的信息不对称现象。因此，出于提升流通商的市场“讨价还价”能力、降低其交易成本的考虑，梁先生有了创办联合社的“激励”，计划从单一产品做起，整合产业链，打造高质量农产品品牌，提升农产品的溢价能力，培育市场忠诚度。

“适应式”推动，有产品无溢价。当地农民原本就以种植果蔬为生，有着熟练的果蔬种植技术，具备果蔬种植所需的基本固定资产，但是其种植果蔬的品种多样、质量参差不齐，没有品牌，这制约了产品溢价能力和销路的进一步拓宽，使农户面临较高的市场风险。因此，梁先生创办联合社的提议，正合当地农户的心意。对当地农户来说，跟着联合社种植，可以在转变成本较低的条件下，实现种植收益的提升和市场风险的共担。这样的“外呼内应”，使农户、合作社和流通商之间的潜在共同利益联结机制浮出水面，实现了昌乐县自然邦果蔬专业合作社联合社的组建。

多样化人才队伍组建，产前产后双保障。该联合社依托潍坊自然邦生态农业科技有限公司组建而成，其创业团队主要组成人员有四人。产前，有前日本坂田育种专家、黄金籽西红柿研发负责人——李博士，潍坊酵素菌重点实验室主任、黄金籽西红柿特聘农业专家——高亮负责西红柿的育种、施肥等产前、产中技术服务。产后，有自然邦生态农业科技有限公司创始人、黄金籽西红柿创始人——梁其安，有黄金籽西红柿联合创始人、自然邦生态农业科技有限公司首席运营官——石沙负责西红柿的运销经营。梁先生毕业于潍坊交通职业学院，精通互联网技术，在昌乐县从事了一段时间的区域网工作后，毅然决然返乡创业，为联合社内部管理机制设立、成员社服务开展规划、产品品牌打造、线上产品营销等提供了充足的人力资本支撑。除此之外，联合社还聘任“90后”返乡大学生——王新聪（年薪6万元左右）担任联合社运营经理，过硬的专业素养为联合社发展注入了与时俱进的新鲜血液。

三、联合社的机制分析

联合社开始运转并产生一定的绩效，除了激励动因的“软”引领以外，同样需要机制建立的“硬”支撑，包括组织架构的搭建、治理机制的制定以及发展蓝图的规划等。

（一）组织架构

该社为同业联合社，现有成员社六家，依托自然邦生态农业科技有限公司，“双轨制”搭建其组织架构，综合了两类市场主体的比较优势。

1. 成员社概况

该社为果蔬种植同业联合社。在该联合社章程的总则第二条中规定，“联合社是在农村家庭承包经营的基础上，以果蔬专业户为主体，在县农经管理部门的指导下，按照平等互利、民主管理、加入自愿、退出自由、盈余返还的原则组建的互助性经济组织”。在第三章第三条中，规定了成员条件，“凡是从事果蔬的种植，有一定的生产规模、服务能力，具有完全民事行为能力的农民、组织或相关的事业服务单位，承认并遵守本章程，自愿提出入社申请，缴纳出资，经联合会（合作社负责人代表）讨论通过，核发成员证，成为联合社成员”。

该社当前有工商登记的成员社三家（工商注册信息变更后的成员社组成情况；成立之初的成员社组成为昌乐县国俊樱桃专业合作社、昌乐县江美瓜菜专业合作社和昌乐县红麻岗果蔬专业合作社），另有三家成员社还未做工商变更。工商登记的成员社是昌乐县乐农果蔬专业合作社、昌乐县县诚至瓜菜专业合作社和昌乐县益农瓜菜专业合作社，已经共同实际认缴注册资本 574 万元（详细股东结构见表 1）；未做工商变更登记的成员社是昌乐县五棵松果蔬专业合作社、昌乐县金钗河果蔬专业合作社和昌乐县庄皋果蔬专业合作社，先快速达成合作关系，再完善工商登记手续（成员社概况见表 1）。

表 1　联合社成员社概况

成员社	出资金额（万元）	出资比重（%）	注册资本（万元）	注册日期	注册地址	主营业务	股东成员人数
昌乐县乐农果蔬专业合作社	230	40.35	230	2017 年 6 月 6 日	山东省潍坊市昌乐县红河镇庵泉村 256 号	组织成员进行瓜菜种植；销售、收购成员种植的瓜菜；引进新技术、新品种；为成员提供生产资料购买及相关信息服务	14
昌乐县诚至瓜菜专业合作社	200	35.09	200	2017 年 12 月 27 日	山东省潍坊市昌乐县红河镇梁家官村 288 号		5
昌乐县益农瓜菜专业合作社	144	24.56	300	2017 年 3 月 27 日	山东省潍坊市昌乐县红河镇大庄皋村 139 号		99
昌乐县五棵松果蔬专业合作社	0	0	852.9	2013 年 4 月 15 日	山东省潍坊市昌乐县乔官镇唐家店子村	组织成员进行果蔬、核桃种植；组织收购成员种植的果蔬、核桃；引进新技术、新品种；为成员提供相应生产资料的购买及相关技术信息服务	5800
昌乐县金钗河果蔬专业合作社	0	0	800	2014 年 8 月 4 日	山东省潍坊市昌乐县营丘镇古城店村	组织成员进行瓜果菜种植；销售、收购成员种植的瓜果菜；引进新技术、新品种；为成员提供生产资料购买及相关信息服务	116

续表

成员社	出资金额（万元）	出资比重（%）	注册资本（万元）	注册日期	注册地址	主营业务	股东成员人数
昌乐县国东粮食专业合作社	0	0	200	2017年1月13日	山东省潍坊市昌乐县红河镇大庄皋村	组织成员进行粮食的种植、销售；引进新技术、新品种；为成员提供相应生产资料的购买及相关技术信息服务	10

2. 机构设置及决事议事

“双轨制”运营，综合两类市场主体比较优势。自然邦联合社和自然邦生态农业科技有限公司相互依存，看似是两个独立的市场主体，拥有着两套独立的运营机构和机制，但是，两者的工作人员有重合，合力共建一条产业链。这样既发挥了联合社在联合农民力量、提升农民收益方面的作用，又充分发挥了公司在市场竞争中利润最大化运营的作用，有助于增强联合社和公司利益共同体上的多方收益。

在联合社架构设置方面，该社设立成员大会、理事会和监事。成员大会是该社的最高权力机构，由该社全体成员组成。其每年召开1次，有2/3以上成员（或代表）出席方可召开；1/4以上成员或1/3以上成员代表提议、监事提议或理事会认为有必要的情况下，可以召开临时成员大会。成员大会表决实行“一人一票”制，或按交易额与股金额综合考虑实行一人多票制，但单个成员最多不得超过总票数的20%；各项决议须有出席会议的2/3以上的成员同意，方可生效（成员因故不能到会的，可书面委托其他成员代理，1个成员可以代表1个合作社）。理事会成员5人，为公司主要部门负责人；设理事长1名，任期五年，可连选连任。该社不设立监事会，只设立执行监事1名，由成员大会选举产生，任期五年，可连选连任。公司会计同时担任联合社会计，工资从公司领取。

在公司架构设置方面，该公司（见表2）设立园区种植生产部、电商部、渠道部和直播部四个部门，拥有20名左右员工（联合社、公司共同雇用，工资通过公司发放）。园区种植生产部主管技术服务和展会布展工作，负责园区种苗试验、选育，寻找最适宜的种植品种和种植方法，起到技术示范带头作用。渠道部和电商部都是负责构建运销渠道的部门，不同之处在于，一个服务“批发型”企业客户（to B），另一个服务“零售型”个体客户（to C）：渠道部主要负责对接大型企业客户，如阿里巴巴、盒马生鲜和潍坊中央大厨房等。电商部主要负责对接电商平台零售客户，策划、运营品牌等，进行电商销售。直播部主要负责宣传工作，负责网络直播的策划与运营，如田间地头种植过程的直播呈现等。公司每年多次召开月会、周会，讨论决议相关业务。

表 2　潍坊自然邦生态农业科技有限公司基本情况

潍坊自然邦生态农业科技有限公司	
法人代表	梁其安（现任联合社理事长）
注册日期	2015 年 10 月 22 日
注册地址	山东省潍坊市昌乐县乔官镇大沂路 5218 号乔官为民服务中心 201 室
企业性质	有限责任公司（自然人投资或控股）；所属行业为批发业
注册资本	1000 万元
股东信息	梁其安：认缴出资额 800 万元，持股比例 80%；石沙：认缴出资额 200 万元，持股比例 20%
主营业务	农业技术研发；批发零售预包装食品、初级农产品；火烧、馒头、面条、煎饼、玉米粉、玉米颗粒、麦片、麦仁和面粉的加工与销售

联合社依托公司，共同打造一条产业链。在产前技术研发与示范、产中田间管理与成果转化、产后多渠道运销的一条产业链的不同区间，自然邦生态农业科技有限公司都做出了具体、科学的运营框架设计（见表 3）；致力于打造全国火山（该联合社种植基地附近坐落着昌乐县古火山群，以此命名）农业第一品牌，以单一产品为切入点，聚集“火山势能”，打造火山生态。该联合社成员社昌乐县五棵松果蔬专业合作社坐落于五棵松田园综合体内，承接 2018 年昌乐县耕地质量提升（土壤改良）示范项目，示范蔬菜和西甜瓜水肥一体技术、增施功能有机肥技术、土壤改良修复及耕地质量提升配套技术 600 亩，辐射带动周边 1000 亩。五棵松田园综合体位于昌乐县乔官镇唐家店子村，区位优势凸显；规划三大板块——民宿餐饮服务区、现代农业种植区和休闲观光旅游区 3000 亩，总投资 5000 万元。一期项目流转土地 600 亩、投资 1100 万元，现已基本完成，建成冬暖式高温大棚 52 个、面积 260 亩，大拱棚 40 个、面积 150 亩，10000 平方米新品种试验示范多功能连栋温室 1 处，5000 平方米垂钓园 1 处。该综合体目前是昌乐农商银行服务乡村振兴示范点、化肥农药零投入示范基地，配备专门的技术工作人员。

表 3　潍坊自然邦生态农业科技有限公司运营框架

产前技术研发与示范（三元农法生产）	产中田间管理与成果转化（火山农家园区：五棵松田园综合体概况）	产后多渠道运销（自然邦流通）
三元法实验室：农技研发	农业科技成果转化：科技部	火山农家小妹【内容中心】（宣传）
	现代农业生产园区：农业农村部、财政部	抖音、快手、直播、头条、媒体等新媒体终端作为宣传媒介
共享土肥站：农资研发	农业资源生态保护：农业农村部、财政部	自营电商平台【承接流量】
	田园综合体项目：农发办	淘宝、天猫、京东、拼多多、朋友圈等电商平台作为提升收益的主要销售渠道
黄金籽研究所：种苗培育	生物质能源综合利用：发改委	渠道中心【托底销售+流量】
	现代青年农场主计划：农业部科技教育司	线上渠道、阿里巴巴、社区团、超市、水果店等作为托底销售渠道，平滑市场风险
农产品开发中心：产品研发	区域生态循环农业示范：农业农村部	自营商城【用户池】
	一县一特产业发展试点项目：财政部	
打造品牌：黄金籽、番茄侠、瓜队长、米博士、蛋蛋侠	龙头企业带动发展项目：财政部	线下门店【新零售体验】
	农业综合开发产业化发展项目：农开办	

（二）财务管理

在扣除当年生产成本、经营支出和管理服务费用等之后，该联合社年终盈余将按下列顺序分配和使用：

（1）提取5%的公积金，用于提升服务能力、内部奖励激励或亏损弥补（联合社章程第四十条规定，“该社如有亏损，经成员大会讨论通过，可用风险金、公积金弥补；风险金、公积金不足以弥补上一年度亏损的，可用以后年度盈余弥补；因亏损所减少的资金，成员大会应酌情规定补充的办法和期限”）。该社存续期间，由公共积累形成的财产，量化为积累形成时每个成员所拥有的份额；政府扶持、其他组织或个人赠予该社的资产，均按照现值入账，并平均量化为每个成员的份额，用于该社发展（国家另行规定或双方另有约定的除外）。

（2）提取5%的公益金，用于文化、福利事业。

（3）提取 10%的风险金，用于平滑该社的生产经营风险。

（4）按交易额（订单合同规定供货量对应的盈余分配）和股金额（出资额分红）进行统筹分配。成员出资属于该出资成员所有。

以上分配流程，每年由理事会提出具体方案，经当年成员大会讨论通过后实施。

该社按日历年度单独进行会计核算，定期向成员公开财务状况。该社理事会须在每一季度（或每月）终了时将上期财务收支情况向成员公布；须于每年 1 月 31 日前向成员大会提交上一年度经监事审核的财务报表。

（三）发展规划

该社以单品为切入点，以多品为联动点，发展生态循环农业：

2018~2019 年，规划为第一发展阶段，遵循“针尖”原则。发展目标是培育 10 万火山农业忠诚客户，推进路径有黄金籽西红柿全产业链、农家小妹项目、共享堆肥项目和三元农法实验室。具体实施方针包括以“黄金籽”西红柿单品为发力点，以“火山小妹”为内容载体，基于抖音、快手、直播等新媒体平台，基于淘宝、京东、拼多多等电商平台，进行“种子”用户聚集。

2020~2021 年，规划为第二发展阶段，遵循“合纵连横”。发展目标是培育六款“火山”农品，销售额过亿元，打造“火山农业”第一品牌，承接国家级农业产业化示范项目；推进路径有五棵松田园综合体、火山农品博士工作站、火山农品服务中心。具体实施方针包括联动发展“火山小米”“火山西瓜”“火山鸡蛋”“火山面粉”“火山地瓜”等系列产品，在消费者心中打造“火山农品=高品质农产品”的形象。

2022~2025 年，规划为第三发展阶段，遵循“推广带动”。发展目标是在全国推广昌乐模式，成为全国首家火山农业产业，成为上市公司，推进路径有火山农品深加工项目、火山农品新零售体验中心和农业上市公司筹备团队。具体实施方针包括深挖火山农业潜力，设立火山农品功能性农产品深加工，以及在全国设立火山农业体验中心。

四、联合社的运行内容

“倒逼式”拉动下成立的联合社，最先提供的就是销售服务和品牌服务等“产后端”服务；随着产业链的逐步构建，通过与成员社签订“订单合同”形成利益共同体，成员社负责生产，联合社的服务也逐渐向“生产端”“产前端”延伸，包括农资服务、质量服务和技术服务等。

（一）农资服务

联合社提供除了基建和人工以外的投入品，配送至家。一方面，联合社直接从农资供应商处采购农资；另一方面，联合社也自主研发、生产一部分有机农资；均为合作农户配送至家。在直接采购农资方面，联合社遵循“绿色生产”原则，如农药的采购，不采购任何化学农药，会采购一部分苦参碱等中药类农药。在自主研发、生产农资方面，联合社遵循“有机循环”原则，如有机肥的供应，用牛粪和木屑（打碎）发酵 3~5 个月，制备成底肥，整车配送至农户。在最终收益返还时，联合社按照成品农产品订单交易量，扣除这些投入品成本，返还成员社净利润；当前联合社运营费用主要依靠公司补给，未来规划在农资服务中加收差价，用于维持联合社的运营。

（二）销售服务与品牌服务

以西红柿为单品切入点，打造产品品牌。从农户的角度来说，有着提升产品差异化、解决农产品滞销问题以实现平稳增收的需求；从联合社和公司的角度来说，有着打造一个市场辨识度高的品牌以实现销路稳定、培育一批忠实顾客的需求。共同利益需求推动联合社做出“以单品为切入点，迅速形成品牌认知，打入市场”的规划。联合社成立专门的研发团队，调研发现，当前市场上大部分的西红柿口感不佳；于是，从 2015 年开始选育西红柿品种，最终在 100 多个品种中选定 1 个日本西红柿品种，逐步打造“黄金籽”西红柿品牌。除此之外，联合社当前注册的商标还有“火山黄”“神农柿”“火山甜”“火山人家”，获得了绿色产品认证（见表 4）。

表 4　联合社注册商标概况

商标名称	注册号	国际分类	申请日期
火山黄	41036497	第 30 类——方便食品	2019 年 9 月 13 日
神农柿	37696833	第 31 类——饲料种籽	2019 年 4 月 22 日
火山甜	37696829		2019 年 4 月 22 日
火山人家	37536008		2019 年 4 月 16 日

以履行订单为业务连接载体，严控产品质量。要想培育高市场忠诚度的产品、形成独特的市场品牌认知，就需要强有力的高质量产品支撑。自然邦生态农业科技有限公司通过和各成员社签订“西红柿订单种植协议”，规定种植时间、种植亩数、种植标准、订单价格计算方式以及订单押金等条款，在全国范围内实现优质番茄生产基地的全年供应。当前，生产基地覆盖面积 600 余亩，其中，潍

坊市昌乐县营丘镇约有生产基地 100 亩、潍坊市昌乐县乔官镇约 200 亩、潍坊市昌乐县红河镇约 300 亩。2019 年，在内蒙古赤峰发展一个生产基地，主营夏季西红柿种植，5 月开始种植，7 月上市。联合社基于实现全年不间断供应的西红柿上市时间的综合考虑，在全国范围内的生产基地进行排产，因此，会在不同的时间和不同的成员社签订订单，一个季度一签。在合同中，设定订单收购价格范围为 3. 5~4. 5 元/斤；根据收购时的农残检测、糖度检测等质量检测，将西红柿评定为一等果、二等果和三等果（公司包装加工后的销售价分别约为 10 元/斤、8 元/斤和 6 元/斤），从而确定最终的收购价格，不考虑市场价格浮动。对没有严格控水的、糖度检测低于 6 的，以及没有按照要求使用雄蜂授粉等不合格产品，不予以收购。

以线下业务为保底销路，协同线上销售。当前公司销售额线上线下旗鼓相当，线上线下两条渠道“走路”，不把“鸡蛋”放到一个“篮子”中。就线下销售来说，公司一般与大型商超对接，如潍坊中百大厨房和上海盒马生鲜等作为托底销售，平滑市场风险；但是，商超只与该联合社签订供货合同，而不签订订单合同，也就是说，商超会根据自身需求选择从该联合社渠道进货的进货量和时间，商超不承担违约成本。就线上销售来说，公司和阿里巴巴等电商平台合作，入驻阿里巴巴乡村事业部“淘乡甜”项目（阿里巴巴乡村事业部农产品精选平台，精选农品供应阿里巴巴平台销售，并为项目试点配套相应基建设备，用于收集相关数据，反馈至阿里巴巴农业大数据中心，支撑未来智慧农业规划设计），利润空间相对较大，但面临更高的市场风险。

（三）技术服务与质量服务

积极合作科研院所、高校，推动“产学研”有机融合。该社与山东农业大学高教授（博导）在西红柿育苗期研发方面，建立合作关系。2018 年 11 月，高教授带领七位学生来到该社生产基地指导、实践，将其团队自主研发的一种菌类应用于该社西红柿幼苗，大大提高了壮苗率。该社与潍坊市农科院在酵素菌研发方面，建立合作关系。在农科院相关技术研发人员的指导下，该社建成酵素发酵厂一处，将农科院研发的发酵工艺应用于此，用碎鱼发酵成氨基酸，作为氮肥的替代产品（P 肥、K 肥还是施用化学肥料）投入各生产基地。

努力承接政府项目，参与地方标准制定。潍坊市被评为农商互联全国示范市，该联合社通过竞标被确立为示范项目点，参与生态番茄地方标准制定。该联合社邀请专家团一起商讨制定生态番茄选育、生产、投入品、包装加工和流通标准，并以“黄金籽”作为试验项目试验一年，不断修订相关标准规范。2019 年 10 月 22 日，进行第三次标准修订；10 月 25 日，提交专家审核意见表；10 月 30

日，发布出台西红柿种植地方标准（调研时还未发布）。

研究开拓科学种植，示范带动成员社。公司园区种植生产部深入田间地头，不断探索适宜当地种植的西红柿品种和种植方式。当前，该联合社产前研发基地全部放在昌乐县乔官镇五棵松田园综合体内，示范带动最新种植品种和种植技术。例如，斑潜蝇是西红柿的一种常见病，在实践试验过程中，该社发现不打药是没问题的，植物自身可以产生抗体自愈；在此基础上，该社创新出更加科学的种植方式，在西红柿的成长期内，进行三次划根，用以增强抵抗力，预防黄化曲叶病毒，通过示范田做出实际成效来，带动周边农户纷纷效仿。

五、联合社的主要成效

节本增收效果显著，增收利益推动利益共同体构建稳固。2017 年，联合社与 120 户农民建立长期合作关系，先后组织培训农民 800 余人次；公司实现经营收入 1105 万元，盈余总额 304 万元，人均增收 8500 元，带动周边村庄 200 多户蔬菜种植户发家致富。在农资供应服务方面，降低农户农资成本 40%。在订单销售方面，3. 5~4. 5 元/斤的订单单价浮动范围，高出市场平均销售单价（1. 5~2 元/斤）75%~200%；其中，联合社扣除的投入品成本约占 25%，农户扣除的基建和人工成本约占 35%，农户净盈利约占 40%，即出售 1 斤西红柿的净利润在 1. 4~1. 8 元/斤。

信息不完全和不对称度显著降低，风险共担推动利益共同体构建稳固。公司通过订单合同，约束合作者之间的行为。公司垫付投入品成本，成员社生产农户垫付人工和基建成本，基于最终产品质量检测结果确定双方交易是否达成。一方面，通过风险共担构造了一个利益共同体。一旦产品不达标，对于公司来说，至少造成了投入品成本付诸东流的违约成本；对于农户来说，至少造成了人工和基建成本损失的违约成本；这使双方都有了遵守约定的激励，降低了双方的信息不完全和不对称程度。另一方面，对公司来说，这样的激励，大大降低了其监督成本，确保了产品的供应质量。

成员社出资，联合社对接生产；个人出资，公司对接市场。成员社应组建联合社，意在提高自身的市场“讨价还价”能力，提升种植收益。其的确能在生产端发挥较强的比较优势，以相对较低的机会成本生产出相对优质的农产品，但是，其作为市场主体还具有一定的局限性，在对接产前和产后市场方面，就不如公司这一市场主体具备更强的比较优势。该联合社又是在个人出资的自然邦生态农业科技有限公司的“倒逼式”拉动下成立的，通过“订单合同”，使公司和联合社这两个市场主体形成利益共同体，收益共享、风险共担；同时，两者的工作人员又有重合，稳固了这一利益共同体。这一举措在充分发挥了两种类型市场主体比较优势的同时，也突破了由于联合社资金制约而无法出资成立公司的局限性。

以单产品为切入点，快速提升产业链价值。该社最终致力于打造涉及多品种的农产品品牌，培育忠诚的市场客户。基于这一目标，该社最初并非将这些丰富多样的农产品一并推出，而是以“黄金籽”西红柿这一单一品种为切入点，做精做专，完善产业链，快速打入市场，形成品牌形象认知；再联动其他产品，逐步推向市场。这种“以单品为切入点，多品联动”的运营模式规划，使联合社可以在短短的四五年内，集中力量就单一产品打出自己的品牌，在市场竞争中取得一席之地。

六、联合社的现存问题及发展建议

虽然联合社的发展取得了一定的成效，但是仍然存在一些问题。

（一）联合社的现存问题

成员社稳定性不足制约共同利益联结机制的进一步稳固。通过订单合同和工作人员重合的纽带作用，使成员社、联合社和公司构建了风险共担、利益共享的共同利益联结机制。然而，一方面，公司为保证全年供应链不间断，基于排产，每季度与不同的合作社签订不同周期的合同，有的合作社并不是成员社；另一方面，联合社自成立以来，成员社变更相对频繁，且有些成员社还未进行工商登记。这两方面使成员社之间的合作、联合社与公司之间的合作稳定性不足，共同利益联结机制的进一步稳固受到制约。

供货合同的风险独担制约公司托底销路平滑作用的充分发挥。线下销售是联合社为成员社提供销售服务的托底销售渠道，利润空间不大，意在平滑市场风险。然而，线下商超仅与公司签订供货合同而非订单合同，这使联合社仍然处于市场被动地位，独自承担市场风险，线下销路作为托底销售渠道的平滑作用难以充分发挥，较弱的稳定性和其较低的利润空间不匹配。这说明联合社联合的力量在提升其市场“讨价还价”能力时依旧具有较强的局限性。

用地需求难以满足制约利益共同体产业链的进一步延伸。农产品种植销售的产业链基本构建形成，且产业链价值在不断提升。然而，要想将一产同二产、三产更好地有机融合，进一步延伸产业链和提升产业链的价值，建设用地指标短缺成为第一限制因素。联合社现有用地大部分都是基本农田，只有一小部分为利用土地，当前正在申请变更为建设用地，但仍然难以满足进一步发展的建设用地需求。

（二）联合社的发展建议

针对以上发展问题，提出以下对策建议：

第一，完善联合社内部共同利益联结机制。建立健全联合社与公司合作、联合社各成员社之间合作的共同利益联结机制，从提升成员社的稳定性入手，探索完善“订单合同”利益联结机制。

第二，壮大联合社应对外部的联合力量。联合社的人力资本支撑还需进一步提升；继续提升“黄金籽”番茄的品牌影响力，继续提升联合社的市场占有地位；增强与线下商超的“讨价还价”能力，争取建立风险共担的利益联结机制，使线下销售的平滑市场风险作用真正得以发挥；同时品牌影响力的提升还能进一步提升线上销售的稳定性，双管齐下，提升销路稳定性。

第三，建立健全联合社发展配套政策体系。综合考虑联合社发展过程中的制约要素，完善相关政策扶持制度，协助联合社诱致性要素转变进程顺利推进，使要素之间更加匹配，提升资源配置效率。

案例八
山东省诸城市北端茗茶叶生产专业合作社联合社案例报告*

一、联合社的基本情况

（一）诸城市北端茗茶叶生产专业合作社联合社

诸城市北端茗茶叶生产专业合作社联合社成立于2011年9月29日，赵永青是法定代表人，注册资本金3000万元，工商注册的股东信息由五家合作社组成（见表1）。联合社的主要经营范围是组织成员进行茶树种植；引进新技术、新品种；开展技术培训、技术交流和咨询服务；开展成员所需的运输服务；组织采购、供应成员所需的农业生产资料。联合社成立的宗旨是为社员提供茶叶产销市场信息；推广茶叶科技，弘扬茶文化，举办茶事活动；加强行业自律，诚信经营；反映社员要求，维护行业利益。

* 执笔人：卢洋啸。

表1　联合社的股东信息

序号	名称	法定代表人	成立日期	认缴出资额（万元）	持股比例（%）	合作社注册资本（万元）
1	诸城市北端茗茶叶生产专业合作社	赵永青	2007年12月28日	2400	80	20
2	诸城市朝阳春茶叶生产专业合作社	徐连明	2009年4月21日	150	5	50
3	诸城市昱山春茶叶生产专业合作社	刘兆礼	2009年6月10日	150	5	50
4	诸城市洪升茶叶生产专业合作社	周洪升	2008年2月15日	150	5	15
5	诸城市东长茶叶生产专业合作社	周振华	2008年6月4日	150	5	5

截至2011年底，北端茗茶叶专业生产合作社联合社已拥有固定资产3600多万元，高级评茶师2人，评茶员4人，科研人员9人，发展社员653个，社员户均纯收入11260多元，比2010年增收1414元，比全市农民人均纯收入高出20%。辐射带动周边5个地市、8个县、8个乡、2436个村以及46080个农户。联合社连续获得山东省财政厅和诸城市政府给予的财政补助，2006年3月被科技局誉为“绿茶科研先进单位”，2008年被潍坊市委市政府授予“潍坊市优秀农村合作经济组织”，2009年山东省工商局授予“山东省十佳合作社”，2010年诸城市委市政府授予“十佳农业专业合作社”等荣誉称号。十余年来，联合社逐步通过土地流转、土地代管、土地托管的形式，努力将茶园成方连片，将原来的荒山薄岭种上了茶叶，每亩收入平均23000元，由原来的几十亩、几百亩、几千亩发展到2019年成方连片的13000亩，有效开发利用了荒山资源并通过了国家农业部的有机食品、绿色食品基地认证。

联合社的茶园基地是潍坊市优秀无公害绿茶基地、山东省农业标准化示范基地、国家农业综合标准化示范区。茶叶种植园区实现了道路硬化、安装太阳能杀虫灯、栽植防风林、安装水利设施实现智能水肥一体化，种植了金银花、玫瑰花、月季花、樱桃等，打造了林中有茶、茶中有花、花中有果、果中有人家的美丽画面，建起了茶景结合、茶旅一体的美丽乡村，通过树木种植也提高了当地的森林覆盖率。

联合社理事长王景昌是山东省茶文化协会副会长、潍坊市专家协会会员、潍坊科学技术协会委员，是山东省农业厅培训的典型的新型农民，获得“诸城市计划生育先进个人”“优秀党支部书记”“潍坊市农村实用人才”“新中国60周年茶事功勋人物”等荣誉称号。

（二）诸城市北端茗茶生产专业合作社

在联合社中占股最多的诸城市北端茗茶叶生产专业合作社成立于2007年12月28日，主要成员共6人，注册资本金20万元，大股东为合作社理事长，持股比例80%，认缴出资额16万元。吴秀德、王方昌、王琪昌持股比例均为5%，认缴出资额均为1万元。王廷昌和王功昌持股比例均为2.5%，认缴出资额均为0.5万元。合作社与联合社的经营范围保持一致。合作社的经营范围主要包括：组织成员进行茶树种植；引进育苗新技术、新品种，开展技术培训、技术交流和咨询服务；开展成员所需茶树的运输服务；组织采购、供应成员所需的农业生产资料。

在山东省人民政府办公厅《关于公布2017年度齐鲁乡村之星名单的通知》（鲁政办字〔2017〕181号）中一共两家茶叶合作社上榜，王景昌的诸城市北端茗茶叶生产专业合作社是其中之一。“齐鲁乡村之星”是指在农业生产一线和农村经济社会发展中直接从事生产、经营、服务等活动，道德品质高尚，社会担当意识强，具有较强的创新创业能力或一技之长，为推动当地农业现代化建设和农村经济社会健康发展做出突出贡献，起到较大示范带动作用，并得到社会广泛认可的优秀农村实用人才。齐鲁乡村之星每两年选拔一次，每次人数不超过150名，管理期限为四年。

合作社从成立初期就树立了贴近群众、惠农务实的发展目标，帮助带动农民共同致富。合作社对绿茶产地实行六统一管理，即统一计划种植，统一供种、供肥、供农药，统一供资金，统一栽培管理，统一病虫害防治，统一计划收获、加工，通过统一管理便于管控茶叶质量。在合作社的带动下，农民的收入不断增长，理事长在当地树立了威信，为联合社的发展打下了坚实基础。合作社用于科普设施和行动经费投入26万元，设立了三个科普宣传栏，科技培训中心108平方米，配套四台电脑和一部投影仪，购置《茶树无公害管理》《茶经》等专业书籍。

二、联合社的成立动因

联合社的成立主要归因于内生需要与外部推动。为有效应对消费者需求和市场变化，理事长希望通过组建联合社整合优势资源，提升品牌影响力，统一管理标准，保证茶叶品质，为茶厂提供优质茶源。

（一）整合专业合作社优势资源

茶叶专业合作社各自为政，存在一定的内耗，单个农民专业合作社生产规模偏小、专业化管理能力弱，茶叶市场竞争激烈，要扩大市场份额和品牌知名度，不能以散户形式单打独斗，必须借助协会力量合指成拳，这是联合社成立的初衷。合作社间的聚力结盟，有利于联合社整合优势资源，拓展茶叶销售市场。诸城市北端茗茶叶联合社由 13 家茶叶生产、农机、农资等合作社组成，入社农户达 470 户，茶园面积近万亩。联合社将分散的合作社拧成一股绳，抱团闯市场，共同抵御市场风险，助力诸城绿茶在产业集约化、规模化、组织化等方面实现合作共赢。

（二）为茶厂提供优质茶叶

诸城市颖青茶厂的法定代表人是王景昌，该厂成立于 2002 年 6 月 14 日，在新四板上市，代码为 664809。随着茶厂的发展壮大，需要大量的优质货源，因此成立联合社，有利于吸纳更多的合作社，带动更多农户，以标准化的生产方式种植优质茶叶。而其经营的茶厂又能及时加工从农户手中收购的茶叶，对于茶农与茶厂能实现双赢。

（三）统一管理标准

联合社实施农业标准化生产，按照无公害绿茶、有机绿茶生产技术规程的要求，建立了《无公害绿茶产地管理制度》《有机绿茶产地管理制度》《产地环境管理制度》《生产资料管理制度》《检测制度》《技术档案制度》《农产品生产田间管理记录档案》《产品追溯制度》等多项生产管理制度，严格茶叶市场准入标准，加强生产源头监管，严格把控茶叶质量。联合社的覆盖区域较合作社范围更广，更有利于统一区域内的茶叶种植标准，有利于推广先进工艺。

（四）提升品牌影响力

随着联合社的日趋壮大，通过标准化、规模化生产，产品质量享誉全国，“颖青”“碧龙春”获得山东省著名商标称号，“怡明”获得山东名牌、中国驰名商标。为了更好地提高市场竞争力，实施品牌兴市、品牌富农战略，延长茶叶产业链条，拓宽农民增收渠道，进一步提高诸城绿茶的影响力和知名度，北端茗茶叶专业生产合作社联合社于 2010 年注册了“诸城绿茶”中国地理标志商标。

三、联合社的机制分析

（一）经营分析

联合社实行了“六统一”：统一供种、统一施肥水、统一采收、统一技术培训、统一病虫害防治、统一品牌销售。联合社每年 11~12 月与成员社签订农产品质量安全协议。联合社统一将茶园铺草，开沟铺小麦秸秆、施入生物菌肥、再填铺一次秸秆，使茶树保暖，避免土壤板结，帮助茶树越冬。统一浇水后，生物菌与草发生反应，根部吸收养分、吸收了热量，根部保暖，反应后产生热量，产生水蒸气，水蒸气上升，使茶树上部，特别是叶部达到保暖效果，防止天气寒冷对茶叶造成损害。翌年春天后，秸秆腐烂，也成了肥料，并能产生大量的蚯蚓，蚯蚓能使土壤松弛，能使土壤保湿，土壤松弛，茶叶根部会吸收大量的空气、氧气，极大地增加了土壤内的菌群，提高了有机质。联合社创新的“铺秸秆+生物菌肥”技术，保证了茶叶质量安全，提高了茶叶品质，增加了茶叶产量。

（二）研发机制

联合社与浙江大学和山东农业大学开展合作，引进、研发了“福鼎大白”“龙井 43 号”等新品种。联合社与浙江大学、山东农业大学、中国石油大学先后建立了科研合作关系，并成立了青岛农业大学诸城茶叶研究所，该研究所是高校研究生和本科生的科研实习基地。通过与高校的密切合作，联合社在茶叶的种植、采摘、田间管理、生产加工、品牌营销及茶叶氨基酸、儿茶素、茶多酚、茶黄素的提取等茶叶深加工方面都能及时得到帮助，高校科研团队提供了强有力的科技支撑，为诸城茶产业的长足发展奠定了雄厚的基础。依托高校的研发力量，不断研发适合诸城生态环境、气候温度等自然条件下种植的茶树品种。先后聘请国家茶叶质监中心、浙江大学茶学系、山东省农业厅等单位的专家、教授 13 人，培养技术骨干 72 人，培育社员科技示范带头户 113 户；利用远程教育网、科技培训班、举办科普讲座、发放明白纸、外出学习参观、科普日、科普周、科普之春（夏、秋、冬）、送科技进村入户等形式，从茶叶的种植、成长、剪枝、幼苗管理、采摘、病虫害防治、越冬管理，茶叶加工技术到绿茶的深加工，健全绿茶生产科技培训体系。

（三）品牌共享机制

成立联合社之前，每个合作社都有自己的商标，虽然品牌众多，但缺乏影响力。现在联合社统一使用“诸城绿茶”作为公共区域品牌，全部实行无公害认证，可进行农产品溯源管理，市场认可度大大提高，提高了产品附加值，更提升了市场话语权。同样是一亩茶园，现在每年就可多收入 2500 元左右。目前“诸城绿茶”已成为中国国家地理标志产品，享有“绿茶北极”、中国“最北端茗茶”的美誉，其中“颖青绿茶”还被农业部认定为国家有机食品。联合社可以帮助成员解决资金需求、技术服务等难题。联合社制定了自己的章程，宗旨是为社员提供茶产业的产、学、研供求信息，持续发展茶产业，维护行业利益、保障社员效益。

四、联合社的运行内容

自联合社成立以来，引领农民依靠科技致富，形成了“合作社+品牌+企业+基地+农户”的一体化、产业化格局。联合社作为一种自治组织，已经实现了标准化生产、品牌化经营、规范化管理，培养了一批懂技术的新型职业农民。在联合社的示范带动下，当地农户逐步掌握了茶叶种植的基础知识，密切了与市场间的联系，通过运用新技术，保证茶叶品质，大幅提高收入。

（一）专业的科技服务

联合社通过科普惠农推动了社会主义新农村建设，基地产品正从无公害、绿色走向有机，有机绿茶基地拓宽了农业产业链，形成了“养殖+沼气+基地+有机”的农产品链条。诸城绿茶畅销北京、上海、天津、重庆等51个省、市、自治区，树立了“诸城绿茶，北方独秀”的口碑。“产学研”的推动更为新型农民培训提供了平台，提高了农民的职业技能水平和种茶素养。

（二）为农户提供“私人定制”服务

诸城绿茶创新“私人定制”模式，打造“私人定制”茶园施肥模式，从配方施肥到病虫害防治，每块土地内的氮磷钾含量不同，根据科学测量的数据，因地制宜地施肥，避免施肥过量对茶树造成影响。由联合社牵头免费为合作社茶农开展测土配方个性化服务，建立了“土地健康档案”，为农户详细分析土壤成分并提出土壤改良及施肥建议，适时更新配方施肥方案，指导茶农合理施肥。联合社以发展优质、生态、安全茶叶为目标，特别注重绿茶种管过程的“绿色有机”。在茶园内建有1个气象站和3个病虫害预测预报站，可随时关注茶园气象变化和病虫害情况。虫情测报仪辐射半径是5~10公里，不仅能预测自然界的虫情变化，还能够实现物理杀虫，有效地预防茶园病虫害，让茶农又省力，茶叶又健康。茶园还安装了太阳能杀虫灯，通过推广秸秆反应堆技术，以秸秆替代化肥，以植物疫苗替代农药，让茶叶生产真正做到有机化。

（三）搭建电商平台

电子商务突破传统销售的地域局限，改变了“诸城绿茶”的销售模式，增加了诸城绿茶线上销售份额，实现了线上线下销售额共同增长，促进了茶产业的健康长足发展。诸城绿茶在渤海商品交易所正式挂牌上市，实现线上批发，降低了贸易成本，这也是渤商所在全国首次与县级市开展战略合作。借助登录渤商所交易平台，诸城绿茶的知名度将大大提高，线上线下销售额会有大幅提升，绿茶销售量增长较快，有助于诸城绿茶远销省外，提升诸城绿茶销售价格和利润空间，让茶农切实享受到电商带来的利好。

（四）跨行业的融合服务

联合社从生物质原材料的化肥联合，到种植和加工环节所需要的农机联合，再到利用生物菌秸秆发酵技术增强茶树抗病能力。看似不相关联的化肥企业、农机企业和秸秆加工企业都在联合社这个纽带的作用下，实现了跨行业联合。联合社与农机公司联合，茶叶采摘、锄草、台刈等，所需要的微耕机、割灌机、采草机、病虫害防治安装的太阳能杀虫灯，病虫害预测预报仪，粘虫板等都由农机公司来承担。联合社除在省内青岛、日照、威海、烟台联合外，又联合了云南、贵州、福建、浙江茶企，打造了“红色七月”品牌，共享互补发展。跨县域、省域联合，加强异地交流，互相取长补短，促进茶产业链条的融合发展。

五、联合社发展中存在的主要问题

联合社是农民专业合作社的规模化组织形式，发挥着组织合作社、辐射带动广大农户的纽带作用。随着农业市场化和农民组织化进程的加快，联合社扮演的角色地位日益凸显。

对于茶产业而言，茶农处在利益分配的最底层，但却是茶叶品质高低与质量安全的重要守护者。因此，如何在联合社发展的过程中，为茶农分享更多的利益，从而更广泛深入地参与到合作社与联合社的民主管理中是目前存在的关键问题。茶产品的附加值较高，如何让成员社分享品牌效益带来的收益，实现茶农与茶企间民主管理上的均衡，需要联合社从中协调。尤其是要避免因合作社核心成员掌握着决策权与分配权，而忽视茶农的民主和利益诉求的情况。

六、联合社的政策建议

联合社在发展过程中，需要健全引入社会资本的规章制度。鼓励联合社通过资本运作，壮大产业实力，延伸产业链条。通过健全联合社的利益分配机制，为茶农争取更多的发展红利，社会资本能够提供多种要素支撑，既能够促进联合社在市场经济条件下，更好地融入市场，又能在资金充沛的情况下，促进产业持续健康发展。通过组织结构、治理结构、运营结构的调整和细化，创新适合联合社与企业共同促进的发展模式，避免企业与联合社或合作社抢夺市场资源。

新修订的《中华人民共和国农民专业合作社法》第六十一条规定：“农民专业合作社联合社可分配盈余的分配办法，按照本法规定的原则由农民专业合作社联合社章程规定。”联合社的盈余分配问题至关重要，联合社的分配自然应当遵循《农民专业合作社法》中“盈余主要按照成员与农民专业合作社的交易量（额）比例返还”的规定。但联合社也拥有按其章程规定的盈余分配制度制定权。因此，联合社应该通过民主决策等方式，制定完善的、适合自身联合社发展的盈余分配方式，促进联合社持续稳定运行。

案例九 山东省诸城市绿华源苗木专业合作社联合社案例报告*

一、联合社的基本情况

诸城市绿华源苗木专业合作社联合社位于山东省潍坊市诸城市林家村镇瓦店社区西陆吉庄村。由诸城市绿万家苗木种植专业合作社发起，联合其余五家果品（苗木）种植专业合作社，于2012年7月19日召开了设立大会，于2012年9月26日正式注册成立。

绿华源苗木专业合作社联合社的经营范围包括组织成员进行造林苗、城镇绿化苗、经济林苗和花卉的生产经营，组织销售成员生产的造林苗、城镇绿化苗、经济林苗和花卉，组织成员开展技术培训、技术交流和咨询服务，组织采购、供应成员所需的农业生产资料。主要经营品种为雪松，除此之外，还有樱花（大小苗）、单樱小苗、百日红、黑松、蜀桧、紫叶李、西府海棠、国槐、法桐、银杏、红（白）玉兰、青垂柳、白蜡等品种种子或幼苗。该社在2013年10月被评为“潍坊市级林业专业合作社”。2014年3月被评为“诸城市巾帼现代农业科技示范基地”，5月被评为“山东省省级示范社”。

二、联合社的成立动因

绿华源苗木专业合作社联合社成立的原因主要概括为以下几个层面：受限于单一合作社的技术规范、提升能力，市场拓展、讨价还价能力；为打造统一苗木品种生产聚集地——“雪松之乡”，提升林家村镇苗木种植高收益的稳定性；在村党支部、党员示范带动作用的充分发挥下，依托诸城市绿万家苗木种植专业合作社，五家果品（苗木）专业合作社联合成立了诸城市绿华源苗木专业合作社联合社。联合社理事长为其所依托的重点社理事长，种植、运营苗木生意已有20多年，无论是在管理运营方面，还是在种植技术方面，都逐渐积累了相对较

* 执笔人：杨睿。

高的行业比较优势。具体来看，联合社的成立有以下几方面动因：

（一）外部力量拉动

在该社所在镇，陆续有五家果品（苗木）专业合作社成立，但合作社的生产运营情况却不尽如人意。一方面，每家合作社普遍面临种植技术制约问题，致使苗木种植成活率低、质量上下不一，苗木供应的质和量稳定性不强，苗木销售单价受到影响。例如，理事长在访谈中提到，有的农户不懂打药，从药厂购买原装瓶农药后，不稀释就直接打药，导致众多苗木死亡。另一方面，每家合作社种植品种不一，各品种种植规模较小，市场"讨价还价"能力弱，稳定的销路难寻。基于以上两方面，合作社各成员意识到，单一合作社的技术规范、提升能力受限，市场拓展、讨价还价能力受限，致使合作社的进一步发展受限，苗木种植收益难以得到保障，需要合作社的再联合。

虽然，合作社成员意识到需要合作社的再联合，但是，要将经营不同业务、分散在不同地点的合作社协调、组织、调动、联合起来却不是一件简单的事情，单一合作社的市场说服力较弱，迟迟没有发起联合的强有力激励。不过，这五家合作社都属于党支部领办合作社，党支部的桥梁连接作用和党员的示范带动作用成为了推动联合社成立的关键力量。于是，在镇政府、镇经管站的组织协调下，在西陆吉庄村党支部（该联合社所在村党支部）的牵头带领下，在西陆吉庄村24名党员的示范带动下，以诸城市绿万家苗木种植专业合作社（联合社理事长兼任该社理事长）为依托，组建了诸城市绿华源苗木专业合作社联合社，意在打造"雪松之乡"，实现苗木销路稳定，提升农户苗木种植收益。

（二）内部力量推动

在运营管理方面，理事长经验丰富、社会支持充足。除了担任诸城市绿华源苗木专业合作社联合社的法人代表兼理事长以外，该联合社理事长还先后注册成立了其他四家农业企业（见表1），积累了丰富的农业企业管理经验和农业行业社会支持。这使理事长在后来运营管理联合社时，井井有条，并使联合社为成员社供应相对低成本的苗木农资和相对高收益的稳定销路成为可能，奠定了联合社联合的规模效益基础。

在种植技术方面，理事长熟练度高、与时俱进。1998年，理事长引进3万棵雪松苗木，开始进行雪松种植；历经22年，已掌握成熟的雪松种苗、二级育苗、成品苗繁育技术，并积累了丰富的客户资源。理事长兼任的诸城市绿万家苗木种植专业合作社现有的100余亩大苗圃，已全部推行飞机打药，提高打药的质量和效率，降低打药的成本。

表 1　理事长注册成立农业企业情况

企业名称	所属行业	性质	注册日期	注册地址	注册资本（万元）	理事长出资情况	主营业务
诸城市六吉园林苗木有限公司	林业	有限责任公司（自然人投资或控股）	2013 年 8 月 14 日	山东省潍坊市诸城市林家村镇西陆吉庄村	3	出资 2 万元，占比 66.67%；其余一位出资人出资 1 万元	生产、经营城镇绿化苗
诸城市林家村镇西陆吉庄经济专业合作社	商务服务业	农民专业合作社	2014 年 11 月 27 日		2.43	理事长等 419 人出资 24302 万元	合作社自有资产管理、经营、投资
诸城市绿万家苗木种植专业合作社	林业	农民专业合作社	2008 年 1 月 4 日		190	理事长出资 100 万元，占比 52.63%	苗木种植、销售、农资供应、技术服务
诸城市曹凤文蔬菜种植园	农业	个人独资企业	2016 年 11 月 21 日		5	理事长出资 5 万元，占比 100%	蔬菜种植、销售

三、联合社的机制分析

在内外联动的“激励”下，联合社建立起相应的组织架构和治理机制，逐步开展运营，并充分发挥了党支部领办联合社的特色管理优势。

（一）组织架构

该社为同业联合，现有成员社 5 家；设立成员大会、成员代表大会、理事会和监事会，进行议事、决事。

1. 成员社概况

该联合社为同业联合。该联合社章程第二章第九条中规定了入社成员申请条件，“具有民事行为能力的公民，从事苗木及果品生产经营，能够利用并接受联合社提供的服务，承认并遵守本章程，履行本章程规定的入社手续的，可申请成为联合社成员。联合社吸收从事与联合社业务直接有关的生产经营活动的企业、事业单位或者社会团体为团体成员。具有管理公共事务职能的单位不得加入联合社。联合社成员中，农民成员至少占成员总数的 80%”。

该联合社吸纳五家果品（苗木）联合社联合。该联合社以诸城市绿万家苗木种植专业合作社为重点依托，联合诸城市仲金逸芳果品生产专业合作社、诸城市清逸碧翠苗木种植（注册名称中为“殖”字，实际应为“植”字）专业合作社、诸城市清爽易苗木种植专业合作社和诸城市潘庄鸿翠果品生产专业合作社共同出资组建联合社，注册资本 370 万元（具体股权结构见表 2）。建立联合社以后，五家合作社统一开始种植雪松苗木，由联合社供应农资、技术和销路。

表 2　联合社股权结构

股东名称	出资金额（万元）	出资比重（%）	注册资本（万元）	注册日期	注册地址	主营业务	股东成员人数
诸城市绿万家苗木种植专业合作社	190	51.35	190	2008 年 1 月 4 日	林家村镇西陆吉庄村委	苗木种植、技术服务、销售和农资供应	6 人
诸城市仲金逸芳果品生产专业合作社	50	13.51	5	2008 年 10 月 6 日	林家村镇西仲金口村	苹果树种植、销售、技术服务、物流服务和农资供应	5 人
诸城市清逸碧翠苗木种植专业合作社	50	13.51	8	2008 年 10 月 8 日	林家村镇小寨村	苗木种植、技术服务、销售和农资供应	5 人
诸城市清爽易苗木种植专业合作社	40	10.81	8	2008 年 10 月 31 日	林家村镇下京子埠村	苗木种植、技术服务、销售和农资供应	5 人
诸城市潘庄鸿翠果品生产专业合作社	40	10.81	5	2008 年 9 月 3 日	林家村镇前泮家庄村	苹果树种植、销售、技术服务、物流服务和农资供应	5 人

2. 机构设置

联合社设立成员大会、成员代表大会。成员大会是该社的最高权力机构，由全体成员组成，行使联合社各项事务决策权利等；该联合社当前成员社成员合计 326 户，满足章程规定的“当联合社成员超过 150 人时，每 5 名成员选举产生 1 名成员代表，组成成员代表大会”，组建成员代表大会。该联合社每年召开两次成员大会，由理事长负责召集，并提前 15 日向全体成员通报会议内容；须有该社成员总数的 2/3 以上出席方可召开，1 名成员最多只能代理 1 名因故未能参加成员大会的成员表决。成员代表大会履行成员大会的全部职权，成员代表任期五年，可以连选连任。

联合社设立理事会、监事会。该社设立理事长 1 名，为该社的法人代表，可兼任经理，设立理事2名，共3人构成该社理事会，任期五年，可连选连任。该社设立监事长1名、监事2名，共3人构成该社监事会，代表全体成员监督检查理事长和工作人员的工作，任期五年，可连选连任。

联合社不设立专门的工作部门。联合社现有固定工作人员3~4人，除了会计工作人员按照2000元/月的固定工资发放以外，其余工作人员完全按照业务量结算工资，一棵苗木的提成在10~20元不等。

（二）治理机制

1. 决策机制

联合社通过成员大会、成员代表大会的表决决策联合社相关事宜。联合社章程第十二条规定："联合社成员大会选举和表决，实行一人一票制，成员各享有一票基本表决权。出资额占联合社成员出资额50%以上，或者与联合社业务交易量（额）占联合社总交易量（额）85%以上的成员，在联合社经营业务等事项决策方面，最多享有一票的附加表决权。享有附加表决权的成员及其享有的附加表决权数，在每次成员大会召开时及时告知出席会议的成员。"第二十二条规定："成员大会选举或者做出决议，须经联合社成员表决总数过半数通过；对修改联合社章程，改变成员出资标准，增加或者减少成员出资，合并、分立、解散、清算和对外联合等重大事项做出决议的，须经成员表决权总数2/3以上的票数通过。成员代表大会的代表以其受成员书面委托的意见及表决权数在成员代表大会上行使表决权。"

2. 盈余分配机制

当年扣除生产经营和管理服务成本、弥补亏损后，若还有盈余的，联合社经成员大会决议，按照下列顺序分配盈余至各成员社，各成员社再依据各自章程单独核算：

（1）联合社从当年盈余中提取10%的公积金，用于扩大生产经营、弥补亏损或者转为成员出资。其中，联合社每年提取的公积金，按照成员社与联合社业务交易量（额），依比例量化为每个成员社所有的份额；由国家财政直接补助和他人捐赠形成的财产平均量化为每个成员社的份额，作为可分配盈余的分配依据之一。联合社为每个成员社设立个人账户，主要记载各成员社的出资额、量化为该成员社的公积金份额以及该成员社与联合社的业务交易量（额）。

（2）联合社从当年盈余中提取5%的公益金，用于成员社的技术培训、合作社知识教育、文化福利事业和生活上的互助互济；其中，用于成员社技术培训与合作社知识教育的比例不少于公益金数额的50%。

（3）按成员社与联合社的业务交易量（额）比例返还，返还总额不低于可分配盈余的60%。

(4) 按前项规定返还后的剩余部分，以成员账户中记载的出资额和公积金份额，以及联合社接受国家财政直接补助和他人捐赠形成的财产平均量化到成员社的份额，按比例分配给联合社成员社，并记载在个人账户中。

联合社如有亏损，经成员大会讨论通过，用公积金弥补；不足部分，也可以用后续年度盈余弥补。联合社的债务，用联合社公积金或者盈余清偿；不足部分，依照成员个人账户中记载的财产份额，按比例分担，但不超过成员账户中记载的出资额和公积金份额。

(三) 党建引领

该联合社、联合社的成员社都是在村党支部领办下创办的，各级党支部桥梁作用和党员示范带动作用，是推动联合社科学、规范化内部管理，更好运营发展的关键力量。

(1) 坚持党建引领。乡镇成立了以党员干部为队长的经济人队、育苗队、检苗队，形成了“党支部+合作社+农户”的产业化经营模式。

(2) 实施星级管理。深入实施党员星级管理办法，强化党员干部教育培训，健全党群服务工作站，着重培育党员干部担当精神和实干意识，打造一支敢碰硬、善攻坚的干部队伍。

(3) 落实联系群众。深入落实服务联系群众制度，针对农户种植过程中出现的困难和问题，协调联社内外资源、帮扶解决，确保一户不落，协同推进综治维稳、安全生产和精神文明创建工作。

(4) 践行一线工作。乡镇成立包靠领导班子，加强跟进，强化研判，落实责任；按照“粗粮细做、细粮精做”的工作方法，坚持持续发力、多点突破，真正实现“问题在一线发现、办法在一线推出、事情在一线解决、工作在一线推动”。

四、联合社的运行内容

联合社创建之初，主要供给农资服务、销售服务和技术服务；随着“抱团取暖”作用的逐渐发挥，各成员社自身实力不断增强，联合社以供应销售服务为主。

(一) 农资服务

在农资服务方面，前期以种苗供应为主，后期以苗木肥料、种子供应为主。在种苗供应方面，建立之初，各成员社农户还未熟练掌握雪松种植技术，风险厌恶型农户不愿意购买种子自行育苗；于是，联合社主要供给二级育苗和成品苗至成员社农户，并配套相应的技术指导。雪松种苗主要分为三种：一是小种苗，处于发育的最初期；二是二级育苗，即播种小种苗，育苗1年后，形成20~30厘米高的二级育苗，可供移栽形成成品苗，1亩地可以繁育二级育苗20万~30万棵；三是二级种苗移栽后形成的成品苗，深秋入冬时，移栽二级育苗，育苗两年后，形成1.5米左右高的成品苗。在联合社带动成员社开始种植雪松的初期，一般销售给农户二级育苗，农户育苗两年后形成成品苗就出售；随着成员社自身实力的增强，联合社销售给农户的是成品苗，农户再种植四年，便可出售成品苗木；随着农户种植技术的成熟，当前销售给农户的主要是雪松种子。2018年，该联合社购买雪松种子1000斤，1斤种子可育2000棵苗，这意味着该联合社年可育雪松小种苗200万棵；2~3厘米播种一颗种子，1斤种子可播种约6平方米土地，这意味着该联合社年育雪松小种苗面积约为9~10亩，加上前些年移栽的二级育苗繁育面积，该联合社当前年育苗面积总存量在25亩左右。

在种子、肥料供应方面，待联合社带领成员社和周边农户逐步走上雪松种植之路以后，联合社主要代购雪松种子和苗木化肥，加收服务费。联合社统一从厂家购买肥料、种子，统一配送至各成员社农户处，年收取服务费用约10万元，用于联合社的运营管理。

（二）销售服务

联合社代销销路稳定、收益高，线上销量近年来在不断上升。在线下销售方面，理事长多年经营苗木生意，积累了广阔的苗木销售市场社会支持，因此，联合社线下销售渠道主要是多年的老客户；同时，该联合社具备区位优势，地处诸城、黄岛、胶州三区市交界，距黄岛港、董家口港、青岛胶东国际机场、青岛火车站均在50公里以内，邻近国道341、青兰高速公路。但是，老客户不一定每年都有苗木需求，从这一角度来说，线下销售的稳定性弱于线上；再加上新媒体技术的日新月异以及年轻血液注入联合社，这使联合社近年来线上销量不断增加。在线上销售方面，联合社主要通过手机微信群、刊物（广告）、展会展览等方式，宣传“雪松之乡”的品牌，出售苗木。

创立之初多出售1.5米成品苗，技术成熟后多出售四年成品木。在联合社创立之初，成员社农户主要种植1.5米左右成品苗，联合社也就主要代销该成品苗，联合社对外售价约20元/棵，联合社从中获得的扣除人工成本和运输费用后的净利约为10元/棵。随着雪松种植技术的成熟，成员社农户代销需求以四年成品苗木为主，联合社对外售价可达300元/棵，联合社从中获得的扣除人工成本和运输费用后的净利约为200元/棵。除此之外，还有少部分五年成品木出售，联合社对外售价约500元/棵。盈余按照交易量分配，公积金仅从成品木交易中扣除，用于联合社的发展运营。

（三）技术服务

组建之初，联合社提供免费技术培训，示范带动成员社种植。联合社组建所重点依托的合作社，也是联合社理事长兼任理事长的合作社——诸城市绿万家苗木种植专业合作社，在理事长1998年引进的3万株雪松苗木种植技术探索的基础上，在西陆吉庄村党支部、理事长的带领下，联合村内技术能人、专业大户、政府农技人员等，不断试验摸索适宜潍坊地区生长的各类种苗品种和种植技术，技术示范田收益可观。各成员社、周边农户深受示范带动作用影响，逐步形成雪松种植激励；联合社便开展统一技术指导、技术培训、技术交流和咨询服务活动，统一产品质量标准，统一开展基地认证、产品认证和生产过程认证，组织成员开展苗木标准化生产。目前，技术示范带动作用、技术培训指导作用已经逐渐凸显，林家村镇及周边村农户基本掌握熟练的雪松种植技术，有能力开展自主育苗。

五、联合社的主要成效

经过七年多的发展，联合社节本增效作用、示范带动作用发挥明显，带动林家村镇逐步打造“雪松之乡”，显著提升当地农户收益；充分发挥了党支部桥梁作用和党员纽扣作用，充分发挥了重点社依托作用和能人带动作用。

（1）节本增效作用明显，提高农户收益。在农资供应、降低成本方面，联合社即使加收一定比例的服务费用，农户从联合社渠道采购的农资成本，还是要普遍比从市场采购的农资成本降低10%左右。在苗木销售、增加效益方面，通过联合社的代销，农户苗木销量可以提高10%~20%，苗木销售单价可以提高20%左右。2018年，联合社销售四年成品木10余万棵，1.5米成品苗80余万棵，年销售利润2000多万元。

（2）示范带动作用明显，打造雪松之乡。自1998年以来，西陆吉庄村引进3万株雪松苗木，开创雪松种植之路，在各村党支部的沟通协调、一线实践下，在以重点社为依托组建的绿华源联合社的示范带动、技术指导下，以瓦店社区西陆吉庄村为中心，全村98%以上的农户均进行雪松种植。当前，西陆吉庄村种植面积1023亩，带动周边上京子埠、高家庄、瓦店、东大村等14个村庄种植5420亩，合计6443亩；其中，2019年新发展面积1100亩，新栽种面积2200亩。带动农民增收致富，户均年收入增加至10万元以上，人均年收入增加至4万元以上。

（3）充分发挥党支部桥梁作用和党员纽扣作用。一方面，基层党支部构建沟通桥梁，降低资源协调交易成本，提高资源配置效率。联合社的五家成员社都是村党支部领办的，通过村党支部之间的沟通协调，建立了合作社的再合作关系，降低了沟通成本。另一方面，基层党员以身作则、实践一线，充分调动群众生产积极性，形成正向激励。基层党员带头搞雪松种苗试验，亲力亲为雪松苗木种植经营，让农户看到种植实效；发挥自身专业技能，为农户提供种植技术指导。

（4）充分发挥重点社依托作用和能人带动作用。一方面，重点社的依托为联合社发展奠定了内部管理的机构设置、机制设计基础。在党支部的推动下，拥有丰富苗木种植、运营经验的绿万家合作社理事长，以其创办的合作社为重点依托，开始着手组建、运营联合社。另一方面，能人的带动为联合社发展奠定了外部业务的强根固基、开疆拓土基础。理事长长达22年的苗木运营经验，积累了丰富的社会资本。同时，理事长善于为合作社注入新鲜血液，与时俱进发展苗木产业，如吸引青年人加入队伍，实施运营线上销售渠道；规划和村集体合作，配套线下交易平台基础设施，在西陆吉庄村北侧建设停车场，用于提供运输汽车租赁服务，壮大村集体经济收入的同时，提供更全面的物流服务；规划依托障日山南岭800亩山场，发展农家乐、环山旅游，配合“一村一景”整体规划，打造集精品采摘、休闲垂钓、农家餐桌等于一体的生态园区。

六、联合社的现存问题及发展建议

虽然，联合社的发展取得了一定的成效，但是仍然存在一些问题。

（一）联合社的现存问题

联合社在示范带动作用发挥的基础上，实现规模收益，但是，联合社的共同利益联结机制不强，联合社的进一步发展也因此受到制约。综合来看，造成联合社共同利益联结机制不强的原因主要有以下几点：

第一，联合社与成员社之间的业务联结不稳定。在创立之初，联合社的市场“讨价还价”能力还较为薄弱，成员社担心苗木滞销，联合社代销苗木多以赊销为主，成员社之间风险共担、共同利益联结机制还较为紧密。随着雪松种植规模的不断扩大，该镇“雪松之乡”的品牌影响力不断增强，现在都是现金现场交易，钱货两讫。联合社找到下游买家后，去农户家中收购，当场签订合同，然后挖树、装车，现场根据交易量与农户结算。这种销售服务模式使联合社各成员社之间的共同利益联结机制变得松散，联合社的稳定性下降，从而制约联合社的进一步发展，也导致出现了雪松销售市场回归“鱼龙混杂”的趋势，以及下述信息不对称现象造成收益损失的问题。

第二，联合社与成员社之间的信息不对称。雪松种植规模越来越大，“雪松之乡”的品牌影响力越来越强，越来越多的苗木经纪人被“经济利润”吸引，涌入没有进入壁垒的雪松代销市场。当前，林家村镇苗木经纪人已有100余人。农户、成员社与联合社之间由于没有签订任何的订单契约，没有稳定的业务联结，可以自愿选择销售渠道。这造成了农户、成员社与联合社之间的信息不对称问题：联合社方认为凭借多年的销售资源禀赋积累，有能力以较高的市场价格出售苗木，但需要等待时机；农户和成员社方却担心由于苗木种植规模增加，苗木滞销在手中。因此，在合适苗木经纪人上门收购时，会选择与其达成交易。对联合社来说，这造成了联合社收益的损失，联合社苗木来源的不稳定性增加；对农户和成员社来说，这造成了农户和成员社的收益损失，苗木市场销售单价被迫压低，联合社联合起来形成的较高市场“讨价还价”能力、规模收益被打破，极有可能致使七年来的合作社的再合作成果付诸东流。

第三，联合社紧密联结机制建立的人力、物力支撑不足。首先是人才支撑不足：管理人才供给不足，联合社缺乏科学合理的内部管理架构设置、健全的内部运营机制、完善的对外业务开展机制；技术人才供给不足，雪松种植还处于摸索前进阶段，尚存在一些技术难关还未攻克，农药使用还存在一定的不合理性，造成经济损失。其次是资金支撑不足，联合社计划丰富业务种类，推动一产、三产融合，但缺乏相应的启动资金。最后是建设用地支撑不足，联合社规划依托林场创办农家乐，但缺乏建设用地指标，用于兴建基础设施。

（二）联合社的发展建议

针对以上问题，提出以下对策建议：

一是加大政府对联合社的支持力度，弥补联合社发展的公共物品和公共服务的供给不足。如加大联合社发展的人才支撑、资金支撑和用地需求支撑，加强职业技能培训，进一步发展农村金融；创建综合性农业服务信息数据平台，缓解产业链条上各环节的信息不对称问题，优化资源配置效率。

二是提升联合社自身建设能力。除了依靠外界的支持推动，联合社自身也要形成“生于忧患，死于安乐”的意识，不断反思总结自身发展问题，有针对性地建立健全内部管理架构、内部运营机制和对外业务开展机制；不断巩固共同利益联结机制，实现规模收益的长效发展。

案例十
山东省诸城市中农粮食专业合作社联合社案例报告*

一、联合社的基本情况

中农粮食专业合作社联合社成立于2016年8月，由10个专业合作社成员组成，注册资本800万元，现有成员已超过40个，是一家集粮食生产、种子培育、农产品加工销售以及提供社会化服务等为一体的联合社。该社位于山东省潍坊市诸城市，是山东省的一座县级市，坐落于山东省东南部，为全国县域范围内经济与竞争力百强县市。中农粮食专业合作社联合社通过土地流转及托管服务等形式，主营农作物育种、种植、加工、收购和储存；种肥药等农业生产资料批发和销售；农业植保、收储青贮饲料、科技推广、机械租赁及病虫害统防统治等服务。目前联合社在粮食等产业已建立起一定的合作基础，已发展为诸城市最大的种植业联合社，且为山东省潍坊市首批一二三产业融合示范企业之一，托管近万亩土地，玉米加工饲料出口全国各省和韩国。

二、联合社的成立动因

诸城市北部七个乡镇大多为粮食主产区，粮食用地占当地土地总量的1/3。2014年理事长薛维福注册成立了诸城市天益金粮食专业合作社，为广大农户提供农机设备和服务，提高农户耕种产出，并试行了土地托管服务。通过合作社的合理种植、机械化耕作，合作社内农户的种植产量不断提高，农民收入也逐渐增加。近年来，随着国家推进供给侧改革的政策支持，当地有关政府部门出台了一系列优惠政策，如统一招标采购、推行良种补贴、流转土地补贴等，诸多因素都促使农民加入合作社意愿不断增强，使合作社联合组织经营的需求逐步显现。因此，2016年，薛维福看准市场契机，作为发起人联合诸城市十家农民合作社共同组建成立山东省中农粮食专业合作社联合社，并定性其为一家集粮食的育种、产销及提供社会化服务为一体的专业联合社。

联合社成立后，在国家大力推行一二三产业融合的政策导向背景下，联合社

---

* 执笔人：韩洋。

借助省农科院的技术优势，先后承担了国家科技部粮食丰产工程、农业部粮食高产创建项目和山东省农科院小麦“两深一浅”栽培技术实验基地三个项目，其中，“小麦轻简化高效栽培技术研究及其推广应用项目”获得省农科院科技进步一等奖。2016 年入选山东省农业厅首批农村一二三产业融合发展示范单位，2017 年被山东省农业厅确定为农技推广试验示范基地，2018 年被省粮食局确定为省级粮食产后服务中心，建立了山东省农业科学院作物研究所潍坊科技成果转化示范基地、山东省农机科技示范企业、潍坊市全程机械化综合农事服务中心等。获得“一种农业用排灌水管收集装置”国家知识产权局实用新型专利证书，山东省优质小麦出口标准化生产单位、农机科技示范单位。

截止到 2019 年，联合社小麦种植面积为 94 万亩、玉米种植面积为 90 万亩，为调整产业结构、培育绿色种植，种植面积相对往年降低，但种植经济作物种类相对往年增加，将玉米、小麦以轮作方式进行土地耕种，每万亩产量得到提升，吸引了诸多家庭农场、种粮大户及专业合作社加入联合社，在此耕种大田作物。与此同时，联合社不仅为成员社提供土地托管服务，还通过无人机洒药、水利灌溉和农机耕作等现代化技术，为成员社节约劳动力及生产成本。

为加大产品研发力度，联合社拓宽产品线，在种植、生产设备、网络领域等方面横向延伸，联合社不断利用自身优势引进高端人才。现如今，联合社已拥有农业示范基地 4200 多亩，建有规范的科研和检验检测支撑平台，科技实力雄厚，与山东省农业科学院合建鲁东小麦博士工作站、潍坊市粮食产业动能转换提升利用工程实验室和潍坊市小麦良种育繁推一体化工程技术中心三个研发平台，为全市开展粮食作物种植提供了强有力的科技支持。基地拥有一支高素质的管理技术团队，其中外聘专家 1 人、博士 3 人、硕士 5 人、中高级职称 10 人。连续多年承担了国家粮食丰产工程、粮食高产创建等项目，建立了以科技特派员、博士研究生和农机科技示范户为主体的全方位技术服务队伍。

三、联合社的机制分析

（一）组织架构

山东省诸城市中粮专业合作社联合社自 2016 年 8 月 18 日起，成立于诸城市相州镇相州七村，由诸城市天益金粮食专业合作社理事长薛维福作为联合社法人代表，联合当地 9 家专业合作社共同成立，成员出资总额为 800 万元。出资方式和出资额如表 1 所示。

表1　联合社成员出资方式及出资额

合作社名称	理事长	证件（照）类型	出资额（万元）	出资方式
诸城市天益金粮食专业合作社	薛维福	农民专业合作社法人营业执照	80	货币
诸城市百社千村植保专业合作社	李培泉	农民专业合作社法人营业执照	80	货币
诸城市天益农产品专业合作社	张治华	农民专业合作社法人营业执照	80	货币
诸城市富之道农机专业合作社	臧伟	农民专业合作社法人营业执照	80	货币
诸城市志彬粮食专业合作社	宋志彬	农民专业合作社法人营业执照	80	货币
诸城市国香粮食专业合作社	冀国香	农民专业合作社法人营业执照	80	货币
诸城市星华粮食专业合作社	郭宗仁	农民专业合作社法人营业执照	80	货币
诸城市好来运粮食专业合作社	臧来运	农民专业合作社法人营业执照	80	货币
诸城市盛国粮食专业合作社	张焕梅	农民专业合作社法人营业执照	80	货币
诸城市潍河农田灌溉专业合作社	许传宝	农民专业合作社法人营业执照	80	货币

从表1中可以看出，以上10个专业合作社成员均占联合社股权的10%。

联合社的主要组织有成员代表大会、理事会和监事会，且每年召开一次成员大会。成员大会由理事长或理事会负责召集，并提前15日向全体成员通报会议时间和内容。

（二）治理机制

联合社的成员大会是本联合社的最高权力机构，由全体成员组成，可审议、修改本联合社章程和各项规章制度，选举和罢免主要管理人员，并能决定重大财产处置、对外投资、对外担保和生产经营活动中的其他重大事项，成员表决权综述过半数则决议可通过。联合社成员超过150名时，每30名成员选举产生一名成员代表，组成成员代表大会，履行成员大会的职权。成员代表任期三年，可连选连任。本联合社设置理事长一名，为本联合社的法定代表人。现任理事长和财务人员不得兼任监事。

联合社实行独立的财务管理和会计核算，财务实行每年12月31日定期公开制度。联合社在当年盈余中提取10%公积金，用于扩大生产经营、弥补亏损或转为成员出资。联合社成员可以用货币出资，也可以用库房、加工设备、运输设备、农机具、农产品等实物、技术、知识产权或者其他财产权利作价出资，但不得以劳务、信用、商誉、特许经营权或者设定担保的财产等作价出资。成员以非货币方式出资的，需由全体成员评估作价。联合社的可分配盈余，按成员与联合社的业务交易量（额）按比例返还，返还总额不得低于可分配盈余的60%；剩余部分以成员账户中记载的出资额和公积金份额等按比例分配，平均量化到成员。联合社若有亏损，则用成员公积金弥补，不足部分也可用之后年度盈余弥补。此外，联合社所承担的债务也用本联合社公积金或盈余清偿，不足部分依照成员个人账户财产份额，按比例分担，但分担额度不得超过成员账户中记载的出资额和公积金份额。

（三）经营状况

1. 经济作物产量提高，农民收入增加

在小麦的统产统销方面，联合社与种植大户签订订单农业，定期从种植大户回购小麦等经济作物，其订单定价为当季市场价格基础上每斤加价 1 角。目前，联合社已在全市建立 100 万亩合作面积。与此同时，联合社还与山东省鲁粮集团合作，拓展了销售市场。目前，本联合社已发展成为潍坊市最大粮食产业，托管土地 3 万亩。

在玉米的统产统销方面，联合社主要将玉米进行种养结合，将种植玉米加工成全株青贮饲料，并出口至全国各省，最远出口至韩国，从而实现联合社一二三产业融合。

2. 建立“平台+基地+合作社+农户+龙头企业”的“5+”模式

联合社根据目前发展动态与未来发展前景，创新开展了平台、基地、合作社、农户及龙头企业相结合的“5+”模式。即先搭建综合性的服务平台，依靠服务平台拓展业务范围，建立示范基地。通过对高校和成功案例的学习，掌握先进做法，引进先进技术和机械，并以此领办联合社。通过示范基地的推广，其他合作社、种粮大户和农民都逐渐了解了联合社业务范围及经营成效，加入联合社的意愿也在增加。此外，联合社还利用合作社的组织形式，与粮食大户对接，通过环节托管和全程托管两种模式，与社区共享共建，增加联合社整体收入。农户可通过联合社平台，享受粮食托管、集中种植管理等服务，于年底参与联合社收益分红，这不仅提高了农户自身收成，还促使农户通过联合社平台获取了更多信息，拓展了销路。联合社自身也成立了公司，与龙头企业保持长期合作关系，在一定程度上使联合社保持了稳定的收入水平。联合社因地制宜创新制定的发展模式，使其在诸城市得以更好利用当地土壤肥力高、气候适宜等自然优势，与当地粮食发展基础好、政府扶持力度大等后天优势相结合，发展成为诸城市最大的种植业联合社。

四、联合社的运行内容

联合社投资 2000 万元在相州镇建设了占地 30 亩的为农服务中心，主要为农民提供良种繁育、测土配方和智能配肥、统防统治、青贮饲料提供、农机作业、烘干储藏、农民培训等粮食生产全程社会化服务。

（一）社会化服务

（1）土地托管。基地针对常年外出打工或无劳动能力的农户开展“保姆式”全托管服务，现已托管面积近3万亩。联合社多次实施小麦“一喷三防”和玉米“一防双减”飞防作业，统一配药防治，仅2018年实施“飞防”“统防统治”作业27万亩，节约了大田管理成本。为升级土地托管服务，基地成立了由全市110个100亩以上种粮大户、家庭农场、专业合作社组成的诸城市种粮大户科技联盟，通过信息资源共享、抱团闯市场，打造诸城粮食品牌。

（2）良种繁育服务。基地依托省农科院小麦博士工作站的科研优势，联合农民开展小麦粮食高产新品种的育繁推一体化服务，主要推广了济麦44、济麦23、济麦262、济麦229、山农32等小麦优质品种，面积达30多万亩。

（3）土地检测服务。为更好地提升大田生产优势，基地购进先进的土肥检测仪器，聘专业检测员，精心进行测土配方，按照测土化验结果，推广新型科学种植技术，开展田间管理全程服务。

（4）农机作业服务。与福田雷沃农业装备公司合作，成立高端农机装备示范基地，引进深松免耕施肥播种一体机、大型联合收获机械、籽粒脱粒机、进口秸秆回收机、种子加工成套设备等先进农业机械40余台，开展规模化农机作业服务。

（5）农资直供服务。基地配备专业人员，采用智能配肥设备，根据作物营养需求，为农民提供优质放心的种肥药套餐，节约流通环节，直供到户，帮助农户节本增效。

（6）粮食烘干储存服务。新上粮食烘干塔6台套，日烘干粮食达到200吨，高标准粮食储存库容量3000吨，有效解决粮食晾晒难、易霉变、储存难的问题。所代存粮食可换取良种、农资和农机服务等，从田间到餐桌逐步实现“粮食银行”。

（7）农业技术推广服务。借助省农科院专家智力支撑，设立农民培训课堂，加强与科研院所的合作，建立人才培养基地和教学科研基地，注重引进高科技人才，形成了一支高学历、多学科交叉的科研人才团队，根据企业需要聘请国内知名的专家，教授到基地讲课，传授技艺，2018年举办各种培训班9次，发放明白纸10000多张，培训2300多人次，解决生产和研发中存在的技术难题，推进和提高基地的科技创新能力和水平。

（8）青贮饲料制作。为提高经济效益，大力开拓新的合作资源，联合社与多地大型奶牛养殖厂合作，进行小麦、玉米饲料种植制作，实现了粮改饲的有序过渡。收集小麦秸秆1000多吨进行黄储饲料及有机肥制作，玉米制作青贮饲料供应各大养殖企业。现托管土地面积30000多亩用于制作青储饲料，年产饲料80000多吨，辐射舜王、昌城、辛兴、程戈庄等乡镇，主要出口韩国，内销广州、福建、莱州、日照等地，年增加收入200多万元，带动农户2356户。

（二）农产品加工服务

为完善粮食托管服务链条，在产业链"下游"，基地将托管的小麦委托佳士博公司进行二次加工，将农户的商品粮直接加工，减少了流通环节，生产面粉、挂面、馒头、面包等产品，提高了粮食附加值和利润空间，解决了部分社员就业，方便了群众生活，实现了农业发展"接二连三"。现拥有喜庆粮油、马庄小米、有机圣果、五谷杂粮、诸城特产等农产品。

（三）产销流通环节

基地借助电商手段，促进线上线下"双管齐下"；在服务上，以农服务中心平台支撑。通过"平台+基地+合作社+农户+农业龙头企业"，打造了种植、加工、销售、服务"四位一体"的农业产业链，现拥有117家实体店，年销售农资8000多万元，使农民得到实惠，推动了一二三产业融合发展。

五、联合社的发展成效和经验

（一）发展成效

1. 节本增效，生产更加集约化、专业化、规模化

诸城市中农粮食专业合作社联合社通过积极开展土地流转和土地托管，转变了农业小规模分散生产经营方式，让农业生产向着集约化、专业化和规模化转变。在品种选育上，联合社根据诸城土壤墒情和气候情况，引种了济麦23、济麦262、济麦229、山农32等高产优质品种。在机械化耕种收方面，联合社引进最先进的大型农业耕、种、收、灌溉机械，采用信息化管理技术，制定田间档案管理制度，实行统一管理、统一销售。通过基地标准化种植和规模化经营，联合社节约了农业生产成本，提升大田利润值，每亩利润增加300多元。

2. 促农增收，利益联结更加紧密

诸城市中农粮食专业合作社联合社在生产环节通过开展土地托管，与农户签订种植合同，为农节本增效。在"联合社+合作社+农户"的经营模式下，社员土地入股，联合社采取"保底收益+二次分红"机制，与社员签订种植合同，农户获得了农业生产经营收入；在加工流通环节，联合社将种粮大户、家庭农场、专业合作社联合起来发展市场和品牌，依托佳士博公司进行商品粮加工，提供加工车间和销售岗位，解决了部分转移劳动力就业问题，农户获得了工资性收入和财产性收入，拓宽了农民增收渠道。

（二）发展经验

（1）在提供社会化服务方面，联合社通过大力发展社会化服务载体，提供种子繁育服务、土地质量监测服务以及土地托管等一系列现代化服务，并借助省农科院专家的智力支撑，为联合社成员提供技术指导。运用高端机械设备进行农机作业服务，以节省联合社成员的耕作时间成本。对成员土地进行托管，以合作模式代替独立耕作模式，节省合作社流动资金，实现联合社生产集约化。

（2）在提供产销服务方面，为使农业产业化链条完整，联合社于产业链末端对经济作物进行农产品二次加工，形成具有诸城特色的农副产品。在产品销售方面，联合社综合线上、线下两个销售渠道，通过网络电商及与企业合作两种销售手段加强联合社的产销流通环节，实现一二三产业融合。

六、联合社的现存问题

（1）运营模式方面，联合社内合作社发展不平衡，规模大小不统一，人员分配不均衡，难以逐一开展深度合作。

（2）利润分配方面，联合社内成员社均有自己的财务，难以统一进行利润分红，尚未搭建健全的服务平台。联合社成立时，其联合社内合作社的资产为认缴占比，成员社年底盈利所分配到的资产到合作社便截止，并未在联合社进行二次核算。

（3）资金运作方面，随着联合社的不断发展，其拓展业务要投入大量资金，因此，联合社良性贷款总额不断攀升。成员社内不乏一些小合作社，该类合作社成员数量相对较少，现有资金总量低，因此在联合社内为此类成员社开展了资金互助业务，以带动联合社成员统筹发展。

（4）托管模式方面，联合社与粮食大户对接时，通过环节托管和全程托管两种模式拓展业务范围，其中环节托管为主，全程托管为辅。联合社经营的环节托管服务主要为提供安全防盗与安全管控、机械化服务两个方面，以此减少联合社成员资产的丢失损耗，节约生产成本，环节托管服务占总托管份额的70%。而全程托管相对更能增强联合社的整体竞争力，要发展全程托管，就需要村委会村干部共享共建，拓展全程托管业务。目前已试行联合社与村委村干部的联合协作，增加了20%集体收入，但仍需加强深度合作，进一步扩大联合社经营业务，增加收入。

七、联合社的政策建议

目前联合社设定的目标为“一二三四五”步走的发展战略，即在三年时间内，于诸城市北部粮食生产区建设一个拥有10万亩茶叶、20万亩药材、30万亩果品、40万亩蔬菜、50万亩优质产品粮基地的全面发展的联合社，进一步扩大与合作社的联合与合作。联合社在经济作物的经营方面，适合主推有机小麦与粮改饲，并加强地方政府的配合，和诸城市周边八个乡镇建立深度合作关系，扩大市场辐射范围。

根据当前发展现状，联合社应不断扩大高端优质和功能性特色粮食种植面积和经营规模，加大良种良法配套栽培技术研究，完善服务机制，尤其要合理利用电商销售模式。同时，应加大联合社投资力度，提升发展水平，不断加快联合社的农业产业集聚，增加对农业科技的投入，建立一支集研究、开发、服务三位一体的服务团队。此外，联合社可延长目前农业产业链，并加大对农业基础设施的投资，使农业产业现代化步伐得以加快，从而推进农业机械化、自动化的快速发展，逐步打造一个集综合性、可持续性、规模化为一体的强有力的农业产业。

案例十一 湖北省洪湖市春露农作物种植专业合作社联合社案例报告*

一、联合社的基本情况

洪湖市春露农作物种植专业合作社联合社位于洪湖市经济技术开发区新堤大兴路，联合社于2013年10月30日注册成立，注册资本1315万元，主要股东成员14家（见表1），签约成员25家。社员3450人，拥有各类专业技术人员39人。联合社现流转和托管的耕地面积近10万亩，辐射带动全市发展再生稻20多万亩。其中自有流转面积3万亩，生资仓库6000平方米，智能育秧大棚225个（7.4万平方米），温室催芽室6间800平方米，耕整机械117台套，植保飞机6架，乘坐式收割机32台套，粮食烘干设备2组，水泥晒场1.3万平方米，粮食仓库3万平方米和1个粮食烘干加工厂。联合社是一家由农技、农机、农资、植保等多类别农民专业合作社及粮食加工企业共同组成的新型农业经营主体，集再生稻种植、示范、推广、加工、销售、观光业于一体。联合社依托洪湖独特的自

* 执笔人：卢洋啸。

然资源和良好的生态环境优势，主要开展再生稻种植、收购、加工、销售，深度融合农村一二三产业发展。

表1 洪湖市春露农作物种植专业合作社联合社股东信息

序号	股东信息	认缴出资额及持股比例
1	洪湖市共兴资产经营管理有限公司	461万元，35.06%
2	湖北好园春农作物种植专业合作社	9万元，0.68%
3	洪湖市涌泉水稻种植专业合作社	9万元，0.68%
4	洪湖市能利沼气服务专业合作社	5万元，0.38%
5	洪湖市龙甲粮油种植专业合作社	2万元，0.15%
6	洪湖市湘北水稻种植专业合作社	2万元，0.15%
7	洪湖市雄丰水稻种植专业合作社	2万元，0.15%
8	洪湖市众发水稻种植专业合作社	2万元，0.15%
9	洪湖市建霞鑫水稻种植专业合作社	2万元，0.15%
10	洪湖市聚丰农机专业合作社	2万元，0.15%
11	洪湖市明龙水稻种植专业合作社	2万元，0.15%
12	洪湖市四好蔬菜种植专业合作社	2万元，0.15%
13	洪湖市惠春农业科技有限公司	—
14	洪湖市丰顺农机专业合作社	—

2015年联合社获评荆州市农业产业化重点龙头企业，荆州市现代农业示范园，2016年12月被农业部等九部委认定为国家级示范合作社。2016年获评“全国农民合作社示范社”等荣誉称号。2018年4月，“杂交水稻之父”袁隆平院士为联合社题词“春露催再生，轻简惠稻农”，联合社曾获得第18届中国绿色食品博览会金奖，第16届中国国际农产品交易会金奖等诸多殊荣。

联合社的服务功能齐全，组织管理规范，管理团队分工明确，经验丰富。理事长张永前，大专学历，曾是一名农艺师，具有多年行政管理经验，有很强的组织管理能力。曾任职洪湖市农业局局长，2017年12月被农业部、人力资源和社会保障部授予“全国农业劳动模范”。副理事长郭家洪，大专学历，洪湖市华洪农资经营部负责人，另一位副理事长兰夕良是一名农艺师，监事长刘锡银也是资深农艺师，洪湖市汉河农技服务中心原主任。

联合社产业链条完整，品牌效益显著，“洪湖春露”和“洪湖荷莲香”已获准国家工商总局注册，“洪湖春露再生稻香米”“洪湖荷莲香鱼虾稻香米”已获国家农业部绿色食品认证，“洪湖再生稻米”已获国家农产品地理标志。春露大米亮相 CCTV-7《乡土》栏目的广告投放，向全国观众展示品牌形象。

二、联合社的成立动因

（一）背景及动因

再生稻在中国有悠久的种植历史，可以追溯到1700年前，古代称之为“秬稻”。20世纪90年代初，洪湖市曾经发展到6万多亩，是洪湖的一个传统产品，俗称“稻耳”。投入少，米质优，口感好，食品安全，但产量不高是广大农民的普遍认识。由于农村劳动力大量外出务工经商，水稻机械收割代替了人工收割，人工蓄留再生稻一度消失。2004年，洪湖市涌泉种植专业合作社进行了机收条件下的再生稻高产栽培试验，取得了良好的效果。2009年华中农业大学牵头组织对再生稻生产技术瓶颈进行研究，构建了“机收再生稻高产高效集成技术体系和模式”。自此，洪湖市再生稻种植再次起步发展，为再生稻产业化奠定了较好的基础。

2013年洪湖市水稻种植专业合作社发展迅速，但合作社质量良莠不齐，普遍存在规模小、实力弱的实际情况，各自为政，开拓市场的能力不足，甚至同业竞争，社员收入增加不明显，合作社以及有关优势产业也难以做大做强。受市场上泰国香米等高端优质大米的启示，为充分体现其再生稻应有的价值，发挥再生稻增收作用，做大做强洪湖再生稻产业，必须走产业化之路，实行产加销、贸工农一体化，实现农民、合作社和消费者共赢。从种植规模的扩张，单产提高，到产品加工销售，必须加强多方面管理与服务，联合发展成为当务之急。

2013年10月，为做大做强洪湖再生稻产业，增加再生稻种植的农户收入，张永前牵头倡议33家农村专业合作社通过跨业、跨区域的纵横联合，壮大当地的水稻产业。由洪湖市涌泉种植专业合作社发起成立了“洪湖市春露农作物种植专业合作社联合社”。建社后，对各个合作社的生产要素进行优化配置，实现了产供销、农工贸一体化经营。春露联合社整合农资经营、生产种植、农机服务以及农产品收购、加工、包装、销售等，在区域上覆盖了洪湖市周边县（市），在经营上涵盖了种子、农药、肥料、农膜等农业生产资料供应，以及耕整、育秧插秧、收割、收购、烘干、加工、包装、销售的全流程服务。

（二）发展历程

联合社成员单位由2013年10月发起成立时的11家，社员1233户发展到2014年9月时的成员单位33家，社员2578户，2015年时的成员单位40家，社员3450户。联合社再生稻种植面积也由2013年的1.36万亩发展到2014年的2.85万亩，2016年再生稻种植面积达到9.75万亩，带动全市再生稻面积发展到

20多万亩。2018年联合社在全市五个乡镇建立了自有绿色产品生产基地，总面积为14650亩。2018年联合社建设了再生稻产业园区，涵盖了办公、科研、展览、仓储、加工、物流、配送等多种功能于一体，提升综合服务能力。

近年来，随着电商的兴起，联合社积极与社区、商超、企业开展合作，设立产品销售专柜，通过微信、淘宝、京东等电商平台销售的方式，扩大市场。在武汉、上海、广州、深圳、长沙等主要城市都形成了稳定的销售网络。2018年联合社再生稻产品销售额达464.3万元。

三、联合社的机制分析

（一）股权与组织结构

春露联合社采取了科学而灵活的股权设置和利益分配方案，经成员代表大会讨论通过后推行，各成员合作社可以资金入股，也可以实物入股，家庭农场可以按照再生稻种植面积入股，不设绝对控股股东。

联合社组织结构主要围绕再生稻全产业开发的管理和服务需要合理配置，部门和成员单位既有明确责任分工，也有阶段性任务，确保联合社高效运转。联合社的机构设计主要有成员代表大会，理事会、监事会以及管理服务部门。成员代表大会由40家成员合作社理事长、家庭农场主、加工厂经理组成。成员代表大会是联合社最高权力机构，理事会是成员代表大会的执行机构，负责联合社日常管理，理事长对成员代表大会负责。监事会是联合社的监督机构，负责监督理事会对成员代表大会的决议和联合社章程的执行。

（二）决策机制

联合社治理结构较为完善，决策机制已基本形成，成员社之间有明确的角色定位和职责分工，工作制度透明，沟通机制畅通。联合社通过有效的激励与科学的监督机制，从结构和制度上保证了管理人员决策是以联合社的根本利益为出发点，以全体股东利益为重，为联合社的发展提供科学决策，加强了成员社的执行力。春露联合社重大事情的决策，依据《联合社章程》规定的规章制度，实行民主决策。成员代表会议是联合社最高权力机构，每半年召开一次，听取和审议理事会工作报告和财务工作报告，对联合社项目建设、利润分配和理事会人员变动等重大事项做出决定。特别重大事项由理事会召开成员代表大会临时会议，理事会每月召开一次常务理事会，听取联合社成员单位的工作意见和建议、各部门工作汇报，研究部署阶段性工作。

（三）收入与盈利模式

联合社的增收方式主要包括以下三个方面：一是依靠联合社核心示范基地和

再生稻种植合作社以增加一季再生稻的方式提高产量，实现增收。二是批量采购生产资料，降低采购价格，节省成本。统一农机作业服务，实行价格优惠，农机手增加作业服务面积，实现节本增收。三是将再生稻加工销售，提高产品附加值，实现增收。

种植户平均每亩可增收1500元。2014年联合社实现利润376.42万元，2015年实现利润735.47万元，2016年因发生自然灾害，利润下降至56.03万元。2017年联合社实现产值过亿元，利润300万元。2018年联合社生产经营收入852.15万元。利润分配在按成员代表大会决议规定的比例提取一定公积金和风险金后，盈余分三次分配。第一次按照成员社与联合社交易额的3%比例分配，第二次是年终决算时按照股金比例分配，第三次是按照成员社与联合社在生产资料、农机服务等方面的交易额的10‰折算成股本参与下一年股金分红。

（四）财务管理

联合社理事会负责财务管理工作，并聘请了专职会计和出纳。制定了财务管理制度，任何单位和个人不得截留、挤占、平调和挪用联合社资产。各项支出必须用于联合社的经营和服务活动以及日常管理等相关事项。财会人员必须严格遵守《农民专业合作社财务会计制度》。办理会计事项应当取得原始凭证并依据审核的原始凭证编制记账凭证、会计凭证、会计账簿、会计报表和其他会计资料，做到真实、准确、完整，账账相符，账物相符，账表相符。所有支出由理事长负责审批，单笔业务支出在2000元以内的，由理事长审批；2000元以上的，经理事会集体审核后，由理事长签批；所有支出，均要取得合法有效的原始凭证，并有经办人、证明人签字，注明其用途，经理事长审批签字后方可入账。经集体审核通过的需有会议记录或形成的决议作为依据入账。总体上，该联合社财务制度较为规范。

（五）突出优势

联合社的突出优势主要表现在以下五个方面：一是整合优势资源。为做大做强洪湖再生稻产业，切实发挥联合社领军作用，通过强强联合，实现优势互补、资源共享。联合社的成员社在洪湖市生产服务面积大、经济实力雄厚、管理规范，在相关服务方面的示范合作社为增加经济实力，还与湖北惠民农业科技公司实行战略合作，促进再生稻产业发展。

二是创新服务模式。在联合社成立过程中，各成员社对联合社的运行模式进行了深入思考和讨论。为防止走一般合作社的老路，赋予联合社新职能，确立了联合社“六统一”的运行模式，认可“六统一”模式是各合作社加入联合社的前提。“六统一”，即统一技术培训指导、统一生产资料采购供应、统一农机作业服务、统一病虫害绿色防控、统一产品加工销售、统一效益核算。“六统一”运行模式被湖北省农业农村厅评为“春露模式”，并在全省推广。

三是延伸再生稻产业服务。春露联合社以促进洪湖再生稻发展为己任，以实现联合社全体成员增收致富为目标，充分发挥各成员社职能作用，延伸再生稻产业服务链。为加快再生稻产业发展，联合社与华中农业大学、省农科院、长江大学建立了校企共建关系，为成员社和农户提供专业的技术服务，服务内容涵盖再生稻产业生产的全过程，并组建了再生稻大米专业销售团队。

四是严格把控产品质量。联合社新建了 3000 亩绿色食品再生稻高产栽培示范基地，再生稻育秧基地，生资仓库、粮食仓库，添置再生稻烘干设备，为确保再生稻米质量安全，联合社对再生稻投入品进行全程监控。联合社分发的生产资料，优先满足再生稻生产需要，特殊情况需用其他农药，必须在联合社技术员的指导下使用。若违反联合社用药规定，再生稻不予回收。

五是强化品牌建设。为增强再生稻米市场竞争力，提高产品附加值，联合社注重品牌建设。春露再生稻系列产品，共获得四个绿色食品标志，“洪湖再生稻米”还获得了国家地理标志保护。春露再生稻香米荣获第十五届中国绿色食品博览会金奖、第十一届中国武汉农业博览会金奖、2014 年湖北省首届楚合农产品金奖、2015 年湖北好食材金奖。春露再生稻香米已经销往上海、武汉、广州、深圳、长沙等国内一二线城市。2016 年春露再生稻香米成功出口日本市场。

（六）经营展望

对于未来的发展，理事长希望依托联合社的规模优势，继续做大做强再生稻产业。

一是继续扩大联合社规模。2020 年前计划吸纳成员社 40 家以上，实现再生稻种植面积 15 万亩以上的规模经营，辐射农户 1 万人以上的发展目标。二是建设再生稻核心示范基地。联合社已争取多项财政资金，拟对洪湖市乌林镇王洲村、四屋门村，峰口镇周湾村、沙口镇长河村、戴家场镇官港村和卢墩村的 5000 亩水田，进行农田水利综合配套升级改造项目，计划建成全市最大的再生稻核心区样板区，切实发挥基地的引领示范作用。三是新建粮食加工综合基地。联合社计划投资 5000 万元，分三年建设粮食收储仓库、烘干车间、粮食加工车间、肥料仓库、专家综合楼、水泥晒场，新规划建设面积 25000 平方米。四是加强品牌推广。联合社将进一步加大宣传力度，积极参与行政主管部门和专业机构的品牌创建和推介活动，积极参与各项形式的农产品展览会，力争在全国范围内打响“洪湖春露”品牌。

四、联合社的运行内容

按照再生稻全产业开发、全程服务要求，春露联合社业务范围主要有再生稻专用种子、农药、肥料等农资的采购和分发，秧苗培育，耕、种、收农机作业服务，病虫草害的飞机施药，再生稻稻谷的收购、烘干、储存，再生稻大米加工、销售。

（一）与企业联合抱团发展

在发展过程中，联合社积极寻求与企业的深度合作，与湖北省龙头企业——湖北惠民农业科技有限公司组建了洪湖市惠春农业科技有限公司，农企强强联合，大幅提升联合社的整体实力。联合社为深度开发再生稻产业，解决资金和销售难题，与湖北惠民农业股份有限公司联合组建洪湖市惠春农业科技有限公司，与高略（北京）农业发展有限公司、中化集团现代农业科技有限公司、中国华宇大地（湖北）经济发展有限公司实行战略合作，形成“联合社+合作社+基地+农户+公司”的经营模式，打造“农业技术+金融服务+农产品销售”的技术金融服务平台，构建多种形式并存的新型农业经营服务主体。以“整合资源、科技兴农、服务惠民、致富圆梦”为理念，按照统一技术培训、统一技术指导、统一农机服务、统一生产资料供应、统一产品购销、统一效益核算“六统一”模式，实行再生稻产加销、贸工农一体化。推进洪湖市粮食供给侧结构性改革，促进洪湖粮食生产向“优质、生态、高产、高效”和“规模化、标准化、产业化、品牌化”转化，促进农业增效和农民增收，实现了再生稻产业的抱团发展。

（二）推行“六统一”服务模式

联合社的“六统一”服务模式是湖北省推广的三大模式之一，通过开展“六统一”服务，实行再生稻产加销、贸工农一体化，助推再生稻产业发展。

一是统一技术培训。邀请华中农业大学、长江大学教授，湖北农科院研究员以及当地农业部门专家，对合作社骨干和科技示范户进行技术讲座和技能培训。

二是统一技术指导。联合社成立由11名农业技师组建的专业技术服务团队，常年深入田间地头，无偿为种植农户提供面对面的指导和服务。通过科技短信平台、官方网站及微信公众平台等多种形式开展技术服务，解决成员在生产中遇到的问题。

三是统一农机服务。联合社推出农机服务“套餐”，成员根据实际情况选择服务项目，价格实行优惠。同时成立两个植保机防队，对病虫害进行统一防治。

四是统一生产资料供应。联合社统一采购生产资料，按批发价直接供应成员，减少供应中间环节，通过接受联合社提供的农资服务，成员每亩可实现直接成本结余180元。

五是统一产品购销。对成员生产的粮食以高于市场价格，即第一季中稻收购价比市场价高 0.05 元/公斤，再生稻收购价则比市场高 0.5 元/公斤收购，并由联合社负责销售。2015 年共购销粮食 200 万元，取得了较好的经济效益。

六是统一效益核算。联合社利润分配上实行三次核算分配：第一次分配是按成员与联合社的生产资料交易额的 3%返还。第二次分配是按股份分红。第三次分配是按成员与联合社交易额的 1%提取资金奖励，将此资金作为第二年股金，累计增加。联合社通过利润的公平合理分配，真正做到联合、联利、联心，提升联合社的凝聚力，计划经过 5~10 年的运作，实现成员社间的入股资金趋于平衡，实现共同富裕的目标。

（三）运用科学技术，打造品牌文化

联合社不断优化再生稻品种选育与管理，培育推广新品种、新技术，通过与湖北惠民农业科技有限公司联合，并紧紧依托其科技人才优势，发展洪湖再生稻产业。此外，联合社聘请中科院院士谢华安、中组部千人引进人才彭少兵博士为常年顾问，与华中农业大学、长江大学签订技术服务协议，通过邀请专家实地考察和网络授课等形式，为发展洪湖再生稻产业提供科技支撑。

联合社为抢占市场先机，在运用科学技术提高水稻产量的基础上，格外重视品牌推介，主打三张名片：

一是绿色环保名片。"洪湖再生稻米"选择在洪湖岸边有机质含量高，硒元素含量丰富的低湖田种植，稻田灌溉用水源于世界级洪湖湿地保护区的湖泊与河流，无工业污染和重金属污染，2014 年联合社所生产的"洪湖春露再生稻香米""洪湖荷莲香鱼虾稻香米"获得农业部绿色食品认证。

二是人文历史底蕴名片。再生稻米亦称"稻尔米"和"稻荪米"。传说三国时期，曹操兵败赤壁，败走华容，途经洪湖乌林，人困马乏，饥饿劳累，道尔等农民见士兵可怜，献上自己留下的稻耳米给魏国士兵们吃，士兵们吃后精神大振，才得以重返北方。曹操感慨地说："劫后重生，全赖此米，实乃我魏军'再生'之米也。"

三是产品质量名片。洪湖再生稻米，米粒修长，光泽滑润，晶亮透明，清香浓郁，口感极佳。为推介品牌，"春露"联合社积极参加各地农产品展销，并荣获诸多殊荣。"洪湖再生稻米"先后荣获第十五届、第十八届绿色食品博览会金奖，第十一届、第十三届中国武汉农产品博览会金奖，2014 年湖北省首届"楚合"农产品金奖和 2015 年湖北好食材金奖。

五、联合社发展中存在的主要问题

联合社面临的首要问题是资金不足和融资难、融资贵的问题。随着联合社成员社逐年增加，再生稻种植面积迅速扩大，再生稻收购资金严重不足。目前联合社的生产性固定资产在银行抵押无效，融资十分困难。农业企业的利润微薄，民间借贷成本过高，联合社无力承担。联合社在发展的过程中，得到了各级政府的支持，但亟须针对联合社发展的专项扶持政策。其次，缺乏抵御自然灾害风险的保险险种。2016 年 7 月，当地发生严重的渍涝灾害，造成再生稻大量减产，育秧基地大棚毁损，春露联合社直接经济损失超过 800 万元，由于没有大灾保险作为托底保障，联合社只能独自承担。

六、联合社的发展启示

联合社致力于促进农业增效、农民增收的目标，不断发挥示范引领作用，不断增强服务功能，不断丰富“六统一”服务内容，不断扩大再生稻生产规模。推进再生稻生产标准化、产品开发系列化、质量有机化。联合社全力打造“洪湖再生稻”绿色品牌，充分利用各类会展、节庆活动等平台，宣传推介洪湖再生稻，提高春露品牌知名度和市场占有率，实现再生稻产业效益的最大化，为创建全国再生稻产业发展第一县市，建设富强洪湖、绿色洪湖做出了应有的贡献。回顾联合社的发展之路，总结出以下几方面发展经验：

一是带头能人促发展。产业的发展关键要有好的带头人，理事长张永前是一名洪湖市农业局退休的老干部，曾经在乡镇农业部门任职，一生工作在基层，服务农村，对农业、农村、农民有着深厚的感情，并对农村合作组织的发展有着自己独特的思路，懂业务、懂管理、善创新，带领联合社从一个昔日单打独斗的洪湖市涌泉水稻种植专业合作社一步步蜕变成今日强大的联合社。联合社的其他分管人员，也有着丰富的实践经验，对联合社的发展都起到了推动作用。能人的能动性得到充分发挥，促进再生稻产业发展。

二是“抱团取暖”促共赢。只有抱团发展，才能打造“联合社舰队”，才能有效扩大经营规模，提升品牌形象和影响力，才是农村合作社组织发展的正确途径和方向。春露联合社走出了一条“合作社+农户+联合社+基地+企业”的运作模式，辐射带动周边农民，在联合社的规范管理下，实现了合作共赢的目标。

三是统一服务促提升。联合社最大的优势就是实现了生产经营上的管理和分工合作。科学强化内部管理，通过“六统一”服务模式，“成员社心向一处想，劲往一处使”，团结合作，调动了社员积极性，以规范化的服务模式，统一生产标准，提高农产品质量，发挥品牌优势，提升经济效益。

案例十二
湖北省洪湖市世元水产专业合作社联合社案例报告*

一、联合社的基本情况

（一）联合社

洪湖世元水产专业合作社联合社成立于2019年4月9日，在洪湖市世元鳖龟养殖专业合作社的基础之上发展而来。其宗旨是：联合有抱负的洪湖水产人，共同打造洪湖水产品牌，把洪湖优品卖出优价，走出洪湖，走向世界。联合社注册成立时出资总额为800万元，有成员社12家，均为洪湖市排名前20的合作社，涵盖农户630多户，养殖面积为9.8万亩，其中流转土地3000余亩，一经成立便已初具规模。

（二）合作社

洪湖世元水产专业合作社联合社由洪湖市世元鳖龟养殖专业合作社发起成立，洪湖市世元鳖龟养殖专业合作社作为联合社的中坚力量，在其成立和发展的过程中扮演了重要角色。鉴于联合社成立时间尚短，故而对其前身亦即中心社基本情况进行梳理，以考察联合社的成立基础和中心社的带动作用。

洪湖市世元鳖龟养殖专业合作社注册成立于2007年8月18日，在大同湖管理区党委的关心、引导，湖北省农垦事业管理局的大力支持下，坚持依法治社、民主理社、服务兴社、品牌立社的经营理念，以做响品牌、做大做强鳖龟产业，实现农业增效、职工增收为目标，充分利用洪湖水质优良、野生鱼虾资源丰富的优越条件，按照生产标准化、产品质量优质安全的要求，大力发展鳖龟纯生态养殖，取得良好的经济效益和社会效益，合作社也得到了长足的发展。截止到2018年底，合作社成员数由成立之初的25户发展到198户，注册资金由当初的25.2万元发展为660万元。

在养殖规模方面，通过几年的不断发展，合作社的鳖龟养殖产业辐射并带动了周边大沙湖管理区、黄家口镇、乌林镇、老湾回族自治乡等乡镇。合作社的养殖规模由成立之初的不足1000亩发展到15000多亩，其中鳖龟生态养殖基地

---

* 执笔人：文鑫。

4000 亩，有机养殖基地 1000 亩，鱼鳖混养示范基地 10000 亩，鳖龟繁殖基地 200 亩，可年产优质商品鳖 300 吨、鳖苗 300 万只，年产值达 2400 万元。

在品牌经营战略方面，合作社立足打造精品创名品的品牌经营战略，在生产过程中实行“四个统一”，即苗种统一繁育与销售；投入品（鱼虾饵料及药物）统一采购与销售；无公害生产技术统一培训与实施；产品上市销售统一品牌与包装。经过几年的发展，使“洪湖世元”这个品牌得到了广泛的认可，“洪湖世元”牌鳖龟产品于 2007 年通过农业部无公害农产品认证，2012 年通过国家有机食品认证，2013 年成为农业部农垦农产品质量追溯项目建设单位，也是湖北省鳖龟养殖产业目前唯一一家实行产品质量追溯的单位，上市产品可通过网络、短信、语音等平台对产品的养殖过程和质量进行全程追溯。

在社会荣誉方面，合作社先后被湖北省水产局、省农民专业经济合作组织指导办公室授予“十佳渔民专业合作社”，被荆州市委、市政府确定为示范合作社，并授予“水产经济合作组织先进单位”；2010 年被湖北省确定为省级示范合作社；2011 年被确定为国家级示范合作社，2011 年被列入国家项目库，成为国家、省重点扶持的农民专业合作社，同年成为全国质量诚信 AAA 级品牌企业；2012 年“洪湖世元”荣获荆州市知名商标，成为湖北省农民专业合作社联合社副会长单位；2013 年成为湖北省“十大优秀农村合作社”；2013 年成为洪湖市洪帆水产合作联社副会长单位；2013 年荣获第十一届中国国际农产品交易会“金奖产品”称号；2014 年“洪湖世元”成为省著名商标；2014 年荣获全国“优秀农民合作社”称号；2013 年联合社主要成员被评为“湖北省首届十大农民专业合作社组织创新创业领军人物”；2018 年洪湖世元甲鱼被评为湖北省“十大名优农产品”。中央电视台、湖北电视台等媒体多次报道“洪湖世元”产品。“洪湖世元”牌生态鳖龟凭借其野生纯正的口味、上乘的品质受到了广大消费者的青睐，产品先后荣获“2008 中国武汉”第五届农博会金奖农产品、“2009 中国武汉”第六届农博会全国知名品牌农产品奖、2011 年“中华鳖名品”称号、中国荆州淡水渔业博览会金奖水产品。

在销售渠道方面，目前合作社在全国建立了省级代理销售机构 8 个，并在武汉、北上广深设立销售公司，产品在 2008～2013 年打入全国 20 个省份的家乐福、麦德龙、沃尔玛、大润发等 60 多家超市和 50 余家星级酒店，并成为超市、酒店的招牌商品。2017 年合作社建立了自己的电商平台，并与本来生活网、盒马生鲜网建立了线上线下销售网络合作关系。如今，洪湖世元合作社已成为洪湖市鳖龟产业的龙头。

二、联合社的成立动因

湖北省洪湖市素有“鱼米之乡”的美称，水产养殖条件优越。近年来，水产类产业合作社如雨后春笋般迅猛发展，从农户单打独斗到抱团经营组建自己的水产品牌，水产专业合作社已经成为当地渔业发展、农民增收的生力军。然而在合作社数量迅猛增加的同时，也出现了合作社发展水平分化、资源分散、市场分割和产品质量参差不齐等现象，导致市场竞争不断加剧、资源利用效率降低、好货难有高价、抗风险能力变弱等问题。这导致合作社运行效率不断降低，利润空间不断压缩。一部分合作社突飞猛进的同时，另一部分合作社却举步维艰，合作社未来发展、农民持续增收面临巨大挑战。在新形势下，迫切需要相关合作社进一步加强合作。为应对当前出现的一系列挑战，解决合作社发展和农民增收面临的问题，洪湖市世元鳖龟养殖专业合作社决定发动大家抱起团来，成立统一的组织联合起来共同闯市场。2019 年 4 月，洪湖市世元鳖龟养殖专业合作社等 12 家合作社发起成立洪湖世元水产专业合作社联合社。一方面对联合社内部的资源进行整合，一起抱团闯市场，提高资源利用效率，增强议价能力和市场竞争力，同时采用统一的标准，做大做强洪湖世元品牌，增强品牌效应；另一方面则综合联合社内部各个合作社的自身特长优势，实施产品多元化战略，充分挖掘市场潜力，进行有效的市场拓展。

三、联合社的运行机制

（一）组织架构

洪湖世元水产专业合作社联合社成立时有 12 家合作社，分别是洪湖市世元鳖龟养殖专业合作社、洪湖市兴湖水产养殖专业合作社、洪湖市鑫雨鑫水产养殖专业合作社、洪湖市活水虾蟹养殖专业合作社、洪湖市猛川水产养殖专业合作社、洪湖市富霖水产养殖专业合作社、洪湖市月池水产养殖专业合作社、洪湖市保国水产养殖专业合作社、洪湖市活力美小龙虾专业合作社、洪湖市张大水产养殖专业合作社、洪湖市清荷龟鳖养殖专业合作社、洪湖市农昱稻虾养殖专业合作社。各成员社自身规模有大有小，注册资金从 50 万元到 1250 万元不等，但出资规模大都为 24 万元，其中洪湖市世元鳖龟养殖专业合作社为联合社联合控股股东，出资 536 万元，占股 67%（见表 1）。经过此次联合，基本囊括了洪湖市实力靠前的合作社。

表 1　联合社成员及出资情况

成员名称	出资额（万元）	出资方式	出资比例（%）	出资时间
洪湖市世元鳖龟养殖专业合作社	536	实物	67	2019 年 4 月 3 日
洪湖市兴湖水产养殖专业合作社	24	实物	3	2019 年 4 月 3 日
洪湖市鑫雨鑫水产养殖专业合作社	24	实物	3	2019 年 4 月 3 日
洪湖市活水虾蟹养殖专业合作社	24	实物	3	2019 年 4 月 3 日
洪湖市猛川水产养殖专业合作社	24	实物	3	2019 年 4 月 3 日
洪湖市富霖水产养殖专业合作社	24	实物	3	2019 年 4 月 3 日
洪湖市月池水产养殖专业合作社	24	实物	3	2019 年 4 月 3 日
洪湖市保国水产养殖专业合作社	24	实物	3	2019 年 4 月 3 日
洪湖市活力美小龙虾专业合作社	24	实物	3	2019 年 4 月 3 日
洪湖市张大水产养殖专业合作社	24	实物	3	2019 年 4 月 3 日
洪湖市清荷龟鳖养殖专业合作社	24	实物	3	2019 年 4 月 3 日
洪湖市农昱稻虾养殖专业合作社	24	实物	3	2019 年 4 月 3 日

联合社的最高权力机构为成员代表大会。理事会和监事会成员由成员大会选举产生。理事会下设四个副总经理，分别负责下设的行政部、企划部、财务部、产地项目部、市场部、采购部以及美村小站七个部门。分工明确，各司其职。联合社的组织架构如图 1 所示。

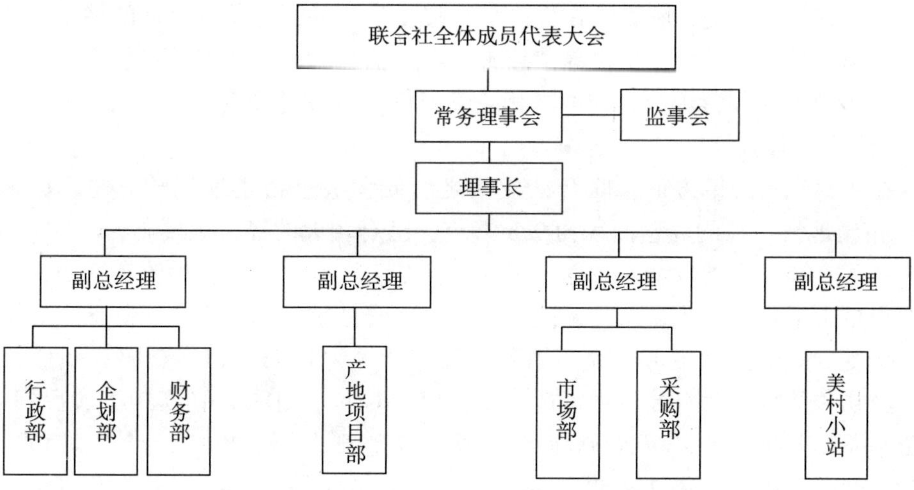

图 1　洪湖世元水产专业合作社联合社组织架构

（二）治理机制

联合社采取典型的三会治理模式，股东代表大会、理事会和监事会各司其职，共同治理联合社。股东代表大会是联合社的最高权力机构。理事会是成员单位股东代表大会的执行机构，在成员大会闭会期间领导联合社开展日常工作，对成员单位股东代表大会负责，负责处理联合社的各项经济事务。监事会代表全体成员单位和股东监督检查理事会和工作人员的工作，监督理事会成员合理合规运行。

（三）分红情况

洪湖世元水产专业合作社联合社的创办由洪湖市世元鳖龟养殖专业合作社发起，其成立是为了更好地整合资源、降低成本、塑造品牌影响力、增强市场竞争力，故而在分红方面也进行了特别的设计。在当地合作社的发展过程当中，每年扣除成本开支、税收缴纳及弥补亏损之后，要提取20%的公共积累，并且剩余的80%资金作为盈余分配按照一定比例返还给出资者和农户，在这种制度下，合作社常常是囊中羞涩，难以扩大业务范围、提高服务质量。有鉴于合作社的经验，洪湖世元水产专业合作社联合社通过“降成本+返利”的方式给予农民回馈，在生产交易过程中让利于农户，每年结算时除提取公积金外不进行分红。

（四）业务范围

洪湖世元水产专业合作社联合社业务范围如下：销售合作社成员所需的农药、饲料、化肥、苗种；组织收购、贮藏、销售成员养殖的食用农产品；销售未经加工的谷物、豆类、薯类农作物产品；接受具有种子经营许可证的种子经营者委托代销其种子；为成员提供养殖技术、农业信息服务；销售预包装食品、散装食品（涉及许可经营项目，应取得相关部门许可后方可经营）。

（五）经营状况

在土地经营规模方面，联合社成立之后便积极进行土地流转，先后流转近3000亩土地，全社的养殖面积为9.8万亩，已有较大的经营规模。

在联合社农户增收情况方面，每亩支付给农民667元的土地流转费用，给当地农户带来了直接的收益；与此同时，经过联合社统一物资采购，降低了农资成本；接受专业的技术服务，提高了养殖效率；统筹地对接市场，提高了收购价格。经初步估算，联合社成立以后，通过降本提价，真真切切实现了农民增收，每亩小龙虾养殖预计多赚2000元/年，螃蟹养殖预计多赚2000元/年，鳖龟预计多赚4000元/年（见表2）。

表 2　联合社经营情况

种类	联社成立前销售收入（元/亩）	成立后销售收入（元/亩）
虾	3000	5000
鳖、龟	6000	10000
螃蟹	5000	7000

四、联合社的运行内容

（一）联合社的发展经验

洪湖世元水产专业合作社联合社成立以来，通过金融、农资采购、技术支持、统一品牌、统一销售以及世元美村小站等服务，降低社员成本、提高产品质量和价格，从而增加销售收入，带动农户增收。其具体运作如下：

1. 金融方面

联合社通过担保、资质审查、利息分担和风险承担等形式，为社员融通资金。首先，联合社与各合作社共同对贷款社员进行资格审查，凡是有乱用资金倾向、赖皮拖欠、农地产权不清等现象，一律不进行担保。其次，为减轻农户利息负担，联合社与合作厂家（主要是提供农资的厂家），共同承担农户贷款所产生的利息费用。最后，出现不可控因素导致违约风险，产生坏账，由联合社与农户所在合作社共同承担，如故意拖欠赖账，则被联合社拉入黑名单。在联合社的支持下，提高了农户贷款额度和成功率，降低了贷款成本和违约风险，使社员能够享受更多、更好的金融服务。

2. 农资方面

联合社对生产资料进行统一采购，由联合社直接与生产厂家进行对接，省去中间商环节，大幅降低成本。以饲料为例，通过联合社与厂家直接对接，每吨饲料价格可便宜 800~1200 元，节约的成本使农民有更大的利润空间。与此同时，由于饲料生产厂家直接与联合社对接，省去了大量的人力、宣传和中间商环节，所以有较大的利润空间，因此饲料生产厂对联合社进行每吨饲料 300 元的返利。联合社得到返利之后，再按照联合社 30%、合作社 70%的比例进行分配，再次对社员进行返利。通过这种方式，联合社真正做到了“洪湖养殖农户的钱不赚，洪湖本地企业的钱不赚”的两不赚，实现了“降成本+返利”的社员增收目标。

3. 技术方面

联合社下设有专门负责技术的技术服务部，由 6 名技术人员组成，主要负责辅导农户饲料和药品的使用方法；对鱼病和水质进行定期检测，进行疾病预防和治疗等工作。与此同时，各个环节合作的厂家也会派驻专门的技术人员对联合社进行服务和指导。除此之外，技术人员还承担着品种选择、试验和推广以及产品的深加工研发等工作，为联合社产品的多元化和产业链的延长以及附加值提升做出贡献。

4. 品牌和销售方面

在销售方面，农户在销售之前先就数量和规格进行报备，再由联合社统一筹划，与市场进行对接，进行订单销售；或者随行就市，以合适的渠道和价格完成交易。目前联合社与盒马生鲜、当地各大酒店以及一些央企国企进行了销售合作，不仅使社员的产品在销路上更有保障，在价格方面也有一定提升。在品牌方面，联合社销售的产品统一使用“洪湖世元”品牌，以增加知名度，提升品牌效应。

5. 世元美村小站

联合社依托于养殖合作社，2019 年预计建立 20~25 家世元美村小站，形成“联合社+小站+农户”的运营模式，推进“一乡一站”“一村一品”。其主要服务内容为：农资金融贷款、农资厂家直销、技术跟踪服务、产品统一回收。世元美村小站是联合社服务社员、带动社员发展的枢纽性机构。

（二）联合社的成效

1. 经济效益

目前，洪湖世元水产专业合作社联合社共有合作社 12 家，农户 630 多户，辐射范围广，带动能力强。通过成立联合社，当地的养殖业资源得到了有效整合，改善了之前合作社各自为政、激烈竞争的局面，成本更低了、质量更好了、产品更多元了、销路更广了、价格也更高了，“洪湖世元”的品牌也越来越响亮。

2. 社会效益

联合社的发展，不仅产生了巨大的经济效益，也产生了广泛的社会效益。首先，将“洪湖世元”的水产养殖招牌打得越来越响，使其成为洪湖城市发展的一张名片；其次，通过联合社资源整合、统筹发展，有利于塑造出乡村的特色产业链，实现产业兴旺；最后，通过联合社对社员增收的带动作用和就业机会的提供，能够促进一部分贫穷的当地村民自力更生，奋斗脱贫，为实现全面建成小康社会添砖加瓦。

五、联合社的现存问题

（一）销售渠道仍待拓宽

在联合社成立之后，便与盒马生鲜、星级酒店和当地一些央企、国企等展开了合作，在一定程度上拓宽了销路。但总体来看，出售给当地水产专业贩子的数量仍然比较大，销路有待进一步拓宽。鉴于联合社社会资本的有限性和由此产生的高额成本，希望能够通过政府进行牵线搭桥，通过官方的力量开辟出更多的销售渠道。

（二）金融支持不足

水产养殖的前期投入一般比较庞大，普通的农户难以支付，而银行的贷款不仅艰难，而且额度十分微小，难以满足社员前期投入的需要。尽管联合社为社员提供了金融服务，农户的发展依然需要在金融服务方面有更多政策的支持。

（三）公积金提取问题

联合社每年在扣除成本开支、税收缴纳及弥补亏损之后，要提取20%的公积金。根据联合社的发展情况，公积金的提取在一些时期会影响到联合社的正常运营，因此建议联合社可以根据自身的情况来调整公共积累的提取份额，以联合社能不能够正常运营、以农户能不能够赚钱为导向，灵活处理公积金的问题。

六、联合社的未来愿景

（一）总体发展规划

未来几年，联合社重点发展方向是打造水产行业全产业链，从土地到农资供应到养殖技术服务、订单采购，全产业“一条龙”扶持洪湖本地养殖户。建立20家“美村小站”；水产订单达到2亿元；稻虾订单种植基地达到15000亩，产值1200万元；开展“反季节小龙虾养殖”技术推广，并于2019年底举办“冬季龙虾节”。

（二）延长产业链，发展深加工

2017年洪湖市世元鳖龟养殖专业合作社投资成立了湖北世元水产开发有限公司，从事产品的深加工研究与开发工作，现主要进行养殖产品的熟食加工。未来一段时间，联合社将与开发公司紧密互动，在深加工方面研究饮料、保健品等具有特色和高附加值的产品，进一步延长产业链。

（三）联合社壮大发展

洪湖市全市的养殖水面面积为280万亩，联合社计划用三年的时间整合30家合作社，从而使联合社的养殖面积发展到100万亩，以更好地整合当地水产养殖资源，形成规模效应，更大程度地降低成本，提高市场竞争力和议价能力，促进农户增收发展。

案例十三 湖北省洪湖市华贵水生蔬菜种植专业合作社联合社案例报告*

一、联合社的基本情况

湖北省洪湖市华贵水生蔬菜种植专业合作社联合社由龙头企业（湖北华贵食品有限公司）主导成立，并对该联合社的各种产出予以挖掘、包装和品牌宣传。

（一）联合社介绍

湖北省洪湖市华贵水生蔬菜种植专业合作社联合社于2015年12月17日经洪湖市工商局批准注册登记，地址在湖北省洪湖市万全工业园（洪湖市万全镇红桥路），注册资金1000万元，现有成员合作社30家（其中2016年新增2家），湖北华贵食品有限公司为洪湖市华贵水生蔬菜种植专业合作社联合社控股的主要成员（占股50.8%），洪湖市华贵水生蔬菜种植专业合作社联合社现有农民总数1679人，在农民成员中，高中以上文化276名。建立自有藕带基地11000亩，辐射带动莲藕种植面积15万亩以上。2018年，成员合作社实现利润50000元左右，农民户均增收1000元以上，现为国家级示范社，旗下的洪湖市莲藕种植专业合作社为全国百强合作社。该合作社主要提供组织收购、销售联合社成员种植的农产品；引进新技术、新品种，开展技术培训、技术交流和咨询服务。

（二）联合社发展历程

湖北华贵食品有限公司于2006年成立，2013年，牵头成立洪湖市莲藕种植专业合作社（联合社核心社），2015年，湖北省洪湖市华贵水生蔬菜种植专业合作社联合社成立，目前，该公司和该联合社均在稳定运行中（见表1）。

---

* 执笔人：杨习斌。

表 1　湖北省洪湖市华贵水生蔬菜种植专业合作社联合社发展历程

时间	发展状况
2006 年	湖北华贵食品有限公司（联合社前身）成立。法定代表人赵道华，公司经营范围包括蔬菜制品（酱腌菜）、水产蔬菜罐头、冻鱼、速冻调制食品等
2012 年	湖北华贵食品有限公司开始水生蔬菜加工
2013 年	洪湖市莲藕种植专业合作社（联合社核心社）成立。法定代表人梅传珍，注册资本 1100 万元
2014 年	“洪湖农家”牌洪湖藕带（泡藕带）获得国家绿色食品认证，同时还被授予“湖北名牌产品”称号
2015 年	湖北省洪湖市华贵水生蔬菜种植专业合作社联合社成立。法定代表人赵道华，注册资本 1000 万元，成立时共由 28 家合作社组成
2016~2017 年	新增两家成员社，联合社共由 30 家合作社组成；注册资本由 1000 万元变更为 1250 万元
2018 年	成员合作社实现利润 50000 元左右，农民户平均增收 1000 元以上，现为国家级示范社

（三）龙头企业（联合社前身）基本情况

湖北华贵食品有限公司是一家集水生蔬菜种植、研发、加工、贮运及销售于一体的省级农业产业化重点龙头企业，公司于 2006 年 6 月在洪湖市万全工业园成立，注册资金 10000 万元，厂区占地面积 240 亩，农产品加工处理能力 5 万吨，年产值 10 多亿元。公司用工 1200 人以上，其中大专以上 104 人，技术开发人员 47 人，公司定标准 16 个，其中地方标准 1 个，获得国家专利 15 项，是高新技术企业、湖北省水生蔬菜保鲜加工工程研究中心、全国守合同重信用企业、全国供应链创新与应用试点企业等。

（四）核心合作社基本情况

2013 年，洪湖市莲藕种植专业合作社（联合社核心社）成立，法定代表人梅传珍，注册资本 1100 万元，以联合社成员为主要服务对象，从事莲子、莲藕种植；组织收购、销售成员的产品；组织采购、供应成员所需的农业生产资料；开展与莲子莲藕种植有关的技术培训、信息咨询服务。中国农村合作经济管理学会面向全国农民专业合作社开展了百强社推介和农民专业合作社发展典型案例、扶贫典型案例公开征集活动。经过评审，湖北省洪湖市华贵莲藕种植专业合作社等 100 个农民专业合作社被授予“2018 年度全国百强农民专业合作社”荣誉称号。

二、联合社的成立动因

洪湖市是一个以淡水鱼养殖和水生蔬菜种植为主的水产大县，近年来，洪湖水产业发展迅速，现已成为中国淡水水产第一市（县）。然而，“大而不强”“特而不优”的状况仍然摆在洪湖人面前。湖北省华贵集团董事长、湖北省洪湖市华贵水生蔬菜种植专业合作社联合社理事长赵道华曾只身到东南沿海创业，凭借他的精明和胆识，创办“安心地板”，使之成为全国十大地板之一，致富后的赵道华没有忘记生他养他的故乡，更没有忘记洪湖的父老乡亲，他总是想将自己探索成功的“安心模式”带回洪湖，并推广“复制”。2012 年，他回到洪湖市成立了湖北华贵食品有限公司，不到四年，将“一根藕带”做成了“一个产业”，现在十里八乡的老百姓都为种养一亩“藕带—鱼”纯收入突破 3000～4000 元而庆幸。目前，传统养鱼效益不好，4 斤重的草鱼每斤却只能卖到 4 元，渔民增收已成问题，“藕带—鱼”综合种养模式可能是今后渔民们选择的主导模式之一，为了避免产能过剩，“藕贱伤农”，华贵食品有限公司一方面建起田边的工厂，打造“洪湖农家”品牌，迅速成为中国水生蔬菜产业的龙头“老大”；另一方面将生产原料的品质、数量深深根植于民，设法拉长藕带产业链，现已在洪湖辖区组建 28 家水生蔬菜专业合作社，成立华贵水生蔬菜联合社，按照“公司+合作社+农户”的模式，全力打造中国水生蔬菜第一“航母”，真正让家乡父老得到了实惠。

三、联合社的机制分析

洪湖市华贵水生蔬菜种植专业合作社联合社的机制分析，包括了该联合社的组织架构、治理机制、经营情况、财务管理、股权结构和出资方式五个方面。

（一）联合社的组织架构

根据《洪湖市华贵水生蔬菜种植专业合作社联合社章程》规定，洪湖市华贵水生蔬菜种植专业合作社联合社设立成员大会，成员大会是联合社的最高权力机构，由全体成员组成。成员大会行使“审议、修改联合社章程和各项规章制度”等职权。联合社每年召开一次成员大会，成员大会由理事会负责召集，并提前十五日向全体成员通报会议内容。成员大会须有本联合社成员总数的 2/3 以上成员委派代表出席方可召开。成员因故不能参加成员大会，可以书面委托其他成员代理，一名成员最多只能代理 2 名成员表决。成员大会选举或者做出决议，须经本联合社成员表决权总数过半数通过；对修改本联合社章程，改变成员出资标准，增加或者减少成员出资，合并、分立、解散、清算和对外联合等重大事项做出决议的，须经成员表决权总数2/3以上的票数通过。成员代表大会的代表以其受成员书面委托的意见及表决权数，在成员代表大会上行使表决权。

（二）联合社的治理机制

联合社设理事长一名，为联合社的法定代表人。理事长任期三年，可连选连任。理事长可行使“主持联合社的日常工作，负责召集并主持理事会会议”等职权。联合社设理事会，理事会由七人组成，选举产生理事长，由理事长对成员大会负责，并行使“组织召开成员大会并报告工作，执行成员大会决议”等职权。联合社设监事会，监事会由五人组成，并选举产生一名监事长，代表全体成员监督检查理事会和工作人员的工作。

（三）联合社的经营情况

联合社不断发挥龙头企业的带动作用，每年加工藕带、莲子等水生蔬菜及淡水鱼类5万多吨，创产值10多亿元。还在全国县以上城市设立销售点，生产的洪湖藕带、洪湖野莲汁和口味小龙虾三大系列的30多个品种畅销海内外，注册的“洪湖农家”泡藕带被授予“湖北名牌产品”称号，被国家绿色食品发展中心认定为绿色食品，还连续多年参加中国国际农产品交易会、中国武汉农业博览会、中国绿色食品博览会等比赛分别荣获金奖。

（四）联合社的财务管理

根据《洪湖市华贵水生蔬菜种植专业合作社联合社章程》规定，联合社实行独立的财务管理和会计核算，严格按照国务院财政部门制定的农民专业合作社财务制度和会计制度核定生产经营和管理服务过程中的成本与费用。联合社依照有关法律、行政法规和政府有关主管部门的规定，建立健全财务和会计制度，实行每月5日财务定期公开制度。成员与联合社的所有业务交易，实名记载于各该成员的个人账户中，作为按交易量（额）进行可分配盈余返还分配的依据。利用联合社提供服务的非成员与联合社的所有业务交易，实行单独记账，分别核算。

（五）联合社的股权结构和出资方式

在2017年初的股权变更之后，湖北省洪湖市华贵水生蔬菜种植专业合作社联合社股权结构发生了一些变化。除了将注册资本由1000万元调整为1250万元外，还新加入了两个合作社，各成员社之间的结构也发生了相应的变化，如表2所示。

表 2　湖北省洪湖市华贵水生蔬菜种植专业合作社联合社股权结构

股东名称	出资比例（%）	出资额（万元）
洪湖市华贵莲藕种植专业合作社	50.24	508
洪湖市十河水生蔬菜种植专业合作社	1.60	20
洪湖市下丰岸水生蔬菜种植专业合作社	1.60	20
洪湖市堤湾水生蔬菜种植专业合作社	1.60	20
洪湖市姚涛水生蔬菜种植专业合作社	1.60	20
洪湖市祚德水生蔬菜种植专业合作社	1.60	20
洪湖市早富水生蔬菜种植专业合作社	1.60	20
洪湖市南岸湖水生蔬菜种植专业合作社	1.60	20
洪湖市田圆水生蔬菜种植专业合作社	1.60	20
洪湖市石亮水生蔬菜种植专业合作社	1.60	20
洪湖市富多弘水生蔬菜种植专业合作社	1.60	20
洪湖市赵沟水生蔬菜种植专业合作社	1.60	20
洪湖市水精水生蔬菜种植专业合作社	1.60	20
洪湖市革丹水生蔬菜种植专业合作社	1.60	20
洪湖市齐信水生蔬菜种植专业合作社	1.60	20
洪湖市华颜水生蔬菜种植专业合作社	1.60	20
洪湖市朵怡水生蔬菜种植专业合作社	1.28	16
洪湖市弘科水生蔬菜种植专业合作社	1.28	16
洪湖市贵盛水生蔬菜种植专业合作社	1.28	16
洪湖市民业水生蔬菜种植专业合作社	1.28	16
洪湖市公明水生蔬菜种植专业合作社	1.28	16
洪湖市鼎福水生蔬菜种植专业合作社	1.28	16
洪湖市带富水生蔬菜种植专业合作社	1.28	16
洪湖市返口水生蔬菜种植专业合作社	1.28	16
洪湖市凯民水生蔬菜种植专业合作社	1.28	16
洪湖市盟丝水生蔬菜种植专业合作社	1.28	16
洪湖市共舟水生蔬菜种植专业合作社	1.28	16
洪湖市牛牛水生蔬菜种植专业合作社	1.28	16

四、联合社的运行内容

联合社主要经营：组织收购、销售联合社成员种植的农产品，引进新技术、新品种，开展技术培训，提供技术交流和咨询服务。

联合社自成立以来，依照《中华人民共和国农民专业合作社法》《中华人民共和国农民专业合作社管理条例》依法办社，坚持民营、民管、民受益的原则，实行利益共享。制定了专业合作社章程，建立一整套管理制度，建社以来合作社运营情况良好。

联合社致力于“共同创造、共同分享”的发展理念，通过落实“十统一”，即统一种养布局、统一良种更新、统一农资供应、统一生产标准、统一技术服务、统一贷款担保、统一保护价收购、统一加工储运、统一使用“洪湖农家”品牌、统一包装销售。先后带动洪湖及周边仙桃、监利、公安等县（市）农民1.5万户，从事“藕带—鱼”综合种养，联合社指导农民种植藕带不打药、少施肥，且一年投种、多年受益，不仅生产的藕带优质、健康，还大大降低了生产成本，农民亩创收6000多元，是常规养殖收入的2~3倍。具体举措如下：

（一）提供集中销售平台和技术支持

跨区域组建水生蔬菜种植专业合作社并成立联合社，在独立核算、自负盈亏的基础上，联合社辐射带动江汉平原莲藕种植面积30万亩以上，吸引从业农民近万人。联合社协调各合作社与龙头企业签订产销合同，企业向农民供应自主选育的新品藕种，技术专班指导到田边，保护价回收全部优质莲藕，既化解了农民种植无目标、产品难销售的后顾之忧，又为龙头企业加工提供充足、优质、安全的原材料奠定了坚实的基础。

（二）产业升级，加速农业转型升级

洪湖是“中国淡水产第一市（县）”，水产面积达116.6亩，水面大、收益低已成为不争的现实。原因主要是多年养殖泥土淤积严重，有效容水不足一半，加之鱼类排泄物、饵料残留物等腐殖质诱发鱼病，大面积清淤改造投入大，渔民一时难以承受，如此恶性循环，渔民增收已成问题。联合社通过与科技院合作，引导渔民科学种植莲藕系列品种，将池塘的淤泥及一些腐蚀质和鱼类粪便等转化为水生蔬菜生长吸收的有机肥，变害为利，既降低了成本，又能获得可观的收入，农民种植积极性高涨，在为企业提供大量优质莲藕的同时，又反作用于加工业的发展，迫使企业上规模、扩库容、唱品牌；生产周期由往年四个月的藕带加工延伸到藕带、菱角、藕汤、藕丸等系列产品开发，全年不间断生产，农民工就业大幅度增加，在华贵就业的农民工达1200人以上。随着莲藕面积的大幅度增长，华贵又投资千万元在万全五合垸打造“十里荷香、万亩藕田”并初见雏形。这一做法引起了当地政府的重视，着手围绕乡村振兴、一二三产业融合，挖掘莲藕文化，编制整体规划，把洪湖打造成中国水生蔬菜现代农业产业集群。拟通过推出与莲藕相关的美食、采莲、赏荷等活动，提高人们的参与度和热情，逐渐形成当地旅游休闲的一大亮点。

（三）推行标准化经营模式，提供就业机会

招工难是新时代大部分龙头企业发展面临的突出问题。反观农村，一些年老体弱的贫困农民需要就业又不方便离开家，应对这一矛盾，龙头企业和联合社在认真分析现状的同时，逐一制定标准，将劳动密集型的农产品前处理环节“下沉”到村组，以农民合作社联合社为平台，设立“扶贫车间”，单体人数控制在80人以内，公司派技术员现场指导。据统计，扶贫车间有九处用于藕带分类、清洗，有四处用于砍菱角、剥莲蓬，安排农村富余劳动力就业900人以上，一些年老体弱的农民在家门口工作6~7小时，日收入90元以上，不仅缓解了招工压力，更为当地一些老弱贫困户提供了就业创收的机会。

（四）保护生态环境，助推江汉平原水生蔬菜的发展

助推江汉平原水生蔬菜的发展，为沿江地区实施好长江经济带发展战略提供典范。洪湖地处四湖流域下游，素有“水袋子”之称，每天均有数万立方米的水汇入长江。过去，洪湖大面积围网养鱼，湖水一度恶化变质达Ⅳ类。省、市政府曾几度斥资亿元用于拆围，但由于大量渔民上岸无生活来源，这一问题成为当地突出的社会问题，当地政府也曾号召渔民种菱植莲，但缺乏科学规划指导，尤其是没有龙头企业加工转化农产品，导致花巨资拆围后渔民又不得不下湖重操旧业。华贵水生蔬菜种植专业合作社联合社在多年的摸索与创新发展过程中，利用湖区淤多泥肥的独特优势，推广水生蔬菜种植，再将渔民生产的藕带、菱角等以保护价收购加工，生产的莲藕产品名扬海内外。联合社供应链的自主创新与发展，走出了一条可持续、可循环的绿色发展之路。科学指导水生蔬菜种植户不打药、不施肥，生产成本较低，农民不担心卖不出去，且收入比传统养殖增长2~3倍，洪湖及周边水生蔬菜种植迅速发展。据统计，洪湖市仅莲藕种植面积就突破30万亩，由于水生蔬菜种植不产生面源污染，还能吸收水中的负营养，四湖流域注入长江的水质明显好转。据权威部门检测，洪湖核心区水质达到国家Ⅱ-Ⅲ类标准，可直接饮用。这一模式在湖南、江西、江苏等沿江地区被效仿复制。

（五）加速莲藕药食同源价值的开发

随着人们生活水平的提高，国人疾病谱已由过去的“阳虚”向“阴虚”转移，人类身体的调理也将由“温补”转向“降火”。莲藕是多年继续保持传统耕种模式的水生蔬菜，具有药效的生物碱成分，经常食用有较好的“降火”功效。对此，华贵集团高薪聘请专家，根据《本草纲目》《黄帝内经》《神农本草经》《金匮要略》等10多种中医经典介绍，对洪湖莲子、荷叶、莲藕等特点、养生功效、制作办法等分门别类收集整理，为产品开发提供其药食同源的依据。华贵集团全面开发，并于2018年3月投资3亿元建设国内一流饮品生产线，采用德国破壁技术生产“洪湖野莲汁”“洪湖野藕汁”陆续面市；还投资上亿元在现有厂区边生产边技改，一批智能化设施相继投入使用，藕汤、藕夹、藕丸、藕片、藕条等一系列清热生津、开胃补脾的莲藕产品迅速进入平民百姓餐桌。

（六）建立产学研合作机制

联合社先后与华中农业大学、武昌工学院、武汉农科院水生蔬菜研究所等十多所科研院所签订战略合作协议，分别与华中农业大学合作把具有国际领先水平的《即食藕带加工关键技术研究与示范》科研成果应用到藕带加工；与武汉农科院合作开展《藕带专用新品种“华贵1号”选育及栽培要点》研究等。同时，联合社还被省科技厅授予“湖北省水生蔬菜保鲜加工工程研究中心”，被华中农业大学、武昌工学院等院校授予“校企协同育人基地”。一年来，100多名在校学生以校企共建培训实践基地的形式参与龙头企业管理实践和实训。2018年以来，联合社和龙头企业制定企业标准8个，申请国家专利15项。

五、联合社的现存问题及发展建议

湖北省洪湖市华贵水生蔬菜种植专业合作社联合社按照政府引领、龙头企业带动、成员合作社配合的模式走出了一条有效益的、可复制的发展之路。但是，值得警惕的是，这种发展模式过于依赖龙头企业的主导作用，从而使联合社自身的能力弱化、联合优势相对弱化。因此，该联合社在未来发展过程中，应尽量更加多元，加强协同发展、优化销售渠道、加强新品开发、加强品牌创建。

（1）加强协同发展。充分发挥“湖北省莲藕产业发展协会”和“湖北省水生蔬菜加工保鲜工程研究中心”等挂牌华贵公司的优势，围绕“产学研”“产供销”等协作模式，摸索一条包容、开放、共享的新路子。

（2）加强销售渠道的优化。坚持互联网、新零售终端、国际贸易“三驾马车”齐头并进的销售渠道，尤其是要进一步开展“产餐”“农超”精准对接，拉近距离、减少环节、降低销售成本。

（3）加强新品开发。莲藕使用价值广泛，联合社要下大力气开发莲藕养生功效，做到每季度有一款深受消费者喜欢的产品进入市场，通过莲产品的开发，不断延伸莲藕产业链。

（4）加强品牌创建，扩大洪湖莲藕品牌。通过企业自身影响力，不断整合品牌，抱团经营，要积极参加海内外各类产品博览会、农产品交易会，必要时举办莲藕文化节，为把洪湖打造成中国水生蔬菜现代农业产业集群发挥“领头羊”的作用。

案例十四 湖北省武汉市新洲区首佳水产养殖联合专业合作社案例报告*

一、联合社的基本情况

武汉市首佳水产养殖联合专业合作社位于新洲区双柳街家湖村，成立于2011年5月，虽然该社情况基本符合联合社标准，但由于当时当地政策文件尚未完全落实，故注册为联合专业合作社。该社是武汉市首家以特种养殖、绿色种养殖为主体业务的联合专业合作社，业务范围涵盖水产品养殖和水生农作物种植、组织采购成员所需的农业生产资料、组织收购并销售成员及同类生产经营者的产品、开展与种养殖相关的技术培训交流和信息咨询服务等。联合社采取“合作社+企业+农户”的模式，实现了社内成员的紧密联合，形成了集水产品种养殖、鱼饲料加工、水产品销售于一体的产供销生产经营模式。

首佳水产养殖联合专业合作社由实力相当的五家合作社联合组建而成，五家成员社均出资入股，且各成员社共96名社员额外出资单独入股，组成了联合社最初成立时的101个成员，成立时的注册资金为1000万元，另外，通过社员联保贷款300万元，为该社的发展壮大奠定了较好的物质基础。近年来，该联合社发展势头良好，规模不断壮大，总水面面积已达15300亩，当地散户因看好联合社给社员带来的收益而相继加入其成员社，截至2019年10月，社员数量达到386个，期间1人因举家搬迁而自愿退社，2人因道德问题被清退。联合社的成员社之一——焕彩水产养殖专业合作社建有一家饲料加工厂，专门向联合社的社员供给农业生产资料。目前联合社的总资产达到2574万元，其中固定资产1000余万元（包括社内的饲料加工厂、新建成的大型办公楼、冷库、三辆运输车、生产工具等）。

---

* 执笔人：高坤。

联合社自成立以来，秉承“以科技为平台，发展为主体，带动为目标，服务为方向”的办社宗旨，生产经营过程中，为社员统一采购生产资料、统一销售农产品、统一生产质量安全标准和技术指导、统一产品和基地质量认证，为农户有效地节约成本并增加收益。新洲区这五家规模相似、发展水平相当、业务范围不尽相同的合作社，从曾经的相互间恶性竞争到如今的强强联合，实现了优势互补，形成了多样化的产品产业链，成功地走出了一条规模经营的快速发展路线。

二、联合社的成立动因

随着当地水产养殖市场的不断发展，行业竞争越发激烈，为抢占市场、提高销量，新洲区的100余家水产养殖专业合作社纷纷压价销售水产品，市场价格战不仅使合作社与农户的收益大幅减少，也严重打击了他们的生产积极性。加之大部分合作社存在生产规模小、技术水平低、抗风险能力差等问题，社员受益十分有限，各家合作社也亟待寻找打破市场现有局面的有效途径。

基于行业这种现状，各家水产养殖专业合作社通过对合作社互相联合的相关政策研究和成功案例分析，开始探索更好的出路。为了扩大生产经营和服务规模，发展产业化经营，提高市场竞争力，武汉市新洲区焕彩、新兴惠民、湖港、保利丰和祥兴旺五家水产养殖专业合作社一致认为，联合起来可以提高整体竞争力，避免内部相互压价的恶性竞争，通过降低成本、提高质量、拓展市场从而稳定价格、增加销售量的方式，实现社员增收的目标。经过详细周密的商讨，五家合作社达成了共识，本着团结起来力量大的信念，于2011年5月正式成立了首佳水产养殖联合专业合作社。

三、联合社的机制分析

（一）组织结构

1. 人事安排

联合社依照《中华人民共和国农民专业合作社法》，全体设立人共同制定并通过了符合联合社实际情况的章程，由成员大会选举确定了联合社的主要人事安排，其中理事长1人，主要负责主持理事会全面工作；理事2人，主要负责组织召开成员（代表）大会并执行大会决议、制定发展规划及财务决算工作；监事长1人，主要负责监督理事会对成员（代表）大会决议和联合社章程的执行情况，监督检查生产经营业务及财务情况；监事2人，主要负责协助监事长的工作；另设有办公室主任1人，在理事会和监事会的领导下，负责联合社的日常组织和管理工作，保障正常办公和生产服务。联合社另外聘请了专职会计人员、采购人员、销售人员、技术人员和后勤人员等共计 10 名工作人员，以协助理事会和监事会完成各项具体繁杂的事务。

社内工作人员几乎不会长期在固定地点办公，而是经常出差跑市场，针对采购、销售等重要工作赴相应城市进行考察和洽谈。五家成员社作为主要出资人也参与总社的运作与各项事务的具体开展，各成员社的理事长是保障购销渠道畅通的主力军。工资待遇方面，理事会、监事会成员共六人的基本工作报酬依据当地生活水平确定，近两年为每月 3000 元，另外的工作人员工资水平因解决突发技术问题、跑市场等原因在 3000 元上下浮动。

2. 治理结构

联合社成员大会是该社的最高权力机构，由全体成员组成；每个成员社内部选举产生 7 名成员代表，组成联合社的全体成员代表，共 35 人，成员代表大会可以履行成员大会的职权。联合社由成员大会选举产生理事会、监事会，下设技术部、财务部、收购部、销售部和人事部共五个部门，各部门工作分别由理事会和监事会成员负主要责任（见图 1）。

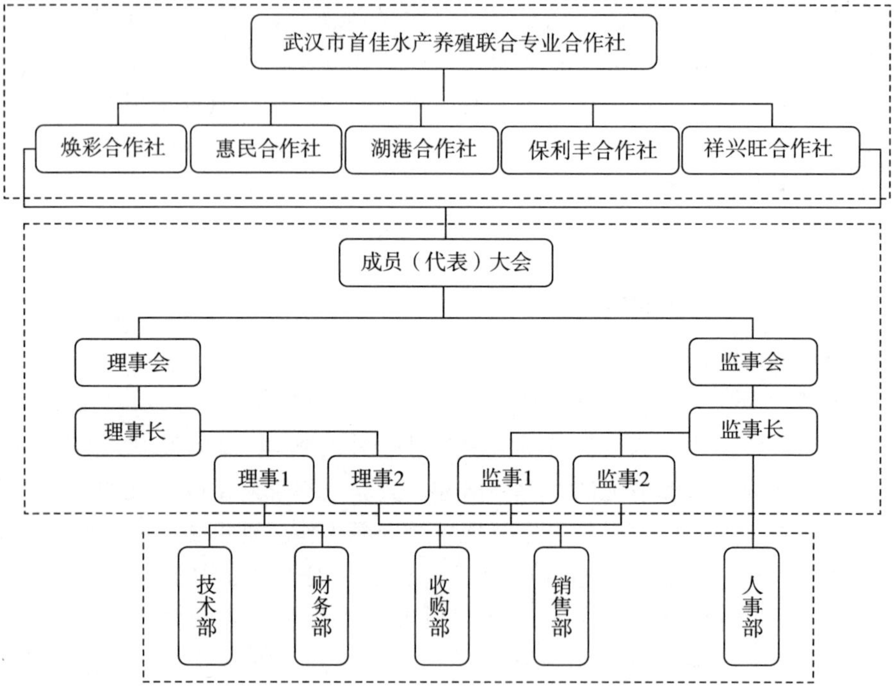

图 1　首佳水产养殖联合专业合作社组织架构

由于成员较多且农务繁忙，召集全体成员大会存在一定困难，现有两种应对措施：一是召开全体成员代表大会；二是五家成员社分别召开各社成员（代表）大会，各理事长汇总意见后集中开会讨论。联合社的成员大会实行"一人一票"制，成员享有均等的表决权，出资额较多或者与联合社业务交易量较大的成员，在重大财产处置、投资兴办经济实体、对外担保等生产经营活动中的重大事项决策方面，最多可享有20%票的附加表决权。

（二）经营状况

1. 经营管理现状

联合社成立时注册资金为1000万元，由101个成员（股东）共同出资（见表1）。其中武汉市焕彩水产养殖专业合作社出资170万元，武汉市新兴惠民水产养殖专业合作社、武汉市新洲区湖港养殖专业合作社、武汉市保利丰水产养殖专业合作社和武汉市祥兴旺养殖专业合作社各出资160万元，96名自然人股东的出资金额分布在1万~3万元，2万元者占绝大多数，分布在武汉市新洲区中南部两个相邻的主要水产养殖街镇。

表1　首佳水产养殖联合专业合作社初始成员出资表

成员名称	负责人	所在地	出资额（万元）	资产占比（%）
焕彩水产养殖专业合作社	程焕斌、万佑胜	汪集街汪盛路	170	17
新兴惠民水产养殖专业合作社	余佑兵	汪集街复兴村	160	16
湖港养殖专业合作社	黄建鹏	双柳街家湖村	160	16
保利丰水产养殖专业合作社	魏建林、程幼东	双柳街莲湖村	160	16
祥兴旺养殖专业合作社	李秋珍	汪集街冯铺西街	160	16
96名个体成员		新洲区	190	19

自2011年成立以来，联合社发展势头良好，现已基本实现规模经营。在商业体量方面，截至2019年10月，资产从最初的1000万元增至2574万元，社员数量从注册时的101个增加到386个，且后续加入的成员全部通过出资或出地的方式成为股东，辐射带动周边农户的数量从615户扩大到3000余户，总体水面从成立之初的12200亩左右扩大到15300亩，其中螃蟹养殖基地和高标准鱼塘等养殖水面10800亩、种植面积4500亩。

在生产经营方面，2019年上半年联合社的主要工作集中在采购鱼需品（如饲料、肥料、鱼药等）、组织农户进行生产培训、邀请专家讲解技术和管理相关知识、组织养殖人员实地参观交流等项目；下半年则由于水产品相继成熟上市，专注于社员的鱼类、蟹类、太空莲等产品的销售工作。联合社的水产养殖由原来的四大家鱼发展到以家鱼为主，以鳜鱼、鮰鱼、大口鲶、河蟹等名特优品种为辅的养殖结构；由单一种植太空莲，发展到莲、藕、鱼水体综合利用，农产品总产量由联合初期的1万吨增长到1.65万吨。2018年联合社经营收入达到14609万元，盈余439万元，成员年均纯收入2.37万元；根据现有种养殖规模及产出水平测算，预计2019年社员平均纯收入可达到2.5万元以上，高出本地非社员养殖户20%以上。

在整合协作方面，五家成员合作社通过强强联合，实现跨行业、跨区域合作。各成员社都具有较好的发展前景，联合后业务范围涵盖水产品种养殖、销售和饲料加工等多个行业，其影响和带动面积不断扩大，跨越新洲双柳、汪集、旧街、涨渡湖等行政区域。术业有专攻，各成员社在农产品生产方面分工不同，发挥自身优势主产不同品类，其中焕彩合作社和新兴惠民合作社主产鱼类，养殖面积大小相近，约3000亩；湖港合作社主产螃蟹，养殖水面约2000亩；祥兴旺合作社主产太空莲，种植面积约3000亩；保利丰合作社对鱼类和太空莲均有涉及，生产面积分别约2000亩、1500亩。

在建设管理方面，联合社成立后狠抓规范化建设，由成员大会选举产生了理事会、监事会，依照章程严格实行民主管理。理事会曾召集成员代表大会审议通过了联合社发展规划，通过了投资400多万元的螃蟹养殖项目、投资300多万元的千亩精养鱼池基地改造项目和投资年产5000吨的饲料加工项目等重大事项。经理事会决定后，增加近300名成员入社，并制定了多项内部管理制度和符合联合社现阶段发展的盈余分配方案，并定期公布联合社财务，同时成立了财务部、技术部、采购部、销售部等内部机构，明确各组织机构的职能职责，逐步走上制度化、规范化的良性发展道路。

在模式创新方面，联合社于2019年初开辟了线上销售领域。联合社与每日优鲜、盒马鲜生、美团三个电商平台达成合作，以此为依托开展针对蟹类产品的线上统一销售业务。另外，微商也是该社一条重要的销售渠道，通过打造微信精品店，以“滚雪球”的方式推广和出售产品。此前曾尝试百度推广以提高产品的知名度和销售量，但效果远不及电商平台线上销售模式。虽然线上模式发展迅猛，对于提升销售收入水平确有助益，但联合社目前仍以线下销售为主，线上交易量（额）约占总体的30%，电商业务仍具较大发展空间。

2. 财务和盈余返还

联合社属于独立经济核算主体，各成员社实行独立的财务管理和会计核算，自主经营，自负盈亏。联合社依据成员名册，为每个成员设立个人财产账户，用于分类记录成员出资和应当量化到成员名下的个人财产份额。成员与联合社的所有业务交易以实名专户记账，作为按交易量（额）进行盈余二次返还分配的依据。

（1）盈余分配。联合社年度财务盈余分配方案于会务年度终了时，由理事会按照规定组织编制，经成员（代表）大会表决通过后方可实施。方案内容主要涉及以下几项：一是从当年盈余中提取30%的公积金，用于扩大再生产、弥补亏损或者转为成员出资，每年提取的公积金按照成员出资额或者成员与联合社交易量（额），依比例折股量化为每个成员所有的份额，记入成员个人账户。二是从当年盈余中提取10%的公益金，用于成员的技术培训、合作知识教育以及文化、福利事业和生活上的互济，其中用于成员培训与合作知识教育的比例不得少于公益金的10%。三是从当年盈余中提取10%的风险金，用于弥补成员生产经营中遭遇的自然风险和市场风险。四是当年盈余经提取公积金、公益金和风险金，扣除生产经营和管理服务成本后，提取余下金额的60%以上作为可分配盈余，综合考量成员出资额及其本年度与联合社的业务交易量（额）后按比例分配，剩余部分作为年度留存。

由于各成员社之间的会计核算相互独立，因此可分配盈余经联合社下分到成员社，再由各成员社分配到社员个人。另外，联合社如有亏损，经成员（代表）大会讨论通过，用公积金、风险金弥补，不足部分用以后年度盈余弥补或者采取减少资本总金额的办法填补。近几年联合社的财务简况如表2所示。

表2　首佳水产养殖联合专业合作社财务简况

单位：万元

核算事项	2012年	2013年	2014年	2015年	2016年	2017年	2018年
销售收入	10320	11470	11825	12580	6012	13247	14609
利润	280	312	324	364	-1100	392	439
可分配盈余	145	162	167	173	0	38.9	46.3
政府扶持资金	20	0	0	0	0	19	0

（2）让利返还。由于联合社是互助性经济组织，而非以盈利为目的的社会企业，因此年利润扣除公积金、公益金、风险金、生产经营和管理服务成本后，所得可分配盈余较少，如2018年仅有46.3万元，因而现实情况下，社员获利主要是通过联合社在生产经营过程中直接让利的方式实现的。

联合社在农资加工和采购方面让利给社员。联合社年均统一加工和采购饲料约10000吨、鱼肥约300吨、鱼药约100万元、鱼蟹苗种约100吨、水生莲藕种子约 50 吨，由于减少中间环节，砍掉了从中谋利的各级经销商，降低了采购价格。以水产品养殖为例，社员通过联合社以每吨低于市场价 200 元的价格购买饲料，每亩水面每年消耗饲料 1 吨，相当于每亩节约成本 200 元；另外，小瓶装鱼药每瓶价格低于市场价 2~3 元，鱼肥每包价格低于市场价约 10 元，一般来说每亩水面用于鱼药、鱼肥的成本可减少 70~80 元。加之其他杂项费用，社员通过农资采购环节获得的返利大约相当于每亩节约成本 7%，近 300 元。

联合社在产品收购方面让利给社员。联合社成立后，打破了以往水产品市场上各家同行竞相杀价、利润微薄的局面，将社员的产出品统一收购、包装和销售，联合社给到农户的统一收购价普遍高于同时期市场价。以水产品为例，鱼类平均亩产量为 1600~1700 斤，收购价能够在随行就市的基础上每斤提高 0.1 元，相当于每亩鱼类在销售环节获利 160~170 元；注册统一品牌的河蟹增收更加可观，如螃蟹平均亩产量为 300 斤，市场均价为每斤 20~30 元，而联合社经统一质量标准认证的“三葆湖”品牌螃蟹，在线上线下精品店的零售价较高：2 两及以下的小型螃蟹每斤约 30 元、2.5 两左右的中型螃蟹 50 元、3 两左右的大型螃蟹 80 元、3.5 两的特大螃蟹 120~130 元。“三葆湖”螃蟹价格高但肉质和味道更好，销售渠道也能够保证畅通，其品牌效应可见一斑，其中收购价和市场价的差额直接让利给农户，联合社不从中谋利。

联合社以服务促增产增收。除上述统一采购提供生产资料、统一农产品销售以外，联合社还为农户提供统一质量认证、技术培训交流服务，统一投保和品牌服务，通过提高农户的种养殖技术水平、风险防范能力等方式实现增产，从而提高社员返利系数以实现增收。

总体来说，相较于从市场单独购买农资、到市场单独销售产品，社员通过联合社的统一服务能够每亩增收约 1200~1300 元。例如，2018 年成员户比非成员户亩均增收 1200 余元，当年成员户平均纯收入约为 23700 元。

（三）激励与考核机制

1. 联合社对社员的激励机制

对于种养殖精心负责、水产品质好量高的成员户，联合社会适当上调收购价，如将鱼类的收购返利由每斤 0.1 元提高到 0.15~0.2 元；对于探寻到可靠销路的成员，给予其一定金额的差旅补助；对于引进新品种的成员户，三家成员社联合担保贷款帮助其融资，且在引进初期提供对新品种的无偿技术指导服务。

2. 联合社对社员的考核机制

联合社定期检查成员社的财务账目，要求账目清晰明了、单证相符；对于违背诚信原则的成员户，于次年清退出社，这种信用考核常年实行。

3. 政府部门对联合社的激励机制

对于能够发挥带头作用的优秀合作社和联合社，政府和农业农村局方面会给予一定的财政专项补贴资金，用于支持其在引进优良品种、购置农产品加工设备和基础设施建设等方面的发展。成员社中被评为市级示范社的焕彩、湖港合作社已获得 15 万元扶持资金，用于其符合条件的工程建设项目，如蟹苗改种时搭建蟹塘拦网等；另外，区农业农村局已就联合社建造冷库和建立生产线等工程项目给予支持，向其发放扶持资金近 20 万元。联合社购买政策性的农业保险时，新洲区政府承担 70%的保费，社员只需支付 30%，有效减轻了农户的资金压力。

4. 政府部门对联合社的考核机制

武汉市农业农村局、新洲区农业农村局每年对联合社进行实地检查考核，核查项目包括供销购销合同、水质检测、产品检测等，如查看其合同内容与实际交易金额、数量、账目是否准确对应，其中区农业农村局每年至少核查四次。

四、联合社的运行内容

联合社的社员主要专注于水产品的生产过程，其中四家成员社主营水产品养殖，如四大家鱼、鳜鱼、鮰鱼、大口鲶、河蟹等；另外一家主营绿色种植，如太空莲。总社则充分发挥自身的优势，全方位服务成员，为其生产经营提供多种业务服务，涉及产前、产中、产后全过程（见图 2）。

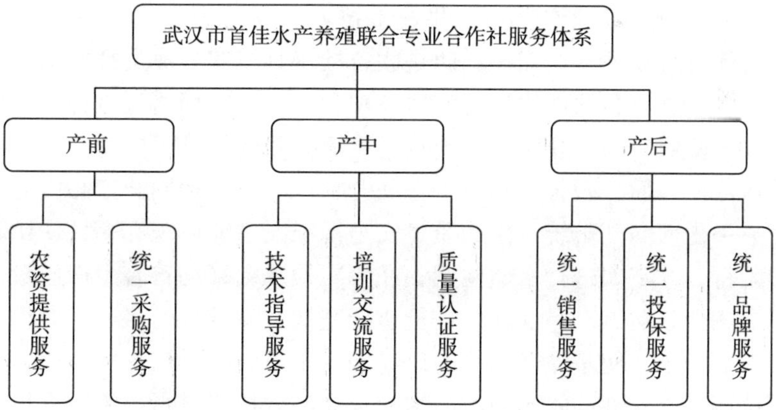

图 2　首佳水产养殖联合专业合作社服务体系

（一）产前服务

在直接提供农资方面，成员社之一——焕彩合作社建有一家饲料加工厂，年加工鱼饲料5000余吨，加工后直接以每吨低于市场价200元的价格卖给社员，减少了大量中间环节，实现了生产资料采购成本的节约。

在统一采购农资方面，由于仅靠饲料加工厂产出的生产资料无法满足全社需求，联合社每年会另外进行统一采购。该社与当地的通威饲料厂、海大饲料厂建立了长期的直接合作关系，每年向其采购鱼苗及蟹苗100吨、水生莲藕种50吨进行种养殖，采购饲料约5000吨、鱼肥300吨、价值100万元的鱼药，统一采购价格普遍低于市场价格，从而为社员节约生产成本。

（二）产中服务

在技术指导方面，联合社力抓人才队伍建设，技术力量投入较强，聘请了专业技术人员入社，其中中级职称2人、初级职称16人、水产专业8人，为联合社增强服务功能奠定了良好的人才基础。其中九州神农、武汉农大科技有限公司的高级技术人员，常年对鱼塘蟹塘进行水质测量与检验，并就养殖方法给予指导。联合社的技术部每年定时针对农业生产中可能遇到的问题进行预判，并予以防治方法的指导，印发种养殖技术资料累计1万余份，指导成员用药、用肥、用料，必要时调整种养模式。对于生产过程中出现的病虫害等问题以及旱涝灾害等外生突发情况，技术部门会第一时间赶赴问题现场进行针对性的补救指导。

在培训交流方面，一是联合社每年派专人参加武汉市相关部门组织开展的种养殖技术培训班，结课后可获得结业证书。二是每年春初，业内多家饲料厂、药厂经常申请到社内举办有关水产品养殖的公益讲座，虽然其主要目的是推销自家产品，但社员们由此也能够学到一些技术技巧。三是曾数次邀请武汉市农委专家、教授到社讲解相关专业知识。四是联合社每月组织各成员社技术人员到水产品长势较好、质量较高的地块进行实地参观和交流，以期通过这种贴近生产、着重实际的方式使农户高效扎实地实现技术交流并互促提升。

在质量认证方面，联合社致力于将联合社产品与当地同类产品区分开来，提高知名度。一是面向社员统一生产质量安全标准，主要体现在严禁使用超标、违规药品和肥料，并定期进行水质检测，在每次检测结果均符合生产质量安全标准的前提下，才会收购该产品。二是进行生产基地质量认证，目前已获得无公害农产品产地认证6个，使基地产出品的口味和质量得到科学广泛的认可。三是进行产品质量认证，联合社已将肉质产品送交正规有效机构进行检测并取得无公害农产品认证。

（三）产后服务

在统一销售方面，联合社分别与当地的高龙水产、玉如意集团签订订单供销合同，确保产品在本地的销售渠道畅通；同时由分别担任联合社理事、监事的两家成员社理事长带队，组织销售人员分赴南京、安徽、山东、江西、河南等地考察水产品市场，打通并建立持续稳定的销售渠道。社员产出的水产品由联合社以普遍高于市场的价格统一收购，以鱼类为例，平均每斤鱼的收购价格高出市场价0.1~0.2元，条件允许的情况下，联合社还会将周边养殖户的产出品一并收购。所收购水产品通过线上线下多种渠道统一销售，目标地区主要有安徽合肥、江苏南京、江西九江等。联合社的统一销售模式，有效地解决了同行之间相互压价、恶性竞争的问题，虽然对成员户提供给联合社的交易量无强制要求，但由于收购价格令人满意，绝大多数情况下农户自愿将产品交由联合社统一销售。

在统一投保方面，联合社带领社员购买农业保险，有效降低了自然灾害等外生原因造成的损失。大部分水产品的种养殖是在室外露天场所进行，因此易受洪涝灾害影响，且一旦灾情发生，农户利益受损严重，例如，2016年武汉市遭遇特大洪灾，联合社养殖的3000亩河蟹被冲走大半，亏损达到2000余万元。吸取了惨痛教训后，该社开始关注农业保险，2018年先后购买气象指数保险和水产品养殖价格保险共计90万元，保障效果令人满意，2019年联合社继续投保，预计能在很大程度上为社员填补因严重干旱造成的亏损。

在统一品牌方面，为提高联合社水产品在市场上的辨识度，联合社为通过质量认证的螃蟹注册了统一的商标品牌——“三褓湖”。自2014年注册成功后，“三褓湖”螃蟹经由线上线下精品店出售，价格比市场上同类同规格无牌螃蟹每斤高出3~10元，既提升了联合社螃蟹的知名度，也有效提高了产品销量和售价，成效显著。联合社目前正在着手准备将该品牌应用于联合社部分其他水产品上，发挥系列带动作用。

五、联合社的发展总结

（一）优势与经验

从联合社多年的运行方式和经营成果中，可以总结出以下五点优势与经验：

（1）规模经营，前景可观。五家成员社跨行业、跨区域强强联合，业务范围涵盖饲料加工、水产品种养殖等多个项目，在新洲区已具备一定的知名度，有效影响和带动面积迅速扩大。

（2）资源聚集，优势互补。成员社联合后分别种植或养殖各自的优势品种，分工清晰、取长补短，集水产品养殖、销售和饲料加工于一体，资源共享之余产业链也得到延长。

（3）强化服务，增产增收。联合社为成员统一采购提供生产资料、统一农产品销售、统一生产质量安全标准和技术指导、统一产品和基地质量认证，以服务促增产，以让利促增收。

（4）绿色生产，注重质量。社内饲料厂以农作物秸秆为原材料进行加工，实现了废物利用，工厂因绿色环保而被当地政府作为宣传典型。联合社的养殖始终坚持质量优先的原则，如用冰鱼和螺蛳作为螃蟹的饲料，且不成熟不捕捞。

（5）接纳贫困户，一举两得。对于有意愿入社的有地贫困户，联合社不强制要求其出资，只需凭地入股便允许其享受社员权益，此举既扩大了联合社规模，又在带动贫困户脱贫方面大有助益。

（二）问题与困难

近年来联合社运转状况良好，但也面临一些问题与困难，集中表现在以下四个方面：

（1）资金短缺，发展动力不足。联合社自由资金并不充裕，仅够勉强支付各项费用，如每亩每年高达450~1000元的土地流转费，而联保责任制贷款的可贷额度较低，仅有30万~50万元，对该社的有效帮助不大，杯水车薪。

（2）人才及专业培训指导缺失，发展助推不够。联合社地处乡村，待遇水平有限，十分缺失也难以留住专业对口的高级技术类、管理类人才，且技术培训较为欠缺，现有的培训和指导也有待充实内容和提高质量。

（3）基地设施建设滞后，生产发展硬性条件不充分。虽然联合社已具备饲料加工厂、冷库等基本设施设备，但要想跨上新台阶，更加先进的生产线和种养殖设备必不可少。

（4）农业自然灾害频发，抗风险能力较差。联合社近几年多次遭遇极端天气，旱涝灾害对社员种植养殖的水产品影响巨大且致损严重，虽然已购买农业保险，但自身抗风险能力也有待提升。

六、联合社的发展启示

下一阶段，联合社将从以下几个方面规划未来发展：

（一）注重基础建设，夯实发展前提

进一步扩大基地面积，吸纳更多农户入社，通过扩大规模、增加购销量，更好地在采购农资和收购产品方面服务社员，为其创造更多收益；大力创建标准化生产流程，完善和加强农产品生产质量标准及监测制度，严格把控水源质量、产品质量，建立健全农产品追溯体系。

（二）引进优良品种，丰富产品体系

除了继续优化现有的四大家鱼、螃蟹、太空莲等传统水产品外，加大对鲴鱼、鳜鱼、虾类等现有规模较小品种的投入力度，适当扩大其生产规模才能创造突出的价格优势；尝试引进全新品种，如青蛙、鳗鱼，并努力促成与玉如意集团关于养殖鳗鱼并出口日本的合作事宜，打通开创性的国际业务渠道；通过改良螃蟹的品种，养殖成熟期各异的河蟹品类，使部分螃蟹的成熟时间能够错开中秋节到重阳节这一上市高峰期，延长联合社产品的上市时段，在蟹类稀缺时间上市销售，提高售价从而提升对社员的返利空间。

（三）充实人才队伍，以人才带发展

引进专业的管理和营销团队，同时通过加强学习交流，提高现有核心负责团队的管理水平；创造并抓住与科研单位合作的机会，补齐技术短板，培育种养专业核心人才，从而及时更新和提升农户的种养殖技术。

（四）拓展电商业务，建设交易平台

深度挖掘“互联网+”农业，积极拓展电商销售平台业务，开展销售网点建设、直供团购渠道建设，并完善配套工作体系，在人才条件和技术水平逐渐成熟后建设以联合社为核心的农产品交易平台。

案例十五
湖北省武汉市黄陂区荆地养蜂专业合作社联合社案例报告*

一、联合社的基本情况

武汉荆地养蜂专业合作社联合社成立于 2011 年 10 月，该联合社由西北蜂养蜂专业合作社牵头、由武汉市黄陂区蜂业协会组织成立。联合社最初由当地 16 家养蜂合作社发起，现有 18 家成员社。2011 年 12 月，联合社在武汉市黄陂区工商分局注册。成员社的社员以资金入股的方式加入联合社。成立之初，西北蜂养蜂专业合作社占 60%以上，后来为了吸纳其他合作社通过实际出资的方式加入合作社，西北蜂养蜂专业合作社的占比下降到 50%左右。

荆地联合社是我国第一家蜂业专业联合社。由于黄陂区 90%以上的养蜂专业合作社都加入联合社，因此，联合社的生产经营与管理主要由协会和联合社共同进行。通过协会和联合社对黄陂区养蜂业的规范，进一步拓展了黄陂区蜂产业

* 执笔人：魏广成。

发展的空间。此外，联合社还在严格组织培训、严格管理监督的基础上，坚持以诚信精神生产销售溯源制，实名制优质蜂产品，黄陂荆蜜被授予国家地理标志保护产品称号。2012 年，荆地联合社被农业部和国家蜂产业技术体系纳入蜜蜂授粉示范基地，其科研成果《大棚草莓蜜蜂授粉示范规程》先后被武汉市、湖北省质量技术监督管理局审核批准为地方标准，进一步规范了蜂农和蜂业组织的蜜蜂授粉服务。2013 年，荆地联合社被中国蜂产品协会评为全国蜂农专业合作社示范社。2015 年，国家评定黄陂荆蜜品牌价值 7.03 亿元。

该联合社的宗旨是：遵守国家法律、法规和社会公德。为成员单位及股东社员服务，反映成员单位的愿望和要求，维护成员单位的合法权益，贯彻党和政府的路线、方针、政策，加强行业统一管理，避免恶性竞争；统一品牌质量标准，保证蜂产品质量；按宜统则统，宜分则分的原则，实行分级核算基础上的集约经营，为全区养蜂业发展、为生态农业增效、为农民增收做贡献。

二、联合社的成立动因

2006 年《农民专业合作社法》出台，2007 年 7 月试行。当地蜂农意识到这是一个很好的发展契机，2007 年年内黄陂区先后成立了四个养蜂专业合作社。2008 年初，我国南方遭遇了罕见的雨雪冰冻天气，黄陂区养蜂业也受到了重创。而四家合作社在指导蜂农抗灾上发挥了积极的作用，于是广大蜂农纷纷要求加入合作社。在黄陂区蜂业协会的直接领导和指导下，该区又成立了一批合作社，目前有 18 个养蜂专业合作社，每个合作社的负责人均由养蜂协会会员选举产生。被推选出来的合作社社长都是当地的养蜂能手，有较强的协调服务能力，也深得当地蜂农的爱戴。养蜂活动的开展也得到了顺利进行。在实践中由于以下因素的存在，促进了各个养蜂专业合作社“抱团取暖”，走上了联合之路。

（一）集中采购的需要

养蜂属于农副产品行业中投资较高的行业。蜂农的平均养殖规模较小主要因为蜂农往往生产成本较高，造成了利润被大大压缩。而养蜂所需的生产资料，如蜂箱、蜂脾等原材料，售价较高，联合采购能够将成本降低 20%。

（二）集中销售的需要

笔者在访谈中了解到，目前在我国蜂产品市场上，原蜜的销售价格大约为 15 元/斤，而遭遇到市场行情低迷或者采购商压价时，原蜜的销售价格甚至会降低到 10 元/斤，极大地压低了蜂农的收入。而蜂产品产业链中的大部分利润在销售加工环节。因此，荆地联合社采用统一销售各个合作社蜂蜜的方式，将蜂蜜统一销售给蜂产品加工流通企业。通过保证质量和供应量的方式，提高联合社的谈判议价能力。通过联合社集中销售原蜜，销售原蜜的平均价格达到 18 元/斤。

（三）缺乏资金的需要

蜂农往往为分散在黄陂区农村地区的小农户，由于缺乏抵押品、资信不高等原因使多数蜂农因缺乏资金而保持较小的养殖规模。因此，组建拥有较强资金优势的联合社可以通过帮助农户融资的方式缓解养蜂农业缺乏资金的问题。

（四）合作社联合的需要

18 家养蜂专业合作社中，规模较大的合作社中社员有 60~70 户，规模较小的仅 20 户左右。由于合作社规模小，而且还无专业人员办事，即出现了小而空的特征，致使许多蜂农认为小合作社不具备发展前景，从而不愿意以现金方式入股。另外，小合作社也养不起专业办事人员，缺人办事，也没钱办事，导致了有些合作社出现人心涣散的局面。

（五）合作社联合的诉求

实践证明各个养蜂专业合作社比较分散，无法形成整体活力，特别是在抵御自然风险、解决实际困难、创建品牌效应、开拓营销市场、申报政策扶助等方面，无法得到有效的解决。专业合作社、当地养蜂协会以及政府都提出组建联合社，将众多合作社形成一个联合社，走规模经营之路。

为此，在黄陂区蜂业协会的带领下，召集了各个专业合作社的负责人征求意见，慎重提出了组建“养蜂联合社”的想法，并得到了各合作社的一致认可与支持。为了确保“养蜂联合社”各项工作正常开展，先后办理了工商营业执照、税务登记证、质监编码证、产品销售条码证等各种证照。

三、联合社的机制分析

在黄陂区政府和黄陂区蜂业协会的指导下，荆地联合社逐步建立了自身的组织结构和治理机制，扩展了联合社服务范围，并实现了一定的经营绩效。

（一）组织结构

联合社的主要组织结构有股东代表大会、理事会与监事会。

一是股东代表大会。18 家养蜂专业合作社的社员以入股的方式加入联合社，此外，凡在黄陂区辖区内从事养蜂的蜂农都可以自愿入股成为联合社的社员。加入联合社的每股股金起点为 500 元，但是最高不得超过 3 万元。由入社的社员组成全体股东代表大会，全体股东代表大会是联合社的最高决策机构。二是理事会。凡出资入股达 1 万元的蜂农，将成为联合社的理事；出资入股达 3 万元的蜂农，将成为联合社的常务理事，即 1 万元股产生一名理事，3 万元股产生一名常务理事。理事长和副理事长分别在常务理事中产生，不过目前联合社的理事长暂时由蜂业协会的领导担任，待联合社运行一段时间后，再从常务理事中选举产生。三是监事会。监事会的组成人员分别由各专业合作社的负责人和蜂业协会的领导人组成。当前，监事长暂由蜂业协会领导担任。联合社组织结构如图1所示。

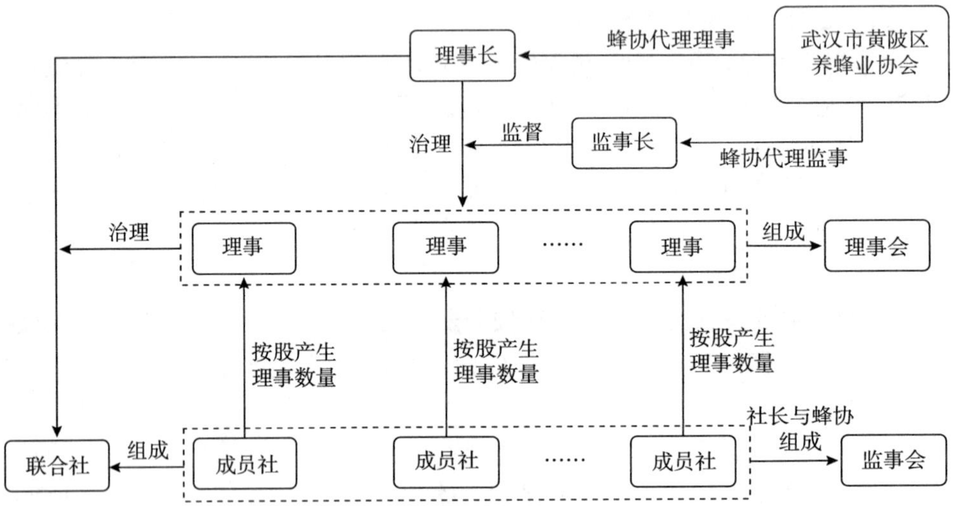

图1　联合社组织结构

理事会下设五个部门，分别为金融服务部、财务部、集中销售部、技术服务部和集中采购部。其中，金融服务部负责对成员社的社员进行贷款资金审核、贷款资金发放、贷款资金保管与监督等工作；财务管理部主要处理联合社日常经营活动所需的各项收支；集中销售部主要负责对接各个销售主体，如蜂蜜收购商、蜂蜜经销商和蜂蜜加工企业等；技术服务部主要由核心成员社的技术人员组成，主要负责联合社成员的养蜂技术培训和新技术引进培训等；集中采购部负责对接养蜂生产资料公司，采购养蜂生产资料，如蜂巢和蜂脾等，如图2所示。

（二）治理机制

联合社采取典型的三会治理模式，股东代表大会、理事会和监事会各司其职，共同治理联合社。

股东代表大会。联合社的最高权力机构是成员单位的股东代表大会。成员单位股东代表大会行使如下职权：①审议、修改联合社章程和各项规章制度；②选举和罢免理事长、常务理事、理事，监事长、监事会成员；③审议理事会工作报告和财务报告；④制定和修改经营方略和发展计划；⑤决定终止事宜；⑥决定其

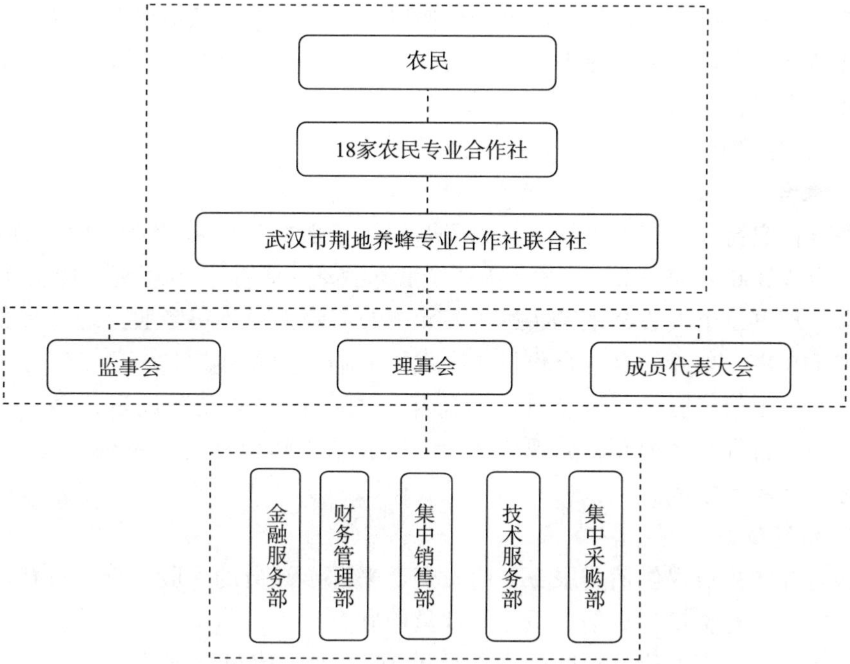

图2　武汉市荆地养蜂专业合作社联合社组织架构

他重大事宜。

理事会。理事会是成员单位股东代表大会的执行机构，在大会闭会期间领导联合社开展日常工作，对成员单位股东代表大会负责。理事会暂定三年换届。理事会的职权如下：①执行成员单位股东代表大会的决议；②召开成员单位会议；③向股东代表大会报告工作和财务状况；④决定成员单位的吸收、除名及奖罚；⑤决定申请设立办事机构、分支机构和实体机制；⑥决定秘书长、各机构主要负责人的聘任；⑦领导联合社各机构开展工作；⑧制定内部管理制度；⑨审议联合社年度工作计划和工作总结；⑩审议联合社年度预算和决赛；⑪审议和协调理事会职能部门的报告；⑫组织召开联合社各种会议和开展各项活动；⑬代表联合社与国内外行业协会和相应团体进行外事往来。联合社设理事长一人，副理事长若干名，副理事长数量不得超过常务理事的1/2。理事长行使下列职权：①主持成员单位大会，召集并主持理事会会议；②签署联合社成员单位出资证明；③签署聘任或者解聘联合社经理、财务会计人员和其他专业技术人员文件；④组织实施成员单位大会和理事会决议，检查决议实施情况；⑤代表联合社签订合同等。

监事会。监事会代表全体成员单位和股东监督检查理事会和工作人员的工作，任期三年，可连选连任。监事会行使以下职权：①召开成员单位股东代表大会；②监督联合社的业务活动及财务管理；③列席理事会会议；④向成员单位股东代表大会报告工作。

（三）经营情况

1. 联合社入股股金

联合社实行股份制，可细化分为股票值、参股数额、股金运行管理办法等，经商确定为500元为一股，1万元为一个股东代表，产生一名理事，10万元产生一名常务理事，个人股金不得超过3万元，非养蜂人员不得参股，现已参股的蜂农达到110户，参股的专业合作社15家，目前已吸纳股金270万元，为蜂农和合作社开展了信贷服务。联合社确定每年3月中旬召开股东代表大会、报告工作、公布账目、结算盈利、兑现分红、取信股东。联合社这一系列的规范管理，深得参股蜂农的信赖。

2. 信贷服务

联合社向社员提供信贷服务，信贷资金来源于社员的入股金额。只有入股联合社的社员才有资格享有信贷服务。社员向联合社申请贷款，需社员所在合作社做信用担保，原则上贷款额度最高不超过10万元。成员社向联合社贷款，最高额度不能超过联合社社员在联合社的总股金之和。社员贷款实行差别利率服务。倘若贷款用于发展蜂业，则贷款利息为年息10%；若用于其他行业，则贷款年息为12%。

2018年全年放贷17笔，累计贷款180万元，贷款发放给11家合作社的21位社员。2018年年终贷款全部收回，产生利息27万余元。2018年，联合社利息收入约占联合社总收入的85%。

3. 产品服务

目前，联合社开展了如下两类产品服务：一是以高于市场价收购社员蜂产品。2018年，联合社为了扶助社员，将联合社收购成员社和社员的价格提高了20%，2017年市场价为3万元/吨，联合社收购价为3.6万元/吨。二是开展产品加工服务。自联合社成立以来，联合社累计出资35万余元（资金来源于外部扶持），在黄陂区和武汉市成立九个蜂蜜加工点。另外，联合社从2013年开始，还向社员提供加工社员蜂蜜服务，统一进行产品包装，并收取部分加工费用，年收入为2万余元。

4. 盈余分配

联合社年终结算时，将联合社的各项收入扣除成本支出所得的盈余按照10%的比例计提盈余公积。2018年，联合社收支平衡，因此并没有进行盈余分配。理事长在访谈中表示，联合社成立以来，收入主要来源于向成员社的社员贷款所得的利息收入，而联合社的人员主要来源于核心合作社的成员。除了财务人员一人需要发工资外，并不需要其他人员的工资支出，因此，工资支出较少，成本较低。联合社的财务人员年工资为3万元，主要由联合社收取成员社的财务服务费获得，每家合作社仅需财务服务费300元，并且联合社的财务人员为各家成员社统一记账。理事长还表示，由于联合社并没有较为实际的人员体系和运作机制，因此收入支出均较低，并不进行盈余分配。但以后通过开展实际的业务，雇用专职人员从事联合社的各项生产经营活动，就必须要完善联合社的盈余分配制度。

5. 盈利状况

从2018年的经营状况来看，联合社收支平衡。首先，贷款产生利息27万余元；其次，蜂蜜销售所得返点净收入2万元；再次，通过为社员包装蜂产品，净收入为1万元；最后，在武汉市新设两处蜂产品销售点，投资共计14万余元，资金来源于外部扶持。扣除联合社日常生产经营的各项支出和成本后，联合社2018年大致收支平衡。

四、联合社的运行内容

联合社成立八年来，通过不断摸索和创新，结合黄陂区蜂产业的地域特色和黄陂区养蜂农户的实际需求，因地制宜地发展了以下七种服务，更好地服务蜂产业。

（一）技术服务

每年组织蜂农赴市农校参加技术培训，区内常年举办1~2次大型养蜂培训班，开设了蜂产品电商销售平台，举办了两次新型职业蜂农培训班，组织蜂农现场互学互帮、交流经验，参加累计达到上万人次。坚持开展“师带徒、一帮一”活动，每年发展新蜂农100多人。先后与中国养蜂协会，中国农业科学院养蜂研究所，中国蜂产品协会，华农、湖北养蜂管理站，中国养蜂技术体系武汉综合试验站等单位建立了较为紧密的科研合作关系，实行“走出去，请进来”相结合，为黄陂科技兴蜂提供了科技支撑。广大养蜂人员较好地掌握了强群、壮群的饲养技术，蜂产品产量、质量明显提升。

（二）提供生产经营信息服务

利用电话、短信、网络、微信等方式与蜂农保持联系，传递各种信息，帮助他们赶上花期、掌握行程、规避风险、拓宽经营渠道、增加效益。对各种蜂产品的收购、转运和销售都由联合社统一安排，供所有蜂农参加。

（三）提供保约经营服务

为了创品牌、增效益，联合社实行了“五统一”，即统一设计图案和标识、统一制定包装盒、统一定制“武汉荆联”灌装瓶、统一使用“抿一口”集体注册商标、统一产品质量标准，让蜂农共享品牌，普遍受益。近几年，联合社集中定制“黄陂荆蜜”和“抿一口”集体商标包装盒（袋）35000套，包装瓶15万个，质量好、成本低，比蜂农散户购买时降低二至三成。同时共打品牌，增强了市场影响力。

（四）提供信贷服务

联合社的股金来自合作社和蜂农，又以借贷的形式支持合作社和蜂农发展。急需资金的蜂农和合作社，提出申请，出具借据，提供身份证复印件，经各合作社负责担保即可获得贷款支持。信贷服务效率高，一笔借贷几个小时就可以办结，减少了许多程序和周折。六年时间蜂农借贷利率和入股分红收益率，基本持平，都在10%左右。为防范风险，联合社对借贷用途，蜂农诚信、所在合作社入股额度等进行审查和把关，并实行年度结算，保证还本付息。六年间，联合社累计借出资金达500万元，股金有效运转，成了蜂农创业的“及时雨”。

（五）提供维权服务

联合社发挥组织作用，在区蜂协的直接支持和帮助下，依法依规为合作社和蜂农维权，及时帮助处理蜜蜂农药中毒、转地养蜂乱收费、强买蜂产品、打人伤人、交通事故、养蜂场邻里纠纷等，只要蜂农有合理诉求，将及时帮助维护他们的合法权益。多年来帮助化解了许多矛盾，也为社会稳定做出了贡献。

（六）提供扶危济困服务

把因灾因病蜂农作为重点帮扶对象，遇到灾害之年，在动员蜂农自救、互救的同时，联合社及时筹集物资、资金上门慰问，主动联系相关职能部门帮扶，常年因灾害、事故、疾病遭受损失的蜂农，都获得了方方面面的扶助，保证了蜂农养蜂的积极性。

（七）提供政策对接服务

积极支持蜂农投资购置新型蜂业设施。凡率先建设藏蜜冷库达20平方米以上的蜂农，联合社赠送分体空调机一套，已先后赠送空调机30台（套）。联合社对各合作社精心管理，对所在养蜂社员热心帮助，而且软件和硬件都很完善。由联合社出面申报优秀示范社，有四个合作社获得了国家和地方的表彰，并得到了几十万元的资金奖励。争取区政府的支持，每年通过黄陂区农业农村局安排免费提供给蜂农油菜种子2000斤左右。

五、联合社的主要成效

联合社相比以前分散的各个养蜂专业合作社来说具有如下四个方面的优势：

一是组织管理实，有人理事。蜂业协会人员充当联合社管理人员、理事长、监事长，在体制、监管上都无缺陷，而且有章程可依，可以信赖的人在理事，应章程办事，社员放心，理事长可以放手办大事。二是经济实力强，有钱办事。以现金入股，联合社有了资金来源，在联合社的主持下，2012 年，获得武汉市项目扶持 20 万元。三是协调能力大，联合社上可至省农业厅，下可对接分散蜂农，建立了社内事务协商机制，使蜂农的话语权得到了充分的表达。过去蜂农与上级政府对接联系难，联合社的成立很好地解决了这一问题。四是公信力强，有门说事。由于有蜂业协会的牵头，组织管理公信度高，蜂农比较认可。不过，当前蜂业协会仅仅是先奠定联合社的基础，最后还要将联合社的理事、监事过渡到蜂产业的带头人。

联合社的成立，使黄陂区的蜂农和养蜂业实现了四个转变：一是由蜂农到股东身份的转变；二是由指头到拳头的力量转变；三是由小组经营到集约经营的观念转变；四是实现“由丫鬟到小姐”的品质转变，形成了蜂农产品加工店。联合社自组建以来，除自身发展有一个良好的开局外，还在助推全区蜂产业加快发展中起到了积极作用。

（一）进一步提高了蜂业的组织化程度

联合社是蜂农更高层次的组织，通过组织的力量，把蜂业合作社、蜂农和蜂业企业紧紧地捆绑在一起，各扬其长、优势互补、集约经营、抱团发展的格局进一步形成。

（二）更好地服务了广大蜂农

一是在养蜂技术上服务蜂农。联合社股东大都为合作社负责人和养蜂能手，组织协调能力、科技养蜂能力、信息收集能力等都强于一般蜂农。联合社充分发挥这一优势，定期或不定期开展一些座谈、交流、学习培训、现场观察等活动，及时为蜂农提供科技养蜂信息、花期信息、蜂品价格信息，及时处理化解各类矛盾，使蜂农从中提高了水平，增长了见识，少走了弯路，增加了效益。此外，联合社还邀请了华中农业大学、武汉大学、福建农业大学、国家蜂业协会和武汉蜂业协会的教授、专家为蜂农做知识讲座。

二是为社员提供信贷服务。入股联合社的蜂农可以向联合社申请资金，解决贷款资金需求，保障了蜂农的正常生产。同时，提供产品收购与加工服务。联合社收购蜂农产品，保护了蜂农的利益。为蜂农加工产品，提升了蜂产品的附加值。

三是有效地扩大了黄陂品牌蜂产品的影响力。进入市场，唱响品牌，这是单个蜂农难以做到的，然而联合社在实现品牌兴蜂的道路上已迈出了坚实的一步。

在联合社的努力下，“黄陂荆蜜”已经获得了“中华人民共和国地理标志保护产品”称号。此外，还获得了国家工商总局批准的“扺一口”商标。

四是帮助蜂农增加了养蜂收入。联合社与合作社或积聚资金，集中批量购买蜂具、蜂药、蜂饲料，或只收成本费帮助蜂农精滤加工灌装自产蜂蜜，或集中批量销售蜂农产品，既方便了蜂农，降低了成本，又提高了蜂蜜的卖价，增加了蜂农的收入。

六、联合社的现存问题与发展规划

（一）联合社的现存问题

黄陂区联合社组建以来，虽然取得了较大的成绩，但也存在一些问题。笔者通过调研总结，联合社的问题主要有以下几点：一是联合社目前尚未系统地开展经营活动，因此没有稳定的收入来源，因此在成员社及社员之间无法形成活力。二是联合社虽然是一个经济实体，但主要职能是为全区各个专业合作社和广大蜂农服务，为他们创收搭建了有效平台，而联合社本身收益较小，开展正常活动缺乏经济保障。三是黄陂区蜂业协会对联合社的组建、帮扶、监管发挥了举足轻重的作用，但行业协会也要求与政府脱钩，导致产业发展弱化。四是没有专职的管理人员，缺乏专业经营人才。虽然专职管理人员可以聘请，但是用人成本太高，一年最少 3 万元，因此目前都是蜂农参与管理，现在只有一个财务人员是外聘的，联合社还需要引进懂管理与经营的专业工作人员。五是联合社没有自己的办公场地，活动受到一定的影响。六是经营规模和网络需待努力扩大扩宽。七是资金短缺，理事会开展活动，活动经费困难。

（二）联合社的发展规划

针对近年来我国主要矛盾发生了变化，人们对于生活水平的提高提出了更高层次的要求。为了提高产品的品质，联合社做出以下规划：一是努力把联合社打造成“龙头”，在“联合社+合作社+蜂农”中真正起到龙头带动作用。二是支持帮助蜂农建造冬季藏蜂、夏季储蜜的多用冷库 100 座，提升联合社在市场中的整体竞争力。三是积极组织各类学习培训活动，帮助蜂农不断提高科学养蜂水平。四是坚持品牌创新，把黄陂荆蜜打造成为国家驰名商标，把“扺一口”商标打造成为名牌。五是进一步为蜂农提供资金、加工、销售、信息、技术、互助等全方位的服务，进而实现互利互惠、合作双赢。六是切实加强自身建设，按章运作，规范管理，创新经营方式，壮大经济实力，不断提升联合社的公信度和影响力。七是增强联合社销售队伍建设。为联合社配备专职的蜂产品销售人员，扩大蜂产品的影响力。

案例十六
湖北省孝昌县七仙红林果农民专业合作社联合社案例报告*

孝感自有“董永孝感动天，七仙女下凡与之婚配，带下天上蟠桃，自此，孝感盛产桃”的神话传说，这便是“全国名优果品区域公用品牌”“全国‘一村一品’”“湖北名桃”——孝感“七仙红”品牌的由来。这一品牌正是来自于湖北七仙红林果农民专业合作社联合社。

一、联合社的基本情况及发展历程

湖北七仙红林果农民专业合作社联合社是由孝昌县冠昌源农产品专业合作社发起成立，集农村实用人才培养、农业科研、新品种与技术引进推广、农资经营、农产品产供销服务为一体的联合社。社内核心成员分别为孝昌县果品产业协会、孝昌县绿汇果品专业合作社、孝感市鸿丰早蜜桃种植农民专业合作社、孝感市将军贡果种植专业合作社。联合社注册资金 1200 万元，目前全省成员单位已达到 18 家，社员 3068 名，种植面积 3.2 万亩，推广 67 个早熟桃品种（逐步优化调整），其中又以红肉桃为主，占全省红肉桃市场的 60%以上，年育 50 万株果苗。业务范围包括：为成员提供市场经营、生产管理服务；组织购销社员生产的果品、绿化苗木等农副产品；引进新技术、新品种，开展技术培训、交流和咨询服务；开展成员所需的运输、贮藏、加工、包装等服务；开展成员资金互助；承担政府有关部门转移和委托的职能。

联合社位于孝昌县及孝南区，地理位置优越，土壤主要为黄棕壤土，森林覆盖率 36%以上，基地区域属亚热带季风气候，年均气温 16℃，年平均降雨量 1109 毫米，年均日照 2147 小时，京珠高速穿境而过，邻近国家级水果批发市场，区域优势明显；此外，近年来依托品牌效应——打造“七仙红”，现已成为“全国名优果品区域公用品牌”“全国‘一村一品’”“湖北名桃”；规模效应——形成“联合社+党支部基地+桃产业园+‘三品一标’”的产业发展模式；政府相关支持——进行种植补贴、搭建 12316 益农信息平台，因此在这些因素

* 执笔人：何妮。

下，联合社取得了一系列荣誉，获得“国家级‘星创天地’”“职业农民培训中心”“科研科普基地”“全国先进基层党组织”等称号。

联合社的成长壮大过程，也正是理事长程国庆和儿子程琪“父子兵”艰辛的创业之路。大体上可以分为三个时期：初步探索、创办合作社时期（1979~2007年）；党支部带动合作社，破解发展难题时期（2008~2013年）；联合社注入新活力，品牌拉动时期（2014年至今）。

（一）初步探索、创办合作社时期（1979~2007年）

1979年，理事长程国庆高中毕业，正值孝南区杨店园艺场（湖北桃子发源地）种桃效益很高，借此机会他开始尝试引进种植，最终取得了三年的丰收，但同时问题也接踵而来。一是盲目引进品种，当时引进的品种有大观一号、早霞露、沙子、岗山等，没有形成优势品种。二是无技术管理经验，对抗植物疫情的能力弱，当年桃子缩叶病非常严重，给种植户带来的损失较大。三是无销售信息，产品销售难，每到果品上市销售期，全靠种植户肩挑背扛、走街串巷售卖。桃子的售价受市场价格波动起伏大的影响，收成难以保证。

20世纪90年代初，桃子在孝昌县迅速扩大，当时程国庆也尝试过成立全镇果品协会，但是无证、无执照、无管理章程，虽然和种植户一样有着共同目标，但缺乏组织。如何将千家万户的小生产与千变万化的大市场有效对接，抱团发展共抗市场风险，进而增产增收，成为接下来面临的主要问题，这促成了合作社的组建。2005年，县农业局成立了孝昌县果品产业协会，2007年《中华人民共和国农民合作社法》的实施加速了这一过程，最终程国庆牵头成立了全县第一家农产品专业合作社——孝昌县冠昌源农产品专业合作社。联合社自此打开了抱团发展、资源整合、规范管理的新篇章。

（二）党支部带动合作社，破解发展难题时期（2008~2013年）

合作社成立后，由于当时鲜桃交易量很大，带来利益的同时也产生了纠纷，出现了社员内部人心散、开展活动难的问题。为了更好地化解矛盾，加上当时种植户中有不少农民党员，且他们在群众中有一定影响力，因此理事长程国庆积极调动农民党员的带头作用，既更易调解矛盾，也带动了当地产业发展，于是合作社将种植大户中的农民党员组织在一起，于2008年成立了全县第一家产业链上的党支部。

党支部成立之初，由于缺乏组织管理经验，问题随之而来：一是无固定的办公场地和经费，运营管理难；二是党员社员素质参差不齐、思想意识统一难。合作社面对这些问题迎难而上，经过讨论最终确定了一个发展主题——“组织连万家、服务促发展”，通过党组织加强对社员的服务，走适合自身发展的道路。在党建统一思想，合作社促发展的思路下，具体做法为：首先培训党员，具备三个头脑——“政治”“经济”“法律”，解决党员内部素质不均问题。其次在分工上成立了三大职责：党支部定策、理事会实施、社员代表大会参与。最后在处理上下级的关系时合作社采取了“三通策略”：沟通、串通和融通。至此达到了上下一条心、交流沟通不费心的效果。同时，合作社还努力打造一支创新团队，注重新品种的推进以及网上销售的开展，这些措施也促进了孝感桃产业的快速发展，高峰期全市桃树种植面积达30万亩以上。

（三）联合社注入新活力，品牌拉动时期（2014年至今）

2013年底，合作社发起跨区域的农民合作社联合社，成立湖北七仙红林果合作社联合社，全市桃农自此走上联合经营的品牌之路。成员共建共享“七仙红”品牌，参与合作社发展带来的红利。2014年“七仙红”被省农业厅认定为“湖北名桃”。2016年，联合社年产值达3200万元，利润600余万元。

联合社开创了“基地+联合社+桃产业园+品牌+党支部+农户”的多元化产业发展模式，并与湖北省农业科学院战略合作，对口帮扶孝昌县花园镇陈林村60余户，丰山镇农站村32户，以及长春村10户等，并把水库移民村——丰新村打造为“全国‘一村一品’”乡村等。贫困户以土地入股或者劳动力入股，共建共享“七仙红”品牌，共享联合社发展带来的红利。

二、联合社的成立动因

联合社成立的动因：①资源整合，单个合作社在市场上不足以产生较大影响，联合会扩大整个桃产业的规模，以降低生产成本，增加利润空间。②便于技术进步，合作社之间的技术交流并不多，单个合作社闭门造车的做法不利于新品种的推广。③销售占据优势地位，规模的增加意味着在议价的时候更加主动，便于开展订单合作。④与政策衔接，相对单独个人或者合作社，当前政策更加倾向于产生规模化效应的群体，联合起来更便于承接项目。

三、联合社的机制分析

机制分析主要从联合社的组织结构、服务内容、产品定价及销售、经营状况、盈余分配、质量管理做法六个方面展开分析。

（一）联合社的组织结构

关于联合社实际投入运营的部门，包括综合办公室、外联部、财务部三个部门。其中，综合办公室负责对工作的统筹，定期举办技术交流培训、会议组织、标准的制定等；外联部负责对接市场销售，开拓线上和线下市场，其下设立电子商务平台，负责组织直播和网上销售业务；财务部负责对联合社的进出资金、日常开销等进行处理。联合社并未单独设立技术部门，由当地政府出资搭建的12316平台起到这一作用，平台聘请了各农业部门和院校的专家为当地整个桃产业提供免费的技术指导（见图1）。

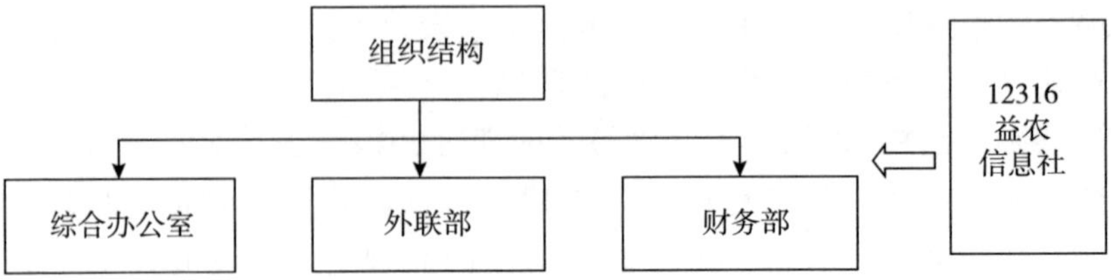

图1　联合社组织架构

（二）联合社的服务内容

近年来随着品牌的打响，联合社对质量的严格把控，开始更多重视为社员提供服务，服务内容包括：①制定种植标准，特别是对接商超，提供检测服务，对于农药残留超标的成员进行相应的惩罚。②搭建技术交流与市场信息交流平台，加强疫病防控，以及市场信息分析。③共享“七仙红”品牌，联合社有更强实力提供广告投入，提升品牌影响力。④提供销售渠道，但不强制统一销售，联合社成立电子商务团队，统一包装挂牌后进行线上销售。⑤承接政府科研项目，针对新产品研发提供代管服务（见图2）。

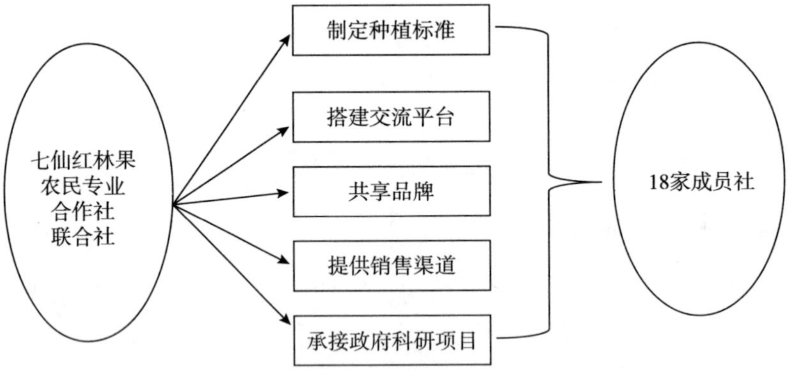

图2　联合社服务内容

（三）联合社的产品定价及销售

据相关部门统计，全省桃面积达110万亩，其中襄阳占比近30%，随州、孝感各占20%，其他县市区共占30%左右。孝感品种最齐全，近年来主要以红肉桃为主，早、中、晚熟比例为7：2：1的合理搭配，2019年均价为2.5~3元/斤；随州以中熟为主，曙光油桃类占70%左右，均价在2元/斤左右；枣阳以中晚熟为主，品种多为春美、春雪、早春蜜为主，均价在1.5~2.5元/斤，2019年为近年来销售最好、价格最高的一年，主要是因北部干旱减产影响及销售期少雨有利条件，湖北不提倡发展晚熟桃（锦绣黄桃销售难就是很好的例子）。

销售方向主要有三块，分别为休闲采摘、订单批量、电商，每个合作社侧重点也不尽相同。联合社园区占地700亩，地理区位优越，靠近云雾山、双峰山等旅游景区，主要以休闲采摘业务为主。关于批量订单，联合社没有严格的统一销售，成员社可以有自己对接的销售点，也可以通过联合社销售。通过联合社销售要经过严格的加工过程，即进行原材料品控、仓库存放、分选加工、成品品控、商品入库、出库发货这一流程。

关于电商销售，近年来比例也在逐步上升，约占销售总量的30%~40%。主要做法有：联合社与湖北省邮政公司进行合作，利用邮政公司低廉的物流优势和日趋成熟的销售平台（京东、淘宝、天猫等），在桃子批量上市前提前做好预售工作，同时积极开展网上直播销售，设立专门的直播间，对接抖音、快手、火山等网络直播平台进行产品销售（见图3）。

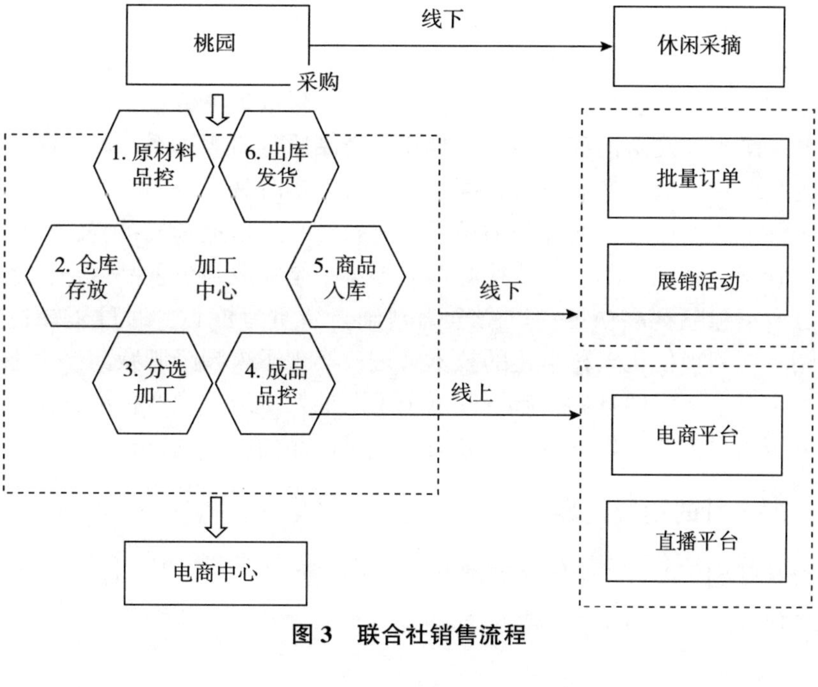

图3　联合社销售流程

（四）联合社的经营状况

1. 收入来源

近几年，联合社平均每年销售收入为3000万元，主要收入来源包括：①对成员社收取一定服务费，每斤桃子收取费用为0.3~0.5元，每年这块收入约100万元。②园区内休闲采摘收入，定价最低在5元/斤，因为靠近旅游景区，目前营收较好。③订单农业，对接线下超市、果品店等销售渠道，目前仍是其主要收入来源。④电商销售收入，走品牌路线，对接各大平台，开展直播等，每年销售量不断提升，销售份额大概占总量的30%~40%。

2. 盈利状况

联合社每亩桃园产量为4000~6000斤，产品主要定位在高端路线，最高价在22元/斤。2019年销售总量达到260万斤，联合社一年的销售收入在3000万元左右，盈利600万元左右。

（五）联合社的盈余分配

联合社成立时，五个核心成员社出资90%，剩下12家占10%，每年分红主要以交易额进行分配为主。近几年，联合社为保证产品质量，对桃子监测力度加大，成员社通过联合社销售比例减少到20%~30%，因此分红较少。

（六）联合社的质量管理做法

联合社产品主要定位在高端路线，这就要求联合社必须在质量方面严格管控。具体做法为：一是建立生物防控体系，通过生草栽培，以草控草，果园不再使用除草剂；通过性诱剂、杀虫灯等物理措施，降低害虫数量；通过生物制剂使用，达到果品无农残防治病虫害。二是建立产品质量追溯体系，以果园分区监控摄像头为基础建立的农产品质量追溯体系，可以实时观看桃园生产情况、桃树生长过程；桃子成熟后可以通过扫描桃子上的农产品质量追溯二维码，查询桃子日常生长、管理、施肥用药、农残检测等数据。三是完成绿色食品认证体系，2014年七仙红申请绿色食品认证，以安全为基础，品质为核心，通过了绿色食品认证，利用一系列现代化、科学化的技术管理，实现了果园降肥减药，为七仙红桃的品质安全打下坚实的基础；起草并制定了七仙红桃地方生产标准，为七仙红桃的品质安全指引方向，始终秉承着品质安全是产品的根本这一理念。

四、联合社的运行内容

联合社开创了“联合社+党支部基地+桃产业园+‘三品一标’”的多元化产业发展模式。

（一）“联合社+党支部基地+桃产业园+‘三品一标’”的多元化产业发展模式

联合社建立了全县首家在产业链上的党支部，建成孝昌县冠昌源农村党员与实用人才培育基地（省级示范）。坚持党建带团建，35岁以下青年12名，3人分管团的领导、组织、宣传等工作，在各项青年工作中做出突出贡献，打造了一批农村青年创业典型、领军人才、致富带头人、科技示范户以及党代表、人大代表、政协委员、青联委员与科协、工会、共青团等代表，为联合社长远发展提供了新鲜血液和强劲动力。党、团支部也被表彰为“全国先进基层党组织、湖北省先进基层党组织；团中央青年就业创业见习基地、孝感市红旗团支部”等。

“七仙红——桃产业园”位于孝昌县羊山镇，建于2017年，由联合社成员共同打造，面积800余亩，与华中农业大学、省农科院果茶所战略合作，以科技助力产业扶贫，以血桃研发为核心打造团队，建立湖北地方红肉桃资源圃、产学研基地等，取得湖北省科学技术奖励2项，科学成果2项，审定新品种2个。

联合社制定了自己的“三品一标”（品种、品质、品牌及生产标准）：①品种是农业的根本，湖北桃产业全国上市最早，联合社定位发展早熟桃，特别是地方红肉桃。目前共研发引进桃品种72个，其中适合湖北大面积种植的品种十余个。②品质是增收的前提，联合社在广大社员和同行间大力提倡“一增二减三保证”的生产原则，果园推广地布覆盖控草控水，以草制草、物理防控，特别倡导减少除草剂这一破坏土壤的化学农药使用量，以上各种措施在提高产品品质的同时，增加了产品的附加值。③品牌是提质增效的保障，在宣传推介湖北名桃“七仙红”这一区域公用品牌的同时，2019年联合社又牵头申报了“孝昌血桃”国家地理标志商标，连续在央视一、二、七、十七套节目中宣传，在省市县主流媒体宣传推介，举办和参加各类品牌推介会、展销会、交流会、桃花节、论坛等活动十余次，目前已有孝感、枣阳、随州、武汉等地部分企业使用区域品牌商标。④制定了湖北红肉桃地方标准及生产管理制度，逐步规范绿色食品、有机认证转换、质量安全追溯等有利于产业发展的各类生产指标。除此之外，为了推动产业发展，联合社还积极引进人才、开展技术交流培训、组织现场示范观摩活动，让七仙红品牌成为果农增收致富的强劲引擎。

党支部基地不仅解决了联合社管理中遇到的松散问题，还为其长远发展培养了一批优秀人才，充分调动了党员的积极性，在联合社内部起到模范带头作用，为其一系列活动顺利开展奠定了基础；桃产业园集办公场所、休闲采摘、科研投入于一体，为其开拓市场、获取市场信息、研发新品种、推动品牌宣传起着重要作用；“三品一标”是联合社保证产品质量、发挥品牌效应、品种领先的重要保障，是其取得成绩的法宝。三者的融合与协作是联合社打造桃产业的重要武器（见图4）。

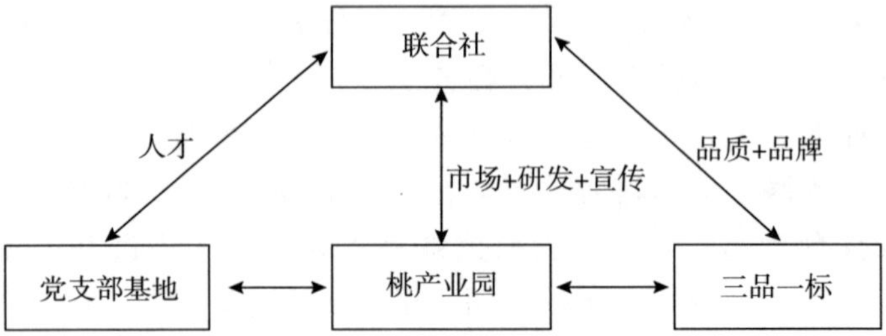

图4　联合社产业化模式

（二）运行成效

1. 产业扶贫

孝昌县是国家级贫困县，联合社通过两种途径参与到扶贫中去：①党员带动，作为全国先进基层党组织，依托党员在联合社起到模范带头作用，实行“1个党员+10个困难户”，对口产业扶贫，花园镇陈林村35户，丰山镇农站村32户，以及全国“一村一品”七仙红桃种植村的丰山镇丰新村。②建立桃园产业基地，计划2018~2020年在全县开展8.5万亩桃产业基地建设，具体乡镇分布如表1所示，常年开展技术培训、种苗配送、现场指导、农产品销售，最终实现精准脱贫，带领社员农户及周边贫困户走共同致富之路。

表1　2018~2020年8.5万亩桃园产业基地分布情况

乡镇名称	规模（万亩）	乡镇名称	规模（万亩）	乡镇名称	规模（万亩）
王店镇	0.4	花园镇	0.8	邹岗镇	0.7
卫店镇	0.7	花西乡	0.4	丰山镇	2
小河镇	0.8	白沙镇	0.4	周岗镇	0.8
季店镇	0.6	陡山乡	0.5	小悟乡	0.4

2. 对接“一带一路”发展

联合社积极融入新时代“一带一路”，努力推进“走出去”，积极参与国际市场竞争。2015年七仙红桃参加中俄“一带一路”万里茶道博览会；同年，俄罗斯联邦农业部副部长阿列克赛·阿列克赛柯一行考察七仙红联合社，并签订采购意向协议，至此联合社开始走向国际市场。2019年农业农村部副部长张桃林调研园区，对其给予肯定。联合社在下一步仍坚持做中国最好的早熟桃，树立品牌，在走向国际的路上展示越来越多的魅力。

五、联合社的重要举措

（一）壮大做强品牌效益，树立优质品牌形象

农业产业化需要不断创新，农产品经营，必须走品牌化的道路。2012 年，程琪大学毕业从上海回乡，助力父亲的桃产业发展，用现代化的商业经营模式，走出了独具特色的发展道路：一是壮大品牌效益。利用神话传说，孕育“湖北名桃”品牌。2014 年 2 月，代表孝文化的孝感“七仙红”桃品牌被省农业厅认定为“湖北名桃”，是全省唯一名桃。二是打造自己的产品体系，找到适合自己的发展模式。联合社以湖北地方红肉桃研发为核心，打造了“孝昌血桃”国家地理标志著名商标，获评 2015 年“湖北省科学技术进步三等奖”，以及市、县科学技术进步奖等，经过“绿色食品”认证，申报各类专利 6 项，引进新技术 12 项，并将七件注册商标统一为“七仙红”。三是树立良好的品牌形象，七仙红十分注重品牌建设和推广。七仙红通过在各种媒体投放广告，还参与、赞助国内各种社会活动来提高产品的知名度，逐渐成为以商用品牌为核心的全国名优果品区域公用品牌。

（二）党建引领绿色发展，支部建在产业链上

依托冠昌源合作社“全国先进基层党组织”的优势，充分发挥党组织在基层的战斗堡垒作用，发展党员 22 名，让党员在联合社起到“领头雁”的作用，同时采用“1 个党员+10 个困难户”，带领社员及周边贫困户走共同致富之路。

为了提升农产品价值，让果农和贫困户把农产品卖出更高的价格，得到更多实惠，联合社以湖北地方红肉桃研发选育为核心，贫困户参与年育 50 万株果苗，打造以“80 后”“90 后”为技术核心，“60 后”“70 后”为顾问指导的职业新农人团队。依托“湖北省（孝昌县）农村实用人才培养示范基地（学校）”，培养各类实用人才千余人。一是联合打造“七仙红 · 桃产业园”；二是为果农争取政策，孝昌县果树种植补贴 400 元/亩，贫困户 800 元/亩，联合社繁育的果树苗，政府采购免费发放给果农，帮助贫困户建立果园基地、绿化苗圃基地；三是争取政策，与省农科院签订“湖北省科技助力精准扶贫工程项目”，省农科院对口帮扶联合社成员，促进品种更新、提质增效，解决果农技术难题；四是拓宽销售渠道，农产品上三方电子商务等平台，解决果农销售难题；五是培育新型职业农民。

联合社于 2017 年建成了建设辐射带动各乡镇休闲农业的信息进村入户工程

12316县级运营中心，吸纳农村青年创业的国家级“星创天地”创业孵化器。组建农业产业咨询服务团队，形成农业专家应用系统，完善服务体系和服务流程，探索特色服务，打造全程化、一站式服务平台。

（三）以消费质量为保障，扩大拓宽销售渠道

消费者希望高品质的、有标准的、可溯源的品牌产品出现，联合社坚持与华中农业大学、省农科院果茶所战略合作，以及国内龙头企业，建立产学研基地、地方红肉桃种质资源圃等，研发引进新品种、新技术，开发新产品，促进农业科技成果转化，并制定不同的营销策略，以满足各种消费者的需求。

为了保障各种产品的质量，联合社为果园配备了专业的技术监督员，为果农提供土壤管理、病虫害防治、修剪整形等技术指导与支持，从选种、育种到成熟采摘的整个流程进行严格管控。采摘前，联合社会委托市、县农业局执法大队或食品药品监督局在果园采样，只有当桃的果个、甜度、颜色、农残等都达到采摘标准时，果农才被允许采摘，同时在采摘前一个月严禁使用各种农药；采摘后筛选、分级、包装，使得每箱桃都尽可能达到统一的规格、口味，包装箱会有一个追溯二维码与绿色食品标签，使消费者能追溯到该箱果实的具体出处以及详细的种植信息。“七仙红”桃从果园到消费者，中间经过10道以上的质量关卡。

为开辟销售渠道，联合社大胆尝试，利用众筹与“互联网+”思维，筹划乡村旅游、桃深加工及电商等项目。在线上，联合社在区域公用品牌和地标品牌的基础上坚持与成员共同打造“七仙红”商用品牌，把高的品牌溢价掌握在联合社农户自己手里。七仙红人学技术、搞生产、闯市场、跑渠道，建网站、开网店，开辟了涵盖我国40余个销售网点。销售模式依次：批发零售、桃园采摘、私人定制、电商分销、商超酒店、产品众筹、国际贸易等。联合社授予其他企业“七仙红”桃的生产许可，但规定必须符合“七仙红”的质量标准。例如，七仙红授权与代理山东省打造“七仙红”冬桃；恩施市新塘乡打造“七仙红”富硒桃概念，并建立苏宁易购、京东、淘宝、微商、新媒体、直播等线上渠道。

六、联合社的现存问题及短期发展规划

联合社在不断探索发展中，也出现了一些问题，主要体现在以下两个方面：首先，当前社员内部小农意识仍较强，契约精神不足，对联合社缺乏信任，因此内部联系相对松散。联合社要求严格，明确禁止农药残留超标，而实际上许多果农为追求产量往往忽视这一点。同一品种下，农户种植品质和园区种植差距大，这一困难也是由于当前联合社没有与农户形成紧密管理而造成的。其次，科研投入大，知识产权保护不够，种植果树可复制性强，许多前期投入研发的新品种很

难得到保护。

面对这些困难，联合社在下一步首先要加强与农户之间的管理，提升服务水平；其次努力申请知识产权保护，提高维权意识和维权能力；最后联合社计划打造省级农业科技示范园，坚持标准化无公害生产，与当地果农共建、共享、共走“七仙红”品牌战略之路，积极开拓国际市场。

案例十七
湖北省孝昌县梦里花园花木专业合作社联合社案例报告*

一、联合社的基本情况

湖北孝昌梦里花园花木专业合作社联合社（以下简称梦里花园联合社或者联合社）位于湖北省孝感市孝昌县，成立于2017年7月，最初经政府倡导组织由当地三家合作社发起，分别为孝昌五泉苗木种植专业合作社、新宏苗木种植专业合作社、铸艺苗木花卉专业合作社。2017年7月18日，联合社在孝感市孝昌县工商分局注册。联合社以服务企业和服务农户为宗旨，为当地搭建综合性农业服务平台，截至2019年上半年，联合社吸纳成员78家企业、种植户2260户，涉及10个乡镇，种植面积达5万亩，产值1.5亿元（见表1）。

表1　联合社基本情况

事项	数量	单位	事项	数量	单位
企业理事单位	78	家	2018年联合社整体营收	9700	万元
农民种植户	2260	户	2019年联合社内部营收	2100	万元
银行理事单位	4	家	指导创业数量	13	家
农资公司	3	家	开展农民夜校场次	17	次
保险公司	2	家	开展企业交流次数	25	次
青年创业者	22	人	开展美丽乡村工程建设	6	个
联合社种植面积	5	万亩	企业代账	15	家

* 执笔人：谢东东。

梦里花园联合社是一家提供优质的“农业第三方服务”平台。主要对苗木花卉种植、园林设计施工、农旅结合、苗木经销商、园林绿化企业等新型农业经营主体提供综合性服务，为其提供专业的办公培训、信息化网络、行业活动组织策划、项目开发运行、行业信息指导、技能培训学习等多方面服务。

联合社的经营目标主要有：一是致力于苗木花卉产业的提档升级，加快产业标准化、规模化、专业化、品牌化进程。在政府的引导支持下，由新型经营主体带动、苗木种植户参与，积极推动全县苗木花卉产业标准化、专业化提档升级。

二是致力于构建苗木花卉大数据库和人才队伍建设，加快本地企业“走出去”步伐，拓宽互联网销售渠道，整合线上线下有效资源。创建创客中心为大学生返乡创业提供服务支持，增强基层人才队伍力量，服务于乡村振兴、人才振兴。

三是致力于推动苗木花卉田园综合体试验区建设，向着农村一二三产业融合发展迈进。通过延伸苗木花卉产业链，整合农业发展资源，助推乡村生态旅游发展，加快配套服务业建设，推动苗木花卉田园综合体试验区建设。

2018 年 1 月，为了发挥联合社团队科技人员信息技术优势，进一步紧密衔接国内外苗木市场，培养优秀苗木从业人才，联合社依托产业平台优势投入 300 多万元打造以园林产业为基础的创客中心，深入践行“勤读力耕　创领未来”的创新理念，服务基层创新创业。创客中心建筑面积 1000 平方米，是集党建引领、产业成果展示、产业扶贫、青年创业孵化、人才培养、技能培训、新时代金融讲堂、联合工会、电子商务等为一体的服务平台，同时也为农村产业创新发展、市场资源整合链接、青年企业家培养、农民技能培训与创业、产业扶贫、农业供给侧结构性改革、乡村旅游及文化创新等搭建了一个广泛的、跨界的交流平台。目前入驻创业企业达 34 家。

二、联合社的成立动因

梦里花园联合社的经营发展与当地政府以及联合社创始人、秘书长沈腾密不可分。

（一）当地苗木发展产业政策的需要

周巷镇位于孝昌县东南部，这里苗木生产种植历史悠久，广大农民已经积累掌握一整套苗木花卉引种、种植技术以及销售经验，附近周边地区苗木花卉种植地域基本形成。包括周巷镇在内的孝昌县苗木等产业发展历久弥新，自 20 世纪 80 年代以来该镇开始发展苗木产业，而今已经在该行业享誉全国，全县形成以周巷镇为龙头的中南地区重要苗木花卉集散交易中心。2018 年，全县苗木花卉种植累计 16 万亩，产值达 8 亿元。

孝昌县地理条件得天独厚，为苗木产业发展奠定了良好的自然环境基础。此处属于亚热带季风气候，雨量充沛，水热兼优，气候适宜于苗木、茶叶、油茶等绿色植物的生长。孝昌地区苗木生产速度较快，生长量是温带地区的两倍及以上。

2012年党的十八大将生态文明建设纳入中国特色社会主义事业总体布局，2014年12月，湖北省委、省政府印发《关于加快推进绿满荆楚行动的决定》，提出积极发展绿色产业富民工程。湖北省因地制宜大力发展苗木等特色经济林产业以及林下经济森林旅游，为孝昌县苗木产业发展提供重要机遇与支持。2017年党的十九大提出生态文明体制改革，强调提供更多优质生态产品以满足人民日益增长的优美生态环境需要。花卉苗木产业作为一个绿色产业，不仅能够美化环境、净化空气，支持城乡绿化美化，还能带动广大农民绿色脱贫，在实施乡村振兴战略、发展地方经济、助推精准扶贫和满足人民群众对美好生活的需求等方面具有重要作用。各级政府对此认识不断加深，出台的各项政策支持力度也随之不断加大。苗木花卉产业成为当地调整产业结构、转变经济发展方式的重要抓手，是生态建设的主体产业、现代农业的支撑产业、惠及百姓的富民产业，是农村经济增长的主要动力和农民增收的主要途径。

经过多年耕耘发展，孝昌县已在部分地区初步实现“十里村庄绿成荫、百里通道林成景、千里河渠林成网、万亩苗木连成片”的目标。孝昌县苗木花卉产业种植面积也随之迅速扩大，2012~2019年，苗木产业每年同比增长8%以上，2019年全县苗木花卉种植面积达18000亩，从业人员6000余人；市场主体日益多元，品种不断优化，形成了以产业龙头企业引领、合作组织带动、个体大户跟进的三个梯次“雁行模式”。

孝昌内部竞争激烈，当地人才缺乏问题一直未能得到有效解决，缺少团结当地经营主体改变单打独斗的模式的带头人，以便转变模式实现抱团发展。沈腾2013年本科毕业于华中农业大学经济管理学院，之后回到家乡二次创业。沈腾针对所学农业经济学科相关专业背景，发挥所长，依托家乡苗木优势产业基础，在孝昌县周巷镇及其周边流转土地600亩从事苗木生产，创办益华农湖北农业发展有限公司，主要开展苗木种植销售、生态农业项目咨询服务、园林绿化施工等业务。六年来总投入1200万元，带动年均就业2400人次，年均发放工资87万元，直接连接建档立卡贫困户105户并户均增收4800元。此时孝昌周巷镇苗木产业最大的问题就是转型升级破题之难，2014年，多家上市苗木公司前来考察，固然周巷镇苗木种植规模巨大，但是苗木产品档次与质量却难登堂入室，频频被拒之门外。困境给予了年轻人极大热情，沈腾联合当地一些返乡创业大学生与苗木产业家庭子弟，共同合作，创新盆景设计、石头景观设计，开辟网络营销渠道，合作团队逐渐成为联合社创建团队的雏形。

有了合作的经历与产品开发的成绩，抱团发展的观念日益影响着沈腾与当地周巷镇政府。2017年7月18日由当地政府倡导组织，孝昌梦里花园花木专业合作社联合社正式成立了，法人代表为秘书长沈腾。

（二）技术指导的需要

孝昌县苗木产业发展虽然历史悠久，然而在不断追求高质量、高标准的时代，孝昌县绿色产业（苗木、绿茶、油茶）很难满足市场需求。当地的园林绿化苗木产业整体的发展水平与江浙等发达地区相比还有很大的差距。苗木生产技术和生产水平还比较落后，很多技术还不够完善，对苗木的移植、嫁接、新品种的研发方面也显得力不从心。有了联合社这个技术服务的平台，大量开展具体针对性的技术服务，包括技术实地指导、技术培训，能够在一定程度上满足各类经营主体的技术服务需求，提升经营水平。

（三）规模化发展的需要

孝昌县当地苗木产业大多都在小农户的基础上发展起来，分散经营、小农户为主体的产业格局使大多数企业处于小而全的生产模式，专业化程度较低，大型苗木生产加工企业较少。由此带来一大不良后果就是无序竞争，小规模苗木经营户缺少对市场行情的预测预判，往往盲目跟风，一哄而上，自发进行生产。由于缺乏专业技术人才、盲目跟风种植、缺乏资金和追求短期效益等，造成了产品结构不合理、小苗和速生树种过剩的现象。近几年当地许多树种的小苗价格变化剧烈，苗农开始购买苗源进行种植时价格很高，等到出圃时却一落千丈，对当地产业长期健康发展造成了严重的影响，规模化抱团发展成为孝昌当地的共识。近年来市政建设步伐放缓，城镇绿化建设趋于理性，苗木销售市场竞争日益激烈，也一定程度上倒逼小农户的组织化。

（四）拓宽销售渠道的需要

近年来，在全球经济增长乏力和中国经济发展深度调整、经济增速放缓的大背景下，城市园林建设相对2010年前后大幅下降，造成花卉苗木需求严重不足，市场行情一路走低。尤其是小规模个体苗木花卉经营主体，由于生产管理水平低，与市场有效对接不够，产品销售难问题更为突出。联合社中年轻的骨干成员大多思路开阔，将电商市场的开拓作为一个销售带动增长点。联合社能够通过新媒体的宣传推介作用，组建一个电商平台，拓宽销售渠道。

（五）金融服务的需要

成立联合社之前当地苗木产业一大主要问题就在于融资渠道不畅，资金周转难。花卉苗木生产经营周期长，投入大，需要大量资金周转。在自有资金不足的情况下，相关企业尝试向银行进行抵押贷款融资。但金融部门因花卉苗木产品资产管理难度大、不易变现等原因，不愿开展相关抵押贷款业务。成立联合社之后，由政府部门组织积极吸纳金融机构作为理事单位，金融机构能够有效开展有针对性的金融服务的对接。

（六）承接工程的需要

由于之前经营主体经营规模较小，且内部竞争激烈，而园林绿化工程建设对于建设单位资质要求普遍较高，所以难以将当地的苗木产业资源对接工程建设。联合社相较于之前的市场主体，一大突出特点为团结力量办大事，能够与江浙地区的苗木同台竞技招标。

三、联合社的机制分析

（一）组织结构

联合社的主要组织结构如图 1 所示。

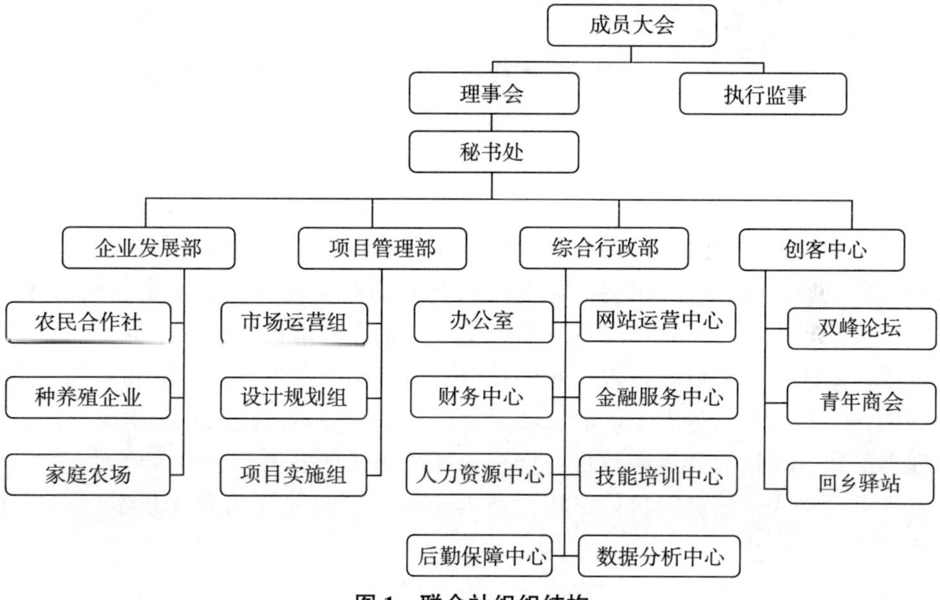

图 1　联合社组织结构

一是成员大会。成员大会由全体成员组成。二是理事会。联合社目前企业理事单位共 78 家，共同构成理事会。其中 4 家单位是发起单位，即孝昌县新宏苗木种植专业合作社、孝昌县五泉苗木种植专业合作社、孝昌县铸艺苗木花卉专业合作社和沈腾的益华农公司，其中联合社全部由益华农公司出资。三是执行监事。联合社不设监事会，设置执行监事一名。

理事会下设秘书处，秘书处主持联合社具体工作，秘书长对理事会负责。现在联合社具体有四个业务行政部门，分别为企业发展部、综合行政部、项目管理部和创客中心。企业发展部负责联络协调联合社中所有的农民合作社、种养殖企业、家庭牧场，积极开展农旅结合，发展乡村旅游业，实现产业融合。综合行政部主要处理联合社日常经营活动各项工作，下辖办公室除了日常行政工作之外，负责现有的联合社花木网站运营以及对现有各成员生产情况和信息收集和数据分析，积极寻找市场交易情况；下辖财务中心负责各项财务工作并对接银行理事单位开展金融服务，组织联合社内部成员开展金融互助服务；下辖人力资源中心主要负责承接政府组织培训项目开展和提供创业服务指导；下辖后勤保障中心负责场地维护管理，协助开展培训活动。项目管理部在利用办公室对现有各成员生产情况信息收集数据分析的基础上积极开展园林绿化项目申请和对接项目客户。创客中心主要由联合社成立时骨干的年轻团队成员组成，通过举办峰会为人才要素流入当地苗木花卉产业提供一个广阔的舞台。

（二）治理机制

联合社采取典型的三会分立治理模式，成员大会、理事会和监事各司其职，共同治理联合社。

成员大会是联合社的最高权力机构。成员大会行使如下职权：①审议、修改联合社章程和各项规章制度；②选举和罢免理事长、秘书长、执行监事或者监事会成员；③决定成员入社、退社、继承、除名、奖励、处分等事项；④决定成员出资标准及增加或者减少出资；⑤审议联合社的发展规划和年度业务经营计划；⑥审议批准年度财务预算和决算方案；⑦审议批准理事会、监事会提交的年度业务报告；⑧决定重大财产处置、对外投资、对外担保和生产经营活动中的其他重大事项；⑨对合并、分立、解散、清算和对外联合等做出决议；⑩决定聘用经营管理人员和专业技术人员的数量、资格、报酬和任期。

理事会是成员大会的执行机构，在大会闭会期间领导联合社开展日常工作，对成员单位股东代表大会负责。理事会暂定三年换届，设立理事长秘书长各一名，可连选连任。理事长的职权如下：①主持成员大会；②签署聘任或者解聘联合社经理、财务会计人员和其他专业技术人员聘书；③组织实施成员大会和理事会决议，检查决议实施情况；④代表联合社签订合同；⑤履行成员大会授予的其他职权。秘书长主持具体工作，行使职权如下：①主持联合社的生产经营工作，组织实施理事会决议；②组织实施年度生产经营计划和投资方案；③拟订经营管理制度；④提请聘任或者解聘财务会计人员和其他经营管理人员；⑤理事会授予的其他职权。

联合社不设监事会，设执行监事一名，代表全体成员监督检查理事会和工作人员的工作。执行监事列席理事会会议，任期三年，可连选连任，行使下列职权：①监督理事会对成员大会决议和联合社章程的执行情况；②监督检查联合社的生产经营业务情况，负责联合社财务审核监察工作；③监督理事长或者理事会成员和经理履行职责情况；④向成员大会提出年度监察报告；⑤向理事长或者理事会提出工作质询和改进工作的建议；⑥提议召开临时成员大会；⑦代表联合社负责记录理事与联合社发生业务交易时的业务交易量（额）情况；⑧履行成员大会授予的其他职责；⑨卸任理事须待卸任三年后方能当选监事。

（三）经营情况

联合社的商业模式是以苗木花卉产业为依托开展农业社会化服务，并在其中加强队伍建设，打造优质的对外投资项目，经营过程中积极联结外部力量开展共同建设，在发展过程中主要是有机构建"四个共建"的经营模式。

1. 特色党支部共建

党建引领，绿色发展。联合社与华中农业大学经济管理学院党支部已经达成合作协议，综合联系其他学科，依托华中农大强大的科研背景、师资能力，以党建联系为依托促进当地新型职业农民培训，开展技术指导、产业分析、大学生实习、农业科技成果就地转化。

2. 金融共建

联合社充分利用当地政府对其大力支持，与孝昌县金融办、孝昌县人民银行合作搭建新时代金融讲堂，结合五家银行合作单位，依托创客中心与村党群活动室，对农户、初创企业、大客户等不同群体，开展针对性的金额培训、金融防控、金融服务。

3. 渠道共建

联合社的创客中心与武汉光谷创客咖啡进行合作，引入人才资本要素充分挖掘当地生态资源优势，在农业 VR 管理技术、产业信息化、林下经济、农村未来医疗、乡村创艺茶馆、生态康养、共享农场、民俗文化等方面创新创业，拓宽苗木产业链条。探索和创新乡村经济发展模式，让产业发展多样化。

4. 大数据电商共建

建设苗木花卉数据库平台，拓宽网上销售渠道，推进线上线下融合，大数据平台与互联网融合发展，加速上行，促进树立品牌。联合社将在构建苗木销售渠道的同时建立大数据平台，主动融入武汉花木市场和外地湖南浏阳与河南鄢陵大市场，链接其数据平台，指导苗木种植和市场销售，达到与市场同步。在供需方有基础的前提下，依托大数据平台，让产品上行。实现联合社负责平台运转，企业负责网上交易，联合社负责渠道构建与后勤保障（包装和运输），打造符合苗木产业的电商平台，最终树立“梦里花园”精品苗木品牌。

四、联合社的运行内容

梦里花园联合社成立之初与运行模式的发展都紧紧围绕着作为综合性服务平台这一核心主题。目前联合社吸纳企业 78 家，种植户 2260 户，涉及 10 个乡镇，2019 年上半年产值达 1.5 亿元。

（一）对接市场承接项目

联合社成立后，作为市场主体其资质较高于之前，能够符合建设单位相应要求，联合社积极承接相关项目，努力创收（见表 2）。

表 2 联合社承接项目

序号	项目名称	项目地点	项目资金（万元）
1	大悟县金岭村美丽乡村建设绿化项目	大悟县金陵村	680
2	观双旅游路周巷段通道绿化	孝昌县周巷镇	460
3	新龙村美丽乡村建设	周巷镇新龙村	132
4	周巷镇月塘村美丽乡村建设	周巷镇月塘村	140
5	周巷镇潘冲村道路绿化工程	周巷镇潘冲村	146
6	周巷镇月塘村道路绿化工程	周巷镇月塘村	121
7	孝感市闵集新城小区绿化	孝感市闵集乡	1200

组建联合社后，对外承接的项目在劳动用工方面优先照顾本联合社所吸纳的普通农户，年发放工资约 50 万元，组织挖树工人成立挖树队，统筹安排作业，年保障用工 300 个。农户土地流转费用市场价为 200~300 元每亩，联合社以 400 元/亩流转农户土地，提高农户收益。

（二）金融服务

联合社共享授信额度，吸纳五家金融机构成为联合社理事单位，邀请县金融办、央行、银监办开办金融讲堂，开展金融政策和金融产品对接，争取农商行为联合社授信 4000 万元。自成立到 2018 年底，为 60 家入驻企业及种植大户提供 580 万元的信贷融资。成员单位通过联合社的服务融资 50 万元以下联合社不收取任何费用，50 万元以上至 200 万元融资业务联合社收取 2%的服务费。

联合社以产业融资促脱贫，采取“联合社+企业+种植户”的模式，成功结对帮扶 92 户苗木种植贫困户；同时有六家企业通过小额信贷入股分红对接帮扶贫困户 342 户；以就业带动脱贫，联合社 2018 年全年用工 16.3 万多人次，链接带动贫困户 520 户；以创业带动就业帮扶贫困户 8 户。

（三）土地代管服务

在湖北省积极推进“市民下乡、能人回乡、企业兴乡”的三乡工程背景下，大量人群携带资本返乡创业，但是由于苗木生产的长期性，往往与其在城市产业经营相矛盾，土地代管需求旺盛，联合社积极为三家企业开展土地代管服务，代管面积 1.3 万亩，年收入约 18 万元。

（四）财务代管与培训服务

当地苗木产业中的基层企业由于规模小、业务单一，固定的财务人员岗位工作对其来说负担较重，所以借助于联合社这一综合性服务平台，积极寻找财务代管。联合社 2018 年为 15 家理事成员企业开展财务代管业务，零申报收费 2400 元每年，有相关项目申报的财务代理年收费 5000 元。

当地政府借助联合社的环境氛围与联系的诸多农户，积极开展培训活动，联合社在举办各类活动中也能获得相应收益。小农户也通过接受联合社的种植培训服务从而提升专业化种植水平。

五、联合社的现存问题

梦里花园联合社组建以来，虽然取得了较大的成绩，但也存在一些问题。笔者通过调研总结，联合社的问题主要有以下几点：一是联合社目前尚未系统地开展经营活动，因此没有稳定的收入来源，目前全靠益华农公司资金输血，无法内在持续开展联合社的各项活动。二是联合社虽然为当地苗木花卉产业搭建了有效的综合服务平台，但是所吸纳的种植农户大多不是成员社的成员农户，联合社未能与合作社形成有效互动。三是没有专职的管理人员，缺乏专业经营人才，所有人员都由理事单位人员兼职。

六、联合社的愿景规划

（一）进一步发展苗木花卉大数据库

联合社将致力于构建一个苗木花卉数据库平台，发挥团队成员人力资源优势，涵盖全省乃至华中地区苗木花卉的种植区域分布、品种划分、属性特点、市场状况、交易情况等信息，把联合社的电商平台建设成为湖北省最大的苗木花卉交易平台，充分利用互联网技术优势实现本地苗木花卉产业升级。

（二）深入共建合作，充分挖掘科研院所对联合社的支持作用

健全组织推动支部共建，深化与华中农业大学经济管理学院党支部开展支部共建合作，设立大学生实训基地，定期开展支部主题党日、文化技术交流活动，推荐优秀本土人才到华中农业大学学习培训，积极挖掘华中农业大学园林学科技术优势，着眼于在技术学习和技术更新角度开展合作。

（三）规范联合社内部发展制度

健全联合社的内部相应管理制度，开展扁平化管理，梳理发展主线。积极发挥成员联合社联系小农户的优势，实现联合社与合作社的有效互动，开展良性合作，健全收益分配机制。

案例十八
吉林省农安县乾溢农业发展专业合作社联合社案例报告*

一、联合社的基本情况

吉林省农安县乾溢农业发展专业合作社联合社（以下简称乾溢联合社）成立于2015年8月，注册成员合作社112家，现已发展到203家，会员30000余户，业务覆盖生产资料生产供应、土地托管规模化经营、成员资金互助、粮食代储、农产品加工及品牌建设“五大体系”。内设电子商务部、农化服务部、项目开发部、生产经营部、市场营销部和金融财务部“六个运营部门”。先后被评为国家级示范社、农业部信息化服务创新示范单位和新型农业经营主体项目单位。

乾溢联合社从母社成立之初的2009年开始，就寻求与科研单位、农机种植大户探索三方共同发展之路，经过六年的努力，2015年联合112家农机作业合作社注册成立联合社，办公厂区占地面积1.6万平方米，生产车间及库房建筑面积1.1万平方米，固定资产投资达3000多万元。

二、联合社的成立动因

新的《农民专业合作社法》于2007年7月开始试行，但农安县当地的合作

---

* 执笔人：魏广成。

社发展速度依然缓慢，组织化规模依旧偏低。为了更好地发展农安县的种粮产业，徐理事长决定联合其他合作社成立联合社，以此来应对大市场的激烈竞争，继续提高农民的组织程度，让合作社“抱团取暖”、节本增效。乾溢联合社的徐理事长在访谈中表示，乾溢联合社成立的原因主要有以下两点：

一是单个合作社规模较小。合作社刚刚成立时社员共有 112 家，其中规模较大的且成员在 150 人以上的成员社仅有 25 家，规模较小且仅 20 户左右的合作社高达 56 家。由于合作社的整体规模普遍偏小，而且无专业人员办事，即出现了小而空的特征，致使农户质疑小合作社不具备发展前景，从而不愿意以现金方式入股，更不愿意流转土地给合作社。另外，合作社没有能力雇用专业办事人员，缺人办事，也没钱办事，导致有些合作社出现人心散的现象。

二是乾溢合作社提出了联合的要求。各个合作社小而分散，无法形成整体凝聚力，特别是抵御自然风险、创建品牌效应以及申报政策扶助等问题，多年来一直无法得到有效的解决。因此，裕丰合作社便牵头组织成立了乾溢联合社。

三、联合社的运行机制

（一）组织结构

乾溢联合社的主要组织有成员代表大会、理事会和监事会。联合社组建时，就成立了社员代表大会、理事会、监事会。联合社成员代表大会每年至少召开 2 次，理事会和监事会每季度至少召开 1 次，合作社对社员的培训每年不少于 4 次。

目前，乾溢联合社内设电子商务部、农化服务部、项目开发部、生产经营部、产品营销部和金融财务部六个运营部门，并设有农民培训室。其中，电子商务部已在农安县建立电子商务村站 418 个，会员达到 20211 人；农化服务部现已有农艺师 10 人，常年深入田间地头为社员解决生产生活中遇到的实际问题，并通过实践总结出四大项十六小项创高产办法；项目开发部负责项目的采集试验及特色产品开发；生产经营部负责化肥生产和绿色有机食品生产及安保工作；产品营销部负责化肥销售和农副产品订单及特色产业销售；金融财务部为缺少资金的社员协调银行贷款，做好资金互助及日常财务工作。

乾溢联合社的主营业务为农作物种植及相关技术指导服务，采购成员所需农业生产资料，销售成员生产的产品，新品种、新技术引进及开展与农业生产经营相关的技术交流和信息咨询服务以及社会化服务，内容涵盖农业产业、生产、经营三大体系，其组织架构如图 1 所示。

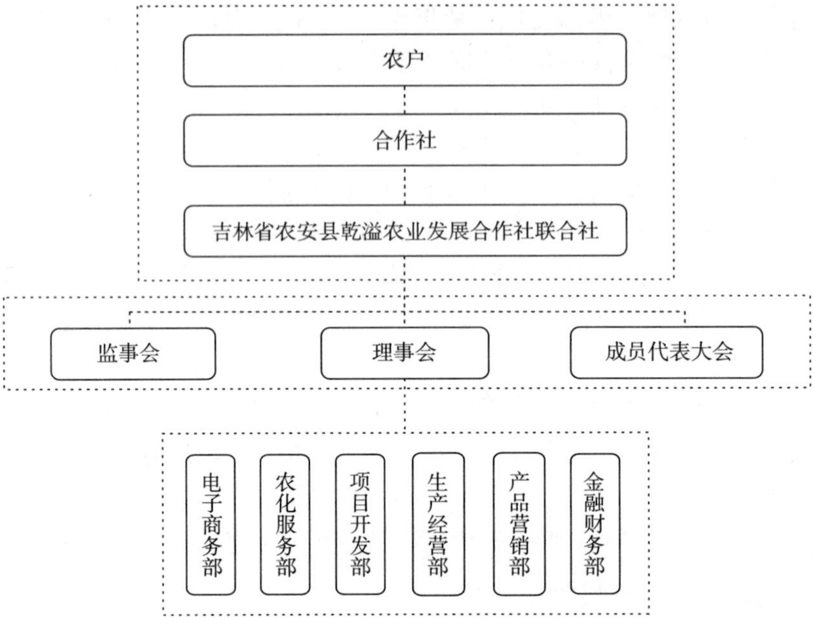

图 1　吉林省农安县乾溢农业发展合作社联合社组织架构

（二）治理结构

联合社采取典型的三会治理模式，股东代表大会、理事会和监事会各司其职，共同治理联合社。其中，股东代表大会是联合社的最高权力机构。理事会是成员单位股东代表大会的执行机构，在大会闭会期间领导联合社开展日常工作，对成员单位股东代表大会负责。理事会暂定三年换届。监事会代表全体成员单位和股东监督检查理事会和工作人员的工作，任期三年，可连选连任。

另外，为了保证联合社健康发展，该社借鉴国际合作和国内企业的管理经验，大胆探索，在健全内部运行机制上狠下功夫。先后制定了《合作联合社章程》《财务制度》《服务制度》《民主决策制度》等多项制度，做到了制度健全、机制严密、运行规范。联合社按照“社员代表大会决策、理事会执行、监事会监督、成员团结合作”的民主管理机制运行。各项决策必须在充分酝酿讨论的基础上，根据其内容，按照充分发扬民主的原则，采取举手通过、举手表决、票选票决方式民主进行。

（三）分红情况

联合社成员社的财务和日常经营是独立经营的，联合社并不参与。因此，联合社对成员社并没有分红。

联合社的成员社主要分为农业种植专业合作社和农机专业合作社两大类。其中，种植专业合作社加入联合社的盈利点在于能够以较低的价格购买联合社的种子、化肥和农药等农资，以此来提高合作社的效益。加入联合社的合作社社员表示，加入联合社后合作社给社员的分红大约提高了5%。农机专业合作社加入联合社的盈利点在于能够通过联合社获得更多的农机作业面积，薄利多销，以此来提高合作社的经营绩效。农机合作社的农机手在访谈中表示，合作社加入联合社后，农机手的分红增幅超过10%。

（四）业务范围

乾溢联合社主要经营两方面的业务：一方面是通过土地流转自营农业；另一方面是通过农业社会化服务为农户、家庭农场及成员社提供种子、农药、化肥、农机及技术指导等农资、农机和农艺等服务。

具体的业务主要有以下几类：一是联合社组织成员社集中采购、供应成员单位的生产资料，包括种子、化肥、农药等。二是自主经营粮食种植。通过与村集体协商的方式，通过村集体流转大规模土地进行粮食种植。三是开展公益性经营服务，如农业种植经验讲座服务等。四是引进推广农作物新技术、新品种，组织技术培训交流，提供信息咨询服务。五是建立农安县当地的粮食行业自律机制，规范行业自我管理行为，促进平等竞争；维护行业整体利益。反映成员单位的愿望和要求，维护成员单位和股东的合法权益。六是申报实施农作物种植奖补项目，开拓投融资渠道，签订业务合同，制定发展规划。

（五）经营状况

裕丰合作社通过寻求科研单位、农机种植大户的合作社，探索出了一条融多种经营主体在内的协同发展模式。2015年，裕丰合作社联合112家合作社注册成立联合社。

固定资产方面，截止到2018年底，联合社办公厂区占地面积1.6万平方米，生产车间及库房建筑面积1.1万平方米，固定资产投资达3000多万元。

土地规模经营方面，乾溢合作联社坚持以土地集约规模经营为核心。通过不断探索发展，2019年托管流转入股集约土地面积达到75万亩，占全县流转土地面积的17%。从2017年开始，为早日实现农业现代化，乾溢联合社承担了农安县马铃薯生产全程机械化、玉米籽粒直收、深松整地、高效植保、秸秆捡拾打包五个作业项目，安装远程电子监测设备849台，实现电子监测面积458万亩，联社信息化服务平台已基本形成。

农业技术推广方面，乾溢联合社现有大学生农艺师10人，他们常年深入田间和农户家中为成员解决生产生活中遇到的实际问题，同时对联合社的耕地病虫草害发生情况、土地集约情况、农村人口流动情况、种植结构变化等及时进行排查建档，并通过实践总结出十六项增产办法。通过五年的土地托管入股实践，“乾溢土地集约模式”已经得到当地农民的广泛认同。

四、联合社的运行内容

乾溢联合社之所以能够一跃成为区域内具有重要影响力的国家级示范社，主要就是构筑起了“全程机械化+综合农事”的服务平台，通过优化要素配置，搭建起了助推小农户发展现代农业的桥梁纽带。

徐理事长在访谈中表示，乾溢联合社发展的五大经验为：一是必须顺应时代发展趋势，搭乘乡村振兴宏观发展的快车，借助现代农业蓬勃发展的态势远航；二是必须立足“三农”基础线，依托农业产业、生产经营体系，对接小农户与合作社融合发展；三是必须着眼服务一线农户，只有满足广大农民增收的意愿，合作联社才能得到长足发展；四是必须准确把握创新主题，以科技为支撑、以方法的优化为依托，合作联社发展才有腾飞之翼和发展之魂；五是必须主动寻求组织支持，只有寻求各级政府和行业部门的有效支持，联合社才能成为区域现代农业发展的旗帜和样板。

乾溢联合社在将来继续会以秉承推动土地集约规模经营为核心，实现成员大户快速发展、让所有参与者受益的发展理念，不断强化乡村振兴的时代使命担当，进一步建设开放透明分享的农事综合服务平台，促进一二三产业融合发展，为农安率先实现农业现代化做出应有的贡献。乾溢联合社发展的具体举措有：

（一）整合农机设备，扩大服务能力

近年来，在国家惠农补贴政策的支持下，联合社农机保有量不断增加。截止到2019年8月，联合社拥有耕、种、管、收、储各种农业配套机具3515台，其中大型拖拉机910台、玉米联合收割机450台、免耕播种机685台、深松施肥机320台、秸秆归行机415台、高效植保机300台、秸秆捡拾打包机410台、植保无人机20架、粮食烘干设备5台套，为开展玉米全程机械化生产作业服务提供了装备保障。通过联合开展农业生产服务，最大化利用所拥有的农机具设备。

（二）降低生产成本，促进土地集约

乾溢联合社先后与中国科学院沈阳应用生态研究所、东北农业大学等科研单位合作，研究化肥降本、减投、增效办法。目前，联合社通过测土配方施肥和生产资料团购等措施，每亩可使成员降低生产成本100~150元，土地托管价格也从托管之初的400元/亩降低到300元/亩，真正实现了“您的地、我来种、少花

钱、能增产、粮归您”的“一条龙”全程机械化生产作业服务体系，促进了土地组织化、集约化、规模化经营。此外，以科技为支撑，乾溢联合社联合中国科学院沈阳应用生态研究所、东北农业大学等科研单位研发的稳定性肥料和生物肥料，为实现节能减排奠定了基础，实现成员公顷降低成本 1500 元。

（三）统一作业标准，确保粮食增产

乾溢联合社组织统一签订土地托管三方合同，联合农机管理部门，定期组织深松现场会、植保现场会等大型观摩活动，进行现场学习指导。同时，各作业期前联合社都要对机手进行轮训，学会后上岗，实行“一站式”统一综合农事服务管理标准，确保作业质量。农闲时节每年还要组织几十场次“土地集约与未来农业发展论坛”，参加人员遍及东北三省。为破解农业增产难题，经过大量走访调研，特别是在中国农业大学东北黑土地联盟各位专家老师的精心指导下，借鉴发达国家经验，探索总结出秸秆还田保护性耕作核心专利技术。在适时搂草集行的基础上，根据当地垄距 65 厘米的特点，采用 45～85 厘米宽窄行保护性耕作模式，利用边行效应，每亩比普通农户增播玉米 400 株，同时增施 160～200 斤有机菌肥做口肥提苗，采用测住式苗期深松施肥机松到 40 厘米，打破了犁底层，通过农机农技的有机结合，使成员每亩可增产玉米 150 斤，联社成员每年降本增收超亿元。适当增加株数和打破犁底层是农机大户打败小农户耕作模式，实现土地集约经营的法宝。此外，乾溢联合社的 10 名农艺师常年深入田间地头，并通过实践总结出“四大项十六小项”的增产办法，其中利用保护性宽窄行耕作加夏深松、增加株数等手段，可实现成员公顷增产玉米 2000 斤。

（四）探索多种形式合作，实现多方共赢

乾溢联合社通过土地托管服务，实现基础农户减投增产，解放了劳动力，增加二三产业收入。农机大户除代耕作业收入外，还可以得到生产资料利润返还、农机作业补贴和规模化经营补贴以及粮食代储农户卖粮费用和粮食差价。2019 年，乾溢联合社与阳光保险公司合作，进一步探索开展土地全成本保险试点，在当地土地流转价格的基础上增加 1000 元/公顷为投保标准，实施了“土地入股+保底分红”模式。乾溢联合社首先把县域内土地分为三等，土地流转价格在 8000 元/公顷左右的为一等地，合作社与农户 4∶6 分红；土地流转价格在 5000 元/公顷左右的为二等地，合作社与农户 5∶5 分红；土地流转价格在 4000 元/公顷以下的为三等地，合作社与农户 6∶4 分红。丰年的地湿粮玉米每公顷能打 3 万斤，按上年平均价 0.7 元/斤计算，农户只需缴纳 84 元/公顷的政策性保险费，就会分到 12600 元/公顷的土地入股分红。农机大户每公顷则需要缴纳保险费 270 元，也会有 8400 元/公顷的毛收入。遇到灾年颗粒无收，基础农户会有保险公司赔付的8000元/公顷保底收入，有效地化解了农民因灾致贫。通过土地代耕到土地托管、土地流转，再到土地入股多种形式合作保护了农民的利益，实现了多方共赢。通过联合社为成员社担保、成员资金互助、集体购买保险、土地入股、土地托管等形式解决成员发展瓶颈，通过代储让成员粮食卖个好价钱，通过农产品加工实现成员增收。

（五）满足成员需求，提高服务效益

乾溢联合社坚持把自身发展与成员需求紧密结合。2018年春季，由于播种时机械故障，乾溢联合社给农安镇十里堡村一社郭喜宽家托管的35亩土地种子播浅了，农民很不高兴，怎么说都不行。乾溢联合社根据当地土地流转7000元/公顷的价格，用8000元/公顷把它买下来，待秋收前测产，如果产值高于流转价格，农民可以自愿把它买回去。通过这种方式化解了土地托管风波，使合作社与托管农户建立起良好的信任关系。为解决成员发展资金瓶颈，联合社五年来用自己的厂房为成员免费抵押担保贷款4680万元，有效缓解了成员发展资金压力。2018年6月，乾溢联合社在农安县新农乡组建了第一家农民资金互助合作社，探索解决合作社发展资金短板，为合作社实现粮食代储铺平道路。

五、联合社的现存问题

（一）成员社之间利益联结机制不够紧密

乾溢联合社资金来源单一，多数成员社并未实际出资，仅仅是从制度上加入了联合社，出资方仅为少数几家股东。联合社的章程规定，社员需要实缴股金，但是在实际当中，这一条基本没有执行。原因是理事长认为时机尚不成熟，目前阶段的主要工作是吸引游离在联合社外的合作社与农资公司、农业加工企业入社，让它们通过制度的形式捆绑在一起。如果起初就要求它们必须实缴资金入股，这样难以获得认可。因此，联合社理事长认为先吸引其他农业经营主体入社，等联合社的经营业绩好起来后，自然会有联合社内部的成员社主动要求实缴资金入股。

（二）联合社运营依赖于“大户社员”

乾溢联合社仅由少数几家成员社出资，其余合作社并未实际出资。联合社实际的业务经营决策也是由各个成员社理事会成员共同决定，其他成员社并不参与联合社日常的生产经营活动。目前，入社的合作社还存在着一种“会员”身份的性质，即加入联合社可以享受较低的价格购买化肥，而未加入联合社的成员社并不具有此优惠。因此，联合社存在依赖于大户社员的问题。

六、联合社的政策建议

（一）增进成员社之间的利益联结机制

新修订的《农民专业合作社法》规定："三个以上的农民专业合作社在自愿的基础上，可以出资设立农民专业合作社联合社。"可见法律导向在于，鼓励成立联合社时，成员合作社进行要素投入（如出资）。这样才有利于在联合社内部形成较为紧密的利益联结机制，也有利于形成联合社的民主管理基础。同时，从我国国情、农情出发，对待以产品销售为纽带形成的农民合作社联合社，要看到其在农产品品牌运营、产品销售、标准化管理和推动农业高质量发展等方面起到的积极作用，要以市场为导向，引导和鼓励联合社内部通过要素投入建立紧密型的利益联结机制。针对不同利益联结类型的联合社要坚持包容发展、扶持有度，因地制宜、因社施策，效率优先、兼顾公平等原则，以促进联合社的规范发展为导向，加大政策支持和扶持力度。

（二）多种方式引导成员社出资入社

新修订的《农民专业合作社法》旨在鼓励成员社出资成立或加入合作社。因此，为了增加成员社的收益，更好地惠及农民，乾溢联合社的成员社需要通过入股的形式来参与合作社的日常经营与决策，以此来提高新型经营主体的组织程度，让更多的权益惠及更多的合作社与社员。

案例十九
吉林省公主岭市华兴农民合作社联合社案例报告*

一、联合社的基本情况

吉林省公主岭市华兴农民合作社联合社（以下简称华兴联合社）成立于2017年7月，注册成立时成员社有四家。联合社刚成立时涵盖农户1400余户，截止到2019年7月，联合社共涵盖农户3000余户。联合社的成员社和农户主要分布于全市的三个乡镇。联合社2019年共流转土地5000余亩，托管土地10000余亩。联合社自主经营的5000余亩土地全部由联合社提供农机开展机械作业服

* 执笔人：魏广成。

务，托管的土地也由联合社提供全程或半程社会化服务，服务内容主要包括科学育苗、种植管理、产品加工、品牌营销、产业融资、电商销售等，覆盖产前、产中、产后全过程。

自成立以来，联合社一直坚持以谋求全体社员共同利益为宗旨，多次与职能部门合作，进行社员种植方法和技能的培训，以降低社员种植成本，增加社员收入。使联合社社员收入普遍高于当地人均收入，生活水平显著提高，联合社采取农资统一购买，为社员统一采购化肥 1000 余吨，水稻种子 28000 余斤，为社员提供农机服务，大概每公顷能节省种植成本 2000 余元，增收 2500 元左右，自成立以来为社员累计分红 240 万余元，累计为社员提供生活借款 700 余万元，种植、养殖借款 1500 万余元，扶贫社员 8 户，资助贫困大学生 1 名，每年慰问南崴子福利院 1~2 次，为福利院老人送去联合社的大米、白面、豆油等生活类用品，在为社员提供发展资金的同时，信用合作部也在不断提高为社员服务的能力，每年都与当地农机大户对接，对社员集中连片土地进行打垄、施肥、播种、洒药，还为社员免费提供测土配方、种衣剂等。

二、联合社的成立动因

随着市场竞争的不断加剧、农产品市场规模的不断扩大，合作社面临着生产规模偏小、服务领域狭窄、带动能力偏弱、抵御风险能力低等问题，小农户难以与合作社实现有效对接，这些问题迫切需要相关合作社进一步加强合作，为解决这一问题，华兴合作社决定抱起团来，成立统一的组织联合起来共同闯市场。华兴合作社于 2017 年联合其他四家合作社成立华兴联合社，分别以各自较有优势的生产要素入股，如土地、资金、设备、固定资产等，进一步抱团联合，加强合作，共同开拓市场，为做大做强特色优质水稻产业奠定了基础。

合作社再联合的原因和动机主要有以下三点：

一是公主岭市具备种植优质水稻的自然条件，但没有得到充分利用。从地理区划上来看，属于热量较高的积温带，自然条件下完全能够种植东北优质水稻，但这么多年来由于缺乏品牌效应，市场议价能力较差。

二是合作社面临的市场竞争日趋激烈。水稻收购商到公主岭市收购水稻时，实施各个击破的战略，造成合作社之间竞相压价，导致恶性竞争，致使整个水稻行业利益受损。

三是单个专业合作社生产的农产品品种较少、数量有限、品质良莠不齐，市场开拓能力低，无法适应大型超市对特色优质农产品的规模化需求。

三、联合社的运行机制

联合社成立两年来，形成了较为完善的组织架构、治理结构与盈余分配机制，为联合社的正常运行起到了积极的作用。

（一）组织架构

华兴联合社成立时有四家合作社，2018 年又吸收一家合作社加入联合社。截止到 2018 年底，华兴联合社由五家生产水稻实力较强的合作社组成，覆盖公主岭市六个水稻种植乡镇。

华兴联合社的最高权力机构为成员代表大会。理事会和监事会成员由成员大会选举产生。联合社设理事会 3 人，其中设理事长 1 人、理事 2 人。理事会下设五个部门，分别为综合事务部、财务管理部、质量检测部、产品策划部和电商营销部，各个部门分工明确，责任到人。监事会 3 人，设监事长 1 人、监事 2 人。联合社的组织架构如图 1 所示。

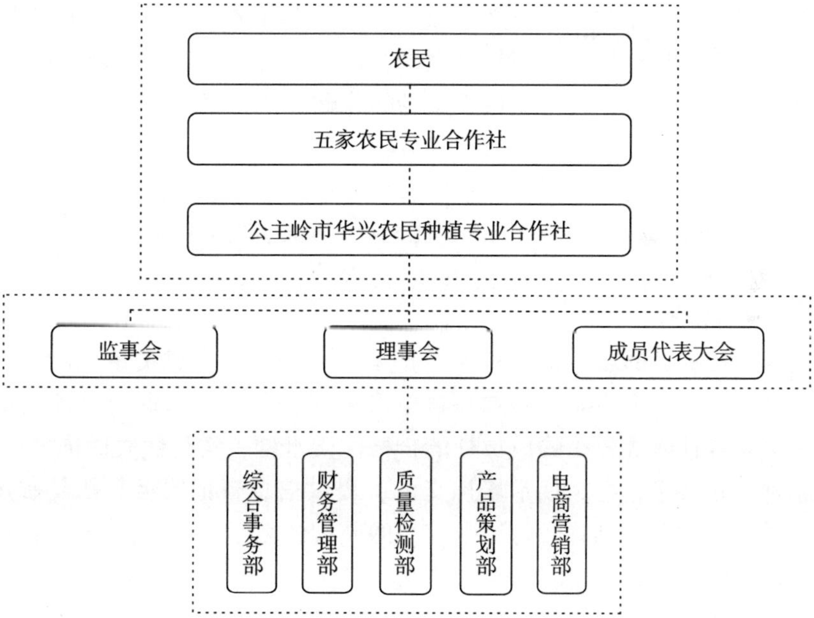

图 1　公主岭市华兴农民种植专业合作社联合社组织架构

（二）治理结构

联合社采取典型的三会治理模式，股东代表大会、理事会和监事会各司其职，共同治理联合社。股东代表大会是联合社的最高权力机构，是成员单位的股东代表大会。理事会是成员单位股东代表大会的执行机构，在成员大会闭会期间领导联合社开展日常工作，对成员单位股东代表大会负责，负责处理联合社的各项经济事务。监事会代表全体成员单位和股东监督检查理事会和工作人员的工作，监督理事会成员合理合规运行机制。

（三）分红情况

由于华兴联合社是合作机制较强的联合社，产生的所有收入归联合社所有。同时，联合社通过提供信息、申请优惠政策等服务产生的效益，按2%比例提取的服务管理费作为联合社的收入。联合社在扣除成本开支、税收缴纳及弥补亏损之后，提取20%的公共积累（10%为公积金，用于扩大生产经营、弥补亏损或者转为成员代表出资；10%为公益金，用于生活上的互助互济以及对联合社贡献突出的成员单位的奖励），剩余80%的资金作为可分配盈余，可分配盈余的60%按交易额返还，40%按出资额返还。

为了保障农民能真真切切地拿到分红，使农民利益最大化得到根本保障，联合社在制定章程时，非常严格，必须照章办社。章程第二十五条及第二十九条中特别规定：农户在与合作社的交易过程中，联合社有义务督促各合作社按照章程规定、订单收购水稻，并且不能低于市场的收购价格；合作社在拿到联合社的盈余返还后，按照各个合作社自身的章程规定返还给各农户成员。联合社有义务督促各合作社将联合社的盈余资金返还给农户成员，以确保农民的利益。联合社成立两年来，亩均分红始终保持在1200元以上，远远超过了当地土地流转的价格和务农的净收益。

（四）业务范围

华兴联合社提供的服务主要有：一是组织采购、供应成员单位的生产资料，如优质稻种、农药、有机肥等。二是自主或依托合作社经营联合社流转的土地。同等条件下联合社将优先采购成员社的合格优质水稻，实行优质优价。三是引进水稻新品种、新技术，组织技术培训交流，提供信息咨询服务。四是制定标准。通过建立联合社的自主品牌，打造强有力的质量体系，以此来提升联合社产品的竞争力和议价能力。

（五）经营状况

从经营规模上来看，联合社成立后经营规模有较大程度提高。2017年，土地流转面积为2680亩，提供社会化服务的面积为6840亩；2018年，土地流转面积为3560亩，提供社会化服务的面积为7960亩；截至2019年7月底，流转土地面积为5530亩，提供社会化服务的面积为11890亩，充分将联合社闲置的农机资源利用起来。

从分红方面来看，联合社的盈利能力和分红水平也有了较大程度的提高。2017 年，亩均分红为 860 元，户均分红为 10320 元；2018 年，亩均分红为 1062 元，户均分红为 11151 元；2019 年，亩均分红为 1208 元，户均分红为 14496 元（见表 1）。为当地脱贫攻坚工作提供了新思路和新样板。

表 1 联合社经营情况和分红情况

年份	流转土地面积（亩）	提供社会化服务面积（亩）	亩均分红（元）	户均分红（元）
2017	2680	6840	860	10320
2018	3560	7960	1062	11151
2019	5530	11890	1208	14496

四、联合社的运行内容

公主岭市年粮食产量居于全国前列，但是公主岭的粮食缺乏品牌，议价能力有限。正因如此，联合社建立了自己的农产品品牌。建立品牌的同时，还注重从农产品的种植和加工等多个领域进行管控，有效提高农产品的品质。

（一）建立农产品品牌，提高农产品效益

华兴合作社先后被誉为“吉林省重点合作示范社”“吉林省优秀合作社”，合作社的生产基地也被评为“中国小产区认定与保护试验示范基地”。联合社也先后注册了“食为兴”“岭玉香”“膳粮一品”等多个品牌，并开发了多种特色农产品。

（二）优化经营模式，实施订单农业

联合社按照“基地+农户”的产业化之路向前迈进，推行订单农业，与农户的联结可靠、稳定，直接经济效益达 1000 多万元，使农户增收 200 万元以上，带动 4000 多农户发展生产，为农村大量富余劳动力提供就业。为真正解决农产品的销售，合作社先后在全国各地进行了市场调查，为社员们寻找诚信可靠的客户，搭建一个农户与商户之间“互利互惠”的平台，实现了产、供、销“一条龙”服务，真正起到龙头企业的带动和辐射作用。

（三）树立利益共享、风险共担的经营理念

联合社始终把增加农民收入作为联合社发展壮大的立足之本。为了提高成员社和农户的种植积极性，联合社除了和社员们签订“供销协议”，还为农户投保

种植保险。只有为农户排除一切后顾之忧，他们才能种得安心、卖得放心。

（四）举办水稻种植技术培训班

联合社以市农技所、温科院为依托，聘请专家讲座，为农户们提供免费的生产种植培训，其中包括水稻新品种推广和化肥及农药的合理施用等，提高广大农户从事农业生产经营活动的生产率。

（五）农产品质量检测

华兴联合社坚持以农产品质量安全监管和农业标准化生产为重点，每月定时定量地对农户们送检的样品做检测，以确保不发生重大农产品质量安全事故、保障群众安全消费为目标，全面落实农产品质量安全监管措施，维护了人民群众的农产品消费安全。

（六）引进粮食烘干设备

为了完善全程农业社会化服务，解决粮食晾晒难的问题，联合社购置了粮食烘干设备，用流水线操作的方式对粮食进行加工处理，最后包装、对外出售。

三年来，华兴联合社一直在稳步、健康的发展中，目前这种经营模式和服务项目得到了广大农户及客户的好评，同时也得到了市政府的肯定，这种信任与肯定也将激励华兴联合社继续扩大规模、完善设施，更好地为农民服务。

五、联合社的发展成效

（一）水稻产业规模显著提升

2019 年，联合社通过土地流转种植水稻 5530 亩，较 2018 年增加了近 2000 亩。联合社提供社会化的服务面积达到 11000 余亩，较 2018 年增加了近 4000 亩。另外，建成 100 亩以上的农业示范基地 15 处，市旅游局、镇政府等部门还将携手共同打造现代科普园以及乡村休闲旅游观光项目 13 处。

（二）“三品”联动效果明显

坚持品种是基础、品质是关键、品牌是旗帜的思路发展特色产业。华兴联合社帮助对接高校，引进多个水稻新品种，建立五个无公害生产基地，实现水稻产业质量全程可追溯。建立、打响水稻品牌“食为兴”。目前，该品牌农产品已经与振华购物中心、全福元商业集团、山东家家乐超市达成供货合作，也是公主岭市企事业单位的定点供货单位。

（三）产业链条不断延长

华兴联合社不仅使服务因业而施，更有针对性，而且帮助会员对接外部通用性服务，实现全要素供给、全产业链经营。联合社还探索水稻深加工、精加工项目，优质水稻实施第一年产量初步可达 800 斤/亩，产品附加值实现大幅提升，销售价格为普通水稻的 2~3 倍。电子商务、连锁直营、基地直销多种模式销售，农产品销售网络覆盖东北、华北以及华东等地，优质水稻产业“产加销”“一条龙”发展格局初步显现。

（四）助农增收成效显著

华兴联合社通过提供科学有效的农合技服务、优质实惠的农资商品、品牌发展的销售渠道、低息便捷的贷款，保障了农产品的销路，降低了水稻生产的成本，提高了水稻生产的效率，从源头上提高了水稻的品质，促进了农民增收、农业增效。华兴联合社还通过社员提供的种子种苗培育、种植管理、农产品流通等全程社会化服务，年销售优质水稻近 2000 吨，亩均增收 1000 多元，带动 3000 余户农户创收。

六、联合社的现存问题

（一）缺乏人才和内部运行制度

华兴联合社是以当地的优势产业或特色产业为中心而成立的联合社。但课题组通过调研发现，联合社中缺乏像种植专业大户这样的应用型人才。另外，联合社成员社的理事会成员主要由村干部或个人能力突出的成员担任，而这些人的学历普遍不高，合作社内缺乏高学历的专业人才。

此外，联合社内部制度不健全，欠缺规范性，对社员约束较多，社员能够得到的服务很少，在社员受益总体上明显匮乏。社员从未真正了解合作社的规定与制度，从而制约了合作社发挥其职能。

（二）对小农户的带动作用有限

以上提到的亿鑫农业发展有限公司、吉林省民富种业有限公司仅仅为隶属于吴中兴本人，而与联合社没有直接的股权关系。第二产业的收入也不属于联合社，更不属于成员社和入社农户。因此，联合社的核心成员获得了较多的利润，带动小农户增收的作用可能并不是特别明显。

七、联合社的发展规划

（一）借助电商平台实现销售新突破

华兴联合社将通过与销售公司和电商公司合作，集线上和线下于一体，线上以淘宝、天猫平台为依托，整合众多优质特色农产品通过电商平台销售，线下通过与物流配送公司合作实现生产基地到目的地的即时寄递，切实解决农民销售难题，及时为城市居民提供新鲜、安全的农产品，实现“惠农、利企、惠民”，做到“绿色安全、可追溯”。

（二）规范社会化服务，提高服务质量

华兴联合社将按照“统一机械作业，统一种子种苗供应、统一化肥农药配送、统一施肥用药、统一绿色防控、统一灌溉养护”的托管服务模式，进行收储土地整理布局、测土配方、作物播种、农资供应、绿色防控、技术指导等农业社会化服务工作。此外，华兴联合社还将主动与镇村和新型农业经营主体对接，签订土地托管服务协议，开展土地托管或半托管服务，为农业龙头企业、家庭农场、种植大户从种子、化肥、农药、农膜供应，到测土配方、统防统治、农机作业提供作物解决方案的契约式托管服务，解决新时期“谁来种地、怎么种地”的问题，助推公主岭市现代农业的发展。

案例二十
吉林省德惠市荣丰农业专业合作社联合社案例报告*

一、联合社的基本情况

吉林省德惠市荣丰农业专业合作社联合社的基本情况包括主营业务介绍和发展历程。

（一）联合社介绍

吉林省德惠市荣丰农业专业合作社联合社成立于2013年5月30日，注册地位于德惠市夏家店镇腰窝堡村五社，法人代表为张晓光。经营范围包括组织联合社社员进行农业种植、畜禽养殖，农业生产资料及农机具购买，农产品、预包装食品、散装食品批发、零售（依法须经批准的项目，经相关部门批准后方可开展经营活动），注册资本为1730万元。概括地讲，该联合社为蛋鸡养殖和品牌鸡蛋加工、销售的同业联合社。

（二）联合社发展历程

吉林省德惠市荣丰农业专业合作社联合社的前身是理事长张晓光于2005年办的饲料加工厂，随后八年时间里，两家合作社先后成立，与饲料加工厂紧密相连。2013年，吉林省德惠市荣丰农业专业合作社联合社注册成立，经过一年的筹备考察，2015年，39家理事以上合作社成员单位加入并集资30万元用于前期

* 执笔人：杨习斌。

投入。2017 年，联合社项目实现盈余，各成员合作社共分红 20 万元，同年，退出两家成员合作社。2018 年，联合社因经营不当，亏损 18 万元，同年，退出两家成员合作社。2019 年初，联合社修改章程，理事长张晓光将股份按原价收回，并对联合社架构做出了新的战略调整（见表 1）。

表 1 吉林省德惠市荣丰农业专业合作社联合社发展历程

时间	发展状况	有无成员社进入/退出
2005 年	成立饲料加工厂	—
2005~2013 年	两家合作社先后成立，饲料加工厂运营，资金和农业资源积累	—
2013 年	荣丰养殖专业合作社联合社成立，注册资本 1000 万元，但当时注册失误，成员主体为自然人	—
2015 年	荣丰养殖专业合作社联合社正式运营，由理事以上单位进行投资，共集资 30 万元用于前期投入	加入 39 家理事以上合作社单位
2017 年	分红 20 余万元	退出 2 家合作社
2018 年	亏损 18 万元	退出 2 家合作社
2019 年	联合社修改章程，将自然人改为成员合作社，并且理事长将之前的股份全部原价回收，进行战略调整	无

二、联合社的成立动因

吉林省德惠市荣丰农业专业合作社联合社自 2013 年成立，至 2019 年进行战略调整，该联合社经历了创立、发展、成熟和调整四个阶段。

（一）联合社成立背景和动因

近年来，我国农民专业合作社获得了长足发展，但是，日益激烈的市场环境要求合作社必须进一步提高经营规模水平和市场竞争力。通过“再合作”组建联合社，无疑是专业合作社做大做强的最佳选择。联合社成立的动因主要有以下几点：一是理事长在农业方面的社会资源积累多。吉林省德惠市荣丰农业专业合作社联合社理事长张晓光为农民出身，大专学历，做过生意，炒过期货，但其仍情系“三农”，怀揣带领农民致富的梦想和使命感，张晓光在 2005 年左右开过一家饲料厂，这家饲料厂让张晓光发现蛋鸡养殖业的利润所在，经验积累和人脉积累也是他选择投身农业产业的原因。二是联合社采取合伙人制度、平台战略。联合社成立初期，期望将横向资源联合，纵向资源整合，从而实现规模经济，即将该区域所有适合的蛋鸡养殖户整合统一，创造出大量统一的蛋鸡养殖需求。在产前，联合社可以通过体量优势与雏鸡供应商、饲料厂谈判以换取价格优势；在产中，联合社可通过集中统一优势降低疫苗防治、养殖学习的成本；在产后，联合社可通过同一品牌产生品牌溢价，或者依靠体量优势提高蛋鸡养殖农民在整个蛋鸡全产业链中的话语权，争夺定价权。同时，将一些优秀的成员社发展成为理事单位，采用商业合伙人模式，利益共享、风险共担，搭建养殖平台。

（二）联合社成员社退出原因

2017 年，吉林省德惠市荣丰农业专业合作社联合社正式运营两年，理事长经成员大会商议决定，清退两家合作社，原因是这两家合作社不遵守联合社既定的章程制度，存在违反相关规定的问题。2018 年 6 月和 12 月，分别出现两次成员社退出高潮，原因是管理不当、资金去向不透明、联合社成员怀疑管理层存在贪污腐败吃回扣等现象，30%的公共资金留存部分成员社认为不妥，认为这让他们的短期收入降低，损害了他们和社员的既得利益。

三、联合社的机制分析

吉林省德惠市荣丰农业专业合作社联合社的机制分析主要包括该联合社的组织架构、管理机制、股权结构、收入分配和经营情况。其中，该联合社在管理机制上，创造性地将联合社管理同商业模式中成熟的合伙人制、岗位责任制结合起来，起到了一定的效果。

（一）联合社的组织架构

联合社共有股份 100 股，以 3000 元/股的价格，筹资 30 万元。联合社的组织架构如图 1 所示。值得注意的是，联合社成员社之间进行的股权划分，只有股权经营权，并没有股权所有权，相关国家补贴股权经营权所有单位并不能直接使用，而是专款专用后挣来的盈余可以按照相关股权分配进行分红。监事是联合社根据工作需要委派的监管人员，在联合社的领导下开展工作，负责对联合社上到理事长，下到员工及社员起到监督作用，负责对联合社财务、经营管理及领导人员履职等情况经行监督检查。

（二）联合社的管理机制——与合伙人制的结合

吉林省德惠市荣丰农业专业合作社联合社创造性地将商业上较为成熟的合伙人制纳入联合社章程，在一定程度上使联合社成员社之间和成员社与联合社之间的关系更加紧密，这种关系不是一种传统意义上的社会关系，而是有相关规范、条例制约的法律关系。该制度使理事以上成员社不可随意退出联合社，提高成员社退出成本，加强联合社黏性，从而实现“利益共享，风险共担”。然而在实际

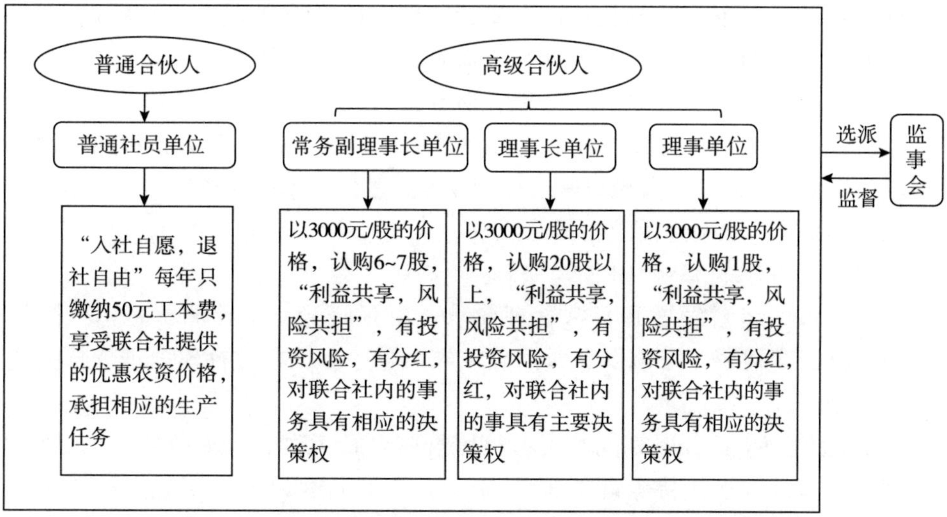

图1　吉林省德惠市荣丰农业专业合作社联合社组织架构

操作过程中，由于预估风险不足，理事以上单位和理事长之间常常存在分歧；由于当时理事以上单位选拔时只考虑其行业地位、经济情况，而忽略了理事以上单位尤其是成员社社长本人的信誉、性格等条件，联合社在2016年和2018年春秋两季，均产生了成员社退社的情况。到2019年，联合社由成立初期的39家理事以上单位缩减为两家合作社与一家公司。

（三）联合社的管理机制——与岗位责任制的结合

吉林省德惠市荣丰农业专业合作社联合社按照成熟商业管理方法，为联合社各个岗位制定名称、规范、轮值办法等，并将其命名为岗位责任制。岗位责任制在一定程度上规范了联合社各个岗位之间的关系，细化了各个岗位的工作分工，明确了各个岗位的内涵，降低了岗位之间互相推诿责任的风险，使各个岗位的职责一目了然，联合社的运营和上升机制更加清晰，其具体岗位责任制如下：

1. 理事长岗位责任制

（1）组织召开成员大会并报告工作，执行成员大会决议。

（2）制定联合社发展规划、年度业务经营计划、内部管理规章制度等，提交成员大会审议。

（3）制订年度财务预、测算，盈余分配和亏损弥补等方案，提交成员大会审议。

（4）组织开展成员培训和各种协作活动。

（5）管理联合社的资产和财务，保障联合社的财产安全。

（6）接受、答复、处理执行监事或者监事会提出的有关质询和建议。

（7）决定成员入社、退社、继承、除名、奖励、处分等事项。

（8）决定聘任或解聘联合社经理、财务会计人员和其他专业技术人员。

（9）认真制定和执行其负责相关板块（原料、预混料）营养型添加剂价格体系制定及相关政策调整，并做好联合社营业推广工作，带头完成各项任务指标。

（10）履行成员大会授予的其他职权。

2. 轮值理事长岗位责任制

联合社根据运营发展和日常管理要求，由张晓光、夏善朋、赵恩双、薛焕通、曹景升、李树奎、王晓明、黄河龙按先后顺序担任联合社轮值理事长主持工作，任职期限一个月。

（1）轮值理事长任职期间负责考核监管联合社考勤、产品收发、内勤保管、财务现金，以及客户接待等具体工作。

（2）要求本人严格遵守考勤制度，如有特殊情况不能现场办公，需向内勤请假，否则视为缺席。

（3）上班期间要求仪容整洁、言行规范，积极维护联合社形象，正面宣传联合社理念。

（4）保证任职期间联合社产品和资金安全，不许赊欠产品和挪用联合社资金。

（5）监督管理内勤、保管、现金、会计工作，要求账目清晰，报表完善。

（6）负责召开并主持联合社理事会，总结上月工作业绩，并提出下月度工作计划和建议。

（7）认真组织各种形式科普学习会、产品推广会和联合社业务推广会，积极宣传联合社产品和理念，发展理事和社员。

（8）轮值理事长应带头遵守联合社规章制度，率先使用联合社产品，解答理事及社员对联合社提出的问题，并整理汇报意见和建议。

（9）联合社轮值理事长单位不计工资和报酬，只享受联合社优惠产品和资源，同时享有其持有原始股份的资金分红。

（10）每一位轮值理事长都要发扬团结友爱、互帮互助、牺牲奉献精神。当个人利益和联合社利益发生冲突时，自觉维护联合社利益，搞好联合社团结，不拉帮结伙。

（11）轮值理事长工作期间考勤次数、工作表现、业务成绩（产品推广，发展社员）等都将作为理事会年终末位淘汰制的理事会考核标准。

（12）坚决完成联合社分配的各项工作任务，不敷衍塞责、拖泥带水，自觉遵守岗位规定。

（13）轮值理事长自愿接受理事会全体社员监督，严于律己、宽以待人。如工作期间有失察、失职乃至行贿受贿等违纪行为，理事会有权终止其轮值理事长权利，并做出相应处罚决定，直至退出，情节严重者交由司法机关处理。

3. 常务副理事长岗位责任制

（1）负责单位日常的运营管理，协助理事长对单位计划进行制定和实施及检查。

（2）掌握单位的组织结构、人事制度、各部门常规操作以及各项规章制度的落实。

（3）协调各部门关系，协助理事长建立健全公司统一、高效的行政组织体系，市场营销体系和业务运营体系，合理实施各种政策组合，努力使公司各项资源获得最佳运用或配置。

（4）主持制定公司各项规章制度，逐步建立健全制度化、规范化、流程化、标准化的企业管控体系。

（5）根据理事长授权行使权力、执行任务、核控费用，代表总经理参与重要接待、重大公关，处理重要事务和拜访重要客户，代表总经理参加或主持会议及其他企业活动。

（6）负责雏鸡采购工作，为社员争取最大的优惠政策，保证质量最好、价格最低。

（7）维护公司利益，奉行公正、公平、公开的管理原则，维护公司纪律的严肃性、持久性、有效性，维护公司经济利益。

4. 监事长岗位责任制

监事是联合社根据工作需要委派的监管人员，在联合社的领导下开展工作，对联合社上到理事长，下到员工及社员起到监督作用，负责对联合社财务、经营管理及领导人员履职等情况进行监督检查。

（1）负责对联合社的财务、经营管理的合法性进行监督检查，维护联合社的合法权益。

（2）监督联合社各个岗位人员工作，保证公司决策、领导层正确执行公务，防止滥用职权，危及公司。

（3）对公司的经营管理进行全面监督。

（4）监督理事会工作，监督公司各级干部的行为；审查公司业务状况、检查财务情况等。

（5）坚决维护联合社利益。

5. 出纳岗位责任制

（1）严格按照财务制度规定的现金管理制度的要求办理，对收支的原始凭证认真稽核，不符合规定的有权拒付。

（2）负责现金、支票、发票的保管工作，做到收有记录，支有签字。

（3）现金要日清月结，按日逐笔记录现金日记账，按日核对库存现金，做到记录及时、准确无误。

（4）收付现金双方必须当面点清，防止发生差错。

（5）严格按照规定管理现金，不得私自挪用、侵占、截留。妥善保管现金、支票、发票，不得损坏、丢失。

（6）按期与银行对账，按期编制银行存款余额调节表，随时发现和处理未达账项。

6. 会计岗位职责制

（1）严格遵守《中华人民共和国会计法》，执行财政制度，维护财经纪律，对本单位的一切经济活动进行会计计算和会计监督。

（2）认真编制并严格执行财务计划，遵守各项收入制度、费用开支范围和开支标准，分清资金渠道，合理使用资金。

（3）根据合法的原始凭证，正确、及时地填制和审核会计凭证，做到凭证齐全，使用会计科目准确，反映内容真实、清楚，数据正确，手续完备。

（4）及时记账算账、按时结账、如期报账、定期对账，按照规定编制有关财务报表。

（5）及时清理往来款项，做好各项财产清查和核对工作，做到账实相符，账账相符。

（6）妥善保管会计凭证、会计账簿、会计报表和其他会计资料，负责会计资料的整理和归档。

（7）会计人员调离本岗位必须依照本单位要求办理交接手续。

（8）遵守职业道德，坚持原则，实事求是，认真做好本职工作。

7. 仓库管理员岗位职责制

（1）服从公司领导安排，遵守公司和仓库各项规章制度。

（2）要按时上下班并打卡，若公司业务忙需延长时间，要无条件服从加班。

（3）按规定做好货品的验收、记账和发放工作，做到账账相符。

（4）随时掌握库存状态，保证货品及时供应，充分发挥周转效率。

（5）定期对库房进行清理，保持库房的整齐美观，使物资设备分类排列、存放整齐、数量准确。搞好库房的安全管理工作，检查库房的防火、防盗设施。

(6) 严格执行入库手续，货品入库时仓库管理员要核实来货数量、重量、规格、型号、种类等是否与送货单一致。

(7) 做好库房的安全管理工作，检查库房的防火、防盗设施，及时堵塞漏洞。

(8) 完成领导交办的其他工作。

(9) 坚持日清日结，凭单出货。

(10) 下班前应检查门窗、水电是否关闭。

(11) 认真做好仓库安全防范及仓库卫生工作。

(12) 有责任提出仓库管理的合理化建议。

(13) 制表登记，分类建账；型号不同，单独码放；进货需签认，出库有凭据；缺货及时申报，每月进行盘库；设计几种表格，建立相应制度。

8. 经理岗位责任制

联合社根据运营发展和日常管理做出以下要求：

(1) 负责联合社各项日常经营管理工作。

(2) 负责召集社员，协助各个厂家开办会议，检查和督促各项工作。

(3) 负责组织完成理事长下达的临时性、阶段性工作目标和具体任务。

(4) 负责饲料的进货和推广工作，跑好市场，与社员搞好关系，维护联合社利益。

(5) 熟悉和掌握联合社情况，及时向理事长反映，提出建议和解决方案，当好理事长参谋及助手，有效落实理事长的各项指示，协调各部门完成工作任务。

(6) 维护联合社利益，奉行公平、公正、公开的管理原则。

(7) 加强联合社社员队伍建设，不断发展有质量的会员。

(8) 严格遵守联合社各项规章制度，履行自己的职责。

(9) 坚决完成联合社分配的各项工作任务并接受联合社成员的监督指导。

9. 疫苗部经理岗位责任制

根据市场发展与需求，管理要求如下：

(1) 疫苗采购要从正规厂家、厂商进货。

(2) 负责对所采购产品质量、票据数量进行核对。

(3) 遵循适价、适时、适量、库存合理的采购原则。

(4) 协助财务中心做好对账工作。

(5) 对用户细致讲解产品的用法、用量。

(6) 认真对待新品上市、新品种推广工作，认清真实性、有效性、合理性，无虚假成分。

（7）对运输配货环节，库存保管，严格按规定执行。

（8）严格遵守联合社规章制度，履行自己的工作职责。

（9）接受全体社员的监督。

10. 兽药部经理岗位责任制

（1）负责药品的采购、流通、监管。

（2）负责社员的饲养管理及用药指导，做好蛋鸡的各项防疫用药流程指导。

（3）定期召开社员大会，对社员进行培训，并及时公布流行疫情，做好防范。

（4）宣传指导社员在养殖过程中严格按照国家的规定使用兽药，做到户户出好蛋。

11. 信息部经理岗位责任制

联合社根据运营发展和日常管理做出以下要求：

（1）配合各理事管理联合社日常各项工作。

（2）负责鸡蛋和毛鸡的信息采集、发布。

（3）保证信息的准确性，做到天天报价、及时更新。

（4）维护联合社成员利益，秉承公平、公正、公开的原则。

（5）严格遵守联合社各项规章制度，履行自己的责任。

（6）坚决完成联合社分配的各项工作任务，接受联合社成员的监督指导。

12. 设备部经理岗位责任制

（1）认真遵守联合社的各项规章制度。

（2）严格履行副理事长单位的职责，实事求是，坚持原则。

（3）积极配合理事长对各项工作的安排和实施。

（4）认真对待联合社对设备的采购工作，做好本职工作。

（5）在联合社的日常工作中起到带头作用，维护联合社的利益。

（6）在联合社理事长轮值期间，做到认真协调好各个方面的工作。

（7）努力完成联合社分配的各项任务。

（8）在联合社日常工作中努力做到互帮互助、团结友爱、舍私利、顾大局。

（9）在日常工作中认真对待社员提出的各项问题并及时解答，让社员满意，使社员真正体会到联合社的作用。

（10）在联合社的发展中努力做到献力献策，为联合社更好地发展做出应有的贡献。

（四）联合社的股权结构

吉林省德惠市荣丰农业专业合作社联合社自 2019 年 1 月 21 日起，由德惠市景玉养殖专业合作社、德惠市荣升养殖专业合作社、吉林省人合经贸有限公司共同联合成立。出资方式和出资额为：德惠市荣升养殖专业合作社出资 800 万元、吉林省人合经贸有限公司出资 500 万元、德惠市景玉养殖专业合作社出资 430 万元，均以货币形式出资入股。

（五）联合社的收入分配

吉林省德惠市荣丰农业专业合作社联合社的收入分配模式如图 2 所示，该联合社将本年的雏鸡购买费、饲料费、疫苗费、设备维修费、专家诊断费、接待费、公职人员工资和燃油费等扣除后，盈利的部分将大部分（60%）用于召开年终成员大会时进行的分红，即入社成员单位、副理事长单位和理事长单位等按股份占比进行的利益分配；30%的盈利用于进行公共投资，如次年的场地扩建、维护，养殖和蛋品加工等机器的购买或厂房租赁与购买等，以及因产生不可抗力因素造成的利益减少等进行资金上的缓冲；5%的盈利用于学习经费，如聘请专家对联合社成员社成员进行养殖技术、现代化农业、乡村振兴战略等相关知识培训所产生的费用；5%的盈利用于慈善经费，如仅限于联合社成员社成员家庭内部产生的贫困从而无法购买生产资料等情况。

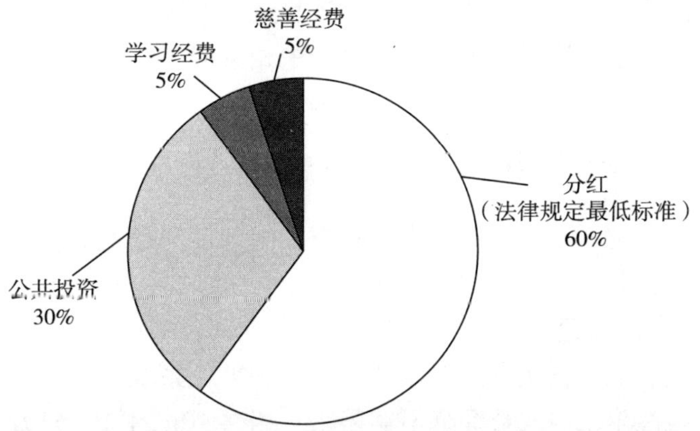

图 2　吉林省德惠市荣丰农业专业合作社联合社的收入分配

（六）联合社的经营情况

1. 产业和品牌现状

目前，吉林省德惠市荣丰农业专业合作社联合社共有四处养殖基地，包括吉林省长春市及德惠市三处，吉林省延边朝鲜族自治州安图县一处。

其中，吉林省延边朝鲜族自治州安图县的养殖基地为该联合社重点发展对象，该联合社宣称：玥明珠庄园（养殖基地）占地面积 4800 平方米，建筑面积

8000平方米。全部采用光伏发电技术设备，绿色环保，养殖设备全部采用国内标准化集成机组，同时配套建立年处理量达15000吨的有机肥加工项目，通过生物发酵技术把养殖场鸡粪直接加工成生物有机肥，用于农产品种植，不仅提高土壤有机质含量、减少化肥用量、有效改良土壤，而且大幅降低环境污染。经济效益可观、社会效益显著。目前，吉林省德惠市荣丰农业专业合作社联合社共有“玥明珠紫苏蛋”和“玥明珠”两种品牌已经完成商标申请注册。

2. 盈利和运作现状

吉林省德惠市荣丰农业专业合作社联合社理事长张晓光于2019年初按原价（3000元/股）收购了全部股份，开始进行战略调整和转移；2019年5月1日，该联合社开始正式运营“玥明珠”品牌鸡蛋，各大网店开始上线，线下经销商渠道开始铺垫。两个合作社在其中起到的作用就是运营联合社下的养殖基地，联合社成员公司吉林省人合经贸公司负责采买农业用品、生产资料等。

四、联合社的运行内容

产前，联合社为成员社成员提供统一的鸡苗，为联合社成员社成员认证名牌，保障成员社的信息完善；产中，联合社为成员社成员提供技术支持，包括但不限于专家培训、疫苗诊断、饲料提供等产中相关服务；产后，联合社统一收集鸡蛋进行标准化处理，统一品牌进行宣传和销售。

五、联合社发展过程中存在的主要问题

吉林省德惠市荣丰农业专业合作社联合社的现存问题主要包括利益捆绑、政策寻租和联合社社会地位不足三个方面。

（一）利益捆绑问题

吉林省德惠市荣丰农业专业合作社联合社理事长张晓光认为，无论是联合社还是合作社，均存在社内成员捆绑不够紧密、遇事不够团结、权力不够集中的问题。而联合社联合各个成员社的目的就是将小规模转化为大规模，将外部不经济转化为内部经济，通过联合相同的合作社或养殖企业，达到一定程度上的市场垄断，从而降低交易成本，提高市场话语权。用低价格购买产前农业资料，如雏鸡、饲料、相关农机等，用高价格卖出产后成品，如鸡蛋等，中间达到成员社间技术交流无障碍化、疫苗采购集体化等降低成本的作用。张晓光认为，如果联合社继续按照“入社自愿，退社自由”的模式进行联合，一定程度上确实维护了农民的利益，但是却使联合社的联合方式极为松散，从成立的根本上就不可能形成强大的合力。张晓光的一系列改革措施基本上都是围绕着“加强联合社规范

化、集权化”进行。他认为，无论是以成熟商业模式为纽带的利益联结，还是以宗族亲情为纽带的社会关系联结，都不是联合社联系紧密的必要条件，因此要保证这种紧密关系必须要依靠法律约束。

（二）政策寻租问题

学界关于地方政府在规模农业发展中的定位与功能的研究主要是从基层自主性的框架下展开，习惯于把地方政府推动规模农业发展的行为视为一种招商引资、造亮点与树典型、政府间压力与官员晋升锦标赛等政绩行为逻辑，或是将其视为一种“治理交易成本”的行为，是地方政府面对分散小农户采取的一种有效降低交易成本的治理策略，是一种政府将重心放到扶持规模经营主体的发展上来的便利化的治理逻辑。张晓光认为，如果政府相关款项的落实不能做到一视同仁，将严重打击“农民精英”的积极性，使他们不敢做联合社，不愿做联合社。同时，联合社起步时期的资金非常重要，这时拿到政府“雪中送炭”版投资获得的边际收益是远高于联合社或合作社形成规模后政府“锦上添花”版的投资所带来的边际收益。政策支持中存在寻租成本，即存在地方政府官员的贪腐现象，很多家地方企业甚至专门安排负责接待政府官员维护关系的副理事长、副经理等。这些现象加大了联合社健康发展的难度，增加了联合社的运营成本。

（三）联合社社会地位不足问题

在吉林省德惠市荣丰农业专业合作社联合社的运营过程中，商业模式得到了较好的体现，这使该联合社在一定时间内取得一定成绩。那么为什么该联合社运营和传统联合社不同，有商业运营的影子？因为其理事长张晓光虽然是农民出身，但他有非常成熟的商场经验、生意头脑、现代管理理念，他本人的企业家才能将这个联合社引入商业化的道路。联合社的运营不能少了商业思维，同时还应赋予联合社与合作社相应的法律地位和商业地位。如果农民牵头成立联合社，出于一些公司法的条件和要求，合同的规范审查将提高农民的进入成本，打消“农村精英”成立经济合作组织的积极性。

六、联合社的政策建议

农民合作社联合社的建立是市场经济条件下农民合作社发展的必然结果，实践中起到合作共赢的作用，今后联合社的发展需要市场、政策、制度上的充分支持，以更好地发挥其积极作用。

（一）健全法律法规，加强制度保障

法律法规是联合社健康发展的重要环境要素，通过制定法律法规，健全制度保障，明确联合社的市场主体地位，对联合社厘清与社会各界的横向及纵向联系具有现实影响。国外联合社的发展实践对此可提供一定的经验，如美国 1922 年通过的《卡帕—沃尔斯坦德法》规定，农业经营者可以合作社、公司或其他形式组织起来，确定农业合作社和联合社的合法地位，并从反垄断法中得到豁免，农民自治权益应得到政府的支持。当然，权责是相等的，政府对这些协会组织的会费使用、工资监督也是严格有序的。通过立法，引导并规范联合社的发展，能够更明确其责权利关系，推动联合社的有序发展。

（二）加强政府扶持，制定政策措施

联合社的快速健康发展离不开政府的支持，政府可通过设立扶持农民合作社联合社发展的专项资金，支持联合社的农业技术推广及培训等活动，同时为合作社提供市场信息和培训机会，在贷款和税收减免方面给予优惠，能对合作社的联合发展产生积极作用。同时，政府应制定专项扶持政策，帮助联合社解决大宗设施设备、生产线和固定资产投资、项目资金、技术培训、金融信贷、品牌建设等关键问题，并注意把对合作社的支持与对联合社的支持区别对待，设立针对性的专项扶持项目。

（三）重视教育宣传，加强技术指导

农民合作社联合社的成员大多文化素质不高，缺乏现代管理和市场意识，技术理念淡薄。对此，政府相关部门应做好以下工作：一是帮助农民合作社建立和完善联合社内部管理机制，做好相关咨询策划，对其建立财务管理制度、风险防控制度、利益分配制度等进行技术支持。二是在合作社经营管理、物流管理、农业信息化、生产安全、市场营销等方面提供技术服务。三是安排专项资金，依托农委、供销社等部门对联合社开展培训服务。

案例二十一
吉林省德乐农业合作联合社案例报告*

一、联合社的基本情况

吉林省德乐农业合作联合社位于吉林省公主岭市朝阳坡镇，是“世界三大黄金玉米带”之一，“中国玉米之乡”——公主岭市的核心种植区域，是一家集

* 执笔人：杨习斌。

鲜食玉米种植、加工和销售于一体的专业联合社，法人为李德乐，注册资金为500万元。主营业务包括：组织采购、供应成员所需的生产资料；组织收购、销售成员生产的产品；开展成员所需的运输、贮藏、加工、包装等服务；提供成员所需的种植服务、农机服务和养殖服务，引进新技术、新品种，开展技术培训、技术交流和咨询服务；农作物种植、养殖（依法须经批准的项目，经相关部门批准后方可开展经营活动）。

二、联合社的成立动因

2013年理事长李德乐注册成立了德乐种植养殖和农机服务两家合作社，为广大农户提供农机服务，联合种植、养殖，并试行了土地托管服务。经过两年的发展，合作社拥有18台（套）农机服务车辆设备，固定农户83家，服务土地5800亩，固定资产达到150万元。通过科学种植、机械化作业，加入合作社的农户种植产量得到增加，收入得到了提高。随着农户加入合作社的愿望不断增强，2015年12月，李德乐作为发起人联合吉林省及内蒙古20余家农民合作社组建成立吉林省公主岭市德乐农业合作联合社，是一家集种植、养殖、加工和销售于一体的专业联合社。2016年经市发改局审批立项，启动了绿色鲜食糯玉米种植加工项目，当年产量60万穗，营业收入599万元，2017年种植面积2000亩，年产鲜食玉米300万穗，并于当年通过了有机转换认证及ISO 9001质量管理体系认证，ISO 22000食品安全体系认证。同年“德樂圓”鲜食玉米获得了第十七届中国绿色食品博览会金奖、第九届中国西安国际食品博览会产品金奖；2018年种植面积4000余亩，年产量800万穗，同年德樂圓玉米获得了第十六届中国国际粮油产品及设备技术交易会金奖、全国鲜食玉米大会最佳外观奖及最佳风味产品奖、“吉林省最受消费者喜爱十大农产品品牌”称号，并作为省农委“吉字号”品牌，在全国各大展会上进行推广。

2019年德乐农业预计流转土地面积达到10000亩，以合作形式培育绿色种植，争取在2019年末完成年加工3000万穗的生产目标。增加一条鲜食玉米生产线，冷鲜储存库房2000平方米，常温储存库房1500平方米，库房整体储存面积达5000平方米。在销售上计划整体收入达到5100万元，实现净利润1500万元的目标。加大产品研发力度，拓宽产品线。2019年中期启动“德樂圓”品牌建设并完成销售布局。拓展合作领域，形成集团联盟。发展上、下游企业合作。在种植、生产设备、包装、网络领域横向延伸，扩大企业影响力、知名度和主业外利润增长。在销售领域，线上、线下相结合。线上与网红合作，培养企业网红。到2019年末线上销售占比50%，线下拓宽销售领域，以专卖店形式形成市场引导消费。培养适用人才，从2019年初启动技术骨干培养计划，同时，广纳人才，在产品研发、财务、管理方面招聘、培养人才。“德樂圆”系列鲜食玉米现销售区域覆盖北上广深以及长春、大连、杭州、青岛等40余座城市，消费者达百万人次。

联合社现有社员237人，农机车辆及设备50台套，国有土地11637平方米，建有综合办公楼一栋，职工宿舍楼一栋，固定资产5000万元，几年来联合社扶贫帮困的农户507人，提供就业岗位200余个，带动周边农户就业达300余人，加入联合社的农户年均增收6000元以上。

三、联合社的机制分析

吉林省德乐农业合作联合社的机制分析包括联合社的治理机制、管理机制、经营情况、股权结构、财务管理、收入和盈余分配。

（一）联合社的治理机制

根据吉林省德乐农业合作联合社章程规定，吉林省公主岭市德乐农业合作联合社社内在治理结构和管理结构上分开运行，治理结构上设有社员代表大会、理事会、监事会，理事长、监事长定期召开理事会、监事会会议，每年召开一次社员代表大会。

（二）联合社的管理机制

根据吉林省德乐农业合作联合社章程规定，吉林省公主岭市德乐农业合作联合社的管理结构上设有总经理，下面分设种植部、农机部、生产部、营销部、财务部、人力资源部及后勤保障部。

（三）联合社的经营情况

种植方面，联合社与吉林省农科院科研创新团队合作，该团队从土壤、种子、农家肥、玉米营养含量等方面全程进行指导和监测、合理布局种植地块，种植地块的选择要连片，以一等地、中性土壤为主，标准化隔离污染源，并在地块四周种植了150米的隔离带，隔离带采用从高粱到大豆错落有致的种植方式，目的是防止联合社所种植的糯玉米与其他玉米在授粉季节互相串粉。科学化施用农家粪肥，使用的农家肥都是经过合理配比后发酵度适中才施到田里，用赤眼蜂除虫、人工除草，确保纯绿色、无化肥农药、无残留。

用工方面，玉米种植加工季节中所雇用工人达200余人次，基本都来自联合社的社员或是附近的村民，每人每天收入达百元，仅种植季节在联合社基地打工一项，就为当地的农民月增收3000元左右。

2019年德乐农业建立健全绿色有机生态农业循环链，同时提高玉米秸秆的利用程度，作为青贮饲料；进行绿色生态养殖，动物粪便经发酵后还可以再次还田，力争做高产量、高质量、高效益的新型农业；不单纯着眼于当年的产量及经济效益，而是追求经济效益、社会效益、生态效益的高度统一，使整个农业生产步入可持续发展的良性循环。

（四）联合社的股权结构

吉林省德乐农业合作联合社注册资金500万元，在成立时，吉林省公主岭市朝阳坡镇德乐种植养殖农民专业合作社作为核心社，认缴出资300万元，占股60%。公主岭市朝阳坡镇德乐农机作业服务专业合作社认缴出资164万元，占股32.8%。公主岭市大榆树镇秋华农机作业服务农民专业合作社、公主岭市朝阳坡镇春秋农机作业服务专业合作社和公主岭市大榆树镇宏岩农机作业服务农民专业合作社均认缴出资12万元，均占股2.4%（见表1）。

表1 吉林省德乐农业合作联合社股权结构

股东	出资比例（%）	出资额（万元）
公主岭市朝阳坡镇德乐种植养殖农民专业合作社	60.00	300
公主岭市朝阳坡镇德乐农机作业服务专业合作社	32.80	164
公主岭市大榆树镇秋华农机作业服务农民专业合作社	2.40	12
公主岭市朝阳坡镇春秋农机作业服务专业合作社	2.40	12
公主岭市大榆树镇宏岩农机作业服务农民专业合作社	2.40	12

（五）联合社的财务管理

目前，联合社财务管理规范，账目清楚。现在还没有上级部门的财政补贴和资助，如果有的话，联合社会将其量化到成员社。盈余分配要按各成员社对联合社所做贡献和所产生的利润进行分配。

（六）联合社的收入和盈余分配

目前，联合社的收入主要来自鲜食糯玉米和其他有机食品的销售额，依靠农机服务产生的盈利正在逐年减少。联合社的经营成本主要来自土地流转的费用、厂房的搭建和维护、农业机械的购买与维修、工作人员的聘请等方面。发展初期，联合社的盈余主要用来扩建厂房和维护农机，剩余的盈利部分按各合作社贡献程度分配。

四、联合社的运行内容

联合社的运行内容包括联合社的业务范围和发展的成效与经验。其中，该联合社的发展主要依靠区位优势、企业家优势、规模优势、定位与政策优势、品牌和销售优势、技术优势、企业社会责任七个部分。

（一）区位优势

公主岭市位于吉林省中西部，松辽平原腹地，东辽河中游右岸。公主岭市的玉米无论在产量和成分含量上，都明显好于其他地区。经检测，公主岭市玉米的淀粉含量保持在71%以上，蛋白质含量保持在9%以上，脂肪含量保持在4%以上。基于公主岭得天独厚的资源优势以及在保障国家粮食安全方面的重要地位，2011年4月25日，中国粮食行业协会将“中国玉米之乡”这一殊荣授予公主岭。

（二）企业家优势

吉林省德乐农业合作联合社理事长李德乐是公主岭市第十八届人民代表大会代表、市企业家协会监事、省工商联执委，“公主岭青年五四奖章”和“第八届吉林青年创业新星”获得者，2017年被吉林省委宣传部和省文明办授予“吉林好人”，被吉林省委宣传部授予“创业富民好青年”，2018年被评为“公主岭市优秀人大代表”等。

李德乐是吉林省公主岭市朝阳坡镇李家店村人，祖辈父辈都是农民，从小就在田间长大的他，对土地有着深厚的感情。中学毕业后，他执意想留在家里种地，减轻父母的负担，在父母的一再坚持和劝说下，李德乐进了城。虽然城市的生活条件远高于农村，但李德乐一直惦念着父母，惦念着家乡，他一直不忘对家乡黑土地的关注。近年来国家持续出台了多部帮农扶困的好政策，他深信农村传统种植模式改革的春天已经来了，今后在农村一定会干出一番事业。2012年李德乐毅然离开了工作前景普遍被大家看好的城市，回到家乡创业。他的理由很简单：“现在农村人口流失很多，父辈们年龄大了，农活干不动了，年轻人都不愿意干、不会干农活；未来谁来种地，谁又会种地？”他用几年打工的积蓄买了村里第一台收割机，不久又添置了两台拖拉机，随着农机具的逐渐增多，也坚定了李德乐服务农民、扎根农村、心系农业的决心，迈开了他发展农业机械化、现代化的第一步。

吉林省德乐农业合作联合社理事长李德乐将土地、劳动力、资本整合在一起，用来生产商品或提供服务，设计或规划新产品、新技术，做出进军鲜食玉米的战略决策和承担风险等方面的重要决定，充分表现出了一个成熟企业家应有的敏锐和素质。

（三）规模优势

吉林省德乐农业合作联合社理事长李德乐在个人种植玉米时就发现，村民一家一户的分散种植方式不仅投资成本高，而且规模小、产业水平低，很难形成高收益。经过深思熟虑后，他决定成立农民专业合作社，通过实施联营的模式调动农民的积极性，提升规模化经营水平，形成各种资源的整合、配置和聚集。2013年，他组织村民成立德乐种植养殖和农机服务两家农民专业合作社，并担任理事长。他率先进行土地流转，实行机械化耕种，购买大型农机具进行整合作业，挨家挨户宣传新理念，鼓励乡亲们整合土地、集约经营、入股合作社。随着合作社规模的不断扩大，村民加入合作社的愿望不断增强，如何带领大家走出一条机械化、科技化、规模化新型农业发展道路，是摆在他面前亟须解决的现实问题。经过多次的学习取经和研究论证，2015 年 12 月由他作为发起人，联合省内及内蒙古十余家农民合作社组建成立了吉林省公主岭市德乐农业合作联合社。

规模经济是指在一定的产量范围内，固定成本可以认为变化不大，那么新增的产品就可以分担更多的固定成本，从而使总成本下降。吉林省德乐农业合作联合社利用大型农机优势，土地流转和土地托管政策实现了规模经济并取得了以下一些优势：实现产品规格的统一和标准化，塑造“德樂圓”品牌，产生品牌溢价，以 9.9 元/穗的价格远超 0.5 元/穗的市场价；通过大量购入原材料，而使单位购入成本下降，如大批量购入玉米种子和相关机械就比之前少量购入划算得多；有利于管理人员和工程技术人员的专业化和精减，联合社利用现代化机械作业以及土地流转和土地托管政策，进一步解放了农村劳动力，这些劳动力在联合社任职或进城务工的薪水都要高于在家务农。

（四）定位与政策优势

最近几年，我国玉米市场已经从过去的粮食需求转向鲜食、饲料、青贮及加工等多样化拉动，这就促使传统的玉米生产由普通产量型向高层次专用质量型转变。随着都市农业的发展，鲜食玉米也进入快速发展时期，它的发展空间广阔，市场前景良好。在鲜食玉米、鲜粒速冻加工和籽粒罐头加工以及速冻果穗出口的拉动下，现阶段我国种植鲜食玉米的面积应超过 2000 万亩。但是 2017 年，我国鲜食玉米面积保守估算也就仅仅 1600 万亩，这么看，市场仍是存在缺口的。在吉林省德乐农业合作联合社成立之初，理事长李德乐召开了合作社定位和发展方向大会，会上大家就联合社将来如何发展、如何建成新型的农业现代化主体进行了讨论，最后会议决定要借助黑土地优势，在玉米深加工上做文章，提高玉米的附加价值，让黑土地玉米走向全国。

（五）品牌和销售优势

吉林省德乐农业合作联合社非常重视品牌的塑造和推广。该联合社名下注册除有关东老玉米、棒宝贝玉米等十余种玉米品牌外，还经常派出优势产品参加如昆明食品博览会、全国农业博览会等农业领域的“春晚”，增强曝光率。在销售方面，采取“互联网+传统销售”模式，建立联合社网站，介绍联合社产业发展模式，让用户看到联合社风采，与用户互助沟通，宣传联合社的地域优势、产品优势。

（六）技术优势

糯玉米种植加工项目确立的初衷是为了让更多的人吃到纯正的、健康的东北玉米，带着这样的想法，李德乐及他的团队对玉米的种植方法进行了彻底的规划。

联合社成立后，主要业务包括绿色种植、规模化养殖、加工以及销售。在种植方面，由吉林省农科院种植专家全程指导、合理布局种植地块，精准化隔离污染源并在地块四周种植了150米的隔离带，目的是防止联合社所种植的糯玉米与其他玉米在授粉季节互相串粉。科学施用农家粪肥，用赤眼蜂除虫、人工除草，确保纯绿色、无化肥农药、无残留。

种植运用互联网数据系统、52个摄像头24小时数据监控，提供温度、湿度、营养水分等相关数据分析，确保植物健康生长。在种植质量安全方面，运用互联网萤石云可视技术，消费者可24小时对种植、田间管理进行全过程监督，做到让消费者放心。在养殖方面，充分利用有机种植的黏糯玉米的青秸秆进行青贮发酵，制成绿色有机青贮饲料。同时，肉牛粪便与大田秸秆混合制成有机粪肥，形成全封闭式产业链，即收获—秸秆饲料—养殖—畜牧粪肥—土壤改良—种植生态的循环模式。

李德乐和他的团队本着以品质求市场，严把质量关，他以严谨的工作作风、认真的工作态度，深得客户的信任。经过两年多的努力，从种植到生产，再到加工，联合社全面实现了绿色农业、可视农业、生态农业、可溯农业。

（七）企业社会责任

吉林省德乐农业合作联合社通过不断调整种植方式，响应国家号召，进行农业农村供给侧改革，改变种植结构，进行机械化连片种植。通过流转土地解放出大量劳动力，村民收入实现了大幅度增长。带领农民脱贫致富，农民富了才算富。针对附近的贫困农户，联合社主动承担社会责任。敬老院收养孤寡老人，理事长深受感动，几乎每逢年节都会带领合作社员工慰问敬老院老人，走访附近的贫困家庭和空巢老人，为他们送去米、面、油、鸡、鱼等慰问品，并帮他们收拾屋子。

联合社未来发展规划是努力实现整村土地流转，扩大机械化种植范围，通过不断调整产业结构，建设温室大棚，建设仓储冷库，种植绿色蔬菜、杂粮杂豆，建设绿色种植养殖基地，建立农业综合产业园，进行产品的深加工，增加产品附加值。要让联合社走上一二三产业融合发展的道路，实现农民与联合社共赢。

企业主动创造机会履行社会责任，把社会事业与企业竞争战略有机地结合起来，是企业赢得政府支持、获得稀缺资源和发展机会的有效途径。联合社扎根农村，其雇员大部分为当地村民，要想保持农业机械操作者、专业种植者和相关工作人员的稳定、工作黏性，履行社会责任，在当地建立起良好的口碑也是联合社理事长在长远发展规划中需考虑的重要环节。在现代中国农村，“50后”“60后”人口居多的现行情况下，稳定的社会关系纽带甚至比一些商业合同能更为紧密地将农民团结起来。因此，联合社履行企业社会责任是非常有必要的。

五、联合社的现存问题

联合社的现存问题主要包括土地流转问题、现金流需求问题和贷款额度受限问题三个方面。

（一）土地流转问题

鲜食玉米行业属于特用玉米行业，对于地块要求较高，需连片种植，如有一两户农民不流转土地，将导致整片土地都无法种植鲜食玉米。但目前，农村土地流转仍不规范，隐患较多。农户流转土地大部分为口头协议，农户委托村集体缺少农户委托书，即使签合同也很不规范。有的只是农户间的合同，未经土地所有者村集体的同意，有的擅自改变土地农业用途，有的权利义务不明确，这都是产生土地承包纠纷的缘由。农民思想传统，加上缺乏利益激励，一些农户宁愿土地撂荒，也不愿意流转。农民形成了根深蒂固的“恋土”和“守田为安”的观念。另外，农业种植利润微薄、种田负担过重甚至越种越穷的现实状况，使一些无地、少地的农民也不愿转入流转。造成“想种的没什么效益，不想种的又不肯放弃土地的现象”。农民不愿放弃土地致使农用地难以流转起来的一个原因是没有土地，农户就没有生活保障，因此，必须加快建立农民生活保障体系。就目前农村现状来看，首先要保证农民最低生活标准和养老保险，只有这两个制度建立起来，农民才会消除没有土地的后顾之忧，这不仅有利于土地流转和实现土地规模经营，还有利于农民完全进入市场经济。

（二）现金流需求问题

近两年鲜食玉米市场前景良好，客户订单逐渐增多，随着业务增多，在扩大鲜食玉米种植面积、流转土地、提高产量产能、设备改造等方面资金需求大，但与客户交易惯例都是次年结算，因此在当年发展中，对于可流动现金需求很大。在市场经济条件下，企业现金流量在很大程度上决定着企业的生存和发展能力。即使企业有盈利能力，但若现金周转不畅、调度不灵，也将严重影响企业正常的生产经营，偿债能力的弱化直接影响企业的信誉，最终影响企业的生存。

（三）贷款额度受限问题

现阶段，吉林省德乐农业合作联合社发展逐渐走向公司化、规模化，但名义上仍为合作社，在融资信贷方面受限较大，银行对于农民合作社的信贷额度较低，因此较难获得可需发展资金。合作社和联合社作为农民新型经营主体获得贷款难度大、贷款额度低是一件发生在全国范围内的普遍的又十分棘手的问题。产生这样问题的原因有很多，大多数农民专业合作成员以家庭承包方式或者经营入股，缺乏可供抵押的资产，合作社的耕地、宅基地、厂房等不动产的抵押又面临法律方面的约束，粮食、水果、蔬菜、禽畜等动产往往不符合金融机构规定贷款抵押物的标准。在现有的金融机构贷款条件下，金融机构通常会要求贷款者提供相应的抵押，以降低违约的风险，从而使合作社从正规金融机构获得贷款的难度增加。

六、联合社的政策发展建议

随着农业生产结构的调整优化和市场需求的变化，鲜食玉米生产促进了农产品向高产、高效、优质等方面发展。下一步要扩大消费规模，拓展销售市场，提高鲜食玉米效益；要正确分析当地市场，了解当地消费习惯，采用各种类型的产品引导消费，倡导消费；要积极发展外地市场，同国内加工企业和大型批发市场加强联系，走订单农业之路；要大力开拓国际市场，利用“走出去”或“请进来”等途径与外商联络，根据国外消费者的不同消费品位及消费习惯研发各类型的新产品，走出口创汇之路。通过做优专用玉米生产基地，做强玉米鲜食、工业、饲用三种加工转化链，做新“新农旅”新兴业态走廊。

案例二十二
吉林省德惠市德力蔬菜种植专业合作社联合社案例报告*

一、联合社的基本情况

德力蔬菜种植专业合作社联合社是一家以种植辣椒为主的联合社，包含以德力蔬菜种植专业合作社为中心的三家合作社。所属乡镇吉林长春德惠市郭家镇位

* 执笔人：何妮。

于德惠市西北部，德农公路横穿全镇，距县城 15 千米，全镇面积 197 平方公里，耕地面积 13139 公顷。辖 19 个行政村，154 个社，常住人口 39469 人（2017 年）。全县以葡萄发展为主的七大主导产业已初具规模，素有“果品之乡、建筑之乡”之美誉，瓜果蔬菜销往全国各地。德力蔬菜种植专业合作社以带动历家村村民致富，发展蔬菜棚膜种植，在全县成为典范。

20 世纪 90 年代初，王德力开始接触蔬菜行业，发展蔬菜种植，开始以露地蔬菜为主。为了扩大规模，保障蔬菜质量，2010 年 8 月开始成立了合作社，统一蔬菜种植。2013 年注册“王德力”牌蔬菜商标。2014 年正式成立联合社，注册资本为 1000 万元，成员社没有参与出资。后来随着种植露地蔬菜的效益逐年下降，联合社从 2017 年开始进行小规模试种，由露地种植转为棚膜种植，试种成功后，种植的辣椒秧苗平均可以达到 2 米的高度，辣椒个大饱满，在全国范围内销量都较好。

二、联合社的成立动因

联合社成立的出发点是扩大市场影响力，更好地占领市场，再加上德力蔬菜种植专业合作社的规模最大，成立时间最久，因此以它为中心社，将本区域内其他两家规模较大的合作社联合起来。此次联合属于同业联合，其他两家合作社也是经营蔬菜产品的生产，但以茄子和鲜瓜为主，种植作物的种类不同。

联合社的成立最主要的目的就是为了增加中心社的蔬菜营销品种，满足市场的需要，同时也帮助成员社打开销路。但从当前联合社的经营来看，由于组织形式过于松散，并没有起到特别大的作用，且成员社运行不佳，甚至因为未缴税问题，牵连到中心社。分析其原因，归纳为如下几点：①成员社没有参与联合社的出资，这决定了今后联合社大小事务的决策环节，成员社参与的概率很小。②联合社与成员社之间是相互独立的关系，从生产环节再到销售环节，都是相互分开各自经营。经营收入的相互独立，决定了联合社与成员社之间没有紧密的利益关系，更不存在分红。③虽然都是蔬菜类型合作社的联合，即同业联合，但是从选种、种植、施肥等技术环节来看，并没有完全统一化和标准化。④代际之间的传递阻碍了联合社与成员社的交流，联合社发起成立时，其余两家理事长均尊重和遵循中心社的决定，而随着其余成员社主要成员的逝世，社与社之间的交流联系减少。

三、联合社的机制分析

（一）联合社的经营规模

早期种植露地蔬菜时期，村民自发投资，每年投入量难以计算，联合社只提供种子、技术等服务。为了更好更快地占领市场、扩大规模，2017 年王德力利用自家 10 垧土地作为试验区，建设大棚 70 栋。试验成功后，为了带动全村积极性，打消村民的顾虑，王德力于 2018 年个人出资 200 万元修建了 170 栋大棚，每栋面积约占地 1~1.5 亩。因为其个人资金能力有限，修建的大棚以简易棚为主，每栋成本为 2 万~3 万元。待年终蔬菜销售完，村民再将修建大棚的成本归还给合作社，这种方式一方面打消了村民的顾虑，另一方面也慢慢树立了王德力在他们心中的威望和信任，这为其后续扩大规模奠定了基础。目前蔬菜种植辐射的乡镇有同太乡、天台镇等。联合社 2019 年预计再建 300 栋大棚，计划在五年内达到 1000 栋。

（二）联合社的管理

联合社总共聘用了 4 人作为管理人员，分别负责货厂打包、交易等环节，工资每月 5000 元，棚区管理和货厂加工工人共 200 人左右，工资为 100 元/天，一年人工成本投入约 40 万元。

（三）联合社的销售状况

联合社统一销售辣椒，且主要以大订单为主，销往全国各大批发市场，各地经理人每年都会带领货车前往合作社进行当面交易，各地批发市场平均一天的交易量在 2 万~3 万斤。旺季运输车辆络绎不绝，每车可以装 2 万~3 万斤，日交易量可以达到 30 万斤以上。进行交易收货时合作社会按照各地经理人的要求，进行打包装车。此外，还有一部分辣椒销往山东寿光、莒县中转，平均一天交易量在 5 万斤左右，辣椒在山东进行加工后再次销售，销往浙江等省份。由于合作社本身没有冷库，也没有加工厂，因此交易很容易受到自然气候的影响，雨天难以开展交易。

辣椒的平均销售价格为 1.5 元/斤，一部分以现金结账为主，直接付给村民，各家各户现结。一大部分需要统一结账，再分给村民。每天的定价公开透明，由联合社主要负责人一起进行商讨。联合社在其中会收取 0.03 元/斤的返利作为重要收入来源。村民非常信任联合社，对于收费情况没有任何疑问和意见，且不会选择抛开联合社单独进行交易。这种统一的集体行动，会使市场价格更加平稳，不会大起大落，也避免了恶性竞争的存在，从长远来看，保障了农民的收益。

（四）联合社的盈利状况

目前联合社的收入主要由三部分构成：一是修建大棚，前期个人投资大棚建设，年底村民将钱返给联合社，收取一定差价；二是联合社收取成员 0.03 元/斤的代收费；三是个人承包地（10 垧）的流转收入。

联合社平均每天的辣椒产量可以达到 20 万斤以上，生产期长达三个月，一年产量在2000万斤左右。2017年处于试验阶段，盈利较少，约为70万元。2018年净利润近200万元，2019年预计总收入在500万元以上，利润预计在200万~300万元。目前参与的农户数在20户左右，平均一家收益每年在十几万元，最多的可以达到20万元。

“德力”辣椒在全国范围内畅销的原因：一是质量高；二是在每年的7~9月，全国市场上辣椒处于短缺状态，南方市场的竞争对手由于自然条件限制，无法生产辣椒，因此“德力”辣椒正好填补了这一空白。但由于大棚条件简陋，冬春两季仍抵抗不了严寒，无法进行蔬菜种植。

（五）联合社提供的服务

农资服务方面，联合社与北京海花公司达成长期合作关系，从厂家直接选购种苗，同时和多家厂家长期合作采购农药。由于不是固定购买，联合社没有与它们签订合同。其他成员社也可以通过这个渠道购买，价格都是公开透明，且优惠于正常市场价格，村民都会放心购入。

技术服务方面，理事长王德力从事蔬菜行业30年，掌握了熟练的种植技巧，现在每亩产量可以达到1万~2万斤。此外，理事长凭借积累多年的种植经验和信息资源，与全国各地的市场广泛开展业务往来。不过，联合社农技推广中心虽然有合作，但所起的作用不明显。

四、联合社的运行内容

（一）能人经济作用的发挥

20世纪80年代以来，随着农村经济的发展，农村社会的变迁和农民的分化，经济能人这一新生社会群体在农村社会中迅速崛起，逐渐形成一股影响和左右村庄治理的重要力量。现阶段的新兴农村经济能人主要是指那些在农村经济发展中显现超凡能力，并卓有成效的人士。从构成上看，这一群体主要由以下部分人组成：①农村私营企业主（含雇工型个体工商大户）；②乡镇集体企业管理者；③农业专业大户。这些社会转型过程中崛起的乡村能人之所以被称为能人，主要在于其超凡的经济才能，具有鲜明的经济色彩，这种能力使他们在农村社区中取得了前所未有的地位。凭借他们积累起来的经济实力和特殊的个人素质，这一群体迅速在农村社会中占据了重要的社会地位。

王德力从事蔬菜行业30年，跑遍全国各大蔬菜市场，积累了丰富的种植和销售经验。“德力”辣椒在全国批发市场都享有盛名。凭借着敢做事、做实事的态度，王德力让利于百姓，真正带领百姓走向致富道路，获得了全村百姓的认可。王德力本人热情好客、雷厉风行，将整个货厂秩序维持得井井有条，交易每天络绎不绝。一身带泥的衣服，也正是其认真与质朴的写照。这种能人经济的带动，一方面可以较快地将村民集聚起来，集中办大事；另一方面除了将其自身成熟的技能和经验传授于村民，更重要的是将其拥有的稀缺资源分享给村民，真正带领村民增收。

同时，我们也应从这一案例中总结出以下经验，首先，要真正发挥好经济“能人”作用，充分搭建平台，可以选聘经济“能人”为村里的“名誉书记”或“发展顾问”。其次，建立报酬待遇增长、生活待遇、政治激励、党内关怀等机制，鼓励他们为村集体的发展出思路、引项目、办实事。

（二）技术是第一生产力

近几年，全国涌现出了一大批新型经营主体，许多企业家、大学生等纷纷步入农业领域施展拳脚。随着科学技术的发展，农业各环节的技术水平也大大提升。农机设备越来越先进，农业种苗日益优质化，但是真正在农村领域懂技术、懂行情的人并不多，尤其是作为蔬菜种植行业，很容易受到市场波动的影响，农民往往难以保证收成。德力蔬菜种植专业合作社真正做到了这一点。

一是依靠成熟的种植技术，王德力钻研蔬菜种植，儿子王雨大学毕业后也加入了父亲的事业当中，父子两人曾到山东、内蒙古、辽宁等地学习先进种植技术，再加上不断试验，最终种出的辣椒质量有保证，个大、味道佳。二是通过常年跑市场，对于全国行情了熟于心，通过观察辣椒市场每年在 7~9 月供给短缺，准确把握好市场空白，解决了每年的销路问题，各地经理人前往历家村进行购买。

（三）集体决策

德力蔬菜种植专业合作社日交易量巨大，平均在 20 万斤左右，但销售程序十分规范。蔬菜种植每天的定价都是集体决策的结果，王德力和主要负责人都会提前商讨，优先照顾百姓的收益。村民对合作社也十分信任，即使其他销售渠道的收购价格更高，他们仍愿意选择通过合作社销售蔬菜。这种情况下，集体决策的结果使市场也变得井然有序，整个市场的价格都趋于稳定，不会有较大的波动。这对于农民的稳定增收起着重要的作用。

“能人”经济带动了致富，但是在后续管理上也不能掉以轻心，在许多案例中我们可以发现，许多合作社出发点都是好的，但在后续管理中，没有凝聚民心，最终导致其如同一盘散沙的现象。德力蔬菜种植专业合作社虽然没有明确的章程约束，但是早已在村里达成了一致，村民的凝聚力是合作社保持生命力、实现可持续发展的关键因素。

五、联合社的发展成效

目前总的发展规模是露地蔬菜占地约160垧，棚膜蔬菜种植占地约30垧，其中王德力个人承包地为10垧，辐射村民占地约20垧。

（一）经济方面

目前，德力蔬菜种植专业合作社联合社共有社员102人。大棚总数达170栋，年产值约350万元。带动周边村民200多人，解决农民就业180人，人均增收18000元。面对供不应求的辣椒市场前景，德力蔬菜种植专业合作社联合社负责人王雨心里有着更详细的规划："下一步，预计扩建大棚300栋，为了增加百姓收益，带动蔬菜产业的发展，扩大交易市场的同时，我们为了迎合南方市场，增加销量，扩大交易渠道，完善基础设施，明年预计筹建冷库，解决长途运输问题。"在调研中我们访问了一家村民，家里总共有2垧地，半垧地种植大棚蔬菜，截止到当时已收入12万元。提到德力蔬菜种植联合社，话语间满是感激之情，称联合社带着村民真正走向致富道路。

（二）生活方面

历家村和东北其他的村一样，年轻人出去打工，留在村里的多数是50岁以上的老人，经济来源也主要是靠种地。德力蔬菜种植专业联合社运用大棚种植，将种植辣椒的成熟技术教给村民，解决了购买农资、销路等问题，大大增加了农民收入。另外，联合社每年要聘请工人到大棚和货厂工作，解决了部分农民的就业问题，让原本赋闲在家的农民有了一份工作，不再每日以麻将度日，也慢慢改变了村子的风气。

六、联合社的现存问题

（一）基础设施差

作为一个蔬菜种植联合社，基础设施对于其发展起着重要的支撑和保障作用。道路方面，所处的历家村，村子及附近公路覆盖率较低，且路面条件较差。蔬菜大棚附近的路刚修建完毕，多为沙路。在未修路之前，联合社每年要花费2万~3万元垫路。大棚地区没有供电，用电以燃油发电机为主，对于整个联合社来说，每年发电机燃油花费要在3万~5万元，加重了运营负担。用水方面，大棚用水主要还是停留在"靠天吃饭"的阶段，雨水好的时候以沟子水灌溉为主，而干旱季节，主要以发电机抽水灌溉，且以人力为主，增加了用工负担。

（二）资金不足

联合社盈利状况较好，每年的周转资金在100万~200万元。当地农民老龄化严重，资金少且保守，很难自发去发展大棚，单纯依靠个人投资大棚，让老百姓真正受益后归还修建费用的难度很大，据调查，平均每年能靠收益归还修缮费用的农户仅有10户左右。理事长王德力称自己从事这么多年蔬菜种植，受制于没有人脉关系，没有申请通过银行贷款。再加上简易棚受自然灾害影响大，保险无法通过办理，常年来自担风险。客观来看，主要原因在于他自身没有了解政策，基层百姓对于政策的了解度不高。多年来仍以个人出资为主，但随着规模越来越大，凭借个人力量虽然也可以继续发展下去，但速度慢，见效也不明显，联合社对于政策资金帮助的需求越来越紧迫。

（三）经营手续烦琐

合作社与联合社经营期间，许多工商报税等工作手续较为烦琐，受制于农民自身文化水平，他们每年需花费一部分资金用于聘请别人帮助办理手续。另外，由于联合社组织结构过于松散，缺少对成员社的管理，成员社经营不善导致每年无法到工商局完成正常经营手续，使联合社本身受到征信损失，因此，据王德力本人称有注销联合社的想法。

（四）权利的制约

联合社作为一个经济组织，受到基层领导的影响很大。在调研中，我们从村民口中了解到，几年前理事长王德力早已在村民心中树立了信任和威望，村民都希望选其作为村书记，带领大家一起办大棚，走向致富。但是受制于当时村书记的制约，不愿意其个人利益受损，因此在几年前在准备扩大种植规模时受到了一定的约束。这一现象使“能人”的带动作用没有得到较好发挥，甚至受到了一定制约。

七、联合社的政策建议及发展规划

针对德力蔬菜种植专业合作社联合社现存问题，首先，应加强政府对联合社的帮扶，完善政策支持体系，在基础设施、融资、管理手续等方面真正为联合社提供一定的服务。其次，加强对联合社经营者的管理培训，提升综合素质的同时，也应注意对其进行一定的激励，做好模范推广工作。最后，联合社的发展离不开农村这一土壤，更离不开农民这一主力，探索提升联合社的管理和服务水平是未来发展的重要方向。

对于理事长王德力而言，他曾经在内蒙古做过黄瓜种植生意，当地政府给予了较大支持，如政府提供修建基础设施。相较于自己的家乡德惠，虽然合作社没有得到政府较多的扶持，但他近几年还是愿意选择留在家乡发展。究其原因，一是受乡土情结的影响；二是愿意给自己家乡的村民做实事，用自己的技术带动村民致富；三是为了传承自己的事业，留给子女。

对于联合社而言，未来五年将以“百公顷土地，千栋大棚产业富民工程”为引擎，计划投资2000万元，建设大棚1000栋，占地100公顷，建成后预期效益2700万元，争取做到“百垧地，千栋棚，年赚千万不是梦”。如今，德力蔬菜种植专业合作社联合社在历家村农牧产业党支部的引领带动下，真正实现抓党建促经济发展。郭家镇将以“党建引领、党员带头、产业拉动、百姓致富”为思路，积极构建党建“大格局”，打造党建“新名片”。把发展棚膜经济作为农业供给侧结构性改革的主线，以增加农民收入为核心，加快构建现代农业三大体系，为率先实现农业现代化奠定坚实基础。

案例二十三
吉林省长春市欣铭农民专业合作社联合社案例报告*

一、联合社的基本情况

联合社于2019年开始筹办，目前正处于注册阶段，手续还未完成，但是目前初步按照联合社形式运营。联合社计划由三家成员社组成，以规模最大的欣铭农民专业合作社为中心社，成员社分别为长春市景林种植农民专业合作社和永齐种植农民专业合作社。成员社也是以种植玉米、大豆为主，各自种植规模为70~80公顷。目前注册成员社未进行货币出资。

（一）合作社的基本情况

长春市欣铭农民专业合作社（以下简称欣铭合作社）是一家以种植和机械化服务为主的合作社，以玉米、大豆种植为主，种植面积为480公顷，代耕面积为180公顷，主要提供机械化服务。机械保有量80台，固定资产总额超1000万元。

合作社在2019年申请评上长春市新型经营主体，这一项目是吉林省推动机械化服务水平的重要举措，审核通过后的合作社购买农机时，在国家给予补贴30%的基础上，省级也会以国家给予的补贴量按照1∶1或者1∶1.5的比例再次发放补贴。国家若给予“新型经营主体”合作社100元补贴，省级会再次给予

* 执笔人：何妮。

100 元或者 150 元补贴。补贴根据机械种类有所差异，多数机型按照 1：1 的比例发放，为推动高效节能型机械的推广，如深松机、免耕机、籽粒机、植保无人机、高效打药车按照 1：1.5 的比例发放。

此外，合作社也承担了一定的扶贫工作，积极安置周围中老年劳动力来到合作社务工，每年安置 100 余人工作。成员的人均工资达到 1 万多元；积极慰问帮扶周围建档立卡贫困户 14 户，为他们提供生活物资及免费生产服务，产生了较好的社会影响。

合作社成立至今，盈利情况分别为：2015 年未盈利，2016 年和 2017 年盈利在 20 万元左右，2018 年盈利 80 万元，虽然当年产量不高（2 万~2.2 万斤/公顷），但随着代耕地规模扩大，代耕收入的比重提高。2019 年产量预计在 2.7 万~2.8 万斤/公顷。

（二）理事长及合作社发展历程介绍

尹殿伟，男，1977 年出生，吉林省长春市双阳区人，大学本科毕业，毕业后去俄罗斯经商多年，回国后一直从事装潢材料生意，2009 年回乡投身农业发展至今，先后被评为先进致富带头人、扶贫先进个人，2018 年被农业农村部评为“全国百名杰出新兴职业农民”称号。2019 年被吉林省农业农村厅和吉林省科学技术协会评为高级农技师。

2015 年，尹殿伟创建长春市欣铭农民专业合作社，合作社先后被评为市级示范社、省级示范社和国家级示范社。2017 年成立吉林省鑫田园现代农业开发有限公司，下设鑫田园家庭农场、欣铭植保飞防服务队。2019 年组建欣铭合作社土地股份制分社，引导农民土地入股合作社，享受合作社规模化经营带来的红利。

（三）制度介绍

1. 资金管理制度

（1）合作社必须在当地银行或其他金融机构开立账户，并且只能在一家银行或其他金融机构开设现金结算户。

（2）合作社必须建立现金日记账，逐笔序时登记，做到日清月结，账款相符。

（3）合作社库存现金的最高限额为 2000 元，用于日常零星支付和备用金的需要。

（4）合作社收取现金时，必须由出纳员收款，并出具相关手续，收取现金必须当日或次日存入银行账户。其他人员不得收取现金。

（5）支付现金时，必须取得合法的原始凭证。

（6）为了加强现金管理，合作社在现金活动中，必须严格执行下列规定：不准用不符合财务制度的凭证顶替库存现金，即“白条”抵库；不准出租、出借和转让银行账户；不准利用银行账户代其他单位和个人存入或支取现金；不准将合作社收入的现金以个人名义进行储蓄；不准设立“小金库”，保留账外公款；不准“坐支”现金，即不得从单位和社员收入的现金中直接支付所需开支；不准报销手续不完备、开支不合理的未经审批的发票；不准公款私借。

（7）合作社监事会应当定期或不定期地开展对现金的核对和清查。合作社现金管理接受上级业务主管部门的监督和检查。

（8）合作社及其管理人员违反现金规定的，要承担法律责任。按照国家有关规定，视情节轻重分别给予警告通报批评、罚款等处罚，直到追究刑事责任。

2. 财务审批制度

（1）合作社财务开支审批要严格执行“一支笔审批”的原则，分档逐级审核、限额授权，由理事长负责审批。

（2）生产经营性开支，金额在2000元以下（不含2000元）由理事长审批，金额在2000元以上50000元以下的，同社员大会表决通过后，由理事长签批；金额在50000元以上的，同社员大会表决通过后，由理事长审批。

（3）非生产经营性开支，凡金额在1000元以下，由理事会签批；凡金额在1000元以上的由理事会集体讨论决定后，由理事会签批；凡金额在10000元以上的由社员大会表决通过后，由理事长签批。

（4）财务开支的原始凭证必须真实、规范、合法，并要说明事由，经办人、审批人签字后方可入账。

（5）理事长审批的开支内容要符合国家有关规定，做到合法、合理、规范，对超权限审批，造成合作社财务工作严重混乱、财产重大损失的，按国家有关规定予以处理、处罚，直到追究刑事责任。

3. 生产管理制度

为切实加强生产管理，提高机械使用效率保障安全生产，制定生产管理制度如下：

（1）由合作社统一安排作业计划，统一与农户签订作业合同。

（2）由合作社理事长统一安排作业，统一调度机车，任何社员不得动用社内机具擅自外出作业。如有发生，除没收全部作业收入外，由理事长对其进行批评教育并视其情节给予一定数额的经济处罚。

（3）统一作业质量。社内机具从事某项作业时要严格执行该项作业要求的质量规范，确保作业质量。因作业质量不达标，导致农户不在验收交工单上签字造成经济损失，其损失完全由本人承担，合作社概不负责。

（4）统一收费标准。作业收费价格由合作社统一制定，作业收入由合作社统一结算，任何社员不得以任何理由提高或降低作业收费。如有发生，将从该人作业收入所得中扣除，多收部分足额返还给农户，少收部分由该人补足。

（5）统一机具维修。机具维修和保养，应提前向理事长提出申请，经理事长同意，机具确需维修和保养的，由合作社统一组织，任何社员不得擅自操作，如有发生，合作社概不负责费用支出。

（6）提高安全意识，确保安全生产，在作业中发生机械、人身伤亡事故，一律由社员本人承担。

二、联合社的成立动因及阻碍

发起成立联合社主要有以下原因：一是单个合作社的辐射面积较小，跨区域能力弱。二是经营项目的实力不足，不管是资金、机械水平、土地资源，还是人员条件都比较单一。三是形成一定规模后，申请项目更容易通过。四是方便进行农资统购、粮食统销，体量足够大后，在融资环节以及在和经销商如中粮、中化的谈判过程中，拥有足够的话语权，议价能力提升。

关于欣铭农民专业合作社牵头这一联合社发起的原因，理事长尹殿伟认为人的定位思想和战略眼光很重要，尤其是要把握当今农业发展的现代化趋势。尹殿伟每年都会参加省农业厅组织的国外考察学习，接触了比较先进的农业思想，拓宽了视野，学习吸收国外发展的先进经验。找到想法一致、沟通融洽大于矛盾的合作社理事长，逐渐引导他们从原来单纯发展种植到发展智慧农业和发展种植旅游等现代化方向。对于成员社的资质，必须经历严格筛选，选择真正做基础生产，且具有一定生产能力的合作社开展合作。目前两家成员社中，一家是省级示范社，一家是市级示范社。联合社承诺成员社不仅是挂空名，或者简单地为了销售农资盈利，而是寻找新突破新发展，真正提高效益。

注册还未成功完成的一个原因在于经营范围和内容还未在手续中落实，关于飞防（无人机植保）这一领域，工商系统内部没有统一定义，单纯归为机械化服务类，在未来申请政府的飞防项目或者招投标时难以通过。目前政府、机关等各级单位说法不一，部门衔接不到位，各系统内部还在协调中。

三、联合社的机制分析

（一）联合社的预计经营规模

联合社目前总计代耕面积 700 公顷，机械保有量 120 台，预计 2019 年底在新型经营主体项目中还可以增加 10 台。2019 年已经完成冷库建设，规模在 1000 立方米，计划 2020 年发展加工业。人员管理方面主要包括会计、农机手、无人机飞手，长期工作人员在 13～14 人，农忙时可以达到 100 人左右。长期工作人员基本工资年薪 4 万元，短期大型农机手工资在 300 元/天，小型农机手工资 150 元/天。无人机方面，目前投入约 70 万元，已经购买 10 台。购买无人机时，厂家会提供专门的无人机技能培训，此外，联合社每年也会给飞行手学员报班培训，每人费用约 2000 元，结束后学员会获得正式证书，这些培养出的无人机操作员，全年进行工作，年龄主要在 20～30 岁，目前拥有正式操作员 5 人。

（二）联合社的预计业务方向

未来联合社的业务发展方向是在保证基础生产之后，发展一二三产业融合以及后续产业链的完善。

一是申请农旅结合的项目。将种植业和旅游业相结合，单纯地做乡村旅游资金投入大且风险高，做农旅结合式的产业，既能保证农业基础生产的效益，又能保证二三产业的发展，增加收入。目前关于具体结合的方式还在探讨中，不单单靠之前的农家乐，而是寻找新的创新点，提高自身吸引力。当时计划 2019 年下半年带领成员社主要负责人赴青海考察学习。

二是发展立体养殖业。近几年秸秆还田会导致病虫害易发，全靠高效农药和航化作业增加了许多资金成本。联合社准备在小范围内摸索立体养殖，圈起一块连片地，在农作物生长到一定阶段，放置一部分畜类，如鸡、鸭、鹅等，既可以减少虫类和杂草的泛滥，同时排出的粪便直接还田，提高土壤肥力。这样在发展原有种植业的基础上，也增加了养殖效益，也体现了现代循环农业的应用。

三是发展加工业。联合社计划加工一部分农作物以及发展立体养殖后畜类的屠宰和后续加工。

（三）联合社的内部管理策略

关于联合社的管理策略，将在申请后续项目通过之后，要求各成员社按照一定的出资比例进行合作，同时抽调部分员工作为管理人员，最后效益按照投资比例给予分配，形成风险共担、利益共享的机制。预计之后建立监事会、理事会，重大事项由代表共同表决决定，并按照出资比例与个人能力，选出联合社的理事长。

同时，中心社的理事长也提到，目前不会盲目选择扩大联合社的成员社数量。首先要考虑各区域的实际情况，盲目扩张会使交流和实际操作上的难度增加，也会在联合社发展初期造成管理不善的现象。当前的发展仍然集中在现有规模内，把联合社的各种组织结构与管理做完备，在取得一定成效的基础上，吸纳其他合作社的主动加入。

(四) 联合社的融资情况

联合社目前实现了一部分融资，融资方为北京农管家科技有限公司。在吉林省农业信贷担保有限公司抵押贷款220万元，抵押物为机械与流转地。贷款主要用于土地的流转费用，之前联合社流转了100多公顷土地，2019年达到480公顷，流转价格为1000元/亩，目前承包合同期限为5年。计划2020年贷款到期后再申请500万元。

(五) 联合社提供的服务及预计效果

目前联合社内部实现了技术、农资采购和机械化服务的统一。技术方面，采取新的耕作模式及农机操作模式，如吉林省推进的秸秆还田项目、飞机航化植保作业等，由于机械保有量足够，所以实施难度不大。农资采购方面，每年的化肥、农药、种子并非是固定购买，可以避免仅选一家农资公司带来的风险，因此没有签订农资购买合同。每年春耕之前，主要负责人会发起会议，研究选择当年要购买的农资。粮食销售方面，目前联合社初步计划只跟大型粮食收储企业合作，以大订单形式开展，去掉中间环节，同时也利于提升粮食售价，增加合作社收益。

关于联合社预计产生的效益，理事长提到要高于以前个体合作社形式，首先是农资采购价格降低，成本减少。其次是减少中间销售环节，使粮食的售价提高，目前中化等大型粮食收储企业承诺给出高于0.02元/斤的价格。最后是发展一二三产业，增加农业附加值。

四、联合社的运行内容

因为当前联合社并未开始真正运行，因此该部分以介绍合作社的运行内容为主。

(一) 重视管理，民主决策

合作社自成立以来，不断创新发展，拓宽服务带动群众范围。从成立之初的九人不断扩展，吸纳周围群众入社，共同合作发展，现已发展成员100多人。扩大耕作面积。建章立制，始终坚持民主决策，“利益共享、风险共担”的原则，每年不定期召开民主大会，共同研究发展思路及实施决策部署。合作社实行“四统一”原则：统一采购农资、统一耕作模式、统一管理、统一销售。降低生产投入成本，拓宽销售渠道，提高销售价格。比传统一家一户生产经营模式，大大提高了利润空间，增加社员的收益。为联合社及周围群众带来丰厚的经济效益，提高群众的幸福指数。

（二）引导土地流转，带动规模经营

欣铭合作社不断地实践探索，化解土地流转难，无法集中连片、全面机械化生产的困境，现已成功整村整屯集中连片流转土地300多公顷，涉及350多户，每公顷10000元的流转金，这个价格相当于群众自己种地的效益，让群众自己不种地一样获得种地的收益。闲出来的劳动力还可以来合作社应聘就职，获得双收益，合作社则利用集中连片流转的土地开展了多种经营模式生产，大大提高了生产效率及土地收益，合作社实行秸秆全覆盖免耕播种种植玉米技术，春季秸秆归行覆盖，免耕播种，苗期深松施肥，喇叭口期无人机喷施叶面肥等种植技术，实现玉米种植100%机械化，即避免春季干旱，又将秸秆还田腐烂，提高土壤肥力，禁烧秸秆减少大气污染，玉米产量超出正常年份产量20%，获得很好的经济效益。

欣铭合作社在周围开展了土地全程机械化代耕服务200多公顷，惠及200多户群众，从春耕、植保、秋收全程只收2000元/公顷服务费，相比当地其他分段作业服务，为百姓节省800元/公顷的服务费，真真正正给群众带来实惠，得到广大群众的充分支持与认可。

（三）智慧农业，高效防控

欣铭合作社不断地跟进时代发展，以科技兴农为方向，面对农药使用量大、利用率低、病虫害频繁发生、土地逐渐趋于集中、农业人口中老龄化、农村劳动力急剧流失等问题，合作社购进十余台植保无人机，成立无人机植保飞防服务队。近几年来，人工成本的不断增加等因素导致农业作业人员短缺和作业效率降低，并且人工喷洒农药因受地域条件限制，毁苗率过高、施药效果不理想，使用农用无人机正是为了解决这一问题。

（四）多措并举，增效创收

欣铭合作社不断创新发展思路，成功将毛葱与大豆套种，实现吉林地区大田作物一年两季作物双丰收，大大提高土地的附加值。合作社经过多年试验摸索，掌握了双季作业种植品种与时间，4月将毛葱播种，加强田间水肥管理，6月中下旬将适宜的大豆品种播种在毛葱地的垄沟内，待毛葱适时采收后，大豆已经长了5~6片叶子，毛葱收获后给大豆起垄，追施提苗水肥，加强管理，秋季大豆喜获丰收，大豆每公顷产4000多斤，毛葱每公顷产5万多斤，双季作物公顷利润在2万多元，每公顷用工工资费用在1万元，解决了周围大量劳动力的就业问题。

五、联合社的现存问题

（一）思想方面

农业作为一个投资大、周期长、见效慢的行业，新时期下投身农业的新型服

务主体要去树立新的现代化思想，重视科技的力量，以起到降低生产成本、提高效益的作用。当前农民的素质整体较低，缺少对政策的感知力以及对未来趋势的判断力。作为一个联合社，在管理上不能忽视价值观的作用，只有价值观统一、人心齐，才能有足够的凝聚力去发展。欣铭合作社理事长过去常年在外经商，有一定的视野和政策灵敏度，但是在统一管理上仍然需要继续改进，加强与成员社理事长的沟通。

（二）制度方面

传统农业经营模式在制度上仍存在一定约束力，土地难以迅速地聚拢在一块，不够集中连片，规模化经营仍没有到位。这导致大型机械化难以作业，带来生产成本的增加，同样也影响无人机植保的推广，无人飞行手的工作效能未得到有效发挥，影响了农业现代化进程的推进。土地承包期不稳定且不连续，影响了土地修复的进行。

（三）人才方面

东北地区一方面人才流失较为严重，虽然拥有较好的教育资源，但对于人才缺乏足够吸引力，目前农业领域从业人员年龄偏高，缺少新鲜血液的注入，联合社中也存在这种现象。另一方面当前社会人才市场多为学历水平高的人才，而缺少真正懂农业、掌握农业技术的人才。在之后联合社的业务扩展中缺少技术顾问和专门的规划师，相关人才较为紧缺。

（四）无人机植保方面

政府对统防统治的认识不够，目前因为无人机植保难以界定为真正的业务范围，缺少统一口径，各部门衔接不到位，导致其手续仍未办理。此外，缺少无人机专用药物，专用药剂目前尚不完善。相较于传统农药每亩需要几十千克水进行稀释，无人机每亩用量仅为 0.5～1 千克药液，浓度提高几十到上百倍，但是传统农药很难适应无人机超低容量喷雾的需求。

六、联合社的政策建议及短期规划

针对上述问题，政府应加强对制度创新以及对农业新技术的支持，顺应农业现代化发展趋势。同时加强对农村实用人才的培养以及吸纳更多优秀人员加入农业农村发展中去。此外，在关注农民物质水平提升的同时，也应加强农民的思想教育，加强政策的普及教育。

2019 年是欣铭联合社新一轮创新发展的开局之年，联合社将围绕“创新、协调、绿色、开放、共享”的发展理念，与中化集团签署战略合作协议，利用中化农服的先进农业技术和高品质农资，打造合作社发展的新开端。另外，联合社2020年正筹备成立欣铭合作社土地股份制分社，群众以土地作价入股，获得年终利益分红，土地由合作社统一经营管理，入社的社员进入合作社工作，挣效益工资，这样可以引导劳动土地快速集中连片，提高机械化效率，发挥适度经营的优势，为整村整屯推进土地流转打下坚实基础。

同时计划在年底联合社完成注册后，不断完善其内部管理和结构，在三家的共同努力下，积极申请相关项目，打造一二三产业融合田园体，不断完善产业链。未来也将紧跟时代步伐，积极响应国家政策方针，促进成员社及周围群众的创收致富、推进农业全程机械化进程，为实现农业现代化、实现乡村振兴战略贡献农业人的力量，展现新时代新型职业农民的风采。

案例二十四 河北省承德市合众养猪专业合作社联合社案例报告*

一、联合社的成立背景与发展历程

承德是中国著名的重点风景名胜区，被评为中国“十大特色休闲城市”。承德市合众养猪专业合作社联合社位于承德县上谷乡闫杖子村，联合社所在村地处偏僻的山区，离县城较远，有35公里，离省道或国道20公里，与高速入口13公里。闫杖子村是少数民族集聚地，没有知名人物，人均土地面积1.5亩，全村人均年收入3100元，村人均年收入在乡镇排名居中，当地村民加入合作社的比例占10%；闫杖子村有百货商店，没有快递公司，没有被基站信号覆盖，不是淘宝村。

联合社成立之前，承德县上谷乡闫杖子村贫穷落后，养猪专业户们单打独斗，为了改变闫杖子村贫穷落后的面貌，必须有效提高养猪规模化水平，促进合作组织发展壮大，不断提升联合社的引领带动作用，增强联合社的市场竞争和价格谈判能力，拓宽饲料销售和生猪销售渠道，降低卖猪成本，促进农民增收。在河北省承德市农委、农业局的监督指导下，承德县益民养猪专业合作社理事长闫占臣决定成立联合社，联合社采用与合作社谈判方式将成员社联合起来，各家确定用量，选择最优的合作方案实现合作双赢，由三家合作社发起，于2013年4

* 执笔人：蒋承祚。

月在承德县工商局注册成立承德市合众养猪专业合作社联合社，刚成立时注册资本600万元，有三家合作社注册，每家成员社分别注册了200万元，出资方式实缴。联合社目前有三家成员社，分别是承德县益民养猪专业合作社、承德县金明养猪专业合作社和承德县泰宁养猪专业合作社。

联合社成立后，经过近几年的发展，大家不再你争我夺，而是拧成一股绳，风险共担、利益均沾。现在土地规模已经覆盖到480亩，年收入4600万元，社员数共有235个，共投入100多万元进行标准化示范场建设和种猪扶贫开发，对场地、圈舍进行了标准化改造和扩建，水、路等基础设施相应配套，一次性更新长白、大白、杜洛克原种种猪25头，使场内生产上了规模、上了档次，成为瘦肉型猪繁育基地。联合社建立了质量可追溯体系。联合社还实施了沼气联户工程，建了一座1000立方米的沼气罐，除自家企业用气外，村里100户无偿用上了沼气，实现了生态养殖。为实现养猪产业可持续发展，所有养猪户实现了“猪—沼—果菜”三位一体生态养殖。

随着联合社的蓬勃发展，联合社得到各级政府的表彰，获得“河北省优秀农技专业协会”“省级优秀农村科普示范基地”“河北省无公害畜产品产地认证单位”“河北省科技型中小企业”“河北省农民专业合作社示范社”“承德市扶贫龙头企业”“承德县优秀农村科普示范社”“承德市青年牧场”称号，自2008年起至今，连续评为承德市“先进农业产业化重点龙头企业”，其中，承德县益民养猪专业合作社被评为“国家级示范社”，承德县金明养猪专业合作社被评为“省级示范社”。

联合社成立至今得到县市领导的重视，2014年、2015年承德市农牧局局长连续两年到联合社参观视察，视察养猪场废物处理情况。

二、联合社的产权结构与治理机制

（一）产权结构

联合社成立时（2013年4月）共有三家合作社，都是农民专业合作社，各合作社不需要向联合社缴纳会费。联合社依照国务院财政部门制定的农民专业合作社财务制度进行会计核算。联合社与其成员交易、与利用其提供的服务的非成员的交易，应当分别核算。联合社为每个成员设立成员账户，经营利润按规模分配，有严格的财务管理规章制度，会计资料完整，财务全部公开，有长期合作的会计师事务所。联合社没有成员社退社的情况。联合社对由成员出资、公积金、国家财政直接补助、他人捐赠以及合法取得的其他资产所形成的财产，享有占有、使用和处分的权利，并以上述财产对债务承担责任。

（二）治理机制

为了促进规范化管理，强化合作组织制度建设，加强和规范自身管理，推动合作组织成员广泛行使民主权利、参与管理并真正受益。联合社设有成员社代表大会制度、理事会工作制度、监事会工作制度、财务管理制度和成员管理制度。联合社组织结构如图 1 所示。

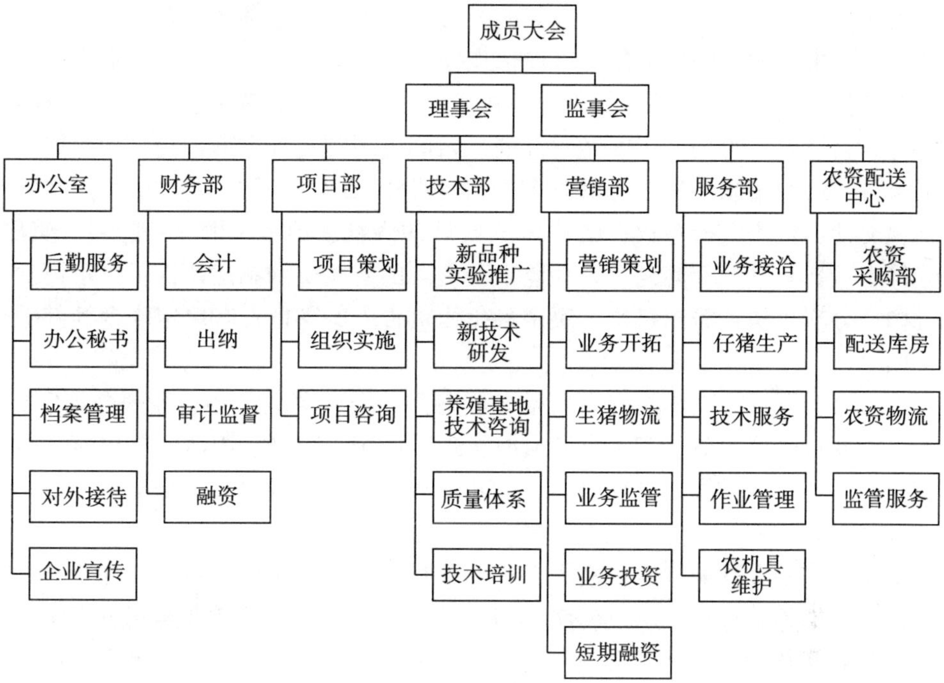

图 1　联合社组织结构

成员社代表大会制度由全体成员社代表组成，是联合社的最高权力机构，行使下列职权：①制定、修改联合社章程的各项规章制度；②选举和罢免理事会、监事会成员；③审议联合社的发展规划和年度业务经营计划；④审议批准年度业务报告、盈余分配方案、亏损处理方案；⑤审议批准联合社理事会、监事会提交的年度业务报告；⑥决定重大财产处置、对外投资、对外担保和生产经营活动中的其他重大事项；⑦对联合社合并、分立、解散、清算和对外联合等做出决议；⑧决定联合社其他重大事项。

成员社代表大会由理事会负责召集，每年至少召开一次。成员社代表大会选举和表决，实行一人一票制，成员社各享有一票基本表决权。召开成员社代表大会，出席人数应达到成员社代表总数的 2/3 以上。成员社代表大会选举和决议，应当由联合社成员表决总数的 2/3 以上通过。

成员社代表大会设有会议记录制度，成员大会应做记录，会议的内容应形成会议纪要，会议记录及纪要应与出席会议成员的签名簿及代理出席的委托书一并保存。

联合社设有理事会工作制度，理事会是成员社代表大会闭会期间的执行机构，由成员社代表大会选举产生、并向成员大会负责。理事会设理事长 1 名，理事 2 名。理事会成员任期三年，可连选连任。理事会职责：①负责召集成员社代表大会并报告工作，执行成员大会的决议；②选举产生理事会理事长、理事；③制定联合社发展规划、年度经营计划、内部管理制度等方案，提交社员代表大会审议；④组织编制年度财务预决算、盈余分配方案，亏损处理方案及财务报告，提交社员代表大会审议；⑤决定成员社的入社、退社、继承、除名、奖励、处分等事项；⑥接受、答复、处理监事会提出的有关质询和建议；⑦决定设立办事机构、分支机构、派出机构，决定各机构负责人的聘任；⑧决定联合社其他重大事项。

理事会会议应有 2/3 的理事出席方可举行。理事会决定必须经到会理事 2/3 以上表决通过方能生效。理事会开会时，理事应亲自出席，因故不能出席，可以书面委托其他理事代为出席理事会，委托应载明授权范围。理事会会议应做出记录，并由出席的理事和委托代表签名。

理事长是联合社的法定代表人。行使下列职权：①主持成员大会和召集、主持理事会；②检查理事会决议的实施情况并向理事会报告；③在经营过程中，对突发事件有紧急处置权，但必须符合联合社利益，事后应及时向理事会、成员大会报告。

理事长、理事和管理人员不得从事与联合社有竞争或者有损联合社利益的活动，不得有下列行为：①侵占、挪用或者私分联合社资产；未经成员大会同意，将联合社资金借贷给他人或者以联合社资产为他人提供担保。②接受他人与联合社交易的佣金归为己有，接受商业贿赂。违反前款规定所得的收入，应当归联合社所有。③给联合社造成损失的，应当承担赔偿责任。

联合社设执行监事一名。执行监事对成员大会负责，负责联合社内部监督。执行监事由联合社成员担任，每届任期为三年，可连选连任。

联合社设有财务管理制度，账款管理方面，联合社现金、各种存款、账目、支票和印鉴要按规定妥善管理。支票和印鉴不得由同一人保管，账目保管要安全完整，不得缺失。联合社银行账号、账户不得出租、出借或转让，不得将公款外借，禁止以联合社名义为其他单位和个人提供担保。

审批管理方面，联合社费用支出由理事长审批，1000 元以内，理事长直接审批；1000~10000 元，理事会集体审核，理事长签批；重大项目建设投资，成员社代表大会讨论通过，理事长签批。

账户管理方面，联合社为成员社建立专门账户，财务人员负责记载成员社的出资额、应享有的公积金份额以及成员社与联合社的交易额；国家财政扶持资金、他人捐赠资金和联合社集体财产，不直接分配成员社，不记入成员社账户，仅作为盈余分配依据之一，成员社退社不再享有。

联合社设有成员管理制度，成员社入社管理方面，在本县域内，具有民事行为能力的公民，以及从事与联合社业务直接有关的生产经营活动的企业、事业单位或者社会团体，能够利用联合社提供的服务，承认并遵守联合社章程，自愿申请入社，可以成为联合社成员。

成员社享有以下权利：①参加成员大会，并享有表决权、选举权和被选举权，按照章程规定对联合社实行民主管理；②使用联合社提供的服务和生产经营设施；③按照规定分享财务年度盈余；④查阅联合社的章程、成员名册、成员大会或成员代表大会记录、理事会会议决议、监事会会议决议、财务会计报告和会计收簿。

成员社应当履行的义务：①执行成员大会和理事会的决议；②依其认缴的出资额和出资方式缴纳出资额；③按照规定与联合社进行交易；④按照规定承担亏损及债务。

成员退社、除名管理制度，联合社成员要求退社的，应当在财务年度终了的六个月前向理事长提出；退社成员的成员资格自财务年度终了时终止。成员有下列情形之一的，经理事会同意予以除名：①不履行成员社义务；②给联合社名誉或利益带来严重损害的；③成员社共同决议的其他情形。

联合社建立成员社联系制度，根据全社成员社居住分布状况和生产经营状况，实行每个理事、监事分工联系成员社制度，进行社情民意上传下达，开展生产经营指导服务，确保信息畅通、运作有序。

三、联合社的运营模式

（一）业务范围

联合社的主要业务范围是育肥、饲养、商品猪联合销售；提供仔猪及配方饲料；提供养殖技术、供求信息、业务咨询等服务；负责技术培训，养殖科技技术推广、经验交流、参观考察等活动。

（二）经营模式

联合社采取“联合社+合作社”的经营模式，联合社的类型属于同业联合，是单纯为销售组建的联合社。为保证安全与质量，充分发挥“六统一”服务职能，合作社实行统一服务、统一规范管理、统一组织培训、统一饲料购进、统一联系销售、统一防疫灭病。

（三）盈余分配机制

联合社依照国务院财政部门制定的农民专业合作社财务制度进行会计核算。联合社与其成员交易、与利用其提供的服务的非成员的交易，应当分别核算。联合社为每个成员设立成员账户，联合社应在每一个财务年度终了时制作财务报告。联合社委托承德县供销合作社对联合社的财务进行审计。联合社依照法律规定缴纳税款，并享受税收优惠政策。

联合社从当年盈余中提取10%作为公积金。每年提取的公积金除用于弥补亏损、扩大生产经营外，按照成员与联合社交易量（额）的比例量化为每个成员的份额。

在弥补亏损、提取公积金后的当年盈余，为联合社的可分配盈余，具体分配办法如下：①可分配盈余的60%，按照成员与联合社的交易量（额）比例返还；②可分配盈余的40%，以成员账户中记载的公积金份额，按比例分配给成员。

（四）风险控制机制

因为养猪风险较大，联合社探索出农民专业合作组织依法在内部建立资金互助、风险补偿等发展机制。联合社从当年盈余中提取10%作为公积金。每年提取的公积金除用于弥补亏损、扩大生产经营外，按照成员与联合社交易量（额）的比例量化为每个成员的份额。

为保证安全与质量，联合社经常上网了解市场信息，在网上了解到因瘟疫传播导致全国生猪存栏大幅下降，及时向成员传递消息并加强圈舍、养殖区的疫情监控工作，避免了可能出现的损失。成员收入稳定有序。

四、联合社的运行效果

（一）充分发挥“六统一”服务职能，保证安全与质量

为保证安全与质量，充分发挥“六统一”服务职能，合作社实行统一服务、统一规范管理、统一组织培训、统一饲料购进、统一联系销售、统一防疫灭病。

在合作社的生产实践中，逐步发现了传统养猪生产的缺点、误区和科学技术理论知识的不足，经过几年积累的经验，把种公猪饲养、母猪组合选育、仔猪断奶后的过渡护理、生猪不同阶段饲养管理、防疫消毒、猪病防治和母猪难产处理

方法等生产实践和新科学理论知识结合，总结出了“养重于防，防重于治”的观念，使母猪的产仔率、仔猪的成活率及猪场的健康水平整体提高了，并以培育绿色健康猪为宗旨，全场实行封场管理，严格按照无公害生猪养殖标准生产，建有完整的电脑监控系统，使生产区内空气清新、绿树成荫、花草铺地，成为名副其实的花园式猪场。

通过企业的影响力，监事闫海涛把这种观念向周边乡、村的养猪大户推广，抓好他们的猪舍养殖环境，掌握他们的饲料原料来源及营养水平，在防疫灭病上，严格执行免疫程序，集中进行防疫免疫，并随时跟踪技术指导，经过养猪户共同的努力，母猪的产仔率、仔猪的成活率比以前得到了大幅度的提高，使养猪更科学化、方便化。

（二）开展技术培训，科技引领促进共同发展

联合社成立以来，聘请北京农大教授及省县畜牧局专家讲课，先后组织培训数次，发放技术资料 3000 多份。联合社组织成员社于 1992 年和 1998 年召开集体会议讨论技术，进行技术指导。每年集中组织养猪户举办一二三期技术培训班，结合各户养殖情况有针对性地进行技术指导，并经常上网了解养殖信息和市场行情与养殖户及社员分享。

（三）大力建设一体化循环生态农业示范园区

2013 年承德县富源种猪繁育有限公司实施了沼气联户工程，县农牧局提供了一套沼液处理设备，建了一座 1000 立方米的沼气罐，除自家企业用气外，村里 100 户无偿用上了沼气，实现了生态养殖。经省畜牧局全面检测合格，承德县富源种猪繁育有限公司被认定为无公害畜产品产地。

目前公司计划建设“养猪—沼气—生态观光果品园”一体化循环生态农业示范园区一处。园区内建设三元杂交仔猪繁育场一处，存栏基础母猪 1500 头，种公猪 50 头，年繁育商品猪 8 万头；沼气池达到 1000 立方米；建成生态观光果品园 1000 亩，年产果品 2500 吨。本项目从仔猪繁育—生猪育肥生产入手提升承德县生猪产业水平，并以沼气为媒介，把养殖业生产过程中产生的废弃物科学处理，产生新能源，并利用沼渣沼液生产名优绿色无公害果品，是实施承德县生态、有机农业的一个重要组成部分。最终目的是实现持续、高效的循环经济发展，是实现承德县生猪产业低成本、高起点技术创新，创造高效益的可靠保证，也是大面积推广有机生产的保证，实施将对生猪产业发展、延伸产业链条起到很好的促进作用。

（四）全力打造产前、产中、产后全程社会化服务

联合社主要提供做好各专业社的指导、协调、管理和服务工作；组织开展教育培训，为各专业社提供市场信息和产前、产中、产后服务，引导农民实行标准化生产，推广新品种、新技术；向政府和有关部门及时反映联合社成员社及广大农民的意见和要求。

联合社负责出资金、人才和技术，政府部门提供政策、奖励，全力打造养殖产前、产中、产后“一站式”全程服务平台，联合社为成员社提供产前农资采购服务，不收费，平均减2000元/吨；提供产中农技服务，帮助成员社进行防疫检测，不收费；提供产后销售服务，普通猪比合作社自己每头多卖20元，蛋白桑每头猪多卖200元。

（五）实行互助合作，先富帮后富，合作共赢

2007年，由养殖大户发起，以“民有、民管、民受益”为原则，民主制定章程。联合社注重促进成员之间的生产合作，注意发挥骨干大户的资金、技术、销售方面的优势，从关心帮助入手，把人性化的经营理念融入实际工作中。上谷乡付杖子村村民孙忠入社前养殖规模很小，资金严重短缺，加入联合社以后，社里除销给孙忠种猪、育肥猪进行饲养，出栏销售的时候再还钱，联合社还免费传授技术，提供饲料配方，经过联合社的帮助，已经成长为专业社的技术骨干和养殖大户，从此走上了致富的路子。这些大户富裕起来后，又为合作社的发展发挥了重要作用，实行互助合作，先富帮后富，促进共同发展，专业社先后帮助12户成员白手起家，发展养猪事业，如今都成为了专业合作社的骨干成员，为合作社的健康有序发展奠定了良好的基础。社员收入稳定有序，对发展养殖的信心更强了。在社员的共同努力下，承德市合众养猪专业合作社联合社实现标准化、规模化、集约化生产，各项指标经省畜牧局检测合格，被县政府命名为优秀农民专业合作经济组织。

五、问题与启示

（一）存在的问题

1. 没有形成品牌，规模不够强大

联合社没有注册自己的品牌；没有开展网上销售，现在已经购买设备，准备建立自己的网站，招聘各方面人才；联合社没有冷库、冷车，计划第二年春天建；联合社没有制定生产质量标准，联合社的经营业务没有变化，不具备加工能力，也没有外包加工；联合社没有融入当地村庄的发展。

2. 凝聚力不强，组织管理不到位

联合社成立至今没有成员社之间的文化、娱乐、参观活动，也没有非正式参与的其他组织机构；联合社内部运作方面不规范，两个合作社账目不清；社员联系不紧密，各成员社参与的主动性、积极性还不够高；没有及时组建经营管理团队，各项管理服务工作没有及时到位。

3. 政府支持不够，社会信任度欠缺

政府支持力度不大，银行不承认合作社，贷款困难，联合社现在缺地，又征了20亩，承包了20年、50年，一次性付清，承包用地300元/亩/年，费用较高；上级相关政府部门技术指导欠缺，联合社现在最缺防疫方面的专业技术人员，认为解决的最好办法是引进人才、培训人员。

（二）启示与建议

为了让联合社更加健康、有序地发展，真正做到科技引领、合作共赢，结合合众养猪专业合作社联合社的发展情况，提出以下建议：

1. 大力建设一体化循环生态农业示范园区

充分发挥“养猪—沼气—生态观光果品园”一体化循环生态农业示范园区的模范引领作用，提升联合社规模化水平，扩大联合社经营规模，全力打造国家级现代农业联合社示范区，成功争创国家现代农业产业园。

2. 抓好品牌推介，提升主体市场竞争力

合众养猪专业合作社联合社要抓好品牌推介，一方面，利用理事长闫占臣的个人影响力，大力宣传，理事长闫占臣是省、市、县级优秀共产党员，农村科普带头人，市级专业技术拔尖人才，2012年被市政府评为民营企业爱心扶贫明星，在河北省农村党员干部现代远程教育“双创双争”活动中被河北省委组织部评为“学用标兵”；2014年被评为河北省劳动模范。另一方面，利用合众养猪专业合作社联合社的品牌效应，联合社曾获得一系列荣誉，是“国家级示范社”“省级无公害畜产品产地认证单位”“省级示范社”“河北省优秀农技专业协会”“省级优秀农村科普示范基地”“河北省科技型中小企业”“市重点龙头企业”“承德市生猪活体储备基地”“承德市扶贫龙头企业”“承德县优秀农村科普示范社”“承德市青年牧场”。荣誉代表着实力，联合社要大力宣传，注册自己的品牌，形成品牌效应，拍摄专题宣传片，支持参加品牌宣传推广行动。

3. 政府要加大扶持力度

政府不仅要帮助农户进行农产品的直接收购、代销，而且要给予一定的资金扶持，培养农户成为专业化程度更高的技术人员。政府要出台支持农业新型主体发展的专门文件，保障合作社农户的经济利益。政府提供给合作社农户现金补贴或奖励，鼓励合作社承担政府的示范推广项目。农业社会化服务要全面，从技术、农资、销售、物流、信息、品牌、金融、质量、作业、基建等各方面提供社会化服务。

4. 实行联合社与大学的合作

合众养猪专业合作社联合社要根据自己的经营特点和地理位置，与中国农业大学或河北农业大学联合，聘请知名专家教授进行指导，培养专业技术人员，尤其是防疫方面的专业技术人员，从而实现标准化、规模化、集约化生产。

案例二十五 河北省丰宁县宁聚养羊专业合作社联合社案例报告*

一、联合社的基本情况

联合社所在地丰宁县是少数民族（满族）聚集地，位于河北省北部、承德市西部。县内省级企业 8 家，市级企业 40 余家。老百姓有根深蒂固的养羊情结，信教比例很低；联合社所在村为全县贫困村之一，基础设施差，环境脆弱，贫困户 700 余户，村庄有商店、快递公司、农村电商平台（大槐树）。

联合社在 2014 年开始筹办，2015 年正式成立。共有 47 家成员社，目前无退社情况，预计 2017 年底开展核实，考虑是否有转型的成员社，将规模大的合作社加进来。47 家合作社存栏量大约 15 万～20 万只羊。联合社注册资本近 1.5 亿元，以联合社名义注册，企业注册资金占主要，出资以实物（羊）为主。业务范围为：统一组织采购、供应联合社成员养羊所需的饲料、饲草；组织收购、销售联合社成员养殖的羊；统一联合社成员羊病的防治。联合社主要经营业务自成立以来并未发生变化，以种羊繁育为主，统一各合作社的种羊。为成员社提供的服务有：①提供有机肥，饲草、饲料等，价格平均一吨要低于市场 100 元左右，每年为分社提供 700～800 斤有机肥，1000 多吨饲料。②免费提供技术服务。③帮合作社联系销售渠道，回收价格比市场高 5 角左右（毛羊市场价格约 6.5 元，合作社回收价格约 7 元）。④提供运输服务，但合作社要承担部分运费，价格低于市场，一吨节省 50 元左右。

目前，羊肉主要供给公司内的餐饮公司，分布在河北各地如唐山、丰宁等各地。平均一家门店每天用羊量 5～7 只，足够提供使用，无加工外包，公司本身无法全部消化。由于目前仍以卖羊为主，没有自己的产品，联合社并未开展电子

* 执笔人：何妮。

商务业务。

河北省丰宁满族自治县为农牧大县，老百姓靠传统的种养殖业为主要生活来源。地处丰宁县中西部的宜肯坝东麓的小坝子乡，距离县城45公里，地广人稀。所谓“要想富，先修路”，截至目前，整个小坝子乡15个自然村不通水泥路，只有乡政府所在地有一条乡级公路与外界连通。当地的贫困面貌，由此可见一斑。2012年全乡人均收入为752元，属河北省最贫困的乡镇之一。小坝子乡的面貌是整个丰宁县的一个缩影，多年来粗放的散养模式严重破坏了当地生态环境。面对环境保护和脱贫致富双重困难，经过不断探索与尝试，一条“既要绿水青山，也要金山银山”的新路被开辟出来。2013年6月，毛宏革成立了乐拓牧业有限公司，打破了农民传统的散养模式。通过标准化示范场的引领和带动，引导农户由传统散养模式改变为标准化舍饲圈养模式，使农民转变传统的散养观念，缩短肉羊出栏时间，降低饲养成本。

丰宁县的肉羊养殖合作社已有100多家，规模小、实力弱，在市场竞争中不具备优势。为此，毛宏革整合了47家肉羊养殖合作社，成立宁聚养殖专业合作社联合社，形成一个完整的利益联合体。

联合社注册的目的，一是响应县级号召，杜绝散沙放牧的习俗，肩负改善全县种羊的任务（目前已改良80%，争取明年达到100%）。二是维护生态环境，作为北京水源涵养地和北京后花园，曾经沙化比较严重，散养对植被破坏大。联合社引进澳大利亚种羊，使其不具备散沙放养的条件，经过一年摸底筹备，纳入规模比较大的合作社，统一技术管理、饲料供应、产品销售等。联合社的运营模式具有以下几方面显著特点：一是从事羊业养殖，还要形成较大规模（每家300~500只存栏量）。二是带有扶贫色彩，扶贫模式较多，如贫困户将贫困资金入股到公司，由公司分红。扶贫资金每户5000元纳入公司里，按20%分红。三是股份制养羊模式下，将散沙放牧的羊纳入公司里，实行“四年本利平”，如农户A拿100斤羊入股，公司代其改良品种，统一圈养，统一管理，四年后农户可以得到200斤改良后的优质品种羊，也可以按市场价格变现，不再养羊。

二、经营模式

联合社采用了“公司+基地+合作社+农户”的运作模式，为农户提供优良种羊，全程负责技术指导，做到对生产、流通、销售各个环节的监测，执行畜产品无公害生产制度。实现“八统一”（统一供种、统一防病灭病、统一技术指导、统一供料、统一回收产品、统一结算、统一培训、统一收费标准）管理和经营，有效提升各合作社经营水平和市场竞争力。

按照三元杂交方法，联合社引进澳大利亚白头萨福克，荷兰特克塞尔，南非肉用美利奴、杜波进行杂交育种，培育出优良三元杂交品种。改良后的新品种体格高大，前期生长速度快，出肉率高，酮体品质优良，繁殖率高，适应性强。既保护了生态环境，也能提高养殖户的收益。公司每年向社会提供5万只三元杂交种羊，年出栏育肥羊15万只。把不能作为种羊及基础母羊的羊育肥后出售，出肉率达到55%以上，并且四五个月就能出栏。

通过开辟股份制养羊，联合社把当地农户手中的母羊和育肥羊纳入公司，统一进行饲养管理并进行品种改良，让农户四年实现本利平。通过这种方式解放了劳动力，增加了村民外出务工的比例，提高了农民的可支配收入。联合社也会雇用本村大量的短期工人，带动村民就业。总而言之，这一模式既带动了肉羊养殖基地的建设，也促进了饲草基地建设，还解决周边剩余劳动力就业和带动农户从事饲草种植工作，最终增加了农民收入。

“乐于创新，勇于开拓”是公司名字的含义，截至目前，乐拓牧业有限公司已建成羊舍23栋，羊运动场23个，建筑面积19668.6平方米，青储池6000立方米4个，草料库及加工车间2000平方米。截至2016年公司的养羊销售额约2000万元，蛋鸡销售额约3000万元，有机肥销售额2000多万元，年盈利大约210万元。受市场经济的影响较大，盈利不稳定。企业固定资产约6000万元，较早开始是从事蛋鸡、生猪养殖。2006年成立蛋鸡合作社，注册资本120万元左右。2012年开始开发有机肥，每年大概卖出1万吨，招商价格1480元/吨，以外销居多。回收分社羊粪，也可以改善生态环境。2016年创办爱尚羊餐饮管理公司，已有10家门店，目标在3~5年开到50~100家，2017年成立爱尚羊食品加工公司，进行屠宰加工。企业有自己的冷库，如冷箱库、速冻库、解冻库。企业食品品牌——爱尚羊，可授权给联合社使用。总的来说，集团公司较好地做到了三产融合。

公司将在小坝子乡取得的经验和做法，运用到县域内的接坝和坝上地区，让不具备舍饲条件的农户以羊只数量入股到公司。通过品种改良，达到舍饲养殖标准，然后在全县推广，使丰宁县舍饲禁牧工作得到更大的发展，真正实现舍饲禁牧、生态富民。

联合社目前没有交易额，计划第二年将建立自己的屠宰场，与47家成员社签订合同，以高于市场价3~5角的价格回收羊，完善产业链。主要解决的是羊肉的销售问题，计划围绕京津地区发展，开发有机高端羊肉。当地政府为联合社发展提供项目资金帮助，如提供基地项目资金25万元，用于羊舍建设、销售、网络服务等。虽然没有专门的公关宣传，但联合社的外部荣誉仍较好。

联合社带动了22个乡镇的农户发展，范围主要是在丰宁县域内。曾为村集体提供办公桌椅（3万元左右），修水泥板路（5公里），打井免费供村民使用。与非政府组织有非业务往来，如清华大学的项目，由日本团队提供关于有机肥的培训。

三、联合社的运作情况

联合社实行独立的财务管理和会计核算，为每个成员设立个人账户，主要记载该成员的出资额、量化为该成员的公积金份额以及该成员与联合社的业务交易额，成员以其个人账户内记载的出资额和公积金份额为限对联合社承担责任，但目前账户尚未体现交易额。

联合社从当年盈余中提取10%留作公积金，用于扩大生产经营、弥补亏损或者转为成员出资。当年扣除生产经营和管理服务成本，弥补亏损、提取公积金和公益金后的可分配盈余，经决议后，按照以下顺序分配：按成员与联合社的交易额比例返还，返还总额不低于可分配盈余的60%；按前项规定返还后的剩余部分，以成员账户中记载的出资额和公积金份额，以及接受国家财政直接补助和他人捐赠形成的财产平均量化到成员的份额，按比例分配给成员，并记入个人账户。由于目前联合社并无交易额，因而这一盈余分配制度并未实行，计划在屠宰场建立，出现交易额之后再实行。

联合社设有理事会、监事会等机构，没有聘用专门的职业经理人，内部管理主要是按企业管理模式。

理事会由五名成员组成，理事会成员任期三年，可连选连任。理事会行使以下职权：①组织召开成员大会并报告工作，执行成员大会决议；②制定发展规划、年度业务经营计划、内部管理规章制度等，提交成员大会审议；③制定年度财务预决算、盈余分配和亏损弥补等方案，提交成员大会审议；④组织开展成员培训和各种协作活动；⑤管理资产和财务，保障联合社的财产安全；⑥接受、答复、处理执行监事会提出的有关质询和建议；⑦决定成员入社、退社、继承、除名、奖励、处分等事项；⑧决定聘任或者解聘经理、财务会计人员和其他专业技术人员。

监事会由三名监事组成，设监事长一人，任期三年，可连选连任。监事会列席理事会会议。监事会的职权如下：①监督理事会对成员大会和章程的执行情况；②检查生产经营业务状况，负责财务审核监察工作；③监督理事长或者理事会成员和经理履行职责的情况；④向成员大会提出年度监察报告；⑤向理事长或者理事会提出工作质询和改进工作的建议；⑥提议召开临时成员大会；⑦代表负责记录理事与发生业务交易时的交易额情况。

联合社的理事会、监事会成员，均从合作社的理事长中选出。自成立后无人员变动，与村落分布无关。决策是由理事会长集思广益，实行“一人一票”制。重大事项集体讨论，并经2/3以上理事同意方可形成决定，不符合则会搁置。也有请过外部专家参与决策，如河北农业大学提供技术决策等。

联合社内部管理是直接对接理事长，每年召开一次大会。理事会大会、监事会大会基本同一天开完。联合社员工一般为兼职（3~4名），均是公司自己的员工，负责技术服务、管理等。企业内员工一般一人兼多职，在完成自己工作的基础上到合作社去考察，对于这些员工年底会有补贴，一年大约有3000~5000元不等，多劳多得。

四、存在的困难与下一步发展方向

联合社的发展面临着以下几方面的困难：

（1）资金短缺。联合社本身具有弱质性，需要发挥政策引导扶持作用。现行的农业补贴政策忽视了联合社的资金需求，缺少农信社、商业银行等金融机构的有力支持，导致联合社缺乏足够的资金保障，发展后劲不足。未来可以向联合社提供针对性的帮助。

（2）技术问题。养殖过程中疫病的防疫与治疗对于联合社的日常运营至关重要，且技术难度较高，需要一定的指导培训。而目前在疫病防治方面主要依靠养殖老手的经验相传，实时以及针对性的技术帮助比较缺乏。

（3）成员社发展水平参差不齐，联合社组织管理方面仍然需要改进。联合社与成员社的联系仅仅靠与合作社理事长对接，对于合作社的具体运行情况了解不足。需要根据成员社不同的发展现状细化管理。

（4）人员素质普遍较低。联合社缺少技术人员，管理人员素质也有待提高。由于从业人员少，外加处于乡村偏远地区，不易吸引人才，常常以外聘专家教授帮助解答疑问为主，不具有时效性。而且整体的管理人员学历较低，平均年龄较大，未来持续发展需要注入更多的新鲜血液。

（5）进口羊肉的市场冲击大。据理事长反映，国际羊价到岸价格大约为13~14元/斤，而国内仅成本就已经18~20元/斤，进口的羊肉已经占据了国内的大部分市场，国内羊肉的销量受国际羊价的冲击较大。

为了实现可持续发展，联合社未来将会更加统一各合作社的发展水平，在各成员社中统一目标、统一发展方向，进行技术型指导，加强与成员社的沟通与交流；不断完善产业链；联合社将于2020年成立屠宰厂，推出自己的特色品牌；

开发高端羊肉，与北京高端客户对接，并打开互联网市场，突出宣传。未来面临的挑战与机遇并存，希望能够获得当地政府政策更多帮助，如开展丰宁与北京对接，建立科技工作站；政府帮助打通经营市场等。

案例二十六
吉林省榆树市田丰机械种植专业合作联合社案例报告*

一、联合社的基本情况

吉林省榆树市田丰机械种植专业合作联合社（以下简称田丰联合社）创建于2009年3月，坐落在榆树市五棵树镇，作为长春市全程农业机械化示范单位，联合社主要以大田托管为主导的从种到收全程机械化服务模式。

联合社理事会成员7人，管理人员12人，长年聘用各种技术人员30多人，工商注册资本2006万元，固定资产1400万元，占地面积4万平方米，其中建筑面积3600平方米，农机库房2600平方米，办公室1000平方米，各种机械设备110台套，其中包括各种大中小型拖拉机、耕耘机、植保机、免耕播种机和深松整地机、玉米收获机、籽粒收获机、多旋翼无人植保机等设备，2018年联合社计划再采购一批机械设备。这些机械在农业生产中发挥了重要的作用，为推动全程机械化实现土地集约化经营，创造条件，打破了镇域、村域界限，实行了大面积集中统一作业。

联合社由五家成员社组成，包括田丰合作社、榆树市腾龙食用菌种植专业合作社、提供植保服务的合作社、长春市供销社下的长春市新河资产有限公司、榆树供销社下的五龙供销合作社。入社社员由最初的27户增加到398户，托管农户土地由852亩增加到12975亩，土地托管范围已覆盖到榆树市五棵树、刘家、先锋三个乡镇的十几个村，内蒙古的翁牛特旗、开鲁等地跨区作业面积达2000余亩，联合社生产的产品通过国家工商总局注册为“盟温站”牌商标。截至2016年末，联合社总收入1400万元、纯收入125万元、付给农民托管费661.1万元、支付农民务工费15万元、为社员和村民公益投资7万元。联合社于2012年被国务院授予“全国农民专业联合社示范社”，2010~2015年连续两届被授予

* 执笔人：卢洋啸。

“全国农机专业联合社示范社”，并获得“省联合会副会长单位”、“长春市五星级联合社”、“长春市优秀基层党支部”、吉林省农民专业联合社“优秀示范社”等荣誉称号。

联合社的经营范围包括：机械种植旱田、组织采购供应联合社成员所需的农业生产资料；组织收购、销售成员及同类生产经营者的产品；开展成员所需农产品加工、运输、贮藏等服务；引进新技术、新品种，开展与农业生产经营有关的技术培训、技术交流和信息咨询等服务。

联合社组织机构健全，各项规章制度较为完善，法律合同规范，明确规定了托管内容和分红标准。对于被托管土地，主要以市场为导向，以粮食作物种植为主，进行测土选肥、因地选种、全程实施机械化，并常年聘请专家提供技术指导。

二、联合社运作模式

（一）依法依规运行

田丰联合社最突出的运作模式是强化制度管理、明晰岗位职责、实行岗位责任制，具体包括：理事长岗位责任制、经理岗位责任制、出纳员岗位责任制以及会计核算员岗位责任制。实行严格的管理制度，具体包括：民主理财和财务公开制度、现金管理及开支审批制度、会计档案管理制度。

依法成立联合社。依据《农民专业合作社法》，经有关部门审批，严格按规定要求，经过社员代表大会选举理事长、理事、监事，成立了财务部、托管部、销售部、信息部等内部机构，明确了机构职能和人员职责。

依法制定联合社章程。制定了《吉林省田丰机械种植专业合作联合社章程》，在办社宗旨、入社条件、经营范围等方面做出了明确规定，使联合社运作有章可循。

依法建立规章制度。主要有民主选举、重大决策、效益分配、财务公开、技术考核等方面管理制度。

积极发挥联合社的运作优越性。一方面体现在联合社更具有融资能力，打破合作社的融资难题，例如，1400 万元的固定资产可以以担保的形式进行实物资产抵押；另一方面联合社更加强化集体协作能力，使入社合作社成为一个联合体，共同抵御市场风险。内部资金可以借给社员用于采购生产资料，缓解购置农机具资金短缺问题。此外，联合社具有各环节上节省成本的优越性，成员社内部不存在竞争，不存在冲突，谋求合作共赢。根据成员社的需求，“抱团取暖”。

从联合社运营以来的实际做法和实践经验来看，主要运作模式可以概括为

“四个明确”：

第一，明确托管人员。联合社成立以来，建立健全了组织机构，通过成员代表大会选举出理事长、理事、执行监事、理事会，下设有财务部、托管中心、信息培训技术推广部、农机组、妇女部、医疗组、销售部、发展部，各部门之间各负其责。2009年10月在五棵树镇党委的直接领导下成立了吉林省田丰机械种植专业联合社党支部，共同为联合社的发展服务。联合社制定了社员纪律、入退制度、民主管理与财务管理制度及理事会、监事会岗位责任制等相关制度。联合社每年至少召开两次以上成员大会或成员代表会议，对联合社的重大事项进行“一人一票”表决后方能通过，每半年财务公开一次，接受成员的监督。

田丰联合社的发展模式，归根结底就是农民结社发展、合作发展的积极探索，概括起来就是“联合社+村组+农户”发展模式。这种模式破解了农村土地经营制度与合作经济发展的瓶颈，拉动了农村产业发展，加快了农民合作致富、共同富裕步伐，弥补了农村公益服务缺失，缩小了当地城乡差距，促进了新农村建设。

第二，明确托管内容。在双方权利和义务上，联合社成立初期就确立了互利双赢的办社宗旨，农民把土地交给联合社，从种到收直至销售，农民无须担忧。实际托管过程中，镇政府和工商部门监督、法律事务所指导，联合社为甲方，被托管农户为乙方，双方签订有法律公证的合同。合同明确四个要件：一是乙方将土地承包权转让给甲方，托管期间甲方负责管理好、使用好、保护好耕地。二是经营过程中，作物品种及种、管、收、销均由甲方负责。三是收益分配上，甲方按照本村同等地块上中等收入的平均值确定乙方收益。四是国家对农民的一切优惠政策收益归乙方享有。

第三，明确托管方式。联合社对于被托管土地，在经营管理上，主要以市场为导向，以粮食作物种植为主，进行测土选肥，因地选种。而且从种到收，农田管理实行全程机械化。为了确保每个环节都不出纰漏，联合社还常年高薪聘请省农科院专家马谦为高级顾问，提供全程技术指导。托管经营做到了“五个科学”：科学确定作物布局、科学选择种植品种、科学实施测土施肥、科学进行机械作业、科学推进节本增效。以收割为例，通过土地托管连片作业，每公顷玉米就比人工收割降低成本1900多元。

田丰联合社实行土地托管经营后，粮食种植环节实现机械作业，加速机械化发展步伐，提高科学种田机械化程度和作业水平，逐步实现了被托管土地农机化全面、全程两个提高：在全面提高上，对托管土地统一规划、统一标准，全面提高科学种田水平；在全程提高上，从整地开始，布局、选种、春播、施肥、除草、防灾、秋收、冬储及粮食出售等各个生产环节，全部按科学种田要求管理操作，打造“榆树市1.5万亩优质良田全程机械服务项目”，与省农科院联合从收割、秸秆处理、农家肥覆盖、整地耙地、起垄秋天一次性完成，为黑土地保护、增产增收奠定了良好基础。

第四，明确分红标准。联合社本着让利于民，合作共赢的原则，根据市场测算，明确分红标准。全年产前、产中和产后不用托管社员拿一分钱，种子、化肥、农药和机械投入及从播种到秋收，乃至储存销售等一切费用，都由联合社垫付。被托管社员年终按照本村同等级地块的上中等纯收入收益分红，而且年度内社员有资金需求，可随时向联合社借支一定额度资金。理事长认为，“联合社赚的是科技的钱和规模的钱”。仅以收割为例，2014年，农民人工收获一公顷地玉米费用约为1700元，主要包括割玉米、扒玉米、将玉米运回家的运输费用等，而田丰联合社机械收获一垧地玉米费用约为1200元，产生的差价就是实现了机械化种植以及土地集中连片，为联合社创造了利润。2015年联合社经营的598公顷耕地，全部种植玉米，仅收获一项，联合社就盈利142万元。此外，还有秋翻整地、春播、植保、销售等规模效益和种子、化肥、农药等投入品集中购买效益等，全年联合社盈利218万元。社员在一分钱不投、一分力不出的情况下，能拿到一般自己经营土地农户的90%收入。

（二）联合社治理机制、盈余分配方式及经营情况

联合社的组织架构，主要按不同分工各司其职。联合社固定工作人员有12人，包括财务组（会计出纳员）、农机组、信息组、人事组以及内部资金组，其中农机组有两个长期组长，统筹日常管理，包括保养农机设备以及对农机驾驶员的管理。联合社聘请职业经理人负责内部资金组的金融业务。

联合社有成员大会5人，理事会3人，监事会3人，联合社并无建分社的打算，避免职责分工不清。成员社间自负盈亏，但在购买农资时由联合社统一采购后，对成员社进行分配，降低生产资料成本，联合社不负责各成员社内部的分红。联合社重大问题决策由理事会定夺，联合社设有党支部、妇女之家以及工会。土地托管的社员（主要是母社成员）按交易量分配，成员社按股份分配。

联合社的雇工为季节性短工，以2016年为例，雇用200余人，基本工资为一天50元。春天雇种粒机械手，秋天雇机械手。机械手收割费用为100元每公顷，种地费用为50元每公顷。两人一天平均能种5~6公顷土地，收割每天可达7~8垧。作业上如无人机1次打药100元（低于市场价50元）。

联合社年底会根据当年经营情况提取5%~10%作为公积金，剩余按股份分配。联合社当年所提供的服务收费按股份分红，年末根据托管地交易量分红，联合社经营收入主要是服务费，给社员服务均采取收费方式。在农资购买方面，与企业签订收购合同，同时以母社名义与中储粮签订销售合同，结算由联合社统一结算后再把销售额返还给成员社。

实际收益分配上，联合社每年总共实行两次分配：第一次是按土地要素分配。如2015年，农民托管给联合社的土地每公顷实收11300元，比其他农户多收3000元。第二次是按双方交易量分配。联合社拿出可分配盈余的60%返还给社员，如2016年，玉米“价补分离”补贴归农户所有，真正收到了企业有盈利、农民得实惠的经营效果。例如，2016年土地托管的社员按交易量分配，成员社按股份分配。盈余分配上，在发完工资后，根据当年经营情况提取5%~10%作为公积金，剩余按股份分配。合作社（母社）还存在二次分红，由存放到结账的价差（如收购存放时0.5元/斤到贩卖给中粮0.6元/斤存在一角的差价）的40%进行二次分红。

田丰联合社坚持互利双赢的办社宗旨，最大限度地让利给农民，因而其发展壮大的根本就在于科学经营。联合社聘请省农科院专家担任顾问，对科学种田给予全程技术指导；2015年，完成了吉林省新型农业经营主体农机装备建设项目。在此基础上，托管经营实现了“五个科学”：一是科学确定作物布局。联合社注意科学调整种植结构，以市场为导向选择种植作物。2016年，种植玉米685公顷、藜麦20公顷、大豆5公顷、葵花2公顷。二是科学选择种植品种。经过认真考察和专家指导，选择产量高、品质好、抗灾能力强的优良品种。三是科学实施测土施肥。对每块地的土壤成分含量都进行认真测试，有针对性地确定施肥成分和数量。四是科学进行机械作业。从整地、播种、施肥、收割实行全程机械化作业，确保每个生产环节都达到预定的作业标准。五是科学推进降本增效。主要通过生产资料批量选购、农业科技集成应用、农机连片作业规模经营降本增效。仅2015年，玉米每公顷机械收割比人工收割降低成本1900元，2016年、2017年都实现了成本大幅下降。

三、联合社的创新做法

一是开展内部合作信用试点。近年来，田丰联合社努力探索、大胆创新，建立了一个合法管用的融资机制。田丰联合社荣幸地被定为长春地区唯一一家试点联合社，资金互助部已于2014年7月12日正式运营，资金互助部本着吸股不吸储、分红不分息的原则开展内部信用合作，社员以入股的形式加入联合社。截至2015年末，开展信用合作的成员总数达到了175人，累计筹资金额315万元，解决了农户资金短缺问题。

二是开展“粮食银行”。粮食多了没处放就得坏，组织农民将粮食存到联合社里来，农民有卖粮决定权。联合社与中粮、中储粮等企业都签订了正式的合作协议，在一定程度上保证粮食价格，保证了农民卖粮的回款时效。

三是吸纳当地合作社加入联合社。田丰联合社与当地的利烨、腾龙等五家合作社，按照市场分工进行功能优化打包，在联社内统一调配农机、种肥，优化了资源配置。2015 年完成了《吉林省新型农业生产经营主体农机装备建设》，现已投入使用。打造市场化分工与专业化协作的利益共同体，组建了联合社，在联社内统一调配农机、种肥，优化了资源配置、降低了营销风险、实现了农机跨省作业。与泰国正大集团达成农业种植合作意向，完成了与长春市供销社合作的各种程序，使田丰联合社不断地发展壮大，2017 年又增加了旱稻、小冰麦等经济作物种植，调整了种植结构，为农业产业化规模经营又往前推进了一大步。

四是争取上级供销社扶持。借助供销体制改革，长春市供销社出资 450 万元、榆树市供销社出资 135 万元，共同注资入股，扩股后的新社，接受长春市社和榆树市社的双重业务指导，纳入了全国供销总社网上直报管理体系，为联合社发展提供了坚强后台。

五是用公益方式回报当地百姓。田丰联合社着眼于长远发展，建立了一个以惠顾社员为主、盈利为辅、带有慈善和公益性质的服务体系。

六是开展农村社区综合服务。于 2010 年和 2014 年，在盟温站村和铁北村分别建了一个建筑面积 300 平方米、680 平方米、占地面积 1500 平方米、1600 平方米的托管服务中心，内设阅览室、超市、美发厅、洗浴间、诊所、棋牌室、健身室、娱乐厅等综合服务设施，社员可在服务中心免费阅览图书、上网、洗浴、健身、娱乐，只要是联合社的社员，一律免费，医疗享受成本价，其他村民享受部分优惠价格。

七是开展职业技术培训服务。2014 年 9 月 20 日由田丰联合社发起兴办的“榆树市小乡现代农民职业培训学校”在榆树市光明乡小乡屯正式挂牌成立，学校拥有高级讲师 10 人、中级讲师 15 人、实训指导教师 15 人，可开设食用菌栽培、农机操作与维修等近 20 个专业，年培训各类农业实用型人才 1000 余人，既能承接政府相关部门的涉农培训任务，也可接受各类新型农业经营主体的“培训订单”，学员结业后，可到与学校合作的农民专业联合社就业，也可接受创业孵化，最终实现联合创业。截至 2015 年末，联合社接待各地农广校培训班参观学习达 15 期，吉林省、黑龙江省、辽宁省、内蒙古自治区等各地学习考察人员近 600 人，2016 年末与榆树职业教育中心达成联合办学意向，为农民培养更多的实用人才。

八是谋划建设农村托老养老服务。筹建一个集医疗服务、保健服务、图书、健身、洗浴、娱乐服务于一体的，占地5300平方米的“榆树市五棵树养老康复中心”，解决托管区孤寡、空巢、单身、贫困老人的养老难问题，项目已经进入招标阶段，预计2019年竣工营业。田丰联合社的公益服务项目，社会效益好、反响好、口碑好，积蓄了发展后劲，起到了良好的带动示范作用。

四、联合社成立以来取得的成效

通过近七年的实践，联合社取得了以下成效：

一是在土地经营上，实现土地集中。积累了土地流转经验，发挥了规模经营优势。2017年联合社积极响应中央号召，加快农业供给侧结构性改革，调整种植结构，曾种植了旱稻、冰小麦，铺垫了田间路、增设了喷灌设施，在坚持互利双赢经营宗旨、最大限度让利于民的基础上，探索形成了土地托管经营制度。同时，联合社托管范围覆盖五棵树、刘家、先锋三个乡镇的12个村，最小地块也有3公顷，且基本连片，不仅方便机械化种植，而且所有规模经营的管理和增产手段都可以实施。

这个集中就是通过托管，把一家一户分散的土地集中到联合社手中，集零为整，形成规模。集中连片的土地，便于调整作物结构，提高作物布局的科学化水平，利于社会化分工服务，提高经营科技含量和全程机械化水平。从播种到田间管理直至收获，能够实现全程机械化作业，从而达到降低成本、提高产量、增加效益的目的。2016年，通过田丰联合社的托管模式，每公顷玉米可降低成本800元，增加产量2000斤，批量销售每市斤多卖2分钱，每公顷折算增收2500元。

二是在双方利益上，实现双方共赢。当前，土地只能解决农民低水平的生存问题，仅仅依靠土地，农民难以致富，土地对于多数想致富创业的农民来讲，只能当作副业，而不是主业，只能保本，而不能发家。田丰联合社的托管模式有效地解决了三个难题：有钱没钱都能种地、没有劳动能力能种地、外出打工挣钱能种地。而且入社的社员能够得到与自己经营同样甚至更高的收入。对于联合社来讲，薄利多得，看上去操点心，但辛苦费聚少成多，也很划算，最终实现的是双方共赢。

三是在产业发展上，实现多方拉动。被托管土地的农民，真正从土地中解放了出来，可以拿出精力从事其他产业。有的从事畜牧养殖，有的涉足农产品加工业，有的参与交通运输业，由于越来越多的农民寻求第二增收渠道，所以拉动了多个相关产业的发展。促进农民转业致富，拉动了相关产业发展。田丰联合社把农民土地托管过来，实际上促使农民从土地中解放出来，由失业而转业，实现再就业。据统计，田丰联合社被托管土地的398户农民中，除个别生病不能劳动的，都有第二职业，而且不少人从事养殖、加工、运输等产业，事业越做越大，钱越挣越多，直接拉动了相关产业的发展，激活了新的发展动能。

四是在农业效益上，实现农民增收。实行托管后，在国家给的农业直补金全部归农民所有的前提下，农民正常出租土地价格为7000元/公顷，但由于联合社实行机械化种植、科学管理，提高了生产效率和作物单产量，实际按11000元/公顷给托管户结算，比农民把土地租给其他社会自然人多收入4100元/公顷，同时由于实行土地托管，形成了统种、统管、统收，解放了农村劳动力，通过发展二三产业，实现了剩余劳动力的有序转移，增加了农民收入。仅此一项托管农户就增收1000多万元。破解了农业内部增收空间狭小和农民增收乏力的难题，实现了农业增效和农民增收。

五是在社会服务上，实现公益共享。联合社大力兴办农村社区服务中心，进一步扩充完善服务功能，延伸服务触角，改善了农村人文环境和消费环境，提升社会化服务水平，带动了农村社会事业发展，加快了新农村建设步伐。联合社在当地享有盛誉，农民加入联合社、依托联合社发展的意愿强烈。

六是在规范运作上，实现有序发展。联合社成立以来，不断进行土地探索与实践，联合社大胆探索土地托管模式，紧紧围绕土地规模经营、农民增收致富这条主线，以土地为纽带，以全方位服务社员为立足点，对土地与其他生产要素进行优化组合，大力推广机械化种植，积极响应国务院大田土地托管号召，实施科学种田，努力提高产量，创造了较高的经济效益和社会效益。以土地托管、机械种植、规模经营、科学管理为基本模式，大胆探索"五个一"农村合作经济发展新路径，创造了"联合社+村组+农户"的农民合作致富新范式。

在土地经营上，走出了一条符合当地实际情况和自身经营特点的新路子，实现了集零为整，在保障利益上，达到了联合社与农户的双赢；在产业发展上，使农民真正从土地中解放出来，开辟了新的增收渠道；在提高农业整体效益上，实现了农业增效和农民增收；在完善社会化服务体系上，大力兴办农村社区服务中心、托管服务中心等形式，带动了农村社会事业发展；在自身发展上，按照法律规定，完善管理制度和内外部运行机制，坚持成员地位平等，落实社员选举权，实行民主管理，执行民主理财和民主监督机制，做到了靠市场运行，凭制度办事，控制规模，使自身实力不断地得到壮大，逐步走上了规范、有序、健康发展的轨道。

五、联合社的未来发展规划

一是根据自身发展需求，成立玉米收获跨区作业服务队，继续增加跨区域作业面积。

二是建成公益养老康复中心，尽早投入运营。

三是继续做好土地托管联户经营，在联合社内部继续完善好资金互助业务，解决联合社内部农户资金短缺难题。

四是为2018年计划新添置的机械设备建设综合农机库房；建设粮食仓储库，增强秋粮仓储能力。

五是继续与省农科院等相关科研机构，利民种业、云天化肥业等农业公司开展紧密合作，联合社希望能够以科学为先导，以龙头企业为依托，以联合社为主体，鼓励农户积极参与，联合社计划打造出2万亩优质粮田。

六、联合社面临的困难

一是对成员社加入联合社无明确规范要求，存在人为主观倾向，对于土地集约利用，村民想法各异，较难协调。

二是上级主管部门缺乏对联合社的考核评价机制。联合社的发展壮大主要依托个人力量，未获得政府针对联合社的专项大额度补贴或支持。此外，联合社的工商准入门槛过低，一旦政策导向倾斜联合社发展，会出现“注册潮”。

三是联合社资金短缺，但获取贷款渠道信息相对闭塞。相关金融机构应加大宣传力度，打通金融服务的“最后一公里”。

七、联合社的发展诉求

一是希望国家能够出台相关支持政策，加大对联合社发展的倾斜力度，给予联合社相关项目建设资金支持或补贴补助，保障联合社的高效运转。

二是希望能够扩展融资渠道，随着联合社的发展壮大，资金缺口随之加大，资金紧张而融资困难是联合社发展壮大的最大瓶颈，贷款难、贷款贵的问题需得到妥善解决。

三是希望引进专业的技术人才，如农业电商技术人才等，实现联合社与“现代互联网+农业”的有机衔接，与市场接轨。对于发展农产品电商，田丰联合社理事长十分感兴趣，但苦于缺少专业人才以及对外完整畅通的销售渠道，所以迟迟未能运作。

案例二十七
安徽省天长市大地专业合作社联合社案例报告*

一、联合社的基本情况

安徽省天长市大地农业专业合作社联合社（以下简称大地联社）成立于2011年，于2012年3月20日经工商注册登记，起初是由种植大户、家庭农场、农民专业合作社、农资供销商①、粮食加工企业组成的合作社性质的联合体，注册资金900万元（认缴方式）。目前股东成员为28家，全是农民专业合作社和家庭农场，共出资500元。经营范围包括：组织成员开展农资供需合作；农产品生产、运输、仓储、加工、销售合作；农机、植保服务以及与农业生产经营有关的技术推广和信息服务。成立初期大地联社成员共53户，服务面积25000亩，截止到2017年12月，现已发展成为成员682家，服务面积近40万亩的农业规模化经营主体。大地联社发展的基本情况如表1所示。

表1　大地联社基本情况

年份	入社成员数	土地面积（万亩）	经营收入（万元）	经营支出（万元）	总盈余（万元）
2012	53	2.5	16.81	13.44	3.37
2013	120	5	30.76	21.90	8.86
2014	200	6	—	—	10
2015	342	10	917.69	986.25	30
2016	562	21	—	—	60
2017	682	40	—	—	—

资料来源：笔者实地调研整理。

* 执笔人：张琛。

① 大地联社于2013年将农资供应商从联社中剔除，主要原因是为了销售农业生产资料，农资供应商加入大地联社，进而抬高了农业生产成本，不利于大地联社内部的团结。

大地联社理事长宣有林出生于 1965 年，大专学历，中共党员，获得天长市党代表、滁州市劳动模范、安徽省农民创业带动人、全国中粮标兵、滁州好人（爱心协会副会长）等荣誉称号。之所以能够成为大地联社牵头人，一方面是因为其在天长新型农业经营主体中小有名气，自身具有较高的威望，另一方面是当地农委领导推荐。大地联社服务范围覆盖天长全市 15 个镇（街）、149 个村（社区）以及江苏省南京市六合区、扬州市仪征市，交易成员 1201 户。2016 年，大地联社为成员团购农资 648.9 万元，销售粮食 2500 多万斤，农机、植保服务面积 10 多万亩，成员交易额 4900 多万元。成员比非成员亩均效益高 30%以上。大地联社先后荣获滁州市、安徽省、国家级示范社和全国十大联合社等称号。《农民日报》、新华社、中央电视台等国家主流媒体以及多个地方媒体多次采访报道。

二、联合社成立的背景、动因和发展历程

（一）成立背景、动因

目前，天长市新型农业经营主体发展迅猛，总共 851 家合作社（其中国家级示范社 7 家），家庭农场 1025 家。天长市自 2009 年开始出台激励农村土地流转政策以来，之后的 2~3 年部分农民竞相追求流转面积。到 2011 年底调查发现，全市土地流转大户的经营状况表现为三个“三分之一”，即三分之一盈利、三分之一保本、三分之一亏损。当时全市 300 多家农民合作社，除少数几家有资金合作的以外，其他合作社几乎发挥不了作用。为了把土地流转大户真正组织起来，在农委时任分管领导的倡导和组织下，成立了天长市大地农民专业合作社联合社筹备组。从全市层面，把种植业合作社、家庭农场、种粮大户组织到一起，并与农资供应商、农业产业化龙头企业进行对接。理事长宣有林说：“成立大地联社能够通过“抱团取暖”实现节本增效，更好地为农民服务。”具体来说，大地联社能够实现节约成员成本总额达到 2000 万元，如高端肥料价格在每吨 3300~3500 元、中端肥料价格在每吨 2000 元，大地联社购买化肥指导价格为每吨 1800 元；农药市场价格为每吨 200~250 元，大地联社采购价为每吨 100 元；大地联社统一购买每斤 20 元，市场价格达到每斤 35~40 元。此外，大地联社从 2013 年采用订单销售的方式统一销售小麦和水稻，水稻销售价格比市场价格高每斤 1.8 元，小麦销售价格比市场价格高 0.05 元/斤。

（二）发展历程

大地联社的理事长宣有林曾经在 2004 年流转土地 1200 亩，2008 年 3 月 4 日正式注册董尖圩农民专业合作社，主要种植水稻、小麦。目前合作社为 2000 多亩地（都是土地流转），2004 年流转费用每亩 200 多元，一次性签订 8 年；第二

次签订5年，一次性付清，目前每亩租金600元，合作社发起人7人，注册资金26万元。

大地联社当时设计的基本目标是，把大户转变为能手，把传统农民转变为现代农民。通过联合社的团购、联销、资金互助、资源配置、观摩交流和技术培训六项服务，使成员成本再降一点，单产再增一点，农产品销价再好一点，农机等资源配置再合理一点，资金融通再活一点，信誉和综合素质再高一点。借助农经体系的平台，集中于分散相集合，全市范围、分乡镇甚至到村，对已流转大户进行全方位、立体式宣传。

联合社首先能做到的是为成员提供哪些服务？在座谈、培训中比较一致的意见是从农资团购做起。调查发现，一是天长农资品种分散，仅水稻品种就有200多个。二是天长农资代理、批发、经销商遍布网络，多年形成了各自的营销体系，且各类农资在县一级都是独家代理。

在天长1770平方公里的土地上，东南西北，农民用种用肥习惯不同，许多成员的亲戚朋友卖农资或者还欠着农资供应商的货款。联合社没有自己的代理品种，从天长代理商手中拿货，利益空间较小。加上单个品种量不大，利差很小，对成员几乎没有吸引力。想在某个品种拥有较大的量，谈何容易？

几年里，经历了集中—放开—集中的曲折路径。起初，在征求成员代表意见的基础上，集中采购少数几个品种，以求得较大的量。艰难地走了两年，效果很不理想。第三年，全面放开，凡是成员要的品种，全部采购。结果依然是，品种分散，每个品种量都不大，无法取得价格优势。2014年在没有实际利润的前提下，首次对交易成员进行二次返还，稳定了一批成员。这期间，上门谈合作的商家络绎不绝，他们几乎非常看好联合社，因此取得了部分种子、农药、肥料的代理权。第四年，建立了微信平台，专家坐镇进行技术服务，2015年农资团购有所突破，交易额达到917.69万元，农资覆盖水稻、小麦生产全过程的所有品种。当年拿出15万元进行二次返还。

在引进新品种时，联合社租了30亩地进行品种试验，组织观摩。与农业龙头企业合作，进行分品种订单，加价收购，给成员带来了不少实惠。2016年，理事会召集成员代表讨论，准备上烘干、建粮库。这一设想得到了部分成员的响应和支持。花650万元在永丰镇购买了一块37.4亩的场地。并投入近1000万元建了1.2万吨粮库，上16台烘干机。当年午收和秋收季节都逢连续阴雨，烘干机对成员犹如雪中送炭。全年为230户烘小麦1100万斤，为179户烘稻谷1450万斤，订单销售粮食2500多万斤。

三、联合社的运行和治理机制

（一）股权结构

联合社创办初期，靠几个领头人自己垫资租借办公场所、购买办公用品，为成员提供无偿服务。2012 年，联合社争取了安徽省农委扶持资金 10 万元，保障了联合社初期的正常运转。2016 年初，通过成员代表讨论，决定建设自己的阵地。自愿入股，最低 3 万元，最高 30 万元。理事长、副理事长及联合社的工作人员带头，结果有 26 位成员入股 540 万元。

（二）组织结构

入社自愿，退社自由。几年来，联合社成员进进出出。自愿参与交易的，即视为成员。联合社的组织结构是在实践中不断完善的，成立初期，理事会、监事会候选人是农委根据掌握的情况推荐产生。每个镇选一两个代表，加上各镇农经站长，组成成员代表大会。理事会 9 人，监事会 7 人，基本从成员代表中产生。在两年运行中，有些理事会、监事会成员只是挂个名，与联合社无分文交易。2014 年，理事长提出，根据成员与联合社的交易情况，兼顾到各镇的平衡，对理事会、监事会进行了改选。2016 年入股注资后，投资决策基本由股东会决定。新的理事会、监事会将由大股东组成（见图 1）。

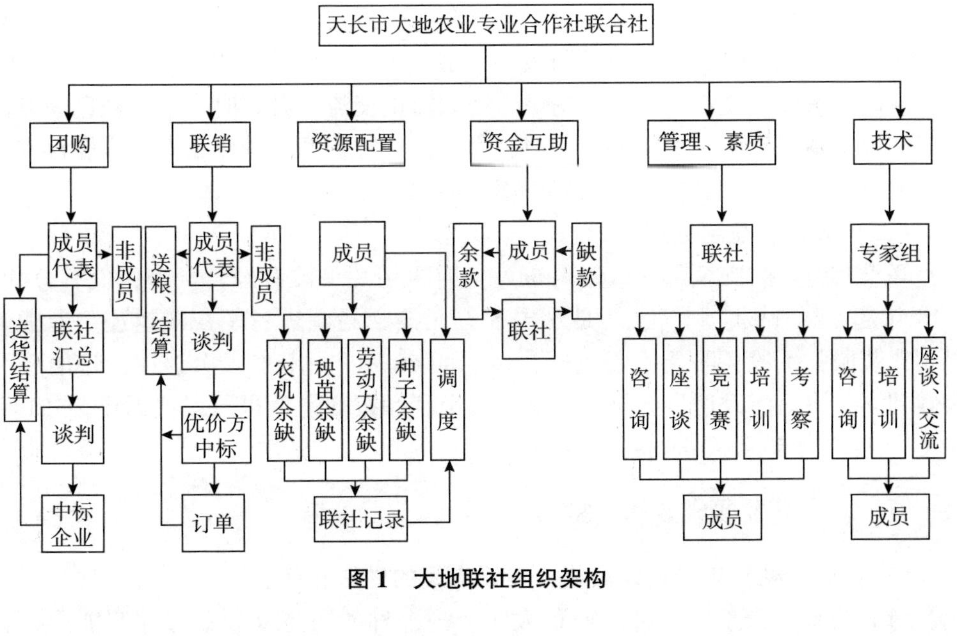

图 1　大地联社组织架构

理事长一直由天长最早也是种得最好的种田大户宣有林担任，副理事长都是天长比较成功的种田大户。经理、副经理基本是理事长、副理事长兼任。随着服务量的增加，近两年先后吸收了4名大学生和4名专业人员，目前工作人员共12人，并分区域明确了区域经理。

（三）决策机制

联合社日常工作，由经理班子负责。重大事项召开理事会、监事会或股东会研究。需要新增管理人员时，首先接收股东推荐人选。

（四）财务管理

联合社按农民专业合作社财务会计制度建账，从成立时就在银行开设了账户。会计、出纳分设，印鉴分管。按交易情况建立成员账户，财务制度上墙。从2014年起，已经连续三年按交易额进行二次返还。每年二次返还大会由理事长做全年工作总结，监事长做监事工作报告。

四、联合社的经营和服务活动

（一）业务范围

大地联社是专为粮食生产服务的农业新型服务主体。产前提供粮食生产所需的所有农资，产中提供技术辅导、资源配置、烘干、储存，产后提供订单销售粮食。根据农时，每年都适时举办培训班，一二百人培训是常事。2016年4月6日，曾请世界粮农组织专家来讲农作物绿色防控技术。大地联合社微信平台已经有167人。在这个平台上，成员与成员、成员与专家可以讨论、交流共性问题、个性问题，可以用文字、语音、图像、视频讨论交流。必要时，联合社邀请专家到田间地头现场诊断。关于秧苗余缺、农业机械等资源，每年每季，联合社都有大量的调剂。粮食分品种订单面积正逐年增加。

（二）收入和盈利分配

联合社所有收支全部通过账内核算。前两年几乎没有经营利润，没有分配。2014年起，尽管没有利润，还是拿出5万元按交易额进行了二次返还。考虑到需要武装服务手段，需要不断投资，按利润60%以上用来二次返还，目前还没有做到。年终只能经理事会研究，拿出一定利润按交易额进行二次返还。2014~2016年共拿出50万元进行二次返还。

五、联合社发展成效和经验

（一）联合社在规模经营和能力建设方面的做法和经验

（1）培训提升素质。种的面积大叫大户，种的质量高效益好才叫能手，会配置资源才能称老板。按当初设计的目标，联合社不仅培训技术，还培训日常文明，培训道德修养。五年下来，成员基本素质普遍有了提高。在理事长的带动下，年年有一批成员献爱心，联合社成了一个爱心集体。

（2）交流提升技术。多次组织成员现场观摩，外出参观，加上联合社的微信平台，成员之间的技术距离缩小，单产、效益越来越接近，也越来越高。

（3）分红增加信心。连续三年的二次返还，给成员增强了信心。2016 年还将二次返还 1000 元以上的成员，以公布表的形式公布在联合社的相关场所，成员数迅速增加。

（二）联合社在产业发展和市场开拓方面的做法和经验

（1）发展农资代理。通过组织成员代表到合肥、南京、扬州、宿迁、常州、上海等厂家考察，选择成员信得过的肥料农药厂家。天长已经有代理商的、成员有使用习惯的农资，采取小包装改大包装，加“天长大地联合社专供”标记，以避开独家代理的矛盾。同时另辟蹊径，取得了一批种子、农药、肥料的代理权。

（2）发展订单农业。天长是全国首批商品粮大县，基本都是麦稻作物，但品种太多太杂，收购时都不分品种地进入一个仓库，没有品种优势就很难提高附加值。2014 年开始，联合社在成员和企业间搭桥，把成员向优质高效方向引导。由龙头企业选市场认可度高的品种，联合社与龙头企业、联合社与成员签订合同，高于市场价收购，分品种加工、包装，实现企业、联合社、成员三赢。与本市牧马湖农业开发公司连续三年进行订单生产。2016 年，订单扩大到南京。同年与安徽隆平高科、安徽牧马湖农业开发公司组建了安徽省级农业产业化联合体。通过发展订单农业，不仅使成员生产的产品不愁卖，而且还能卖上好价钱。连续三年订单，为订单成员增收 300 多万元。

（3）丰富服务内容。烘干、仓储、飞防、专业育秧、专业机插秧等服务内容正紧紧跟上。

（三）联合社在经济社会发展方面的贡献和经验

祖祖辈辈都种田的农民，一户种几十亩，都是一把好手。一旦种几百亩，往往单产效益还比不上小农户。大地联合社为了帮成员节本增效，在粮食生产整个产业链上做工作。

（1）团购农资节成本。成员所需的所有农资，大地联合社已经具备了全供能力。成员如果全部通过联合社采购农资、一年两季可以节本 80～100 元。大地联合社的农资团购，引起天长整个农资市场价格地震，全市农民每年成本下降 2000 万元以上。

（2）配置资源减浪费。每年插秧季节，多秧苗的是废品，缺秧苗的干着急，有钱买种无处买苗。有了覆盖全市的联合社，每年都有效调剂秧苗2000多亩。培训中，联合社灌输的理念是，家庭农场一般不要购置大型、新型机械，不上烘干、仓储，只购置小型、常用、易操作的小型机械，避免占用资金、使用率低、效率不高的现象。这些投入由专业服务组织、联合社来做更合理。一般成员拿钱买专业服务更合算。资源配置使成员减少了许多看不见的浪费。

（3）优化品种调结构。理事长宣有林自己流转的1200亩地，十几年来一直种植粳糯稻。他把这一理念带到了联合社，成员中种植粳糯稻已经超过10000亩，带动成员年增收400多万元。与牧马湖农业开发公司等单位分品种订单，每斤稻子高于常规品种八分到两毛六分，颇受成员欢迎。

（4）科学管理做示范。联合社引导成员进行生产记录、成本核算。组织观摩交流，学会精细管理。成员间的技术和管理水平距离越来越小，在不知不觉中提高了效益。30多个成员成了各级示范家庭农场和示范合作社。

六、联合社发展面临的困难和政策需求

（一）面临的困难

（1）设施用地落实难。联合社作为一个纯服务组织，自身没有流转土地，无法落实农业设施用地。因现有场地位于工业园区内、仓储属工业范围等因素，只能按工业用地报批，报批费用高。

（2）周转融资难。成员一般都要预交小农户的流转费，购农资的流动资金需要联合社垫支，联合社没有抵押物，贷款根本贷不了，正常运转极其困难。

（3）政策支持到位难。联合社在为一大批新型经营主体服务，带动了一大批大户节本增效，支持了联合社就相当于支持了天长一半左右的经营主体，但没有这方面扶持政策。2016年投入1000多万元增加服务设施，除普惠的农机补贴外，靠借债欠债负重前行。

（4）项目对接难。2015年，安徽对仓储烘干几乎百分之百补贴，2016年突然停止。目前联合社投入的1500多万元服务设施建设资金，除成员股金外，负债近千万元，年承担利息就达100多万元。好不容易争取到了2017年一个仓储烘干项目，但由于框框条条的限制，已建的不认账，批下后才能建，新建还要等额资金配套。

（二）政策需求

（1）放宽设施用地政策。联合社的服务设施用地可根据服务需要，按农业设施用地批准。如能办理“农业设施用地证”，并可抵押贷款，联合社的资金流

动就活了。

（2）加大政策扶持力度。一是设计差异化政策。生产主体与服务主体，小农户、家庭农场与合作社应当有区别，农机补贴不搞“一刀切”。专业服务组织（联合社）的固定投入，如土地、房屋及大型、先进的农业机械（如烘干机、植保飞机）等可以补贴80%以上。二是贷款、贴息等，排出时间表。联合社订单销售成员的粮食，和粮食部门同等享受农发行贷款待遇。

（3）优化项目扶持方式。国家项目可以采取国家宏观指导，地方自主选择。改专家做主为主体做主，改先批后建为先建后补。这样既符合需要，又减少资源浪费。

（4）强化人力资源扶持。天长大地联合社能沿着合作社法走过五年没有偏离方向，与农委一位离任农经干部的设计、管理、把控不无关系。建议将各级示范社列为分级监测对象，重点帮扶，由各级农业部门派指导员或联络员。这样不仅可以把控方向，扶持一批名副其实的合作社，更能带动一大批农民走上合作之路。同时可以考虑给较大的合作社、联合社安排培训项目，以对成员进行系统的培训，率先带出一批现代农民。财政给一定规模的财务人员、职业经理人稳定的工资补贴。

七、联合社的未来发展计划

大地联社将进一步武装服务手段，延伸服务链条。添置一批植保飞机、完善农机大院，把专业植保、专业育秧、专业机插秧进一步整合、提升。把种子生产、精选做起来。优质稻订单发展到5万亩，农资全购、农产品全销发展到300户10万亩。新上一条专用品牌大米生产线，生产自己的品牌大米。2017年，粳糯稻订单3万亩，购销服务额争取达亿元。

附录三　调查问卷

问卷编号：__________

农民合作社联合社调查问卷

调查时间：____年____月____日　　　　_____省_____市_____县_____乡_____村

联合社全称：________________　负责人姓名：________　联系方式：________

调查员姓名：________________　联系方式：__________

一、联合社基本情况

1. 联合社成立时间是____年____月；由____家合作社发起，联合社目前现有____家成员社。是否有自家联合社的网站（如果没有询问没有的原因和以后的意向，如果有的话（包括与地方电商平台合作的），关注网站对联合社的作用）：____

____

联合社成立至今是否有领导参观视察（如果有领导视察参观，说明视察时间、具体情况）：____

____

联合社自成立以来的成员社发展情况（重点厘清联合社成立至今每一年的成员社数量，如果发现联合社成员社没有发生变化以及成员社减少，询问原因；成员社增加的原因也需要询问）：________________________________

____

表 1　联合社所在村（或居委会）特征

内容	取值	内容	取值
所处地域：编码 1		是否为少数民族集聚地	____；若是，民族
农户信教比例（%）		是否有高知名度人物	①是；②否
企业数量（家）		人均土地面积（亩）	
全村人均年纯收入（元）		村人均年收入在乡镇各村中排名	
合作社与最近县城的距离（公里）		合作社与高速公路入口距离（公里）	
合作社与省道或国道距离（公里）		当地村民加入合作社的比例	
村是否有百货商店	①是；②否	是否有快递服务公司	①是；②否
该村庄是否被基站信号覆盖	①是；②否	该村庄是否是农村淘宝村	①是；②否

注：编码 1：①平原；②山区；③丘陵。

2. 联合社是否正式注册？①是；②否。

若正式注册，注册时间是____年____月；在哪个单位注册？____________________

刚成立的时候注册资本________万元，由____家注册，分别注册了（重点厘清成立时每家联合社的出资）：____万元。

3. 目前注册资本________万元，由____家注册，每个成员社分别注册了（重点厘清目前每家联合社的出资）：____万元。

4. 联合社社员数多少？覆盖种植面积多少亩？雇用劳动力多少名？工资多少？主要来源地联合社固定资产投入情况如何（主要指组建后投入成本、收益率）？流动资产状况如何（比较复杂，要看财务报表）？

5. 目前参与联合社分红的成员社有____家（重点厘清目前联合社参与分红的成员社数量，一般来说做得比较大的联合社存在股东成员社和非股东成员社，如果有，请详细询问）：

____

6. 当初成立联合社的主要原因是（重点问清联合社成立的背景和动因，需要详细询问：联合社在什么样的背景下成立、为什么成立，有无考虑风险。详细记录）：

____

7. 您认为您能牵头成立联合社最重要的原因是什么（重点询问成员社牵头成立联合社的原因，可以从牵头的合作社发展情况、外部因素等方面详细询问理事长）：

____

8. 联合社在成立过程中是否得到了政府的相关支持？①是；②否。

具体情况（重点询问政府给予扶持的各种类型，比如说从政府那里获得的实物支持，给设备、给钱、示范项目。哪一年获得的？采用什么方式获得的？说清楚，具体金额、具体实物以及示范项目的情况，有无为了获取政策支持而调整工作重点）：

____

9. 联合社中每个成员社的具体情况：

一是列出联合社每个成员社的名称。

二是列出联合社每个成员社理事长的特征（年龄、文化程度、从事合作社的时间、之前的行业背景等）。

三是每个成员社的成立时间。

四是每个成员社的主要经营业务（包括种植品种）。

五是每个成员社的社员数（如经营土地的规模或者服务的范围，确切到亩）。

六是每个成员社的出资额、出资方式、出资时间。

七是每个成员社的经营绩效（收入、成本与利润）。

八是每个成员社产品的结构。

九是每个成员社依托联合社的销售量是多少？总销售量是多少？

十是是否存在成员社把产品销售给联合社以外的情况？①是；②否。如是，多大比例____。

十一是是否存在非成员社把农产品销售给联合社？①是；②否。如是，多大比例____。

10. 联合社属于哪种类型？（重点问题）先问是否是同业联合还是异业联合，再看是产业链型联合还是单纯为销售组建联合社，还是其他（注意是组建时，后期若有变化可备注）：

是①同业联合；还是 ②同一地区不同业联合；

是③产业链型；还是 ④单纯为销售组建联合社；还是 ⑤其他：__________（文字描述）

11. 联合社是否存在注册品牌？①是；②否。如是（品牌名称是什么、怎么确定下来的，何时注册、成员社产品统一使用联合社品牌吗，产生了哪些效果）：

____

12. 是否存在制定生产质量标准？①是；②否。如是（制定了何种生产标准，产生了哪些效果，具体由联合社什么部门负责，推广与监督实施难度大不大）：

____

13. 是否开展互联网销售？①是；②否。如是（通过什么平台销售，年销售多少？有认真对比过平台吗？还是说基于平台知名度？电子商务对联合社市场开拓有哪些优劣性？如果没有开展互联网销售，问下联合社对电子商务的意愿和看法）：

____

14. 是否开展成员社之间的文化、娱乐、参观活动？①是；②否。如果开展（开展了哪些文化娱乐活动？是否组织外出参观学习？联合社成员社内部是否存在着良性竞争）：

____

15. 是否融入当地村庄的发展？①是；②否。如是（联合社是否为村集体分红？如果分红，以怎么样的方式分红？是否为村集体提供公共物品，如参与修路等基础设施建设等）：

____

16. 如果联合社是产业链型的联合社，是如何实现第一、第二、第三产业融合发展的（重点询问联合社如何实现三产融合？有哪些做法？遇到什么问题）：

____

____

17. 如果联合社是销售型的联合社，与产业链上游的供应商和下游的销售方采取了哪些方式（重点询问联合社与产业链上下游的紧密程度，具体来说产生了哪些利益联结机制、契约方式是否稳定、采用什么样的契约方式、觉得哪种最稳定等）：

____

____

18. 如果是异业联合？具体来说是怎么异业联合起来的（重点询问联合社为什么采用异业联合的方式、具体是哪些业务的整合）：

____

____

19. 联合社的主要经营业务（重点询问联合社主要经营哪些业务、刚成立的时候经营哪些业务、目前经营的是哪些业务，主要看经营业务是否发生演变，为什么演变）。联合社是否具备加工能力？①是；②否。有多大的加工能力？能满足多少的加工需求？有无外包加工，是长期定向合作关系吗？

____

____

20. 联合社的经营绩效情况（重点询问联合社从成立至今的经营绩效情况，每一年的收入、成本和利润都要弄清楚）：

____

____

21. 联合社有成员社退社的情况吗（重点询问联合社从成立至今有没有成员社主动退出的？有没有成员社被联合社主动劝退的？有没有成员社名义上在联合社内，但实际与联合社没有业务往来的？主要出于什么原因）：

____

____

22. 有无线下实体超市？线下销售占比多少？目前主要盈利点是销售产品吗？是散卖还是大订单卖（如农超对接、农校对接）为主？哪个产品是主要卖点？

____

____

23. 有打造冷链物流运输平台吗？若无，有这个计划吗？

____

____

24. 您了解二次返还吗？（即合作社在让社员获得自身产品收益的基础上，根据合作社收益再给社员进行分红）认为二次返还实践难度大吗？联合社能否做到？若做到，有无记录？

____

____

25. 联合社质量溯源体系建设这方面有投入吗？如果有，请详细介绍一下。

____

____

26. 联合社是否引入第三方治理机构？如果有，请详细介绍一下。

____

____

27. 联合社的成员社集体行动程度高吗（考察集体行动，所谓集体行动指的是成员社之间集体参与或者对外的事件）？

____

____

28. 请介绍一下股东大会的组成人员。

____

____

29. 最先参与组建的理事会成员是否都是理事会成员？后期有无变动？

____

____

30. （对于理事会成员变动的联合社）您认为理事会成员变动与社员村落来源比例是否有关系，如来自于这个村的社员比较多？

____

____

二、负责人基本情况（指的是联合社负责人）

1. 联合社的负责人是其中一家合作社的理事长吗？①是；②否。

表 2　负责人基本情况

类别	取值	类别	取值
姓氏在本村是否为大姓		理事长是否信教，若信教写出宗教名称	__；___
是否为村干部		如果是村干部，职务（见编码 1）	

注：编码 1：①村主任；②“村两委”其他成员。

2. 性别：①男；②女。年龄（周岁）：____。是否中共党员：①是；②否。已任职____年。籍贯____。是否是村干部：①是；②否。

3. 是否聘用职业经理人团队？①是；②否。若聘用，在联合社主要负责哪些业务（重点问职业经理人从哪里雇用的、怎么雇用的、为什么雇用？工资多少？职业经理人效果如何？怎么发挥职业经理人的才能？怎么对职业经理人进行监督）

____

____

4. 理事长文化程度：①未接受正式教育；②小学；③初中；④高中；⑤大

学及以上。

5. 您有没有在联合社领工资或者误工补贴？①有（去年领到______万元）；②无。

6. 您有如下经历吗？（多选）

①乡镇干部；②村干部；③个体户；④企业员工；⑤农技人员；⑥产销大户；⑦其他______。

7. 您有以下亲戚朋友吗？

①村干部；②乡镇干部；③商贩；④企业家；⑤银行；⑥医院；⑦县市领导；⑧同行业从业人员。

三、联合社的运作情况

1. 联合社是如何进行决策的（重点询问联合社主要决策如进行产品定价、经营决策、分配决策、内部管理决策）各家合作社的决策权一样吗？有无外部专家参与决策？决策权的分配主要考虑哪些因素（按出资额、交易额、是否一社一票等、理事会说的算、一人控制的）？

____

____

____

2. 联合社是否设立理事会、监事会？①是；②否。联合社是否有专门的工作人员？①是；②否。询问专门工作人员做什么？工资多少？从哪里雇用的？为什么雇用？效果如何？怎么发挥专门工作人员的才能？怎么对专门工作人员进行监督？

若设立理事会，理事会______人，监事会______人。

联合社内部是否设立部门？①是；②否。如设立部门，设立哪些部门？（重点询问联合社的组织架构，最好拍照，将组织框架清晰展现出来。联合社内部分为哪些部门？如成员发展部门、销售部门。是否有联合社分社、分品种的项目部门；等等）

____

____

3. 联合社有无名下公司？若有，名称是？主营业务是？出资股东与联合社股东是否一致？

____

____

4. 联合社中各合作社是否需要向联合社缴纳会费？①是；②否。如果缴纳，是按照什么方式缴纳？多久缴纳一次？一次缴纳多少？

____

____

5. 联合社的运作是否根据联合社章程，能否让我们学习一下贵社的章程（询问章程与合作社章程是否是一样的？如果有章程，是怎么制定的？将章程拍摄下来或寻求电子版等方式将联合社章程拿到）？

____

____

6. 联合社多长时间召开一次社员大会？您认为除此之外，社员还存在别的参与决策的途径或情况吗？（包括非正式的）多长时间召开一次理事会？多久召开一次监事会？有社员代表以及供应商、经销商代表参与吗？

____

____

7. 联合社现在是否是独立核算单位（独立法人）？核算方式（询问核算方式是按照分部门核算，还是分品种核算，还是分部门、分品种核算，具体怎么核算的）？

____

____

8. 联合社的经营利润主要来自哪些方面？盈余分配是如何分配的？盈余分配时主要考虑哪些因素？分配标准是谁确定的？（重点问题）弄清楚联合社的盈余分配机制，是按交易量（额）分配还是按股分配，还是两者兼有？

____

____

9. 联合社有否严格的财务管理规章制度？①有；②否。墙上制度要拍照，获取实际信息：

联合社有否专职财务工作人员（如会计、出纳等）？①有；②否。

联合社的会计资料是否完整？“很不完整① ② ③ ④ ⑤很完整”，若小于5，原因是什么？

联合社是否向下属合作社公开财务和运营情况？①是；②否。

公开情况：①全部公开；②部分公开。

联合社有无长期合作的会计师事务所？①有；②否。

10. 联合社是否有各合作社的资金账户？①是；②否。墙上制度要拍照，获取实际信息：

联合社是否有各合作社的产品交易记录？①是；②否。

联合社是否有各合作社的农资交易记录？①是；②否。

11. 联合社的资金来源是否存在成员单位出资？①是；②否。如果存在，是否存在以下出资方式？①货币；②实物；③知识产权；④其他方式________。

是否还有其他资金来源？①是；②否。如果存在，来源于________________________（如政府、企业等）。

四、联合社的服务提供

1. 联合社给各合作社提供产前农资采购服务吗？若提供，供应商固定吗？如何提供？比合作社节省多少钱？收费吗？给非成员提供吗？

____

____

2. 联合社给各合作社提供产中农技服务（技术人员提供有否与农技推广中心合作）和农业培训吗？如何提供？收费吗？给非成员提供吗？

____

____

3. 联合社给各合作社提供产后销售服务吗？如何提供？有无统一商标品牌？比合作社自己卖贵多少钱？有自己的销售平台吗？收费吗？给非成员提供吗？

____

____

4. 联合社给各合作社提供运输、加工与储藏服务吗？如何提供？收费吗？给非成员提供吗？

____

____

5. 联合社给各合作社提供资金服务吗？如何提供？收费吗？给非成员提供吗？

____

____

6. 联合社提供的其他服务是如何提供的？收费吗？给非成员提供吗（详细记录上面没有提及的其他服务）？

____

____

五、联合社存在的问题

1. 联合社在内部运作方面存在问题吗（管理、分配等）？各个合作社发展水平不一样对联合社的发展有影响吗？联合社在做决策时有没有效率？

2. 联合社在资金方面存在困难吗？需要政府的哪些帮助？

3. 联合社现在最缺哪方面的人才？您认为有哪些原因（如工作环境），觉得如何解决最好？

4. 联合社现在缺乏用地？您觉得如何解决最好？

5. 联合社现在缺乏技术？您觉得如何解决最好？

6. 联合社还存在其他问题吗？请您详细谈谈。

六、联合社发展前景

1. 合作社抱团成立联合社的作用明显吗？与单个合作社相比，联合社现在已经体现出哪些优越性？请具体举例子。

____

2. 请谈谈联合社未来的发展规划。您看好联合社的未来发展吗？

____

____

____

3. 联合社现在主要和政府哪些部门联系？当地村委、乡镇有无支持联合社发展？

____

____

____

4. 您觉得需要出台哪些与联合社相关的法律法规？为什么需要？您有什么建议？

____

____

____

参考文献

［1］Alchian A. A.，Demsetz H.. Production，Information Costs，and Economic Organization［J］. American Economic Review，1972，62（5）：777-795.

［2］Allen D.，Karanasios S.，Slavova M.. Working with Activity Theory：Context，Technology，and Information Behavior［J］. Journal of the American Society for Information Science and Technology，2011，62（4）：776-788.

［3］Barney J.. Firm Resources and Sustained Competitive Advantage［J］. Journal of Management，1991，17（1）：99-120.

［4］Barton，David. What is a Cooperative［A］//D. W. Cobia（ed.）. Cooperatives in Agriculture［C］. Prentice-Hall，Englewood Cliffs，NJ，1989：1-20.

［5］Barton D. G.. What is a Cooperative?［A］// Cobia D. W.（ed）. Cooperatives in Agriculture［C］. Prentice-Hall，Inc. New Jersey，1989.

［6］Bijman J.，Muradian R.，Cechin A.. Agricultural Cooperatives and Value Chain Coordination［J］. Value Chains，Social Inclusion and Economic Development：Contrasting Theories and Realities，2011（1）：82-101.

［7］Brush C. G.，Greene P. G.，Hart M. M.. From Initial Idea to Unique Advantage：The Entrepreneurial Challenge of Constructing a Resource Base［J］. The Academy of Management Executive，2001，15（1）：64-78.

［8］Carlton D. W.. Vertical Integration in Competitive Markets under Uncertainty［J］. The Journal of Industrial Economics，1979，27（3）：189-209.

［9］Coase R. H.. The Nature of the Firm［J］. Economica，1937，4（16）：386-405.

［10］Coase R. H.. The Problem of Social Cost［J］. The Journal of Law and Economics，2013，56（4）：837-877.

［11］Creevey L.，Dunn E.，Farmer E.. Outreach，Outcomes and Sustainability in Value Chain Projects［R］. microREPORT #171. ACDI/VOCA，2011.

[12] Davis L. E., North Douglass C.. Institutional Change and American Economic Growth [M]. Cambridge: Cambridge University Press, 1971.

[13] Dollinger M. J.. Entrepreneurship: Strategies and Resources [M]. Boston, Mass: Irwin, 1995.

[14] Eisenhardt K. M.. Better Stories and Better Constructs: The Case for Rigor and Comparative Logic [J]. Academy of Management Review, 1991, 16 (3): 620-627.

[15] Emelianoff I.. Economic Theory of Cooperation: Economic Structure of Cooperative Organizations [D]. Ph. D. Dissertation, Columbia University, 1942: 13.

[16] Emelianoff. Economic Theory of Cooperation: Economic Structure of Cooperative Organizations [M]. Michigan: Edwards Brothers, Inc. 1942, reprinted by the Center for Cooperatives, University of California, 1995.

[17] Engeström Y.. Learning by Expanding: An Activity-Theoretical Approach to Developmental Research [M]. New York, NY: Cambridge University Press, 2015.

[18] Enke S.. Consumer Cooperatives and Economic Efficiency [J]. The American Economic Review, 1945, 35 (1): 148-155.

[19] Grover V., Malhotra M. K.. Transaction Cost Framework in Operations and Supply Chain Management Research: Theory and Measurement [J]. Journal of Operations Management, 2003, 21 (4): 457-473.

[20] Hansmann H.. The Ownership of Enterprise [M]. Cambridge: Harvard University Press, 2009.

[21] Hasan H., Smith S., Finnegan P.. An Activity Theoretic Analysis of the Mediating Role of Information Systems in Tackling Climate Change Adaptation [J]. Information Systems Journal, 2017, 27 (3): 271-308.

[22] Hayami Y., Kikuchi M.. Asian Village Economy at the Crossroads: An Economic Approach to Institutional Change [M]. Tokyo: University of Tokyo Press, 1981.

[23] Hellriegel D., Slocum J. J.. Organizational Design: A Contingency Approach: A Model for Organic Management Design [J]. Business Horizons, 1973, 16 (2): 59-68.

[24] Helmberger P., Sidney H.. Cooperative Enterprise and Organization Theory [J]. Journal of Farm Economics, 1962, 44 (2): 275-290.

[25] Hendrikse G. W. J.. Screening, Competition and the Choice of the Cooper-

ative as an Organisational Form [J]. Journal of Agricultural Economics, 1998, 49 (28): 202-217.

[26] Hendrikse G. W. J., Veerman C. P.. Marketing Cooperatives and Financial Structure: A Transaction Costs Economics Analysis [J]. Agricultural Economics, 2001a, 26 (3): 205-216.

[27] Hendrikse G. W. J.. Screening, Competition and the Choice of the Cooperative as an Organizational Form [J]. Journal of Agricultural Economics, 1998, 49 (2): 201-217.

[28] Jarzabkowski P.. Strategic Practices: An Activity Theory Perspective on Continuity and Change [J]. Journal of Management Studies, 2003, 40 (1): 23-55.

[29] Jensen M. C., Meckling W. H.. Theory of the Firm: Managerial Behavior, Agency Costs and Ownership Structure [J]. Journal of Financial Economics, 1976, 3 (4): 305-360.

[30] John G., Weitz B. A.. Forward Integration into Distribution: An Empirical Test of Transaction Cost Analysis [J]. Journal of Law, Economics, & Organization, 1988, 4 (2): 337-355.

[31] Kaarlehto P.. Cooperation as a Form of Economic Integration [J]. Acta Agriculturale Scandinavica, 1955, 5 (1): 85-97.

[32] Karanasios S., Allen D.. ICT for Development in the Context of the Closure of Chernobyl Nuclear Power Plant: An Activity Theory Perspective [J]. Information Systems Journal, 2013, 23 (4): 287-306.

[33] Karanasios S.. Toward a Unified View of Technology and Activity: The Contribution of Activity Theory to Information Systems Research [J]. Information Technology & People, 2018, 31 (1): 134-155.

[34] Koopmans T. C., Beckmann M.. Assignment Problems and the Location of Economic Activities [J]. Econometrica: Journal of the Econometric Society, 1957 (25): 53-76.

[35] Lazzarini S., Chaddad F., Cook M.. Integrating Supply Chain and Network Analyses: The Study of Netchains [J]. Journal on Chain and Network Science, 2001, 1 (1): 7-22.

[36] Li L., Du K., Zhang W., et al.. Poverty Alleviation Through Government-led E-commerce Development in Rural China: An Activity Theory Perspective [J]. Information Systems Journal, 2019, 29 (4): 914-952.

[37] Lin J. Y.. An Economic Theory of Institutional Change: Induced and Imposed Change [J]. Cato Journal, 1989, 9 (1): 1-33.

[38] Luria A. R., Cole M., Cole S.. The Making of Mind: A Personal Account of Soviet Psychology [M]. Cambridge, MA: Harvard University Press, 1979.

[39] Macneil I. R.. The New Social Contract: An Inquiry into Modern Contractual Relations [M]. City of New Haven, Yale University Press, 1980.

[40] Miles M. B., Huberman A. M.. Qualitative Data Analysis: An Expanded Sourcebook (2nd edition) [M]. London: Sage, 1994.

[41] Nisson J.. Organizational Principles for Cooperative Firms [J]. Scandinavian Journal of Management, 2001 (17): 329-356.

[42] Noordewier T. G., John G. and Nevin J. R.. Performance Outcomes of Purchasing Arrangements in Industrial Buyer-vendor Relationships [J]. The Journal of Marketing, 1990, 54 (4): 80-93.

[43] North D.. Institutions, Institutional Change and Economic Performance [M]. New York: Cambridge University Press, 1990.

[44] North D.. Structure and Change in Economic History [M]. New York: W. W. Norton & Company Inc., 1981.

[45] Ohm H.. Member Behavior and Optimal Pricing in Marketing Cooperatives [J]. Journal of Farm Economics, 1956, 38 (2): 613-621.

[46] Porter M. E.. Competitive Advantage: Creating and Sustaining Superior Performance [M]. New York: The Free Press, 1985.

[47] Reynolds B. J.. Joint Ventures and Subsidiaries of Agricultural Cooperatives [EB/OL]. https: //ideas. repec. org/p/ags/urdbrr/280114. html, 2012-06-12.

[48] Robotka F.. A Theory of Cooperation [A] //Agricultural Cooperation: Selected Readings, M. A. Abrahamsen and C. L. Scroggsedited, Minneapolis: University of Minnesota Press, 1957: 121-142.

[49] Rutherford D. D., Burke H. M., Cheung K. K., et al.. Impact of an Agricultural Value Chain Project on Smallholder Farmers, Households, and Children in Liberia [J]. World Development, 2016 (83): 70-83.

[50] Sexton R. J., Iskow J.. What Do We Know about the Economic Efficiency of Cooperatives: An Evaluative Survey [J]. Journal of Agricultural Cooperation, 1993 (1): 15-27.

[51] Sexton R. J., Iskow J.. The Competitive Role of Cooperatives in Market-

oriented Economies: A Policy Analysis [A]// Csaki C. Kislev Y. (ed.). Agricultural Cooperatives in Transition [C]. Boulder Colo.: Westview Press, 1993.

[52] Staatz J. M.. Recent Developments in the Theory of Agricultural Cooperation [J]. Journal of Agricultural Cooperation, 1987 (2): 74-95.

[53] Staatz J. M.. Farmer Cooperative Theory: Recent Developments [Z]. No. 1502-2016-130749. 1989.

[54] Staatz J. M.. Farmers' Incentives to Tare Collective Action via Cooperatives: A Transaction Cost Approach [C]//Cooperative Theory: New Approaches, USDA, ACS Service Report 18, 1987.

[55] Svejnar J.. Bargaining Power, Fear of Disagreement, and Wage Settlements: Theory and Evidence from US Industry [J]. Econometrica: Journal of the Econometric Society, 1986, 54 (5): 1055-1078.

[56] Valentinov V.. The Organizational Nature of Agricultural Cooperatives: A Perspective from the Farm Problem Theory [J]. Journal of Rural Cooperation, 2005, 33 (2): 139-151.

[57] Vitaliano P.. Cooperative Enterprise: An Alternative Conceptual Basis for Analyzing a Complex Institution [J]. American Journal of Agricultural Economics, 1983, 65 (5): 1078-1083.

[58] Williamson O. E., Mueller D. C.. The Economic Institutions of Capitalism [J]. Antitrust Bulletin, 1986: 279-286.

[59] Williamson O. E.. The Economic Institutions of Capitalism [M]. New York: Free Press, 1985.

[60] Williamson O. E.. The Mechanism of Governance [M]. Oxford: Oxford University Press, 1996.

[61] Williamson O. E.. The Theory of the Firm as Governance Structure: From Choice to Contract [J]. The Journal of Economic Perspectives, 2002, 16 (3): 171-195.

[62] Williamson O. E.. Transaction-cost Economics: The Governance of Contractual Relations [J]. The Journal of Law and Economics, 1979, 22 (2): 233-261.

[63] Williamson O. E.. Transaction Cost Economics Meets Posnerian Law and Economics [J]. Journal of Institutional and Theoretical Economics (JITE) /Zeitschrift für die Gesamte Staatswissenschaft, 1993, 149 (1): 99-118.

[64] Yin R. K.. Case Study Research: Design and Methods [M]. London and Singapore: Sage, 2009.

[65] Young A.. Increasing Returns and Economic Progress [J]. The Economic Journal, 1928, 38 (152): 257-542.

[66] Zhong Z., Zhang C., Jia F., et al.. Vertical Coordination and Cooperative Member Benefits: Case Studies of Four Dairy Farmers' Cooperatives in China [J]. Journal of Cleaner Production, 2018 (172): 2266-2277.

[67] Zhou J., Liu Q., Liang Q.. Cooperative Membership, Social Capital, and Chemical Input Use: Evidence from China [J]. Land Use Policy, 2018 (70): 394-401.

[68] [美] 奥尔森. 集体行动的逻辑 [M]. 陈郁等译. 上海：上海三联书店，上海人民出版社，1995.

[69] 曹杰. 平湖蘑菇沉浮记——浙江省平湖市新当湖食用菌专业合作社联合社发展启示 [J]. 中国合作经济，2009 (10)：39-40.

[70] 陈阿兴，岳中刚. 试论农产品流通与农民组织化问题 [J]. 农业经济问题，2003 (2)：55-60，80.

[71] 陈菲琼，范良聪. 基于合作与竞争的战略联盟稳定性分析 [J]. 管理世界，2007 (7)：102-110.

[72] 陈晓华. 大力促进农民专业合作社又好又快发展 [J]. 农村工作通讯，2010 (17)：7-9.

[73] 陈晓华. 总结经验　明确任务　促进农民专业合作社又好又快发展——在全国农民专业合作社经验交流会上的讲话 [J]. 中国农民合作社，2010 (10)：9-13.

[74] 储成兵. 农民专业合作社联合社的法律属性 [J]. 合作经济与科技，2011 (22)：124-125.

[75] 储成兵. 农民专业合作社联合社的内部治理结构研究 [J]. 现代农业，2011 (12)：108-109.

[76] "促进农民专业合作社健康发展研究"课题组，苑鹏，曹斌，崔红志. 空壳农民专业合作社的形成原因、负面效应与应对策略 [J]. 改革，2019 (4)：39-47.

[77] 崔宝玉，孙迪. "关系产权"的边界与运行逻辑——安徽省L农民合作社联合社个案研究 [J]. 中国农村经济，2018 (10)：39-52.

[78] 邓衡山，王文烂. 合作社的本质规定与现实检视——中国到底有没有真正的农民合作社？[J]. 中国农村经济，2014 (7)：15-26.

[79] 邓衡山，徐志刚，黄季焜，宋一青等. 组织化潜在利润对农民专业合

作组织形成发展的影响［J］．经济学（季刊），2011（4）：1515-1532.

［80］邓衡山，徐志刚，应瑞瑶，廖小静．真正的农民专业合作社为何在中国难寻？——一个框架性解释与经验事实［J］．中国农村观察，2016（4）：72-83，96-97.

［81］高海．《农民专业合作社法》修改的思路与制度设计［J］．农业经济问题，2017，38（3）：4-14.

［82］桂寿平，张霞．农业产业链和U型价值链协同管理探讨［J］．改革与战略，2006（10）：78-80.

［83］郭红东．当前我国政府扶持农村专业合作经济组织发展的行为选择［J］．农村合作经济经营管理，2002（5）：37-38.

［84］胡冉迪．当前我国农民专业合作社创新发展问题与对策研究［J］．农业经济问题，2012（11）：44-48.

［85］黄胜忠，林坚，徐旭初．农民专业合作社治理机制及其绩效实证分析［J］．中国农村经济，2008（3）：65-73.

［86］黄胜忠，徐旭初．成员异质性与农民专业合作社的组织结构分析［J］．南京农业大学学报（社会科学版），2008（3）：1-7，43.

［87］黄胜忠．转型时期农民专业合作社的组织行为研究——基于成员异质性的视角［M］．杭州：浙江大学出版社，2008.

［88］黄胜忠．转型时期农民专业合作社的成长机制研究［J］．经济问题，2008（1）：87-90.

［89］黄胜忠．农业合作社理论研究述评［J］．商业研究，2009（3）：175-179.

［90］黄胜忠．农业合作社的环境适应性分析［J］．开放时代，2009（4）：27-35.

［91］黄祖辉，扶玉枝，徐旭初．农民专业合作社的效率及其影响因素分析［J］．中国农村经济，2011（7）：4-13，62.

［92］黄祖辉，梁巧．小农户参与大市场的集体行动——以浙江省箬横西瓜合作社为例的分析［J］．农业经济问题，2007（9）：66-71.

［93］黄祖辉，徐旭初．大力发展农民专业合作经济组织［J］．农业经济问题，2003（5）：41-45，80.

［94］黄祖辉，徐旭初．基于能力和关系的合作治理——对浙江省农民专业合作社治理结构的解释［J］．浙江社会科学，2006（1）：60-66.

［95］黄祖辉，俞宁．新型农业经营主体：现状、约束与发展思路——以浙江省为例的分析［J］．中国农村经济，2010（10）：16-26，56.

[96] 黄祖辉. 农民合作：必然性、变革态势与启示 [J]. 中国农村经济，2000 (8)：4-8.

[97] 黄祖辉. 农合组织：农业现代化的新选择 [J]. 中国合作经济，2006 (7)：40-41.

[98] 黄祖辉. 中国农民合作组织发展的若干理论与实践问题 [J]. 中国农村经济，2008 (11)：4-7，26.

[99] 黄祖辉. 农民专业合作社的效率及其影响因素分析 [J]. 中国农村经济，2011 (7)：4-13.

[100] 建设社会主义新农村目标、重点与政策研究课题组，温铁军. 部门和资本"下乡"与农民专业合作经济组织的发展 [J]. 经济理论与经济管理，2009 (7)：5-12.

[101] 蒋晓妍. 国外农民合作社联合社的制度设计及对我国的启示 [J]. 北方经济，2010 (6)：67-69.

[102] [美] 科斯等. 财产权利与制度变迁 [M]. 刘守英等译. 上海：上海人民出版社，2004.

[103] 孔祥智，蒋忱忱. 成员异质性对合作社治理机制的影响分析——以四川省井研县联合水果合作社为例 [J]. 农村经济，2010 (9)：8-11.

[104] 孔祥智，岳振飞，张琛. 合作社联合的本质——一个交易成本解释框架及其应用 [J]. 新疆师范大学学报（哲学社会科学版），2018 (1)：100-106.

[105] 孔祥智. 中国农业社会化服务：基于供给和需求的研究 [M]. 北京：中国人民大学出版社，2009.

[106] 孔祥智. 支持合作社发展政府应多管齐下 [J]. 中国合作经济，2011 (1)：30-32.

[107] 孔祥智等. 中国农民专业合作社运行机制与社会效应研究——百社千户调查 [M]. 北京：中国农业出版社，2012.

[108] 孔祥智. 应给予联合社相应的优惠政策支持 [N]. 农民日报，2012-04-20.

[109] 孔祥智. 农民合作社联合社主体应该多元化 [J]. 农村工作通讯，2016 (14)：15-16.

[110] 孔祥智. 农业供给侧结构性改革的基本内涵与政策建议 [J]. 改革，2016 (2)：104-115.

[111] 李炳坤，张九汉，鹿生伟，叶宋民. 荷兰、法国农业产业化经营与农业宏观管理 [J]. 中国农村经济，2000 (1)：75-82.

[112] 李炳坤．努力提高我国农民的组织化程度 [J]．上海农村经济，2000 (10)：10-12.

[113] 李敬锁．我国农民专业合作社联社发展的特点、困境及对策 [J]．青岛农业大学学报（社会科学版），2011，23 (2)：16-19.

[114] 李尚鹜，徐长生，钟春平，王菲．跨国合资企业的股权结构、谈判实力与长期经济增长 [J]．世界经济，2010，33 (9)：67-83.

[115] 李廷贵．金融战线一颗明星——孝义市农村信用合作社联合社 [J]．经济师，1993 (4)：2.

[116] 李威．合作社联合应在产业链上找出路 [J]．中国合作经济，2010 (6)：1.

[117] 李文明，罗丹，陈洁，谢颜．农业适度规模经营：规模效益、产出水平与生产成本——基于 1552 个水稻种植户的调查数据 [J]．中国农村经济，2015 (3)：4-17，43.

[118] 李行，温铁军．中国 60 年农村土地制度变迁 [J]．科学对社会的影响，2009 (3)：38-41.

[119] 梁剑峰，李静．"精英俘获"：农民专业合作社成长之困 [J]．宏观经济研究，2015 (3)：58-62.

[120] 林坚，黄胜忠．成员异质性与农民专业合作社的所有权分析 [J]．农业经济问题，2007 (10)：12-17，110.

[121] 林坚，马彦丽．农业合作社和投资者所有企业的边界——基于交易费用和组织成本角度的分析 [J]．农业经济问题，2006 (3)：16-20，79.

[122] 林滢，任大鹏．农民专业合作社联合社法律制度探析 [J]．农村经营管理，2010 (5)：16-17.

[123] 刘滨，陈池波，杜辉．农民专业合作社绩效度量的实证分析——来自江西省 22 个样本合作社的数据 [J]．农业经济问题，2009 (2)：90-95，112.

[124] 刘洁．农民专业合作社契约选择与运营绩效的理论分析与实证研究 [D]．武汉：华中农业大学博士学位论文，2011.

[125] 刘同山，孔祥智．关系治理与合作社成长——永得利蔬菜合作社案例研究 [J]．中国经济问题，2013 (3)：3-10.

[126] 刘同山，孔祥智．精英行为、制度创新与农民合作社成长——黑龙江省克山县仁发农机合作社个案 [J]．商业研究，2014 (5)：73-79，192.

[127] 刘同山，孔祥智．治理结构如何影响农民合作社绩效？——对 195 个样本的 SEM 分析 [J]．东岳论丛，2015，36 (12)：16-23.

[128] 刘同山，周振，孔祥智．实证分析农民合作社联合社成立动因、发展类型及问题 [J]．农村经济，2014 (4)：7-12.

[129] 楼栋，黄博，孔祥智．企业家精神与农民专业合作社发展——以北京乐平西甜瓜专业合作社为例 [J]．农业部管理干部学院学报，2012 (3)：1-6.

[130] 鲁旭．我国发展农民专业合作社联社的探索与思考 [J]．广东农业科学，2010，37 (8)：321-323.

[131] 马彦丽．我国农民专业合作社的制度解析 [D]．杭州：浙江大学博士学位论文，2006.

[132] 马彦丽，孟彩英．我国农民专业合作社的双重委托—代理关系——兼论存在的问题及改进思路 [J]．农业经济问题，2008 (5)：55-60，111.

[133] 马彦丽．论我国农民专业合作社的发展空间 [J]．河北经贸大学学报，2008 (5)：76-82.

[134] 米新丽．论农民专业合作社的盈余分配制度——兼评我国《农民专业合作社法》相关规定 [J]．法律科学（西北政法大学学报），2008 (6)：89-96.

[135] 牛若峰．论市场经济与农民自由联合 [J]．中国农村经济，1998 (7)：73-75.

[136] 农业部赴美农业产业化考察团．美国亚热带地区农业产业化考察报告 [J]．中国农垦经济，2002 (10)：31-34.

[137] 农业部农业产业化办公室．借鉴国外合作社经验应对 WTO 的挑战 [J]．农业经济导刊，2002 (4)：6-8.

[138] 潘军．山西省供销合作社联合社成立 [J]．山西财经学院学报，1983 (6)：75.

[139] [日] 青木昌彦．比较制度分析 [M]．上海：上海远东出版社，2001.

[140] 山东省社会科学院农村经济研究所课题组．合作制与农业产业化结合：中国农业现代化道路的重要选择 [J]．中共济南市委党校·济南市行政学院·济南市社会主义学院学报，2000 (3)：89-94.

[141] 隋姝妍．新型农民专业合作社的产生与展望——以山东省为例 [J]．农村经济，2012 (8)：126-129.

[142] 孙艳华，周力，应瑞瑶．农民专业合作社增收绩效研究——基于江苏省养鸡农户调查数据的分析 [J]．南京农业大学学报（社会科学版），2007 (2)：22-27.

[143] 谭智心，孔祥智．不完全契约、内部监督与合作社中小社员激励——

合作社内部“搭便车”行为分析及其政策含义［J］．中国农村经济，2012（7）：17-28.

［144］谭智心．中国农民合作社运行机制、组织激励与合作绩效——不完全契约视角［M］．北京：中国农业出版社，2013.

［145］谭智心，周振．合作社联合社契约联结机制解析［J］．农村经营管理，2015（1）：40-42.

［146］谭智心．国际合作社联盟原则演变及对中国发展联合社的启示［J］．世界农业，2016（11）：4-10.

［147］谭智心．不完全契约、“准租金”配置与合作社联合社的产权［J］．东岳论丛，2017（1）：54-65.

［148］谭智心．联合的逻辑——农民合作社联合社运行机制研究［M］．北京：人民日报出版社，2018：133-135，157-179.

［149］唐宗焜．合作社功能和社会主义市场经济［J］．经济研究，2007（12）：11-23.

［150］唐宗焜．合作社真谛［M］．北京：知识产权出版社，2012.

［151］万宝瑞．关于农民专业合作社当前急需关注的几个问题［J］．农业经济问题，2010，31（10）：9-11.

［152］王海龙，吴怀琴．农民合作社联合社的发展模式及思考［J］．经济纵横，2015（11）：93-96.

［153］王立平，张娜，黄志斌．农民专业合作经济组织绩效评价研究［J］．农村经济，2008（3）：124-126.

［154］温铁军．中国经济危机软着陆与“三农”政策［J］．农村工作通讯，2009（5）：10-12.

［155］温铁军．合作社的组织创新与交易成本降低［J］．中国合作经济，2009（10）：21-22.

［156］温铁军．综合性合作经济组织是一种发展趋势［J］．中国合作经济，2011（1）：29-30.

［157］吴岩．联合社发展专家谈［J］．中国农民合作社，2010（12）：18-20.

［158］夏英．我国农民专业合作经济组织发展中的政府行为与相关政策法规［J］．农村经营管理，2008（11）：17-21，16.

［159］夏冬泓，杨杰．合作社收益及其归属新探［J］．农业经济问题，2010，31（4）：33-40，110.

［160］徐旭初，吴彬．治理机制对农民专业合作社绩效的影响——基于浙江

省526家农民专业合作社的实证分析［J］. 中国农村经济，2010（5）：43-55.

［161］徐旭初．合作社的本质规定性及其他［J］. 农村经济，2003（8）：4-13.

［162］徐旭初. 农民专业合作组织立法的制度导向辨析——以《浙江省农民专业合作社条例》为例［J］. 中国农村经济，2005（6）：19-24.

［163］徐旭初. 走向供应链管理　农业合作社的困境与创新［J］. 农村经营管理，2007（1）：15-17.

［164］徐旭初. 农民专业合作社绩效评价体系及其验证［J］. 农业技术经济，2009（4）：11-19.

［165］徐旭初．略论农民专业合作社理论研究进展及趋势［J］. 中国农民合作社，2013（1）：20-21.

［166］徐旭初．中国农民专业合作经济组织的制度分析［M］. 北京：经济科学出版社，2005.

［167］［英］亚当·斯密．国民财富的性质和原因的研究［M］. 郭大力，王亚南译．北京：商务印书馆，1997.

［168］闫石．农民专业合作社联合社发展研究［D］. 北京：中国政法大学硕士学位论文，2010.

［169］杨莉．从低碳视角看合作社联合社的发展［J］. 价值工程，2011，30（6）：247-248.

［170］杨瑞龙，杨其静．专用性、专有性与企业制度［J］. 经济研究，2001（6）：3-11.

［171］杨万娣，杨群义．关于农民专业合作社联合社的探讨［J］. 现代农业科技，2012（11）：299-300.

［172］杨夏丽，葛文光．唐县林果专业合作社联合社的建设探究［J］. 黑龙江畜牧兽医，2015（4）：157-159.

［173］杨震宁，赵红，徐俪菁．跨国技术战略联盟风险、合作障碍与稳定——跨案例研究［J］. 经济管理，2017（8）：60-71.

［174］应瑞瑶. 论农业合作社的演进趋势与现代合作社的制度内核［J］. 南京社会科学，2004（1）：13-18.

［175］原军. 新疆维吾尔自治区供销合作社联合社　此时无声胜有声的农业龙头［J］. 中国合作经济，2010（3）：72-74.

［176］苑鹏. 市场经济转型时期村级社区合作组织的功能转换探析——以三个村级社区合作组织的案例调查为例［J］. 农村经营管理，2001（3）：10-12.

［177］苑鹏．中国农村市场化进程中的农民合作组织研究［J］. 中国社会科

学，2001（6）：63-73.

［178］苑鹏. 农民专业合作经济组织：农业企业化的有效载体［J］. 农村经营管理，2003（5）：4-7.

［179］苑鹏. 农民专业合作社联合社发展的探析——以北京市密云县奶牛合作联社为例［J］. 中国农村经济，2008（8）：44-51.

［180］苑鹏. 部分西方发达国家政府与合作社关系的历史演变及其对中国的启示［J］. 中国农村经济，2009（8）：89-96.

［181］苑鹏. 关乎合作社发展的两大问题：合作社性质以及合作社与政府的关系［J］. 中国合作经济，2009（10）：48.

［182］苑鹏. 山西晋中犇牛奶农专业合作社联合社调查思考［J］. 中国奶牛，2011（7）：12-14.

［183］［美］约翰·W. 戈德温. 农业经济学［M］. 朱风书，俞家宝，王兴祥等译. 银川：宁夏人民出版社，1986.

［184］曾明星，杨宗锦. 农民专业合作社利益分配模型研究［J］. 华东经济管理，2011，25（3）：68-70.

［185］曾明星，杨宗锦. 农民专业合作社最优内部交易价格模型与应用研究［J］. 开发研究，2010（6）：19-22.

［186］张琛，高强. 论新型农业经营主体对贫困户的脱贫作用［J］. 西北农林科技大学学报（社会科学版），2017，17（2）：73-79.

［187］张琛，孔祥智. 组织合法性、风险规避与联合社合作稳定性［J］. 农业经济问题，2018（3）：46-55.

［188］张琛，彭超，孔祥智. 农户分化的演化逻辑、历史演变与未来展望［J］. 改革，2019（2）：5-16.

［189］张琛，赵昶，孔祥智. 农民专业合作社的再联合［J］. 西北农林科技大学学报（社会科学版），2019（3）：96-103.

［190］张恩广. 交易成本与农户专业合作社联合组织形式研究［J］. 黑龙江畜牧兽医，2015（14）：14-17.

［191］张娟. 农民专业合作社联合社的变迁路径［J］. 农村经济，2012（11）：121-125.

［192］张来平，孙传逊，徐学兵. 规范管理促发展，开拓市场增效益——记江苏省金湖县苏合农副产品销售合作联社［J］. 中国农民合作社，2012（9）：55.

［193］张晓山，苑鹏. 合作经济理论与中国农民合作社的实践［M］. 北京：首都经济贸易大学出版社，2009.

[194] 张晓山. 中国加入 WTO 与中国农民的组织化 [J]. 农村合作经济经营管理，2000（1）：10-11.

[195] 张晓山. 深化农村改革 促进农村发展——三大制约因素、一个基本认识、两类政策措施 [J]. 中国农村经济，2003（1）：4-12.

[196] 张晓山. 提高农民的组织化程度 积极推进农业产业化经营 [J]. 农村合作经济经营管理，2003（2）：8-9.

[197] 张晓山. 促进以农产品生产专业户为主体的合作社的发展——以浙江省农民专业合作社的发展为例 [J]. 中国农村经济，2004（11）：4-10，23.

[198] 张晓山. 农民专业合作社的发展趋势探析 [J]. 管理世界，2009（5）：89-96.

[199] 张晓山. 当前中国农村经济社会发展需要关注的几个问题 [J]. 中国老区建设，2010（5）：15-17.

[200] 张晓山. 农民专业合作社规范化发展及其路径 [J]. 湖南农业大学学报（社会科学版），2013，14（4）：1-4.

[201] 张晓山. 理想与现实的碰撞：《农民专业合作社法》修订引发的思考 [J]. 求索，2017（8）：16-24.

[202] 赵国杰，郭春丽. 农民专业合作社生命周期分析与政府角色转换初探 [J]. 农业经济问题，2009（1）：76-80，112.

[203] 赵佳荣. 农民专业合作社“三重绩效”评价模式研究 [J]. 农业技术经济，2010（2）：119-127.

[204] 浙江省农业厅课题组. 农民专业合作社绩效评价体系初探 [J]. 农村经营管理，2008（10）：31-35.

[205] 中国人民大学中国合作社研究院课题组. 农民专业合作社联合社发展情况调查报告 [J]. 中国合作经济评论，2017（1）：109-125.

[206] 钟真，谭玥琳，穆娜娜. 新型农业经营主体的社会化服务功能研究——基于京郊农村的调查 [J]. 中国软科学，2014（8）：38-48.

[207] 钟真，王舒婷，孔祥智. 成员异质性合作社的制度安排与合作稳定性：以三家奶农合作社为例 [J]. 华中农业大学学报（社会科学版），2017（6）：1-8.

[208] 钟真，张琛，张阳悦. 纵向协作程度对合作社收益及分配机制影响——基于四个案例的实证分析 [J]. 中国农村经济，2017（6）：16-29.

[209] 周春芳，包宗顺. 农民专业合作社产权结构实证研究——以江苏省为例 [J]. 西北农林科技大学学报（社会科学版），2010，10（6）：14-18，23.

[210] 周应恒，王爱芝. 我国农民专业合作社股份化成因分析——基于企业

家人力资本稀缺性视角［J］．经济体制改革，2011（5）：75-78.

［211］周振，孔祥智．组织化潜在利润、谈判成本与农民专业合作社的联合——两种类型联合社的制度生成路径研究［J］．江淮论坛，2014（4）：67-75.

［212］周振，孔祥智．盈余分配方式对农民合作社经营绩效的影响——以黑龙江省克山县仁发农机合作社为例［J］．中国农村观察，2015（5）：19-30.

［213］周振，孔祥智．资产专用性、谈判实力与农业产业化组织利益分配——基于农民合作社的多案例研究［J］．中国软科学，2017（7）：28-41.

［214］周振，谭玥琳，孔祥智．利益一致性、供销社推动与农民专业合作社的联合——基于河北省灵寿县青同镇农民专业合作社联合社的案例分析［J］．青岛农业大学学报（社会科学版），2014（1）：1-6.

［215］朱启臻．联合社的作用远非经济——以黑龙江省讷河市大豆合作社联合社为例［J］．中国农民合作社，2012（4）：33-35.

［216］朱启臻．农民专业合作社的发展方向——黑龙江讷河农民专业合作社联合社的调查［J］．营销界（农资与市场），2012（22）：52-57.

后 记

有了合作社，就会有合作社之间的合作，这是不言而喻的。合作社之间的合作，我称之为“再合作”，其成熟形态就是联合社。2013 年，全国人大农委、农业部就开始酝酿修改《中华人民共和国农民专业合作社法》，原农业部经管总站委托我研究农民合作社联合社问题，湖北天惠、武汉首佳、武汉荆地等联合社就是 2013 年 4 月去调研的。此后若干年，为了修法工作，总站每年都要委托一个课题，从不同角度研究联合社问题。2015 年，全国人大农委专门致函邀我就联合社立法的几个问题进行研究。

孔祥智教授：

现将全国人大农委法案室委托你承担的农民专业合作社修法专题发送给你，请着手开展研究工作。如需到地方调研，需我单位协助的请提出，我们尽力做好相关服务工作。根据农委法案室要求，拟与 8 月进行交流座谈，请做好相关准备工作。

2015 年 7 月 14 日

关于农民合作社联合社有关问题研究（提纲）

1. 现阶段，我国已有联合社的数量、类型的基本情况，以及联合社成员的构成和经营模式？

2. 法律是否要规范所有联合社类型？是有选择性地规范？还是在区分的基础上进行不同的规范？

3. 对联合社的规范是进行基本授权性规范还是做出进一步具体规定？

4. 对联合社的具体规范与现行法律关于合作社的治理机制、盈余分配机制之间的关系如何处理？是采纳？选择性采纳？还是另行规定？

5. 对于联合社是否需要存在区域、层级等方面的限制和规定？

对以上问题进行专题研究的同时，提出立法建议。